UTB

Eine Arbeitsgemeinschaft der Verlage

Birkhäuser Verlag Basel und Stuttgart
Wilhelm Fink Verlag München
Gustav Fischer Verlag Stuttgart
Francke Verlag München
Paul Haupt Verlag Bern und Stuttgart
Dr. Alfred Hütig Verlag Heidelberg
J.C.B. Mohr (Paul Siebeck) Tübingen
Quelle & Meyer Heidelberg
Ernst Reinhardt Verlag München und Basel
F.K. Schattauer Verlag Stuttgart–New York
Ferdinand Schöningh Verlag Paderborn
Dr. Dietrich Steinkopff Verlag Darmstadt
Eugen Ulmer Verlag Stuttgart
Vandenhoeck & Ruprecht in Göttingen und Zürich
Verlag Dokumentation München-Pullach
Westdeutscher Verlag/Leske Verlag Opladen

Probleme der Politik

Herausgegeben von
Klaus von Beyme
Adrian Braunbehrens
Arnd Morkel

Politische Planungssysteme

Herausgegeben und eingeleitet
von Frieder Naschold und Werner Väth

Westdeutscher Verlag 1973

ISBN 3-531-11146-9

Satz und Druck von Druckerei Dr. Friedrich Middelhauve GmbH Opladen
Bindearbeit von Sigloch-Henzler KG Stuttgart
Printed in Germany

Inhalt

Frieder Naschold/Werner Väth

Politische Planungssysteme im entwickelten Kapitalismus

1. Problemstellung

In der jüngsten Phase der staatlichen Planung der Bundesrepublik zeigt sich eine anscheinend widersprüchliche Entwicklung: Nach Fortschritten im Aufbau eines regierungsweiten politischen Planungssystems sowie nach offenkundig weiter Akzeptierung auf allen Ebenen der politisch-administrativen Hierarchie erfolgt in letzter Zeit ein Rückschlag, sowohl die realen Implementierungsbedingungen, wie auch die theoretischen Erfolgseinschätzungen betreffend. Der subjektive Impetus der zentral planenden Instanzen im Regierungsapparat ist in gleichem Maße zurückgegangen wie der Einfluß im realen politisch-administrativen Prozeß. Dies ist auf den ersten Blick um so erstaunlicher, als nach der Periode der Nichtplanung mit der politischen Systemkrise von 1966/67 der allgemeine Durchbruch zumindest der subjektiven Planungsintentionen zu verzeichnen war. Derartige Tendenzen scheinen auch theoretischen Erklärungsversuchen zu widersprechen, die eine immer weitergehende staatliche Planung unter den politisch-ökonomischen Bedingungen spätkapitalistischer Gesellschaftsformationen als unabdingbar zur Systemstabilisierung erachten.

Die Analyse dieses Befundes wird sich im weiteren in drei Schritten vollziehen:
Zunächst ist historisch-deskriptiv zu skizzieren, wie sich Einstellungen und Verhalten gegenüber Planung im politisch-administrativen System der Bundesrepublik entwickelt und gewandelt haben. Hierbei wird sich ein gewisser Zyklus in den Perzeptionen nachweisen lassen. Diese kognitive Entwicklung »in den Köpfen der Akteure« in Politik und Verwaltung muß, so ist anzunehmen, eine reale Entsprechung haben. Diese aufzuzeigen und mit der Entwicklung zweier Modelle von Planung einen theoretischen Erklärungsversuch zu liefern, ist Aufgabe der folgenden Abschnitte. Bei dieser Analyse wird deutlich, daß die bis jetzt vorhandenen Planungstheorien von sehr unterschiedlichen Konzeptionen ausgehen. Eine nähere Unter-

suchung ihrer jeweiligen Voraussetzungen und Konsequenzen läßt eine Typologisierung gemäß den Kriterien zu, welche Folgerungen aus der Entwicklung politischer Planungssysteme für die Staatsfunktionen gezogen werden und wie ihre reale Steuerungskapazität eingeschätzt wird.
Dieser so gewonnene Rahmen eröffnet die Möglichkeit, von verschiedenen Positionen her den im Textteil dokumentierten Ist-Zustand der politisch-administrativen Planungssysteme, wie er sich vor allem in Theorien darstellt, die von den Problemlagen des politischen Systems ausgehen, kritisch zu beurteilen.

2. *Einstellung und Verhalten zur Planung in Politik und Verwaltung der Bundesrepublik*

Der Aufbau eines Regierungsplanungssystems in der Bundesrepublik kann als Reflex auf die Entwicklung des amerikanischen Planning-Programming-Budgeting-Systems angesehen werden, und zwar sowohl hinsichtlich einer theoretischen, phasenverschobenen Rezeption, als auch hinsichtlich einer von Anfang an bewußt abweichend angelegten Orientierung in Organisations- und Prozeßstruktur. In den USA sind gewisse »Wachstumszyklen« des PPBS konstatierbar, die vom Grad des administrativen »Erfolges« des Planungssystems abhängen, der aber wiederum als zum großen Teil determiniert anzusehen sein dürfte vom Ausmaß der »Treffsicherheit« der staatlich geplanten Interventionen in unterschiedlichen gesellschaftlichen Bereichen. Ähnlich läßt sich in der Bundesrepublik ein Perzeptionszyklus nachweisen, in dem sich die wechselnden Einschätzungen hinsichtlich des Potentials und der Grenzen politischer Planungssysteme niederschlagen, und zwar sowohl bei den politisch-administrativen Akteuren, wie auch in der sich schrittweise entfaltenden Planungstheorie [1].

1. Die Anfangsphase des PPB-Systems bis weit über die Mitte der sechziger Jahre hinaus wurde von der Vorstellung dominiert, mit Hilfe derartiger systemanalytischer Konzeptionen sei es möglich, die Steuerungsfunktionen der administrativen Zentralagenturen zu verstärken. Die Entwicklung neuer Kriterien der Zweckmäßigkeit und Zielstrebigkeit sollten jenen Zuwachs an Effektivität und Rationalität politisch-administrativer Handlungen erbringen, den intern vielfach differenzierte Organisationen zur Auseinandersetzung

mit zunehmend komplexer gewordenen Systemproblemen benötigen. Eine solche Systemkonzeption impliziert aber fundamentale Annahmen über das wechselseitige Verhältnis der Systemelemente »Politik« und »Ökonomie«, deren Dynamik und Folgeprobleme die Funktionsfähigkeit des Planungssystems nachhaltiger bestimmen als seine technische Verfeinerung. Grob gesprochen negiert dieses Planungskonzept das Vorhandensein zentraler Systemprobleme in einer kapitalistischen Ökonomie, die in politökonomischer Terminologie umschrieben werden als der Widerspruch zwischen einer zunehmenden Vergesellschaftung der Produktion bei gleichbleibender privater Verwertung. Politische Planung und ökonomische Regulierung will die Widersprüche nicht überwinden, sondern negiert sie, bzw. definiert sie vorschnell in Steuerungsprobleme um.
Auf diese Wirkungsweise hin sind die Hauptelemente des PPB-Systems angelegt [2]. Eine Maximierung gesamtgesellschaftlicher Wohlfahrt soll über eine optimierende, administrative Programmbestimmung nach mikroökonomischen Effizienzkriterien erfolgen. Über die einheitliche informationelle Erfassung sämtlicher Ressortaktivitäten in einem vielstufigen System von Formblättern und Studien, aufgeteilt nach Zielen, Programmen und Maßnahmen, wird versucht, einen Überblick und – soweit möglich – Kontrolle über die umfassende Regierungstätigkeit zu gewinnen. Die Zuteilung der finanziellen Mittel soll dann nach dem größtmöglichen Nutzen erfolgen. Diesen Zielen dienen die umfassende Reorganisation des Informationsverarbeitungs- und Entscheidungssystems, die Entwicklung verschiedener Management- und Kontrollkonzepte [3], sowie die systematische Ausweitung der Analysekapazitäten.

2. Demgegenüber wies (bei allem verbalen PPBS-Enthusiasmus) der reale Aufbau eines Regierungsplanungssystems in der Bundesrepublik davon abweichende Züge auf, und zwar aus historischen wie systematischen Gründen. Rein chronologisch begann der Aufbau eines regierungsweiten Planungssystems mit der Entwicklung einer mehrjährigen Finanzplanung, den mittelfristigen, gesamtwirtschaftlichen Zielprojektionen sowie langfristigen Perspektiven des Wirtschaftswachstums. Diese Schwerpunktbildung kann als die Manifestierung der »fiskalischen Krise des Staates« [4] interpretiert werden, die unter anderem eine Folge der Krisenverlagerung aus dem Bereich der materiellen Produktion in die Sphäre der Staatsfinanzen ist.
Durch diese Orientierung war eine Integration des Ressourcen- und

des Programmplanungsstranges, wie sie PPBS intendiert, in der Bundesrepublik nicht von Anfang an gegeben. Daneben bestehen unterschiedliche administrative Bedingungen in den USA und in der Bundesrepublik, z. B. abweichende Funktionen des Bureau of the Budget von Bundeskanzleramt und Finanzministerium.
Der ab 1970 hinzukommende Aufbau eines Aufgabenplanungssystems war in der durchgängigen Betonung eines langfristigen politischen Zielsystems via strategischer Strukturparameter [5] darauf angelegt, sowohl den in der Finanzplanung weiterbestehenden »Budgetnegativismus« [6] wie die im PPB-System sichtbar werdenden Suboptimierungstendenzen zu korrigieren bzw. zu vermeiden. Diese Phase des hohen Erwartungsniveaus bezüglich eines integrierten Aufgabenplanungs- und Koordinationssystems fiel zusammen mit einer in den USA wegen unübersehbaren Funktionsmängeln um sich greifenden PPBS-Ernüchterung.

3. Der administrative Realitätsschock konzentrierte sich um das Problem, daß der faktische politische Macht- und Entscheidungsprozeß außerhalb der vom PPB-System vorgesehenen Kanäle verlief. Budgetäre Entscheidungen und politische Vorgaben in Exekutive und Kongreß behielten weiterhin die pluralistische Form des Inkrementalismus bei und die systematisierte Informationsverarbeitung allein konnte die Struktur des administrativen Prozesses nicht grundlegend umkehren. Der fehlende, vom Planungssystem nicht mobilisierbare politische Konsens hatte ein materiales Rationalitätsdefizit zur Konsequenz.

4. In der Bundesrepublik blieb ein Aufbrechen der Funktionsmängel des Regierungsplanungssystems nicht aus. Sowohl konnten in der Aufgabenplanung die einzelnen isolierten Planungsbereiche nicht eingefangen, als auch konnte ein »Greifen« der neuen Planungsinstrumente im realen administrativen Prozeß nicht in befriedigendem Maße sichergestellt werden. In der politisch-administrativen Perzeption schlug sich diese Erfahrung bisher aber nur in spezifisch verkürzter Weise nieder: Im wesentlichen werden für die zutage getretenen Funktionsschwächen die konkrete Ausrichtung verschiedener Planungselemente, ihre uneinheitliche hierarchische Verankerung, die technische Ausgestaltung, verantwortlich gemacht, es wird jedoch nicht der grundsätzliche Reflex einer kapitalistischen Gesellschaftsformation auf ein politisch-administratives Planungssystem näher analysiert.

5. Diese Verkürzung spiegelt daher auch die beiden gegenwärtig in der bürokratischen Diskussion dominanten Einstellungen zur Planung wider. Der konservative Verzicht auf formalisierte Planungssysteme verfolgt eine Konfliktvermeidungsstrategie durch Rückgriff auf die traditionell bewährten pluralistischen Konfliktaustragungs- und Bargaining-Prozesse. Denn die Explizierung politischer Zielsysteme durch Planung hat unvermeidlich eine Erhöhung des Konfliktniveaus im Gefolge, wie in verschiedenen gesellschaftlichen Bereichen ansatzweise deutlich wird (Bildung, Stadtentwicklung).

Demgegenüber verfolgt die optimistische technokratische Ideologie eine Weiterentwicklung der brauchbaren Planungselemente (z. B. Analysekapazität) und ihren Einbau in den realen politischen Entscheidungsprozeß über Versuche administrativer Konsensbeschaffung sowie – in ihren fortgeschrittenen Varianten – über selektive Mobilisierungsstrategien »von oben« und partielle Abstützung durch gesellschaftliche Gruppen in einzelnen Bereichen (z. B. Einkommenspolitik). Die absehbare Entwicklung scheint eher – was die objektiven Bedingungen betrifft, und worauf auch das empirische Planungsbewußtsein [7] hindeutet – auf ein Vordringen der zweiten Variante zu verweisen.

3. Politische Planungssysteme in der ökonomisch-gesellschaftlichen Entwicklung

Zur Erklärung der Entwicklung von politischen Planungssystemen ist es notwendig, sie in ihrem ökonomisch-gesellschaftlichen Kontext zu sehen. Eine solche Analyse läßt die Einteilung der bisherigen Planungssysteme in zwei Typen zu, die sich in ihren zentralen Dimensionen voneinander unterscheiden. Diese beiden Typen, nämlich die parametrischen Planungssysteme und die Planung der gesellschaftlichen Produktions- und Reproduktionsbedingungen, repräsentieren nicht den historischen Ablauf, sondern stellen eine analytische Zusammenfassung der wesentlichen Züge politischer Planungssysteme dar.

3.1 Parametrische Planungssysteme

Der Typ der parametrischen Planungssysteme bezeichnet die Art staatlicher Planung, die von einer politischen Steuerungsfunktion in der Weise ausgeht, daß der Staat über verschiedene Mechanismen

(Haushalte, Kreditpolitik, Steuern) Daten setzt, die über die Marktfunktion eine Verhaltenssteuerung der autonomen Wirtschaftssubjekte (primär Investoren und Konsumenten) in der von den politischen Instanzen langfristig für optimal erachteten Richtung bewirken.

Dieser Planungstyp setzt für den staatlichen Sektor voraus:

- eine interne Reorganisation der politischen Instanzen, um die notwendigen Steuerungskapazitäten aufzubauen,
- die Entwicklung effektiver Transmissionsmechanismen, um die gewünschten Verhaltensweisen der autonomen Marktsubjekte zu erzielen.

  In der Bundesrepublik bedeutete dieser Planungstyp zur Realisierung der Zielsetzungen vor allem dies:

  - Die Einführung der gesamtwirtschaftlichen Globalsteuerung,
  - den Aufbau einer mehrjährigen Finanzplanung als internes Steuerungsmedium,
  - daneben entwickelten sich auch Ansätze realer Programmplanungen, die aber noch isoliert voneinander betrieben werden.

Eine Planung dieses Typs beruht also auf der Konzeption, auf materiale staatliche Eingriffe in gesellschaftliche Bereiche zu verzichten. Statt dessen soll die Steuerung der Entwicklung durch das Setzen von Parametern geleistet werden, die allerdings die Bedingungen des ökonomisch-gesellschaftlichen Prozesses in verschiedenen Politikfeldern determinieren sollen. Ihre inhaltliche Ausgestaltung unterliegt dagegen nicht einer staatlichen Programmplanung. Parametrische Planungssysteme bedeuten hauptsächlich Ressourcenplanung und ihre fiskalische Steuerung. In der administrativen Ausgestaltung benötigt dieser Planungstyp zur Parametersetzung (Größe, Zeitpunkt, Anzahl etc.) vor allem ein valides Informationsverarbeitungssystem.

Dagegen fehlen weitgehend, weil sie kein vordringliches Erfordernis sind:

- die Integration von Ressourcen- und Programmplanung,
- materiale Analysekapazitäten zur Ermittlung der gesellschaftlichen Effekte der staatlichen Maßnahmen, weil diese sich erst über den Marktmechanismus realisieren.

Eine Kritik des parametrischen Planungssystems mit dem Ziel der Abschätzung seiner realen Steuerungskapazität muß untersuchen, ob die Voraussetzungen, auf denen dieser Typ beruht, in der kapitalistischen Ökonomie und ihrer Gesellschaftsformation gegeben sind.

1. Zunächst fällt auf, daß parametrischer Planung das Paradigma autonomer staatlicher Steuerung zugrunde liegt, denn sowohl die Festlegung der Entwicklungsrichtung als auch die dazu notwendige Parametersetzung werden als vom staatlichen Planungssystem bestimmbar angesehen. Das Verhältnis Plan-Markt, das ohnehin – wie eine Reihe von Untersuchungen belegen [8] – kein reales Alternativenpaar darstellt, wird in der Variante »Planung der Marktresultate« gelöst. Dies setzt die Annahme voraus, die Ergebnisse des Marktprozesses, die ja ihrerseits wieder die realen Produktionsbedingungen determinieren, seien durch die dem Staat zur Verfügung stehenden Parameter informationell vorwegnehmbar und damit steuerbar.

2. Weiter basiert dieser Planungstyp auf den keynesianischen Prämissen der ökonomischen Systembalance (als dynamischem Prozeß) durch Makroregulierung der großen volkswirtschaftlichen Nachfrageaggregate. Art und Qualität der Staatsausgaben werden als für diese Steuerungserfordernisse gleichgültig angesehen. Dagegen kann eine materiale Analyse leicht nachweisen, daß entgegen diesen Annahmen die Art der staatlichen Ausgaben für die Entwicklung der Ökonomie keineswegs beliebig ist, ganz abgesehen davon, welche gesellschaftlichen Verteilungswirkungen sie im Gefolge haben. Denn conditio sine qua non für jede, und zudem die fiskalische, Staatstätigkeit ist, keine Konkurrenz für den privatwirtschaftlichen Mechanismus in jenen Bereichen darzustellen, in denen die Verwertungsbedingungen profitabel sind.

3. Zusätzliche Verhaltensannahmen treffen parametrische Planungssysteme, indem sie den Konjunkturablauf als determiniert ansehen von den Handlungen oder Unterlassungen der autonomen, handelnden Marktsubjekte (Investoren und Konsumenten). Im Extremfall führt dies zu einem Psychologismus und Behaviorismus, der strukturelle Bedingungen grob vernachlässigt, während real davon auszugehen ist, daß die Dynamik des ökonomischen Prozesses gerade nicht durch das Verhalten einzelner Handlungsträger konstituiert wird, sondern durch die als Resultat konzipierte Bewegung des gesellschaftlichen Gesamtkapitals.

4. Der parametrische Planungstyp gerät in den Zirkel, daß seine Steuerungsleistung *abhängig* wird von einem ausgeglichenen Wachstum, das er gerade erst *erzielen* will. Denn ausgeglichenes Wachstum ist in einer kapitalistischen Ökonomie, deren Funktionsprinzip die

Priorität der höheren Verwertungsrate ist, nicht gegeben. Intendiert aber die staatliche Planung zur Herstellung der Gleichgewichtigkeit des Wachstums ein bestimmtes Investitionsverhalten, das gemessen am Kriterium der Verwertungsrate ökonomisch nicht rational, politisch aber erwünscht ist, muß sie selbst direkt tätig werden; der parametrische Mechanismus reicht hierzu nicht mehr hin [9].

5. Schließlich setzt parametrische Planung voraus die Existenz präziser Methoden der Determinierung und Korrektur der effektiven Parameter (also z. B. Preise, Löhne, Zinsen), denn diese Parameter müssen für die Investoren und Konsumenten die alternativen Wahlmöglichkeiten so strukturieren, daß sie mit der politischen Präferenzskala kongruent werden.

Die realen Effekte der staatlichen Steuerungsleistungen mit Hilfe parametrischer Planungssysteme erweisen sich als defizitär gegenüber ihren eigenen Zielsetzungen. Die Gründe hierfür liegen nicht in Mängeln ihrer Implementierung, sondern an ihren prinzipiellen Grenzen in einer kapitalistischen Ökonomie, die eine verkürzte Theoriebildung nur unzulänglich reflektiert.
Diese Einsicht mündet in die Intention der Umgestaltung der Planungssysteme, die über die parametrische Variante hinausweisen, so daß eine »angebotsorientierte Struktursteuerung« [10] möglich wird. Die theoretischen Dimensionen dieses Planungstyps werden im folgenden untersucht.

3.2 Planung der gesellschaftlichen Produktions- und Reproduktionsbedingungen

Parametrische Planung hat vor allem drei Funktionsmängel offenbart:
a) Die von ihr ausgehenden Anstöße haben nicht das administrationsinterne Reorganisationspotential mobilisieren können, auf dessen Basis ausreichende Steuerungsleistungen zu erbringen sind.
b) Es wurden nicht effektive Mechanismen entwickelt, um politische Prioritäten über den Markt zu realisieren.
c) Das Vorhandensein sektoraler, wenn auch isolierter Programmplanungen im parametrischen Planungstyp deutet darauf hin, daß es beim Stand der gesellschaftlichen Entwicklung nicht mehr genügt, nur die Rahmenbedingungen der ökonomischen Verwertung zu

sichern, erfordert wird die materiale Planung von Bereichen wie Qualifikationsstruktur der Arbeit, Kommunikations- und Transportsysteme, Gesundheitssicherung.
In der Konsequenz bedeutet dies, daß an staatliche Planungssysteme die Anforderung gestellt wird, die allgemeinen, materiellen Produktions- und Reproduktionsbedingungen des Kapitals vorauszusetzen. Ein solches Planungssystem muß auf verschiedenen Dimensionen eine ungleich höhere Regelungskapazität aufweisen als ein parametrisches. Die Steuerung über Parameter kann zwar in diesem Planungstyp mit enthalten sein, sie ist aber nicht mehr das zentrale Kennzeichen.

Hauptmerkmale dieses Planungstyps

Die Hauptmerkmale dieses politischen Planungssystems zur Sicherung der gesellschaftlichen Produktions- und Reproduktionsbedingungen können im Folgenden gesehen werden:

a) Innerhalb der Administration wird ein strategisches, makroskopisches regierungsweites Zielsystem entworfen, das den Aufgabenrahmen der sektoralen Ressortplanungen abgibt. Dieser Konzeption liegt im wesentlichen die Annahme zugrunde, daß alle realen gesellschaftlichen Prozesse sich in der administrativen Organisation abbilden. Zu ihrer angemessenen Berücksichtigung ist es notwendig, sie systematisch im politisch-administrativen Entscheidungsprozeß zu repräsentieren, um eine rationale, d. h. am höchsten Nutzen orientierte Ressourcenzuteilung zu gewährleisten.

b) Mit dieser Zielsetzung wird eine Integration des Aufgaben- und des Ressourcenstranges erforderlich, weil eine Ressourcenentscheidung immer zugleich eine programmatische impliziert und umgekehrt. Zudem ist der budgetäre Entscheidungsprozeß an inkrementalen Kriterien orientiert, der einem Nutzenkalkül vollkommen widerspricht [11]. Der simultanen Entscheidung von Programmen und ökonomischen wie fiskalischen Ressourcen dienen eine Reihe von analytischen Verfahren, deren wichtigste »Two-Track-« und »Cross-Walk-System«, sowie »analytisches Budget« sind [12].

c) Die Erkennung der Interdependenzen der Aufgabenbereiche, von Engpässen und Strukturbrüchen macht den Aufbau einer hinreichenden Analysekapazität innerhalb der staatlichen Administration notwendig. Diese entwickelt sich bisher in zweierlei Richtung:

– ex ante-Analyse intendierter Politiken, vor allem mit Hilfe dreier Verfahren: mikroökonomische Kosten-Effektivitätsanalysen, multidimensionale Kosten-Nutzen-Analysen, Policy-Analysen;
– ex post-Evaluation einzelner Politikbereiche als Erfolgskontrolle.

Da der Einführung derartiger Analysekapazitäten in der »Systempolitik« beträchtliche Bedeutung beigemessen wird, sollen sie hinsichtlich der erwarteten Rationalitätssteigerung kurz untersucht werden.

Exkurs zu Analyseverfahren

Die Kernfrage derartiger Analyseverfahren reduziert sich auf das Problem, daß der Staat in der kapitalistischen Ökonomie darauf verwiesen ist, seine Leistungserbringungen zur Sicherstellung der allgemeinen materiellen Produktions- und Reproduktionsbedingungen letztlich in Preiskategorien, die Resultate des Marktmechanismus sind, darzustellen (»monetäres Kalkül«) [13].
Da aber in einer kapitalistischen Warenwirtschaft die Verhaltensorientierungen der Wirtschaftssubjekte von der Funktion des Wertgesetzes (mit seiner Grundgleichung von Tauschwert = Gebrauchswert) [14] bestimmt werden, drücken sich in der Preisstruktur die Gleichgewichtsrelationen der Tauschwerte aus. Die Frage, inwieweit das System der Marktpreise die Relationen der alternativen Kosten im gesamtwirtschaftlichen Maßstab reflektiert (ökonomischer bzw. gesellschaftlicher Kalkül) – dies wäre ja der Kernpunkt makroskopischer Kosten-Nutzen- sowie Policy-Analysen [15] –, kann nicht auftauchen, weil die Kategorie der gesellschaftlichen alternativen Kosten (die sich nicht in Marktpreisen ausdrücken) innerhalb der kapitalistischen Ökonomie nicht existent ist.
Der wissenschaftlichen Analysetätigkeit zur Bestimmung und Rationalisierung der politischen Output-Funktionen fehlt also der notwendige zentrale Input in Form der Kategorie der alternativen gesellschaftlichen Kosten, die nicht das Ergebnis laufender Marktprozesse und der Handlungen autonomer Produzenten und Investoren sind, sondern auf der Arbeitswerttheorie basiert.
Der Einwand, die hier entwickelte Kritik treffe allenfalls auf Kosten-Nutzen-, nicht jedoch auf Kosten-Effektivitäts-Analyse zu, ist deshalb nicht stichhaltig, weil das Kriterium der Rentabilität, das Effektivitätsanalysen zugrunde liegt, den Output staatlicher Pro-

gramme nicht bestimmen kann. Denn die Ausrichtung und Disposition von Investitionen als staatlichem Output determiniert die Wirtschaftsstruktur, d. h. den Anteil der verschiedenen ökonomischen Aktivitäten und ihre technisch-sozialen Anwendungsbedingungen.

Die Effizienz der Investitionen kann nur auf einem Kalkül von gesamtgesellschaftlichem Niveau beurteilt werden, in den die Auswirkungen der in einem bestimmten zeitlichen Planungshorizont möglichen strukturellen Veränderungen eingehen. Mit Rentabilitätsüberlegungen kann allenfalls der Grad der Effizienz in der Verwendung bereits vorhandener und alternativ zu benutzender Ressourcen ermittelt werden. Daher kommt der Dichotomie zwischen monetärem und ökonomischem Kalkül, zwischen Rentabilität und »gesellschaftlicher Effizienz bzw. Nutzen« erhöhte Bedeutung zu, und zwar zunehmend mit der Entwicklung des gesellschaftlichen Charakters der Produktivkräfte.

Im Kern die analogen Schwachstellen weist das Programm der Sozialindikatoren [16] auf, mit deren Hilfe einzelne Politikfelder und ihre Interdependenzen auf einer objektivierten Basis analysiert und damit kalkulierten staatlichen Interventionen zugänglich gemacht werden sollen. Dabei wird unversehens unterstellt, ein Netz von Indikatoren könne ein objektives Abbild einzelner sozialer Bereiche liefern, während tatsächlich von dem Tatbestand auszugehen ist, daß hierzu ansatzweise nur eine materiale Theorie der jeweiligen gesellschaftlichen Entwicklungsdynamik in den betreffenden sozialen Sektoren dazu in der Lage ist. Andernfalls – d. h. wenn übersehen wird, daß Indikatoren wie jegliche soziale Informationen immer selektiv und Machtüberlegungen unterworfen sind und zudem als krisenantizipierende Informationen relativ unbrauchbar sind – stellen Indikatoren bestenfalls eine formale Systematisierung der zugrunde liegenden Irrationalitäten dar.

Andererseits kann als positives Resultat der Einführung systematischer Analysetätigkeit in den Planungsprozeß festgehalten werden eine Erhöhung der Selektivität der staatlichen Programme, d. h. Verbesserung der Lenkung der Ressourcen in Prioritätsbereiche und damit verbunden ein verschärfter Begründungs- und Rechtfertigungszwang der dahinter stehenden gesellschaftlichen Interessen. Dies bedeutet weniger die Einführung neuer substantieller Rationalität als die Effektivierung bestehender Rationalität.

Insbesondere bei der Untersuchung der staatlichen Analysekapazität wird ein zentrales Dilemma deutlich, das die Grenze politischer Planungssysteme zur Sicherstellung der allgemeinen Reproduktionsbedingungen markiert. In einem derartig konzipierten Planungssystem kollidieren permanent der Primat der Verwertungsbedingungen, der gewahrt bleiben muß, wenn nach den eigenen Effizienzkriterien die erweiterten ökonomischen Reproduktionsvoraussetzungen gesichert werden sollen, mit der politisch artikulierten, gesellschaftlichen Präferenzstruktur. Eine Kongruenz von Verwertungsbedingungen und Präferenzstruktur kann keinesfalls a priori angenommen werden.

In dieser konzentrierten Form ist das staatliche Planungssystem dem zentralen Widerspruch natürlich nicht unmittelbar konfrontiert. Zum einen kann weder von der Existenz homogener Verwertungsbedingungen, noch dem Bestehen einer aggregierten gesellschaftlichen Präferenzstruktur ausgegangen werden. Zum anderen treten die widersprüchlichen Anforderungen an das Planungssystem diesem in der Form eines vielfältig gebrochenen administrativen Prozesses entgegen.

Allerdings wird durch diese Vermittlungsmechanismen die prinzipielle Grundkonstellation innerhalb des Planungssystems nicht geändert. Denn die entscheidenden Grenzen dieses Planungstyps liegen in der prinzipiellen Unmöglichkeit der Entwicklung eines gesellschaftlich-ökonomischen Kalküls unter den Bedingungen einer kapitalistischen Warenwirtschaft.

An dieser Stelle der Untersuchung ist eine Differenzierung notwendig, die eine weitverbreitete Überschätzung der staatlichen Planungssysteme vermeiden hilft. Denn die Frage ist, ob die konkreten Planungsinstrumente PPBS bzw. Aufgaben- und Finanzplanung es sind, denen die zentralen Steuerungsfunktionen im Kapitalismus zukommen.

Hierzu muß unterschieden werden zwischen dem gesamten staatlich-administrativen Apparat, der zur planvollen Intervention in gesellschaftlich-ökonomische Prozesse zur Verfügung steht (und der oft als *»das«* staatliche Planungssystem schlechthin apostrophiert wird) und den bürokratisch-hierarchisch eng abgegrenzten formalen Planungsinstanzen. Unter diesem Aspekt fällt auch ein neues Licht auf die empirische Feststellung der Phase der eingetretenen Desillusionierung über die konkreten Planungssysteme (im eng definierten

zweiten Sinn). Aus dieser Differenzierung wird nämlich erkennbar, daß es die konkreten administrativen Systeme PPBS bzw. Aufgaben- und Finanzplanung sicherlich nicht sind, welche die realen Interventions-Funktionen wahrnehmen. Dies heißt natürlich nicht, daß staatliche Planung und interventionistische Politik nicht stattfinden, es heißt lediglich, daß diese Funktionen nicht eindeutig in den formal-hierarchischen Planungssystemen lokalisierbar sind.
Deshalb bedeuten die subjektiven politisch-administrativen Schwankungen in den Einstellungen zur Planung auch kein prinzipielles Infragestellen der staatlichen Planungsintentionen, sondern lediglich die Problematisierung ihrer technischen Form und Ausgestaltung.
Unter diesem Aspekt wird zugleich die Kurzschlüssigkeit einer Argumentationsform deutlich, die ein PPB-System oder ein Aufgaben- und Finanzplanungssystem als *die* adäquaten staatlichen Planungssysteme unter den gegenwärtigen Bedingungen der Kapitalverwertung interpretieren. Die Relevanz dieser Systeme für die interne administrative Rationalisierung ist sicherlich höher einzuschätzen als ihre unmittelbaren ökonomischen Interventionsfunktionen. Ein indirekter »Beweis« für diese These kann in dem empirischen Befund gesehen werden, daß (jedenfalls bisher) keine nennenswerten externen Interessenanlagerungen an diese Planungssysteme festgestellt werden können. Der reale politische Macht- und Entscheidungsprozeß hat (noch) nicht die Form des geschlossenen Planungszyklus angenommen, sondern vollzieht sich weiterhin in der inkrementalen Form des traditionellen Ressortprozesses.
Dagegen stellt die formale interne Zentralisierung sicherlich ein wesentliches Resultat der bisherigen Entwicklung der Planungssysteme dar. Diese Zentralisierung hat aber wiederum durchaus widersprüchliche Folgewirkungen für die Funktion der Planung. Sie können in folgenden Konsequenzen zusammengefaßt werden:

a) Wie gezeigt werden konnte, erbringt Zentralisierung allein keine neue materiale Rationalität, z. B. keine ökonomisch rationale Lohnrate in Form einer geplanten Einkommenspolitik, die »objektiv« notwendig ist [17].

b) Formale Zentralisierung bei nicht gleichzeitiger macht- und entscheidungsmäßiger Dezentralisierung baut einen sekundären Widerspruch auf zu den realen Tendenzen einer weitergehenden Vergesellschaftung der Produktivkräfte. Die bisherigen politischen Planungssysteme bleiben »Teilplanung« insofern, als sie geplante und ungeplante Sektoren der gesellschaftlichen Entwicklung nebeneinander bestehen lassen.

c) Im administrativen Innenaspekt wird dadurch die Problemlage erzeugt, daß die zentralisierten Planungsinstanzen als die tendenzielle, symbolische Repräsentanz gesamtgesellschaftlicher Interessen in Widerstreit geraten mit denjenigen administrativen Agenturen, die politische Instrumente partialer Interessen sind.

An hauptsächlichen realen Funktionen dieses Planungssystems können als Zwischenergebnis festgehalten werden:

1. Administrationsinterne Rationalisierungs- und Systematisierungseffekte,
2. Projektion der generellen ökonomischen und gesellschaftlichen Entwicklungstendenzen,
3. marginale Korrekturen der vom Marktmechanismus realisierten Allokationsfunktionen.

Im Verlauf der Analyse des Planungssystems der allgemeinen materiellen Produktions- und Reproduktionsbedingungen konturierte sich als bisher verdeckte Problemstellung, die im folgenden Abschnitt nun weiterverfolgt werden soll, ein neuartiges Verhältnis zwischen dem politischen System, in das die Funktionen der Planung inkorporiert sind, und der ökonomischen Sphäre. Dieses Grundverhältnis jeder Gesellschaftsformation thematisieren eine Reihe von enger oder weiter angelegten Theorien der staatlichen Planung, die nun im nächsten Untersuchungsschritt näher zu analysieren sind.

4. Politische Planung als Problem staatlicher Intervention

Es erscheint sinnvoll, die vorliegenden Ansätze zur Analyse staatlicher Planungssysteme daraufhin abzufragen, welche theoretischen Konzeptualisierungen benutzt werden, welche theoretischen und strategischen Einschätzungen der Planung daraus abgeleitet werden und welchen unterschiedlichen empirischen Gehalt die Analysen besitzen.
Auf Grund dieser Kriterien ist es möglich, eine »weiche«, d. h.

Abweichungen und Überschneidungen zulassende, Form der Dimensionierung der bisherigen Planungsanalysen vorzunehmen und auf diese Weise zu einer Typologie der Theorien zu gelangen. Eine derartige, gewissermaßen sekundäranalytische Untersuchung basiert auf der theoretischen Fragestellung, die in ihrer allgemeinen Form thematisiert werden kann als das Verhältnis von Ökonomie und Politik unter den Bedingungen des entwickelten Kapitalismus und der korrespondierenden Gesellschaftsformation.
Die theoretische Fragestellung zur Klärung dieses als grundlegend anzusehenden Sachverhalts bedarf auf der nächsten Ebene der Untersuchung einer weitergehenden Konzeptualisierung in den beiden folgenden Problemstellungen:

- wie haben sich die Strukturen des ökonomischen Systems gewandelt und welche Konsequenzen resultieren daraus für die politischen und ökonomischen Funktionen des Staatsapparates,
- worin besteht der Wandel in der Struktur des Staatsapparates im Gefolge der Übernahme dieser neuen Funktionen.

Aus der Analyse der verschiedenen theoretischen Ansätze ergibt sich eine Anzahl von Dimensionen, die jeweils für die einzelnen Theorien konstitutiv sind, und die als Grundlage ihrer Typologisierung dienen.
Im wesentlichen verlaufen die Trennungslinien zwischen den einzelnen Ansätzen entlang den folgenden Dimensionen:

1. Konzeptualisierung des Verhältnisses zwischen dem ökonomischen und dem politisch-administrativen System; abgenommen hauptsächlich an den Kriterien:
   a) analytische und reale Trennbarkeit der beiden Systeme,
   b) Autonomie des politisch-administrativen Systems (auf einem Kontinuum Abhängigkeit-Unabhängigkeit).

2. (empirische) Einschätzung der »realen Steuerungskapazität«, d. h. wie weit ist die staatliche Planung *tatsächlich* ökonomisch und politisch wirksam und nicht nur ein scheinbar ideologischer Überbau über nach wie vor naturwüchsig ablaufende Prozesse. Hierzu ist zweierlei zu bemerken:
   a) Diese Einschätzung ist natürlich abhängig von der vorgängigen theoretischen Konzeptionalisierung,
   b) Mit dem Begriff der »Steuerungskapazität« sollen die Vorstellungen der Trennbarkeit und der äußerlichen Einwirkung des Staatsapparats auf ökonomische Prozesse nicht unterschoben werden.

Die Typologie unterscheidet vier Theorieansätze, in denen politische Planung als Problem der staatlichen Intervention jeweils unterschiedlich gefaßt wird: Die »pluralistische Systempolitik«, die Theorien des Staatsinterventionismus, die Theorie des staatsmonopolistischen Kapitalismus, sowie eine Theorie der kapitalistischen Reproduktion mit den Staatsfunktionen als deren Bestandteil.
Diese vier Typen repräsentieren allerdings in sich wiederum verschiedene Varianten, was zum Teil Überlappungen in einzelnen Dimensionen im Gefolge hat.
Die Analyse ist durchgängig, soweit es sich von der Sache her durchhalten läßt, an den drei Untersuchungsschritten orientiert: theoretische Konzeptualisierung, Konsequenzen, Ansätze einer Kritik.

4.1 Pluralistische Systempolitik

Als »pluralistische Systempolitik« kann der gegenwärtig vor allem in den Ländern Westeuropas und in den USA zu beobachtende Versuch bezeichnet werden, die Form des überkommenen politisch-administrativen Entscheidungsprozesses zu modifizieren. »Systempolitik« [18], intendiert dabei hauptsächlich, die fragmentierte Struktur und den vielfältig gebrochenen Prozeß politisch-administrativer Entscheidungen – den administrativen Inkrementalismus – in die Form einer umfassend angelegten, systematische Rationalität garantierenden, konzeptionellen Planung zu transformieren.
Wesentlich für diese Versuche ist, daß sie auf politisch-gesellschaftlicher Ebene unverändert dem wechselseitigen Aushandlungsmechanismus dominanter Gruppen konfrontiert sind, deren Interessenberücksichtigung die pluralistische Prozeß- und Verteilungspolitik garantierte. Diese gegebene gesellschaftliche Machtstruktur kann – und soll auch programmatisch – von administrativen Planungssystemen *nicht* real in Frage gestellt werden.
Der immanente Widerspruch erwächst aus dem Fortbestehen des »Pluralismus« als explizit akzeptierter machtmäßiger Basis bei dem gleichzeitigen Versuch einer Umpolung des politisch-administrativen Prozesses.
Innerhalb der pluralistischen Systempolitik können im wesentlichen drei Varianten unterschieden werden, die sich voneinander abheben durch die aufsteigende Berücksichtigung folgender Elemente:

1. Schwerpunktmäßige Verbesserung der administrativen Informations- und Koordinierungsprozesse unter systematischem Einbau erweiterter Analysekapazität.

2. Kalkulierung der politischen Prozeßvariablen mit signifikant unterschiedlichen Konsequenzen für den staatlichen Planungsprozeß.

1. Aus Typ 1 [19], der ausschließlich abstellt auf die Informations- und Analyseproblematik, resultiert als theoretische bzw. strategische Konsequenz für die Staatsfunktionen bzw. das politische Planungssystem die Bereitstellung besserer staatlicher »social services« in Bereichen wie Gesundheit, Bildung, Wohnungsbau. Als Implementierungsstrategien kommen die Modelle entscheidungsmäßiger Dezentralisierung (z. B. Bürgerforen), der »community control« (wie in den »community action-Programmen«) [20], sowie im Extremfall der marktmäßigen Privatisierung (z. B. kommerzielle Bildungseinrichtungen) in Betracht.
Die Kritik dieses Typs kann vor allem an zwei Punkten ansetzen: Zum einen erzeugt die Beschränkung auf die administrationsinterne Ebene kontraintuitive Folgen in der Richtung einer »Rationalisierung der bestehenden Irrationalitäten«, zum anderen bewirken selbst administrationsintern neue Informationstechnologien und Analysekapazitäten keine realen Verhaltensumorientierungen.

2. Die zweite Variante der pluralistischen Systempolitik [21] baut zwar ebenfalls auf die Entwicklung politisch-administrativer Informationstechnologien und Analysekapazitäten, überschätzt aber nicht deren Stellenwert, sondern widmet ein Hauptaugenmerk den Determinanten des politischen Prozesses, innerhalb dessen Rahmen politische Planung effektiviert werden soll. Eine Brücke zwischen den Konzepten »Information« und »Pluralismus« wird geschlagen durch das Postulat, die Input-Seite des Planungsprozesses zu verstärken durch den Aufbau und die Nutzbarmachung eines »social forecasting« (als Gegenstück zu »technological forecasting«) [22] als gesellschaftliche Prognosekapazität zur Sicherstellung eines informationellen Prognosepluralismus.
Der Pluralismus als politische Prozeßvariable nimmt von der Plattform der technokratischen Steuerungsplanung aus die eigentümliche Form an, als »Planungswiderstand« [23] in doppelter Weise zu fungieren: Als Druck von status quo-Gruppen und als mangelnder Freiraum für Zukunftsplanung.
Ein weiteres Zentralkonzept dieser Planungstheorie bildet die Steuerung der technologischen Entwicklung [24]. Für staatliche Planungssysteme erwachsen hieraus zwei Problemkomplexe: Zum

einen wirft die aus technologischem Fortschritt resultierende »Revolution des steigenden Erwartungsniveaus« politische Bestandsprobleme der Sicherung von hinreichender Massenloyalität auf [25], zum anderen ist staatliche Planung mit den Entwicklungsstörungen des technologischen Wachstums konfrontiert. Im wesentlichen hat Planung hierbei zu leisten eine Lösung der negativen Folgeprobleme (z. B. Umweltkrise), eine gezielte Freisetzung des technischen Fortschrittes (z. B. Forschungsförderung), sowie negativ eine Verhinderung des Einsatzes von Technologien, die längerfristig größere Probleme erzeugen als lösen (z. B. überschnelle Transportsysteme).
Gemessen an diesen Steuerungsanforderungen wird im weiteren eine Diskrepanz zur überkommenen Praxis des Verwaltungshandelns unübersehbar.
Eine solche Konzeptualisierung mündet bei dieser Theorievariante in die doppelte Konsequenz für die Planung des Staates:
Gesellschaftliche Entwicklung und Entwicklung eines politischen Planungssystems vollziehen sich in beiderseitiger Wechselwirkung, jedoch in der spezifischen Form, daß der Planungsprozeß durch die vorhandenen pluralistischen Interessenkonstellationen determiniert werden.
Damit kann die Funktion des Planungssystems nicht mehr sein, solche latenten gesellschaftlichen Bedürfnisse, die sich nicht in organisierten Interessenkoalitionen manifestieren, zu artikulieren, sowie gesellschaftliche Entwicklungsziele zu identifizieren. Vielmehr erhält politische Planung den Status einer Moderatorfunktion zwischen vorhandenen gesellschaftlichen Planungskapazitäten zugewiesen.
Eine Kritik dieses Konzepts entfaltet sich in vier, hier nur anzudeutende Richtungen:
Es fällt der immanente Widerspruch auf zwischen der Thematisierung von Planungswiderständen durch Status-quo-Gruppen und der Begünstigung eben dieser Gruppen durch die staatliche Moderatorfunktion, die sich von deren privaten Planungsressourcen abhängig macht. Zum anderen übersieht der Begriff der »pluralistischen Planungswiderstände« die systematischen Grenzen staatlicher Planung an der Grundstruktur der kapitalistischen Produktionsweise, die sich *auch* in einer korrespondierenden Gesellschaftsformation niederschlägt. In der Argumentation zum technologischen Fortschritt wird dieser autonomisiert, wohingegen gewichtige Gründe dafür sprechen, ihn als abgeleitete Funktion der gesellschaftlichen Entwicklung anzusehen [26].

Schließlich bleiben Klagen über eine zurückgebliebene staatliche Verwaltungsorganisation unverbindlich, wenn nicht eine Klärung erfolgt, welche Funktion diese Praxis hat, wohin die objektiven Wandlungstendenzen zielen, ob hier Spielräume bestehen, die Richtung marginal zu bestimmen, etc.

3. Eine in ihren Konsequenzen vom zweiten Typ abweichende Variante [27] der pluralistischen Systempolitik konzeptualisiert Planung als eine Systematisierung des Auswahlprozesses (informationell und hinsichtlich der Interessenberücksichtigung) in den politischen Mechanismen der Konfliktaustragung und Konsensbildung. In dieser positiven, empirischen Theorie bleibt der Planungsprozeß zwar in den pluralistischen Spielregeln befangen, in den Konsequenzen werden aber strategische Potentiale sichtbar:
Ein Planungssystem mit strukturverändernden Ansprüchen kann – eben weil es sich als Bestandteil des politischen Prozesses der Konfliktaustragung versteht – auf Grund einer breiten Konsensbildung (deren Zustandekommen allerdings problematisch bleibt) mit zunehmenden Implementierungschancen rechnen.
In einer attentistischen Strategie vermag das Planungssystem bei bereichsweise wachsendem Krisendruck (der in die pluralistische Struktur zyklisch eingebaut ist) [28], die dann entstehende Bereitschaft und politische Verhaltensdisposition zu nicht-inkrementalen Lösungen in Richtung auf tendenzielle Umstrukturierung eingefahrener gesellschaftlicher Prozesse zu nutzen. Dieser Aspekt der Krisennutzung überfordert nicht Planung als Form der reaktiven Politik, sondern schlägt gewissermaßen die pluralistische Prozeß- und Verteilungspolitik mit ihren eigenen Mechanismen. Allerdings kann eine solche Konsequenz dieser Theorievariante nicht darüber hinwegtäuschen, daß sie auf einem pluralistischen Krisenbegriff beruht, die Konsequenzen eines kapitalismustheoretischen Krisenkonzepts auf der Basis einer materialen Gesellschaftstheorie hiervon gänzlich verschiedene sind [29].

4.2 Theorien des Staatsinterventionismus

Die Theorien des Staatsinterventionismus, die ebenso wie jene der pluralistischen Systempolitik in verschiedenen Varianten entwickelt worden sind, unterscheiden sich von diesen vor allem durch die Zugrundelegung eines politökonomischen Paradigmas gegenüber einem handlungs- und entscheidungstheoretischen in den Systempolitik-Theoremen [30].

Die materiale Trennlinie zwischen den beiden Ansätzen verläuft in der Konzeptualisierung des Verhältnisses zwischen ökonomischer Entwicklung und politischem System. Während Verhaltenskategorien von Handlungseinheiten (z. B. administrative Systeme) das handlungs- und entscheidungstheoretische Paradigma konstituieren, gehen politökonomische Theorien – sei es in den Varianten des Staatsinterventionismus, des staatsmonopolistischen Kapitalismus, oder der ökonomischen Reproduktion – sämtlich in irgendeiner Form von der Ableitung der Funktion des politisch-administrativen Systems aus der ökonomisch-gesellschaftlichen Entwicklung aus.

Die Theorien des Staatsinterventionismus können – mit den Kosten beträchtlicher Unschärfe – in zwei Varianten aufgespalten werden, deren Unterscheidungskriterien weniger in ihren konstitutiven Konzepten als in den daraus gezogenen Konsequenzen liegen.

1. Die erste, in sich heterogene Variante (repräsentiert etwa durch Jürgen Habermas, Technik und Wissenschaft als Ideologie, sowie Claus Offe, Demokratische Legitimation der Planung [31]) geht im wesentlichen von einem Basiskonzept des Staatsinterventionismus aus, das ganz verkürzt umschrieben werden kann: Zur Sicherung der Stabilität des Systems, zur Kompensation systemgefährdender Dysfunktionalitäten – die Folgeprobleme des Akkumulations- und Zentralisationsimperativs in der monopolistischen Phase einer kapitalistischen Ökonomie darstellen – entwickelte sich staatliche Intervention von rechtsförmlichen Regelungen des kapitalistischen Warenverkehrs über unkoordinierte, punktuelle Eingriffe zur Dauerregulierung des Wirtschaftsprozesses via Planungssysteme.

Damit aber – und hier liegt die entscheidende Konsequenz dieser Theorien – hat sich das Verhältnis des politischen zum ökonomischen System gewandelt: Politik ist nicht mehr nur einseitig von der ökonomischen Basis abhängig, sondern es muß auch umgekehrt die Ökonomie als eine Funktion der Staatstätigkeit und der politischen Konfliktaustragung und Konsensbildung konzipiert werden. Im Extremfall mündet diese Position in einen »Primat der Politik«, d. h. ein Primat der politischen Steuerungsfunktion zur Stabilisierung der ökonomischen Prozesse.

Ist diese Wendung zur Prävalenz des Politischen aber erst einmal akzeptiert, leitet sich hieraus die Primärfunktion des Staatsapparats ab, nämlich eine über politische, d. h. ideologische Mechanismen

effektivierte Sicherung von Massenloyalität zu gewährleisten. Erfordert werden eine ideologische Ersatzprogrammatik, die an der kompensatorischen Staatstätigkeit orientiert ist und die Errichtung von Institutionen wie z. B. politische Planungssysteme, denen derartige symbolische Funktionen zugeschrieben werden können [32].
Als staatliche Realfunktionen erscheinen somit die Herstellung von Manipulationsspielräumen für staatliche Interventionen, die durch Eingrenzung von systemgefährdenden Risiken die private Form der Kapitalverwertung sichern und ihr die notwendige Massenloyalität verschaffen. Politik erhält einen eigentümlichen negativen Charakter: Sie produziert eine gesellschaftliche Legitimationsgrundlage durch Entpolitisierung und beseitigt Dysfunktionalitäten, die permanente Nebenfolgen des ökonomischen Systems sind.

2. Gegenüber den funktionalistischen Varianten der Interventionstheorien führt der Ansatz [33], der in seiner Konsequenz eine Theorie der politischen Krise als strukturelle Systemeigenschaft (damit unterscheidet sich der politische Krisenbegriff vom ökonomischen [Schwankungen der Kapitalverwertung] und vom handlungstheoretischen [Entscheidungsprozeß unter Zeitdruck, K. W. Deutsch]) entwickelt, zwei neue konstitutive Elemente ein.
Ein politisch-administratives Handlungssystem benötigt zur Auseinandersetzung mit seiner gesellschaftlichen und ökonomischen Umwelt hinreichende Steuerungsressourcen, die ihm in den drei Formen von fiskalischen Mitteln, administrativer Rationalität, sowie Massenloyalität zur Verfügung stehen. Wie eine Reihe von Studien belegt hat, kann in sämtlichen drei Bereichen tendenziell ein strukturelles Defizit vermutet werden: Die »fiskalische Krise des Staates« [34] resultiert aus kumulativen Folgeansprüchen an die über öffentliche Haushalte organisierte Stabilisierungspolitik; materiale Rationalität wird durch den Struktureffekt der Privatisierung und Desintegration der Verwaltung verhindert [35] verhindert; Die Sicherung der Massenloyalität bleibt aus den oben angeführten Gründen prekär. Wie ein materialer Nachweis zeigen kann, zielen diese aggregierten Tendenzen in der Konsequenz auf einen Prozeß der kumulativen Selbstblockierung (z. B. verschärfen fiskalische Engpässe sofort das Legitimationsproblem) der staatlichen Steuerungsressourcen. Damit erhöht sich zwar einerseits der Grad an potentieller Krisennutzung durch das politische Planungssystem, ihr realer Manövrierraum verengt sich aber in gleichem Maße: Die Entropie des Systems nimmt ständig zu.

Das Konzept der Steuerungsressourcen in der Theorie des Staatsinterventionismus besitzt einen zweiten folgenreichen Aspekt in dem Sachverhalt, daß Steuerungsleistungen über bestimmte Politikfelder effektiviert werden, was einen Auswahlprozeß voraussetzt. Im Gegensatz zu den Annahmen der pluralistischen Systempolitik kann jedoch (was eine Reihe von Bereichsstudien belegen) davon ausgegangen werden, daß nicht balanciert pluralistische, sondern strukturell ausgefilterte Entscheidungsprämissen dem Selektionsprozeß einen »systematischen« Bias geben, der ökonomische Primärerfordernisse bevorzugt berücksichtigt. Damit erzeugt die politisch-administrative Selektivität aber selbst wiederum legitimatorische Folgeprobleme, die das politische Krisenpotential vergrößern.
Die Theorie des Staatsinterventionismus enthält interne Inkonsistenzen durch die widersprüchliche Konzeptualisierung des Staatsapparates, der zur Erfüllung der Regulierungsfunktion beträchtliche Steuerungskapazitäten aufbaut, damit tendenziell zum »reellen Gesamtkapitalisten« wird, aber auf der anderen Seite als reale Output-Leistung primär ideologische und symbolische Funktionen der Massenloyalitäts-Sicherung zu erbringen hat. Diese Widersprüchlichkeit erscheint als Konsequenz der theoretischen Schwäche des zugrunde gelegten »negativen Funktionalismus«, der abstrakte Systemerfordernisse der Bestandserhaltung formuliert, ohne in einer plausiblen historischen Ableitung Bewegung und Folgen der ökonomischen Produktionsstruktur zu reflektieren.
Die Unstimmigkeiten dieses Ansatzes werden zum Teil verdeckt durch scheinbar plausible, empirisch aber (als Resultat der verkürzten Konzeptionalisierung) schiefliegende Befunde aus dem Produktions- wie dem politisch-administrativen Sektor.
Die schlußfolgernde theoretische Einschätzung der staatlichen Planungssysteme bleibt hiervon nicht unberührt: Da politische Planung nicht primär ökonomisch-real fungiert, wird gewissermaßen als (logische) Residualkategorie die Legitimationsbeschaffung zur Realfunktion. Dieser Fehleinschätzung unterliegt ein Konzept, in dem vom Ansatz her den staatlichen Zentralagenturen systematische Bestandssicherungsfunktionen zugeschrieben werden (die im übrigen einen relativen Autonomiegrad voraussetzen), statt das politische System zu begreifen als unmittelbar in die kapitalistische Ökonomie involviert, deren Widersprüche sich innerhalb der Organisation und Prozesse der politischen Instanzen abbilden. Anzumerken ist schließlich noch, daß die ideologisch-manipulative Funktion des Staates

jedenfalls dann zunehmend fraglich wird, wenn der »Stand der Klassenkämpfe« für die Theoriebildung nicht folgenlos bleibt [36].

4.3 Die Theorie des staatsmonopolistischen Kapitalismus

Der in der DDR entwickelten Theorie des staatsmonopolistischen Kapitalismus [37] liegt die Marxsche Einsicht zugrunde, daß der ökonomische und gesellschaftliche Reproduktionsprozeß im Kapitalismus nur als Gesamtsystem zu fassen ist, sollen die Strukturwandlungen in seinem gegenwärtigen, entwickelten Stadium, deren wichtigste die neue Rolle des Staatsapparates ist, adäquat erklärt werden können.
Dadurch werden die Staatsfunktionen der ökonomischen Regulierung und der politischen Herrschaftssicherung aus der Bewegungsform der kapitalistischen Widersprüche abgeleitet, wenn auch mit unterschiedlicher theoretischer Stringenz. Aus dieser gemeinsamen theoretischen Ausgangslage entwickelten sich zwei Theorievarianten, die sich in der Konzeptualisierung einer primär ökonomischen und einer primär politischen Funktion des staatsmonopolistischen Kapitalismus unterscheiden.

1. Die ökonomische Theorie der Einbeziehung des Staates in den Reproduktionsprozeß (vertreten von Zieschang) interpretiert den staatsmonopolistischen Kapitalismus als diejenige Form der Organisation der Produktionsverhältnisse, in deren Konsequenz der Staatsapparat als zentrale gesellschaftliche Organisation direkt Aufgaben im Prozeß der Kapitalverwertung erfüllt. Damit sind die beiden entscheidenden Determinanten des kapitalistischen Gesamtsystems konzeptualisiert: Der Strukturwandel des ökonomischen Systems und die daraus resultierenden Veränderungen der Staatsfunktionen bestimmen die Dynamik des Systems. Die materiale Analyse arbeitet eine nach wie vor bestehende Dominanz des Profitmotivs heraus, die den Zustand der (monopolistischen) Konkurrenz der Kapitale, der Anarchie der Produktion, der Unterwerfung auch der Monopole unter die ökonomisch-konjunkturelle Entwicklung, aufrechterhält.
Die monopolistischen Einzelinteressen fallen nicht mit dem systemischen Gesamtinteresse zusammen.
Die entscheidende Konsequenz für die Konzeptualisierung der Staatsfunktionen liegt darin, daß der Staat zwar als Resultat der zunehmenden Vergesellschaftung der Produktivkräfte zu Planung,

kapitalistischer Regulierung und Programmierung gezwungen wird, dieses Planungssystem aber nicht das kapitalistische Gesamtinteresse gegenüber ökonomischen und gesellschaftlichen Einzelinteressen repräsentiert. Vielmehr sind diese Interessenwidersprüche in den Funktionsmechanismus eingebaut. (An diesem Punkt werden die Analogien zum Konzept der »Privatisierung und Desintegration der staatlichen Verwaltung« sichtbar.) [38]
Damit aber kann in der staatlichen Planung nicht die Funktion gesehen werden, mit deren Hilfe das Monopolkapital eine langfristige strategische Linie zur Systemerhaltung auch gegen partikulare Interessen entwickelt und durchsetzt. Vielmehr werden das Ausmaß und die Form, die politische Planung im staatsmonopolistischen Kapitalismus in Zukunft annehmen, abhängig von der weiteren realen gesellschaftlichen Entwicklung, d. h. in marxistischer Terminologie vom Stand der Klassenkämpfe.
Daß allerdings in dieser zentralen Frage die ökonomische Variante der Theorie des staatsmonopolistischen Kapitalismus keine zwingenden theoretischen und strategischen Folgerungen ableiten kann, liegt an der entscheidenden Schwäche in ihrem theoretischen Ansatz, nämlich das Problem der realen gesellschaftlichen Entwicklung nicht in die Analyse der objektiven Entwicklungstendenzen des Kapitalismus aufgenommen zu haben. Die Problemstellung einer »Strategie der Arbeiterklasse«, d. h. der politischen Einwirkung auf die staatlichen Planungssysteme, kann von diesem Konzept her nicht in Angriff genommen werden [39].

2. Die zweite Variante der Theorie des staatsmonopolistischen Kapitalismus [40] stellt auf eine politische Begründung ab, indem sie eine »Unterordnung der einzelnen Profitinteressen unter das Systeminteresse als eindeutig konstatiert« [41].
Damit heißt staatsmonopolistische Form des Kapitalismus, daß den staatlichen Zentralagenturen die Funktion der Systemsicherung zukommt, die machtmäßige Steuerung der Erfordernisse der Bestandserhaltung, die Aufrechterhaltung des Kapitalismus als Herrschaftssystem. Dies bedeutet »Primat der Politik«, abgelöst von den Bedingungen der ökonomischen Reproduktion.
Politische Planung wird zum intentional und voluntaristisch von den Monopolen organisierten Prozeß mit dem Ziel, technologische Produktivkraftentwicklung und Stand der Vergesellschaftung der Produktionsverhältnisse weiterhin in Übereinstimmung zu bringen. Die Konsequenzen für den Staatsapparat sind hiermit klar abge-

stimmt. Der politisch-administrative Lenkungsapparat ist *prinzipiell* eine klassenneutrale Organisation, das Potential der staatlichen Regulierung der Ökonomie ist beliebig verfügbar und konzeptionell unbegrenzt. Die strategische Frage ist nur, welche Interessen diese Regulierungsapparatur besetzt halten. Die einflußtheoretische Empirie dieser Variante zeigt für das Gegenwartsstadium des entwikkelten Kapitalismus eine eindeutige Dominanz der mächtigsten Monopolgruppen im administrativen Apparat. Über hinreichende politische Mobilisierung kann er aber – da in seiner Steuerungsfunktion technokratisch neutral – prinzipiell durch Austausch seiner zentralen Funktionsträger umgepolt und den Interessen der Arbeiterklasse verfügbar gemacht werden.

Die theoretischen, historischen und empirischen Unzulänglichkeiten dieses Ansatzes sowie seine strategischen Folgerungen sind offenkundig. Wie alle politisch begründeten Planungstheorien führt sein Defizit an materialen ökonomischen und gesamtgesellschaftlichen Analysen zu einer signifikanten Überschätzung des zwar politisch vermittelten, entscheidend aber doch technisch determinierten Steuerungspotentials des staatlichen Planungssystems.

Eine historische Fundierung der Planungsentwicklung in kapitalistischen [42] und in Übergangsgesellschaften [43] hat aber überzeugend belegt, daß nicht die Planungsapparatur, auch noch nicht die politischen Prozeßvariablen, die Struktur eines gesellschaftlichen Planungssystems determinieren, sondern die ökonomische Funktionsweise.

Dies akzeptiert, ist die theoretische Aussagekraft von rein empirischen Machtelite-Studien als relativ gering zu veranschlagen, da auch der »klassenbewußte Planer« [44] sehr schnell an die strukturellen Systemgrenzen stößt [45].

Die Schwächen dieses Theorieansatzes vermeiden, aber pinzipiell mit ihm übereinstimmend in der Herleitung der Staatstätigkeit aus dem ökonomischen und politischen Prozeß, will die Konzeption einer Reproduktionstheorie, in der die Staatsfunktion ein »gesonderter Faktor« ist.

4.4 Staatsfunktionen als Bestandteil einer Theorie der kapitalistischen Reproduktion

1. Um das Gesamtprogramm dieser politökonomischen Theoriebildung einzulösen, »muß von den Bedingungen des kapitalistischen Reproduktionsprozesses ausgehend das sich auch politisch ausdrük-

kende Klassenverhältnis in der bürgerlichen Gesellschaft untersucht und darin die Funktion des Staates bestimmt werden« [46].
Damit ist ein in seiner Grundstruktur dreipoliges Konzept markiert, dessen erkenntnistheoretische Voraussetzung die reale Existenz eines kapitalistischen Gesamtprozesses ist, und dessen Konsequenzen sich in sämtlichen gesellschaftlichen Tatbeständen wie Sozialformation und Staatsfunktion niederschlagen.
Der kapitalistische Reproduktionsprozeß (der mehr umfaßt als den bloß ökonomischen, sondern immer zugleich die gesellschaftlichen und politischen Bedingungen mitenthält) basiert auf dem realen gesellschaftlichen Gesamtkapital (das nicht nur begriffliches Konstrukt, sondern reale Existenz ist) als der (realen) Durchschnittsexistenz der vorhandenen Einzelkapitale. Diese sind die subjektiven Handlungsträger, das Resultat ihrer individuellen und kollektiven Entscheidungsprozesse schlägt sich »hinter ihrem Rücken« als die Durchschnittsbedingungen des Gesamtkapitals nieder. Seine Entwicklung unterliegt damit »Bewegungsgesetzen«, dessen bewußtlose Vollzugsorgane die individuellen Kapitale sind. Dieser prinzipielle Mechanismus hat auch Gültigkeit für das Stadium des entwickelten Kapitalismus, in dem Kapitalfunktionen hoch zentralisiert und Monopole mit beträchtlichen Ressourcen an formaler Rationalität und substantieller Macht ausgestattet sind.
Der Staat ist in dieser Theorie eine spezifische Form, in deren Entwicklung die bürgerliche Gesellschaft das reale Durchschnittsinteresse des Gesamtkapitals (neben der Konkurrenz) ausdrückt. Er ist eine besondere Einrichtung »neben und außerhalb der bürgerlichen Gesellschaft« [47], und damit als historisch gewordener Staat selbst Resultat historischer Gesellschaftskrisen. Er kann daher niemals autonomer Träger der gesellschaftlichen Regulierung sein, was zum Teil die staatsinterventionistische und die Systempolitik-Position impliziert, noch auch Instrument einzelner Monopole (wie ihn eine Variante des staatsmonopolistischen Kapitalismus konzipiert).
In der Konsequenz für den Staatsapparat ergibt sich daraus, daß er nicht als realer, materieller, sondern immer nur als fiktiver, ideeller Gesamtkapitalist fungiert. Diese Funktion übt er in vier Bereichen aus: Sicherung allgemeiner Produktionsbedingungen (Infrastruktur), Setzung von Rechtsverhältnissen, herrschaftliche Regulierung des Konflikts zwischen Lohnarbeit und Kapital, Abstützung des nationalen Kapitals auf dem Weltmarkt. Damit kann nun also doch wieder gesagt werden, daß das staatliche System regulative Funktionen ausübt, die den historischen Verwertungsbedingungen des

Kapitals folgen. Allerdings stets unter der Prämisse der Untrennbarkeit von den ökonomischen Bewegungen, nur als »Besonderung« des politischen Systems zur Sicherung der Durchschnittsexistenz des gesellschaftlichen Gesamtkapitals.
Eine Kritik dieser Theorie ist kaum an einigen Einzelpunkten festzumachen, hingewiesen sei aber auf Schwachstellen wie die unbefriedigende Konzeptualisierung des Verhältnisses zwischen Einzel- und Gesamtkapital sowie daraus folgend zwischen staatlichen Funktionen und Gesamtkapital.

2. Die mit dieser Variante der Reproduktionstheorie doch nur schwierig und unter Umwegen in den Griff zu bekommenden politisch-administrativen Prozesse eines staatlichen Planungssystems sucht ein zweiter Typ des politökonomischen Ansatzes schärfer zu bestimmen [48].
Ein konzeptueller Parallelismus zwischen der Wandlung des Produktionsprozesses und der Veränderung der Staatsfunktion kann das Verhältnis zwischen ökonomischem und politischem System präziser formulieren, stimmt aber in seinen materialen Konsequenzen mit der Reproduktionstheorie überein.
Zunehmende Vergesellschaftung sowohl der Produktivkräfte wie der (negativen) Akkumulationsresultate produziert bei weiterbestehender Privatheit der Verwertung widersprüchliche Folgewirkungen für den Staatsapparat, die für politische Planung konstitutiv werden: Planung wird von denselben Faktoren erzwungen, die sie gleichzeitig aber auch schon wieder restringieren. Eine Analyse dieser Restriktionen resultiert in der Konsequenz einer fortbestehenden Unterordnung der Staatstätigkeit auch in ihrer neuesten planerischen Form unter ökonomische, d. h. mit der Produktionsweise gesetzte Gesetzmäßigkeiten und Zwänge; die Restriktionsanalyse wird somit Teil einer Krisentheorie.

4.5 Zur realen Steuerungskapazität politischer Planungssysteme

Die referierten Ansätze sind konzeptuell wie material zu heterogen, als daß eine strenge dimensionale Analyse die Ergebnisse zur realen Steuerungskapazität des Staates und seiner politischen Planungssysteme zusammenfassen könnte. Deshalb können nur gemeinsame und abweichende Elemente benannt werden, wie die staatliche Aktivität, die ja zudem prozessual nur zum Teil über die formalisierten Kanäle eines politisch-administrativen Planungssystems verläuft,

eingeschätzt wird hinsichtlich ihrer *tatsächlichen* ökonomischen und politischen Wirksamkeit, die mehr ist als der in eine besondere Form gekleidete Nachvollzug von Prozessen, deren Basis und Verlauf in gänzlich anderen Bereichen angesiedelt sind.
Unbestritten dürfte sein die Feststellung eines Wandels der Staatsfunktionen, der stattgefunden hat (und stattfindet) in Abhängigkeit von Wandlungen in der ökonomischen Entwicklung [49]. Dieses Konzept der Staatsfunktionen weist im wesentlichen die drei Dimensionen der Formveränderungen, materialen Konsequenzen sowie strukturellen Widersprüchen und Grenzen auf.

1. Formveränderungen der staatlichen Politik sind der Niederschlag historischer Prozesse, ihr Verlauf folgt im wesentlichen einer Sprungfunktion, wie theoretische und historische Analysen gezeigt haben: Der Input eines komplexen, dynamischen Systems hat fast ausschließlich den Charakter einer Sprungfunktion [50]; die historische Form der Veränderung von Inputgrößen des politisch-administrativen Systems sind ökonomisch-gesellschaftliche Krisen [51]. So kann, als bekanntes Beispiel, die Entstehung eines staatlichen Planungssystems in der Bundesrepublik auf die »Systemkrise« von 1966/67 zurückgeführt werden. Die Formveränderungen im Gefolge des Aufbaus von Planungssystemen zeigen sich vor allen in drei Richtungen:
a) Der Systemaspekt ist in der Gesamtkonzeption von Planung wie in sektoralen Politikfeldern neben die Prozeßorientierung getreten, ohne sie ganz ersetzt zu haben. In diesem Punkt stimmen »Systempolitik-« und politökonomische Analysen überein.
b) Der politisch-administrative Prozeß weist interne Zentralisierungstendenzen auf, sowohl was die Organisation der Planung, wie auch den formellen und realen Entscheidungsprozeß betrifft.
c) Entwurf und Implementierung einzelner »Policies« werden vorbereitet und kontrolliert durch die systematische Einführung von Informationstechnologien und Analysekapazitäten.

2. Die materialen Konsequenzen, die hinsichtlich der Steuerungskapazität von staatlichen Planungssystemen gezogen werden, differieren auf Grund der unterschiedlichen theoretischen Konzeptionalisierungen, so daß als Folge davon auch die empirischen Befunde uneinheitlicher ausfallen als die Rede vom »empirisch längst verifizierten komplexen System des Ist-Zustandes von Planungsprozessen« [52] suggerieren will.

a) Als durchgängiger Zug politischer Planungssysteme stellt sich dar die durch sie mitbewirkte, zum Teil sogar induzierte, horizontale Ausweitung der staatlichen Aktivität. Neue gesellschaftlich-ökonomische Bereiche sind in das Aufmerksamkeitsspektrum der Administration einbezogen, die staatliche »Regelstrecke« hat sich rein quantitativ erweitert. Dies erfordert qualitativ andere politisch-administrative »Zweckprogramme«, beispielsweise zur Abbildung der realen Interdependenzen einzelner Politikbereiche. Hiervon abhängig ändern sich Interventionshäufigkeit und -tiefe.
b) Das Verhältnis von ökonomischem Prozeß und staatlicher Planung gestaltet sich dadurch in einer Weise, die als »reale Komplementärfunktion« bezeichnet werden kann. Politische Intervention in den kapitalistischen Reproduktionsprozeß hat beim erreichten Stand der Zentralisation von Kapitalfunktionen identifizierbare reale Folgewirkungen, die über die Abdeckung ideologischer Erfordernisse hinausgehen. Allerdings erfolgen die Eingriffe nicht autonom, sondern begleiten die private Kapitalverwertung gewissermaßen immer in der Form, ihre Voraussetzungen und Bedingungen bis zur Marke »hinreichend« aufzufüllen.
c) Der zunehmende Prozeß der Vergesellschaftung erlegt politischen Planungssystemen widersprüchliche Konsequenzen auf: Durch die Übernahme immer weiterer Funktionen wird der Staat zwar »autonomer« von einzelnen Kapitalinteressen, gleichzeitig aber in stärkerem und unmittelbarerem Maße den Schwankungen in der Entwicklung des kapitalistischen Gesamtprozesses unterworfen. Die politische Planung gerät in den labilen Zustand einer »Autonomie auf Widerruf«.
d) Der Ausweitung der ökonomischen Funktionen staatlicher Planung entspricht die Zunahme der politischen. Im Prozeß der Bindung der Massenloyalität, der komplementär zur repressiven Funktion der Herrschaftssicherung ist, kommt Planung die Teilaufgabe zu, das steigende ökonomische und soziale Erwartungsniveau einzelner Bevölkerungsgruppen gemäß der Verfügbarkeit nicht beliebig vermehrbarer Ressourcen zu kontrollieren. (Man vergleiche in diesem Zusammenhang die Kritik am Langzeitprogramm der SPD.) [53]
3. Angesichts dieser Bedingungs- und Zustandskonstellation ist die *prinzipielle* Begrenztheit politischer Planungssysteme in einer kapitalistischen Ökonomie und der korrespondierenden Gesellschaftsformation (unabhängig von der Wahl des Begriffssystems) Bestandteil jeder Planungstheorie.

Diese formale Kongruenz wird allerdings bedeutungslos angesichts der fundamentalen Unterschiede in der Theoriebildung hinsichtlich der drei Dimensionen:

- Grad der Explizierung der ökonomisch-gesellschaftlichen Basisvariablen und ihr Verhältnis zum politisch-administrativen System,
- Form der Konzeptualisierung der Staatsfunktionen und ihre Ausprägung in politischen Planungssystemen,
- daraus gezogene Schlußfolgerungen zum Problem der »realen Steuerungskapazität«.

Ein fruchtbarer, aber hier nur anzudeutender Weg zur weiteren Analyse dieses Problemfeldes liegt in seiner »negativen Bestimmung« durch Planungssysteme, die über jene kapitalistischen Typs hinausweisen und Perspektiven einer Gesellschaftsplanung eröffnen.

5. *Perspektiven einer Gesellschaftsplanung*

Das entscheidende theoretische Konzept jener Planungssysteme, die über den Typ der technokratischen Steuerungsplanung hinausweisen, ist die Kritik der Kategorie der Ware [54]. Denn eine warenproduzierende Gesellschaft wie die kapitalistische mit ihrer Form der Vergesellschaftung der Arbeit über den Markt verhindert einen gesellschaftlich-ökonomischen Kalkül, der Basis jedes Planungstyps ist, der sich als »gesellschaftliches Strukturprinzip« (Altvater), nicht mehr nur als instrumentales Steuerungsmedium der ökonomischen Reproduktionsbedingungen versteht. Planung als gesellschaftliches Strukturprinzip heißt, daß die Form der Vergesellschaftung der Arbeit nicht mehr über den Mechanismus des Marktes erfolgt, sondern über das Medium des Planes, insofern nämlich Arbeit direkt gesellschaftlich – vermittelt über den Plan, in dem die gesellschaftlichen Präferenzen bewußt ex ante festgelegt werden – organisiert wird. In diesen sozialen Formationen (den Übergangsgesellschaften vom Kapitalismus zum Sozialismus) wird die Kategorie der Ware tendenziell durch die Kategorie der Arbeit ersetzt. Eine derartige Gesellschaftsplanung erfordert natürlich eine gänzlich andere Organisationsform der Planung als sie heute beispielsweise in der Bundesrepublik oder in den USA vorzufinden ist. Denn deren Versuche der Nutzbarmachung der gesellschaftlichen Produktivkraft Partizipation [55] und des Aufbaus von Konsensbildungsstrukturen vollziehen sich strikt innerhalb einer kapitalistischen Warenwirtschaft.

Aber bereits diese Formen der »Gesellschaftsplanung im Kapitalismus« erzeugen strukturimmanente Konflikte mit der bisherigen *Form* der pluralistischen Prozeß- und Verteilungspolitik, wie sich in den Sektoren der Bildungs- und Gesundheitsplanung gezeigt hat. Wieweit diese strukturimmanenten Konflikte sich in strukturtranszendierende verwandeln können (bzw. verwandelt werden können), hätte eine ausführlichere Strategiediskussion zum »Stand der Klassenkämpfe« zu analysieren. Angedeutet sei hier nur das Problem, ob es eine sinnvolle Strategie beim gegenwärtigen Stand sein kann, auf die vorhandenen staatlichen Regulierungsmechanismen, die eine umfassende gesellschaftliche Entwicklungsplanung nicht repräsentieren, Einfluß zu gewinnen, da die Planung ihrer Struktur nach keinesfalls auf die Überwindung der fundamentalen gesellschaftlichen Widersprüche hin angelegt ist.

6. Problemstellung der Beiträge

In den vorangehenden Abschnitten ist versucht worden, die Probleme politischer Planung »in Perspektive« zu sehen, sowie darzustellen die Spannweite verschiedener Positionen in der Einschätzung der Bemühungen des politischen Systems, mit der Einführung von umfassenden administrativen Planungssystemen politische Steuerungskapazitäten aufzubauen.
Dies repräsentiert gewissermaßen den »Überbau« zu der Intention der nachfolgenden Beiträge, einen Überblick über den gegenwärtigen Stand der Planungsdiskussion im engeren Sinne zu geben. In diesem Programm ist die Zielsetzung der Textauswahl eine dreifache:

- Die Fragestellungen bei der Konstituierung politischer Planungssysteme werden vom Innenaspekt des politisch-administrativen Systems her thematisiert, um von hier zu einer Ausweitung in die daran geknüpften gesellschaftlichen Problemlagen zu gelangen. Politökonomische Analysen vernachlässigen oftmals, zum Schaden ihrer eigenen Aussagekraft, diese zentralen administrationsinternen Gesichtspunkte. Diese theoretische wie empirische Leerstelle signalisiert das Fehlen eines entsprechenden Beitrages in der Textsammlung.
- Die Mehrzahl der Beiträge spiegelt ein erweitertes handlungs- und entscheidungstheoretisches Paradigma wider, wobei insbesondere in der Konzeptualisierung des »politischen Prozesses« die Übergänge zu politökonomischen Varianten oft fließend werden.

- Die Darstellung des Selbstverständnisses der Planungssysteme von ihren zugrunde liegenden Konzeptionen bis zu den angewandten Planungstechniken wird konfrontiert den Positionen einer »immanenten Kritik«, die »von innen her« gleichwohl zur Problematik der Systemgrenzen vorstoßen.

Die Beiträge von *Cohen* und *Naschold* bilden die konzeptionelle und theoretische Grundlegung, wobei die staatlichen Planungssysteme Frankreichs bzw. der Bundesrepublik das Material darstellen. In beiden Texten werden strategische Konsequenzen aus der Analyse zu ziehen versucht.
Die Texte 3 bis 5 behandeln die Probleme der »Globalsteuerung« als der westdeutschen Variante eines parametrischen Planungssystems. Während der Beitrag *Schillers* gewissermaßen die Darstellung dieser Konzeption »ex cathedra« ist, resümieren die *Bergedorfer Gespräche* die praktischen Erfahrungen einiger Jahre, und reflektiert *Huffschmid* die gesellschaftlichen Implikationen von einer kritischen Position aus.
In den Beiträgen 6 bis 8 manifestiert sich das Konzept der »pluralistischen Systempolitik«. *Wildavsky* und *Schick* analysieren Funktionsprobleme und Entwicklung des Planning-Programming-Budgeting-Systems in den USA, *Scharpf* bezieht die Machtproblematik als Konfliktaustragung, Konsensbildung und Auswahl (»choice«) in den Planungsprozeß ein.
Diese Positionen werden in den Aufsätzen von *Rein* und *Stoloff* kritisiert. Die prekäre Legitimationsbasis der staatlichen Planung, die sich als soziale Innovation versteht und die Lebensverhältnisse der »Betroffenen« ändern will, untersucht *Rein; Stoloff* schildert und erklärt das Scheitern eines derartigen in den USA hoffnungsfroh begonnenen Programms: der »Community Action«.
Der fünfte Block (Texte 11 bis 13) enthält das Selbstverständnis von Regierungsplanungssystemen, sowohl ihrer Akteure wie ihrer akademischen Protagonisten. Im Gegensatz zu *Gross* und *Niskanen*, deren Interesse vor allem der budgetären Seite der Planung im amerikanischen PPB-System gilt, betont *Ehmke* die Aspekte einer politischen Gesamtplanung mit den Problemen einer Integration des Programm- und des Ressourcenstranges.
Diese Perspektive verengt sich in den Beiträgen 14 bis 17, deren Gegenstand die Voraussetzung und Anwendung von Planungsverfahren und -techniken sind. Die Möglichkeiten und Grenzen der oftmals mißinterpretierten Systemanalyse werden von *Rudwick*

herausgearbeitet, *Forrester* gibt einen gerafften Überblick über den in der Entwicklung befindlichen »Systems Dynamics«-Ansatz. Im Beitrag von *Crecine* wird ein Modell vorgestellt, das den Prozeß der Haushaltsaufstellung in drei amerikanischen Städten mit Hilfe einer Computersimulation nachvollzieht. *Eschs* Aufsatz schließlich zeigt im Detail die Vorgehensweise einer *Pattern*-Analyse.
Der abschließende Text von *Self* relativiert die oft anzutreffende Überschätzung von formalen Analysetechniken und Planungsverfahren und demonstriert ihre, von technischem Aufwand überdeckte, im Kern aber doch nur sehr begrenzte Rationalität.

Anmerkungen

1 Hierzu Volker Ronge/Günter Schmieg: Planung und Demokratie, in: Futurum, 2/1970, S. 216–250.

2 Zum folgenden näher: Naschold/Seuster/Väth/Zipfel: Untersuchung zur mehrjährigen Finanzplanung des Bundes, Zwischenbericht, Konstanz 1970, S. 147 ff.

3 Heinrich Reinermann: Integrierte Planungs- und Kontrollsysteme im Regierungs- und Verwaltungsbereich, in: Bundeswehrverwaltung, Heft 6, 7/1971.

4 James O'Connor: The Fiscal Crisis of the State, in: Socialist Revolution, No. 1, 2/1970; sowie Ms. 1972.

5 Reimut Jochimsen: Zum Aufbau und Ausbau eines integrierten Aufgabenplanungssystems und Koordinationssystems der Bundesregierung, in: Ronge/Schmieg (Hrsg.): Politische Planung in Theorie und Praxis, München 1971; ders.: Überlegungen zur mittel- und längerfristigen Aufgabenplanung und deren Einfluß auf die Vorbereitung der Haushaltsentscheidungen, in: Esser/Naschold/Väth (Hrsg.): Gesellschaftsplanung in kapitalistischen und sozialistischen Systemen, Gütersloh 1972.

6 Ira Sharkansky: The Routines of Politics, New York 1970.

7 Peter Grottian: Vorläufige Ergebnisse einer empirischen Studie zum Planungsbewußtsein der Bonner Ministerialbürokratie, in: Gesellschaftlicher Wandel und politische Innovation, PVS-Sonderheft 4/1972.

8 Charles Bettelheim: Theorie und Praxis sozialistischer Planung, München 1971.

[9] Eine detaillierte theoretische Ableitung der prinzipiellen Begrenztheit bzw. Unmöglichkeit des parametrischen Planungssystems findet sich bei Wlodzimierz Brus: Funktionsprobleme der sozialistischen Wirtschaft, Frankfurt 1971; und ders.: Wirtschaftsplanung. Für ein Konzept der politischen Ökonomie, Frankfurt 1972.

[10] Wirtschafts- und Sozialwissenschaftliches Institut, Frankfurter Rundschau vom 25. 8. 1972.

[11] John P. Crecine: Governmental Problem Solving, Chicago 1969.

[12] Näher hierzu F. Naschold: Probleme der mehrjährigen Finanzplanung des Bundes, in: Demokratisches System und politische Praxis der Bundesrepublik, München 1971.

[13] Charles Bettelheim: Ökonomischer Kalkül und Eigentumsformen, Berlin 1970, auch in: Esser/Naschold/Väth, a.a.O.

[14] Walter Lindner: Aufbau des Sozialismus oder kapitalistische Restauration, in: Esser/Naschold/Väth, a.a.O.

[15] Fach/Friend/Hickling/Scharpf/Schunck/Stringer: Methoden der Problemstrukturierung: Positive Koordination in der Langfristplanung, Untersuchungsbericht, Konstanz 1972.

[16] E. B. Sheldon/H. E. Freeman: Sozialindikatoren, in: Fehl/Fester/Kuhnert (Hrsg.): Planung und Information, Gütersloh 1972.

[17] Stephen Cohen: Moderne kapitalistische Planung, in: Esser/Naschold/Väth, a.a.O.

[18] Siehe hierzu Allen Schick: Systems Politics and Systems Budgeting, in: Public Administration Review, No. 2/1969, Seite 137–151.

[19] Repräsentiert etwa durch Alice M. Rivlin: Systematic Thinking for Social Action, Washington 1971.

[20] Dazu in diesem Band David Stoloff: Die kurze, unglückliche Geschichte der Community Action Programme, S. 236 ff.

[21] Vertreten etwa durch Reimut Jochimsen: Planung des Staates in der technisierten Welt, in: Bulletin des Presse- und Informationsamtes der Bundesregierung, Nr. 85/1972, Seite 1179–1184.

[22] Hierzu in diesem Band Maurice Esch: Planungshilfe mittels eines technischen Bewertungsverfahrens von Relevanzzahlen – PATTERN –, S. 444 ff.

[23] Jochimsen, a.a.O., Seite 1183.

[24] In anderem Kontext hierzu Richta-Report, Politische Ökonomie des 20. Jahrh., in: Esser/Naschold/Väth, a.a.O.

[25] Claus Offe, Ms. 1971.

[26] Besonders herausgearbeitet in der Diskussion zu den Übergangsgesellschaften, Charles Bettelheim: Ökonomischer Kalkül und Eigentumsformen, a.a.O., sowie Esser/Naschold/Väth: Gesellschaftsplanung und Weltdynamik, a.a.O.

[27] Für die Bundesrepublik Fritz W. Scharpf: Planung als politischer Prozeß, in diesem Band, Seite 167 ff.; für die USA Charles L. Schultze: The Politics and Economics of Public Spending, Washington 1968.

[28] Michel Crozier: The Bureaucratic Phenomenon, Chicago 1963.
[29] Siehe hierzu Martin Jänicke (Hrsg.): Herrschaft und Krise, Opladen 1972 (im Erscheinen).
[30] Näheres hierzu Frieder Naschold: Zur Politik und Ökonomie von Planungssystemen, in: Gesellschaftlicher Wandel und politische Innovation, a.a.O.
[31] Jürgen Habermas: Technik und Wissenschaft als Ideologie, Frankfurt 1968; Claus Offe: Demokratische Legitimation der Planung, Ms. 1972.
[32] Murray Edelman: The Symbolic Uses of Politics, Urbana/Ill. 1964.
[33] Funke/Glagow/Offe/Ronge/Schmieg: Erzeugung und Verarbeitung von Krisen durch politisch-administrative Handlungssysteme, Ms. 1972; Claus Offe: Strukturprobleme des Kapitalistischen Staates, Frankfurt 1972.
[34] James O'Connor: The Fiscal Crisis of the State, a.a.O.
[35] Joachim Hirsch: Wissenschaftlich-technischer Fortschritt und politisches System, Frankfurt 1970.
[36] Albers/Goldschmidt/Oehlke: Klassenkämpfe in Westeuropa, Reinbek 1971.
[37] Margaret Wirth/Kapitalismustheorie in der DDR, Frankfurt 1972; dies.: Zur Funktion einer Kritik der bürgerlichen Ökonomie heute, in: Klüver/Wolf (Hrsg.): Wissenschaftskritik und sozialistische Praxis, Stuttgart 1972.
[38] Hirsch, a.a.O.
[39] Stephen Cohen: Moderne kapitalistische Planung, in diesem Band, Seite 43 ff.; sowie in Esser/Naschold/Väth, a.a.O.
[40] Repräsentiert vor allem in »Imperialismus heute«, Berlin 1965.
[41] Wirth: Kapitalismustheorie, a.a.O., Seite 101.
[42] Cohen, a.a.O.
[43] Bettelheim: Ökonomischer Kalkül, a.a.O.
[44] Hierzu Peter Gäng: Funktion und Nutzen der Anwendung kybernetischer, informationstheoretischer und verwandter Methoden in der Planungstheorie, Ms. 1972.
[45] Die hiermit angesprochene theoretische Fragestellung der strukturellen Konsequenzen von Gesamtsystemeigenschaften auf das Verhalten von politisch-administrativen Planungssystemen, dargestellt am Beispiel der Raumordnung, ist gegenwärtig Gegenstand der Arbeit eines der beiden Verfasser (W. V.).
[46] Elmar Altvater: Zu einigen Problemen des Staatsinterventionismus, in: Probleme des Klassenkampfes, Nr. 3/1972, Seite 5.
[47] Marx/Engels: Deutsche Ideologie, MEW, Bd. 3, Seite 63.
[48] Volker Ronge: Politökonomischer Ansatz in der Verwaltungsforschung, Ms. 1972.
[49] Der Umkehrschluß hieraus in Richtung »Wechselwirkung« ist allerdings nicht unstrittig, da er eine inhaltliche Beantwortung zur Steuerungskapazität impliziert.

[50] Georg Klaus: Kybernetik und Gesellschaft, Berlin 1964.

[51] Joachim Hirsch: Funktionsveränderungen der Staatsverwaltung in spätkapitalistischen Industriegesellschaften, in: Blätter für deutsche und internationale Politik, 1969.

[52] Gerhard W. Wittkämper: Die Teilnahme Betroffener bei Planungsvorgängen – Ressourcenplanung, in: Gesellschaftlicher Wandel, a.a.O., Seite 111.

[53] Horst Heidermann (Hrsg.): Kritik am Langzeitprogramm der SPD, Bonn 1972.

[54] Zum Folgenden näher Esser/Naschold/Väth: Gesellschaftsplanung . . ., a.a.O.

[55] Naschold: Zur Politik und Ökonomie . . ., a.a.O.

1 *Stephen Cohen*

Moderne kapitalistische Planung: Das französische Modell

Planung innerhalb der Bürokratie: Ein erster Blick auf die Machtstruktur der Planung

Die hervorstechendsten Merkmale der Planungskommission als bürokratischer Einheit sind ihre geringe Größe und Macht. Ihr Personalbudget ist wahrscheinlich eines der schmalsten innerhalb der gesamten französischen Bürokratie: Ihre regulären Mitglieder sind – Chauffeure, Schreibkräfte, Sekretärinnen, Boten und Pförtner eingeschlossen – zusammen nicht einmal 130 Personen. Als hauptamtliche »Planer« sind ungefähr 40 Personen tätig [1]. Doch die Tatsache, daß sich die Zahl der Mitglieder der Planungskommission während der 20 Jahre ihres Bestehens nicht verändert haben, ist weit mehr als eine kuriose Ausnahme des Parkinsonschen Gesetzes. Die geringe personelle Stärke macht die Planungskommission in der Führung ihrer tagtäglichen Geschäfte vielmehr in jeder Beziehung von den Ministerien abhängig; denn

> »die moderne Amtsführung beruht auf ›den Akten‹, auf einem Stab von Beamten und einer entsprechenden Sachausstattung« [2].

Das Finanzministerium hat diese Akten, die Sachausstattung wie den Beamtenstab. Der größte Teil der statistischen Informationen, die in den Plan eingehen, wird vom Wirtschaftsinformationsdienst des Finanzministeriums (SEET) geliefert, der auch die meisten Ökonometriker, Statistiker und Experten stellt, die sich bei der Ausarbeitung des Plans dieser Informationen bedienen. Somit ist die geringe Personalstärke der Planungskommission für die traditionellen Behörden der staatlichen Bürokratie – vor allem für das Finanzministerium – eine erste Garantie dafür, daß jene nicht zu einem Superministerium für die Wirtschaft wird (was man einst vom Ministerium für die Nationale Wirtschaft befürchtet hatte [3]).
»Keine Abteilung und kein Ministerium kann vernünftigerweise befürchten, daß das Plankommissariat ihnen ihre Kompetenzen streitig macht ... So gesehen sind die Risiken einer Verwaltungs-

kalamität, soweit sie in Kompetenzstreitigkeiten bestehen, entschieden reduziert.« [4]

Die ungewöhnlich geringe Personalstärke der Planungskommission ist kein Zufall. Die Erinnerung an das Ministerium für die Nationale Wirtschaft war noch wach, als Monnet den französischen Planungsprozeß konzipierte. Er konnte entweder – mit dem beträchtlichen Risiko einer totalen Niederlage – Planung in Form eines Superwirtschaftsministeriums zu institutionalisieren versuchen, oder aber die Planung in die bestehende Kompetenz- und Machtstruktur der staatlichen Bürokratie einpassen. Monnet ging den letzteren Weg [5].

Der Umfang der Planungskommission ist ein bedeutender Faktor im Verhältnis der Planung zu den Ministerien. Der permanente Stab der Planungsbehörde, bestehend aus 40 Planern, ist in jedem Planungsstadium auf die Mithilfe der Ministerien angewiesen, für welche die Personalschwäche und strukturelle Offenheit der Planungsbehörde die Gewißheit bietet, daß ihre traditionellen Kompetenzbereiche respektiert werden; »die Tatsache, daß ein Teil der Experten der Planungskommission lediglich auf Zeit von ihren ursprünglichen Abteilungen entliehen ist, gibt den Ministerien zusätzliche Sicherheit« [6].

Die geringen Befugnisse der Planungskommission bedeuten für die Ministerien ein weiteres, noch größeres Sicherheitsmoment. Die Planungskommission hat selbst keine direkten Eingriffsbefugnisse in die Wirtschaft. Keines der Ziele und Programme des Plans kann per Gesetz sanktioniert werden. Die Wirtschaft (einschließlich der verstaatlichten Industrien) ist an keines der geplanten Programme gesetzlich gebunden. Ebensowenig hat die Kommission innerhalb der staatlichen Bürokratie unmittelbare Verfügungsgewalt über den Einsatz irgendwelcher wirtschaftspolitischer Instrumente [7]. Zwangsmaßnahmen, um den Plan zu implementieren, stehen samt und sonders nur den jeweiligen Ministerien (in den meisten Fällen dem Finanzministerium) zur Verfügung.

»Die Rolle der Planungskommission besteht innerhalb des Regierungs- und Verwaltungsapparates lediglich darin, Konzeptionen zu erarbeiten, zu beraten und zu beurteilen. Sie nimmt zwar am Entscheidungsprozeß und an der Entscheidungsvorbereitung teil, doch hat sie keinerlei eigenständige Machtbefugnis und vergibt keine Gelder für wirtschaftliche Zwecke.« [8]

Diese Machtverteilung prägt den Planungsprozeß und bestimmt die

Rolle der Planungskommission. Sie muß als Makler zwischen den verschiedenen Machtgruppen agieren, unter denen die weit wichtigsten die große Konzerne und das Finanzministerium sind. Jedoch ist die Planungskommission kein »neutraler« Makler, der am Ergebnis der Machtkonfrontation desinteressiert wäre; sie versteht sich keineswegs lediglich als Mittler und Vermittler. Sie hat ein klares Ziel, nämlich einen Plan aufzustellen und in die Praxis umzusetzen, der ihren eigenen Prioritäten am besten entspricht.
Eine Möglichkeit für die Planungskommission, ihren Prioritäten und Programmen im Wirtschaftsprozeß zur Geltung zu verhelfen, besteht darin, Wirtschaft und Ministerien freiwillig zur Implementierung des Plans zu verpflichten. Gelingt dies nicht, so muß die Planungskommission Druckmittel anwenden. Doch wie ein geschickter Judokämpfer nutzt sie dabei die Stärke der anderen für ihre eigenen Zwecke: Die Ministerien haben die Macht, die Wirtschaft zu zwingen, die im Plan vorgesehenen Programme auszuführen, und die großen Konzerne können ihrerseits die Ministerien durch Druck dazu bewegen, bestimmte im Plan vorgesehene Maßnahmen zu ergreifen. Planung wird durch Verbindung von sanftem Zwang und freiwilligen Verpflichtungen funktionsfähig; die Planungskommission organisiert und aktiviert diese Verbindungen.
Die »countervailing powers« von Ministerien und Wirtschaft sind weder gleich stark noch von gleicher Bedeutung für den Planungserfolg. Die Einflußmöglichkeiten der Ministerien auf die Wirtschaft sind stärker und entscheidender dafür, daß der Planungsprozeß funktioniert. Der Einfluß der Planer auf die Ausübung solcher Macht ist der zentrale Faktor im gesamten Planungsprozeß.
Die Machtstruktur, innerhalb derer sich Frankreichs Planung abspielt, bestimmt auch die Art des Planungsprozesses: Es ist ein Bargainingprozeß, in dem die Planungsinhalte zwischen den drei Hauptakteuren, Finanzministerium, Großkonzernen und Planungskommission, ausgearbeitet werden. [. . .]

Der Planungsprozeß des zweiten Plans. Eine Konstruktion aus zwei Komponenten

Der Planungsprozeß des zweiten Plans war keineswegs ein ausgefeiltes System sauber ineinandergreifender Teile. Seine formale Struktur besagte wenig über seine Funktionsweise; seine ausdrücklichen Ziele decken sich nicht mit der tatsächlichen Rolle, die er im politischen Prozeß spielte. Planung war vielmehr eine Ansammlung unterschiedlicher, niemals in einem einzigen zusammenhängenden Prozeß integrierter Einzelaktivitäten. Hier mag der Grund dafür liegen, weshalb über die Art und Weise, wie der französische Planungsprozeß abläuft, so viel Verwirrung herrscht. Man kann sagen, daß der Planungsprozeß gleichzeitig auf verschiedenen Ebenen abläuft.

Der Planungsprozeß des zweiten Plans bestand im wesentlichen aus zwei Elementen: Das eine war der Komplex laufender und pragmatischer Staatseingriffe in die Handlungsabläufe der wichtigsten Wirtschaftsbereiche, das andere war ein geschlossenes System detaillierter Produktionsziele, der allgemeine Plan für den Einsatz der Produktionsfaktoren (general resource allocation plan). Jedes der Systeme war vielschichtig, mit einer eigenen, machtvollen Gesetzmäßigkeit, was die Planung dazu zwang, unterschiedliche, oftmals widersprüchliche Funktionen wahrzunehmen.

Das erste Element (die unmittelbaren Eingriffe) hat seinen Operationsbereich in der von François Bloch-Lainé so bezeichneten économie concertée, die enge Partnerschaft zwischen Staat und Großkonzernen mit dem Ziel eines raschen, doch kontrollierten Produktions- und Produktivitätszuwachses. Es teilt die Vor- und Nachteile des größeren Planungszusammenhanges und hat sich als wirksam erwiesen.

Die Mitwirkung des Staates in den wichtigsten Wirtschaftsbereichen hat wesentlich zur Beschleunigung der Strukturveränderungen nach dem Krieg sowie zu Modernisierung und Wachstum beigetragen. Jedoch beschränkt sich ihre Effektivität weitgehend auf Programme, die unmittelbar durch Großkonzerne realisiert werden können, auf Programme, die mit der langfristigen Steigerung der Produktivität, der Größe und den Gewinnen der maßgeblichen Konzerne in Einklang stehen.

Die Funktionsweise dieses ersten Instruments besteht im wesentlichen in fallweisen ad-hoc-Eingriffen. Entscheidungen über den Einsatz von Ressourcen und Energien beruhen weit mehr auf dem Pragmatismus der Planer und hohen Staatsfunktionäre als auf den formalen ökonometrischen Modellen des Plans. Dieser Pragmatismus und der Eifer, mit dem er vertreten wird, ist von einem gewissen Modernisierungsmythos geleitet, einer Sammlung anspornender Leitbilder, die von der Überzeugung geprägt sind, daß die Steigerung des Bruttosozialprodukts, der Modernisierung der Produktionsprozesse, der Veränderung der Industriestruktur und des Produktionsprogramms besondere Bedeutung zukomme und daß es den hohen Staatsfunktionären obliege, derartige Entwicklungen zu leiten und zu fördern. Die économie concertée bedient sich der formalen ökonometrischen Planmodelle weniger zum Zweck der Entscheidungsfindung als zur Legitimierung ihrer Reform- und Produktionsprogramme.

Die Mitwirkung gesellschaftlicher Kräfte in der économie concertée ist so begrenzt wie die Ziele dieser Einrichtung. Weil es darum geht, die großen Konzerne der Schlüsselindustrien zu stärken, besteht keine Notwendigkeit für eine aktive Beteiligung einer Vielzahl gesellschaftlicher Gruppen. Die Gewerkschaften, Verbraucherorganisationen, Vertreter des Mittelstandes und der Landwirtschaft und das Parlament sind nicht beteiligt. Man bedarf ihrer weder bei der Auswahl der Handlungsziele noch bei der Ausführung der Programme.

Eine breite Vertretung gesellschaftlicher Gruppen würde nach Ansicht der Manager der staatlichen Bürokratie und der Wirtschaftsgiganten lediglich die Sprecher der Bauern und Ladenbesitzer an den Verhandlungstisch bringen, die den irrationalen Verhältnissen der Vergangenheit nachtrauern, oder Gewerkschaftler mit der Sehnsucht nach einer utopischen Zukunft und schließlich Politiker, die diesen Gruppen nur allzu bereitwillig zu Gefallen wären. Sie alle würden die Dinge komplizieren, wenn nicht gar die économie concertée zerstören. In dem Maße wie sich die économie concertée auf weitere Sektoren ausdehnt, könnten auch die Manager dieser – privaten oder öffentlichen – Unternehmen einbezogen werden. Für die »verantwortlichen« Gewerkschaftler, die eine geplante industrielle Entwicklung hervorbringen würde, könnten dann auch Plätze am Konferenztisch reserviert werden. Solche Gewerkschaftsvertreter könnten konstruktiv zum reibungslosen Ablauf des Wirtschaftsgeschehens in den wichtigsten Bereichen beitragen.

Die économie concertée soll weder dazu dienen, die alternativen Entwicklungsmöglichkeiten der Nation zu erhellen noch eine bewußte und demokratische Entscheidung über die Entwicklungsrichtung zu erleichtern. Die économie concertée ist vielmehr bereits eine Antwort auf Fragen nach der Entwicklungsrichtung.

Die économie concertée und der Teil des Planungsprozesses, den sie verkörpert, besteht und wirkt relativ unabhängig von den politischen und ökonomischen Auseinandersetzungen in der übrigen Gesellschaft. Die Funktion des Plans besteht innerhalb der économie concertée darin, den Funktionären der Staats- und Wirtschaftsmacht bei der Entwicklung der Wachstumssektoren zu assistieren. Planung ist – potentiell zumindest – ein hervorragendes Mittel zur demokratischen Entscheidung über die Richtung der ökonomischen Entwicklung, u. a. dadurch, daß sie die Implikationen alternativer politischer Entscheidungen offenlegt. Planung indessen, die an die économie concertée gebunden wird, muß diese Rolle zwangsläufig verspielen und abseits vom traditionellen Feld politischer Auseinandersetzung stehen. Sinn und Zweck der économie concertée ist es, den Staat eng in der Leitung der dominierenden Wirtschaftsbereiche verstrickt zu halten, »Politik« dagegen außerhalb zu belassen.

Das zweite Element – die Projektion quantitativer Leistungsziele in Form eines allgemeinen Gleichgewichtsystems – drängt die Planung in die entgegengesetzte Richtung, geradewegs ins Zentrum aller politischen Aktivitäten. Der Grund hierfür liegt in den Grundeigenschaften dieses formalen ökonometrischen Systems.

Erstens beruht (innerhalb des allgemeinen Plans zur Allokation der Ressourcen) die Richtigkeit eines jeden quantitativen Werts, der jedem Ziel zugeordnet ist, auf der Annahme, daß die *Gesamtheit* der Planziele ohne nennenswerte Verzerrung realisiert werden wird. Wenn jeder einzelne Wert vom selben projektierten Muster des Wirtschaftsgeschehens abgeleitet ist, wenn jedes Ziel in die daraus abgeleitete Matrix interdependenter Gleichgewichtszustände paßt, wenn jedes Ziel eine Funktion aller übrigen Ziele ist, dann bekommt jedes Ziel seinen Stellenwert nur im Hinblick auf den Gesamtplan. Ist aber möglicherweise zu erwarten, daß dieser Gesamtplan nicht ohne erhebliche Verzerrungen realisiert werden wird, dann werden Zielwerte in dem Maße unrealistisch, wie sie unter der entgegengesetzten Annahme, Realisierung ohne Verzerrung, realistisch wären.

Zweitens muß der Plan umfassend sein. Jede Wirtschaftstätigkeit muß erfaßt werden, so daß die Partialgleichgewichte, die durch die einzelnen Ziele repräsentiert werden, sich zu dem Totalgleichgewicht für den Arbeitsmarkt, Außenhandel, Investitionen und Sparen zusammenfassen lassen. »Umfassend« bedeutet nicht, daß alle und jede feststellbare wirtschaftliche Tätigkeit explizite, numerische Zielwerte im Plan erhalten muß. »Umfassend« heißt lediglich, daß jegliche Wirtschaftstätigkeit implizit oder explizit berücksichtigt sein muß. Es ist auch weder notwendig noch wünschenswert oder möglich, für Produkte, wie Pullover, Sonnenbrillen oder Tennisschuhe, quantifizierte Zielwerte zu bestimmen. Statt dessen können große Produktklassen gebildet und Zielwerten zugeordnet werden, um die makroökonomische Wirkung solcher wirtschaftlichen Aktivitäten aufzuzeigen. Es ist dann unerheblich, wie die Ressourcen innerhalb der Produktklassen verteilt werden – solange die Gesamtrechnung aufgeht. Gleichfalls können bestimmte Funktionen, die zum logischen Kernstück des Modells gehören, oft implizit behandelt werden. So enthielten die Pläne noch bis vor kurzem keine expliziten Angaben über die Einkommensverteilung, obwohl detaillierte Annahmen über die Verteilung der Einkommen notwendigerweise in die Projektion der Endnachfrage eingehen, aus welcher der übrige Plan abgeleitet wird. Weil der Plan Zielwerte für sämtliche Wirtschaftstätigkeit enthalten muß, bildet er den Rahmen für politische Entscheidungen. Er kann nicht einfach die Konsequenzen militärischer Ausgaben, landwirtschaftlicher Subventionen, der Entwicklungshilfe oder der Automobilproduktion unberücksichtigt lassen. Täte er es dennoch, so wäre mit Sicherheit zu erwarten, daß die geplante Verteilung der Ressourcen nicht ohne bedeutsame Abweichungen realisiert würde. Diese Abweichungen, die voraussehbar sind, würden bedeuten, daß die Zielwerte aus der Sicht der Wirtschaft automatisch »ungenau« und aus der Perspektive der Ökonomie »irrational« wären. Die Anzahl der wirtschaftlichen Aktivitäten, für welche der Plan 4-Jahres-Projektionen enthalten muß, ist außerordentlich hoch. *Alle* wichtigen Entscheidungen, welche die Allokation der Ressourcen berühren, müssen berücksichtigt sein. Vernachlässigte oder unrealistische Zielwerte für Entwicklungshilfe, Schulbau oder Renten würden den Plan nicht weniger verzerren als eine lückenhafte Einbeziehung der Chemieproduktion, des Straßenbaus oder der Erdölimporte. In gleicher Weise muß der Plan Entscheidungen über die Entwicklung der Preise, Löhne, Spartätigkeit, der öffentlichen Einnahmen und Ausgaben enthalten. Doch diese Entscheidungen betreffen genau das, worum es in der »Politik« geht.

Ist der Plan unter Berücksichtigung sämtlicher wichtiger Entscheidungen, die die Allokation von Ressourcen betreffen, erst einmal aufgestellt, so stellt sich das Problem seiner Implementierung. Und auch hier gerät der Plan kaum weniger heftig als im Prozeß der Auswahl der Zielwerte ins Kreuzfeuer traditioneller politischer Auseinandersetzung.

Eine Realisierung des Gesamtplans erfordert, daß alle wichtigen kollektiven Entscheidungen, die sich in seinen Zielwerten manifestieren, durchgeführt werden. Durch den Begriff »Entscheidung«

werden die normativen Handlungsziele als unabhängige Variable von den rein prognostischen Zielwerten als abhängigen Variablen abgegrenzt.

Nur wenn die Entscheidungen plangerecht ausgeführt werden, wird »der Markt« den Rest der Wirtschaft im Sinne der Planziele steuern. Die wichtigsten dieser Entscheidungen oder gezielten Programme betreffen den öffentlichen Sektor.

Die Regierung muß ihr Programm in seiner Auswirkung auf die übrige Wirtschaft definieren und es dementsprechend durchsetzen. Damit muß sie sich, und zwar ziemlich detailliert, für eine längere Zeit festlegen. Sie kann also während des Planungszeitraums weder größere, ungeplante Verteidigungsprojekte starten oder Sonden in den Weltraum schicken noch Sozialprogramme oder Steuerreformen einsetzen, ohne dabei die Konsistenz des Plans zu erschüttern. Sie muß die Verwendung kurzfristiger wirtschaftspolitischer Maßnahmen, einschließlich des gesamten traditionellen geld- und steuerpolitischen Instrumentariums zur Steuerung der Wirtschaft, mit den mittelfristigen Planzielen abstimmen. Traditionelle Politik dagegen konzentrierte sich hauptsächlich auf den Einsatz dieser kurzfristigen Maßnahmen. Ebenso muß irgendwie sichergestellt werden, daß sich Preise und Einkommen nach Richtung und Steigerungsraten gemäß der Plandaten entwickeln. Solange Politik als Interessengruppenpolitik in der Auseinandersetzung um Steuern, Regierungsausgaben, Zölle, Zinssätze und Lohnpolitik weiterbesteht, kann ein in sich stimmiger Allokationsplan nur dadurch erreicht werden, daß die aktuelle Politik mit den mittelfristigen Planzielen in Einklang gebracht oder diesen untergeordnet wird.

Es bestehen nun folgende Möglichkeiten: Entweder die Interessengruppen versprechen sich vom Plan Befriedigung ihrer jeweiligen Interessen und richten nunmehr ihre Anstrengungen auf die Wahl und Ausführung der Planziele, oder sie weigern sich, den Plan ernst zu nehmen, und konzentrieren weiterhin ihre Energien darauf, auf die kurzfristige Politik und pragmatischen Programme Einfluß zu nehmen. In letzterem Fall würde weiterhin der übliche Pragmatismus und Bargainingkompromiß die Formulierung und Durchführung der Politik bestimmen. Was immer an Entscheidungen in den Plan eingebracht wurde, würde nicht ausgeführt werden – zumindest nicht ohne massive Abänderungen, die den Plan verzerren würden. Dies war im allgemeinen die Erfahrung der einzelnen französischen Pläne: Die tatsächliche Struktur sektoraler Entwicklung differierte erheblich von der zuvor geplanten. Die dritte Alternative, ohne Partizipation gesellschaftlicher Gruppen Programme zu formulieren und zu implementieren, wäre natürlich Diktatur oder besser – angesichts der notwendigerweise detaillierten Fixierung der Planziele – Totalitarismus. Um realistisch und wirksam zu sein, muß der Plan umfassend in seinen Zielen und einheitlich in der Durchführung sein. In einer Demokratie kann deshalb ein allgemeiner Ressourcenallokationsplan nur dann wirksam sein, wenn er das Ergebnis eines partizipatorischen Planungsprozesses ist.

Es sollte noch angemerkt werden, daß zwar die Planvorstellungen auch ohne massive Störungen, welche die Ziele irreal machen, nur dann realisiert werden können, wenn alle Entscheidungen im Plan berücksichtigt und dann systematisch ausgeführt werden, daß dieses Procedere aber noch nicht die Verwirklichung des Plans garantiert. Andere Unsicherheiten können hinzutreten. Einige von ihnen – z. B. der Außenhandel in einer zunehmend international verflochtenen Volkswirtschaft – entziehen sich der Kontrolle durch Sanktionsmechanismen, die vernünftigerweise mit dem vorrangigen Ziel der Planimplementierung eingesetzt werden dürften.

Die Vorbedingungen für die Planrealisierung – umfassende Ziele und Implementierung des gesamten Zielsystems – bestimmen die Rolle des allgemeinen Ressourcenallokationsplans; er kann nur dann realistisch und wirksam sein, wenn er zum vorrangigen Bezugsrahmen für politisches Handeln wird.

Als Bezugsrahmen ist der Plan hervorragend geeignet. Er verdeutlicht die Implikationen alternativer politischer Programme für alle wirtschaftlichen Bereiche. Diese einfache, informationelle Funktion des Plans hat potentiell revolutionäre Bedeutung; denn indem er klare, informative Alternativen darlegt, gestattet er der Gesellschaft, ja zwingt sie dazu, die Richtung ihrer Entwicklung bewußt zu wählen.

Diese Funktion des Plans, Hilfe bei der bewußten Entscheidung über die gesellschaftliche Entwicklung zu bieten, ist die bedeutendste der zahlreichen möglichen Funktionen, die Planung in einer modernen Industriegesellschaft haben kann.

Die beiden Hauptbestandteile des Plans zwingen diesen in entgegengesetzte Richtungen: Ist im ersten Fall der Objektbereich begrenzt, zwingt die Logik im zweiten zur umfassenden Berücksichtigung aller Wirtschaftsbereiche. Sind die Ziele im ersten technisch umständlich, so zeichnen sie sich im zweiten Fall durch technische Eleganz aus. Während die Ergebnisse der ersten Komponente relativ unabhängig sind – sie werden im allgemeinen im kleinen Kreis der Manager der großen Konzerne und hohen Staatsfunktionäre konzipiert und realisiert –, sind die Ziele im zweiten Fall sowohl im Entwurf und in der Durchführung voneinander und von einer ganzen Reihe exogener Faktoren abhängig. Während im ersten Fall die Ziele pragmatisch gewählt werden, die Kriterien nur zum Teil offenliegen und die Folgewirkungen eines Projekts oder Maßnahmenbündels oft nicht geklärt sind, leiten sich im zweiten Fall die Ziele aus formalen ökonometrischen Modellen ab, werden deren Kriterien und ihre Auswirkungen auf die Gesamtwirtschaft explizit gemacht. Im ersten Fall werden Ziele und Instrumente der Zielrealisierung gut aufeinander abgestimmt, weswegen dieser Teil des Planungsprozesses erfolgreich ist. Im zweiten Teil werden Mittel und Ziele nicht kompatibel gemacht; Planung ist dann im ungünstigsten Falle nur dekorativ, im günstigsten indirekt einflußreich. Die erste Komponente der Planung basiert auf geringer Beteiligung gesellschaftlicher Kräfte, die zweite auf einer breiten Beteiligung. Die erste Komponente löst Planung aus der aktuellen Politik heraus, die zweite trägt sie geradewegs ins Zentrum der traditionellen politischen Auseinandersetzung hinein. Im ersten Fall erhält Planung eine bestimmte Funktion: Der Plan wird zum Instrument der Förderung der Entwicklung der wichtigsten Wirtschaftsbereiche. Im zweiten Fall dagegen erhält der Plan eine grundlegend andersartige Bedeutung: Er wird zum Instrument, um der Gesellschaft Hilfestellung bei der bewußten Entscheidung für ihre Entwicklung zu leisten. Im ersten Fall wird der Plan mit dem Motto »Politik aus der Planung heraushalten« auf die spezielle Politik der Wirtschaftssteuerung durch die »großen Bosse« (»grands commis«) der Konzerne und des Staates reduziert. Die zweite Komponente des Planungsprozesses dagegen kann helfen, Planung in die politische Auseinandersetzung hineinzutragen. [. . .]

Planung als politischer Prozeß

[. . .] Soll der Plan mehr als nur dekorative Funktionen haben oder eine unverbindliche Auflistung der nationalen Neujahrs-Resolution sein, dann muß er den Gesetzmäßigkeiten des politischen Prozesses folgen. Er muß ein Instrument sein, dessen sich die verschiedenen Gruppen bedienen können, um ihre Ziele durchzusetzen und ihre Interessen zu verteidigen. Das Problem ist nicht, ob man die politische Auseinandersetzung in den Planungsprozeß hineinnehmen soll oder nicht, sondern vielmehr, wie man die Planung in den so dominanten Bereich traditioneller politischer Auseinandersetzung einfügen kann. Die économie concertée, um einen Typ erfolgreicher Planung zu nehmen, ist weder apolitisch noch unpolitisch. Sie ist Teil der speziellen Politik der Wirtschaftsführung zwischen den Managern der Großkonzerne und den Staatsfunktionären und folgt den Gesetzen dieser Politik. Ein allgemeiner Plan zur Allokation der Ressourcen als eine andere Form der Planung setzt eine andere Art politischer Willensbildung voraus.

Die Politik eines allgemeinen Planes zur Allokation der Ressourcen

Die politische Willensbildung eines allgemeinen Planes zur Allokation der Ressourcen ist umfassend angelegt, berücksichtigt gleichzeitig mehrere Komponenten und expliziert sie. Der Plan zentriert den politischen Raum und die politisch relevante Zeit, indem er zahlreiche Entscheidungen in einen einheitlichen Bezugsrahmen preßt und verlangt, daß sie gleichzeitig getroffen werden. Der politische Prozeß häufiger, individueller und partieller Entscheidungen wird zu einem Prozeß gleichzeitiger, aufeinander bezogener und langfristiger Entscheidungen. Das traditionelle Zusammenspiel von Einzelproblemen, -interessen und inkrementaler Anpassung muß einer Politik des gesamtgesellschaftlichen Entwurfs (politics of social design) angepaßt werden. Für die verschiedenen politischen Gruppierungen bedeutet das, daß sie die traditionelle Politik häufiger Teilgewinne und -verluste zugunsten der Politik einer längerfristigen Einigung auf ein Paket von Vor- und Nachteilen aufgeben.

William James soll bemerkt haben, daß die Demokratie ein System ist, in dem die Regierung etwas unternimmt und dann wartet, wer daraufhin klagt. Dann unternimmt sie wiederum etwas, um die »Schreier« so gut es geht zu beruhigen und wartet dann, wer auf diese Anpassung hin klagt. Diese Bemerkung gibt kurz gefaßt die Erfahrung demokratischer Gesellschaften wieder [9].

Man braucht nicht Politik ausnahmslos als Politik von pressure-groups zu bezeichnen, um festzustellen, daß es eine Politik der konkurrierenden Interessen gibt und wie wichtig häufige und inkrementale Entscheidungen für eine solche Politik sind. Ein Prozeß der permanenten partiellen Anpassung bildet aus guten Gründen den Kern traditioneller, demokratischer und pluralistischer Politik. Wie groß auch immer ihre Unfähigkeit sein mag, konsistente langfristige Politik zu betreiben, so hat sie sich doch als nützlicher Weg erwiesen, ein System widerstreitender Interessen aufrechtzuerhalten. Der permanente Prozeß der partiellen, pragmatischen Politik verspricht den großen Gruppen, größere Nachteile zu vermeiden und kleinere Gewinne zu sichern. Noch wichtiger, er ist der beste Schutz gegen die totale Unterdrückung wichtiger Interessen und die beste Sicherung gegen den Versuch, irgendwelche Ideologien zu verwirklichen [10].

Von den drei Merkmalen der Politik eines allgemeinen Planes zur Allokation der Ressourcen – umfassend, gleichzeitig und explizit zu sein – ist letzteres das wichtigste. Der Plan legt die Implikationen jedes beabsichtigten Programms offen und stellt sie zudem in den Kontext der geplanten Zukunft der Gesellschaft. Das vor allem macht den Nutzen des Plans aus, ist aber gleichzeitig auch potentiell die Quelle erheblicher gesellschaftlicher Veränderungen und folglich eine Bedrohung für eine Reihe politischer Gruppen.

Wenig Aufmerksamkeit wurde diesem »Effekt« der Zielexplikation der Planung unmittelbar gewidmet. Sehr häufig wurde in der Analyse nicht getrennt zwischen Zielexplikation und »Kohärenz« (womit gemeint ist, daß die quantitativen Ziele untereinander konsistent sind, daß Input und Output ausgeglichen sind und daß zwischen Angebot und Nachfrage Gleichgewicht herrscht). Die Kohärenz des Plans wird von den meisten Planverfechtern – vor allem von den französischen – als die grundlegende und wichtigste Eigenschaft der Planung aufgefaßt [11]. Tatsächlich ist sie es keineswegs. Kohärenz ist kein fundamentales Ergebnis der Planung. Sie ist ein Zweck, dem die Zielexplikation einer geplanten Verteilung der Ressourcen dienen kann. Alles, was Planung als solche erreichen kann, ist eine explizite Darstellung der zu verteilenden Ressourcen in ihrem Verhältnis zueinander. Die übliche Annahme dabei ist, daß eine solche Ressourcenallokation somit zwangsläufig auch kohärent oder optimal sein werde. Im allgemeinen spricht auch vieles für eine solche Entwicklung – vor allem in einem Wirtschaftssystem, in dem der Markt eine hervorragende Rolle spielt. Aber man sollte zur Kenntnis nehmen, daß dies nur eine wahrscheinliche Entwicklung und weder die allgemeine Regel oder ein logischer Imperativ ist. Man könnte sich durchaus Pläne vorstellen, die nicht kohärent im Sinne eines allgemeinen Gleichgewichtes sind, wie Planer das Wort verstehen; Pläne für den Agrarsektor in vielen entwickelten Ländern können als Beispiele dienen. Dasselbe gilt für die Kernstücke des zweiten und dritten französischen Plans.

Das Versäumnis, die Zielexplikation, die ein Wesensmerkmal der geplanten Verteilung der Ressourcen ist, vom geplanten Gleichgewicht oder der daraus resultierenden Kohärenz zu unterscheiden, rührt meist von einem Verständnis des Planungsprozesses her, das darin nur ein anderes »ökonomisches Werkzeug«, einen Teil des marktwirtschaftlichen Systems der Allokation sieht und nicht einen neuartigen politischen Prozeß [12]. Dieses allgemein akzeptierte Modell der Planung, dem die Prinzipien der Marktforschung oder Unsicherheitsminderung bzw. Effizienzsteigerung zugrunde liegen, geht von Annahmen über den Primat der Effizienz in der Allokation der Ressourcen aus und führt zu Schlußfolgerungen über den Primat der Kohärenz im Plan.

Dagegen beeinflußt die Zielexplikation der Planung kollektive Entscheidungen mindestens genauso stark wie die Entscheidungen einzelner Unternehmer. Wenige Analysen berücksichtigen jedoch die Konsequenzen dieses offensichtlichen Tatbestandes. Sie versäumen es, das Konfliktpotential zu untersuchen, das zwischen einem Planungsprozeß mit dem Ziel der Ausweitung und Effizienzsteigerung kollektiver Entscheidungen einerseits und einem Planungsprozeß besteht, der dazu bestimmt ist, die Allokation der Ressourcen effizienter zu machen, indem die Kohärenz der Entscheidungen individueller Unternehmen erhöht wird. Ansätze, den Planungsprozeß zu demokratisieren, zeigen, daß erhebliche trade-offs zwischen der demokratischen Kontrolle und der Kohärenz eines Planes bestehen. Heftige Debatten über die Wünschbarkeit und Praktikabilität aktiver parlamentarischer Beteiligung am Planungsprozeß beispielsweise stammen aus diesen konfligierenden Auffassungen des Planungsprozesses und der Rolle der Planung [13].

Bündelungen von Langfrist-Entscheidungen, deren Implikationen in bezug auf ein allgemeines Programm für die Entwicklung der Gesellschaft expliziert werden, kennzeichnen die Politik eines allgemeinen Planes zur Allokation der Ressourcen. Das bedeutet einen Wandel im kollektiven Willensbildungsprozeß, der groß genug ist, um ihn als »neue Politik« zu betrachten – einen Wandel in der Art, wie kollektive Entscheidungen getroffen werden, der das Potential für Änderungen des Entscheidungsinhaltes birgt.

Hat man einmal erkannt, daß der Plan den politischen Prozeß entscheidend verändert, dann werden auch gewichtige Gründe offenbar, warum verschiedene Gruppen einen auch weiterhin im wesentlichen nichtoperationalen vorziehen. Beispielsweise wäre aus der Sicht der Manager von Großunternehmen das bedeutsamste der wahrscheinlichen Ergebnisse dieses Wandels im politischen Willensbildungsprozeß, daß die Reichweite und Wirksamkeit kollektiver Entscheidungen zunimmt. Die Manager haben gute Gründe, darin eine Bedrohung ihrer Interessen zu sehen.

In dem Maße wie kollektive Entscheidungen zunehmen, wird sich die Zusammensetzung und Verteilung von Gütern, Diensten, Leistungen und Belohnungen – ja sogar von Status und Werten – sehr wahrscheinlich ändern. Eine explizit geplante Einkommensverteilung wird sich sehr wahrscheinlich von der gegenwärtigen unterscheiden. Gewinne könnten in Gefahr kommen und ähnliches gilt von der Unabhängigkeit und Machtfülle der Unternehmen. Der Teil der Produktion, der kollektiv verbraucht wird, wird möglicherweise wachsen. Öffentliche Aufgaben, wie Stadtentwicklung, regionaler Ausgleich, innere Sicherheit und Gesundheitswesen, könnten substantieller und unmittelbarer die Allokation der Ressourcen beeinflussen. Abstrakter gesprochen, in dem Maße, wie die Planung die Grenzen des Marktes als Instrument zur Umsetzung gesellschaftlicher Bedürfnisse in effektive Nachfrage überwindet, können wichtige gesellschaftliche Ziele – wie etwa der Wunsch, soziale Strukturen zu erhalten oder zu verändern – unmittelbare und wirksamere Kräfte bei der Allokation der Ressourcen werden.

Solche Ergebnisse werden zunehmend wahrscheinlich, wenn man zusätzlich annimmt, daß eine breite Planungsbeteiligung erforderlich ist, wenn ein umfassender Plan zur Allokation der Ressourcen effizient sein soll. Anders als bei der économie concertée kann ein allgemeiner Plan zur Allokation der Ressourcen nicht von einer kleinen Gruppe von Unternehmern und Staatsfunktionären vorbereitet und durchgesetzt werden. Reichweite und Offenlegung der Entscheidungen, die im Plan berücksichtigt werden müssen, verlangen die freiwillige Bindung einer Vielzahl politischer Kräfte. Entweder ist der Plan zur Allokation der Ressourcen das Produkt einer breiten Beteiligung sozialer Gruppen oder er bleibt wirkungslos.

Aus dieser Perspektive gesehen ist der Plan zur Allokation der Ressourcen eine potentielle Bedrohung für Gewinne, Macht, Prestige und Freiheit der Unternehmer. Gegen diese »politischen« Ergebnisse müssen die Manager der Großunternehmen die potentiellen ökonomischen Vorteile eines allgemeinen Plans zur Allokation der Ressourcen abwägen. Aus ihrer Sicht erscheinen die Verluste sicher und hoch, die Gewinne ungewiß und klein.

Die Großunternehmen haben bereits eine Institution, die ihnen vieles von dem verschafft, was sie als positive Möglichkeiten der Planung betrachten, die économie concertée. Die économie concertée, als Partnerschaft zwischen den Managern des »big business« und den Staatsfunktionären, sichert den Großunternehmen die aktive Beteiligung und Unterstützung durch den Staat und beläßt gleichzeitig den Willensbildungsprozeß im engen Rahmen. Aus der Sicht der Großunternehmen ist die économie concertée eine sehr befriedigende Verbindung ihrer potentiell widerstreitenden Bedürfnisse: Die Großunternehmen bedürfen einerseits der aktiven Teilnahme des Staates in der Gestaltung der Wirtschaft, sie fürchten aber andererseits die Öffnung der Wirtschaftsführung für eine breite Beteiligung gesellschaftlicher Gruppen [14].

Aus dieser politischen Sicht ist leicht zu erkennen, warum die Regierung in den zweiten Plan nicht alle ihre wichtigen Entscheidungen eingebracht hat und warum sie nicht die kurzfristigen wirtschaftspolitischen Instrumente eingesetzt hat, um die Wirtschaft entsprechend dem geplanten Wachstumspfad und der geplanten Wachstumsrate zu lenken, warum, kurz gesagt, Entscheidungen weiterhin in der Form des traditionellen politischen Prozesses gefällt werden, und die auf die Allokation der Ressourcen gerichtete Komponente des Planes vernachlässigt wird. Denn genau das ist weiterhin der Fall.

Anmerkungen

1 P. Massé, French Planning, in: »French Affairs«, No. 127 French Embassy, New York, Dez. 1961, S. 4 f.; Bernhard Gourney und Pierre Viot geben eine ausgezeichnete Beschreibung des Personals der Planungskommission in »Les Planificateurs et les Décisions du Plan«, Referat anläßlich des Planifikations-Colloquiums vom 2.–4. Mai 1963 in Grenoble, vervielfältigtes Manuskript, Comm. du Plan, 26. April 1963, Teil II, Abschnitt A, S. 19 ff.

2 Max Weber, »On Bureaucracy«, From Max Weber, Übersetz. Mills und Gerth, London 1961, S. 196.

3 Einen kurzen Abriß über die Geschichte des Ministeriums für die Nationale Wirtschaft gibt Cohen an anderer Stelle; s. Cohen, Modern Capitalist Planning: The French Model, Cambridge, Mass., 1969, S. 64 ff.

4 Massé, »French Affairs«, S. 4.

[5] Siehe Comm. du Plan, »Les Motifs d'Exécution du Plan«, vervielfältigtes Manuskript, 1963, Teil II, Abschnitt 4a, S. 32; David Granick weist auf diesen Punkt hin: »Die Funktionsfähigkeit der Planungskommission ... läßt sich damit erklären, daß keines der großen Ministerien in ihr eine Bedrohung sah, die es unbedingt zu beseitigen gelte«, in: The European Executive, Anchor Paperback, New York, 1964, S. 150.

[6] Massé, »French Affairs«, S. 4.

[7] Die jüngsten Reformen und Reformvorschläge mit dem Ziel, den öffentlichen Haushalt und die geldpolitischen und fiskalischen Instrumente mit dem Plan zu verknüpfen, werden von Cohen an anderer Stelle behandelt; s. Cohen, »Modern Capitalist Planning: The French Model«, Cambridge, Mass., 1969, Teil V, S. 164 ff.

[8] Massé, S. 5; ferner F. Ridley und J. Blondel, »Public Administration in France«, London 1964, S. 202–205.

[9] Wilfred E. Binkley und Malcolm C. Moss, »A Grammar of American Politics«, New York 1958, S. 3.

[10] Natürlich mit Ausnahme der Ideologie des Kompromisses und der Konkurrenz unter Interessengruppen, welche er verwirklicht.

[11] Siehe dazu Cohen a.a.O., Teil I, Kap. I, ferner P. Bauchet, Economic Planning, The French Experience, London 1964, S. 113 f.; dort wird die Kohärenz als wichtigstes Merkmal von Planung dargestellt und parlamentarische Kontrolle wird mit der Begründung, sie sei mit der Plankohärenz nicht vereinbar, als nicht wünschenswert abgelehnt.

[12] Z. B. bei Massé, »French Affairs«, a.a.O.; J. Sheahan, »Promotion and Control« of Industry in Postwar France, Cambridge, Mass., 1963, sowie bei Bauchet, »Economic Planning«, a.a.O.

[13] Vgl. z. B. die Argumentation bei Cohen, a.a.O., Teil VI, mit Bauchets Begründung für eine »exekutive« Demokratie statt einer parlamentarischen, in: »Economic Planning«, S. 113–115 und 123 (Cohen, Teil VI, jetzt auf deutsch in: J. Esser/F. Naschold/W. Väth (Hrsg.), Gesellschaftsplanung, Gütersloh 1972).

[14] Natürlich sind Situationen denkbar, in denen die Großunternehmen versuchen könnten, die Rolle der Planung über die économic concertée hinaus auszudehnen. Cohen untersucht an anderer Stelle (Teil V und VI, Cohen, a.a.O.), welche Form der Planung die Großunternehmen und die Gewerkschaften wünschen.

Übersetzt von Christine Mussel

2 *Frieder Naschold*

Gesellschaftsreform und politische Planung

I. Gesellschaftspolitische und wissenschaftliche Problemstellung

Eines der auffälligsten Merkmale in der gegenwärtigen politischen Entwicklung vornehmlich sozialdemokratisch regierter Staaten wie zum Beispiel Schwedens, Englands (der Labourregierung), der Bundesrepublik unter der sozialliberalen Koalition und anderer, ist darin zu sehen, daß umfassende Planungssysteme als ein zentrales Instrument systematischer gesellschaftspolitischer Reformen eingesetzt werden. Staatliche Planung wird als die am weitesten fortgeschrittene Problemlösungsstrategie des politischen Systems gegenüber den anstehenden Problemlagen angesehen, wobei oft von der fortschrittsgläubigen Perspektive ausgegangen wird, daß der »Spätkapitalismus eigentlich jetzt erst richtig zu planen begonnen hat« [1]. Diesem politischen Modernitätssyndrom von Gesellschaftsreformen über umfassende staatliche Planungssysteme liegen bei den politischen Akteuren insbesondere folgende Annahmen zugrunde:

- die Disparität von öffentlicher Armut und privatem Reichtum macht weitreichende gesellschaftliche Strukturreformen erforderlich;
- die zunehmenden gesellschaftlichen Ausdifferenzierungsprozesse führen zu einer so hohen Komplexität und Kompliziertheit der anstehenden Entscheidungsprobleme, daß gesellschaftliche Reformen nicht mehr mittels der überkommenen pluralistischen Prozeß- und Verteilungspolitik, der Politik des Inkrementalismus, sondern nur noch über eine umfassende »Systempolitik«, das heißt über umfassende Planungssysteme geleistet werden kann [2];
- Planungssysteme haben vor allem auf eine effiziente wie effektive, mittel- und längerfristige Ziel- und Ressourcensteuerung sowie deren wechselseitige Integration abzuzielen, wobei je nach den spezifischen Problemlagen der einzelnen Staaten unterschiedliche planerische Schwerpunkte zu setzen sind;
- die von den Planungssystemen zu bewältigenden Entscheidungsprobleme sind weitgehend pareto-optimal, das heißt, sie beinhalten ein politisch-ökonomisches Konfliktpotential und einen dar-

aus resultierenden Konsensbedarf, der unterhalb eines vom gegebenen politischen System (Regierung, Verwaltung, Parteien, Verbände) noch zu bewältigenden Schwellenwertes verbleibt.

Dieser planungsoptimistischen Reformstrategie stehen jedoch in der politischen Praxis wie in der sozialwissenschaftlichen Theorienbildung zumindest drei relevante Positionen gegenüber, die die Grundkonzeption von Gesellschaftsreform über Planungssysteme problematisieren:

1. Der große Kreis der Routiniers aus Politik und Verwaltung ist durch eine zwiespältige Haltung gekennzeichnet: Entweder wird in einer Art von Verdrängungsstrategie behauptet, daß eigentlich schon immer geplant worden ist, oder die augenblicklichen Planungsbemühungen werden im Sinne einer Realitätsfixierung als vorübergehende Modeerscheinung charakterisiert, die sich bald in den harten Routinen der Alltagspolitik festläuft.

2. Politisch konservative Kräfte bejahen zwar die Notwendigkeit staatlicher Planungen, nicht jedoch deren Verknüpfung mit einer über Planung anzustrebenden Gesellschaftsreform: Planung wird nicht als Mittel politischer Innovation angesehen, sondern kann nur zum »Abtragen der alten Last« (Arndt), zur Abwehr der selbstzerstörerischen (entropischen) Tendenzen sozialer Systeme beitragen.

3. Systemkritische politische Gruppierungen gehen auf der Basis der Theorie des Spätkapitalismus davon aus, daß Gesellschaftsveränderung notwendig ist, jedoch als grundlegende Strukturreform mit antagonistischem Konfliktpotential nicht über staatliche Planungssysteme vorangetrieben werden kann: In der gegenwärtigen Gesellschaftsformation ist staatliche Planung zwar zur Sicherung der unter zunehmenden Monopolisierungstendenzen sich wandelnden Kapitalverwertungsbedingungen erforderlich, ihre Grenzen liegen jedoch in der Widersprüchlichkeit kapitalistischer Gesellschaftssysteme, so daß staatliche Planung weitgehend zum Krisenmanagement einer Systemüberlebensstrategie der herrschenden politischen Eliten reduziert wird.

In den folgenden Ausführungen, die zunächst aus der Perspektive des Systems, sodann aus der Perspektive seiner Veränderungsmöglichkeiten entwickelt werden, soll versucht werden, diesen Zusammenhang von Gesellschaftsreform und politischer Planung näher abzuklären, indem die gegebene und abzusehende Real- und Idealdialektik staatlicher Planungssysteme vor allem in Ländern wie der BRD, den USA, Frankreich und England analysiert werden. Dabei soll vor dem Hintergrund der allgemeinen Bewegungsgesetze der gegenwärtigen Gesellschaftsformation insbesondere Fragen wie der strukturbedingten Notwendigkeit staatlicher Planung, der Bedeutung spezifischer Planungstechniken, der hohen Eigendynamik staatlicher Planungssysteme, ihren strukturellen Ambivalenzen und Widersprüchen, den systembedingten Grenzen ihrer Steuerungskapazität, den politisch-ökonomischen Trägergruppen und anderen nachgegangen werden.

Insgesamt zielen die nachstehenden Überlegungen auf folgende drei zentrale Thesen ab [3]:

1. Staatliche Planung als fortgeschrittenste Problemlösungsstrategie des politischen Systems konstituiert sich zwar zunächst über neuartige Planungstechniken, bildet jedoch wesentlich nur eine *neue Form* pluralistischer Prozeß- und Verteilungspolitik und unterliegt somit denselben strukturellen politisch-ökonomischen Gesetzmäßigkeiten der gegenwärtigen Gesellschaftsformation.
2. Diese neue Form staatlicher Politik stellt überwiegend eine technokratische Steuerungsplanung dar, die mit ihren strukturbedingten Ambivalenzen, Widersprüchen und Grenzen ihrer Steuerungskapazität nicht zu gesellschaftlichen Strukturreformen beitragen kann, sondern gegebene Strukturtrends im Sinne einer Anpassungsplanung weitgehend reproduziert.
3. In der gegenwärtigen gesellschaftlichen Entwicklungsphase können Gesellschaftsreformen nur dann durchgesetzt werden, wenn in den kritischen Engpässen der gesellschaftlichen Reproduktion unter Ausnutzung des progressiven Elements staatlicher Planungen – insbesondere strategischer Zielplanungen und korrespondierender Dezentralisierungstendenzen – Bündnisbereiche ermöglicht werden, die auf einer partiellen Parallelität der Aktionsziele bei weiterbestehenden materiellen Interessendifferenzen hinsichtlich spezifischer sektoraler Strukturreformen basieren.

Zur Ausarbeitung und Begründung der Fragestellung und der drei zentralen Thesen sollen zunächst die wichtigsten Strukturen und Funktionen gegenwärtiger Planungssysteme und deren Eigendynamik aufgezeigt werden. Daran schließt sich eine Analyse der Grundannahmen dieser technokratischen Steuerungsplanung, ihrer Ambivalenzen, Widersprüche und Grenzen, eine Analyse, aus der abschließend einige strategische Folgerungen abgeleitet werden sollen.

II. Strukturen, Funktionen und Eigendynamik staatlicher Planungssysteme

1. Pluralistische Prozeß- und Verteilungspolitik

Idealtypisch verkürzt kann die »vorplanerische« Phase staatlicher Politik als pluralistische Prozeß- und Verteilungspolitik bezeichnet werden [4]. Die wichtigsten Merkmale dieses Politiktypus sind in den folgenden Ausprägungen zu sehen:

1. Einem analytischen Inkrementalismus (»disjointed incrementalism«) entspricht auf politischer Ebene eine Politik, die Resultat der wechselseitigen Aushandlungsprozesse konkurrierender Gesellschaftsgruppen darstellt (»partisan mutual adjustment«).
2. Träger dieser Politik ist ein fragmentiertes und pluralistisches System von konkurrierenden politischen Eliten, Verwaltungen, Parteien und Verbänden.
3. Die von dieser politischen Problemlösungsstrategie erfaßten Entscheidungsprobleme sind überwiegend regulativer und verteilungspolitischer Art.
4. Die Folgewirkungen dieser Politik bestehen in marginalen Veränderungen bei weitgehender Reproduktion der zugrunde liegenden sozioökonomischen Strukturen.
5. Pluralistische Prozeß- und Verteilungspolitik stellt somit eine Verbindung von inkrementaler Routinepolitik und kurzfristigem, zyklischem Krisenmanagement dar.
6. Eine besonders prägnante Illustration dieser politischen Problemlösungsstrategie ist im jährlichen Budgetprozeß zu sehen, bei dem die verfestigten Ausgabestrukturen durch Routinepolitik jährlich inkremental fortgeschrieben werden und die meist zyklisch auftretenden ökonomischen und politischen »Schocks« (Crecine) durch kurzfristiges Krisenmanagement aufzufangen versucht werden [5].

Diese politische Problemlösungsstrategie kann jedoch selbst ihren eigenen Ansprüchen nur dann gerecht werden, wenn zumindest die folgenden drei Voraussetzungen erfüllt sind:

- Ein ökonomischer, sozialer und politischer Pluralismus analog dem ökonomischen Modell des vollkommenen Wettbewerbs,
- eine relative Autonomie der einzelnen Teilsysteme,
- eine Prozeßrationalität, wonach aus dem Wechselspiel der politischen Kräfte innerhalb eines pluralistisch-offenen Gestaltungsrahmens ein Optimum kollektiver Rationalität erreicht werden kann.

In der sozialwissenschaftlichen Theorie ist es inzwischen schon fast zum Gemeingut geworden – auch wenn die notwendigen Konsequenzen daraus selten gezogen werden –, daß diese Voraussetzungen und damit die Leistungsfähigkeit pluralistischer Prozeß- und Verteilungspolitik nicht gegeben sind: Weder liegt im ökonomischen, sozialen und politischen System ein Pluralismus konkurrierender Kräfte vor, noch ist eine relative Autonomie der einzelnen Teilsysteme gegeben. Die unterstellte Prozeßrationalität dieses Politiktypus erweist sich somit weitgehend als Fiktion.
Die ökonomischen Konjunktur- und Wachstumskrisen der sechziger Jahre deckten die schwachen Fundamente dieser politischen Problemlösungsstrategien auf, machten die strukturelle Diskrepanz von Systemanforderungen und Systembewältigungsmustern bei der staatlichen Aufgabenerfüllung vor allem in den kritischen Sektoren deutlich und bildeten den unmittelbaren historischen Anstoß für eine Systempolitik, die über umfassende staatliche Planungssysteme ökonomische und soziale Krisenstabilisierung und darüber hinaus gesellschaftliche Strukturreformen anstrebt.
Gegenüber dieser verkürzten Darstellung der Genese gegenwärtiger staatlicher Planungssysteme muß jedoch einschränkend hingewiesen werden, daß staatliche Planung natürlich nicht eine Entdeckung der sechziger Jahre ist [6]. Im Unterschied zu der als punktueller Interventionismus zu charakterisierenden früheren staatlichen Steuerungspolitik nehmen die gegenwärtigen staatlichen Planungssysteme jedoch tendenziell eine neue Qualität an:

1. Anstoß wie Grundlage der gegenwärtigen staatlichen Planungs-
tischen Makro-Steuerung der ökonomischen Konjunktur- und
systeme bildet der Versuch der »New Economics« einer systema-
Wachstumsprozesse.

2. Innerhalb dieser globalen Ressourcensteuerung wird eine fiskalische Mikro-Steuerung über eine mehrjährige Finanzplanung und eine sektorale Zielsteuerung über mehrjährige Programmplanungen angestrebt.

3. Alle drei Planungsstränge sind systematisch, umfassend und auf ihre wechselseitige Vermaschung hin ausgerichtet.

Bevor nun in den folgenden Abschnitten näher auf diese Planungssysteme in ihren Strukturen, Funktionen und ihrer Eigendynamik eingegangen werden kann, sollen zur Klärung der oft verwirrenden Planungsdiskussion die wichtigsten Dimensionen von Planungssystemen kurz analytisch zerlegt und untersucht werden.

2. Zur entscheidungslogischen Struktur von Planungssystemen

Abstrahierend vom konkreten gesellschaftlichen Kontext, der in der Analyse der nächsten Abschnitte einbezogen wird, können als die wichtigsten vier analytischen Dimensionen von Planungssystemen angesehen werden: Steuerungsmedien, Entscheidungsebenen, Steuerungstechniken, Beziehung zwischen Planungsinstanzen und Planungsbereichen (System und Umwelt) [7].

Im Rahmen staatlicher Planungssysteme stellen Ressourcen (reale und monetäre) einerseits und »Ziele« (Bedürfnisse, Werte, anzustrebende Zustandskonstellationen) andererseits die beiden wichtigsten Steuerungsmedien dar. Je nach Entwicklungsstand des Planungssystems erfolgt eine Ausdifferenzierung dieser beiden Steuerungsmedien in zwei Planungsteilsysteme, einen Ressourcen- und einen Zielplanungsstrang. Beide Planungsteilsysteme bilden je spezifische Rationalitäts-, Informations-, Motivations- und Organisationskriterien aus und stehen in einem Komplementaritätsverhältnis zueinander, das spezifische Integrationsmechanismen erforderlich macht.

Innerhalb dieser Planungsteilsysteme muß zumindest zwischen drei Entscheidungsebenen unterschieden werden: Bei der strategischen Planung (längerfristige Aufgabenplanung) wird eine antizipierte und/oder angestrebte Zustandskonstellation in ihren makroskopischen Interdependenzen und Engpässen abgesteckt; auf Basis dieser generellen Entscheidungsprämissen können taktische Planungen (mittelfristige Programmplanungen) entwickelt werden, die dann ihrerseits über operative Planungen (Projektplanungen) zu realisieren sind. Ein voll durchgebildetes Planungssystem kann somit als ein in zeitlicher, sachlicher und sozialer Hinsicht hierarchisch strukturiertes Entscheidungssystem konzipiert werden.

Den verschiedenen Entscheidungsebenen von Planungssystemen entsprechen unterschiedliche Planungstechniken. So sind der operativen Projektplanung vor allem Techniken der »Operations Research« und der empirischen Sozialforschung zuzuordnen, der taktischen Programmplanung vor allem Systemanalyse, Morphologie, Relevanzbaumverfahren, Kosten-Nutzen-Analyse und der strategischen Zielplanung gesamtgesellschaftliche Problemanalysen, Dekompositionsverfahren und kausale Modellierung [8].

Da vor allem in der politisch-administrativen Planungspraxis Planung meist mit Planungstechnik gleichgesetzt wird, sind zu diesen Dimensionen einige qualifizierende Anmerkungen erforderlich:

Heuristisches Modell
eines hierarchisch strukturierten Planungssystems:

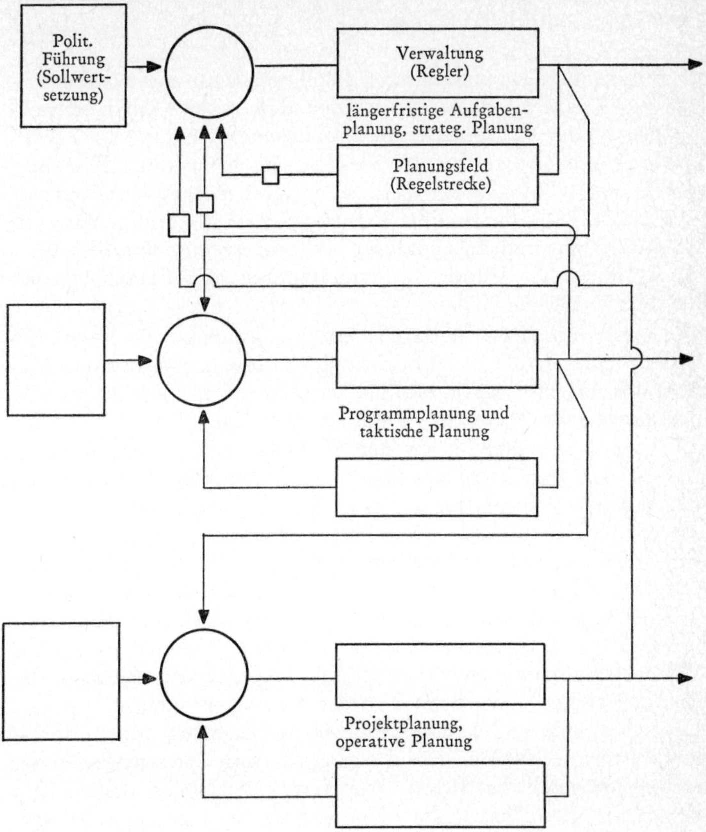

1. Planungstechniken sind in den seltensten Fällen algorithmischer Art, sondern bilden in der Regel ein »systematisches Denken für soziale Aktionen« [9].
2. Da die in den einzelnen Planungstechniken zugrunde liegenden Modelle sozialer Wirklichkeit von unterschiedlicher Komplexität sind, ist besonders auf die relative Korrespondenz von Planungstechnik und Entscheidungsebene zu achten: Die oft anzutreffende Planungspraxis, strategische Probleme mit Hilfe von Techniken der

Operations Research, mit Delphi-Verfahren usw. anzugehen – wie es zum Beispiel bei Stadtentwicklungsplanungen häufig mit linearen Programmierungsverfahren unternommen wird [10] –, muß zwingend zu suboptimalen Lösungen führen.

3. Insbesondere bei strategischen Planungen kann nicht nachdrücklich genug darauf hingewiesen werden, daß es unter Analyseaspekten zentral auf valide materiale Problemanalysen ankommt, deren Qualität sich weniger an der Eleganz von spezifischen Planungstechniken als vielmehr entscheidend an ihrer theoretischen und methodischen Validität bemißt: Planungstechniken können materiale gesellschaftstheoretische Analysen nicht ersetzen – eine Selbstverständlichkeit, die jedoch in Planungspraxis wie Planungstheorie allzuoft übersehen wird.

Die vierte, an dieser Stelle nur kurz anzuschneidende Dimension besteht in der Struktur der Beziehung von Planungssystem und Planungsbereich und bezieht sich auf das Ausmaß der Rückkoppelung (Wechselwirkung) zwischen Planungssystem und Umwelt. Idealtypisch lassen sich drei Muster der Wechselwirkung feststellen: Planungssysteme mit überwiegend administrationsinterner Ausrichtung in Form von »fixed target policy models«, bei denen eine oder mehrere Zielvariablen extrapoliert, Konsistenzüberlegungen hinsichtlich der Ziele und Mittel angestellt und zeitliche Phasenabläufe festgelegt werden, besitzen nur eine geringe informationelle Rückkoppelung mit den planungsrelevanten Umweltsektoren. Die wichtigsten Planungsprobleme werden bei diesem Planungstyp auf die Phase der Planimplementierung als exogenisiertem Element der Planung abgeschoben. Beim Typ der Steuerungsplanung liegt eine informationelle und konsensbezogene Abstimmung von politisch-administrativer Planung mit den oligarchischen Spitzengremien der etablierten gesellschaftlichen Gruppierung vor. Beim dritten Typ besteht in allen Phasen des Planungsprozesses eine enge Wechselwirkung zwischen den »Planungsträgern« und den »Planungsbetroffenen«, deren Bedürfnisse über authentische Willensbildungsprozesse artikuliert und in den Planungsprozeß eingebracht werden [11].

Vor dem Hintergrund dieser analytisch-abstrahierenden Dimensionierung von Planungssystemen ist nun in den beiden folgenden Abschnitten die reale Entwicklung politischer Planungssysteme insbesondere am Beispiel der Bundesrepublik in systematischer Weise zu untersuchen.

3. Planungssysteme der ersten Generation

Überblickt man die staatlichen Planungssysteme in der Bundesrepublik (vor allem auf Bundesebene), so ergibt sich zunächst einmal folgender phänomenologischer Befund: Im Anschluß an die Wirtschafts- und politische Krise der Jahre 1966/67 wurde ein – noch sehr disparates – Planungssystem, bestehend aus mittelfristigen gesamtwirtschaftlichen Zielprojektionen, mehrjähriger Finanzplanung und sektoralen mittel- und langfristigen Programmplanungen aufgebaut. Das weitgehend indikative System mittelfristiger Zielprojektionen und langfristiger Wachstumsperspektiven sollte, von den Angebotsstrukturen ausgehend, das gesamtwirtschaftliche Leistungsvermögen sowie den jeweiligen Staatsanteil am BIP und damit den realen Ressourcenrahmen staatlicher Tätigkeiten abstecken. Innerhalb dieses »Korridors« der mittelfristigen Zielprojektion ist die mehrjährige Finanzplanung einzupassen, die, von der Ausgabenseite her erstellt, das monetäre Verfügungspotential in seinem Volumen und über ressortbezogene Plafondbildung in seiner Struktur mittelfristig abgrenzt. Die materielle Abbildung dieser wertmäßigen Relationen stellen neben Personal- und Sachmitteln vor allem sektorale Programmplanungen wie der Bundesfernstraßen-Ausbauplan, der Bildungsgesamtplan, regionale Strukturpläne, Beschaffungspläne der Bundeswehr und andere dar. Während sich im Lauf der Jahre der normative und informationelle Gehalt der gesamtwirtschaftlichen Zielprojektion ständig verringerte, die politisch-administrative Bedeutung der Finanzplanung sich je nach der Haushaltslage des Bundes veränderte, wurde der Strang sektoraler Programmplanungen vor allem mit Beginn der sozial-liberalen Koalition immer stärker ausgebaut: Über die meisten Sektoren staatlicher Tätigkeiten wurde ein einheitliches Berichtswesen aufgezogen, auf dem dann die sektoralen Programmplanungen, angefangen vom Bundesraumordnungsprogramm bis hin zum Hochschulbauplan, entwickelt und meist jährlich fortgeschrieben werden.
Die wichtigsten Merkmale dieses Planungssystems, das aus historischen und planungssystematischen Gründen als Planungssystem der ersten Generation bezeichnet werden kann, lassen sich wie folgt zusammenfassen:

1. Eine gesamtwirtschaftliche Steuerung der wichtigsten Angebots- und Nachfragekomponenten als notwendige Voraussetzung wie Bestandteil staatlicher Planung stellt weitgehend eine Leerstelle im gesamten Planungssystem dar. Da die Abtrennung der Produk-

tions- von der Distributionssphäre und deren politische Steuerung als die notwendige Vorbedingung staatlicher Transferwirtschaft [12] somit weitgehend fehlschlägt, ist die staatliche Einnahmenentwicklung und Ausgabengestaltung über vielfältige Vermittlungsformen in hohem Maße eine Funktion relativ autonomer Konjunktur- und Wachstumsprozesse [13].

2. Die mehrjährige Finanzplanung vermochte zwar gegenüber dem Einjahresbudget den fiskalischen Kontrolleffekt erheblich zu steigern. Die strukturelle Schwäche budgetärer Prozesse – die Diskrepanz zwischen ungenügender und unstetiger Einnahmenentwicklung einerseits und kumulierendem Mehrbedarf und Verfestigung der Ausgabenstruktur auf der Ausgabenseite andererseits – bleibt bestehen. Diese Strukturschwäche der Finanzplanung ist jedoch neben den gesamtwirtschaftlichen Determinanten wesentlich auch von spezifischen politisch-administrativen Faktoren bestimmt [14]. Eine relative Verstetigung einer aufgabenorientierten Einnahmenentwicklung über eine mittelfristige Einnahmenplanung und eine antizyklische Einnahmenpolitik wirft – ganz abgesehen von der Frage ihrer ökonomischen Realisierbarkeit – so erhebliche politische Konsens- und Konfliktsprobleme auf, daß sie im Rahmen der gegebenen politischen Infrastruktur kaum zu bewältigen sind. Umgekehrt ist die Erstarrung und Festschreibung der Ausgabenstruktur wesentlich auch durch drei politisch-administrative Verhaltensmuster bedingt:

- Wie beim Einjahresbudget dominiert auch bei der Finanzplanung die prospektive Orientierung im Planungsverhalten;
- weiterhin überwiegen mikroökonomische (fiskalische) und makroökonomische Rationalitätskriterien und Indikatoren;
- das Übergewicht bilateraler, vom Referenten ausgehender Aushandlungsprozesse erschwert kollektive und mit politischen Vorgaben versehene Konfliktsaustragungsmuster.

3. Das zunächst auffälligste Merkmal der zahlreichen Programmplanungen der Ressorts besteht in ihrer sektoralen Isoliertheit und in ihrer uneinheitlichen und ungleichzeitigen Entwicklung: das Berufsbildungswesen wird weitgehend unabhängig vom allgemeinbildenden Schulwesen geplant; die Regionalisierungsmodelle der regionalen Strukturpolitik, des Bundesraumordnungsprogramms und der Verkehrssystemplanung weichen ganz erheblich voneinander ab; gegenüber den sehr weit vorangetriebenen Planungen im Verkehrs-, Verteidigungs- und Bildungsbereich sind die Planungen auf

den meisten anderen Sektoren erst im Anfang begriffen. Diese Erscheinungsformen staatlicher Programmplanungen lassen sich auf der Ebene politisch-administrativer Determinanten vor allem auf folgende Faktoren zurückführen:

- Eine arbeitsteilige Ressortstruktur bei hoher Ressortautonomie und festem Klientel führt notwendigerweise zur permanenten Suboptimierung staatlicher Programmplanung, weil interdependente Problemkomplexe kompetenz- und machtmäßig zerschnitten werden;
- Koordinierungsprozesse erfolgen in der Regel in Form der Spät- und Negativkoordinierung, bei der Programmplanung erst nach Abschluß der ressortinternen Arbeiten und dann nur hinsichtlich der den Kompetenzbereich des betroffenen Ressorts tangierenden Aspekte;
- Programmplanungen sind in ihrer Zeitperspektive für die meisten Planungsbereiche zu kurzfristig angelegt, und die längerfristigen Ressortplanungen führen – wie zum Beispiel die Verkehrs-, Bildungs-, Gesundheitsplanung – meist nur zur Fort- und Festschreibung bestehender Strukturen.

4. Besonders auffällig bei derartigen Planungssystemen ist der geringe Grad an Integration von Ressourcen- und Programmplanung. Beide Planungsstränge laufen innerhalb der Ressorts wie im gesamten Regierungsbereich relativ unkoordiniert nebeneinander her und werden nur bei der jährlichen Budgetaufstellung und der Fortschreibung der Finanzplanung kurzfristig ineinander übergeführt. Dadurch bilden Haushalt und Finanzplanung das einzige relativ umfassende Koordinierungsinstrument staatlicher Planungen. So notwendig diese Art der Integrierung der beiden Planungsstränge ist, so hoch sind auch die daraus folgenden Kosten: Planintegrierung durch »Budgetnegativismus« erfolgt unter hohem Zeitdruck, bei impliziten Zielsystemen, ist kurzfristig ausgerichtet, beinhaltet ein eindeutiges Übergewicht fiskalischer und makroökonomischer Rationalitätskriterien und kann somit dem Komplementaritätsverhältnis von Ressourcen- und Zielplanung nicht gerecht werden. Denn eine mehrjährige Finanzplanung kann auf sich allein gestellt die für eine »Strategie der inneren Reformen« so wichtigen Entscheidungsbereiche wie zum Beispiel ressortübergreifende Querschnittsaufgaben, konzeptionelle Kürzungen, Programmneueinführungen, allgemeine Planungsreserven und Erhöhung der Ressourcenflexibilität nur sehr bedingt kontrollieren, solange die einzelnen

Ressortfachplanungen nicht schon von einem übergeordneten politischen Aufgabenrahmen her programmatisch koordiniert werden.
Überblickt man insgesamt Strukturen, Funktionen und Folgewirkungen dieser Planungssysteme der ersten Generation, so wird deutlich, daß die zentralen Systemprobleme wie auch die Strukturen der politischen Problemlösungsstrategien nach wie vor von denselben ökonomisch-politischen Gesetzmäßigkeiten der gegenwärtigen Gesellschaftsformation bestimmt werden und die überkommene pluralistische Prozeß- und Verteilungspolitik, wenn auch in veränderter Form, reproduziert wird. In der Finanzplanung dominieren weiterhin der Inkrementalismus des Einjahresbudgets, die Merkmale des Budgetnegativismus, die prospektive Ausrichtung und die Abhängigkeit von ökonomischen Konjunktur- und politischen Legislaturperiodenzyklen; die Ressortfachplanungen werden nach wie vor und trotz aller planerischen »blue prints« bestimmt von isolierten, suboptimalen Ressortstrategien mit ihren kurzfristigen Erfolgskriterien, vom Fehlen expliziter strategischer Zielplanungen und dem impliziten Zielsystem des Budgetprozesses.
Nicht unwesentlich hat sich jedoch die Form staatlicher Politik, die Gestalt der pluralistischen Prozeß- und Verteilungspolitik, verwandelt. Denn derart strukturierte Planungssysteme als fortgeschrittenste Problemlösungsstrategie gegenüber sich wandelnden wie verschärfenden Problemlagen bedingen tendenziell eine Zentralisierung wie Konzentrierung fragmentierter politischer Willensbildung. Im längerfristigen Trend führen sie zur Stärkung der politisch-administrativen Ressortspitze, zur Dominanz planender Ressorts mit breiter Konsensstruktur gegenüber Ressorts mit zersplitterter Aufgabenstruktur und fragmentierter Konsensstruktur, zur Konzentrierung der politisch-ökonomischen Führungskartelle der Parteien und Verbände bei nach wie vor bestehenden Konflikten, zur Zentralisierung föderalistischer Organisationsformen über Gemeinschaftsaufgaben, Konjunktur- und Finanzplanungsrat.
Der Anspruch einer Systempolitik gegenüber der überkommenen pluralistischen Prozeß- und Verteilungspolitik konnte somit über die Planungssysteme der ersten Generation nicht erfüllt werden, so daß sich gegenüber der anfänglichen Planungseuphorie entweder eine Planungsresignation ausbreitete oder umgekehrt der Versuch unternommen wurde, das bestehende Planungssystem weiter auszubauen, um doch noch Gesellschaftsreform über staatliche Planung »in den Griff zu bekommen«.

4. Planungssysteme der zweiten Generation

Die Intention politisch-administrativer Eliten zum weiteren Ausbau von Planungssystemen als Instrument einer Gesellschaftsreform fallen mit deren immanenter Eigendynamik zur Weiterentwicklung und Ausbreitung zusammen. Denn die »Strukturlogik« einmal institutionalisierter Planungssysteme tendiert, wenn sie nicht bewußt politisch blockiert oder durch hohe Konfliktintensität absorbiert wird, zur immer weiteren »Planbarmachung« planungsrelevanter Entscheidungsfaktoren: Der Planungsvorsprung einzelner Sektoren, wie zum Beispiel Verkehr, Verteidigung, muß von den noch zurückhängenden Bereichen planerisch aufgeholt werden, um nicht noch größere Ungleichgewichte zum Beispiel in der Ressourcenzuteilung zu induzieren; die wichtigsten Basisinformationen, wie volkswirtschaftliche Grundannahmen, sozialökonomische Indikatoren, Ausgangsdaten, Gliederungsschemata, müssen vereinheitlicht und intersektoral wie interterritorial vergleichbar gemacht werden; der Planungshorizont muß der spezifischen »Ausreifungszeit« der jeweiligen Planungsbereiche angepaßt werden, ohne daß jedoch gleichzeitig wieder intersektorale Inkompatibilitäten entstehen. Besonders deutlich läßt sich diese Eigendynamik am Beispiel der Budgetierung beobachten: Um die Unzulänglichkeiten des Einjahresbudgets abzubauen, wurde der Haushalt zur mehrjährigen Finanzplanung ausgeweitet; die mehrjährige Finanzplanung kann ihrerseits jedoch nur dann den in sie gesetzten Erwartungen entsprechen, wenn sie auf der Ausgabenseite in ihren Rationalitäts- und Selektionskriterien durch eine Programm- und Aufgabenplanung, auf der Einnahmenseite zu deren Verstetigung durch eine mittelfristige Einnahmenplanung abgestützt wird; Ausgabenplanung wie Einnahmenplanung ihrerseits erfordern eine wie immer geartete Kooperationsbereitschaft der Gewerkschaften wie der Unternehmer und anderer etablierter Verbände, wobei jedoch die gesamte Entwicklungstendenz schon längst nicht mehr im nationalen Rahmen gehalten werden kann. Planungssysteme der ersten Generation müssen zu ihrer eigenen Effektivierung in zeitlicher, sachlicher wie sozialer Hinsicht über sich hinausgetrieben werden und als Planungssystem der zweiten Generation gleichsam eine andere Qualität annehmen.
Eine Reihe erster Schritte in diese Richtung sind zum Beispiel in der Bundesrepublik schon deutlich absehbar: Die Vereinheitlichung der Informationsbasis und Planungstechniken, die Angleichung der Planungsdichte der verschiedenen Sektoren, die zeitliche und sachliche

Ausweitung der Finanzplanung in Form der langfristigen Bedarfsschätzung, der Programmplanungen in Form der längerfristigen Aufgabenplanung, die Inkorporierung anderer Planungsträger oder planungsrelevanter Gruppen in einen größeren Planungsverbund, wie zum Beispiel dem Finanzplanungsrat, der Bund-Länder-Kommission für Bildungsplanung, der konzertierten Aktion und der sozialpolitischen Gesprächsrunde und viele andere, sind deutliche Indikatoren der aufgezeigten Entwicklungslinie. Wie weit diese Tendenzen anhalten, ist natürlich – da Planungssysteme keinen »Sachzwang« darstellen – nur zum geringen Ausmaß eine Funktion der Eigendynamik institutionalisierter Planungssysteme, sondern hängt primär von den politischen und ökonomischen Trends ab. Eine Einschätzung der voraussichtlichen Entwicklung wie generell der intendierten Effektivität von Planungssystemen der zweiten Generation soll später vorgenommen werden. Zunächst müssen wenigstens kursorisch die zentralen Probleme derartiger Planungssysteme analysiert werden, die sich aus den aufgezeigten Engpässen der bestehenden Planungen ergeben, die ihrerseits wiederum die Folgeprobleme einer Politik der Überwindung pluralistischer Prozeß- und Verteilungspolitik darstellen.
Aus der obigen Skizze des historischen Entwicklungsstandes des gegenwärtigen Planungssystems lassen sich in Verbindung mit der analytischen Dimensionierung der Entscheidungslogik von Planungssystemen die folgenden drei Kernprobleme von Planungssystemen der zweiten Generation ermitteln:

- die Suboptimierungs- und Fortschreibungstendenz mittelfristiger Programmplanungen erfordert eine relativ umfassende, längerfristige Aufgabenplanung und strategische Zielplanung;
- die Unkoordiniertheit von Programm- und Finanzplanung muß durch ein integriertes System von Ressourcen- und Aufgabenplanung überwunden werden;
- die Umsetzungsproblematik von Planung in intendierte Folgewirkungen und die dabei entstehenden Reibungsverluste müssen durch veränderte Implementierungsstrategien vermindert werden.

Die nachfolgenden Ausführungen zu diesen zentralen Problemen der Weiterentwicklung bestehender Planungssysteme stützen sich dabei auf vorhandene und absehbare Trends in den erwähnten Staaten sowie auf weitergehende planungstheoretische Überlegungen.

Ein entscheidendes Korrektiv zu den oben skizzierten Mängeln mittelfristiger Programm- aber auch Finanzplanung ist in einer längerfristigen Aufgabenplanung, einer strategischen Zielplanung zu sehen, deren charakteristische Merkmale in folgenden drei Ausprägungen zu sehen sind:

1. Strategische Zielplanung hebt nicht allein auf die Ausweitung des zeitlichen Planungshorizontes ab– es gibt viele langfristige sektorale Planungen, die jedoch nicht als strategische Zielplanungen einzuschätzen sind –, sondern auf die möglichst weitreichende Erweiterung sowohl der zeitlichen wie vor allem auch der sozialen und sachlichen Planungsdimensionen im Hinblick auf die Entwicklung eines relativ umfassenden, makroskopischen, regierungspolitischen Aufgabenrahmens, in den die einzelnen Ressortfachplanungen einzupassen sind.

2. Ein derartiger Aufgabenrahmen kann die unterschiedlichen manifesten und latenten Interdependenzen zwischen den einzelnen gesellschaftlichen Problembereichen und deren Beziehung zu den staatlichen Problemlösungsstrukturen aufzeigen und somit auf Lükken, Engpässe sowie Überschneidungen staatlicher Aktivitäten hinweisen.

3. Speziell in Verbindung mit einer Politik der gesellschaftlichen Reform kann von strategischer Zielplanung sinnvollerweise jedoch erst dann gesprochen werden, wenn es bei diesem globalen Aufgabenrahmen gelingt, in den jeweiligen politischen Aufgabenbereichen zentrale »Strukturbrüche« und deren Folgeprobleme antizipativ zu erfassen und/oder als politisch anzustrebende Zustandskonstellation aufzuzeigen. Denn bei mittelfristigen Planungen ist es sowohl in prognostischer Hinsicht eine sinnvolle Annahme als auch politisch gesehen eine realistische Konzeption, von einer Konstanz wichtiger Strukturparameter auszugehen. Eine derartige staatliche Planungspraxis – die Kombination mittelfristiger Planungen mit der jeweils erforderlichen Plankorrektur über kurzfristiges Krisenmanagement – verstärkt jedoch aus der Logik des Planungssystems heraus die sowieso schon bestehenden Fort-, Festschreibungs- und Suboptimierungstendenzen mit der Folge der Reproduktion des status quo. Bei strategischen Planungen kommt es hingegen entscheidend darauf an, diesen circulus vitiosus zu durchbrechen und einerseits kaum beeinflußbare Strukturveränderungen informationell zu ermitteln wie vor allem aber auch politisch erwünschte strukturverändernde Zustandskonstellationen anzustreben.

Planungssystematisch kommt es somit vor allem im Hinblick auf das dritte Merkmal bei strategischen Zielplanungen primär auf zwei Aspekte entscheidend an:

- Die jedem staatlichen Aufgabenbereich zugrunde liegenden sozialen Produktionsfunktionen – um die theoretischen Konzepte aus der Nationalökonomie zu übernehmen – sind nicht nur in den Koeffizienten der Funktion, sondern in ihren funktionellen Beziehungen selber zu verändern;
- das jedem staatlichen Aufgabenbereich meist implizit zugrunde liegende Zielsystem, die soziale Wohlfahrtsfunktion, muß gegenüber bestehenden und im Hinblick auf anzustrebende Zustandskonstellationen transformiert werden.

Etwas ausführlicher formuliert beinhaltet strategische Zielplanung folgende planungsanalytische Problemstellung: Gegeben ist innerhalb eines Aufgabensektors eine bestimmte soziale Produktionsstruktur, die sich in ihrer funktionalen Beziehung und in ihren Koeffizienten in einer spezifischen sozialen Produktionsfunktion abbilden läßt und einen bestimmten Output hervorbringt. Dieser Output wird von gegebenen Zielvorstellungen bewertet, die sich in einer analogen sozialen Zielfunktion abbilden lassen [15]. Unter der stark vereinfachten Annahme von Linearbeziehungen der Matrixelemente lassen sich durch Variation der Koeffizienten und/oder Funktionsbeziehungen von Produktionsfunktion und Zielfunktion sechzehn mögliche Kombinationen im Sinne von Planungsstrategien entwickeln [16].

Zielfunktion / Produktionsfunktion		Koeffizienten		funktionale Beziehungen	
		Variation	Konstanz	Variation	Konstanz
Koeffizienten	Variation	S_1			
	Konstanz				
funktionale Beziehungen	Variation			S_{11}	
	Konstanz				

Für die anstehenden Überlegungen sind die folgenden zwei Strategien von besonderem Interesse. Die Planungsstrategie S_1 ist der typische Fall einer rein quantitativ orientierten »Reformpolitik«: Gegebene Bedürfnisstrukturen werden graduell »besser« befriedigt durch eine graduelle Ausweitung der gegebenen sozialen Produktionsfunktionen. Bei der Planungsstrategie S_{11} werden qualitativ neue Bedürfnisstrukturen durch qualitativ neue Produktionsfunktionen befriedigt, eine Intention, die die zentrale Aufgabe strategischer Zielplanung beinhaltet.
Ein kurzes, hypothetisches und stark vereinfachtes Beispiel aus dem Bereich der Bildungspolitik soll diese Zusammenhänge illustrieren. Der Lernerfolg (y) der Schüler – gemessen an zu bestimmenden Indikatoren – ist abhängig von der zahlenmäßigen Relation von Schülern (a) zu Lehrern (b) sowie der spezifischen Unterrichtsform als Ausdruck der qualitativen Beziehung zwischen a und b. Die allgemeine Produktionsfunktion lautet somit $y = f(a, b)$, wobei der Grenzwert der Funktion – was durch eine materielle Analyse zu belegen wäre – trotz Veränderung der Koeffizienten von a und b nicht einen bestimmten Wert von y überschreiten kann, und wird von der sozialen Nutzenfunktion $N = g(y, a, b)$ bewertet. In einer bestimmten Zeitphase ist bei gegebener Schüler-Lehrer-Relation und gegebener Unterrichtsorganisation die Leistungserbringung der bestehenden Produktionsfunktion $y_1 = f_1(a_1, b_1)$ geringer als der von der gegebenen Nutzenfunktion angestrebte Output. An Veränderungsstrategien sind nun vor allem möglich:

a) Die quantitative Verbesserung der Schüler-Lehrer-Relation $y_1 = f_1(a_1, b_2)$, eine Strategie, deren Wirkungen bei gegebener Produktionsstruktur im Hinblick auf die gegebene Zielfunktion absorbiert werden.

b) Eine qualitative Veränderung der Produktionsstruktur im Sinne einer Umgestaltung der Unterrichtsorganisation – vergleiche zum Beispiel die Reformmodelle der »Schülerschule«, der Free Schools, der »Entschulung der Gesellschaft«, der »Entschulung der Schule« und andere [17] – gegebenenfalls in Verbindung mit quantitativen Verbesserungen $y_2 = f_2(a_1, b_2)$, die nicht nur verbesserte Ergebnisse im Hinblick auf die gegebene Nutzenfunktion $N_1 = g_1(y_1, a_1, b_2)$ erbringt, sondern gegebenenfalls qualitative neue Bedürfnisse $N_2 = g_2(y_2, a_1, b_2)$ befriedigen kann.

Ähnliche Beispiele lassen sich aus fast allen gesellschaftlichen Sektoren anführen [18]. Für viele gesellschaftliche Sektoren läßt sich nun plausibel aufzeigen, daß

1. der Grenzwert einer bestehenden Produktionsstruktur unterhalb eines angestrebten Outputwertes liegt,
2. dieser Outputwert auch bei Veränderung aller beeinflußbaren Koeffizienten nicht erreicht werden kann,
3. gegebene Bedürfnisse in der bestehenden sozialen Zielfunktion nicht ausreichend erfüllt sind,
4. zahlreiche Bedürfnisse von der bestehenden Zielfunktion nicht erfaßt sind,
5. eine quantitative wie vor allem auch qualitative Bedürfnisbefriedigung, das heißt veränderte Zielfunktionen nur über primär qualitativ veränderte Produktionsfunktionen, das heißt durch eine Transformation bestehender Produktionsstrukturen erreicht werden kann.

Ein politisches Programm einer Gesellschaftsreform über Planungssysteme hat genau auf derartige Konstellationen abzuzielen: Strategische Planungen sind auf die Befriedigung bestehender und Ermittlung bisher unterdrückter, qualitativ neuer Bedürfnisse über die qualitative Veränderung der betreffenden Produktionsstrukturen auszurichten.

Die Realisierung dieses Modells strategischer Zielplanung wirft eine Vielzahl von Folgeproblemen auf, auf die an dieser Stelle entweder nicht eingegangen werden kann oder die hier nur kurz angeschnitten beziehungsweise in den weiteren Ausführungen noch näher behandelt werden. So stellt sich konzeptionell und methodisch primär die Frage, wie weit derartige strategische Planungen umfassend angelegt sein müssen, oder ob sie bei einer groben Strukturierung des Gesamtsystems auf wenige kritische Engpässe zu begrenzen sind (Engpaß-, Kernplanung), wie hoch der jeweilige Aggregationsgrad der problemspezifischen Faktoren anzusetzen ist; wie weit bei strategischen Planungen analytische Methoden wie Dekompositions- und Interdependenzanalyse sowie analytische Bewertungsverfahren angewendet werden können oder wie weit methodisch der Schwerpunkt auf materialen gesamtgesellschaftlichen Problemanalysen mit dem Aufweis der jeweiligen Bedingungs-, Zustandskonstellation und Handlungsparametern zu liegen hat [19]. Auf die systemimmanenten Schwierigkeiten und Grenzen strategischer Zielplanungen durch die Gesetzmäßigkeiten pluralistischer Prozeß- und Verteilungspolitik und die grundlegenden sozioökonomischen Entwicklungstendenzen und die daraus zu ziehenden Konsequenzen für eine längerfristige Aufgabenplanung soll weiter unten eingegangen werden.

Neben dem weitgehenden Fehlen strategischer Planungselemente liegt einer der weiteren gravierenden Mängel von Planungssystemen der ersten Generation in der ungenügenden Abstimmung von Ressourcen- und Programmplanung. Planungssystematisch ist diese gewichtige Schwachstelle staatlicher Planungen – auf die gesellschaftlichen Determinanten wird später eingegangen – darauf zurückzuführen, daß mit der Ausdifferenzierung des gesamten Planungssystems sich je spezifische Selektionskriterien für den Ressourcen- wie Programmplanungsstrang herausgebildet haben: In der Ressourcenplanung werden inhaltliche Zielprobleme in ressourcenbezogene Knappheitsrelationen transformiert, während bei Programmplanungen Probleme der Ressourcen instrumentalistisch verkürzt werden. Nach der Logik der Ressourcenplanung bestimmen die monetären Plafonds das Volumen der inhaltlichen Programme, nach der Logik der Programmplanung sollen die Volumina der Ressortplanungen durch einen materiellen Nutzenvergleich der verschiedenen Programme determiniert werden. Beide Planungsteilsysteme sind somit nur schwer ineinander übersetzbar. Da unter den gegebenen Bedingungen der gegenwärtigen Gesellschaftsformation die Steuerung über wie immer geartete Zielsysteme, in denen sich ein prinzipiell unendlicher gesellschaftlicher Bedarf abbildet, immer schwieriger als die Steuerung über ein prinzipiell knappes und nur schwer vermehrbares Medium ist, hat Ressourcenplanung kurz- und mittelfristig gleichsam einen Steuerungsvorsprung gegenüber einer Aufgabenplanung als strategischer Zielplanung. Innovative Programme werden somit häufig schon im Ansatz von den Restriktionen erstarrter Ausgabenstrukturen des impliziten Zielsystems der Finanzplanung ausgeschaltet. Eine Verbesserung in den Koordinationsmechanismen, eine Integration der beiden Planungsteilsysteme stellt somit ein dringendes Erfordernis für Planungssysteme der zweiten Generation dar [20].

Aus der bisher angelaufenen Planungspraxis sowie aus der Planungstheorie sind im wesentlichen drei Integrationsmuster bekannt: Das »Two-track-system«, das analytische Budget, das »Crosswalk-system«.

Das Two-track-system, das den meisten gegenwärtigen Planungssystemen zugrunde liegt, geht konzeptionell weitgehend von einer losen Parallelität von Programm- und Ressourcenplanung aus. Programmplanung erfordert extensive und intensive inhaltliche Analysekapazitäten und soll deshalb weitgehend und möglichst lange Zeit unbeeinflußt von den harten Restriktionen fiskalischer Rationalitätskriterien und den kurzfristigen Taktphasen des Budgetierungsprozesses sein. Da aber in diesem Planungssystem keinerlei spezifische Übersetzungsmechanismen analytisch-programmatischer Planungen in den nach wie vor erforderlichen Budgetierungsprozeß vorgesehen sind, verkehrt sich diese Intention in ihren realen Folgewirkungen in ihr Gegenteil. Planerisch werden oft innovative, konsistente und detailliert ausgearbeitete Programme entwickelt, die jedoch im realen politischen Willensbildungsprozeß nicht »greifen«, weil sie von den restriktiven Bedingungen des Budgetierungsprozesses abgestoßen werden.

Um inhaltlich-programmatischer Planung dennoch das planerische Übergewicht zu verleihen und besser mit dem Budgetierungsprozeß zu vermaschen, wird in der Konzeption des analytischen Budgets versucht, Budgetplanung der Programmplanung eindeutig unterzuordnen, das heißt, das Ressourcenvolumen aus inhaltlichen Planungen abzuleiten. Diese Intention liegt auf mikroskopischer Ebene der Konzeption des amerikanischen PPBS, auf makroskopischer Ebene der Konzeption einer längerfristigen Aufgabenplanung in der BRD zugrunde: Beim PPBS soll durch einen mikroökonomischen Grenznutzenvergleich der angemeldeten Programmplanungen das Budget aufgestellt werden; bei der längerfristigen Aufgabenplanung sollen gemäß der ursprünglichen Konzeption aus einem langfristig angelegten makroskopischen Aufgabenrahmen in einem zunehmenden Verdichtungsprozeß die einzelnen Programme, aus diesen die Budgetvolumina abgeleitet werden. Doch auch diese Konzeption einer Vermaschung von Ressourcen- und Programmplanung ist in der politischen Praxis bei beiden Varianten gescheitert. Denn in beiden Planungssystemen zeigte es sich ziemlich rasch, daß eine »Vorschaltung« der Programmplanung und die Ableitung der Finanzplanung aus dieser nicht zu realisieren ist, daß vielmehr beide Planungssysteme durch einen vielfältigen Iterationsprozeß ineinander übergeführt werden müssen.

Theoretisch wie praktisch hat sich somit das Cross-walk-system als die zweckmäßigste wie gleichzeitig auch realistische Konzeption der Vermaschung von Programm- und Finanzplanung herausgestellt: Beide Planungsstränge sollen einerseits möglichst weitgehend von den je spezifischen Rationalitätskriterien, Informationsbasen, Taktzeiten usw. bestimmt sein, andererseits jedoch an den kritischen Stellen des politischen Willensbildungsprozesses ineinander übergeführt werden. Dadurch soll die Leistungsfähigkeit funktional ausdifferenzierter Planungsteilsysteme erhalten bleiben, gleichzeitig jedoch deren dysfunktionale Eigendynamik kompensiert werden. Als Illustration für die vielfältigen Varianten dieses Integrationssystems sei auf die Praxis des PPBS [21], auf die mit vom Verfasser für die BRD entwickelte Konzeption einer »aufgabenorientierten Finanzplanung« verwiesen. Eine besonders interessante Variante bietet das hessische Planungssystem, das in zwei Teilsysteme – das traditionelle Budget und eine Investitionsplanung, basierend auf einem normativen System von Versorgungsgraden – aufgespalten ist [22]. Daß auch bei einem wie immer strukturierten Cross-walk-System die Grundproblematik der Vermaschung von Ziel- und Ressourcenplanung nicht »gelöst« ist, sondern weiterhin ganz gravierende Probleme bestehen, deutet letztlich darauf hin, daß auch der für Planungssysteme der zweiten Generation gewählte Bezugsrahmen staatlicher Planung noch zu eng ist und daß der Ansatzpunkt für derartige Planungssysteme primär bei bisher exogenisierten Faktoren zu suchen sein wird.

Damit wird sogleich das dritte Kernproblem von Planungssystemen der zweiten Generation aufgeworfen: Die Frage nach der Implementierung von Planungen im realen Entscheidungsprozeß und deren Umsetzung in die intendierten Folgewirkungen auf die verschiedenen gesellschaftlichen Sektoren. Dieses von den politisch-administrativen Akteuren immer gravierender empfundene Problem der Implementierung und Umsetzung von Planungen erfordert in stets stärkerem Ausmaß die Öffnung vornehmlich administrationsintern orientierter Planungssysteme gegenüber den korrespondierenden Umweltsektoren, eine Dezentralisierung des Planungsprozesses und damit eine verstärkte partizipative Einbeziehung gesellschaftlicher Gruppen in staatliche Planungssysteme. Die Ursachen dieser Entwicklung sind primär darin zu sehen, daß die staatlichen Instanzen gegenüber dem Anwachsen widersprüchlicher Anforderungen, vielfältiger Konflikte und dem hohen Komplexitätsgrad der anstehenden Entscheidungsprobleme eine zu geringe »requisite variety« aufweisen. Der weitere Ausbau staatlicher Agenturen kann gegenüber diesen Tendenzen nur noch suboptimale Lösungsmöglichkeiten bieten. Die entscheidende Entwicklungstendenz liegt vielmehr in der Aktivierung und Ausnutzung der Leistungsenergien gesellschaftlicher Gruppierungen und deren stärkerer Einbeziehung in staatliche Planungssysteme: *Politische Partizipation wird somit zur neuen Produktivkraft staatlicher Politik in der gegenwärtigen Gesellschaftsformation.* Dieser Prozeß kann weder (organisationssoziologisch) als Aufgabendelegation noch (gesellschaftstheoretisch) als »Privatisierung« des Staates verstanden werden, sondern muß als die vorläufig letzte Stufe des gesellschaftlichen Formierungs- und Konzentrierungsprozesses eingeschätzt werden. Anhand von zwei Beispielen – der französischen »planification« und der Bildungsplanung in der BRD – sollen diese jüngsten Tendenzen kurz illustriert werden.

Integrierte Planungssysteme der zweiten Generation erfordern als Voraussetzung ihrer Effektivierung eine erhöhte Abschottung des Planungssystems gegenüber »externen Störfaktoren«. Speziell für Programm- und Aufgabenplanung bedeutet dies: Verstetigung des staatlich verfügbaren Ressourcenrahmens einerseits, kontrollierte Austragung politisch-sozialer Konflikte in den zu planenden gesellschaftlichen Sektoren, Dezentralisierung des Planungssystems andererseits. Die gesamtwirtschaftliche staatliche Investitionsplanung der französischen »planification« machte eine Steuerung der wichtigsten Nachfrageaggregate, insbesondere des privaten Konsums, erforderlich [23]. Im Rahmen des dritten Plans wurde somit eine Einkommenspolitik, insbesondere eine staatliche Lohnpolitik, initiiert, die auf ein Minimum an gewerkschaftlicher Kooperation angewiesen war, wenn man nicht den Weg eines direkten staatlichen Lohndiktats einschlagen wollte oder konnte. Da die Gewerkschaften ihrerseits jedoch nur dann an einer staatlichen Lohnpolitik mitzuarbeiten bereit waren, wenn sie umgekehrt an der Aufstellung und Durchführung des staatlichen Planes beteiligt werden sollten, was die Administration ablehnen mußte, scheiterten diese ersten Versuche der systematischen ressourcenmäßigen Verstetigung des Planungssystems. Das Beispiel macht jedoch deutlich, daß Einkommenspolitik und speziell staatliche Lohnpolitik nicht nur in Frankreich, sondern in allen entsprechenden Ländern eine der zentralen Schwachstellen staatlicher Planungssysteme darstellt, die, wenn überhaupt, dann nur mit ganz erheblichen gesellschaftspolitischen Konsequenzen, nämlich einer Veränderung zentraler Machtstrukturen in autoritärer oder demokratisierender Richtung, abzumildern ist.

Die systembedingte Notwendigkeit geringer politisch-sozialer Konfliktintensität wie der Kooperationsbereitschaft zahlreicher gesellschaftlicher Gruppierungen kann deutlich an Hand der bundesrepublikanischen Bildungsplanung der letzten Jahre aufgezeigt werden. Auf der Ebene der politisch-administrativen Führungseliten wurde durch eine fast durchgängige Konsensstrategie des kleinsten gemeinsamen Nenners das Konfliktniveau so vermindert, daß eine breite

politische Basis für die »Sachplanung« geschaffen werden konnte (bei weitgehender Ausklammerung strategischer Zielplanung und langfristiger Finanzierungsprobleme). Die politische Makroplanung der Bund-Länder-Kommission für Bildungsplanung bedarf jedoch zu ihrer Konkretisierung – so unter anderem vor allem im Bereich der Curriculum-Entwicklungsplanung – der aktiven und hochintensiven Kooperationsbereitschaft weiter Teile der Lehrerschaft. Da Curriculum-Entwicklungsplanung jedoch im Unterschied zu den traditionellen Lehrplänen von der Konzeption her einen fortlaufenden horizontalen wie vertikalen Planungsprozeß darstellt, muß das gesamte Bildungsplanungssystem bei aller politischen Zentralisierung der Planung stark dezentralisierte Elemente aufweisen, indem gesellschaftliche Gruppen zu deren integralen Bestandteil gemacht werden. Durch derartige Dezentralisierungsstrategien, die eine zunehmende Vergesellschaftung staatlicher Planung indizieren, werden die Umsetzungs- und Implementierungsprobleme von Planungssystemen, wie es bei der Bildungsplanung deutlich wurde, nicht gemindert, sondern in Inhalt wie Form nur verschoben und führen zu Folgeproblemen, die im nächsten Abschnitt näher behandelt werden sollen.
Die Analyse einiger Kernprobleme in der gegenwärtigen Entwicklung staatlicher Planungssysteme hat somit zu folgendem Ergebnis geführt:

1. Im Rahmen der gesellschaftlichen Entwicklungstrends von einer pluralistischen Prozeß- und Verteilungspolitik zu einer Systempolitik wurden die Planungssysteme der ersten Generation weiterentwickelt und nehmen tendenziell eine neue Qualität an, indem Elemente wie strategische Zielplanung, Vermaschung von Programm- und Ressourcenplanung, Umsetzungs- und Implementierungsprobleme zu den zentralen Bestandteilen dieser neuen Planungssysteme werden.
2. Die Form staatlicher Politiken hat sich im Zug dieser Tendenzen weiter gewandelt, indem sich die zu beobachtenden Formierungs- und Konzentrierungsprozesse tendenziell zu einer zunehmenden Vergesellschaftung der Politik und der staatlichen Planung ausweiten.
3. Wie weit über die in Umrissen sich abzeichnenden neuen Planungssysteme der zweiten Generation die sozioökonomischen Bewegungsgesetze und die Gesetzmäßigkeiten der pluralistischen Prozeß- und Verteilungspolitik tatsächlich überwunden werden können, ob über diese Planungssysteme das politische Programm einer Gesell-

schaftsreform mit Hilfe von Planung tatsächlich eingelöst werden kann, ob derartige Planungssysteme vielleicht eine notwendige Erscheinung der Konflikte in der gegenwärtigen Gesellschaftsformation darstellen, jedoch ein falscher Ansatzpunkt derartiger Bestrebungen sind, kann erst adäquat eingeschätzt werden, wenn die zugrunde liegenden Annahmen dieser Planungen, ihre Ambivalenzen, Widersprüche und Grenzen näher analysiert worden sind.

III. Grundannahmen, Ambivalenzen und Grenzen technokratischer Steuerungsplanung

1. Grundannahmen technokratischer Steuerungsplanung

Eine genauere Einschätzung der gegenwärtigen staatlichen Planungssysteme und ihrer Fortentwicklung von der ersten zur zweiten Generation hat zunächst einmal diejenigen Annahmen herauszuarbeiten, die als materielle Bedingungen objektiver Trends wie auch als subjektive Intentionen der politisch-ökonomischen Eliten den gegenwärtigen staatlichen Politiken zugrunde liegen. Damit wird die dritte, bisher stark vernachlässigte Dimension der entscheidungslogischen Struktur von Planungssystemen – nämlich die Wechselwirkung staatlicher Planung und deren »Umwelt« – in ihrem genetisch-strukturellen Kontext untersucht.

Überblickt man die in Abschnitt 2 analysierte Ideal- und Realdialektik der gegenwärtigen staatlichen Planungssysteme, so können von einer historisch-strukturellen Systemperspektive aus diese Entwicklungstrends in vier komplexen subjektiv-objektiven Syndromen erfaßt werden:

1. Im längerfristigen Trend bilden sich immer stärker die Bestrebungen der progressiven Teile der politisch-administrativen Elite heraus, die fragmentierten Formen pluralistischer Prozeß- und Verteilungspolitik in eine systematisch-konsistente Systempolitik zu transformieren, die Politik eines punktuellen Interventionismus durch Planungssysteme der ersten Generation und diese durch Planungssysteme der zweiten Generation mit den oben skizzierten Merkmalen zu überwinden. In diesen subjektiven Intentionen bilden sich die objektiven gesellschaftlichen Tendenzen im Bereich der Staatsfunktionen ab: Die technologische Entwicklung, die sich verändernden und verschärfenden Bedingungen hinreichender Kapitalverwertung bei zunehmenden ökonomischen Monopolisierungsten-

denzen, die Aufgaben der Erhaltung der Massenloyalität erfordern neuartige politische Problemlösungsstrategien in Form staatlicher Planung zur ökonomischen Niveausteuerung, Infrastrukturplanung und einer wohlfahrtsstaatlichen Kompensationspolitik als Ausdruck der ökonomischen Entwicklung korrespondierender politischer Formierungs- und Konzentrierungstendenzen.

2. In ihrer generellen Ausrichtung sind diese Planungssysteme noch weitgehend administrationsintern orientiert und basieren auf der subjektiven Einschätzung relativer Autonomie der »Planer« und einem hohen Ausmaß der Stabilität und Passivität der von der Planung betroffenen Umweltsektoren. Diesen Einschätzungen entsprechen die objektiven Trends einer historischen Phase eines relativ geringen manifesten Konfliktniveaus, einer beträchtlichen Verselbständigung der staatlichen Agenturen von externem »Handlungszwang« und einer Eigenvarietät des staatlichen Steuerungspotentials, das bis Mitte der sechziger Jahre (zumindest in der BRD) den manifest erhobenen Anforderungen in etwa entsprechen konnte – Tendenzen, die in den letzten Jahren allerdings rapide im Umschwung begriffen sind.

3. Die inhaltlichen Ausrichtungen dieser staatlichen Politiken über Planungssysteme sind – bei starker Verallgemeinerung der Aussage – wesentlich dadurch gekennzeichnet, daß die Planungen von der Annahme einer Basisoptimalität der bestehenden Gesellschaftsstruktur in deren meisten Sektoren und von einem funktionalistischen Konfliktmodell ausgehen, subjektive Realitätseinschätzungen, nach denen die bestehenden Konflikte auf noch vorliegende Disparitäten zurückzuführen sind, die nicht antagonistisch und letztlich funktional für die gesellschaftliche Entwicklung sind. Von diesen Annahmen ausgehend werden die anstehenden Entscheidungskonstellationen als regulative und/oder distributive Probleme definiert und dadurch systematisch strategische Zielplanungen im oben analysierten Sinn unterdrückt. Diese verkürzten und einseitigen inhaltlichen Planungsorientierungen sind einmal auf die materielle Interessenlage der politischen Elite und administrativer Planer zurückzuführen. Sie beruhen wichtiger jedoch noch auf den spezifischen historischen Gegebenheiten einerseits relativ weniger, nicht zu intensiver und meist nicht kumulierender ökonomischer Konfliktslagen, und der relativen Schwäche der Arbeiterbewegung anderseits; Tendenzen, die sich jedoch ebenfalls in den letzten Jahren stark gewandelt haben.

4. Im Rahmen dieser Planungssysteme verlaufen die konkreten In-

teraktionen zwischen der »planenden Verwaltung« (und deren Partnern in den Führungspositionen der etablierten Verbände) und den geplanten Bevölkerungsgruppen in der Regel nach dem Modell der »professionalized reform« [24]: Der Planer übernimmt die Rolle des Experten, der kraft wissenschaftlich fundierter Kenntnisse und Techniken die Bedürfnisse der Bevölkerung erkennt und in soziale Wohlfahrtsfunktionen aggregiert, der die Produktionsfunktion der jeweiligen gesellschaftlichen Sektoren kennt und somit durch entsprechende Sozialtechnologie die von ihm ermittelten Ziele realisiert. Die »Betroffenen« werden so weit in den Planungsprozeß eingeschaltet, wie ihre »Mitarbeit« aus Informations- und Konsensgründen zur präziseren Zielfindung und möglichst friktionslosen Implementierung erforderlich erscheint. Dieses Interaktionsmodell der »professionalized reform« ist zum einen mit den objektiven Bedingungen (der Punkte 1 bis 3) verträglich und entspricht anderseits den historischen Anforderungen einer Systempolitik gegenüber einer pluralistischen Prozeß- und Verteilungspolitik sowie dem Erfordernis instrumentalisierter Partizipation der Betroffenen, die auf Grund ihrer geringen Sanktionsfähigkeit möglich ist. Doch auch bei diesem Symptom staatlicher Planung weisen anlaufende Tendenzen über die bestehende Konstellation hinaus.

Zusammengefaßt können diese Formen staatlicher Politik in ihrer Erscheinungsweise als technokratische Steuerungsplanung gekennzeichnet werden, bei der politische Planung tendenziell auf Informations-, Koordinations- und Optimierungsprozesse regulativ und/oder distributiv definierter Planungsprobleme und auf das Interaktionsmuster von Experte versus Klient reduziert wird. Die diesem Modell technokratischer Steuerungsplanung als am weitesten fortgeschrittenen Form staatlicher Politik zugrunde liegenden politischen Tendenzen sowie Konsens- und Konfliktstrukturen bleiben jedoch nicht konstant, sondern charakterisieren nur eine spezifische historische Phase, die in wichtigen Bestimmungsmerkmalen sich wandelt. Wenn die oben erwähnten Trends zutreffen, so steht die eigentliche Bewährungsprobe staatlicher Politik in Form technokratischer Steuerungsplanung noch aus und ist in den nächsten Jahren zu erwarten.

Schon angesichts dieses ersten Befundes drängt sich die Vermutung auf, daß die Konstruktion einer Gesellschaftsreform über staatliche Planungssysteme, dem Schein formaler Planungsrationalität erliegend, einen Irrweg darstellt: *Die Form technokratischer Steuerungsplanung steht einer Demokratisierung der politischen Willens-*

bildung entgegen, und der Inhalt dieser Planung bewirkt eher eine Fortschreibung zumindest derjenigen Gesellschaftsstrukturen, die zur Systemstabilisierung erforderlich sind, als deren Reform. Eine vorschnelle Ausblendung dieser Aspekte verfehlt jedoch die spezifische Problematik einer Gesellschaftsreform in der gegenwärtigen und absehbaren historischen Entwicklungsphase der gegebenen Gesellschaftsformation. Zum einen ist die genaue Kenntnis derartiger Planungssysteme für mögliche Defensivstrategien erforderlich. Zum anderen beinhalten diese Planungssysteme in ihrer Ambivalenz progressive Elemente – so insbesondere die trotz aller Schwierigkeiten immer latent vorhandene Notwendigkeit und damit auch Möglichkeit strategischer Zielplanungen wie auch der Dezentralisierung des Planungsprozesses –, die wichtige Bestandteile einer Strategie gesellschaftlicher Strukturreform in der gegenwärtigen historischen Phase sein können.

2. Ambivalenzen technokratischer Steuerungsplanung

Der Professionalismus technokratischer Steuerungsplanung und die formale Eleganz vieler Planungstechniken, verbunden mit einer vorwiegend apparatsinternen und damit relativ intransparenten Ausrichtung der Planungssysteme bei relativ »stabilen Umweltbedingungen«, suggeriert oft den Anschein hoher Rationalität, Konsistenz, Kompetenz und Steuerungskapazität dieser politischen Problemlösungsstrategie. Die scheinbare Stromlinienförmigkeit technokratischer Steuerungsplanung erweist sich jedoch spätestens dann als Illusion, wenn konjunkturell und strukturell bedingte ökonomische Wachstumsstörungen und eine erhöhte politisch-soziale Konfliktintensität die objektiven und zum Teil auch subjektiven Grundannahmen dieses Steuerungsmodells offensichtlich in Frage stellen. Die bisher meist nur latent vorhandenen immanenten Ambivalenzen technokratischer Steuerungsplanung, die immanenten Widersprüche zwischen objektiver Notwendigkeit und subjektivem Anspruch planvoller Steuerung gesamtgesellschaftlicher Probleme einerseits und den objektiven Schwierigkeiten und subjektiven Unzulänglichkeiten bei deren Bewältigung anderseits treten immer deutlicher zutage: Planungssysteme der ersten und zweiten Generation erfordern also gegenüber der traditionellen pluralistischen Prozeß- und Verteilungspolitik weiterentwickelte politische Problemlösungsstrategien, neuartige Bedingungskonstellationen, deren Folgewirkungen jedoch vom Planungssystem selbst nicht mehr aufgefangen und absorbiert werden können. Die Konsequenz ist, daß die zu planenden sozioökonomischen Probleme meist nur in veränderter Form als Folgeprobleme staatlicher Planung wieder auftreten und so eine permanente Problemverschiebung ohne wirkliche Kausaltherapie der diese Probleme generierenden Systemstrukturen stattfindet. Diese These soll im folgenden kurz an drei Aspekten staatlicher Planungssysteme illustriert werden:

1. Das Programm der Systempolitik, politische Willensbildungsprozesse durch den systematischen Einbau wissenschaftlicher Analysen zu rationalisieren, wirft die schon hinlänglich bekannten Problemdimensionen von Informationssystemen, angefangen von Problemen einer breit angelegten Datenbank, der Validität und Reliabilität von Informationen, der Möglichkeit aussagefähiger Indikatoren und anderes mehr auf [25] und macht einen ungeheuerlichen Aufwand von Informationssuche, -sammlung, -verdichtung und -auswertung erforderlich. Deutlich lassen sich diese Tendenzen einer »information revolution« wie einer diese begleitenden »information pollution« im amerikanischen Regierungssystem seit der generellen Einführung des PPBS 1965 und in der BRD seit dem Aufbau des Frühkoordinierungssystems und den ersten Ansätzen zur längerfristigen Aufgabenplanung und Bedarfsschätzung aufzeigen. Dieser Notwendigkeit der systematischen Erweiterung der Informationsbasis von Planungssystemen technokratischer Steuerung steht jedoch eine weitreichende Unfähigkeit gegenüber, diese informationelle Komplexität adäquat zu verarbeiten und valide zu reduzieren. Diese korrespondierenden Trends der »information revolution« im Sinne der notwendigen Aufbereitung riesiger Informationsmengen und der »information pollution« in Sinn der Unfähigkeit ihrer validen Reduktion können an Hand des Berichtswesens der Bundesregierung – einer Grundlage für die längerfristige Aufgabenplanung – gut illustriert werden. In den verschiedenen Einzelberichten wird eine möglichst weitgehende informationelle Abdeckung der jeweiligen Aufgabenbereiche angestrebt, die jedoch in der Regel riesigen »Zahlenfriedhöfen« gleichen, bei denen Input-Daten bei weitem überwiegen und die für technokratische Steuerungsplanungen besonders erforderlichen »Impact«-Daten weitgehend fehlen. Anlaufende Bemühungen zur Entwicklung valider Output-Impact-Indikatoren – so zum Beispiel im Bereich des Bundesarbeitsministeriums und des Bundeskanzleramtes – stehen noch in ihren ersten Ansätzen. Den an diesen Versuchen anknüpfenden Erwartungen, nach geraumer Zeit letztlich doch noch zu einer »so-

zialen Vermessung der Gesellschaft« zu gelangen und so die adäquate informationelle Basis für staatliche Steuerungspolitik zu schaffen, stehen jedoch zwei objektive Faktoren entgegen, die auch mit den besten technokratischen »Skills« nicht zu überwinden sind:
a) Informationen/Indikatoren sind nicht ein neutrales »factum brutum«, sondern stellen Produkte der »sozialen Konstruktion der Wirklichkeit« (Berger/Luckmann) dar und sind somit letztlich auch Ergebnisse politischer Konsens- und Konfliktprozesse. So liegt den »Materialien zum Bericht zur Lage der Nation« – entgegen allen Beteuerungen ihrer Wertneutralität – eindeutig der Bezugsrahmen liberal-demokratischer westlicher Industriegesellschaften zugrunde, und gerade auch die Schätzungen zur gesamtwirtschaftlichen Entwicklung oder zur Entwicklung der Steuereinnahmen basieren letztlich auf politischen Prämissen.
b) Informationen können nur sehr begrenzt als Substitutionsmöglichkeit der realen Beherrschung gesellschaftlicher Vorgänge eingesetzt werden. Die prognostischen Unzulänglichkeiten der Konjunkturprognose, der Bedarfsschätzungen in der Bildungsplanung, der regionalen Zielprojektionen in der Raumordnungsplanung sind auf diese strukturellen Grenzen der Substitution zurückzuführen.
Die ganze Ambivalenz technokratischer Steuerungsplanung zeigt sich somit in diesem informationellen Circulus vitiosus: Staatliche Planungen sind bei der technokratischen Behandlung gesellschaftlicher Probleme auf große Informationsmengen angewiesen; diese werden aus zahlreichen, sich häufig überschneidenden Informationsquellen abgenommen; diese informationelle Komplexität kann dann jedoch nicht wieder valide reduziert werden, ein Dilemma, das seinerseits wieder eine ganze Reihe von Folgeproblemen – so zum Beispiel die Indikatorenentwicklung – hervorruft, die ihrerseits wiederum die Informationsüberlastung vergrößern.
2. Eine ähnliche Ambivalenz liegt der längerfristigen Aufgabenplanung zugrunde. Wie in späteren Ausführungen noch zu zeigen sein wird, erfordern strategische Zielplanungen, wenn sie auf Strukturveränderung abzielen, eine Explizierung und Diskussion strategischer Zielsetzungen und darüber hinaus eine Politisierung der entsprechenden Planungsbereiche. Eine Systempolitik über strategische Zielplanungen führt somit zu einem beträchtlich gesteigerten Konfliktniveau. Diese Konfliktsteigerung zeigt sich bei Planungen immer dann, wenn strukturelle Fragen aufgeworfen werden wie die Bodenrechtsordnung bei Stadtsanierungen und Stadtentwicklungen, die Organisation des Arztsystems in der gesetzlichen Krankenver-

sicherung, die Mitbestimmungsfrage im Betrieb, die »Horizontalisierung« im Sekundarbereich des Schulwesens und andere. Doch gerade gegen diese zentralen Funktionen strategischer Zielplanungen richten sich nicht nur die regulativen und distributiven Prämissen pluralistischer Prozeß- und Verteilungspolitik und eingeprägter sozialer Erwartungsstrukturen, sondern vor allem über nichtsystematische Entscheidungen auch die Grundstrukturen des ökonomischen Systems. *Die Ambivalenz technokratischer Steuerungsplanung erweist sich somit bei längerfristigen Aufgabenplanungen darin, daß diese einerseits zu einem permanent hohen Konfliktniveau führen müssen, ja sogar auf eine konfliktreiche Politisierung der zu planenden Problembereiche angewiesen sind, daß anderseits dieses Konfliktniveau vom Planungssystem selbst nicht mehr aufgefangen und absorbiert werden kann.* Die Folge ist, daß Ansätze strategischer Zielplanung in technokratischen Steuerungssystemen in der Regel unterlassen werden und entweder in der Form von »Nicht-Entscheidungen« gar nicht erst aufkommen oder als regulative Probleme umdefiniert werden.

3. Besonders prägnant zeigen sich auch die Ambivalenzen und Widersprüchlichkeiten technokratischer Steuerungsplanung beim Problem der Autonomisierung und Partizipation der »Betroffenen« im Planungsprozeß [26]. Wie oben schon aufgezeigt wurde, geht die Konzeption der »professionalized reform« davon aus, daß Planung bei der zunehmenden Komplexität und Kompliziertheit der Entscheidungslagen von Sozialexperten zu leisten ist, daß staatliche Politik also notwendigerweise stark zentralisierte Züge aufweisen muß. Dieser Tendenz gegenüber hat sich jedoch in der Planungspraxis aus informationellen und politischen Konsensgründen die Notwendigkeit zur Dezentralisierung von Planung, zur partiellen Autonomisierung und Aktivierung der Betroffenen herausgestellt: Lehrer müssen in die laufenden Curriculumplanungen einbezogen werden, eine gesamtwirtschaftliche Steuerung ist auf gewerkschaftliche Unterstützung angewiesen, eine »effektive« Gesundheitspolitik kann letztlich vor allem in den zunehmend wichtigeren Bereichen der Sozialmedizin und Sozialpsychiatrie nur über den »aktiven Patienten« ermöglicht werden usw.

Technokratische Steuerungsplanung ist somit entgegen ihren eigenen Prämissen und Antriebskräften auf diese zunehmende Vergesellschaftung des Planungsprozesses angewiesen. Die strukturelle Ambivalenz derartiger Planungssysteme weitet sich zur subjektiven Widersprüchlichkeit aus, wenn sich die instrumentalisierten Leistungsenergien der administrativ initiierten Partizipationsbewegung verselbständigen und autonome Motivbildungen entstehen. Damit werden auch schon die Grenzen technokratischer Steuerungsplanung deutlich, auf die im folgenden näher eingegangen werden soll.

3. Grenzen technokratischer Steuerungsplanung

In der politischen Diskussion – so zum Beispiel gegenwärtig in der BRD – wurde gegenüber der »Strategie der inneren Reformen« der sozial-liberalen Koalition eine Argumentationskette aufgebaut, die wegen ihrer scheinbaren Plausibilität weiten Konsens selbst im Lager der Regierungsparteien gefunden hat: Reformen kosten Geld, Geld ist jedoch nicht vorhanden, deshalb müssen Reformen storniert und eine Politik der Stabilität betrieben werden. Diese Argumentation übersieht zum einen, daß monetäre Knappheit immer nur relational zu sehen ist, und zum anderen, daß bei gesellschaftlichen Strukturreformen Geld oft nur von untergeordneter Bedeutung ist gegenüber Faktoren wie der jeweiligen Allokationsrationalität, den Formen und Möglichkeiten politischer Konflikt- und Konsensbildungen und anderen. In ihrer abbildhaften Naivität indiziert diese Formel jedoch Hinweise bezüglich der Grenzen staatlicher Planungssysteme in der gegenwärtigen Gesellschaftsformation. Auf der Basis und unter Weiterführung der bisherigen Analyse zu den wichtigsten Merkmalen technokratischer Steuerungsplanung und ihren immanenten Ambivalenzen soll deshalb im abschließenden Teil dieses Abschnittes eine nähere Einschätzung der formalen und inhaltlichen Grenzen staatlicher Planung gesellschaftlicher Strukturreformen vorgenommen werden, die auf folgende vier komplexe Bestimmungen zurückgeführt werden können:

- Grenzen staatlicher Ressourcen,
- Grenzen staatlicher Planungsrationalität,
- Grenzen retrograder Zielplanung,
- Grenzen politischer Konsensbildung.

a) Grenzen staatlicher Ressourcen

Eine der offenkundigen Grenzen staatlicher Planung liegt zweifellos in der Knappheit realer und monetärer Ressourcen. Dieser phänomenologisch richtige Tatbestand ist zunächst in zwei Komponenten zu zerlegen: Zum einen ist der historische Entwicklungsstand der gegenwärtigen Gesellschaft in ihrer Auseinandersetzung mit der

Natur noch nicht so weit fortgeschritten, daß die naturwüchsige Mangelsituation auf breiter Front überschritten werden kann [27]; zum anderen muß Ressourcenknappheit als relationales Phänomen auf die je spezifische Gesellschaftsformation zurückgeführt und aus ihr erklärt werden [28]. Für die zweite Komponente sind im einzelnen – hier natürlich nur thesenhaft – die wichtigsten Determinanten der staatlichen Ausgaben- und Einnahmenentwicklung zu analysieren: Eine solche Analyse führt zur These, daß unter den gegebenen Tendenzen staatlicher Ausgaben- und Einnahmenentwicklung ein Ressourcendefizit, eine »Finanzkrise« zunehmenden Ausmaßes entsteht, eine Entwicklung, die jeder staatlichen »Reformpolitik« enge Grenzen setzt. Zum Beleg dieser These reichen jedoch weder der allgemeine Befund von der öffentlichen Armut noch die empirischen Beobachtungen über die angespannte Finanzlage der öffentlichen Haushalte (zum Beispiel in der BRD) aus.

Zur Erklärung der zunehmenden Ressourcenknappheit ist bezüglich der sich kumulierenden Ausgabendynamik staatlicher Budgets insbesondere auf folgende drei interdependente Tendenzen hinzuweisen:

1. Die zunehmende gesellschaftliche Form privatwirtschaftlicher Produktion erfordert einen immer höheren Einsatz staatlicher Finanzmittel: Direkte staatliche Subventionierung privater Investitionen in Form von Investitionszuschüssen und Steuererleichterungen; indirekte Subventionierung privater Investitionen durch »unternehmensorientierte Infrastrukturpolitik« [29] sowie durch Organisierung und Finanzierung des wissenschaftlich-technischen Fortschritts; Übernahme der externalisierten Kosten in Form der Umweltschutzpolitik: staatliche Käufe von »waste production« zur »surplus-absorption«; »Sozialisierung der Verluste« und andere.
2. Eine kompensatorische Wohlfahrtspolitik an Stelle einer ursachenorientierten Sozialpolitik, die zu einer Zersplitterung der Finanzhilfen nach dem Gießkannenprinzip führt und primär auf die Loyalitätssicherung bestimmter Gesellschaftsgruppen abzielt.
3. Die zunehmende Absorption von Arbeitskräften aus produktiven Sektoren in die staatliche Verwaltung als ursächliche Folge der ersten beiden Tendenzen.

Dieser Ausgabendynamik steht eine ungenügende und unstetige Entwicklung der staatlichen Einnahmen gegenüber, die ebenfalls auf drei interdependente Faktoren zurückgeführt werden kann:

1. Die hohe Eigendynamik ökonomischer Konjunkturprozesse führt zur Anpassung insbesondere der staatlichen Investitionstätig-

keit an die jeweils konjunkturell bedingte Einnahmenentwicklung:
2. die Entzugseffekte staatlicher Besteuerung dürfen nicht diejenigen Schwellenwerte überschreiten, die das langfristige ökonomische Wachstum des privaten Sektors zu stark einschränken könnten;
3. eine Ausdehnung des Staatsanteils am BSP ist auf Grund der politischen Machtstruktur in der Regel nur auf Kosten des privaten Konsums der breiten Bevölkerung und dadurch auch nur äußerst begrenzt und graduell möglich.

Die Entwicklung der Einnahmen- und Ausgabenseite staatlicher Budgets führt somit tendenziell zu zunehmenden Finanzierungsschwierigkeiten und stellt daher eine der zentralen Grenzen staatlicher Planung dar.

b) Grenzen staatlicher Planrationalität

Ein Kernproblem staatlicher Planung stellt die Frage der formalen und substantiellen Rationalität staatlicher Planziele dar. Zur Diskussion stehen somit die Formen des »Nutzwertkalküls« in der jeweiligen Gesellschaftsformation [30]. Theoretisch gesehen können gesellschaftliche Nutzwerte über das monetäre Kalkül des Marktes, über politische Kalküle der politischen Willensbildung und gegebenenfalls über analytische Kalküle wissenschaftlicher Untersuchungen ermittelt werden.

Unterstellt man zunächst einmal eine additive Beziehung der drei Kalküle zueinander, so werden in den untersuchten Staaten die gesellschaftlichen Nutzwerte über einen Mix aller drei Kalküle bei einem eindeutigen Übergewicht des monetären gegenüber dem politischen festgestellt.

Die Rationalität des monetären Kalküls mit seiner Grundgleichung von Tauschwert = Gebrauchswert und der entsprechenden Annahme, daß Knappheitsrelationen des Marktes gesellschaftliche Bedürfnisse adäquat abbilden, kann grundsätzlich bezweifelt, soll hier jedoch nicht näher diskutiert werden. Hinsichtlich des hier interessierenden politischen Nutzwertkalküls muß zunächst die Annahme expliziert werden, daß in der gegenwärtigen Gesellschaftsformation wenigstens teilweise eine gewisse Abtrennung der Produktionssphäre von der Distributions- und Zirkulationssphäre möglich ist und sich somit überhaupt erst ein relativ eigenständiges politisches Kalkül konstituieren kann [31]. Auf die beiden empirisch zu beobachtenden politischen Formen gesellschaftlicher Nutzwertbestimmung und ihrer Mängel – der Prozeßrationalität politischer Prozeß- und Verteilungspolitik und der Planrationalität einer System-

politik – ist in den Ausführungen des Abschnittes II schon näher eingegangen worden. Die hier nochmals zu analysierende Planrationalität einer Systempolitik ist in zwei Komponenten zu zerlegen:
1. eine Formierung und Zentralisierung politischer Willensbildungsstrukturen gegenüber der stärker fragmentierten Form politischer Entscheidungsprozesse;
2. die systematische Einbeziehung von Analyse in den politischen Willensbildungsprozeß.
Wichtig in diesem Zusammenhang nur noch die Einschätzung dieser zweiten Komponente der Systempolitik. Das Instrumentarium wissenschaftlicher Analysen läßt sich hinsichtlich eines analytischen Nutzwertkalküls grob in drei Klassen einteilen:

- mikroökonomische Kosten-Nutzen-Analysen,
- Kosten-Nutzen-Analysen basierend auf multidimensionalen Messungen subjektiv-psychologischer Nutzenmengen,
- Interdependenzuntersuchungen von Politik- und Umweltfeldern mittels Policy-Analyse, verbunden mit politischen Bewertungen.

Mikroökonomische Kosten-Nutzen-Analysen beruhen in der Regel auf einem neoklassischen Wirtschaftsmodell und versuchen, durch Simulation des Marktes, das monetäre Kalkül auch auf nichtmarktmäßige Gesellschaftsbereiche auszudehnen. Psychologische Nutzenmessungen basieren auf den Annahmen der Konsumentensouveränität und dem Konzept des individuellen Nutzens. Sie können dadurch bis zu einem bestimmten Grad eigenständige und neuartige Rationalitätskriterien in den Planungsprozeß einbeziehen. Die einschlägigen Policy-Analysen vermögen, wenn sie weiter fortgeschritten sind, gegebenenfalls die formale Rationalität von Planungen zu steigern, sind jedoch hinsichtlich substantieller Nutzwerte auf die politischen Kalküle der Planer/Politiker angewiesen. Der Beitrag wissenschaftlicher Analysen ist deshalb insgesamt für ein gesellschaftliches Nutzenkalkül relativ gering zu veranschlagen. Wissenschaftliche Analysen vermögen deshalb nur in begrenztem Maß die früher konstatierten engen Rationalitätsgrenzen staatlicher Planungen auszuweiten.

c) Grenzen retrograder Zielsteuerung

Eng mit den Fragen der substantiellen Rationalität staatlicher Planungen zusammenhängend stellt sich die Frage nach den Möglichkeiten retrograder Zielsteuerung. In der früheren Analyse staatlicher Planungssysteme war aufgezeigt worden, daß längerfristige Aufgabenplanung als integraler Bestandteil von Planungssystemen der zweiten Generation darauf angelegt ist, erstens staatliche Politik stärker von Zielsystemen als von einem Budgetnegativismus her zu steuern, zweitens die prospektive Ausrichtung von Programmplanungen mit ihren Fortschreibungstendenzen durch retrograde Steuerungselemente zu ergänzen, wenn nicht gar zu ersetzen. Die Chancen der Realisierung derartiger strategischer Zielplanungen sind jedoch in Verbindung mit den Formierungsprozessen politischer Strukturen recht gering anzusetzen [32]. Wie früher schon wiederholt hingewiesen wurde, wirken nach wie vor die Gesetzmäßigkeiten pluralistischer Prozeß- und Verteilungspolitik derartigen retrograden Zielplanungen entgegen und lassen diese meist gar nicht erst aufkommen. Gravierender ist jedoch noch der Tatbestand, daß derartige Konzeptionen einer längerfristigen Aufgabenplanung auf der in der marxistischen Wirtschaftstheorie für sozialistische Gesellschaften entwickelten Voraussetzung beruhen, daß der politischen Steuerung und den materiellen Beziehungen des Reproduktionsprozesses »das Primat gegenüber den wertmäßigen und den daraus abzuleitenden Finanzbedingungen zukommt«. Diese Annahme kann jedoch kaum auf »marktwirtschaftliche« Systeme übertragen werden:

- in marktwirtschaftlichen Systemen greift der Staat in der Regel nicht direkt in die Produktionssphäre ein, sondern versucht auf diese indirekt mittels monetärer Ressourcensteuerung einzuwirken;
- Einnahmen und Ausgaben des Staates sind in hohem Maß mit dem Marktgeschehen über finanzielle Ströme verflochten und von ihm abhängig;
- die »Nichtneutralität« des Geldes, das heißt die Möglichkeit der Manipulation rein monetärer Größen, führt in marktwirtschaftlichen Systemen zu Impulswirkungen auf Volumen und Struktur materieller Güterströme.

Im Unterschied zu planwirtschaftlichen Systemen kommt deshalb in marktwirtschaftlichen Systemen den monetären Ressourcen ein erhebliches Eigengewicht und eine beträchtliche Eigendynamik zu. Die Finanzbeziehungen erhalten somit funktionell gesehen eine erhebliche Eigenständigkeit, so daß schon aus diesen Gründen der Konzeption einer strategischen Zielplanung im Kontext politischer Formierungsprozesse eines »staatlich-bürokratischen Substitutionalismus« (Altvater) enge Grenzen gesetzt sind.

d) Grenzen der politischen Konsensbildung

Zu einer ähnlichen Einschätzung hinsichtlich der Grenzen staatlicher Planungssysteme gelangt man bei der Analyse der Konsensfähigkeit planerischer Politik. Ausgangspunkt der Überlegungen bildet die tendenzielle Notwendigkeit der Dezentralisierung von Planungssystemen durch Autonomisierung und erhöhte Partizipation zunehmender Teile gesellschaftlicher Gruppen, generell: die tendenzielle Notwendigkeit, die »requisite variety« staatlicher Agenturen durch Einbeziehung der Produktivkraft politische Partizipation zu erhöhen. Im Rahmen staatlicher Planungssysteme müssen derartige Autonomisierungs- und Partizipationsbestrebungen jedoch in ihrer Ausbildung weitgehend administrativ initiiert, in ihrer Zwecksetzung administrativ funktionalisiert und in ihren Entfaltungsmöglichkeiten administrativ kontrolliert werden. Entgegen den Annahmen von der Möglichkeit einer total manipulierbaren Gesellschaft deuten die bisherigen Untersuchungen jedoch eher darauf hin, daß ein derartiges administratives »Attitüden-Management« (Etzioni) zu sehr labilen und »störanfälligen« politischen Interaktionsmustern führt. Denn immer wieder treten im planerischen Zielfindungs- wie Implementierungsprozeß Verselbständigungen und autonome Motivationsbildungen der einbezogenen Gruppen auf. Diese durchbrechen die administrativ gesetzten Zweck-Mittel-Setzungen und führen zu Abwehrstrategien, die je nach Problembereich und gesamtgesellschaftlicher Konstellation von politischer Apathie bis hin zu politischer Gegenmachtbildung reichen können [33].

Die hier analysierten Grenzen technokratischer Steuerungsplanung sind natürlich nicht statisch-mechanisch und isoliert voneinander wie abgelöst von den zugrunde liegenden sozioökonomischen Entwicklungstendenzen zu sehen. Der Spielraum staatlicher Politik ist historisch und komparativ durchaus in gewissen Bandbreiten flexibel anzusetzen. Zusammengenommen stecken diese Tendenzen jedoch so feste und enge Grenzen für technokratische Steuerungsplanungen ab, daß die reformistische Strategie der Gesellschaftsreform über staatliche Planung zum Scheitern verurteilt ist, ihre systematische Funktion jedoch in einer »intelligenten« Anpassungsplanung an gegebene Strukturtrends liegt.

IV. *Thesen zur Strategiediskussion*

Aufgabe der bisherigen Analyse war es gewesen, die gegenwärtigen Tendenzen staatlicher Planung in der sozialwissenschaftlichen Theoriebildung und der politischen Praxis aufzuzeigen und deren absehbares Entwicklungspotential im Hinblick auf gesellschaftliche Strukturreformen einzuschätzen. Auf diesem Hintergrund sollen abschließend einige – noch recht vorläufige – Thesen zur gegenwärtigen Strategiediskussion entwickelt werden, ohne daß hier jedoch deren komplexe Problematik aufgegriffen werden kann.

1. Die sich verändernden Bedingungen gesellschaftlicher Produktion und Reproduktion weiten die bestehenden sozioökonomischen Problemlagen aus, verlagern deren Konflikte in die staatliche Administration und erfordern den Aufbau staatlicher Planungssysteme im Sinn von technokratischen Steuerungsplanungen. Der im Zusammenhang dieser Entwicklung erhobene Anspruch der progressiven politischen Eliten, über staatliche Planung als professionalisierte Reform von oben Gesellschaftsreform voranzutreiben, erweist sich wegen der eindeutigen materiellen, strukturellen und funktionalen Grenzen derartiger politischer Problemlösungsstrategien als nicht einlösbar. Technokratische Steuerungsplanung kann über die Leistungsfähigkeit traditioneller Politik hinaus allenfalls zu einer »intelligenten« fortschreitenden Weiterentwicklung bestehender Gesellschaftsstrukturen und zu einer laufenden Problemverschiebung bei einer systemverträglichen Intensität des sozialen Konfliktniveaus führen.

2. Angesichts der sozioökonomischen und technologischen Tendenzen staatlicher Regulierungspolitik und des Bewußtseins- und Organisationsgrades der möglichen Träger von Strukturreformen [34] kann in der gegenwärtigen historischen Phase das Konfliktniveau in der Produktionssphäre – trotz des Weiterbestehens objektiv gegensätzlicher Strukturen – relativ niedrig gehalten werden, so daß der Produktionsbereich nicht der einzige, sondern im verstärkten Maß auch andere Bereiche Ansatzpunkte strukturverändernder Strategien sein können [35].

3. Umgekehrt sind die einzelnen Problemfelder nicht so disparat, der Produktions- und Distributionsbereich nicht so stark voneinander abgelöst, die Bewußtseinslagen breiter Teile der Bevölkerung nicht so eindimensional und die staatlichen Regulierungsbemühungen nicht so effektiv einzuschätzen, daß der Rekurs auf eine Randgruppenstrategie plausibel erscheint.

4. Im Reproduktionsbereich, auf Problemsektoren wie Gesundheit, Sozialisation, Wohnen, Stadt- und Regionalentwicklung und anderen haben sich jedoch auf breiter Front manifeste soziale Konflikte herausgebildet. Die Durchsetzung neuer sektoraler Produktionsstrukturen, die eine bessere Befriedigung bestehender und die Ausbildung qualitativ neuer Bedürfnisse ermöglichen, stellen einen wichtigen ersten Ansatz einer Strategie zur Strukturreform dar, dessen relative Bedeutung als Zwischenziel jedoch zeitlich wie regional variieren kann.

5. Da derartige sektorale Strukturreformen auf Grund der politischen Schwäche der sie vorantreibenden gesellschaftlichen Gruppen nicht gegen den geschlossenen Widerstand der politisch-administrativen Elite durchzusetzen sind, umgekehrt jedoch auch die von dem progressiven Teil der politisch-administrativen Elite angestrebte »Strategie der inneren Reformen« über technokratische Steuerungsplanungen kaum zu realisieren ist, können sich in den kritischen Engpässen der gesellschaftlichen Reproduktion unter Ausnutzung des progressiven Elements staatlicher Planung Bündnisbereiche ergeben, die auf einer partiellen Parallelität der Aktionsziele bei weiterbestehenden materiellen Interessendifferenzen hinsichtlich spezifischer sektoraler Strukturreformen basieren.

6. Die strategische und organisatorische Verknüpfung derartiger Bündnisstrategien liegt in den staatlichen Planungssystemen mit ihren notwendigen wie ambivalenten Tendenzen zur Dezentralisierung, Autonomisierung und Partizipationssteigerung. Der in den strategischen Zielfindungs- und Implementierungsprozessen staatlicher Planung potentiell angelegte Handlungsspielraum ist dabei durch die Artikulation verkürzter und unterdrückter Bedürfnisse, durch deren Organisierung und Sanktionsfähigkeit, zum Beispiel über die Gewerkschaftsbewegung, so auszubauen, daß durch die konfliktreiche Politisierung der betroffenen Problembereiche echte strategische Zielplanungen ermöglicht und über diese sektorale Strukturreformen als ein strategisches Zwischenziel vorangetrieben werden können.

Anmerkungen

Der Aufsatz stellt das stark überarbeitete und erweiterte Referat dar, das der Verfasser auf der Generalversammlung der Österreichischen Gesellschaft für Politikwissenschaft im Dezember 1971 gehalten hat. Die Literaturangaben beschränken sich auf einige wenige einschlägige Arbeiten, in denen weitere Literaturangaben zu finden sind. Der Verfasser ist Herrn Väth für die Diskussion des Manuskripts zu Dank verpflichtet.

[1] Zitat aus einem Interview des Verfassers im Rahmen seiner Untersuchungen zu Planungssystemen in der BRD.

[2] Vgl. dazu den programmatischen Aufsatz von A. Schick, Systems politics and systems budgeting, PAR 1969.

[3] Der weitere Rahmen dieser Problembereiche wurde ansatzweise analysiert von F. Naschold, Zur Politik und Ökonomie von Planungssystemen, PVS 1972, Sonderheft.

[4] Zum folgenden siehe Narr/Naschold, Einführung in die politische Theorie, III, Stuttgart 1971, mit weiterführenden Literaturangaben. Komparative Differenzen zwischen einzelnen politischen Systemen können in der nachstehenden Analyse in der Regel nicht berücksichtigt werden.

[5] Vgl. dazu Naschold/Seuster/Väth/Zipfel, Untersuchung zur mehrjährigen Finanzplanung des Bundes im Hinblick auf die Reform von Planungs- und Entscheidungsprozessen im Bereich der Bundesregierung, Zwischenbericht, Bonn, Oktober 1970.

[6] Siehe zum Beispiel A. Shonfield, Geplanter Kapitalismus, Köln 1968.

[7] Zum folgenden siehe Naschold/Seuster/Väth/Zipfel, Untersuchung zur mehrjährigen Finanzplanung des Bundes, Bericht, Bonn, August 1971. Auf diesen Bericht bauen die weiterführenden Ausführungen auf.

[8] Zur Dimension der Planungstechniken ist unter vielen anderen besonders auf die Arbeiten von Ackoff, Beer, Forrester, Churchman, Jantsch, Quade/Boucher, Rudwick, Zwicky hinzuweisen. Forrester und Rudwick in diesem Band.

[9] So A. Rivlin, Systematic thinking for social action, Brookings Institute 1971.

[10] Siehe dazu F. Naschold, Möglichkeiten und Grenzen von Optimierungsverfahren, Stadtbauwelt 1969, und die sich daran anschließende Kontroverse.

[11] Terminologisch und zum Teil auch konzeptionell weichen die Ausführungen teilweise von entsprechenden Konzepten aus der Regelungstechnik ab.

[12] Vgl. A. Pfaff, Transfer economics, Manuskript 1971.

[13] Vgl. dazu das skeptische Resümee zur staatlichen Finanz-, Geld- und Einkommenspolitik in: Globalsteuerung der Wirtschaft – Illusion oder Realität, Bergedorfer Gesprächskreis 1971, Protokoll Nr. 39, jetzt in diesem Band S. 104 ff.

[14] Den Ausführungen liegt hier die Annahme einer additiven Verknüpfung ökonomischer und politischer Faktoren zugrunde, die theoretisch problematisch ist und hier nur der Einfachheit der Analyse wegen gemacht wird.

[15] Auf die Problematik der Wohlfahrtsökonomik sowie generell der Frage von Werten, Bedürfnissen, Zielen usw. kann hier nicht näher eingegangen werden.

[16] Die folgenden Ausführungen beruhen natürlich auf stark vereinfachten Annahmen, um die wesentlichen Gedanken strategischer Zielplanung besser ausarbeiten zu können.

[17] Siehe dazu die Zusammenfassung bei H. von Hentig, Cuernavaca oder: Alternativen zur Schulreform?, Stuttgart 1971.

[18] Der Verfasser plant mit Mitgliedern des Instituts für Höhere Studien eine strategische Zielplanung im Bereich des österreichischen Gesundheitssystems.

[19] Zu diesen Fragen siehe näher die oben erwähnten Berichte zur Finanzplanung.

[20] Vgl. die Berichte zur Finanzplanung mit weiteren Literaturangaben.

[21] Siehe zuletzt W. A. Niskanen, Why new methods of budgetary choices, Manuskript, Nürnberg 1971, jetzt in diesem Band S. 296 ff.

[22] Siehe dazu insbesondere die bisher noch nicht veröffentlichten Untersuchungen von R. Wettmann (s. PVS 1972, Sonderheft).

[23] Vgl. dazu insbesondere St. Cohen, Modern Capitalist planning: The French Model, Cambridge 1969.

[24] Vgl. D. P. Moynihan, Maximum feasible misunderstanding, New York 1969.

[25] Eine gute und kritische Zusammenfassung bietet G. Fehl, Informationssysteme in der Stadt- und Regionalplanung, Stuttgart 1970.

[26] Zu dieser Problematik im Bereich der Gesamtschulentwicklung steht eine im Rahmen des Deutschen Bildungsrates unternommene Untersuchung des Verfassers zusammen mit Lehrern aus Berliner Gesamtschulen vor dem Abschluß.

[27] Vgl. A. Schmitt, Der Begriff der Natur in der Lehre von Marx, Frankfurt 1962.

[28] Zu den folgenden Ausführungen siehe insbesondere J. O'Connor, The fiscal crisis of the state, in: Socialist Revolution, 1970.

[29] Siehe H. Zimmermann, Öffentliche Ausgaben und regionale Wirtschaftsentwicklung, Basel 1970.

[30] Vgl. Ch. Bettelheim, Ökonomischer Kalkül und Eigentumsformen, Berlin 1970; sowie E. Altvater, Gesellschaftliche Produktion und ökonomische Rationalität, Frankfurt 1969.

[31] Die mit dieser Annahme zusammenhängenden theoretischen Probleme können hier weder andiskutiert werden, noch sind sie beim Stand der gegenwärtigen Diskussion befriedigend zu beantworten.

[32] Siehe die Berichte zur Finanzplanung.

[33] Vgl. dazu die Ausführungen bei C. Offe, Manuskript I, II, III, 1971; sowie Naschold, Zur Politik und Ökonomie von Planungssystemen, a.a.O.

[34] Siehe zum Beispiel H. Kern/M. Schumann, Industriearbeit und Arbeiterbewußtsein, Frankfurt 1970.

[35] Vgl. dazu die Diskussion im Kursbuch 25, Politisierung: Kritik und Selbstkritik, Oktober 1971.

3 *Karl Schiller*

Preisstabilität durch globale Steuerung der Marktwirtschaft

[. . .] Meine These lautet: *ohne den systematischen Ausbau der Globalsteuerung ist Preisniveaustabilität im Rahmen der neuen Bedingungen nicht zu erreichen.* Verzichtet man auf diesen Ausbau, dann bleibt schließlich nur die »Flucht in die Einzeldirigismen«, wie es durch die Erfahrungen bestätigt wird. Damit stehen wir jetzt in einer besonderen Bewährungsprobe des marktwirtschaftlichen Systems.

Bei dem derzeit diskutierten Ausbau der Methoden globaler Steuerung sind drei Ebenen des möglichen Vorgehens zu unterscheiden:

1. Einmal geht es um die Vergrößerung und Verfeinerung des *fiskal- und geldpolitischen Instrumentariums;* der Werkzeugkasten soll angereichert werden.

2. Zum anderen geht es darum, daß Einrichtungen geschaffen werden, mit denen gewisse *Makro-Dezisionen* ermöglicht werden, die sich auf wichtige Relationen der großen Aggregate beziehen. Ich nenne nur die wichtigsten methodischen Möglichkeiten: Gesamtrechnung mit quantifizierter Zielangabe, also *Rahmenplanung,* ferner *»konzertierte Aktion«* und Einkommenspolitik.

3. Schließlich ist die *außenwirtschaftliche Absicherung* der Stabilisierungspolitik erforderlich. Gerade die jetzt erörterten neuen fiskal- und geldpolitischen Instrumente sind rein auf die Dämpfung (oder im anderen Falle: Erweiterung) der Inlandsnachfrage gerichtet. Bei weiteren Preissteigerungen im Ausland und bei vollem Wirksamwerden der inlandsorientierten Restriktionsmaßnahmen, würde z. B. das Problem der »importierten« Inflation erneut auftreten. Die Befürworter der allein inlandsorientierten Maßnahmen verhalten sich also so wie jene sprichwörtlichen Generalstabsoffiziere, von denen man sagt, sie seien immer dabei, den Sieg des letzten Krieges und nicht den des kommenden vorzubereiten.

Nach diesen grundsätzlichen Vorbemerkungen werde ich jetzt zuerst die Vergößerung des Arsenals an Einzelinstrumenten und die Verfeinerung dieses Instrumentariums behandeln. Wir erleben zur Zeit die große Stunde der »*functional finance*«, deren theoretische Erkenntnisse sich nun gleich in zwei großen Gutachten niedergeschlagen haben, die im Vorhof des Gesetzgebers warten:

1. Sehr zu begrüßen sollte alles das sein, was der Erhöhung der »*built-in flexibility*« dienen kann: also etwa der Übergang zur Selbstveranlagung bei der Einkommensteuer.
2. Nicht weniger erwünscht ist die *mittelfristige Finanzplanung* mit der damit gegebenen Möglichkeit zu antizyklischer Streckung oder Ballung der öffentlichen Investitionen.
3. Das gleiche gilt für die antizyklische Regulierung der öffentlichen Gesamtausgaben, also die Ansammlung einer gegen die Begehrlichkeit abgeschirmten, »einbruchssicheren« *Konjunkturausgleichsrücklage* im Aufschwung – und deren Auflösung dann in der Rezession.
4. Ausklammern will ich die politisch-*institutionellen Probleme* der Regulierung des öffentlichen Kredits. Bei 25 000 öffentlichen Händen können sich hier – wie schon eingangs in dem betreffenden Beispiel erwähnt – echte Bewirtschaftungsprobleme ergeben.
5. Was die steuerlichen Möglichkeiten der Intervention betrifft, so steht die *Variierung der Absetzung für Investitionen* im Vordergrund. Das wichtigste Problem ist hier: wie können Ankündigungseffekte, Gewöhnungseffekte oder überhaupt Antizipationseffekte vermieden werden? Unternehmer – das kann man voraussetzen – lesen doch die Zeitung. Wenn beispielsweise ein konjunktureller Aufschwung registriert wird und also eine Einengung der Abschreibungsmodalitäten zu erwarten steht, werden die Unternehmer geplante Investitionen vorziehen. Gelingt es nicht, diese Effekte zu vermeiden, so wirken solche Maßnahmen prozyklisch.
6. Eine ähnliche Problematik gilt für die *antizyklische Variierung der Steuertarife* selbst. Ich sehe hierbei wieder von den politisch-parlamentarischen Problemen der Regierungsermächtigung ab. Rein ökonomisch gesehen »entlasten« Steuertarifänderungen die übrigen fiskalpolitischen Instrumente, was ein Vorteil wäre. Sie brauchen auch nicht die Relationen der individuellen Steuerbelastung zu verändern, wie das bei variablen Absetzungen der Fall ist. Aber antizyklische Tarifänderungen haben auch ihre Nachteile. Bei der Propagierung der Einkommen- und Verbrauchsteuervariierung steht im

Hintergrund immer der gewünschte Einkommenseffekt (»Stillegung« bzw. »Mobilisierung« von effektiver Nachfrage). Bei der Verbrauchsteuervariation wird jedoch auf jeden Fall *der unmittelbare Preiseffekt konträr, d. h. prozyklisch wirken.* Und wie ist es, wenn im beginnenden Boom eine konjunkturpolitisch richtige Einkommensteuererhöhung die gerade auszuhandelnden Lohntarife nach oben drückt?

7. Ein altes Problem der »fiscal policy« ist das richtige *»timing«:* Bereits kurz nach dem Höhepunkt des Booms müßte man die restriktiven Maßnahmen ausklingen lassen und kurz nach dem nächsten Wendepunkt die Bremsen wieder anziehen, um tatsächlich die angestrebten konjunkturstabilisierenden Effekte zu erzielen. Die dezisiven Fiskalmaßnahmen müßten also zu einem Zeitpunkt getroffen werden, da das konjunkturell-psychologische, gesellschaftliche und politische Klima dafür noch gar nicht vorhanden ist. Hinsichtlich der bislang in Deutschland geübten Praxis könnte ein Zyniker immerhin sagen, daß mit dem erörterten Ausbau des fiskalpolitischen Instrumentariums wenigstens eines erreicht würde: nämlich die Chance, daß prozyklische Steuersenkungen, wie etwa im Hinblick auf das Wahljahr 1965, vermieden würden. Die Finanzpolitik würde dann *zumindest »azyklisch« oder »konjunkturneutral«* werden, was man von ihr bisher nicht behaupten konnte [1].

8. Richtiges »timing« ist eine Frage auch des *Informationsstandes* der Regenten. Diesen zu verbessern scheint vor allem wichtig, also: Ausbau der Gesamtrechnung und Programmierung u. ä. . . .

9. Die eben diskutierten Instrumente sind von Haus aus auf den Zyklus und nicht auf den Trend eingestellt. Ein fiskalpolitischer Perfektionismus würde leicht dahin führen, daß die langfristigen Aufgaben der öffentlichen Finanzwirtschaft (etwa Ausbau der Infrastruktur), damit die Wachstumspolitik, zu kurz kommen würden. Denn besonders die öffentlichen Investitionen müßten fast immer gegenläufig zu den privaten Investitionen reguliert werden. Fiskalpolitik bedeutet eben: *Finanzpolitik unter dem kurzfristigen Aspekt des reinen Einkommensmultiplikators nach Keynes, ohne Berücksichtigung des langfristigen Wachstumsaspekts im Sinne etwa von Harrod und Domar.*

10. Das alles führt souveräne Theoretiker der Fiskalpolitik wie *Musgrave* [2] und *Neumark* [3] am Schluß ihrer Ableitung stets dazu, vor einer Überschätzung der fiskalischen Mechanismen zu warnen. Allein können sie es in der Tat nicht schaffen. [. . .]

Die *Kombination von Gobalsteuerung* (gestützt auf Rahmenplanung) *und Marktwirtschaft* ist nicht nur Voraussetzung einer Aktion zur Herbeiführung der Stabilität, sie ist auch unter den gegebenen Verhältnissen der Weg zur Rettung der Marktwirtschaft. Um ein Bild aus einem anderen Bereich zu gebrauchen: Mit der globalen Planung und Steuerung erhöhen wir die »Schwelle«, von der ab das Verlangen nach verwaltungswirtschaftlichen Maßnahmen virulent wird.

Aber bekanntlich wirft jene Kombination von Globalsteuerung, Rahmenplanung und Marktwirtschaft auch ordnungspolitische Probleme auf.

Eucken hatte mit seinem Bild von den zwei Orchestern, die in einem Saal gegeneinander spielen, sein Verdikt über ordnungspolitische Mischsysteme ausgesprochen. Es gibt zwei Möglichkeiten, diesen Antagonismus aufzulösen.

Krelle versucht dies, indem er annimmt, daß *Eucken* von dem atomistischen Modell von *Walras* und *Pareto* ausgehe. In Wirklichkeit lebten wir aber in einer Welt sozialer Institutionen (Staat, Gruppen usw.), die – oft unbewußt – den Rahmen für die wirtschaftliche Tätigkeit des einzelnen hergäben. Die globale Planung und Steuerung verändere demnach nur bewußt die *Rahmenbedingungen*, innerhalb derer die Freiheit des einzelnen respektiert werde [4].

Ich versuche, dieses ordnungspolitische Grundproblem etwas anders zu formulieren und zu lösen.

Für die *Regelung der einzelwirtschaftlichen Beziehungen ist der Wettbewer*b das adäquate Mittel, damit die Kombination der Produktionsfaktoren tendenziell in Übereinstimmung mit den Konsumentenwünschen und in optimaler Kostenlage erfolgt. Die Steuerung über diese doppelte Rechenoperation genügt aber nicht, um gewisse gesamtwirtschaftliche Ziele (magisches Dreieck usw.) zu erreichen. Hierzu bedarf es der *planvollen makroökonomischen Beeinflussung der Kreislaufgrößen.*

Die optimale Zuordnung der Lenkungsmittel besteht demnach in der *kombinierten Anwendung des Prinzips der Selbststeuerung für die Mikrorelationen und der Globalsteuerung für die Makrorelationen.* Hier ist also logisch kein Widerspruch gegeben; selbstverständlich kann es in der Realität Widersprüche geben.

In diesem Sinne sollten wir bei dem aktuellen Bemühen um Stabilität in erster Linie ein so definiertes und eingegrenztes System der Globalsteuerung anstreben. Das ist wichtiger als die Erfindung und Einsammlung noch so vieler neuer mikropolitischer Steuerungsmittel.

Würde ein umfassendes Rahmenwerk der globalen Steuerung vom Gesetzgeber geschaffen, so wäre dies sicherlich eine Wende. Es würden sehr hohe Anforderungen an die Fähigkeiten der »policymaker« zur Kalkulation und zur Entscheidung gestellt werden. Damit könnte eine Art von »Pirandello-Situation« eintreten: Es wäre dann ein Gesetz entstanden, das sich seine Regierung sucht.

Anmerkungen

[1] Vgl. hierzu *K. D. Arndt,* Ein Gesetz zur Förderung der wirtschaftlichen Stabilität. In: Konjunkturpolitik, 12. Jg. (1966), S. 157 ff., insbes. S. 161.

[2] Vgl. *R. A. Musgrave,* The Theory of Public Finance. New York, Toronto, London 1959, S. 516 f.; deutsch: Finanztheorie, Tübingen 1966, S. 482 f.

[3] Vgl. *F. Neumark,* Einige neuere Probleme und Aspekte der Fiskalpolitik. In: Zeitschrift für Nationalökonomie, Bd. 26 (1966), S. 219.

[4] Vgl. *W. Krelle,* Wirtschaftsplanung auf mittlere und lange Sicht: Zur Problematik der Grundlagen. In: A. Plitzko (Hrsg.): Planung ohne Planwirtschaft (Veröffentlichungen der List Gesellschaft Bd. 34). Basel, Tübingen 1964, S. 63 ff.

4 *Bergedorfer Gesprächskreis zu Fragen der freien, industriellen Gesellschaft*

Globalsteuerung der Wirtschaft – Illusion oder Realität?

[...]

Herbert Giersch

Legen wir uns doch einmal die Frage vor: Globalsteuerung – Realität oder Illusion –, so haben wir festgestellt: Wir wissen offensichtlich so wenig, daß wir Regeln in bezug auf die Geldpolitik nicht aufstellen können. Wir wissen aber anscheinend so viel, daß wir eine vernünftige diskretionäre Geldpolitik treiben. Wir wissen, daß wir bei der Ausgabenpolitik wenig tun können und tun sollten. In bezug auf die Steuerpolitik hören wir den Einwand der permanent income hypothesis. Er wird etwas gemildert durch den Hinweis von Herrn Lundberg, daß sich einige Ausgaben für dauerhafte Konsumgüter vielleicht doch so verhalten, wie das bei den Investitionen im Unternehmensbereich der Fall ist. Wir haben hier also einen gewissen Spielraum. Auf der anderen Seite wissen wir aber, daß die Konsumausgaben gar nicht zyklustragend, sondern zyklusabhängig sind und eher dämpfen als stimulieren.
Es bleibt ein wenig von der antizyklischen Investitionspolitik übrig, die man in Schweden treibt, um dadurch den Zinsmechanismus zu ersetzen. Denn es sind künstliche Zinsen, und es ist eine künstliche Liquiditätspolitik, wenn man die Bildung von Rücklagen in der Hochkonjunktur steuerlich begünstigt und ihre Auflösung später wieder ermöglicht. Damit läßt sich die Vertagung von Investitionen etwas prämiieren. Genau das müßte aber der Zinsmechanismus tun, wenn das Geldangebot einigermaßen stabil wäre und die Nachfrage zyklusbedingt schwankte. Infolgedessen wird hier lediglich eine Imitation der Zinspolitik unter der Annahme einer stabilen Geldangebotspolitik vorgenommen. Das ist offensichtlich das einzige, wozu wir bei einer antizyklischen Politik in der Lage sind.
Aber warum sollen wir eigentlich den Zyklus bekämpfen, wenn wir im internationalen Inflationsgleichschritt marschieren können und

müssen? Sind wir denn überhaupt imstande, uns durch Beeinflussung der Investititonstätigkeit vom amerikanischen Zyklus bei festen Wechselkursen zu lösen? Wir haben uns dieses Mal gelöst, und das Ergebnis war eine Währungskrise als Folge einer internationalen Zinsdifferenz, wie wir von Herrn Emminger gehört haben. Somit ist auch das ein verhältnismäßig erfolgloses Unterfangen.
So erweist sich all das, was wir bisher über die Globalsteuerung gehört und uns ausgedacht haben, bei *näherem Zusehen kaum als erfolgreich*. Es bleibt uns jetzt nur noch die große *Hoffnung auf die Einkommenspolitik*. [...]

Gottfried Bombach

[...] »Einkommenspolitik« war wohl zunächst nur ein neuer Terminus für Lohnpolitik, eine euphemistische Umschreibung von Interventionen in den Lohnbildungsprozeß. Zuweilen sprach man von Lohnkontrollen in Verbindung mit Gewinnkontrollen. Viel bedeutender und von uns bereits diskutiert ist die Kombination von Preis- und Lohnkontrollen. Die deutschen Teilnehmer am Gespräch nehmen die Mißerfolge in anderen Ländern zur Kenntnis, denken aber auch zurück an eigene unliebsame Erfahrungen in früheren Zeiten. Bekannt sind die Erfahrungen mit den Lohnleitlinien in den USA; auch sie kamen heute nebenbei zur Sprache. In anderen EWG-Ländern wurde der Terminus »Einkommenspolitik« auch mit Eingriffen in die Lohnpyramide in Zusammenhang gebracht.
Eine Vorbedingung für das Funktionieren einer Einkommenspolitik erwähnte ich bereits im Einleitungsreferat als Ergebnis des Gespräches von gestern: Die Partner müssen wissen, daß es die Regierung mit der Inflationsbekämpfung ernst meint und nicht etwas verspricht, was sie nicht halten kann. Das ständige Anvisieren einer absoluten Preisstabilität, die bei festen Wechselkursen nicht erreicht werden konnte, war ein Hauptgrund für das bisherige Scheitern.
Die Diskussionen in der Bundesrepublik haben aber vor allem zu der Erkenntnis geführt, daß wirkliche Einkommenspolitik nur dann Chancen hat, wenn die Sozialpartner in das Gespräch über die *Leitlinien* der Wirtschaftspolitik in ihrer Gesamtheit – also vor allem die angestrebte *Aufteilung des Sozialproduktes* auf Konsum, Investitionen, Staatsverbrauch und so weiter – *einbezogen werden*. Denn mit dieser Verteilungsstruktur wird, in Verbindung mit der Vermögenspolitik – das heißt nichtkonsumptive Verwendung eines Teils

des Lohnes –, auch die Einkommensverteilung determiniert. Und welche Chancen hätte eine Einkommenspolitik ohne Rücksichtnahme auf bestimmte verteilungspolitische Ziele, welche Berechtigung der Terminus? Soll »gerechte Einkommensverteilung« im Zielkatalog nur eine Leerformel sein?
Dies eben ist der Grund, weshalb ich mich mit der Friedman-Formel so wenig befreunden kann. Wo *bleibt die Lohnpolitik?* Soll ich die »richtige« *Zuwachsrate des Nominallohnes gemäß einer Phillips-Kurve einstellen,* herbeigeführt durch *eine »adäquate«* Arbeitslosenquote? Das sind jene Zweifel, die ich auch aus den Voten von Herrn Eckstein zu entnehmen glaube.
Ich bin bereit zuzugeben, daß auch bei uns die Einkommenspolitik bisher gescheitert ist, jedenfalls in den kritischen Situationen. Die Schuld dafür würde ich etwas anders verteilen als Herr Markmann. Man kann sie nicht einseitig den Unternehmern und der Regierung zuschieben. Die Gewerkschaften haben die Verantwortung mitzutragen.
Ein Grund für das Scheitern ist bereits genannt worden: Man hat eine Preisstabilität versprochen, die nicht zu erreichen war. Aber auch wir Wissenschaftler haben mit einer Illusion gelebt. Wir haben für das Gespräch auf oberster Ebene plädiert, für die Einbeziehung der Sozialpartner in die Makro-Wirtschaftspolitik, aber die »heilige Kuh« Tarifautonomie wurde nicht angetastet. Wir haben niemals gesagt, wie das überbestimmte System eine Lösung finden soll: freie Lohnbildung auf unterer Ebene und Lohnfindung nach gesamtwirtschaftlichen Gesichtspunkten auf oberster Ebene.
Der Lohn-lag-Zyklus ist wiederholt in diesem Gespräch beschrieben worden, so durch Herrn Eckstein. Wir kennen aus jüngster Erfahrung insbesondere jene Phasen, in denen nach Erreichen der Vollauslastung der überdurchschnittliche Produktivitätsfortschritt aufhört, die Lohnforderungen aber gerade mit voller Kraft einsetzen. Wir kennen die unliebsamen demagogischen Auseinandersetzungen um überhöhte Gewinne beziehungsweise unbotmäßige Lohnforderungen, das wechselseitige Zuschieben der Schuld an der Inflation. Wie können wir diesem unglücklichen Zyklus entrinnen? [. . .]

Herbert Giersch:

Lassen Sie mich zum Abschluß ein kurzes Resümee ziehen. Wir haben die Frage der *Koordination der Einkommenspolitik mit der*

Fiskal- und der Geldpolitik nicht mehr behandeln können. Diesen Zusammenhang hat Herr Köhler berührt, als er betonte, daß jede *Einkommenspolitik scheitern muß, wenn sie mit einer Geld-, Kredit- und Fiskalpolitik kombiniert* ist, die andere Lohnsteigerungs- und Preissteigerungsraten zuläßt. Wir können keineswegs erwarten, daß wir die Gobalsteuerung, wenn wir hohe Ansprüche an sie stellen, von einer Illusion in eine Realität verwandeln, wenn wir uns nur auf die Geldpolitik stützen. Das gleiche ist wahrscheinlich der Fall, wenn wir uns entweder nur auf Fiskalpolitik oder auf Einkommenspolitik stützen. Vielleicht kann eine systematisch betriebene Einkommenspolitik ein wenig dazu beitragen, daß die Geldpolitik, wenn sie hart ist, nicht zur Unterbeschäftigung und die Fiskalpolitik, wenn sie locker gehandhabt wird, nicht zu starken Preissteigerungen führt.

Diese *kombinierte Geld-, Fiskal- und Einkommenspolitik* sollte zusammen mit einer aktiven *Arbeitsmarktpolitik und einer nach schwedischem Vorbild konzipierten Investitionspolitik ein besseres Demand Management ermöglichen.* Vielleicht können wir aus den Erfahrungen, die die einzelnen Länder auf den verschiedenen Gebieten gemacht haben, für die Zukunft selbst einigen Nutzen ziehen. Wahrscheinlich muß der Schwerpunkt einer *erfolgreichen* Globalsteuerung in der *Koordination der Einzelpolitiken* bestehen. Denn jeder kann gute Gründe für sein Versagen anführen, wenn andere notwendige Maßnahmen unterlassen. Wenn die Politik nicht konsistent ist, beruft sich jeder auf den anderen. [. . .]

5 *Jörg Huffschmid*

Die Politik des Kapitals – Konzentration und Wirtschaftspolitik in der Bundesrepublik

Globalsteuerung und Monopolkapitalismus

Das Konzept der Globalsteuerung zur Stabilisierung einer grundsätzlich am Kapital orientierten, durch Unternehmer und autonome Kapitalorganisationen gesteuerten Wirtschaft ist nicht ohne Verworrenheit und Widersprüche, die erst in der konkreten historischen Praxis der westdeutschen Wirtschaftspolitik in ihrer Bedeutung durchsichtig werden.

Die wirtschaftspolitische Planung und Aktivität des Staates – vor allem die Konjunktur-, Geld- und Finanzpolitik – bei gleichzeitiger Aufrechterhaltung der unternehmerischen Autonomie beruht auf einem theoretischen Kniff, nämlich der Unterscheidung zwischen Makrobereich und Mikrobereich und der Zuweisung der beiden – sich theoretisch widersprechenden – Prinzipien zu verschiedenen Bereichen. Die Planung wird dem Makrobereich zugewiesen, in dem es nur um Summen und Aggregate, also um zusammengefaßte Ergebnisse ganzer Gruppen von Wirtschaftstätigkeit geht, ohne daß konkrete einzelne Unternehmen hier auftauchten. Und die unternehmerische Dispositionsfreiheit und Selbstbestimmung findet als Freiheit individueller Akte und Entscheidungen in der Mikrosphäre ihren Platz. Hart formuliert: im Makrobereich geschieht das, was die Regierung will, im Mikrobereich das, was die Unternehmen wollen.

Aber so einfach ist es offensichtlich nicht. Makro- und Mikrobereich sind vielmehr stets aufeinander bezogen, und zwar so, daß die Makrogrößen sich aus den Mikroentscheidungen ergeben. »Sicherlich läßt sich der Raum von ›globaler Wirtschaftspolitik‹ und ›einzelwirtschaftlichem Wettbewerb‹ nicht schematisch wie nach einem Schnittmuster abgrenzen. Die makroökonomischen Relationen und die mikroökonomischen Beziehungen stellen nicht zwei hermetisch oder starr voneinander zu trennende Aktionsebenen dar.« [1] Wenn die Trennung zwischen gesamtwirtschaftlichen und einzelwirtschaftlichen Größen aber nur fiktiv ist, wenn ein »wechselseitiger, sich ständig verändernder osmotischer Druck zwischen beiden Funktionsbereichen« [2] besteht, dann taucht auch das Problem wieder auf, wie es möglich ist, staatliche Gesamtplanung und unternehmerische Einzelentscheidungen zu harmonisieren. Wollten die staatlichen Planungsstellen eine unabhängige Planung realisieren, so müßten sie über die Mittel verfügen, die einzelwirtschaftlichen Planungen wirksam zu beeinflussen oder, konkret gesagt, die Mehrzahl der Wirtschaftssubjekte zu zwingen, ihre Entscheidungen nach den Vorstellungen der Regierung zu fällen. Dies wäre die Aufhebung der unternehmerischen Dispositionsfreiheit, ein Zentralangriff auf die Autonomie des Kapitals. Oder die Unternehmen und Kapitalorganisationen behalten ihre Autonomie, dann aber sind die Pläne der Regierung nichts als fromme Wünsche, nach denen sich die Wirtschaftenden richten können oder auch nicht. Die Globalsteuerung will »nicht nur allgemein gehaltene Aspekte und nichtssagende Kaffeekränzchen, aber auch nicht direkte oder indirekte Einschränkung der Tarifautonomie und keine Aufstellung verbindlicher staatlicher Leitlinien für konkrete Entscheidungen der Tarifpartner« [3]. Den Widerspruch, der sich hier auftut, löst Schiller folgendermaßen: »Der wechselseitige, sich ständig verändernde osmotische Druck zwischen beiden Funktionsbereichen macht das ganze Problem zur Aufgabe wirklicher *Politik*, in der das Berechenbare aufhört. Urteilsfähigkeit über die ganze Landschaft der Faktoren, Intuition, Gefühl für den Augenblick, für ›den Mantel Gottes‹ und Entschlußkraft sind hier ausschlaggebend bei der Zuordnung der akuten Probleme auf den einen oder den anderen Bereich.« [4]

Als wirtschaftspolitisches Allheilmittel gelten heute die von der Bundesregierung entwickelten Zielprojektionen. Zielprojektionen »zeigen lediglich das von der staatlichen Wirtschaftspolitik angestrebte Niveau der Gesamtwirtschaftsentwicklung an, überlassen das Urteil über die Entwicklung der Einzelmärkte und Einzelplanung aber voll den Marktteilnehmern« [5].

Hält man an der Autonomie der konkreten Kapitalentscheidungen durch die Kapitalträger fest, so kann die staatliche Planung im Makrobereich nur dann erfolgreich sein, wenn die autonomen Entscheidungsinstanzen des Kapitals mitziehen. Hierfür ist nicht nur erforderlich, daß die Daten der Globalplanung objektiv zum Nutzen der Beteiligten ausfallen, sondern daß die Umsetzung der Globaldaten in einzelwirtschaftliche Mikroentscheidungen geleistet wird. Die Transmission gesamtwirtschaftlicher Ziele in einzelwirtschaftlichen Nutzen muß so kurz gehalten werden, daß für das – theoretisch immer autonom angesetzte – Wirtschaftssubjekt ihr Zusammenhang stets erkennbar bleibt.

Genau dies ist in einer atomisierten Wettbewerbswirtschaft grundsätzlich nicht möglich. Für einen Mikrobereich, der tatsächlich so strukturiert wäre, wie der Freiburger Imperativ es verlangt, nämlich durch Autonomie jedes einzelnen in der Wirtschaft tätigen Individuums – »Der einzelne Landwirt, der Industrielle, der Handwerker und Arbeiter, also der einzelne Betrieb und Haushalt, sollen frei planen und handeln« [6] – , wäre die Globalsteuerung als Projektion und Wunschkonzept der Regierung wenig hilfreich, weil der Abstand zwischen den Globalzahlen und den einzelwirtschaftlichen Entscheidungen viel zu groß ist. Die Tatsache jedoch, daß der Mikrobereich faktisch nicht so strukturiert ist, wie der Freiburger Imperativ es verlangt, daß er vielmehr durch die Konzentration und die daraus resultierende Vermachtung der Wirtschaftsbeziehungen gekennzeichnet ist, macht den Ansatz der Globalsteuerung erst praktisch brauchbar und läßt überdies seine theoretischen Implikationen voll sichtbar werden.

Die Theorie der Globalsteuerung übernimmt wohl aus Gründen des ideologischen Opportunismus den Freiburger Imperativ; sie übernimmt ihn jedoch nur dem Namen nach. Sie zeigt immerhin, daß die Realität die Norm, die hinter diesem Imperativ steht, längst hinter sich gelassen hat, daß man heute weder von der Autonomie der unternehmerischen Individuen – selbst schon ein Ausfluß der industriekapitalistischen Klassengesellschaft – noch von der Wettbewerbswirtschaft ausgehen kann – »wir leben nicht mehr in der Gesellschaft nach dem Modell des atomistischen Wettbewerbs, sondern wir leben in der Gesellschaft der großen organisierten Gruppen« [7] –; ihre eigene Konsistenz und Brauchbarkeit gründet gerade darauf, daß Autonomie des Kapitals in den Kapitalorganisationen sowie Monopolisierung, Oligopolisierung und Vermachtung der Märkte die Grundtatsachen der Wirtschaftsbeziehungen in der Gegenwart sind. Autonomie, wie Eucken sie versteht, ist das Gegenteil der Autonomie, wie Schiller sie definiert: für jenen ist Autonomie isolierte Planung ohnmächtiger Individuen – wobei Eucken eben nie erkannt hat, daß diese ohnmächtige Autonomie des Individuums nichts anderes als das historische Vehikel der Expansion des Kapitals während der Entwicklung der Industriegesellschaft war –, für Schiller ist Autonomie die weitgehende Loslösung des Kapitals vom unternehmerischen Individuum und seinem persönlichen Schicksal.

Erst dadurch, daß der Euckensche Autonomiebegriff umgedreht wird, um seinen ursprünglichen Inhalt, nämlich die Autonomie des Kapitals, an den Tag zu bringen, erhält die Globalsteuerung ihren theoretischen und praktischen Sinn. In einer weitgehend konzentrierten und durch »private« Machtbeziehungen strukturierten Wirtschaft können Globalpläne auch dann ohne staatlichen Zwang, also unter Wahrung der Unternehmerfreiheit, verwirklicht werden, wenn die privaten Machtzentren in der Wirtschaft sich für ihre Realisierung einsetzen und ihre Dispositionen so treffen, daß die weniger mächtigen und abhängigen Wirtschaftssubjekte zu plankonformen Entscheidungen gezwungen werden.

Diese Tatsache aber ändert den Charakter der Globalplanung wesentlich. Unter Aufrechterhaltung der Autonomie der Privatwirtschaft insgesamt müssen Zielprojektionen jetzt nicht mehr allen Wirtschaftenden Nutzen bringen, sondern vornehmlich den Mächtigen der Wirtschaft; denn diese können durch Einsatz ihrer privaten Machtmittel die weniger Mächtigen zu einem plankonformen Verhalten zwingen.

Bei der Lösung des Problems, wie der Konsensus der wirtschaftlich Tätigen zum Globalplan der Regierung hergestellt werden kann – ein Konsensus, der herbeigeführt werden muß, wenn sich die Globalsteuerung nicht in pure Wunschträume auflösen soll –, geht man davon aus, daß wir in einer »gruppenhaft aggregierten Gesellschaft« [8] leben; man »bejaht die Existenz der organisierten Gruppen in unserer freiheitlichen Gesellschaft« und reduziert das Problem damit auf die Frage, wie die Zustimmung der mächtigen Gruppen zu den Regierungsvorstellungen zu gewinnen ist. Und diese Frage löst man, indem man dafür Sorge trägt, daß «Oligopole und organisierte Gruppen zu Makrodezisionen Zugang haben« [9]. Die mächtigen organisierten Gruppen, »das sind zwei zentrale Gewerkschaften und sechs Spitzenverbände der Unternehmer« [10], werden selber maßgeblich an der Aufstellung der Plangrößen beteiligt, die sie hinterher realisieren sollen. »Die eigentlichen Orientierungsdaten für die autonomen Gruppen stehen dabei nicht am Anfang der konzertierten Aktion, sondern sie stehen an ihrem Ende als Resultat des gemeinsamen Bemühens.« [11] Das Ergebnis einer solchen Kooperation faßt Karl Schiller kurz und treffend in der Aufforderung an die Unternehmer zusammen: »Es lohnt sich, wieder zu investieren und zu produzieren«, und noch kürzer: »Bitte, meine Damen und Herren, greifen Sie zu!« [12] Dies ist nicht nur die einzige Möglichkeit, einen wirtschaftspolitisch realisierbaren Plan unter Wahrung der Autonomie des Kapitals aufzustellen, es ist die Grundbedingung des Überlebens für jede Regierung überhaupt, denn »wie die Erfahrung zeigt: Wer zu diesen Aggregaten, zu diesen organisierten Gruppen, in ein grundsätzlich negatives Verhältnis gerät, der kann schließlich in dieser Gesellschaft nicht mehr regieren« [13].

Die Globalsteuerung, so läßt sich zusammenfassend sagen, ist ein theoretisches Konzept, das nur in einer weitgehend konzentrierten und vermachteten Wirtschaft und nur zugunsten der Monopole, Oligopole und organisierten Gruppen realisiert werden kann. Ihre Praxis in der Bundesrepublik ist die konzertierte Aktion: »[...] bedient sich die konzertierte Aktion nicht bloß der privaten wirtschaftlichen Macht; sie ist auf derartige Machtpositionen geradezu angewiesen. Erstens sichern die Mächtigkeit der Verbände und der Einsatz ihrer Machtmittel gegenüber Mitgliedern und Außenseitern die Durchsetzbarkeit der Plandaten, und zweitens wird die Abstimmung auf die Plandaten am runden Tisch zwischen Staat und Wirtschaft naturgemäß erleichtert, wenn wenige, aber potente Organisationen teilnehmen.« [14] Daß es in dieser Praxis bestimmte Präferenzen für die Großunternehmen gab, geht unter anderem daraus hervor, daß der Verband der kleinen und mittleren selbständigen Unternehmen in der Bundesrepublik, die Arbeitsgemeinschaft selbständiger Unternehmer (ASU), in die Konzertierte Aktion nicht aufgenommen wurde, obwohl er es beantragt hatte [15].

Die Globalsteuerung, eingeführt als lockere hinweisende Planung, nicht als befehlendes Setzen von gesamtwirtschaftlichen Daten, ist, soll sie nicht in völliger Irrelevanz versanden, angewiesen auf die Kooperation der potenten Gruppen in einer hochkonzentrierten Wirtschaft und muß diese Gruppen aufgrund ihrer Prädominanz an der Planaufstellung beteiligen. Die Globalsteuerung ist die Form der Kooperation zwischen Großindustrie und Regierung in einer Gesellschaft, in der einerseits die Wettbewerbswirtschaft abgeschafft ist, andererseits die totale Verstaatlichung des Kapitals als Einverleibung des Staats in das Kapital (noch) nicht stattgefunden hat. Globalsteuerung wird ausgegeben als Lösung des Problems, staatliche Planung und zugleich die Dispositionsfreiheit der Unternehmer (d. h. des Kapitals) zu gewährleisten. Und eine Lösung wird in der Tat angeboten: Staatliche Planung und unternehmerische Dispositionsfreiheit werden so vereinigt, daß erstens die großen Machtfaktoren der Wirtschaft an der Planung beteiligt werden, und daß sie zweitens diese von ihnen mitaufgestellten Pläne in eigener Regie, d. h. durch Machtausübung auf die weniger Mächtigen in der Wirtschaft, realisieren. Die Regierung vermeidet die Anwendung von öffentlicher Gewalt, die einen Eingriff in die unternehmerische Autonomie bedeuten würde, indem sie die Realisierung der »amtlichen« Projektionen der privaten Monopolgewalt auf dem Markt überläßt, allerdings um den Preis, daß die Regierungspläne selbst nichts anderes sind als die gesamtwirtschaftlichen Wünsche der mächtigen Wirtschaftsorganisationen, kurz: daß die Regierung zum Vollstrecker der Hoffnungen der Monopolgruppen wird.

Anmerkungen

1 *Karl Schiller,* Einige Bemerkungen ..., in: *Schiller*-Reden, Schriftenreihe des Bundeswirtschaftsministeriums, Bonn 1967 ff.
2 Ebenda.
3 *Otto Schlecht,* Konzertierte Aktion als Mittel der Wirtschaftspolitik, in: Walter Eucken-Institut, Vorträge und Aufsätze, Heft 21, Tübingen 1968, S. 18.
4 *Karl Schiller,* Einige Bemerkungen ..., a.a.O., S. 55.
5 *Otto Schlecht,* Konzertierte Aktion ..., a.a.O., S. 26.
6 *Walter Eucken,* Grundsätze der Wirtschaftspolitik, rde 1959, S. 154.
7 *Karl Schiller,* Zukunftsorientierte deutsche Wirtschaftspolitik, Rede auf der Mitgliederversammlung des BDI 1968, in: Bulletin Nr. 80 vom 26. 6. 1968, S. 703.
8 *Karl Schiller,* Konjunkturpolitik ..., a.a.O., S. 71.
9 Ebenda, S. 72.
10 Ebenda, S. 69.
11 *Karl Schiller,* Vordringliche Aufgaben ..., a.a.O., S. 182.
12 Ebenda, S. 182.
13 *Karl Schiller,* Konjunkturpolitik ..., a.a.O., S. 71 f.
14 *Ernst-Hasso Ritter,* Der Wandel der Wirtschaftspolitik und die wirtschaftsverfassungsrechtliche Bedeutung des Gesetzes gegen Wettbewerbsbeschränkungen, in: Der Betriebsberater, 23 (1968), Heft 34 vom 10. 12. 1968, S. 1394.
15 *Kurt H. Biedenkopf,* Rechtsfragen der konzertierten Aktion, in: Der Betriebsberater, 23 (1968), Heft 25 vom 10. 9. 1968, S. 1008.

6 *Aaron Wildavsky*

Plädoyer für die Trennung von politischer Analyse und PPBS

Jederman weiß, daß die Nation bessere politische Analyse (policy analysis) benötigt. Jedes Gebiet, das man untersucht, zeigt, wie gering unser Wissen ist, verglichen mit dem, was notwendig wäre, um angemessene politische Zielvorstellungen zu entwickeln. In einigen Organisationen ist es ganz und gar unmöglich, die Effektivität bestehender Programme zu bestimmen; das Überleben der Organisation muß in diesen Fällen das alleinige Leistungskriterium sein. Oft ist es nicht möglich zu bestimmen, ob die einfachsten Ziele erreicht wurden. Werden Informationen hierzu angefordert, so wird entgegengehalten, daß die Tätigkeiten der Organisation nicht gemessen werden könnten. Sollte jemand versuchen, die Organisation auf irgendein Maß an Produktivität festzulegen wird, angemerkt, daß in Zahlen keine Wahrheit liege. Oft ist dies eine andere Art zu sagen: »Kümmern Sie sich um Ihre eigenen Angelegenheiten.« Manchmal wird der Standpunkt vertreten, die Arbeit sei so subtil, daß sie sich jeglicher Überprüfung entziehe. Bei anderer Gelegenheit wird behauptet, daß nur die Spezialisten richtig verstehen könnten, was die Organisation tut, und diese können sich kaum mit den Laien verständigen. Wieder andere sind von der Richtigkeit ihres Anliegens so überzeugt, daß sie sich nicht vorstellen können, warum irgend jemand ein Interesse daran haben könnte zu wissen, mit welchem Erfolg sie an die Lösung unserer gemeinsamen Schwierigkeiten herangehen. Sie halten ihre Aktivitäten für buchstäblich unbewertbar und sind davon überzeugt, daß sich allgemeine Vorstellungen von Kosten und Nutzen nicht auf sie anwenden ließen. Jeder, der derartige Erfahrungen gemacht hat, wird politische Analysen schätzen lernen. Allein die Vorstellung, daß es einige identifizierbare Ziele geben sollte, und daß darauf geachtet werden sollte, ob sie erreicht sind, scheint ein großer Schritt vorwärts zu sein. Alternative Wege der Problembehandlung zu erstellen und die zukünftigen Kosten jeder Lösung in Betracht zu ziehen, erscheint kreativ im Vergleich zu anderen zufälligen Vorgehensweisen. Jedoch läßt sich die Vorgehensweise politischer Analyse, mit ihrem Schwerpunkt auf Originalität, Einfallsreichtum und Zukunftsbezogenheit nicht leicht beschreiben. Sie ist identisch mit der von Robert N. Anthony so bezeichneten »strategischen Planung«: »... Dem Entscheidungsprozeß über Ziele der Organisation, über Änderungen in diesen Zielen, über Ressourcen, die zur Erreichung dieser Ziele genutzt werden, ... Sie schließt große Pläne, bedeutende Pläne, Pläne mit entscheidenden Folgen mit ein.« [1] Während »politische Analyse« einer Systemanalyse im weiteren Sinn ähnelt [2], hat Yehezkel Dror die Grenzen aufgezeigt, die eine begrenzte Studie von einer mit weitreichenden politisch-strategischen Belangen trennt. In der »politischen Analyse«

1. würde den politischen Aspekten der öffentlichen Entscheidungsprozesse und der öffentlichen Willensbildung besondere Aufmerksamkeit gelten (anstatt politische Aspekte zu ignorieren oder gering zu achten) ...
2. sei eine starke Berücksichtigung der Entscheidungsprozesse und der Willensbildung notwendig (anstatt alle Entscheidungsprozesse vorwiegend als Ressourcenallokation zu betrachten) ...
3. würde eine starke Betonung auf Kreativität und auf der Suche nach neuen, alternativen Zielvorstellungen liegen, wobei sich die Aufmerksamkeit ausdrücklich auf die Förderung innovativem Denkens richten würde ...
4. würde man sich weitgehend auf qualitative Methoden stützen ...
5. würde der Akzent auf futuristischen Ideen liegen ...
6. wäre das Vorgehen offener und weniger starr, aber nichtsdestoweniger systematisch, ein Vorgehen, das der Komplexität von Mittel-Ziel-Interdependenzen, der Multiplizität relevanter Entscheidungskriterien und der partiellen und vorläufigen Natur jeder Analyse Rechnung tragen würde [3] ...

Politische Analyse zielt darauf ab, Informationen zur Verfügung zu stellen, die dazu beitragen, eine Behörde politisch und gesellschaftlich relevant zu machen. »Policies« sind übergeordnete Ziele (goals), Einzelziele (objectives) und Aufgaben (missions) als Leitvorstellungen der Behörden. Analyse bewertet und siebt alternative Maßnahmen und Ziele aus, einzig und allein, um zu politischen Empfehlungen zu gelangen. Indem sie aus dem Hexenkessel der täglichen Administration heraustritt, sucht die »politische Analyse« nach Wissen und Möglichkeiten, um eine ungewisse Zukunft zu meistern. Da die »politische Analyse« sich nicht damit befaßt, den Status quo wiederzugeben, sondern damit, die Konsequenzen innovativer Vorstellungen aufzuzeigen, ist sie eine Variante der Planung. Indem sie die Entscheidungsprozesse der Behörde ergänzt, ist die »politische Analyse« ein Werkzeug des sozialen Wandels.

Da die »politische Analyse« großen Wert auf Kreativität legt, ist es nicht überraschend, daß sie noch weitgehend eine Art »Kunst« ist; präzise Regeln, wie man sie betreiben soll, gibt es nicht. Der Policy-Analytiker versucht, absichtliche Verschleierung zu reduzieren, indem er Probleme und Lösungen, Ressourcen und Resultate offenlegt. Das Ziel der »politischen Analyse« ist es nicht, die Interessenvertretungen zu eliminieren, sondern die Ebene der Argumentation zwischen sich widerstreitenden Interessen anzuheben. Wenn die Armen größere Vorteile von der Regierung wollen, mag die Antwort auf ihre Probleme anfangs nicht in der »politischen Analyse« liegen, sondern in der politischen Organisation. Wenn sie sich einmal organisiert haben, könnten sie sich vielleicht der »politischen Analyse« bedienen, um ihre eigenen Ziele herauszukristallisieren oder lediglich, um mit den Analysen anderer konkurrieren zu können. Das Endresultat, so steht zu hoffen, könnte eine höherqualifizierte Auseinandersetzung und vielleicht schließlich eine öffentliche Wahl zwischen besser bekannten Alternativen sein.

Die Überzeugung von der Wünschbarkeit der »politischen Analyse« – der ständigen Anwendung von Intelligenz und Wissen auf soziale Probleme – reicht nicht aus, um ihren Erfolg zu sichern, genausowenig wie der Wille, Gutes tun zu wollen, ausreicht, um noble Zwecke zu erreichen. Wenn großartige Forderungen erhoben werden, wenn Beamten, ohne einen angemessenen Ausgleich, schwere Aufgaben aufgebürdet werden, wenn den Bedürfnissen von Behördenleitern geringe Beachtung geschenkt wird, werden sie »politische Analyse« nicht wünschen. Es ist offensichtlich, daß diejenigen, die das PPB-System auf einen Schlag in die amerikanische Bundesregierung eingeführt haben, keine »politische Analyse« über eine angemessene Einführung der »politischen Analyse« in die Regierung erstellt haben.

In einem Aufsatz mit dem Titel »The Political Economy of Efficiency« [4], der geschrieben wurde, als das PPBS in der amerikanischen Bundesregierung eingeführt wurde, habe ich ihm ernste Schwierigkeiten prophezeit. Es gibt noch keinen Grund, ein einziges Wort des dort Gesagten zurückzunehmen. Im Gegenteil, die Schwierigkeiten des PPBS waren so überwältigend, daß eine ernste Gefahr besteht, daß »politische Analyse«, zusammen mit ihrer besonderen, im PPBS praktizierten Form, abgelehnt werden wird. In diesem Aufsatz werde ich versuchen, den Schaden abzuschätzen, den das PPB-System den Aussichten für eine verstärkte »politische Analyse« in der amerikanischen Regierung zugefügt hat. Ferner werde ich einige Vorschläge unterbreiten, wie »politische Analyse« gefördert und entwickelt werden kann.

Warum die Verteidigung ein schlechtes Modell war

Um rasch zu erkennen, was mit dem PPBS falsch gelaufen ist, braucht man nur die Voraussetzungen für die Anwendung dieser Methode im Verteidigungsministerium zu untersuchen, von wo aus PPB in die gesamte Bundesregierung eingeführt wurde. Der unmittelbare Ursprung des PPBS findet sich in der RAND Corporation [5], wo, nach dem 2. Weltkrieg, eine Gruppe von Analytikern jahrelange Bemühungen dem Verständnis von Problemen der Verteidigungspolitik widmete. Es dauerte 5 Jahre, bis sie mit der ersten nützlichen Idee aufwarten konnte. Eine kleine Gruppe befähigter Analytiker, die Jahre damit verbracht hatte, sich Einblick in die besonderen Probleme der Verteidigungsstrategie und der Logistik zu verschaffen, war das erste Erfordernis der Programm-Budgetierung in der Verteidigung. Das zweite Erfordernis war eine gemeinsame Terminologie, eine ad-hoc-Sammlung analytischer Vorgehensweisen und erste theoretische Aussagen als Bezugsrahmen für die Analysen. Als Verteidigungsminister McNamara sein Amt antrat, mußte er nicht nach qualifizierten Analytikern suchen, noch mußte er warten, bis relevantes Wissen zusammengetragen war. Diese Voraussetzungen bestanden bereits in gewissem Maße. Wichtig war weiterhin, daß er selbst analytische Studien verstand und anzuwenden wußte. So ist eine Führung, die »politische Analyse« versteht und entschlossen ist, sie zu bekommen und davon Gebrauch zu machen, das dritte Erfordernis für die Programm-Budgetierung.
Das vierte Erfordernis war das Vorhandensein von Planung und Planern. Planung war voll akzeptiert auf den einzelnen Ebenen des Verteidigungsministeriums, es gab eine Vielzahl gemeinsamer Dienstleistungspläne, langfristiger Bedarfspläne, logistischer Pläne und ähnliches. Militärs und Zivilisten vertrauten auf Planung als Mittel, um Unsicherheit zu bewältigen und einige der Konsequenzen von politischen Entscheidungen aufzuzeigen. Das Problem, wie es die Initiatoren des PPBS sahen, war es, Kostenüberlegungen in die Planung einzuführen; sie wollten die Planung ins Blaue stoppen

und Planung und Budgetierung integrieren. Sie wollten das Programm-Budget dazu benützen, die Kluft zu überbrücken zwischen militärischen Planern, denen es um militärische Erfordernisse, aber nicht um Ressourcen ging, und den Budget-Planern, die sich engstirnig nur mit den finanziellen Kosten befaßten, aber nicht notwendigerweise mit wirkungsvollen Strategien.

Politische Analyse ist aufwendig, was Zeit, Talent und Geld angeht. Es verlangt ein hohes Maß an Kreativität, neue politische Ziele zu entwickeln und sie auszuprobieren, wenn die tatsächliche Erfahrung fehlt. Politische Analyse erfordert die Schaffung von Systemen, deren Elemente miteinander und mit operationalen Indikatoren verknüpft sind, so daß Kosten und Wirksamkeit von Alternativen systematisch verglichen werden können. Es gibt keine Möglichkeit, im voraus zu wissen, ob die Analyse sich als analytisch befriedigend und als politisch durchführbar erweisen wird. Politische Analyse wird erleichtert, wenn (a) Ziele leicht definiert werden können, (b) eine genügende Fehlertoleranz zulässig ist und (c) die Kosten der beabsichtigten Politik große Ausgaben für Analysen lohnend erscheinen lassen. Der Bereich der Verteidigungspolitik, der sich mit der Wahl zwischen alternativen Waffensystemen befaßt, war für politische Analysen ideal geeignet. Da die Kosten für interkontinentale Raketen oder andere Waffensysteme sich auf Milliarden Dollars belaufen, war es leicht, die Ausgabe von Millionen Dollars für Analysen zu rechtfertigen [6]. Die potentielle Wirkung von Waffen wie die interkontinentalen Raketen konnte so lange stillschweigend angenommen werden, als man gewillt war, große Fehlertoleranzen hinzunehmen. Es ist keineswegs ungewöhnlich, daß Analytiker von Extremfällen der Schadenszufügung und Verletzbarkeit ausgehen, wenn der Wunsch nach Verminderung des Risikos sehr groß ist. Somit kann ein Ziel, wie die Bereitstellung einer Zerstörungskraft, die groß genug wäre, um die Verwüstung des eigenen Landes durch einen feindlichen Angriff zu verhindern, u. U. als wirr und sinnlos erscheinen, ohne jedoch unbrauchbar zu sein. Wenn man die Vorstellung zuläßt, daß mögliche Feinde dreimal soviel Megatonnen abwerfen, wie sie nach Geheimdienstschätzungen besitzen, muß man nicht übermäßig von Zweifeln an der zugrunde liegenden Theorie gequält sein. Denn wenn man bereit ist, die Kosten für die Abwendung des Schlimmsten zu zahlen, wird der Mangel an Wissen weniger wichtig sein. Der wesentliche Punkt ist nicht, daß dies ein unerwünschtes analytisches Vorgehen wäre – ganz im Gegenteil – doch ist zu bedenken, daß von den extremen

Annahmen letzten Endes die Handlungsempfehlungen bestimmt wurden.

Inflexibilität

Die Einführung neuer Verfahren, die zu einer neuen Politik führen, ist nicht einfach. Inflexibilität ist immer ein Problem. Mitglieder der Organisation und ihr Klientel haben wohlbegründete Interessen an der Politik der Vergangenheit. Es bedarf außerordentlich hoher und andauernder Überredungskünste. Doch gibt es Bedingungen, die den Wandel vereinfachen. Eine dieser Bedingungen sind erhöhte Finanzbewilligungen. Wenn Wandel bedeutet, daß Mitglieder der Organisation Veränderungen ohne Kompensation hinnehmen müssen, muß mit größerem Widerstand gerechnet werden. Die Möglichkeit, alte Belohnungen durch neue, noch größere zu ersetzen, hilft, den Widerstand gegen Veränderungen zu verringern. Die Tatsache, daß das Verteidigungsbudget in raschem Tempo anstieg, machte McNamara das Leben leichter. Die erwarteten Einwände von Interessengruppen z. B. wurden durch die Tatsache, daß die Rüstungsindustrie genügend Aufträge bekam, gedämpft, selbst wenn diese nicht immer genau den Erwartungen entsprachen. Schnelles organisatorisches Wachstum kann ebenfalls die Möglichkeiten für Veränderungen verbessern. Die bloße Vergrößerung der Organisation bedeutet, daß zahlreiche neue Mitglieder eingestellt werden können, die nicht an die alten Methoden gebunden sind. Schnelle Beförderung wiederum trägt dazu bei, Mitarbeiter vom Sinn der empfohlenen Veränderungen zu überzeugen.

Je tiefer der Wandel in die Struktur der Organisation eingreift, um so schwerer ist er zu erreichen. Je mehr ein Wandel auf das zentrale Management beschränkt werden kann, desto größer ist die Möglichkeit, ihn zu erreichen. Die Änderungen, die im Verteidigungsministerium durchgeführt wurden, erforderten zum größten Teil nicht die Zustimmungen der unteren Ebenen. Nehmen wir z. B. eine vorgeschlagene Änderung in der Organisation von Gefechtseinheiten an, die die traditionell starke Unterstützung der Bodentruppen drastisch reduzieren würde. Solch eine Änderung würde sich nicht leicht von Washington bewerkstelligen lassen. Die Entscheidung für ein Waffensystem kann dagegen ohne weiteres von der Zentrale getroffen werden. Die Programm-Budgetierung erwies sich am nützlichsten für solche Probleme, die weitgehend von der

Spitze der Organisation aus behandelt werden konnten. Der von McNamara gegründete Programm-Budget-Stab mußte mit Generälen in Washington kämpfen, aber nicht mit Feldwebeln vom Nachschub. Jeder, der die Armee kennt, weiß, welchen Kampf er vorziehen würde.

Die Fähigkeit einer Organisation zu raschem Wandel hängt natürlich vom Grad ihrer Autonomie gegenüber der Umwelt ab. Ich habe an anderer Stelle die Ansicht geäußert [7], daß der Präsident der Vereinigten Staaten weit mehr Kontrolle über Amerikas Außenpolitik als über seine Innenpolitik hat. Auf fast jedem Gebiet der Innenpolitik besteht eine fest etablierte Interessenstruktur. In der Außen- und Verteidigungspolitik jedoch sind die Gebiete im amerikanischen politischen System bei weitem nicht so gut »verteidigt«; es gibt weit weniger politische Festungen, Minen und Fallen.

Personal

Erfahrene Mitglieder der Organisation können ein Hindernis für Veränderungen darstellen. Sie wissen etwas über die Folgen ihres Handelns. Sie mögen eine Vielzahl von Alternativen ausprobiert haben und können Gründe anführen, warum jede einzelne nicht funktionieren wird. Wenn ich hier einmal meine Armee-Erfahrungen in den unteren Rängen anführen darf (ich trat als »Private First Class« ein und wurde nicht ein einziges mal degradiert), so war dort die übliche Antwort auf eine Frage zur Wirksamkeit der gegenwärtigen Praktiken: »Haben sie schon mal gekämpft, mein Sohn?« Doch die dramatischsten Änderungen, die im Pentagon eingeführt wurden, betrafen Fragen der Verhinderung oder Begrenzung des Atomkrieges, bei denen niemand sich auf Erfahrung berufen konnte, und wo es der grundsätzliche Zweck der Analyse war, sicherzustellen, daß wir eben nicht aus Erfahrung werden lernen müssen. Wenn das System versagt, ist das Spiel aus. Und da McNamaras Leute einer Menge von Doktrinen zur Verteidigungspolitik anhingen, hatten sie einen enormen Vorteil gegenüber den regulären Militärs, die lange Zeit nicht in der Lage waren, sich auf dem neuen Feld zu behaupten [8]. Die neuen Analytiker ließen militärische Erfahrungen nicht gelten. Nach ihrer Meinung reichte die bloße Erfahrung nicht aus, um die Empfehlung für die Annahme einer Strategie zu begründen. Die Armee mag die Feuerkraft einer Infanterie-Division kennen, aber Feuerkraft ist nicht »Effektivität«. Noch aus anderen Gründen war die Ausgangslage für das PPBS günstig:

Es herrschte Konkurrenz unter den Waffengattungen um finanzielle Mittel; es gab ein Verteidigungsbudget, das buchstäblich alle Belange des Ministeriums einschloß; es gab Verteidigungsaufgaben, die Vereinbarungen zwischen den Waffengattungen zuließen; Ressourcen konnten tatsächlich umgeleitet werden, wenn die Analysen dies »nachweislich« erforderten. Es war leicht, Programme zu entwickeln, weil sich ein Programmbericht mit Waffensystemen und Kampfgruppen identifizieren ließ. Als das Militär den Jargon einmal gelernt hatte, war es für eine zustätzliche Division oder einen Flugzeugträger bereit, das Spiel mitzumachen. Solange finanzielle Verluste in einem Programm durch Gewinne in einem anderen mehr als ausgeglichen wurden, wurden die Schmerzen der »politischen Analyse« beträchtlich gelindert.

Diese günstigen Bedingungen für die begrenzte Anwendung der Programm-Budgetierung im Verteidigungsministerium bestehen in den meisten innenpolitischen Behörden nicht. Es gibt kaum erfahrene Analytiker außerhalb der Regierung, die die Regierungs- und Verwaltungsbehörden bei ihren Problemen beraten könnten. (Die Zeit ist vorbei, da man von System-Ingenieuren aus der Luftfahrtindustrie erwartet, daß sie soziale Probleme über Nacht lösen würden.) Die meisten Behörden haben weniger Planer und noch weniger Planungserfahrung. Es ist kein Wissen vorhanden, das sich auf Gebiete wie Wohlfahrt und Kriminalität anwenden ließe. Ein wesentlicher Grund für mehr politische Analyse ist der, dort Wissen zu beschaffen, wo es noch fehlt. In den Verwaltungsspitzen gibt es nur wenige Entscheidungsträger, die eine systematische politische Analyse wünschen und quantitative Studien zu verstehen in der Lage sind. In den für innenpolitische Bereiche zuständigen Administrationen lassen sich Zielvorstellungen nicht leicht spezifizieren, auch verfügen sie nicht über Programme, die denen der teuren Waffensysteme überhaupt vergleichbar wären. Was Thomas Schelling so scharfsinnig vom Außenministerium bemerkte – daß es nämlich nur einen geringen Teil des für die Außenpolitik bestimmten Budgets kontrolliert – gilt nicht minder für die innenpolitischen Ministerien und deren beschränkte Möglichkeiten [9]. Abgesehen von einigen wenigen Programmen, wie etwa den Empfehlungen zur Einkommensergänzung oder der Abschätzung der Wünschbarkeit eines Überschallflugzeuges, belaufen sich die Kosten der meisten innenpolitischen Entscheidungen nicht auf Milliarden von Dollars. Kongreß und Interessengruppen sind auch nicht bereit, große Fehlertoleranzen zuzulassen.

Kurz nach der Einführung des PPBS waren weniger statt mehr Bundesmittel verfügbar. Konflikte wurden unausweichlich, um so mehr, als die vorgeschlagenen Veränderungen die Einwilligung aller möglichen Gruppen und Institutionen in den weiteren Bereichen der Verwaltung erforderlich machten. Sozialarbeiter, Kommunalbeamte, Polizeichefs, Fürsorgerinnen und viele andere hatten sich mit den damit implizierten politischen Zielvorgaben und deren Umsetzung zu befassen. Programm-Budgetierung in der Innenpolitik greift in Bereiche ein, in denen es einerseits weniger Autonomie gegenüber der Umwelt und andererseits mehr Erfahrung aus erster Hand auf den unteren Verwaltungsebenen gibt. Schon deshalb hätte es niemanden überraschen sollen, daß das PPBS in den innenpolitisch-administrativen Instanzen nicht so schnell und nicht so erfolgreich Eingang fand wie im Verteidigungsministerium [10].

Niemand beherrscht die Methode

In früheren Schriften habe ich die Meinung vertreten, daß Programm-Budgetierung in ernste politische Schwierigkeiten geraten würde. Obschon man den meisten dieser Einwände stattgab, wurde mir gesagt, daß in einer besseren Welt, ohne das schnöde Eindringen politischer Faktoren (wie die Zustimmung der Betroffenen), das PPBS seine Wunder, wie vorhergesagt, wirken würde. Nun hätte man aber politische Probleme überhaupt nicht erwähnen müssen, es sei denn um vorherzusagen, warum das PPBS nicht funktionieren würde.

Es hätte ausgereicht zu sagen, daß die allgemeine Einführung des PPBS unüberwindliche Kalkulationsschwierigkeiten aufwerfen würde. Alle oben erwähnten Hindernisse, wie der Mangel an Talenten, Theorien und Daten, können in einer einzigen Feststellung zusammengefaßt werden: *Niemand weiß, wie man Programm-Budgetierung macht.* Anders gesagt: Viele wissen über Programm-Budgetierung im allgemeinen Bescheid, aber niemand weiß, wie sie in einem bestimmten Fall aussehen sollte; Programm-Budgetierung kann nicht in operationaler Form dargestellt werden. Es gibt nicht einmal Übereinstimmung über die Begriffsdefinition, geschweige denn über eine lehrbare Methode.

Die Schwierigkeit liegt darin begründet, daß die Empfehlung zur Übernahme des PPBS durch eine Regierungsbehörde im Grunde nichts anderes bedeutet als die Empfehlung, bessere Zielvorstellungen zu suchen – und dafür gibt es kein Rezept.

Man kann (und sollte) darüber sprechen, wie Effektivität zu messen, Kosten abzuschätzen, Alternativen zu vergleichen seien, aber von da ist noch ein weiter Weg bis zu dem kreativen Sprung der Formulierung einer besseren politischen Zielvorstellung.

Ablauf der Ereignisse

Auf der Basis zahlreicher Diskussionen mit berufenen Kennern der Programm-Budgetierung auf Bundesebene glaube ich, den üblichen Ablauf der Ereignisse beschreiben zu können. Die Anweisung, ein Programm-Budget zu erstellen, kommt von oben, vom Budget-Büro. Behördenmitglieder geraten in Panik. Sie wissen einfach nicht, was sie tun sollen. Sie wenden sich, falls sie können, an die kläglich kleine Gruppe von Flüchtlingen aus dem Pentagon, die gekommen ist, um ihnen den Weg zu weisen. Aber diese Verteidigungs-Intellektuellen wissen nicht viel über den Politikbereich, in dem sie nun arbeiten. Es zu erlernen braucht Zeit. Doch die Zeit drängt. So werden eine große Menge unfertiger Informationen produziert und irrelevante Einzelheiten vorschnell quantifiziert. Weder der Behördenleiter noch die Prüfer im Budget-Büro verstehen das ihnen unterbreitete Material. Sein bloßer Umfang verhindert das. Es ist zur Entscheidungsfindung für den Budget-Direktor wertlos. Zum Trost sagt die Programm-Analyse-Abteilung im Budget-Büro: »Das ist schon recht gut, liebe Leute; wir wissen all die Anstrengungen zu schätzen. Aber Sie haben die Idee der Programm-Budgetierung noch nicht ganz erfaßt. Denken Sie daran, sie müssen die übergeordneten Ziele klären, Unterziele definieren, diese zu quantitativen Indikatoren in Verbindung setzen und Kosten in die Zukunft projizieren. Bitte senden Sie uns eine neue Vorlage nach diesem Konzept.«
Ein weiterer verzweifelter Versuch wird unternommen. Sie schaffen es im Verteidigungsministerium, also muß es möglich sein. Unglaubliche Mengen Überstunden werden eingelegt. Schließlich werden unter starkem Zeitdruck noch mehr Daten angesammelt. Niemand wird behaupten können, daß sich die Mitglieder der Behörde nicht angestrengt haben! Aus der neuen Vorlage werden einige eher klug, andere weniger. Sie ergibt eben keine zusammenhängende Darstellung der Behördenpolitik. Noch mehr ermutigende Worte vom Budget-Büro, die besagen, man möge durch Erstellung von alternativen Wegen die Zielbestimmung der Behörde zu erreichen suchen,

dabei aber die alten Ziele nicht als vorgegeben anerkennen. Zu diesem Zeitpunkt sind die Mitglieder der Behörde völlig verzweifelt. »Wir würden es liebend gerne tun«, sagen sie, »aber wir können den richtigen Weg nicht finden. Ihr Experten im Budgetbüro solltet uns zeigen, wie es gemacht wird.« Schweigen. Das Gebot von oben lautet, daß das Budgetbüro nicht in die Behördenarbeit eingreifen soll; es ist die Aufgabe der Behörde, ihr eigenes Budget aufzustellen. Nach einer Weile herrscht nur noch Zynismus.

Das PPB-System muß ungeheuer unwirksam sein! Es läßt sich mit nichts besser vergleichen als einem »Rube Goldberg-Apparat«, in dem der Arbeitsaufwand in keinem Verhältnis zur erzielten Leistung steht. Die Dateneingaben im PPBS sind riesig und sein Ausstoß an politischen Zielvorstellungen ist winzig. In der ganzen Bundesregierung ist es die gleiche Geschichte: Wenn man fragt, welchen Nutzen PPBS gebracht habe, zitieren die, die etwas Günstiges zu sagen haben, ständig die gleichen ein oder zwei Analysen. Es gab eine Zeit, da ich mich zu fragen begann, ob die »Oil Shale Studie« [11] im Innenministerium und das »Maternal and Child Health Care Programm« [12] im Gesundheits-, Bildungs- und Wohlfahrtsministerium das Einzige sei, was aus den Versuchen zur Programmerstellung herausgekommen sei.

Die Anweisung zur Übernahme des PPBS auf breiter Basis hieß nicht: »Laßt uns mehr politische Analyse machen.« Sie besagte vielmehr: »Laßt uns so tun, als ob wir politische Analysen von allem und jedem machen könnten.« Anstatt die Aufmerksamkeit auf Bereiche zu richten, die solchen Analysen zugänglich sind, verlangte der PPBS-Apparat Informationen über *sämtliche* Ziele und Strategien einer Regierungs- oder Verwaltungsinstitution.

Programmstruktur

Die Festlegung auf die Programmstruktur ist der problematischste Aspekt des PPBS. Ist das PPB-System erst einmal institutionalisiert, wird eine Programmstruktur notwendig, die eine vollständige Liste der Organisationsziele bietet und Informationen über die Erreichung jedes einzelnen liefert. Wenn analytische Untersuchungen über alle oder auch nur einen großen Teil der Tätigkeiten einer Behörde fehlen, erweist sich die Struktur als eine Täuschung, die bedeutungslose Daten unter vagen Kategorien aufhäuft [13]. Sie verbirgt mehr als sie klärt. Sie suggeriert Vergleiche zwischen Kategorien, für die es keine faktische oder analytische Basis gibt. Die Prüfung der Programmstruktur eines Ministeriums überzeugt jeden, der damit vertraut ist, davon, daß politische Analyse nur eine neue schlechte Methode der Verschleierung alter Zustände ist. Bloße Aufzählungen einiger Programmkategorien des Landwirtschaftsministeriums: Gemeinwesen von morgen, Wissenschaft im Dienst der Menschheit, Ausdehnung des Lebensraumes, zeigt dies besser als jeder Kommentar.

Selbst wenn der Leiter einer Behörde es versteht, die Daten zu einem Programmbudget zu verdichten und zusammenzufassen, kann er die Struktur immer noch nicht benutzen, um Entscheidungen zu treffen, da es zu schwierig ist, den komplizierten Apparat entsprechend anzupassen. Obwohl das System Informationen unter zahlreichen Rubriken auswirft, sagt es so gut wie nichts über die Auswirkungen eines Programms auf ein anderes. Es gibt Daten, aber keine kausalen Analysen. So ist der Behördenleiter zwar im Übermaß mit Zahlenmaterial versorgt, doch gleichzeitig herrscht ein Mangel an Vorstellungen von den Auswirkungen irgendeiner Maßnahme, die er treffen könnte. Er kann nichts darüber sagen, weil niemand weiß, was die marginale Veränderung, die er in Betracht zieht, für den Rest seiner Tätigkeit bedeuten würde. Inkrementale Veränderungen im Budgetbüro werden auf Behördenebene in Form der alten Budgetkategorien getroffen. Da die Programmstruktur jedoch als Teil des Budgets gedacht ist, muß sie als Festschreibung der laufenden Politik gewertet werden und kommt notwendigerweise als ein Produkt des organisatorischen Kompromisses zustande. Im Mittelpunkt stehen deshalb nicht die zentralen politischen Belange, vielmehr reflektiert die ziemlich willkürliche Zusammensetzung der Programmstruktur das Streben, externe Unterstützung zu gewinnen und interne Macht auszubauen. Da sie weder Programm noch Budget ist, ist die Programmstruktur wertlos. Sie ist das Potemkinsche Dorf der modernen Administration. Die Tatsache, daß das Erheben zufälliger und unzusammenhängender Daten für die Programmstruktur wertvolle Zeit in Anspruch nimmt, die für konstruktive Belange dann nicht mehr zur Verfügung steht, schadet auch der politischen Analyse. Deren Zweck ist es aufzuzeigen, daß das, was in der Vergangenheit intuitiv gemacht wurde, besser durch die konsequente Anwendung von Intelligenz getan werden kann. Die Übernahme sinnloser Programmstrukturen und ihre Pervertierung in Slogans zur Unterstützung bestehender politischer Ziele fördert – milde ausgedrückt – nicht die Sache der politischen Analyse.

Ich will keineswegs behaupten, die Einführung des PPBS habe nicht gewisse Verbesserungen gebracht. Bevor wir jedoch die Bedeutung dieser Verbesserungen betrachten, müssen wir verstehen, was das PPBS offensichtlich nicht erreicht hat. Man könnte dafür kaum einen besseren Zeugen finden als William Gorham, den früheren Assistant Secretary für Programmkoordinierung im Gesundheits-, Erziehungs- und Wohlfahrtsministerium, und heutigen Leiter des Urban Institute, der als hervorragender Kenner der Programm-Budgetierung anerkannt ist.
Allgemein gesprochen ist es wohl klar, daß das PPBS nicht dabei helfen kann, die Wahl zwischen großen nationalen Zielen wie Gesundheit und Verteidigung zu treffen, noch eignet es sich dazu, eine konsistente Politik in enger verwandten Politikbereichen wie Gesundheit, Bildung und Wohlfahrt zu erzielen. In seiner Aussage vor dem Joint Economy Committee drückte sich Gorham unverblümt aus: »Um es gleich zu Anfang klarzustellen, wir haben keine grandiosen Kosten-Nutzen-Analyse angestrebt, um aufzudecken, ob der Gesamtnutzen einer zusätzlichen Million Dollar, die für Gesundheitsprogramme ausgegeben wird, höher oder niedriger sein würde, als der einer zusätzlichen Million für Bildung oder Wohlfahrt. Wenn ich jemals naiv genug war, diese Art der Analyse für möglich zu halten, so bin ich es heute nicht mehr. Die Nutzen von Gesundheits-, Bildungs- und Wohlfahrtsprogrammen sind vielfältig und oft nicht greifbar. Sie betreffen verschiedene Altersgruppen und regionale Gruppen der Bevölkerung über verschiedene Zeitperioden. Keine noch so große Anzahl von Analysen kann uns sagen, ob die Nation mehr davon profitiert, ein Slumkind zur Vorschule zu schicken, medizinische Betreuung für einen alten Mann bereitzustellen oder es einer behinderten Hausfrau zu ermöglichen, ihre normalen Tätigkeiten wieder aufzunehmen. Die ›großen Entscheidungen‹ – wieviel Gesundheit, wieviel Bildung, wieviel Wohlfahrt wir brauchen und welche Gruppen der Bevölkerung davon profitieren sollen – sind Wertfragen, d. h. politische Fragen. Der Analytiker kann nicht viel zu ihrer Lösung beitragen.« [14]
Es zeigt sich, daß es extrem schwierig ist, einen Konsens über Ziele innerhalb eines einzelnen Politikbereichs zu erreichen. Als Resultat versucht der Analytiker Ziele zu finden, die operationaler sind und auf breitere Zustimmung hoffen können. Gorham spricht aus Erfahrung, wenn er sagt: »Lassen Sie mich zum Beispiel Bildung an-

führen. Die Vorstellung davon, was die Schule unseren Kindern mitgeben soll, bildet die eigentliche und umfassendste Zielebene. Doch wir haben unterschiedliche Vorstellungen davon, wie unsere Kinder werden und wozu sie befähigt sein sollen. Wir haben, in anderen Worten, eine Vielfalt von Meinungen darüber, welche Ergebnisse unsere Schulen erbringen sollen. So begibt man sich eine Ebene tiefer und spricht über Unterziele als zu erreichende Bildungsanforderungen, wie etwa die Anzahl der Schuljahre und gewisse objektive Normen qualitativer Art. Hier bewegt man sich von einer undefinierten, aber nichtsdestoweniger wichtigen Zielvorstellung darüber, was der Schulbesuch bringen sollte, weg zu den konkreteren, weniger widersprüchlichen, allgemeiner akzeptierbaren Zielen wie den zu erreichenden Bildungsanforderungen, dem Prozentsatz der Schüler in weiterführenden Schulen etc.
Ich glaube, dasselbe gilt auch für das Gesundheitswesen und das Sozialwesen, daß nämlich auf der allerhöchsten Zielebene, über die man theoretisch in der Tat gerne etwas aussagen würde, ein gesellschaftlicher Konsens so schwierig ist, daß man eine Stufe tiefer steigt zu Zielen, die leichter und bereitwilliger akzeptiert werden.« [15]

Hingegen kann man laut Gorham analytische Studien über eng begrenzte Politikbereiche erstellen. »Die weniger großartigen Entscheidungen«, bescheinigt Gorham »– solche zwischen alternativen Programmen mit gleichen oder ähnlichen Zielvorstellungen innerhalb des Gesundheitswesens – können durch gute Analysen beträchtlich erhellt werden. Es ist dieser Typ der Analyse, den wir im Gesundheits-, Erziehungs- und Wohlfahrtsministerium praktiziert haben.« [16] Gorham gibt als Beispiele Seuchenkontrollprogramme und Verbesserungen in der Kindergesundheitspflege an. Wenn aber nur diese Art der Projektanalyse unter dem PPBS praktiziert werden kann, erhebt sich die ernste Frage: Warum der ganze Aufwand. Um schließlich einige wenige Einzelstudien über wichtige Probleme zu erstellen?

Ein 5-Jahres-Budget, auf der Grundlage der zusammengewürfelten Kategorien der Programmstruktur, dient keinem Zweck [17]. Da die Budgetentscheidungen faktisch in den alten Kategorien getroffen werden und politische Analyse auch außerhalb der Programmstruktur möglich ist, ist es nicht nötig, leere Etiketten zu institutionalisieren. Wenn eine politische Analyse fertiggestellt ist, gibt es keinen Grund, warum sie nicht als Teil der Rechtfertigung des veranschlagten Etats dem Budgetbüro und dem Kongreß vorgelegt werden kann. Für die wenigen Programm-Memoranden, die eine Behörde vielleicht vorlegt, könnten Änderungen in Form der traditionellen Budgetkategorien detailliert werden. Programmstrukturprobleme könnten den Analytikern in der Behörde zur Lösung übergeben werden. Sie würden auf verschiedene Weise versuchen, die Programme der Behörde analytisch kohärent zu machen. Es ist wirklich nicht notwendig, einer skeptischen Welt auch noch den letzten Mißerfolg vor Augen zu führen. Noch gäbe es dabei Kämpfe über die Kosten, die die veränderte Programmstruktur verursacht, die, wenn schon keinen gemeinsamen Rahmen, so doch mindestens den Vorteil der Vertrautheit erreicht hat. Der Unterschied ist, daß die Stabilität von Kategorien im traditionellen Budget einen echten Kontrollwert hat [18], während die Beibehaltung von Widersprüchlichkeiten in der Programmstruktur ihrem eigentlichen Zweck zuwiderläuft.

Anreize für die politische Analyse

Das PPBS bringt die politische Analyse in Verruf. Eine Unmenge zufälliger Daten zu sammeln ist wohl kaum eine ernsthafte Analyse öffentlicher Politikbereiche. Die Schlußfolgerung ist offensichtlich. Die Muß-Ehe zwischen politischer Analyse und Budgetierung sollte für ungültig erklärt werden. Versuche, das gesamte Programm einer Behörde in Programm-Memoranden zu beschreiben, sollten aufgegeben werden. Wie die meisten Beamten der Exekutive jetzt feststellen können, ist es auch, ohne die durch den Budgetierungsprozeß aufgezwungenen, willkürlich festgesetzten Fristen einhalten zu müssen, schon schwer genug, gute Analysen anzufertigen [19]. Man kann nicht vorhersagen, ob eine Analyse erfolgreich sein wird. Deshalb sollte man nicht darauf bestehen, daß jedes Jahr halb ausgereifte Analysen vorgelegt werden aus dem irregeleiteten Wunsch heraus, das gesamte Behördenprogramm zu dokumentieren. Das Budgetbüro hat diese Schwierigkeiten kürzlich anerkannt, indem es Behörden anwies, nur da, wo es um zentrale Politikbereiche geht, ausführliche Memoranden vorzulegen. Es ist einfacher und ehrlicher, die Programmstruktur einfach aus dem Budget herauszunehmen.

Die Heftigkeit der bisher geführten Debatten zwingt jedoch, uns einer Hauptschwierigkeit zu stellen. Wahrscheinlich wurden politische Analyse und Budgetierung miteinander verknüpft, um sicherzustellen, daß hochqualifizierte Analysen nicht in Vergessenheit geraten, sondern durch den kritischen Budgetierungsprozeß in die Tat umgesetzt werden.

Das PPBS verringert aber in Wirklichkeit die Aussichten auf gute Analysen, deren Umsetzung in politische Realität wünschenswert wäre. Eine Trennung der politischen Analyse vom jährlichen Budget-Zyklus könnte allerdings ihren analytischen Gehalt auf Kosten ihrer praktischen Folgewirkungen erhöhen. Darum sollte nach Aufgabe der formalen Programmstrukturen ein Anreiz gegeben werden, der politischen Analyse in den jährlichen Budgetierungsentscheidungen Geltung zu verschaffen. Ich schlage deshalb einen Ersatz für das PPBS vor, der alle Anreize des PPBS für die Umsetzung der politischen Analyse in die Praxis beibehält, ohne jedoch dessen negative Auswirkungen zu verstärken.

Die Vorlage von durch politische Analysen abgestützten Programm-Memoranden sollte für große Umschichtungen im Budget einer Regierungs- oder Verwaltungsbehörde zur Bedingung gemacht werden. Das Budgetbüro sollte darauf bestehen, daß diese Bedingung von jeder Behörde erfüllt wird. Behördenleiter müßten sie deshalb von Unterabteilungen anfordern. Die Reihenfolge könnte wie folgt aussehen:

1. Der Leiter der Behörde und seine Analytiker besprechen die zentralen Politikbereiche sowie die damit verbundene Gesetzgebung und erstellen einen Analyseplan für mehrere Jahre; Ergänzungen und Streichungen erfolgen periodisch.
2. Analytiker erstellen Studien für einen Zeitraum von 6–24 Monaten.
3. Wenn eine Studie für einen zentralen Politikbereich abgeschlossen ist, wird sie dem Chef der Behörde zur Überprüfung und Billigung vorgelegt.
4. Wenn sie gebilligt wird, werden die Implikationen der Empfehlungen aus der Studie in Budgetkategorien übersetzt und als Programm-Memorandum zur Begründung des jährlichen Budgetvorschlags der Behörde vorgelegt.

Niemand wird annehmen, daß ein technisches Erfordernis an sich die ernsthafte Berücksichtigung politischer Gesichtspunkte erzwingen könnte. Kein Verfahren sollte verdinglicht werden, als hätte es ein Eigenleben, unabhängig von den Personen, die es anwenden müssen. Diese Schlußfolgerung gilt sowohl für meinen Vorschlag als auch für das PPBS. Wir müssen deshalb Mittel und Wege zur Steigerung der Nachfrage nach und des Angebots von politischer Analyse in Betracht ziehen.

Die erste Voraussetzung für eine effektive politische Analyse ist die, daß die politische Spitze sie wünscht. Gleichgültig wie trivial dies klingen mag – sie ist oft übersehen worden, wie die ausgezeichnete Studie von Frederick C. Mosher über Programm-Budgetierung der Außenpolitik zeigt [20]. Die unvermeidlichen Schwierigkeiten, die entstehen, wo es gilt, Informationen zu erhalten und mit alten Gewohnheiten zu brechen, werden sich ohne die Unterstützung der politischen Spitze als unüberwindliche Hindernisse erweisen. Wenn diese eine Analyse nicht wünscht, ist es besser, die Bemühungen auf eine andere Behörde zu konzentrieren. Durch Einsatz der besten Analytiker in einigen wenigen Behörden wird es zudem einer »kritischen Menge« an Talent eher möglich sein, eine kreative Antwort auf neue politische Ziele zu finden. Politische Analyse sollte unmittelbar auf die Bedürfnisse der politischen Spitze ausgerichtet sein. Das bedeutet, daß die Analyse auf einige zentrale Problembereiche beschränkt bleiben sollte. Da es jedes Jahr nur einige wenige Studien geben wird, sollte die Verwaltungsspitze die Zeit haben, jede zu prüfen und zu verstehen. Der Stab der Analytiker muß flexibel genug sein, nach ihren Prioritäten zu arbeiten. Folglich sollte eines der Argumente, mit dem die Programm-Budgetierung übermäßig angepriesen wurde, aufgegeben werden. Die politische Analyse wird nämlich normalerweise Programme von geringerer Priorität nicht erarbeiten. Die politische Spitze ist nicht an ihnen interessiert. Sie würde keinen Nutzen davon haben, Befürworter dieser Programme zu verärgern. Statt dessen wollen Behördenleiter wissen, wie sie mit auftauchenden Problemen fertig werden sollen. Kenner der politischen Analyse verstehen diese Überlegungen sehr gut. Harry Shooshan, stellvertretender Under-Secretary für Programmkoordination im Innenministerium, gibt dazu eine einleuchtende Erklärung:

»... Wir haben versucht, unsere PPB-Arbeit und unsere Analysen stärker an den neuen Programm-Erfordernissen und den zentralen politischen Fragen auszurichten – nicht etwa weil es einfacher wäre, über neue Programme zu sprechen. Aber es ist weithin eine Frage der Beurteilung, wieviel Zeit man auf laufende Programme verwenden sollte, die ziemlich festliegen. Man formuliert also seine Aufgabe neu und verpackt sie als PPBS. Doch was hat man wirklich erreicht?

Es wird neue Programm-Vorschläge geben, neue Vorschläge, etwas auf bestimmten Gebieten zu unternehmen. Also beziehen wir unsere Analysen darauf und legen die Alternativen für Entscheidungsträger so gut wie möglich schriftlich dar. Wir versuchen also einerseits, der Schwierigkeit Rechnung zu tragen, auch geringeren Prioritäten Geltung zu verschaffen, und andererseits der Frage, was wir wirklich damit erreichen, wenn wir einfach alte Programme in neue Formen bringen, wenn doch neue Programme wirklich die besondere Aufmerksamkeit der Entscheidungen, die jetzt anstehen, finden sollten. Das bedeutet in meinem Fall: was sollte der Innenminister wissen, bevor er Entscheidungen darüber trifft, was er erreichen will? Wenn ich das PPBS mit der Entscheidung, die heute oder in naher Zukunft auf seinem Schreibtisch liegt, in Verbindung bringe, kann ich ihn (und wenn es soweit ist, unser eigenes Ministerium) von dem Beitrag, den wir leisten können, überzeugen.« [21]

Die Implikationen aus Shooshans Standpunkt sind viel bedeutender, als die der Anpassung der politischen Analyse an die Bedürfnisse der politischen Spitze. Die Materie für eine politische Analyse sollte gerade auf Grund ihres entscheidenden und dringlichen Charakters ausgewählt werden. Das sind die kritischen Bereiche einer Gesellschaft, die Bereiche, in denen marginale Veränderungen möglich sind. Es ist tatsächlich eine wesentliche Aufgabe der politischen Spitze, nach möglichen Zielen zu suchen. Die Charakteristika dieser neuen Probleme laufen jedoch den Auswahlkriterien zuwider, die das PPBS derzeit verlangt, da diese bestimmt sind durch die Ambiguität der Ziele, den Mangel an Daten, auf die eine genaue Beurteilung der Kosten und Folgen bezogen werden könnte und die generelle Unsicherheit hinsichtlich möglicher Änderungen im Programm.

Es gäbe eine weit größere Nachfrage nach politischer Analyse, wenn sie in einer Art und Weise angeboten würde, die den Bedürfnissen der politischen Führung entgegenkommt. Betrachten wir das Beispiel des Präsidenten der Vereinigten Staaten. Sicherlich kann ihm die politische Analyse dazu dienen, bessere Entscheidungen zu treffen. Gute und brauchbare Analysen würden es ihm und seinem Stab ermöglichen, gegenüber der Bürokratie an bestimmten Stellen den Hebel anzusetzen. Wissen ist Macht. In der Tat würde die Beherrschung eines bestimmten Bereiches einem Präsidenten die Möglichkeit einer stärkeren Kontrolle über die anstehende öffentliche Entscheidung geben und ihm überdies Vorteile in der Auseinandersetzung mit Rivalen bringen. Ein Präsident könnte vielleicht ein Dutzend große Analysen über zentrale Politikbereiche und deren ihn unmittelbar interessierende Problem pro Jahr gebrauchen. Selbst wenn nur einige davon gut sind, könnte er doch vielleicht dazu motiviert werden, sie zu verwenden. Man vergleiche diesen Vorschlag mit der gegenwärtigen Überflutung des Weißen Hauses durch den endlosen Zufluß von Programm-»Büchern«, Zusammenfassungen und Memoranden, die nie jemand anschaut!

Was für den Präsidenten gilt, gilt auch für die oberen Ränge in den Behörden. Die Administration, die sich an politischen Zielvorstellungen orientiert, wird bessere Analysen wünschen, und solche, die ihre Ressourcen erweitern wollen, werden an unabhängigen Informationsquellen und Empfehlungen interessiert sein. Wer Macht ausüben will, braucht Ziele, für die er kämpfen kann. Es ist weder fein noch wirksam, den Eindruck zu erwecken, nach Macht um der Macht willen zu streben. In einer zivilisierten Gesellschaft verbirgt sich das Streben nach Macht hinter einer edlen Maske, wenn es mit hehren politischen Zielen einhergeht, die nicht nur dem Machthungrigen, sondern auch anderen Vorteile verschaffen. Um die Aufmerksamkeit der Exekutive zu gewinnen, ist es nicht ratsam, sie mit Nichtigkeiten zu überschütten, sondern eher, Beispiele bestmöglicher Arbeit zu liefern. In den letzten Jahren der Regierung Johnson schossen geheime Kommissionen zur Empfehlung neuer politischer Zielvorstellungen wie Pilze aus der Erde. Die Minister wurden in vielen Fällen sogar deren besondere Verteidiger. Wenn Minister überhaupt ein Interesse daran nehmen könnten, diese Entwicklung einzudämmen, so wohl nur, weil eines Tages ihre hauseigene politische Analyse so gut arbeitet, daß zur Formulierung neuer politischer Zielsetzungen Denkanstöße von außen sich ihrer Ansicht nach erübrigen.

Nachfrage aus dem Kongreß

Wenn Kongreßabgeordnete in wichtigen Positionen mehr politische Analyse forderten, würden sie sie zweifellos bekommen. Wie kann man sie dazu bewegen? Sie mit einem großen Stab zu umgeben, so daß sie ihre eindeutig politischen Funktionen verlieren und zu Bürokraten werden, wäre nicht wünschenswert. Auch kann man den Abgeordneten nicht raten, sich der kleinen Verwaltungsprobleme zugunsten größerer politischer Anliegen zu entledigen, denn viele Abgeordnete stoßen gerade über die Einzelheiten zu den größeren Fragen vor [22]. Die Drohung, Abgeordnete von den traditionellen Haushaltsbewilligungen, durch die sie ihre Kontrolle über Verwaltungsangelegenheiten ausüben, auszuschließen, scheint noch weniger geeignet, in ihnen den Wunsch nach politischer Analyse zu wecken. Politische Analyse muß den Bedürfnissen der Abgeordneten entsprechen. Manche Abgeordnete haben ein Interesse daran, neue politische Ziele zu unterstützen und gehören daher zum Abnehmerkreis für Analysen. Für andere Abgeordnete jedoch sind politische Ziele ein Verhandlungsgegenstand in der Interaktion mit Kollegen. Diese müssen auf andere Art angesprochen werden. Sie haben oft eine Art Loyalität und Stolz gegenüber der Institution. Sie wissen, daß der Kongreß eine seltene Einrichtung in dieser Welt ist – eine gesetzgebende Körperschaft, die tatsächlich eine gewisse Kontrolle über die Regierungspolitik ausübt. Sie sind sich auch bewußt, daß die Entwicklung neuen Wissens und neuer Technologien sie von wichtigen Entscheidungen ausschließen könnte. Politische Analyse sollte diesen Politikern zur Vergrößerung der Macht des Kongresses als Institution vorgeschlagen werden. Der Zweck der Analyse würde sein, den Abgeordneten auf einfache Art zu ermöglichen, gute Fragen zu stellen und Antworten zu beurteilen. Oft ist es für einen Laien sehr schwer, die in einem Politikbereich implizierten entscheidenden Probleme zu erkennen. Es geht dann darum, ob man andere und bessere Fragen stellen, andere und bessere politische Zielvorstellungen verfolgen kann.

Ein Kongreß, der seine politische Aufgabe ernst nimmt, sollte dazu ermutigt werden, eine politische Analyse zu fordern, die verschiedene Standpunkte über die entscheidenden Fragen eines bestimmten Politikbereichs darstellt. Jeder Ausschuß oder Unterausschuß sollte für eine begrenzte Zeit einen Experten für politische Analyse hinzuziehen (etwa für 2 Jahre). Seine Aufgabe wäre es, Analysen erstellen zu lassen, Regierungsvorschläge an Hand solcher Analysen zu prüfen und die Abgeordneten über die wichtigsten Fragen informiert zu halten. Die Ausschußvorsitzenden haben in der Vergangenheit der Qualifikation der Mitglieder nicht immer genügend Beachtung geschenkt. Nach dem Vorbild des Joint Economic Committee könnten vor jeder Sitzungsperiode 14tägige Seminare abgehalten werden. Auf diesen Seminaren sollten Verwaltungspersonal, Ausschußmitglieder und Wissenschaftler oder andere Experten, die die Analysen erarbeitet haben, miteinander diskutieren. Im Idealfall gewönnen die Abgeordneten einen besseren Überblick über den Problembereich und über andere Methoden der Problemlösung, die Analytiker hingegen ein besseres Verständnis für die Prioritäten des Gesetzgebers.

Besseres Angebot an politischer Analyse

Bisher haben wir uns ausschließlich mit Anreizen für potentielle Abnehmer beschäftigt, d. h. den Verwaltungsspitzen, dem Präsidenten und Kongreßabgeordneten. Wenig wurde über Anreize für die Ersteller der politischen Analyse, nämlich der Analytiker, Berater und Wissenschaftler überhaupt gesagt. Wir haben vorausgesetzt, daß das Angebot von politischer Analyse eine Funktion der Nachfrage sei. Nun ist aber das Verhältnis von Angebot und Nachfrage in der Ökonomie schon seit langem getrübt, weil es so schwierig ist, die wechselseitigen Interaktionen auszumachen. Auf die Frage, ob Nachfrage Angebot erzeuge oder Angebot Nachfrage, soll der bekannte Ökonom Marshall geantwortet haben, daß man ebensogut die Frage stellen könnte, welche Schneide der Schere das Papier schneide. Jedoch ist nicht daran zu zweifeln, daß Änderungen in den Bedingungen und der Qualität des Angebots die Nachfrage nach politischer Analyse bedeutend steigern würde.

Die Trennung der politischen Analyse von PPBS würde das Angebot an politischer Analyse vergrößern durch:

1. Verminderung der »Belohnung« für sinnlose Quantifizierung um ihrer selbst willen, d. h. keine Anforderung solcher Informationen durch das Budgetbüro und keine Prämie für ihre Bereitstellung.
2. Erhöhung der »Belohnung« für Analytiker, die das riskante Unterfangen wagen, ein zentrales politisches Zielproblem anzugehen, das sonst – weil jeder zu beschäftigt ist, mit der Programmstruktur zu spielen – wahrscheinlich vernachlässigt würde. Das Greshamsche Gesetz ist hier wirksam: programmierte Arbeit verdrängt unprogrammierte Aktivitäten, Beschäftigung um ihrer selbst willen verdrängt Analyse.

Eine Möglichkeit zur Erhöhung des Angebots von politischer Analyse wäre die verbesserte Ausbildung solcher Personen, die selbst in den verschiedenen Politikbereichen tätig sind. Statt fertige Analytiker mit Kenntnissen über einen bestimmten Politikbereich auszustatten, wären umgekehrt Personen aus eben diesem Bereich in politischer Analyse auszubilden. 3-Tages- oder 3-Monats-Kurse reichen für diesen Zweck allerdings nicht aus. Ein Jahr, möglicherweise zwei Jahre, wären dafür notwendig. Da es unwahrscheinlich ist, daß gute Leute für einen so langen Zeitraum zur Verfügung stehen, sollten sie diese Kenntnisse zu einem früheren Zeitpunkt ihrer Ausbildung erwerben. Es besteht ein großer Bedarf an Ausbildungsstätten für solche Politikforschung, in der die methodische

Ausbildung mit einer breiteren Perspektive politischer Ziele in ihrem gesellschaftlichen Kontext verknüpft wird. Obgleich niemand weiß, wie »Kreativität« zu lehren ist, sollte es möglich sein, die Studierenden mit einem Spektrum von Themen in Berührung zu bringen, das zu einer kreativen Auseinandersetzung mit politischen Zielen und Aufgaben anregt.
Eine weitere Möglichkeit der Verbesserung des Angebots an politischer Analyse wäre, sie in einem organisatorischen Zusammenhang anzusiedeln, in dem sie Prestige hat und in welchem Analytikern Zeit gegeben wird, gute Arbeit zu leisten. Indem man die Politische-Analyse-Abteilung direkt dem Minister oder Behördenchef unterstellt, zeigt man, daß sie ernst genommen werden soll [23]. Damit wird sie allerdings zwangsläufig in die Tagespolitik des Behördenchefs einbezogen, womit ein klassisches Dilemma geschaffen ist.

Taktisches Vorgehen

Der wirksame Einsatz einer Politischen-Analyse-Abteilung kann nicht für alle Behörden a priori organisatorisch festgelegt werden. Es gibt gewisse, ihren Funktionen inhärente Spannungen, die zwar von Fall zu Fall gemindert, jedoch nicht ein für allemal beseitigt werden können. Ernsthafte politische Analyse bedarf monatelanger, wenn nicht jahrelanger Anstrengungen. Eine Abteilung, die ihre Zeit damit zubringt, grundlegende Analysen zu erstellen, würde sich bald von den tatsächlichen Belangen der Behörde isoliert sehen. Ihre Mitglieder wären nur allzuleicht versucht, dorthin zu gehen, wo die Entscheidungen fallen. Sie würde vielleicht an Prestige gewinnen, aber langfristig an Einfluß verlieren. Die Hetze der täglich auftretenden unvorhergesehenen Ereignisse vertreibt aber die notwendige Zeit und Ruhe für ernsthafte Forschung und Überlegung. Was wäre hier zu tun? Eine mögliche Taktik für die Politische-Analyse-Abteilung wäre die, sich sowohl als Erzieher als auch als Aktionsgruppe zu verstehen. Es sollte ihre Aufgabe sein, Analysen in anderen Bereichen der Organisation zu fördern. Sie sollte nichts tun, was von untergeordneten Abteilungen getan werden kann. Die Rolle der Politischen-Analyse-Abteilung wäre es dann, untergeordnete Abteilungen zu beraten und deren Ergebnisse zu überprüfen.
Eine zweite Taktik wäre die, sich von Studien, von denen man erwartet, daß sie viel Zeit in Anspruch nehmen, durch Auswärtsver-

gabe zu befreien. Die dritte Taktik ist die schwierigste, da sie einen Balanceakt erfordert. Danach sollte man sich eines unmittelbaren Nutzens für die politische Spitze versichern, indem man an Problemen mit kurzen Entwicklungszeiten arbeitet, während man versucht, etwa die Hälfte der zur Verfügung stehenden Zeit für echte politische Analyse zu reservieren. Je mehr ernsthafte politische Analyse Eingang in den Ablauf der Organisation findet und ihren Wert beweist, um so leichter wird es sein, die Forderung nach Freistellung von der Tagespolitik zu rechtfertigen. Jedoch wird sich die Nachfrage nach den Diensten der Analytiker sicherlich erhöhen. Auf der anderen Seite würden Fehlschläge in der politischen Analyse den Betroffenen möglicherweise mehr Zeit für Überlegungen lassen, als ihnen lieb ist. Wie das Verhältnis von Hauptquartier zur Truppe, die Kompetenzverteilung von Linie und Stab und die funktionale gegenüber der hierarchischen Gliederung, so sind die Probleme der Politischen-Analyse-Abteilung in ihrer Stellung selbst verortet und können nur vorübergehend gelöst werden.

Diese Bemerkungen über mögliche Anreize zur Erhöhung von Angebot und Nachfrage der politischen Analyse sind offensichtlich unzureichend. Sie sollen nur andeuten, wo das Problem liegt und Lösungswege aufzeigen. Wir wissen nicht, wie sich die politische Analyse in die Karrierevorstellungen von Abgeordneten einfügen läßt, noch können wir mehr als allgemeine Weisheiten über Struktur und Arbeitsweise der Politischen-Analyse-Abteilung bringen. Es gibt jedoch Lernmöglichkeiten, die noch nicht ausgenutzt werden. Die Arbeit im PPBS hat eine kleine Zahl von politischen Analysen hervorgebracht, die die Kenner für gut halten. Wir müssen wissen, was einige Analysen vor kritischen Augen bestehen läßt und andere nicht. Außer einem interessanten Aufsatz von Clay Thomas Whitehead [24] jedoch, in dem zwei kürzlich erstellte Analysen für das Verteidigungsministerium behandelt werden, hat aus den bisherigen Erfahrungen noch niemand die Konsequenzen aufgezeigt, die daraus zu ziehen wären. Trotz der verbreiteten Zuversicht, in bezug auf die Möglichkeiten der politischen Analyse (hier und anderswo), bleibt noch eine Menge zu tun, um herauszufinden, was »gut« ist und warum. Die bahnbrechende Arbeit von Charles E. Lindblom sollte nicht fälschlicherweise als Anti-Analyse interpretiert werden, sondern als fruchtbarer Ansatz zum Verständnis dessen, was wir eigentlich tun, wenn wir soziale Probleme ernstlich in Angriff nehmen.

Die kritischen Aspekte der politischen Analyse sind zu prüfen. Die Praxis verlangt nach einer Analyse des Problems der »Koordination«, von der Gründlichkeit und dem Scharfsinn wie Martin Landaus Aufsatz über »Redundanz« [25]. Dieses elementarste Problem der politischen Theorie – die »richtige« Rolle der Regierung gegenüber der des Individuums – sollte einer radikalen Analyse unterzogen werden [26]. Die Tatsache, daß Kosten-Nutzen-Analysen im Zusammenhang mit Wasserwirtschaftsprojekten entstanden, in denen die Schlüsselfrage der Beitrag zum Nationaleinkommen war, hat den Blick von anderen Politikbereichen abgelenkt, für die dieses Kriterium unangemessen wäre. Es gibt politische Aufgaben, für deren Durchführung schon die Bereitschaft der Bürger, Aktivitäten zu unterstützen, wichtig ist. In anderen Bereichen der Politik sollten solche derzeit nicht meßbare Nutzen wie das angenehme Gefühl, Menschen in verbesserten Verhältnissen zu sehen, oder die mit der Verringerung sozialer Gegensätze gleichfalls abnehmende Angst und Unsicherheit, ausschlaggebend sein. Zwar sind kreative Sprünge in der Gesellschaftspolitik schwierig, doch ist jetzt der Weg offen für neue Konzeptionen von der Rolle, die die Regierung übernehmen könnte. Dies kann sich befreiend auf unser Denken und richtungweisend für unser Handeln auswirken.

In vieler Hinsicht sind die Zeiten für die politische Analyse günstig. Die New Deal-Ära der Gesetzgebung ist abgeschlossen und wurde noch nicht durch eine feste Struktur politischer Aufgaben ersetzt. Man weiß heute nicht, wo man steht, ähnlich wie man früher einmal nicht wußte, wie man zur Frage der medizinischen Betreuung oder zur Frage der privaten gegenüber der öffentlichen Elektrizitätsversorgung stand. Die alten wohlfahrtsstaatlichen Zielsetzungen haben sowohl frühere Befürworter enttäuscht, als auch ihre Opponenten noch mehr aufgebracht. Manche Politiker haben sich 20 Jahre lang bemüht, gewaltige Bildungsvorlagen durch den Kongreß zu bringen, um schließlich feststellen zu müssen, daß die Ergebnisse weit hinter ihren Erwartungen zurückgeblieben sind. Offensichtlich ist viel mehr dazu nötig, die Ausbildung der Armee zu verbessern, als irgend jemand angenommen hatte. Es besteht heute eine Aufnahmebereitschaft für neue Ideen, die noch vor einem Jahrzehnt nicht existierte. Man ist allenthalben aufgeschlossen für neue politische Ziele und bereit, neue Wege einzuschlagen. Ob wir kreativ genug sind, um bessere politische Zielvorstellungen zu entwickeln, bleibt abzuwarten. Wenn es uns ernst ist mit neuen politischen Zielen und Aufgaben, werden wir die Modeerscheinungen des PPBS (dem immer etwas von falschem Schein anhaftet) hinter uns lassen, um zu zeigen, was gute politische Analyse leisten kann.

Anmerkungen

1 Robert N. Anthony, Planning and Control Systems: A Framework for Analysis (Boston: Harvard University Press, 1965), S. 16.

2 Aaron Wildavsky, »The Political Economy of Efficiency«, PUBLIC ADMINISTRATION REVIEW, Band XXVI, Nr. 4, Dezember 1966, S. 298–302.

3 Yehezkel Dror, »Policy Analysts: A New Professional Role in Government Service, »PUBLIC ADMINISTRATION REVIEW, Bd. XXVII, Nr. 3, September 1967, S. 200/201. Siehe auch Drors Hauptwerk, Public Policy-Marking Reexamined (San Francisco: Chandler, 1968).

4 Aaron Wildavsky, a.a.O.

5 Siehe David Novick, »Origin and History of Program Budgeting«, The RAND Corporation, Oktober 1966, paper 3427.

6 Ich habe einmal versucht, einen Graduierten, der Erfahrung mit Verteidigungsproblemen hatte, für eine Untersuchung in der Stadt Oakland zu interessieren. Er fragte nach der Höhe des Budgets von Oakland. »Fünfzig Millionen Dollar«, sagte ich. »Aber in der Luftfahrt haben wir auf jeweils 50 Millionen aufgerundet«, war seine Antwort.

7 Aaron Wildavsky, »The Two Presidencies«, Trans-action, Band IV, Nr. 2, Dezember 1966, S. 7–14.

8 Für weitere Argumente in dieser Richtung siehe meinen Artikel »The Practical Consequences of the Theoretical Study of Defense Policy«, PUBLIC ADMINISTRATION REVIEW, Band XXV, Nr. 1, März 1965, S. 90–103.

9 Thomas C. Schelling, »PPBS and Foreign Affairs«, Memorandum auf Anfrage des Unterausschusses für National Security and International Operations of the Committee on Government Operations, U. S. Senate, 90th Congress, First Session, 1968.

10 Alain Enthoven, der eine führende Rolle bei der Einführung der Systemanalyse im Verteidigungsministerium spielte, hat festgestellt, daß »die wichtigsten strategischen Änderungen, die verstärkte Produktion von ›Minutemen‹ und ›Polaris‹, und der Aufbau unserer nichtatomaren Streitkräfte einschließlich der Vergrößerung der Armee, die taktische Luftstreitmacht und der Air-Lift ... zur selben Zeit eingeführt wurden wie PPBS ...« Wir beschleunigten die »Polaris«- und »Minu-

temen«-Programme, weil wir glaubten, daß es ungeheuer wichtig sei, eine unangreifbare Vergeltungsstreitmacht zu haben. Wir haben die Bodentruppen der Armee aufgebaut, weil wir glaubten, daß es notwendig sei, mehr Bodentruppen für begrenzte, nicht-atomare Kriege zu benötigen. Wir beschleunigten die Entwicklung von Anti-Guerilla-Streitkräften oder Spezial-Streitkräften, weil wir glaubten, daß dies für die Niederschlagung von Aufständen nötig sei. »Diese Dinge wären mit oder ohne PPBS geschehen. PPBS macht nicht die Strategie.« Unterausschuß für National Security and International Operations of the Committee on Government Operations, U. S. Senate, Hearings, Planning-Programming-Budgeting, 90th Congress, First Session, Part 2, Sept. 27 and Oct. 19, 1967, S. 141.

11 Prospects For Oil Shale Development (Washington, D. C.: Innenministerium, Mai 1968).

12 Zur Analyse siehe ebda., S. 10–45.

13 Ähnliche Schwierigkeiten unter ähnlichen Umständen kommen offensichtlich auch in der Privatwirtschaft vor. Es lohnt sich, Anthonys Bemerkungen zu zitieren: »Strategische Planung (d. h. ›policy analysis‹) ist im wesentlichen ungeregelt. Probleme, Möglichkeiten und ›kluge Ideen‹ treten nicht nach irgend einem festen Zeitplan auf; man muß sich mit ihnen beschäftigen, wann immer man ihrer gewahr wird ... Wer es versäumt, den Unterschied zwischen regulären und irregulären Prozessen wahrzunehmen, kann in Schwierigkeiten folgender Art geraten: Eine Firma mit einem gut entwickelten Budgetierungsprozeß entscheidet sich, ihre strategische Planung zu formulieren. Sie bereitet einen Satz Formulare und begleitende Arbeitsanleitungen vor und läßt die ausführenden Abteilungen ihre langfristigen Pläne auf diesen Formblättern jedes Jahr zu einem bestimmten Datum vorlegen. Die Pläne sollen dann in einer Sitzung, ähnlich der Sitzung zum Zweck der Budgetbewilligung, geprüft und genehmigt werden. Solch ein Vorgehen funktioniert nicht ... Eine jährliche Budgetprüfungssitzung bietet einfach nicht genug Zeit für eine sorgfältige Überlegung eines ganzen Bündels strategischer Vorschläge ... Es ist wichtig, daß das Betriebsbudget des kommenden Jahres als Ganzes geprüft und genehmigt wird, um so sicherzustellen, daß die einzelnen Teile miteinander übereinstimmen ... Abgesehen von sehr allgemeinen Kontrollisten von wesentlichen Überlegungen folgt der strategische Planungsablauf keinem vorgeschriebenen Schema oder Zeitplan. Jedes Problem unterscheidet sich von anderen Problemen, so daß jedes unterschiedlich angegangen werden muß.« Planning and Control Systems, a.a.O., S. 38–39.

14 Joint Committee, Congress of the United States, Hearings, The Planning-Programming-Budgeting System: Progress and Potentials, 90th Congress, First Session, September 1967, S. 5.

15 Ebda., S. 80–81. Man könnte annehmen, ein Ausweg aus dem Dilemma sei darin zu suchen, daß man mehrere Ziele für einen Politik-

bereich akzeptiert. Als Ausschußvorsitzender William Proxmire vorschlug, mehr Ziele zu formulieren, antwortete Gorham: »Ich wäre gerne derjenige, der das erste Ziel setzt. Wer zuerst drin ist, ist immer am besten dran. Je mehr Ziele man hat, um so weniger nützlich ist notwendigerweise jedes einzelne, weil der Konflikt zwischen ihnen zu stark wird« (S. 83).

16 Ebda., S. 6.

17 Wieder liefert Anthony einen nützlichen Vergleich aus der Privatwirtschaft, der einen ähnlichen Punkt anspricht: »Eine steigende Zahl von Firmen erstellt Gewinn- und Bilanz-Projektionen für mehrere Jahre im voraus, ein Vorgehen, das unter dem Namen ›langfristige Planung‹ bekannt geworden ist... Ein Fünfjahresplan ist gewöhnlich weit eher eine Projektion der Kosten und Erträge, die auf Grund bereits entschiedener Ziele und Programme antizipiert werden, als ein Mittel zur Überlegung und zur Entscheidung von neuen Zielen und Programmen. Der Fünfjahresplan spiegelt bereits getroffene strategische Entscheidungen wider; er ist durchaus nicht die Essenz aus dem Prozeß neuer Entscheidungsfindung. ... In einigen Gesellschaften ist der sogenannte Fünfjahresplan nicht mehr als eine Extrapolation der laufenden Daten, ohne Berücksichtigung von Management-Entscheidungen und Beurteilungen; eine solche Anstrengung ist buchstäblich wertlos.« (Planning and Control System, a.a.O., S. 57–58.)

18 Eine ausgezeichnete Diskussion über verschiedene Zwecke der Budgetierung und verschiedene Stadien der Budget-Entwicklung findet sich in Allen Schicks »The Road to PPB: The Stages of Budget Reform«, Public Administration Review, Band XXVI, Nr. 4, Dezember 1966, S. 243–258.

19 In einem anderen Aufsatz (»Toward a Radical Incrementalism«, a.a.O.) habe ich vorgeschlagen, daß »politische Analyse durch Abschaffung des jährlichen Budget-Zyklus vereinfacht würde. Eine der großen Schwächen der politischen Zielfinding der Regierung ist es, daß Ziele gut 2 Jahre früher formuliert als Gelder dafür bereitgestellt werden. Denn während es schon schwierig genug ist, ein politisches Ziel aufzustellen, macht die zeitliche Verzögerung auch noch die beste Analyse wertlos. Da niemand geneigt scheint, diese Alternative ernsthaft in Betracht zu ziehen, erwähne ich sie lediglich nebenbei, als ein Änderung, die zu meinem Vorschlag passen würde.

20 Frederick C. Mosher, »Program Budgeting in Foreign Affairs: Some Reflections«, Memorandum auf Anfrage des Unterausschusses für National Security and International Operations of the Committee on Government Operations, U. S. Senate, 90th Congress, Second Session, 1968.

21 Hearings, The Planning-Programming-Budgeting System: Progress and Potentials, a.a.O., S. 77–78.

22 »Toward a Radical Incrementalism«, a.a.O., S. 27–29.

[23] Als Charles Hitch Controller des Verteidigungsministeriums war, unterstand die »Politische-Analyse«-Abteilung ihm direkt, ebenso wie die Budget-Abteilung. Ein Ergebnis war, daß die Politische-Analyse-Abteilung ihre Arbeit tun konnte, ohne in die täglichen Angelegenheiten der Budgetleute hineingezogen zu werden. Als der »politischen Analyse« (genannt Systemanalyse) ein getrennter Status gegeben wurde, mit eigenem Assistant Secretary, zeigten seine Mitglieder offensichtlich eine weit größere Neigung zur Kontrolle von unmittelbaren Budgetierungs-Entscheidungen. Daher die tendenzielle Verwischung zwischen der längerfristigen »politischen Analyse« und der kürzerfristigen Budgetierung. Es wäre interessant zu wissen, ob die Beteiligten es auch so sahen. Die optimale Plazierung einer »politischen Analyse«-Abteilung muß zwangsläufig eine Quelle von Problemen und ein Thema für Auseinandersetzungen sein.

[24] Clay Thomas Whitehead, »Uses and Abuses of Systems Analysis«, The RAND Corporation, September 1967.

[25] Siehe Martin Landau, »Redundanz«, Public Administration Review, Band XXIX, Nr. 4, Juli/August 1969.

[26] Als gutes Beispiel für selbständige Gedanken über diese Frage siehe Paul Feldmann, »Benefits and the Role of Government in a Market Economy«, Institute for Defense Analysis, Research Paper, Februar 1968, S. 477.

Übersetzt von Ilse Campling und Christine Mussel

7 *Allen Schick*

Von der Analyse zur Programmbewertung

Zusammenfassung:

Während der sechziger Jahre blühten Programminnovation und Gesellschaftsanalyse gleichzeitig auf. Besonders um die Mitte des Jahrzehnts wurden viele neue gesellschaftspolitische Unternehmungen durch die zuversichtlichen Analysen der Sozialwissenschaftler angeregt. Die siebziger Jahre haben demgegenüber eine Zeit der Programmbewertung und der öffentlichen Rückschau gebracht. Das Hauptgewicht liegt nicht mehr darauf, eine Liste von Programmvorschlägen anzulegen oder die Kosten-Wirksamkeits-Relation in Aussicht genommener, bundespolitischer Maßnahmen zu entwerfen, sondern darauf, im Rückblick zu ermessen, was durch die bisher getroffenen Maßnahmen erreicht worden ist.

Die Verschiedenheit von Analyse und Bewertung hängt zusammen mit der politischen Zielbildungssituation, innerhalb deren die Sozialwissenschaft tätig wird. Die Anwendungsmöglichkeiten der Analyse werden dann am stärksten nachgefragt, wenn ein ungenutzter Überhang an Ressourcen zur Verfügung steht, ein großes Maß an Vertrauen in die Wirksamkeit der Regierungs- und Verwaltungstätigkeit vorhanden ist, und wenn die politischen Entscheidungsträger darauf aus sind, neue Programmpläne zu schmieden. Wenn sich diese Bedingungen ändern, verschiebt sich der Akzent sowohl der Sozialwissenschaft wie der Politik auf die Bewertung (evaluation). Der neuerliche Aufschwung der Überprüfung und Bewertung ist somit durch das Versiegen von Ressourcen und durch das Schwinden von Vertrauen und Reformwillen zu erklären.
Die sechziger Jahre waren eine Zeit mißglückter Analysen und Neuerungsversuche in der amerikanischen Politik. Das Zeitalter der Analyse selbst dauerte nur wenige Jahre, obwohl ihr Stil das Jahrzehnt prägte; es wurde eröffnet durch den Aufstieg der neuen Ökonomen und der Sozialingenieure McNamaras in maßgebliche Positionen, und wurde abgeschlossen durch die Eskalation in Vietnam, innenpolitische Unruhen, und den Vertrauensschwund gegenüber

öffentlichen Programmen. Solange es vorhielt, hatten Analytiker und Planer starken Einfluß bei der Entwicklung politischer Strategien, und ihre eifrig gesuchte Meinung wurde in community action [1], Planungs-Programmierungs-Budgetierungssystem, in Musterstädten und anderen Paradestücken der Great Society ausgestaltet. Dennoch haben sich trotz aller fieberhaften Tätigkeit und Gesetzgebung wenige erfolgreiche Modelle von Sozialreform oder Programmanalyse gehalten. Verglichen mit dem, was man einst erwartete, trug das Zeitalter der Analyse enttäuschende und – für den einen oder anderen – bittere Früchte.

Bewertung (Evaluation) – Ein Grundzug der Politik Nixons

Vielleicht wurde aus diesem Grund zu Beginn der siebziger Jahre ein deutlich abweichender Kurs eingeschlagen. Der gegenwärtige Zeitabschnitt scheint einer von Stillhalten und Bestandsaufnahme zu sein, mit wenig gesellschaftspolitischen Plänen auf dem Reißbrett. Bewertung, zusammen mit einer allgemeinen Verbesserung der Verwaltungsführung, ist ein Grundzug der Politik der Regierung Nixons geworden, und der Brennpunkt hat sich verschoben in Richtung auf die Berechnung der Kosten und Wirkungen bestehender Programme und auf eine Untersuchung dessen, was an unseren umfangreichen gesellschaftspolitischen Unterfangen funktioniert und was nicht. Aber dieser Trend von der Analyse zur Bewertung wurde vor der Amtsübernahme der gegenwärtigen Regierung gesetzt; tatsächlich regte er sich zuerst im Gefolge der Enttäuschung über die Programme der Great Society. So novellierte der Kongreß 1967 und 1968 einen Teil der grundlegenden Gesetzgebung der Great Society, um für die Bewertung von Programmen Vorsorge zu treffen [2], und er forderte in zunehmendem Maße den obersten Rechnungshof (General-Accounting Office) auf, die Leistung von Bundesbehörden zu überprüfen. In gewissen Einzelfällen, wie bei Musterstädten und bei Programmen des Amts für Arbeitsplatzbeschaffung (Office of Economic Opportunity, OEO), wurden Mittel für die nachträgliche Programmbewertung besonders vorgesehen.

Die Regierung Nixon hat den Hang zur Bewertung durch ihre Gesetzesvorlagen und durch ihre Haushaltspolitik verstärkt. Ihre politische Handlungsweise geht eher dahin, die Beurteilung und Änderung laufender Maßnahmen dem Betreten von gesellschaftspolitischem Neuland vorzuziehen. Der vom Präsident verkündete Family Assistance Plan (Familienbeihilfeplan) mag die Ausnahme sein, die die Regel bestätigt; aber selbst er ist im wesentlichen eine Zusammenfassung bestehender Programme – Arbeitsanreize, Kinderfürsorge, eine erweiterte Rolle des Staates bei der Wohlfahrtsunterstützung – und zusätzlich eine neue Verpflichtung zur Beihilfe an den beschäftigten Teil der armen Bevölkerung [3]).

Berufsausbildung und das Amt für Arbeitsplatzbeschaffung (OEO)

Das Thema Bewertung ist in einer Anzahl von Botschaften des Präsidenten verbreitet worden. Im August 1969 brachte der Präsident ein Berufsausbildungsgesetz (Manpower Training Act) ein, um eine Vielzahl von Anstrengungen zur Berufsausbildung zu verankern und zu dezentralisieren.

Nach diesem Konzept – das teilweise vom Kongreß gebilligt wurde, gegen das der Präsident aber dann sein Veto einlegte, weil der Kongreß ein umfangreiches Programm zur Schaffung von Beamtenstellen hinzugefügt hatte – sollte der größte Teil der Mittel für Berufsausbildung direkt an die Staaten und Städte gehen, wobei das Arbeitsministerium einen Anteil für Forschung, Modellversuche, Auswertung und Vorführungsobjekte zurückbehalten sollte. De facto sollte das Ministerium in erster Linie demnach eine Behörde für die Bewertung von Programmen werden und seine Verteilertätigkeit beschränken. Im selben Monat bildete der Präsident das Amt für Arbeitsbeschaffung (Office of Economic Opportunity) um, wobei er eingeführte Tätigkeitsbereiche wie Job Corps (Schaffung von Arbeitsplätzen für Jugendliche von den Straßen) und Head Start (Vorschulprogramme) abschaffte und es zu einem Forschungs- und Versuchszentrum umwandelte. In seiner neuen Rolle soll sich das Office of Economic Opportunity auf das Versuchsstadium innenpolitischer Programme konzentrieren [4]. Die Botschaft des Präsidenten ergab neuerliche Aussagen über Versuche und Bewertung an Stelle einer Verstärkung der Mittel für Bildungszwecke. Der Präsident sprach über die Notwendigkeit, den Ausbildungsprozeß richtig zu verstehen und betonte die Unerläßlichkeit von Maßstäben zur Überprüfung und Leistungskontrolle als Vorbedingungen für eine zukünftige Verstärkung von Bundesmitteln für Bildung:

»Bevor wir nicht wissen, warum Ausbildung funktioniert, wenn sie erfolgreich ist, werden wir wenig darüber wissen können, was sie scheitern läßt, wenn sie erfolglos ist. Dieses Wissen ist Vorausset-

zung für jeden rationalen Versuch, jeden unserer Studenten mit der bestmöglichen Ausbildung auszustatten.« [5]
In Übereinstimmung mit diesen Aussagen sorgte der Haushalt 1971 für eindrucksvolle Aufstockungen der Mittel für Sozialforschung, die sich auf größere innenpolitische Programme bezieht [6].

Das Amt für Management und Budget und der Domestic Council

Im Einklang mit diesen gesetzgeberischen Maßnahmen und Haushaltsansätzen hat die Regierung Nixon eine Anzahl organisatorischer Schritte unternommen, um der Bewertungsfunktion den Rücken zu stärken. Der wichtigste davon war die Einsetzung des Amts für Management und Budget (Office of Management and Budget, OMB) an Stelle des Budgetbüros (Bureau of the Budget). Obwohl es unwahrscheinlich ist, daß die Arbeitsteilung zwischen dem OMB und dem neugeschaffenen Domestic Council so streng sein wird, wie der Präsident verkündete (»Der Domestic Council wird sich in erster Linie damit befassen, wie wir es machen, und wie gut wir es machen«), verfolgt die Reorganisation ausdrücklich die Absicht, die Bewertungsfunktion zu stärken, indem sie mit der Budgetkontrolle des Office gekoppelt wird. So erklärte die Botschaft des Präsidenten zur Reorganisation am 12. 3. 1970:
»Das neue Amt für Management und Budget wird großen Wert auf die Beurteilung der Leistung von Programmen legen; auf die Einschätzung, inwieweit Programme tatsächlich ihre beabsichtigten Ergebnisse zeitigen und den vorhergesehenen Empfängern die vorhergesehenen Dienste leisten. Dies wird als ständige Grundlage gebraucht und nicht als einmalige Anstrengung.« [7]

Die Fitzhugh-Kommission und das Planungs-Programmierungs-Budgetierungs-System (PPBS)

Ein anderes Zeichen der Zeit wird in dem Fitzhugh-Report über das Verteidigungsministerium offenbar (offizielle Bezeichnung: Blue Ribbon Defense Panel). Die Fitzhugh-Kommission führte den Mangel an Überwachung und Bewertung als eine der entscheidenden Schwächen der Verteidigungsorganisation an, und drang auf Erprobung von Prototypen vor größeren Rüstungsentscheidungen. Sie verlangte weiterhin eine eigene Programmkategorie für »Erprobung und Bewertung« [8] und die Einordnung der Verteidigungsaufgaben in drei Gruppierungen, von denen eine die Bewertung sein

müsse. Schließlich drang sie auf die Einrichtung eines neuzuschaffenden Verteidigungs-Erprobungs- und Prüfungsamts (Defense Test Agency) zur ständigen Überwachung von Waffensystemen und Verteidigungsbereitschaft [9].
Ein weiteres Indiz für die Verlagerung von Analyse auf Bewertung kann aus den staatlichen Erfahrungen mit dem Planungs-Programmierungs-Budgetierungs-System (PPBS) gewonnen werden, dem formalen Werkzeug zur Verbreitung der analytischen Arbeitsweise innerhalb der gesamten Bundesbürokratie. Wie weiter unten ausgeführt wird, war das PPBS ursprünglich als Versuch gedacht, die Analyse zu institutionalisieren; das schwindende Interesse an dieser Einrichtung läßt aber darauf schließen, wie weit Analyse in Ungnade gefallen ist. Eine Zeitlang hat das Office of Management und Budget danach getrachtet, für das PPBS einen Nachfolger zu finden, der die Überprüfungsfunktion aufwerten und die Bundesbehörden dazu bringen sollte, die Leistung ihrer Programme im Rahmen ihrer jährlichen Haushaltsberichte abzuschätzen [10].
So können wir die gegenwärtige Periode als den Beginn eines Zeitalters der Bewertung kennzeichnen, um sie abzusetzen gegenüber dem vorangegangenen Jahrzehnt und um die charakteristischen Wesenszüge oder die Ansätze zu solchen herauszufinden.

Analyse contra Bewertung

Es ist nicht leicht, die Verschiedenheit zwischen Analyse und Bewertung aufzuzeichnen [11]. Ihre Methodologie ist ähnlich, und die Relation zwischen Kosten und Wirksamkeit (in ihren verschiedenen Formen) ist ihr gemeinsames Anliegen. In der Systemtheorie werden Analyse und Evaluation im allgemeinen als zwei zusammenhängende Teile eines Rückkopplungsprozesses begriffen, der mit der Zielbildung und der Analyse alternativer Programme beginnt, und mit einer Bewertung der Ergebnisse des Programms endet [12]. Die Analyse wird typischerweise als ein notwendiger Schritt vor der Bewertung betrachtet; erst nachdem die übergeordneten Ziele und die Programmziele festgelegt sind, kann der Grad ihrer Erfüllung gemessen werden. Als gesellschaftspolitische Prozesse koexistieren Analyse und Bewertung selten in der Art, wie dies auf Flußdiagrammen vorgezeichnet ist, denn der Aufschwung der einen zieht gewöhnlich den Niedergang der anderen nach sich.
Ein offenkundiges Unterscheidungsmerkmal ist die zeitliche Per-

spektive. Analyse ist ein vorausschauender Vorgang; sie hat mit der Planung künftiger Politik und der Beurteilung vorgeschlagener Marschrichtungen zu tun. Bewertung ist rückblickend, ihr Anliegen ist, was in laufenden oder abgeschlossenen Programmen erreicht worden ist. Demgemäß tritt die Analyse gern im Zusammenhang mit neuen Regierungsinitiativen auf, während sich die Bewertung darauf konzentriert, vergangene Entscheidungen kritisch zu betrachten. Der übliche Rahmen für eine Analyse ist die Betrachtung verschiedener Wege zur Erreichung eines politischen Ziels. Verteidigungsanalyse zum Beispiel geht von einer Überprüfung der zukünftigen militärischen Stellung der Vereinigten Staaten oder von Vorschlägen für neue Waffensysteme aus. Es wurde darauf hingewiesen, daß die erfolgreichsten Analysen der sechziger Jahre als Vermutungen oder Ahnungen im Kopfe McNamaras keimten (vgl. die neuen sealift- und airlift-Transportmittel, das gemeinsame Flugzeug für Marine und Luftwaffe, und die Verstärkung der konventionellen Streitkräfte). Auf dem Feld gesellschaftspolitischer Auseinandersetzung ist der Analytiker – oft im Gewand des Planers, Gesellschaftskritikers oder Fürsprechers – gewöhnlich auf Veränderung eingestellt; er ist dazu berufen, Änderungsvorschläge zu machen.

Vielleicht die führende Analyse auf gesellschaftspolitischem Gebiet – und zweifellos die am häufigsten zitierte – war die Untersuchung des Gesundheitsministeriums zur Mütter- und Kindergesundheitsfürsorge, die unmittelbar zu einer neuen Bundesgesetzgebung führte. Die Autoren dieser Analyse schlossen ausdrücklich eine Überprüfung der Milliarden aus, die bereits in das Gesundheitswesen flossen, und befaßten sich einzig und allein mit sieben neuen Programmen, die Anwärter auf staatliche Unterstützung waren [13]. Bei der Bewertung geht die Voreingenommenheit genau in die entgegengesetzte Richtung, denn ihre Funktion ist es, laufende Tätigkeiten kritisch zu betrachten. Oft hüllt sich Bewertung in Skepsis gegenüber dem Programm, und die Prüfer arbeiten mit einer »show me«-Einstellung, die die Beweislast denen aufbürdet, die das Programm fortsetzen wollen. Die neoklassischen Berichte über Head Start und den Titel 1 des Gesetzes über Grund- und weiterführende Schulen (Elementary and Secondary Education Act) waren von dieser Art, nicht nur wegen ihrer negativen Ergebnisse, sondern auch wegen ihrer Grundannahme, daß die überprüften Programme ihren Nutzen überzeugend nachweisen müßten, um ihre Fortsetzung zu rechtfertigen. Demnach sind Analyse und Evaluation keine neutralen sozio-politischen Vorgänge, und der Entscheidungsträger wird die eine oder die andere Disziplin vorziehen, je nachdem, welche Ansichten über die Programme oder welche Ziele er hat. Wenn unsere Unterscheidungen zwischen Analyse und Evaluation zutreffen, dürfte die Analyse in einem Zeitraum von Programmneuerungen die bevorzugte Arbeitsweise sein. Aus diesem Grund paßte die Analyse zu den sechziger Jahren und kommt heute die Bewertung auf.

Notwendige Bedingungen für Innovation

1. Reformbereitschaft

Wenn ein Zeitabschnitt reformerisch sein soll, müssen zumindest drei Bedingungen erfüllt sein. Erstens muß eine Bereitschaft zur Reform vorhanden sein; eine Bereitschaft auf seiten der Entscheidungsträger, nach neuen Ansätzen der Regierungspolitik zu suchen. Eine solche Bedingung bestand kurzfristig in den sechziger Jahren, genau zu der Zeit, als Programmanalyse und Programminnovation einen gemeinsamen Zenith erreichten. Dies ist jedoch nicht der heutige Zustand, obwohl die gegenwärtige Regierung, wie die meisten ihrer Vorgänger, Reformen in ausgewählten Bereichen bevorzugt und sich als dynamische, vorwärtsschreitende Führung stilisieren möchte. Ohne eine allgemeine Regel über die Neigungen unserer zwei großen Parteien aufstellen zu wollen, ist es offensichtlich, daß die meisten programmatischen Vorstöße der letzten 35 Jahre von den Demokraten gemacht worden sind. Dieser Punkt ist für die Zeit von 1953–1966 in James Sundquists »Politics und Policy« zur Genüge nachgewiesen worden [14].
Unter der Voraussetzung der Parteienverhältnisse der sechziger Jahre, in denen die Demokraten das Weiße Haus während zweier Präsidentenwahlen in der Hand hatten, den Kongreß ununterbrochen in Kontrolle hielten, und in dem entscheidenden Kongreß 1965/66 eine überwältigende Mehrheit besaßen, ist es nicht gerade überraschend, daß die Einführung von Programmen in diesem Zeitabschnitt sprunghaft zunahm. Seit 1968 ist jedoch eine republikanische Führung im Weißen Haus; gemeinsam mit der Neigung dieser Partei zu Konsolidierung und Stillhalten. Überdies könnte eine Art »stop-go«-Zyklus in der amerikanischen Politik wirksam sein, mit Ausbrüchen der politischen Reform; denen Perioden der Bestandsaufnahme und Zurückhaltung folgen.

2. Verfügbarkeit von Ressourcen

Eine zweite Vorbedingung für Programminnovation ist die Verfügbarkeit ungenutzter Ressourcen, die neue Aktionen möglich und die Analyse bedeutsam machen. Freilich gibt es keine exakte oder objektive Messung der Verfügbarkeit von Ressourcen; vieles hängt ab von der Leistung der Volkswirtschaft, den Ansprüchen an den Haushalt und der Finanzpolitik der Regierungsbehörden. Aber welchen Maßstab man auch anlegt, heute ist gewiß weniger Überhang vorhanden als Mitte der sechziger Jahre. Die Steuererleichterungen von 1964 führten in Wirklichkeit zu einer Steigerung der Steuereinnahmen, und der Ertrag der Einkommens- und Körperschaftssteuer war etwa 23 Milliarden Dollar höher als drei Jahre zuvor.

Eine Menge dieses neuen Geldes wurde in einige hundert aufkeimende gesellschaftspolitische Vorhaben gesteckt, wobei sich die Ausgaben für größere gesellschaftspolitische Programme in der Zeit 1966/67 mehr als verdoppelten. Dieser steile Anstieg der Sozialausgaben wurde jedoch schnell zu einer der Hauptursachen für die Steuerknappheit in den Jahren nach 1967. Aus begreiflichen politischen und finanziellen Gründen waren viele von den neugeschaffenen Programmen mit geringen Anfangskosten, aber mit eingebauten Steigerungen für die folgenden Jahre aufgebaut worden. Infolgedessen stellten 1968 die neuentwickelten Programme steigende Ansprüche an den Haushalt, und der Kongreß dehnte seine traditionelle Praxis der Finanzierung von Programmen unterhalb der bewilligten Beträge bedeutend aus [15]. Die »Wachstumsdividende«, die die Ökonomen noch vor wenigen Jahren voller Zuversicht eingeplant hatten, war offensichtlich durch die Architekten der Great Society mit einer Hypothek belastet worden. Der letzte Schlag war die Eskalation in Vietnam, die den Haushalt in ein ernstes Ungleichgewicht stürzte (eine Finanzierungslücke von 25 Mrd. Dollar im Haushaltsjahr 1968) und der amerikanischen Öffentlichkeit und ihren Führern die Bereitschaft zum Eingehen weiterer finanzieller Verpflichtungen nahm. Während die Auseinandersetzung über die gesellschaftspolitische Strategie öffentlich in Begriffen von »Kanonen oder Butter« ausgefochten wurde, war die wirkliche Streitfrage der gegenwärtige Umfang der Sozialausgaben gegenüber den Ansprüchen auf zusätzliche Mittel. Jene Vorhaben, die sicher in den »Basis«-haushalt eingepackt waren, wurden weiterhin mit den bisherigen oder mit wachsenden Summen

ausgestattet, während Vorschläge für neue Programme als »Arbeitsmaterial« ins Archiv wanderten [16].
Dieser Zustand der Finanzen trägt dazu bei, zu erklären, warum das Ende der Programminnovation und Analyse vor der Amtsübernahme der Republikaner (1968) eintrat. Aber die letzten Jahre sind ebenfalls Jahre ständiger Finanzknappheit gewesen. Einerseits legen Republikaner im allgemeinen größeren Wert auf einen ausgeglichenen Haushalt als Demokraten, und obwohl sie dieses erklärte Ziel vielleicht nicht erreichen, zögern sie, für neue gesellschaftspolitische Programme Geld aufzunehmen.
Außerdem hat sich diese Regierung, konfrontiert mit inflationärem Druck, zu dem Wunsch bekannt, finanzielle Zurückhaltung zu üben, und ist nicht begeistert davon, zur Finanzierung neuer Vorhaben in die roten Zahlen zu gehen. Obwohl der Vietnamkrieg einen abnehmenden Teil des Haushaltsvolumen aufbraucht und die Militärausgaben gesunken sind, gelingt es dem »automatischen« Wachstum der laufenden Programme, den Überhang zu schlucken. In seinem Haushalt von 1971 verlangte der Präsident nach »neuen Richtlinien« und charakterisierte sein Budget als eine »völlig neue Anordnung von Prioritäten«. Dennoch war der Präsident bei einem Haushaltsvolumen von 200 Mrd. Dollar »nur in der Lage, 4,6 Milliarden Dollar zur Ausweitung bestehender und zur Schaffung neuer Programme zu verwenden« [17]. Praktisch der gesamte Rest war durch gesetzliche und administrative Maßnahmen vorhergehender Jahre festgelegt.
Es ist unwahrscheinlich, daß sich diese Finanzknappheit in den kommenden Jahren lindern lassen wird. Das Steuerreformgesetz von 1968 wird eine geschätzte Nettoeinbuße von 8 Mrd. Dollar im Finanzjahr 1975 zur Folge haben. Nach der Brookings-Studie über den Haushalt von 1971 wird sich der Wachstumsgewinn auf etwa 10–15 Mrd. Dollar im Steuerjahr 1975 belaufen, aber diese Schätzung kann erheblich verringert werden durch die sich aufblähenden Kosten laufender Programme [18]. Demnach sind die Aussichten auf Reform und Analyse für die kommenden Jahre – sofern kein dramatischer oder unerwarteter Umschlag des steuerlichen Klimas eintritt – verhältnismäßig mager.

3. Selbstvertrauen

Die dritte Vorbedingung für Programmreform und Analyse ist die, daß die Entscheidungsträger Vertrauen haben in ihre Fähigkeit, wirksame politische Strategien zu entwerfen. In diesen Zeiten der Niedergeschlagenheit ist es nicht leicht, die Stimmung der sechziger Jahre einzufangen, aber damals waren wir ein hoffnungsfrohes Volk. Präsident Kennedy konnte versprechen, daß wir innerhalb des Jahrzehnts einen Mann auf dem Mond landen lassen würden. In ähnlichem Überschwang konnte Präsident Johnson 1964 sagen, daß es »zum ersten Mal in der Geschichte möglich ist, die Armut zu besiegen« [19]. Die Ökonomen konnten sich ihrer Fähigkeit rühmen, die Wirtschaft zu justieren, und sie auf genau dem gewünschten Pfad von Wachstum und Preisentwicklung zu halten. Unsere Militärplaner konnten auf dem Papier Analysen des Versuchskampfflugzeuges der Luftwaffe, der TFX, betrachten, und voller Zutrauen beschließen, über bekannte Technologien hinauszugehen, um ein neues Flugzeug zu bauen. Alle unsere hartnäckigen gesellschaftlichen und menschlichen Übel konnten – so glaubte man – durch die vernünftige Anwendung von Geld und Wissen gemeistert werden. Städte konnten saniert, Bildungschancen ausgeglichen, der Gesundheitsdienst verbessert werden, wenn nur die richtige Investition und Auswahl getroffen wurde. Und wir waren sicher, daß wir die Antwort wußten.

Nur ein paar Jahre später war sich Amerika nicht mehr sicher. Watts und die Folgen hatten ihren Tribut gefordert; Community action-Programme konnte die Versorgung mit städtischen Dienstleistungen nicht revolutionieren oder den Armen Macht geben; das Geld wurde nicht in den erwarteten Summen zur Verfügung gestellt, und wo Mittel eingesetzt worden waren, waren die Ergebnisse oft enttäuschend. Im Coleman-Report wurden Zweifel über den Zusammenhang zwischen Bildungspolitik und Ausbildungsergebnissen geäußert, während andere Bewertungen die hervorragenden Errungenschaften der »Großen Gesellschaft« in Frage stellten. PPB sollte offensichtlich die Landkarten der politischen Entscheidungsfindung nicht neu gestalten, und es verfiel rasch zu einer zusätzlichen bürokratischen Routine. Stadtsanierung war nicht in der Lage, Amerikas Großstädte zu retten; nicht einmal Straßenunruhen und Rassenkonflikte zu verhindern. Ich erinnere mich an den Morgen nach den Unruhen in diesem Vorbild aller Musterstädte, New Haven. »Verdammt nochmal, funktioniert denn gar nichts?« war die verzweifelte Frage, die man überall in Washington hörte.

Eine Regierung wird zum Planen ermuntert, wenn sie die Beziehung kennt zwischen dem, was sie vorhat zu tun, und dem, was dabei herauskommt. Wenn zufriedenstellende Kenntnis über die Verbindung zwischen Maßnahmen und ihrem Ergebnis fehlt, verkümmern die Anreize, zu planen [20]. Der Vertrauensschwund, der in den sechziger Jahren eintrat, führte zur internen Überprüfung der gesellschaftspolitischen Zielsetzungen. Es war nicht die Zeit für mutige Neuanfänge, obwohl die offizielle Übertreibung fortfuhr, kühne neue Lösungen zu versprechen.

Die Vertrauenskrise

Die Vertrauenskrise war besonders ernst auf dem Verteidigungssektor, und die Reaktionen darauf sind für innenpolitische Programme aufschlußreich. Während der frühen sechziger Jahre gebrauchten McNamaras Leute ihre analytischen Technologien, um sich über militärische Beurteilungen hinwegzusetzen und schicksalhafte Entscheidungen zu treffen, oft auf der Grundlage von Arbeitspapieren über Waffensysteme und Verteidigungserfordernisse. Das Vertrauen in die Analytiker und ihre Analysen wurde beschädigt durch TFX, Kostenüberziehungen, Vietnam und andere Enttäuschungen. Unter Laird wurde der Analyse ihre Angelposition genommen, obwohl PPB (in veränderter Form) beibehalten wurde. Die Fitzhugh-Gruppe kritisierte das »ungerechtfertigte Vertrauen auf papierene Analysen« und die »Tendenz, technische Entwicklung durch Analysen auf dem Papier zu ersetzen« [21]. Ihre Empfehlung war, daß größere Bewaffnungsentscheidungen erst gefällt werden sollen, wenn Prototypen gebaut und getestet worden sind, ist von der Führung des Verteidigungsministeriums aufgenommen worden. Die neue »Fly before we buy«-Politik ersetzt Analyse als die Hauptregel für Entscheidungen durch Bewertung.

Teilversuche an Stelle von Maßnahmen

In gesellschaftspolitische Begriffe übersetzt, würde diese Strategie Teilversuche an Stelle von politischen Maßnahmen bedeuten und eine Vielzahl von Unternehmungen an Stelle eines bundeseinheitlichen Konzepts. Während der friedlichen Tage des vergangenen Jahrzehnts war die vorherrschende Art und Weise der politischen Strategie nationale Maßnahmen; die bundesweite Anwendung von Programmen bei wenig oder gar keinen Probeläufen. Ein früherer hoher Beamter im Office of Economic Opportunity hat geschrieben, daß »der Feldzug gegen die Armut aufgenommen wurde ...

mit einer echten Sorge um die wissenschaftliche Auswertung seiner Programme« [22]. Aber die Fakten sprechen eine andere Sprache. Ohne große Umfragen wissenschaftlicher oder anderer Art, waren tausend Behörden für Community Action in Tätigkeit, Hunderttausende von Kindern waren im Vorschulprogramm, Millionen waren in Medicare und Medicaid eingeschrieben. Daniel Moynihans Bericht über die Entstehung des Community-Action-Programms zeigt deutlich, wie das Vertrauen in den vorgeschlagenen Kurs traditionelle wissenschaftliche Versuchsweisen an die Wand drückte [23]. Selbst wenn der offensichtliche Zweck Test oder Demonstration war, wie im Fall der Musterstädte, waren a priori-Maßnahmen die offenkundige Strategie. Überdies fehlte die Vielfalt von Problemansätzen und Vorgehensweisen – ein elementares Kennzeichen gesellschaftspolitischer Versuchsanordnung. Warum sollte man schließlich etwas anderes probieren, wenn die richtige Lösung schon bekannt war? War es nicht sinnvoller, alle verfügbaren Mittel in das eine Programm zu stecken, das die höchsten Nutzerwartungen weckte?

Die experimentelle Vorgehensweise geht aus von Zweifeln, unvollständigen Kenntnissen, Mangel an Daten, genau von der Zwangslage, in der sich Amerika nach Meinung vieler seiner Bürger gegenwärtig befindet. Es ist von daher verständlich, daß die Regierung versuchsweises Vorgehen als Strategie vorgezogen hat. Experimente ermöglichen es, viele Handlungsalternativen offenzuhalten und größere bindende Entscheidungen aufzuschieben bis zum Vorliegen ausgewerteter Ergebnisse.

Beschränkungen des Untersuchungsrahmens

Selbstvertrauen, oder der Mangel daran, beeinflußt den Rahmen der Untersuchungen und Maßnahmen. Wenn sich Analytiker ihrer Methoden und Daten sicher sind, und zuversichtlich, daß sie alle wichtigen Beziehungen, Nebeneffekte und Ungewißheiten des Programms bewältigen können, können sie versucht sein, sich auf Systematisierung von Entscheidungen einzulassen. Systemanalytiker im Verteidigungsministerium entwickelten die »gebündelte Beschaffungspolitik« (total package procurement policy) unter der ein einziger Vertrag abgeschlossen wurde, der alle Phasen der Rüstungsentscheidung, von Entwurf und Forschung über Beschaffung bis zur Lieferung abdeckte. Verfahren zur systematischen Entscheidungsfindung machten den Kern des Planungs-Programmierungs-Budgetierungs-Systems aus, das im Verteidigungsministerium entwickelt und später von anderen Behörden kopiert wurde. So fördert die im Verteidigungsministerium angewandte Programmstruktur ein einziges Bündel von strategischen Entschlüssen, das alle Waffengattungen umfaßt, ungeachtet ihres Kampfauftrags. Der Systemimpuls ist in der Planung vielleicht am weitesten entwickelt, wo Gesamtbetrachtung seit jeher als Kardinaltugend betrachtet wird. Der Generalplaner vertraut auf seine Fähigkeit, Stadtentwicklung, Bodennutzung und öffentliche Dienstleistungen in einer rationalen Strategie zueinander in Beziehung zu setzen. Wenn das Zutrauen schwindet, können sich die Planer der politischen Strategie auf partikularistische, begrenzte Maßnahmen zurückziehen. Solche Maßnahmen stellen geringe Ansprüche an die Datenbasis und die Informationsverarbeitungskapazität der Regierung und ermöglichen es, alle außer den zentralen Gesichtspunkten einer bestimmten Politik außer acht zu lassen. Im allgemeinen bezieht sich Bewertung auf eine einzelne Tätigkeit oder ein Einzelergebnis, wie z. B. auf das Einkommen von Absolventen des Job Corps-Programms oder das spätere Abschneiden von Vorschulkindern. Bei den meisten Bewertungen werden indirekte oder Nebenwirkungen oder die von der Sozialpolitik oft verursachten Folgen zweiter Ordnung (second order consequences) wenig in Betracht gezogen. Genau diese Einschränkung des Blickfeldes trug der Bewertung des Vorschulprogramms durch Westinghouse so scharfe Kritik ein. Diese Verengung des Untersuchungsrahmens ist sowohl im PPB als in der Organisation von Verteidigungsprogrammen eingetreten. Obwohl formal die Systemverfahren von PPB, wie Programmkategorien und langfristige Programmierungs- und Finanzierungspläne, beibehalten wurden, ist das tatsächliche Verfahren zu einer Methode der Untersuchung bestimmter öffentlicher Tätigkeitsbereiche und Probleme umgewandelt worden, wie wir es im nächsten Abschnitt dieses Artikels abhandeln werden. Im Rahmen ihrer vielleicht nachdrücklichsten Empfehlung verlangte die Fitzhugh-Gruppe »ein Verbot der gebündelten Beschaffungspolitik« [24], und das Verteidigungsministerium hat inzwischen beschlossen, diesem Vorschlag zu folgen.

Die Rolle der Sozialwissenschaftler

Eine letzte Unterscheidung zwischen Analyse und Bewertung bezieht sich auf die Rolle der Sozialwissenschaftler bei der Formulierung politischer Strategien und Ziele. Während der ganzen sechziger Jahre waren viele hervorragende Sozialwissenschaftler Fürsprecher von Programmen und Ausarbeiter von Strategien, und nicht nebenberufliche Beobachter der politischen Szene oder neutrale Beurteiler der Regierungstätigkeiten. Eine wachsende Anzahl von Sozialwissenschaftlern nahm es auf sich, für das zu sprechen, was sie als die unterrepräsentierten Interessen in der Gesellschaft ansahen, Fürsprecher (advocacy planners) für die arme, schwarze und die alte Bevölkerung zu sein [25]. Obwohl es eine heftige Auseinandersetzung über die Angemessenheit dieser Rolle gab, kann kein Zweifel daran sein, daß sie den Einfluß der Sozialwissenschaftler stärkte. In der Tat tauchte dieses Fürsprecher-Rollenverhalten an einer der unerwartetsten Stellen auf, im Budgetbüro (Bureau of the Budget) der Vereinigten Staaten, dessen Personal eine Schlüsselposition in den ad hoc-Gruppen des Weißen Hauses hatte. In vielen Einzelfällen leisteten Mitglieder des Büros Arbeit als Programmentwickler und Interessenwahrer, wobei sie manchmal sogar ihre herkömmliche Aufgabe der Kontrolle der Behördentätigkeit und der Etats vernachlässigten.

Während der letzten Jahre ist die Rolle der Fürsprecher innerhalb der Regierung um einiges gedämpft worden. Daniel Moynihan, einer der wenigen Sozialwissenschaftler, die einen höheren Posten in der Nixon-Regierung innehaben, argumentierte, daß »die Aufgabe der Sozialwissenschaft nicht in der Formulierung von Gesellschaftspolitik liegt, sondern im Messen ihrer Ergebnisse« [26]. Heute, nachdem die »Konservativen« an der Macht sind und sich der Gang der gesellschaftlichen Reform verlangsamt hat, erweist es sich für liberale Sozialwissenschaftler als sinnvoll, eine bewertende Funktion einzunehmen. Die Mitglieder des Budgetbüros könnten auch zu ihrer traditionellen Rolle der Prüfung von Ausgabenanforderungen der Behörden zurückfinden; es gibt Hinweise darauf, daß der Wunsch des Präsidenten, das Büro in dieser Form arbeiten zu lassen, einer der Gründe für die Schaffung des Amts für Management und Budget war.

PPB als ein System für Analyse

PPB hatte viele unterschiedliche Bedeutungen für seine verschiedenen Förderer, Benutzer und Kritiker. Für viele bedeutete die Entscheidung von 1965, PPB in der ganzen Bundesregierung zur ständigen Einrichtung zu erheben, den Versuch, die Analyse zum entscheidenden Faktor in der Budgetplanung und Programmentwicklung zu machen. Eine führende Expertin von PPB drückte eine weit verbreitete Ansicht aus, als sie Systemanalyse als das »Herz und die Seele von PPB« bezeichnete [27]. Obwohl es die Möglichkeit bietet, zur Programmbewertung benutzt zu werden und jüngste Abänderungen in diese Richtung weisen, dienten die ersten Anwendungen des PPB eher der Programmanalyse als der Programmbewertung. Im Verteidigungsbereich war die analytische Richtung geeignet für die Entscheidungen, auf die PPB angewandt wurde: die Bestimmung der zukünftigen strategischen Stellung unserer Streitkräfte und der Waffensysteme, die zur Erreichung der gewünschten Verteidigungsbereitschaft eingesetzt werden sollten. Als PPB auf andere Behörden ausgedehnt wurde, wurde das Muster aus der Verteidigung übernommen, und viele frühere Beamte aus dem Verteidigungsbereich nahmen führende Rollen beim Ausbau des PPB für gesellschaftspolitische Programme ein. PPB faßte in den fünfziger Jahren Fuß im Verteidigungsministerium als Mittel zur Behebung von drei grundsätzlichen Unzulänglichkeiten innerhalb des Entscheidungsprozesses des Ministeriums [28].

Systemdefizit

Verteidigungsentscheidungen wurden entsprechend den Organisationsstrukturen gefällt, ohne große Beachtung der Verwandtschaft von Programmen, die von verschiedenen Waffengattungen geleitet wurden. Die traditionelle Bewilligungsstruktur – Personalausgaben, Beschaffung, Nachschub, Unterhaltung und dergleichen – war auf Ausgabentitel abgestimmt anstatt auf Programmziele. PPB führte Programmkategorien, wie Kampftruppen, See- und Lufttransport, Truppen zur allgemeinen Verwendung usw. als die zentrale Entscheidungs- und Informationsstruktur für das Ministerium ein, wodurch die systematische Betrachtung von Programmzielen und Alternativen erleichtert wurde.

Planungsdefizit

Programm- und Haushaltsentscheidungen waren durch den zeitlichen Rahmen des Haushaltsjahres eingegrenzt, obwohl größere Entscheidungen langfristig (auf 5 bis 10 Jahre) die militärische Schlagkraft der USA betrafen und dem Verteidigungsbudget Lasten über mehrere Jahre aufbürdeten. Obgleich das Verteidigungsministerium plante, vollzog sich dieser Prozeß getrennt vom jährlichen Haushaltszyklus. Um diesem Mangel abzuhelfen, stellte PPB einen Fünfjahresverteidigungsplan als Bindeglied zwischen dem Planungs- und dem Haushaltsverfahren auf.

Analysedefizit

Verteidigungsentscheidungen wurden in erster Linie bezogen auf Haushaltstitel und Anforderungen des Militärs gefällt, zum Beispiel auf einen vorbestimmten Ausgabenplafond und eine festgelegte Anzahl an Bomberstaffeln, und weniger bezogen auf militärische Schlagkraft, Verteidigungsziele und der Kosten-Wirksamkeits-Relation alternativer Wege zur Erreichung dieser Ziele. PPB führte einen analytischen Prozeß ein, der auf besonderen Memoranden und anderen analytischen Dokumenten beruhte.
Das PPB-System, das 1965 innerhalb der gesamten Regierung eingeführt wurde, stimmte im wesentlichen mit ihrem Vorbild im Verteidigungsministerium überein. Die Formblätter und Absichten waren ähnlich, wenn auch offensichtliche Unterschiede in der Nomenklatur bestanden. Aber welchen Erfolg auch immer PPB im Verteidigungsbereich gehabt haben mag – das innenpolitische PPB ist bei weitem nicht an die Erwartungen herangekommen, die sich vor etwa fünf Jahren daran knüpften. Zweifellos hat PPB, zusammen mit anderen Verbesserungen des Managements, zu besserer Programminformation und umfangreicherer Analyse als vorher beigetragen. Im großen und ganzen herrscht jedoch in Washington die Ansicht, daß PPB keine starke Wirkung hinterlassen hat, daß Programmentscheidungen noch immer in der gleichen Art und Weise wie in der Zeit vor PPB gefällt werden, und daß im jährlichen Haushaltsverfahren kaum Spuren von Planung und Analyse zu finden sind [29].

Faktoren, die PPB Grenzen setzen

Wenn PPB keinen Erfolg gehabt hat, liegt das an mehreren Faktoren, die der Rolle der Analyse beim Entwerfen politischer Strategien Grenzen ziehen.

Zu später Einsatz

Das PPB erschien auf der Bildfläche, als das Interesse an gesellschaftlicher Reform und Analyse einen Höhepunkt erreicht hatte. Im August 1965 näherte sich der Kongreß dem Ende seiner produktivsten Sitzungsperiode seit einer Generation. Ökonomen justierten immer noch die Wirtschaft, und Systemanalytiker verwalteten immer noch das Verteidigungsministerium. Alle notwendigen Bedingungen für Analyse waren gegeben. Um die Zeit jedoch, als PPB ein Jahr später in Gang kam, war der Zenit überschritten und das Interesse an Reform und Analyse begann abzuflauen. Ohne verfügbares Geld für Programmvorschläge, paßten sich die Bundesbehörden vorgeschriebenen PPB-Verfahren auf verschiedentliche Weise an. Viele Behörden behandelten PPB als eine belanglose Pflichtübung, die vom Budgetbüro aufgezwungen, für sie selbst aber von geringem Wert war. Zu Beginn reichten die meisten der Behörden die vorgeschriebenen Formblätter pro forma ein, aber nach einigen Jahren stellten eine Anzahl von Behörden (so das Außenministerium) das Verfahren überhaupt ein. Wenigstens eine Behörde, das Gesundheits-, Erziehungs- und Wohlfahrtsministerium (Department of Health, Education and Welfare) benutzte PPB, um Programmprioritäten zu verlagern und Ansprüche auf neue Programme zu entwickeln. Aber dies war eindeutig eine Ausnahmesituation, die zum Teil von der Führungsstruktur im HEW herrührte. Schließlich benutzte mindestens eine Behörde PPB für Programmauswertung, d. h. zur Veranschlagung bereits verwirklichter Programme. Dies war der Fall bei OEO, der Behörde, der allgemein die am weitesten entwickelte Fähigkeit zur Auswertung von Programmen innerhalb der Bundesregierung attestiert wird.

Abhängigkeit vom Budgetprozeß

Beim Versuch, Planung und Analyse in die Entwicklung politischer Strategien einzubringen, verließ sich PPB im überwiegenden Maße auf das Haushaltsverfahren; aber es ist fraglich, ob dieses Verfahren, befangen in seiner eigenen Tradition und Routine, tatsächlich die neuen Funktionen erfüllen kann, die ihm zugewiesen wurden. An anderer Stelle habe ich ausgeführt, daß das Haushaltsverfahren dazu neigt, antianalytisch zu sein, und daß es – es sei denn, das Haushaltsverfahren würde radikal geändert – die Bestrebungen nach Planung und Analyse abfangen wird [30]. Die angezeigten radikalen Änderungen wurden nicht durchgeführt, de facto übernahm PPB das bestehende Haushaltsverfahren als vorgegeben, mit nur geringfügigen Anpassungen, um für eine im wesentlichen getrennt voneinander verlaufende und unzulängliche analytische Tätigkeit Raum zu schaffen.

Die Abhängigkeit des PPB vom Haushaltsverfahren war absichtlich und beruhte zweifellos auf den herkömmlichen Vorstellungen von Haushaltsplanung als einem der machtvollsten politischen Entscheidungsbereiche. Aber diese Koppelung war teilweise zurückzuführen auf eine Fehlanwendung des Verteidigungs-PPB auf den zivilen Sektor und auf eine Fehlinterpretation der jüngsten Geschichte gesellschaftspolitischer Reformen. Im Verteidigungsministerium war die Anwendung von PPB konzentriert auf Programme für strategische Streitkräfte und größere Rüstungsentscheidungen, genau auf die Bereiche, in denen die Haushaltsplanung der vorherrschende Modus der Programmwahl ist. Es gibt wenige fortlaufende gesetzliche Bindungen, die größere Waffensysteme oder Entscheidungen über strategische Streitkräfte bestimmen. Infolgedessen werden Programminnovationen in diesem Bereich in erster Linie über das Haushaltsverfahren gefällt. Für die meisten Regierungsprogramme jedoch, und besonders für jene, die durch fortlaufende Gesetzgebung abgedeckt sind, erweist sich das Haushaltsverfahren als relativ machtlos. Oft ist die Haushaltsplanung bloße Routine, um laufende Programme mit Mitteln auszustatten, plus einigen zusätzlichen Angleichungen, um den politischen oder finanziellen Umständen zu entsprechen. Ein großer Teil der Programminnovation steht außerhalb des Haushalts, und geht durch ad hoc-Gruppen, Gesetzgebung und Regierungsmaßnahmen voran, die im Anschluß daran durch das Haushaltsverfahren geschleust werden. In der Tat sind dies – und nicht das Haushaltsverfahren – die Wege, die für die größeren sozialpolitischen Vorstöße in den sechziger Jahren beschritten wurden. Das Haushaltsverfahren neigt allzu einseitig zu vergangenen Entscheidungen, als daß es als kontinuierliches Agens für programmatische Veränderungen dienen könnte. Von daher könnte die Koppelung von Planung und Analyse mit dem Haushaltsverfahren in Wirklichkeit die Anwendungschancen dieser auf Veränderung gerichteten Disziplinen in der Politik gemindert haben.

Die PPBler schätzen vermutlich die Befähigung der Bürokratie zur Analyse und die des Staatswesens zu deren Anwendung falsch ein. Organisationen sind selten geborene Zentren analytischer Tätigkeit; ganz im Gegenteil laufen ihre Neigungen auf Rechtfertigung von Programmen und deren Fortführung hinaus. Natürlich wird es Fälle geben, wo Minister wie McNamara die Analyse als wirksames Instrument administrativer Führung pflegen; aber als PPB den Sozialbehörden nahegebracht wurde, sahen sie es als eine weitere Verwaltungsprozedur an, die von Außenseitern aufgezwungen wurde.

Was immer seine Motive zur Einführung des PPB gewesen sein mögen, bewies Präsident Johnson doch eine Vorliebe für ad hoc-Entscheidungsmethoden an Stelle von kontinuierlicher Strategieanalyse, und er unternahm wenig, um die Ministerien davon zu überzeugen, daß die Analyse in Washington ein geschätztes Hilfsmittel sei. Selbst wenn Personen auf der Bildfläche waren, die Analyse betrieben und sie benutzten, bestand ein Mangel an Personen mit analytischer Schulung, fähig, die Ziele von PPB zu begreifen und auf die Anforderungen an analytische Dokumentation zu reagieren, die an die Behörden gestellt wurden. Es bestand ein krasser Mangel an empirischen Daten, besonders bei den keimenden sozialpolitischen Programmen, mit dem Ergebnis, daß viele Anstrengungen zur Strategieanalyse aus Mangel an aussagefähigen Daten über Kosten des Programms und Nutzeffekt vereitelt wurden.

Hohe Systemkosten

PPB verursachte einen hohen Systemaufwand, der von den analytischen Zielen ablenkte, denen es dienen sollte. Da waren Formulare auszufüllen und Urkunden zu verwahren, neue Konten zu führen, Termine einzuhalten. Unweigerlich gerieten jene, die für das Funktionieren von PPB verantwortlich waren, dahin, es unter diesen Verfahrensgesichtspunkten zu betrachten. Man braucht sich nicht Aaron Wildavskys Behauptung anzuschließen, daß die »Fixierung auf die Programmstruktur der schädlichste Aspekt von PPB ist« [31], um zu erkennen, daß die Programmstruktur in schöner Eintracht mit dem übrigen formalen Drum und Dran der Strategieanalyse in die Quere kam. PPB wurde mit einer der hartnäckigen Zwickmühlen verwaltungsmäßiger Neuerung konfrontiert, und vermochte nicht, sie zu lösen: Wie man eine Veränderung herbeiführt, ohne daß sie eine zusätzliche Menge administrativer Arbeitsbeschaffung bewirkt. Im Falle von PPB wurde das Dilemma vertieft durch die gegensätzlichen Positionen von Analyse und verwaltungstechnischer Routine.

In Antwort auf diese vielfältigen Probleme wurden Reichweite und Verfahrenselemente von PPB mehrere Jahre nach seiner Einführung zurückgestutzt. An Stelle der Anforderung, alle PPB-Unterlagen nach einem regelmäßigen Jahresterminplan einzureichen, wurden die Behörden angewiesen, diese Berichte nur vorzulegen, wenn eine größere Programmänderung erfolgt war [32]. Überdies wurde PPB auf die Ausführung einer beschränkten Anzahl analytischer Studien zurückverwiesen, deren Aussichten auf anschließende Maßnahmen einigermaßen günstig waren. Aber diese Revisionen waren zu geringfügig und kamen zu spät, um PPB vor dem Schattendasein zu retten, dem es verfallen war. Sie konnten das ungünstige Image nicht überwinden, das sich PPB erworben hatte, noch wurden sie unterstützt durch einen neuerlichen Zustrom von Mitteln und Ressourcen. Zur Zeit befindet sich das PPB in einem flauen Zustand und wartet darauf, durch ein zeitgemäßeres System ersetzt zu werden. Wenn die oben ausgeführte Diagnose richtig ist, wird der Nachfolger von PPB ein auf Bewertung statt auf Analyse ausgerichtetes System sein.

Die Aussichten für Bewertung

Eine kürzlich erstellte Übersicht über die Auswertungsverfahren des Bundes vom Institut für Städtebau (Urban Institute) fängt mit folgender düsteren Feststellung an: »Das eindrucksvollste Ergebnis im Hinblick auf die Bewertung von gesellschaftspolitischen Programmen durch die Regierung ist dies, daß wesentliche Arbeiten auf diesem Gebiet fast überhaupt nicht vorhanden sind.
Wenige Studien von Bedeutung sind unternommen worden. Von den Ausgeführten sind die meisten schlecht entworfen. Viele kleine Untersuchungen im ganzen Land sind mit einem derartigen Mangel an Einheitlichkeit in Design und Zielsetzung ausgeführt worden, daß die Ergebnisse selten vergleichbar sind oder für die Lösung der Fragen etwas hergeben, die sich den Entscheidungsträgern stellen.
Es gibt nichts in der Art eines zusammenfassenden bundesweiten Bewertungssystems. Selbst innerhalb der Behörden sind ordnungsgemäße und zusammengefaßte Bewertungstätigkeiten noch nicht eingeführt worden. Die Bereitstellung von Mitteln war dürftig; die Personalausstattung noch schlechter . . .« [33]
Wenn die Verurteilung des bestehenden Zustandes ein Vorspiel zur Veränderung ist, scheint die Zeit reif für einen Vorstoß des Bundes

auf Programmbewertung hin. Bewertung scheint einige Aussichten zu haben, Probleme zu umgehen, die PPB lähmten. Weil ihr Brennpunkt auf einzelne Probleme gerichtet ist, braucht der Rahmen der Bewertung nicht so weit zu sein wie der, welcher für Analyse entwickelt wurde. Die Nachfrage nach Daten dürfte geringer sein, und Bewertung kann auf dem gewachsenen Fels gemachter Erfahrungen aufgebaut werden statt auf unzuverlässigen Mutmaßungen über die Zukunft. Außerdem hat das Haushaltsverfahren, mit dem ein Bewertungssystem verbunden werden könnte, ebenfalls eine starke Neigung zur Rückschau. Aber hier endet die Ähnlichkeit, denn im Falle der Haushaltsplanung ist der Zweck der Rückschau, sicherzustellen, daß Verpflichtungen aus der Vergangenheit auch in Zukunft treu erfüllt werden. Wenn sie nachsehen, was im letzten Jahr ausgegeben wurde, schlagen Haushaltsexperten selten nach, was erreicht wurde. Bewertung jedoch legt die Möglichkeit nahe, daß das in der Vergangenheit Erreichte nicht gut genug sein könnte; bei der Bewertung blickt man voraus, um festzustellen, welche Veränderungen in der Zukunft vorgenommen werden könnten. Wenn eine Verbindung geschaffen wird zwischen Bewertung und Haushaltsplanung, wäre es vermutlich vernünftig, die Bewertung einzelner Programme zu betonen, ohne den Versuch zu machen, jedes Jahr alles auszuwerten. Es wäre auch angebracht, Sorge dafür zu tragen, daß die Systeme und Verfahrensvorschriften bescheidener ausfallen, als sie das für PPB waren.

Der Markt für Bewertung ist von zögernden Anwendern und Benutzern bevölkert. Es mag bezweifelt werden, ob Behörden wohl große Begeisterung zeigen werden für eine Selbstüberprüfung, die Unzulänglichkeiten in besonders geförderten Programmen enthüllen könnten. Selbst wenn Bewertung gewünscht wird, trifft sie oft auf ernsthafte politische und methodische Hindernisse. Anthony Downs schreibt vom »ehernen Gesetz der politischen Streuung« (»the Iron Law of Political Dispersion«), das zur Ausdehnung eines begrenzten Versuchs in ein bundesweites Programm führt [34].

Außerdem ist Bewertung empfindlich gegenüber Angriffen auf methodenkritischer Ebene. Tests werden kulturspezifischer Vorurteile beschuldigt, die Stichprobe war unsauber gezogen oder eben zu klein; die erklärten Ziele sind nicht die echten; die tatsächlichen Ergebnisse wurden von den Forschern außer acht gelassen, und so fort. Die Reichhaltigkeit der Vorwürfe gegen die »Head-start«-Untersuchung veranschaulicht den Einfallsreichtum und die Kraftanstrengungen, die gegen jede beliebige Bewertung aufgewandt werden können. In Anbetracht der verwirrenden Vielfalt des gesellschaftlichen Lebens und der Unwahrscheinlichkeit von methodischer Vervollkommnung scheint der sicherste Weg manchmal zu sein, Bewertung zu umgehen. Sobald eine Bewertung angegriffen worden ist, ist der Grund dafür gelegt, eine Mißachtung ihrer Ergebnisse zu rechtfertigen.

Oftmals wird Bewertung für undurchsichtige Zwecke benutzt. Pilot Studies und Demonstrationsprojekte können Mittel und Wege sein, ein Programm einzusargen, oder aber die Tür zu zukünftigem Wachstum aufzustoßen. Während dies geschrieben wird, kämpft der Präsident darum, seinen Familienbeihilfeplan (Family Assistance Plan) vom Finanzausschuß des Senats loszueisen, indem er einem Probelauf von einem Jahr unter reduzierten Programmbedingungen zustimmt. Es ist nichts sonderlich Neues an diesem Schachzug, aber er deutet die Motivationen und das schließliche Schicksal an, die manchem ähnlichen Unterfangen zugrunde liegen.

Wenn Bewertung die nächste Mode ist, werden die öffentlichen Erklärungen eine wichtige Neuerung verkünden und große Ergebnisse versprechen, aber der Weg zu Bewertung wird nicht leichter sein, als der Weg zu Analyse war. Es ist wert, erinnert zu werden, daß das Office of Economic Opportunity in der Übersicht des Instituts für Städtebau als die herausragendste Behörde über Bewertungspraxis zitiert wurde, und daß das OEO in einer jüngst erfolgten Untersuchung über die Anwendung von PPB in Bundesbehörden ebenfalls nahe der Spitze rangierte [35]. Dennoch ist diese bettelarme Behörde nicht mit der Bewilligung von Bundesmitteln gesegnet worden. Sie hat sich nicht einmal einen guten Ruf in Washington erworben. Wenn Erfolg bei der Bewertung nicht Hand in Hand geht mit Erfolg im Wettbewerb um Geld und Ansehen, werden Ministerien nur schwache Anreize zur Verfügung haben, Bewertung ernst zu nehmen.

Die Sozialwissenschaft war ein aktiver Initiator und Partner der Rolle, die die Analyse in den sechziger Jahren gespielt hat und kann gut und gern ein bedeutender Faktor werden, wenn die Bewertungsthematik innerhalb der Bundesregierung weiterentwickelt wird. Die Sozialwissenschaft brachte in die politische Strategieentwicklung ihre Fachrichtungen, Methoden, Perspektiven und eine ganze Menge Voreingenommenheit und Vermutungen ein. Daß die Sozialwissenschaft nicht neutral war, hinderte sie nicht daran, eine aktive Rolle zu spielen, ganz im Gegenteil; unter dem Deckmantel der Distanz und Objektivität waren Sozialwissenschaftler in der

Lage, ihre Ansichten und Werte in eine bedeutende Gesetzgebung des letzten Jahrzehnts hineinzuschreiben.
Die Voreingenommenheiten und Vermutungen werden in den siebziger Jahren anderer Art sein, entsprechend dem unterschiedlichen Blickwinkel, der von der Bewertung geboten wird. Wenn die Bewertung ernst genommen wird – und nach dem, was wir vermutet haben– ist dies kein sicheres Zukunftsergebnis –, wird es weiterhin einen florierenden Markt für die Dienstleistungen und Fertigkeiten von Sozialwissenschaftlern geben. Da aber Bewertung nicht die letzte Auffassung der Methode politischer Zielbildung sein wird, dürfen wir noch weitere Wandlungen der Sozialwissenschaften erwarten.

Anmerkungen

[1] Community action: Regierungsprogramm zur kommunalen Selbsthilfe; Verlagerung von Regierungsmaßnahmen gegen soziale Mißstände auf lokale Ebene. S. hierzu in diesem Band den Beitrag von Stoloff.

[2] Hierzu gehörten Novellen zum Gesetz über Grund- und weiterführende Schulen (Elementary and Secondary Education Act), das Arbeitsplatzbeschaffungsgesetz (Economic Opportunity Act) und das Krankenversicherungsgesetz (Partnership of Health Act).

[3] Eine Beurteilung des Familienbeihilfeplans als einer eigenständigen politischen Initiative (nonincremental policy) lese man bei John F. Manley, »The Family Assistance Plan: An Essay on Incremental and Nonincremental Policy-Making«, vorgelegt auf der Jahrestagung 1970 der American Political Science Association.

[4] Message of the President on the reorganization of the Office of Economic Opportunity, August 11, 1969.

[5] Message of the President on Education Reform, March 3, 1970.

[6] See Charles L. Schultze and others. Setting National Priorities: The 1971 Budget (Washington: Brookings Institution, 1970). 155–160.

[7] Message of the President on Reorganization of the Executive Office of the President, March 12, 1970.

[8] Blue Ribbon Defense Panel, Report to the President and the Secretary of Defense on the Department of Defense (Washington: Government Printing Office, 1970), p. 9.

[9] A.a.O., S. 58.

[10] Verschiedene Faktoren, einschließlich des gewöhnlich umständlichen Verfahrens des Umlaufs von Entwürfen zur Durchsicht, haben zu der Verzögerung beigetragen. Zusätzlicher Einflußfaktor war die Reorga-

nisierung in das OMB und die Unsicherheit der neuen Führung über das Schicksal von PPB.

[11] Der Begriff »Analyse« (analysis), wie er hier verwendet wird, ist umfassender als »Planung« (planning). Analyse schließt nicht nur die Projektion und Betrachtung zukünftiger Ziele und Bedingungen, sondern auch die Abschätzung von Programmalternativen und der Kosten/Wirksamkeitsrelation von Vorschlägen ein.

[12] Eine solche Auffassung ist zu finden bei: Edward A. Suchman, Evaluative Research: Principles and Practice in Public Service and Social Action Programs (New York: Russell Sage Foundation, 1967), chap. 3, pp. 24–45.

[13] U. S. Department of Health, Education, and Welfare, Maternal and Child Health Care Programs, October, 1966.

[14] James L. Sundquist, Politics and Policy: The Eisenhower, Kennedy, and Johnson Years (Washington: Brookings Institution, 1968), pp. 380–392.

[15] Gemäß einer Schätzung von 1969 durch den Sachverständigenrat für die Wirtschaft (Council of Economic Advisers), wurden Programme in Erziehungswesen, Stadtentwicklung und Wohnungsbau, Umweltverschmutzungskontrolle, Gesundheitswesen, Landwirtschaft und Verbrechensbekämpfung 6 Mrd. Dollar unterhalb der Ausgabenhöhen abgewickelt, die vom Kongreß bewilligt worden waren. Vgl. US Council of Economic Advisers, Annual Report (Washington: Government Printing Office, 1969) p. 202.

[16] Für eine Beschreibung und Analyse der Bedeutung der Grundansätze in Haushaltsrechnungen und Strategien vgl. Aaron Wildavsky, The Politics of the Budgetary Process (Boston: Little, Brown, 1964).

[17] Vgl. Schultze, a.a.O., pp. 5–9 und 13–16.

[18] A.a.O., pp. 186–190.

[19] Congressional Record, vol 110, pt. 4 (88th Congress, 2nd session, 1964), p. 5287.

[20] Es könnte dagegengehalten werden, daß es um so nötiger ist für Organisationen, zu planen und zu analysieren, je weniger bekannt die Beziehung zwischen Programmen und Ergebnissen ist.

[21] Blue Ribbon Defense Panel, op. cit., p. 73.

[22] Joseph A. Kershaw, Government Against Poverty (Washington: Brookings Institution, 1970), p. 131.

[23] Daniel P. Moynihan, Maximum Feasible Misunderstanding (New York: Free Press, 1969).

[24] Blue Ribbon Defense Panel, op. cit., p. 8.

[25] Vgl.: Paul Davidoff, »Advocacy and Pluralism in Planning«, Journal of the American Institute of Planners 31 (November, 1965), pp. 331–338.

[26] Moynihan, op. cit., p. 193.

[27] Alice M. Rivlin, »The Planning, Programming, and Budgeting System in the Department of Health, Education and Welfare: Some Lessons

from Experience«, in U. S. Congress Joint Economic Committee, The Analysis and Evaluation of Public Expenditures: The PPB System, 91st Congress, 1st Session (Washington: Government Printing Office, 1969), p. 915.

28 Während PPB im Ministerium offiziell Anfang 1961 eingeführt wurde, als Robert McNamara als Verteidigungsminister ins Amt kam, waren die meisten Konzepte und Verfahrensweisen bereits 1950 von der RAND Corporation entwickelt worden.

29 Vgl.: Rivlin, op. cit., pp. 909–922.

30 Allen Schick, »Systems for Analysis: PPB and its Alternatives«, in: Joint Economic Committee, op, cit., pp. 817–834.

31 Aaron Wildavsky, »Rescuing Policy Analysis from PPBS«, in: Joint Economic Committee, op. cit., p. 843, in diesem Band. S. 114 ff.

32 Vgl.: U. S. Bureau of the Budget, Bulletin No. 68–2 (July 18, 1967) and Bulletin No. 68–69 (April 12, 1968).

33 Joseph S. Wholey and Others, Federal Evaluation Policy (Washington: Urban Institute, June 1970), p. 1.

34 Anthony Downs: »The Future of American Ghettos«, in: Urban Process, as Viewed by the Social Sciences (Washington: Urban Institute, 1970), p. 52.

35 Vgl.: Edwin L. Harper, Fred A. Kramer, and Andrew M. Rouse, »Implementation and Use of PPB in Sixteen Federal Agencies«, Public Administration Review 29 (November/December 1969), pp. 623–632.

Übersetzt von Günter Seib

Fritz W. Scharpf

Planung als politischer Prozess

I.

Das Interesse für die »Politik der Planung« scheint in besonderem Maße abhängig von dem jeweils vorausgesetzten Politikbegriff: Wo Politik als Aufgabenerfüllung, als »Zukunftsbewältigung« [1], als »policy« begriffen wird, da wird man auch leicht zu dem Schluß kommen, »daß Planung als Gesamtprozeß tatsächlich nichts anderes ist als ein Beitrag zur Rationalisierung der Politik« [2]. Wo man jedoch Politik vor allem als konflikthaften Prozeß, als Auseinandersetzung um Machtanteile, als »politics« begreift, da wird man die Distanz zwischen »sachlicher« Planung und unsachlicher Politik [3] oder umgekehrt die Irrelevanz der »unpolitischen« Planung für den politischen Prozeß der Konfliktaustragung und Konsensbildung hervorheben [4]. Zur Verdeutlichung der relativen Berechtigung wie der Grenzen beider Perspektiven bedarf es zunächst einer knappen Explikation des hier vorausgesetzten Begriffs der Politik.
Ausgangsproblem der Politik ist die Möglichkeit kollektiven Handelns bei nicht vorauszusetzendem Konsens. Diese Möglichkeit ist nicht zugleich auf den Modus der Herstellung bindender Entscheidungen zu reduzieren [5]; gemeinsames Handeln kann durch unerzwungene Solidarität, durch Bargaining, durch Einfluß [6], Macht oder Zwang von Fall zu Fall ermöglicht werden [7] – so vor allem im Bereich der intersystemischen und internationalen Politik. Jedoch werden der Anwendungsbereich und die Wirksamkeit kollektiven Handelns durch die institutionalisierte Möglichkeit bindender Entscheidungen, für die Gehorsam im allgemeinen erwartet werden kann, außerordentlich erweitert. Zugleich begründet die Trennung von Entscheidung und Ausführung auch die Differenzierung der Rollen der »Beteiligten« und der »Betroffenen« und damit das Herrschaftsproblem der Politik [8].

Die institutionalisierte Möglichkeit bindender Entscheidungen über kollektives Handeln gewinnt ihre Leistungsfähigkeit daraus, daß sie das von den Betroffenen im Stadium der Ausführung geforderte Verhalten von Konsensproblemen entlastet [9]. Das Konsensproblem wird dadurch jedoch nicht beseitigt, sondern zunächst nur von der Ausführungsphase in die »Willensbildungsphase« vorverlegt, in den Prozeß der Auswahl alternativer Handlungsmöglichkeiten [10]. Konstitutiv für diesen Prozeß ist das Problem der Knappheit und damit die Notwendigkeit der Wahl zwischen alternativen Handlungskonzeptionen, durch die jeweils unterschiedliche Konstellationen von Problemen und Bedürfnissen bevorzugt oder benachteiligt werden. Aus der notwendigen Selektivität dieses Prozesses folgt die Möglichkeit von Dissens und damit die Erforderlichkeit spezifischer Prozesse der Konsensbildung oder Konfliktaustragung, durch die bindende Entscheidungen legitimiert werden können [11].

Deshalb gehören Konfliktaustragung und Konsensbildung im Auswahlprozeß zum Kernbereich des Politischen und zum zentralen Forschungsinteresse der Politikwissenschaft [12]. Aber über dieser berechtigten Hervorhebung der »politics«-Perspektive darf doch der unvermeidliche Surrogat-Charakter politischer Auswahlprozesse nicht vergessen werden [13]. Nach dem Absterben anderer Legitimationsgrundlagen ist ihr Maßstab die demokratische Utopie der Beteiligung aller Betroffenen an Auswahlprozessen auf der Grundlage aufgeklärter Bedürfnisse und Möglichkeiten in herrschaftsfreier und kostenfreier Diskussion [14]. Reale Auswahlprozesse finden jedoch notwendigerweise unter einer begrenzten Zahl von Beteiligten mit jeweils spezifischen Wirklichkeitsvorstellungen und Interessen und mit unterschiedlichen Einflußchancen und Konfliktpotentialen statt. Die Legitimationskraft realer Auswahlprozesse und des in ihnen erzielten Handlungskonsens' bleibt also problematisch und muß von der Politikwissenschaft hinterfragt werden können [15].

Zum Begriff der Politik gehört darum notwendig auch die Dimension der politischen Ökonomie, in der auf der »input«-Seite die Selektivität der Umsetzung gesellschaftlicher Probleme und Interessen in politische »issues« (das »non-decision-making«-Problem) [16] und auf der »output«-Seite die Frage nach Quantität, Qualität und Verteilung politischer Leistungen und Lasten [17] problematisiert werden müssen. Zugleich scheinen wichtige Wechselbeziehungen zwischen »Interessenberücksichtigung« und »Konsensbildung« feststellbar, die im Hinblick auf das Problem der Herrschaft als begrenzt substituierbare Legitimationsfaktoren gesehen werden können. Die tatsächliche Befriedigung gesellschaftlicher Interessen kann die institutionalisierten Auswahlprozesse entlasten; umgekehrt kann aber auch die zu große Differenz zwischen gesellschaftlichem Anspruchsniveau und politischer Leistung die Legitimationskraft von

Konsensbildungsprozessen überlasten und dann die Bereitschaft zur Hinnahme verbindlicher Entscheidungen untergraben [18].

II.

Von den hier entwickelten Dimensionen des Politikbegriffs her können nun jeweils politisch relevante Aspekte des *Planens* erfragt werden. So erscheint Planung aus der ersten Perspektive als eine Technik der vorwegnehmenden Koordination einzelner Handlungsbeiträge und ihrer Steuerung über längere Zeit. Planung steigert so die Möglichkeit kollektiven Handelns und erweitert den Bereich der durch kollektive Entscheidung wählbaren Ziele [19]. Aber Planung partizipiert damit zugleich auch an der Ambivalenz politischer Entscheidungen: Indem sie Möglichkeiten des Handelns erweitert, steigert sie zugleich die Intensität und Ausdehnung möglicher Herrschaft [20]. Aus der Perspektive der Politik als Auswahl- und Konsensbildungsprozeß kann Planung als Gewinn an inhaltlicher Rationalität erscheinen, als vollständigere Aufklärung von Problemzusammenhängen, Handlungsmöglichkeiten und Handlungswirkungen; zugleich scheint Planung hier jedoch auch in einem besonderen Spannungsverhältnis zu den Normen der partizipativen Demokratie und den »politischen« Prozessen der Konfliktaustragung und Konsensbildung zu stehen.

Schließlich und vor allem verbindet sich mit der politischen Planung die Hoffnung auf wirksamere und gleichmäßigere Interessenbefriedigung, auf eine Annäherung der politischen Leistungsfähigkeit an das gesellschaftliche Anspruchsniveau. Der auch in der Bundesrepublik zu beobachtende rasche Umschlag von marktwirtschaftlicher Planungsphobie in Planungsbegeisterung [21] ist ein Indiz für die Konfrontation der Politik mit qualitativ und quantitativ sprunghaft steigenden Ansprüchen aus der Gesellschaft. Sie richten sich nicht nur auf die klassischen »Kollektivgüter«, sondern immer mehr auf den Ausgleich der »externen Kosten« wirtschaftlicher und gesellschaftlicher Entwicklung, auf Umverteilung und auf Umstrukturierung. Das liberale »Vertrauen in die sinnvolle Selbstbewegung der gesellschaftlichen Zustände« [22] ist unter der Last der Folgeprobleme dieser Selbstbewegung zusammengebrochen. Zugleich wird das Ergebnis gesellschaftlicher Verteilung von Lebenschancen erneut problematisiert und über die etablierten Programme sozialer Sicherung hinaus in Forderungen auf materielle Gleichstellung artikuliert. Dabei wächst die Einsicht, daß derartige Leistungen von einer Politik nicht mehr erbracht werden können, die gesellschaftliche Strukturen und Prozesse als gegeben voraussetzt und sich auf korrigierende und kompensierende ad-hoc-Interventionen beschränkt. Die Fähigkeit zur aktiven Gestaltung und Umstrukturierung gesellschaftlicher Prozesse wird so zum zentralen Kriterium der Leistungsfähigkeit des politischen Systems [23].

Deshalb herrscht auch breites Einverständnis darüber, daß diesem wachsenden Anspruchsniveau mit der konventionellen Politik der kleinen Schritte, der isolierten Einzelaktion und des pragmatischen Krisenmanagements nicht mehr zu genügen ist. Gleichzeitig jedoch stoßen die Bemühungen um weiterreichende Veränderungen auf eine komplexe Interdependenz gesellschaftlicher Sachverhalte und institutionalisierter Regelungen, die Voraussetzungen und Folgeprobleme möglicher Änderungen undurchsichtig werden läßt. Offenbar sind die Verhältnisse doch immer viel komplizierter und schwerer zu bewegen, als die Autoren »konzeptioneller Politik« sich das jeweils vorstellen. Deshalb und auch weil die erforderlichen Ressourcen immer schon verbraucht sind und allenfalls durch langsame Umschichtung freigemacht werden könnten, scheinen die Reformversuche so oft in einem wenig faßbaren und doch fast unüberwindlichen »Konservativismus aus Komplexität« zu ersticken [24].

Die Frage, in welchem Maße die Anforderungen an eine problemgerechte, veränderungsfähige Politik durch langfristige politische Planung erfüllt werden können und welche Folgeprobleme sich dabei ergeben, ist also sicherlich von hohem Interesse nicht nur für die politische Praxis, sondern auch für eine an den Problemen der Praxis orientierte Politikforschung. Dabei können von jeder der hier skizzierten Dimensionen des Politikbegriffs her eigenständige Forschungsfragen zur politischen Planung entwickelt werden. Jedoch scheint die Anknüpfung beim Auswahlprozeß deshalb besonders fruchtbar, weil die unter anderen Aspekten erfaßbaren Leistungen und Probleme der Planung in der Realität durch den politischen Auswahlprozeß vermittelt werden müssen. Deshalb soll zunächst ein theoretischer Bezugsrahmen für die Interaktion zwischen Planung und Konfliktaustragung und Konsensbildung im Auswahlprozeß skizziert werden, der dann durch speziellere Forschungsfragen und empirische Hypothesen zu einzelnen Problembereichen ergänzt werden soll [25].

III.

1. Der erste Schritt auf dem Wege zu einem heuristisch ergiebigen Bezugsrahmen für die Analyse von Auswahlprozessen verlangt eine Differenzierung des gängigen »input-conversion-output«-Modells der politischen Systemtheorie [26]. Während hier die Funktion des politischen Systems auf die Verarbeitung von artikulierten und aggregierten Forderungen aus der gesellschaftlichen Umwelt zu verbindlichen Entscheidungen reduziert wird [27], soll das veränderte Modell die eingangs herausgearbeitete Nicht-Identität von Betroffenen und Beteiligten und damit die Möglichkeit relativer Autonomie der Politik gegenüber der Gesellschaft problematisieren.

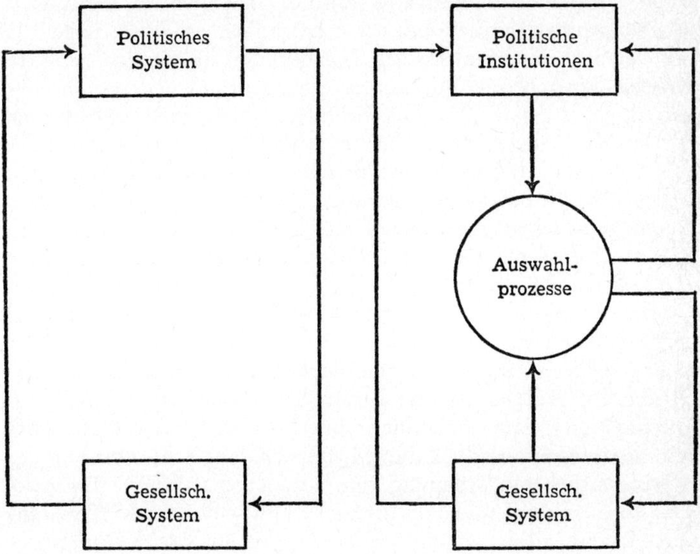

Dies wird erreicht durch die analytische Differenzierung von Struktur und Prozeß innerhalb des »politischen Systems«, oder konkreter: zwischen den auf Politikauswahl spezialisierten Institutionen (Parlamente, Regierungen, Verwaltungen, Gericht etc.) und den in ihnen ablaufenden Auswahlprozessen, an denen auch »Externe« beteiligt sein können. Schon diese geringe Differenzierung weist auf zwei Fragen hin, die der Systemansatz zuvor verdeckt hatte: Die politischen Institutionen erscheinen hier nicht nur als interesselose

Funktionäre gesellschaftlicher Erfordernisse, sondern auch als vom Entscheidungsprozeß Betroffene. Die Frage nach ihren Eigeninteressen oder der spezifischen Kosten-Nutzen-Funktion des »Regimes« [28] kann hier darum innerhalb des Modells selbst behandelt werden [29].

Andererseits erlaubt das differenzierte Modell aber auch die wichtige Unterscheidung zwischen inputs aus dem gesellschaftlichen Bereich in einzelnen Entscheidungsprozessen und dem generelleren und längerfristig wirksamen Einfluß des gesellschaftlichen Systems auf das politische System und seine Rollenträger. Damit wird etwa deutlich, daß empirische Untersuchungen zu kurz greifen, wenn sie die Kontroverse um die Existenz einer ökonomischen »power elite« [30] und deren politischen Einfluß ausschließlich durch Entscheidungsprozeßstudien beantworten wollen [31]. Diese zeigen in der Tat auch in pluralistischen Demokratien häufig den geringen direkten Einfluß von Wirtschaftsverbänden und anderen Interessengruppen auf politische Entscheidungsprozesse im Vergleich zum Einfluß der Inhaber politischer und administrativer Positionen [32]. Solche Ergebnisse besagen jedoch fast nichts über den indirekten Einfluß gesellschaftlicher Interessen, die entweder im Entscheidungssystem selbst internalisiert sein können oder als ideologische oder faktische Grenzen des Entscheidens antizipiert werden [33]. Erst eine inhaltliche Analyse der Entscheidungsbeiträge unter dem Aspekt der politischen Ökonomie könnte hier also aussagekräftige Ergebnisse liefern.

2. Für die Weiterentwicklung des Bezugsrahmens erscheint die analytische Differenzierung von Informationsverarbeitung und Konfliktaustragung-Konsensbildung innerhalb des Auswahlprozesses besonders aussichtsreich [34]. Diese Unterscheidung geht nicht von der »dezisionistischen« Trennung von »wissenschaftlicher« Entscheidungsvorbereitung und »politischer« Entscheidung aus [35]; sie unterstellt auch nicht, daß die beiden Aspekte im Entscheidungsprozeß voneinander unabhängig oder voneinander getrennt verlaufen oder daß auch nur jede einzelne Kommunikation jeweils nur einem der beiden Aspekte eindeutig zuzuordnen sei. Erforderlich ist lediglich die analytische Unterscheidbarkeit zweier Problembezüge in konkreten Kommunikations- und Interaktionsprozessen: der intellektuellen Aufklärung von Handlungsvoraussetzungen, Handlungsmöglichkeiten und Handlungsfolgen und der Herstellung des für kollektives Handeln jeweils erforderlichen Grades an Handlungskonsens zwischen den Beteiligten [36].

Die analytische Differenzierung hat den Vorteil, daß Fragestellungen, Hypothesen und Ergebnisse ganz unterschiedlicher Forschungsrichtungen herangezogen werden können, auch wenn deren Bezug zueinander noch wenig geklärt ist [37]. Konkret geht es dabei etwa auf der einen Seite um die Informations- und Kommunikationstheorie, aber auch um die Ansätze der Wohlfahrtsökonomik, der allgemeinen Systemtheorie und anderer planungswissenschaftlich relevanter Entscheidungskalküle, während auf der anderen Seite theoretische und empirische Aussagen über Machtanwendung und Einflußstrategien, Konflikt und Integration, Bargaining und Koalitionsbildung herangezogen werden können. Durch die Differenzierung wird es möglich, die Frage nach der theoretischen Äquivalenz konkurrierender Forschungsansätze [38] umzuformen in Fragen nach der empirischen Interdependenz zwischen Informationsverarbeitung und Konflikt-Konsensprozessen. Dabei weist die Unterscheidung auf die Möglichkeit hin, daß beide Bereiche unabhängig voneinander variieren können, daß also etwa die Informationsbasis erweitert und die Informationsverarbeitungskapazität verstärkt werden kann, ohne daß gleichzeitig entsprechende Änderungen auf der Konflikt-Konsensseite stattfinden müßten. Die Auswirkungen solcher Änderungen auf den Konflikt-Konsensprozeß und ebenso auch die direkte oder antizipierte Einwirkung von Machtverteilung, Konfliktstrategien oder Konsensbereitschaft auf die Informationssuche und Informationsauswertung können also innerhalb dieses Ansatzes als wichtige Forschungsfragen für die Untersuchung von Auswahlprozessen formuliert werden.

3. In diesem Bezugsrahmen kann Planung sicherlich auf der Informationsseite lokalisiert und als Verstärkung und Systematisierung der Informationsverarbeitung im Auswahlprozeß definiert werden [39]. Die Definition ist weiter zu verfeinern, wenn innerhalb des Prozesses unterschieden wird zwischen Problemsuche, Problemanalyse, Invention, Überprüfung und Auswahl von Handlungsalternativen, der Programmierung der Durchführung, der tatsächlichen Durchführung und der Erfolgskontrolle. Gewiß erfaßt der Begriff des Plans als »Aktionsmodell« [40] diesen Gesamtbereich von der Problemsuche bis zur Erfolgskontrolle, die wiederum neue Suchprozesse auslösen mag. Dennoch scheint es nützlich, zumindest zwischen zwei Arten von Planungen zu unterscheiden, je nachdem ob die Verstärkung der Informationsverarbeitung ausschließlich für die Programmierung und Steuerung der Durchführung festliegender Handlungsalternativen eingesetzt wird, oder ob sie auch den

Auswahlprozeß im engeren Sinne bis zurück zur Phase der Problemsuche miterfaßt. Mit dieser Unterscheidung soll weder der Nutzen leistungsfähiger Programmierung und effizienter Durchführung bezweifelt noch geleugnet werden, daß Planung dieser Art in der Praxis bisher weit im Vordergrund gestanden hat [41]. Sie braucht nicht notwendigerweise den Effekt zu haben, »to make situations which are inherently bad, more efficiently bad« [42]; aber sie leistet gerade das nicht, was von der politischen Planung vorzüglich erwartet wird: die vollständigere und frühere Problemerfassung und die Entwicklung wirksamer Veränderungs- und Gestaltungsstrategien zur Bewältigung neuartiger und zunehmend krisenhafter Problemlagen. Aus diesem Grund soll die weitere Erörterung die reine Durchführungsplanung ausschließen und sich auf die Probleme der Berücksichtigung von Interessen und der Konsensbildung in der politischen Planung konzentrieren.

IV.

1. Die Problematik der Berücksichtigung von Interessen bei der geplanten Politik liegt in der Ausdehnung der zeitlichen Distanz zwischen der Auswahl und der Verwirklichung von Handlungsprogrammen. Indem sie der Politik Handlungsmöglichkeiten eröffnet, die ihr kurzfristig verschlossen bleiben müßten, lockert die längerfristige Planung zugleich die Verknüpfung zwischen Politikinhalten und den artikulierten Interessen der davon Betroffenen. Je weiter die Planung der Zukunft vorgreift, desto weniger kann und soll sie sich an gegenwärtigen Problemen und gegenwärtigen Bedürfnissen orientieren und desto mehr soll sie künftige Probleme und Bedürfnisse antizipieren. Dem stehen jedoch prinzipielle Hindernisse entgegen.

Die Artikulation von Interessen im politischen Prozeß ist im Bereich der langfristigen Planung ein weniger zuverlässiger Indikator für reale Bedürfnisse als im Bereich der kurzfristigen Politik. Oft sind die Betroffenen, etwa die Bewohner einer geplanten Trabantenstadt oder die Studenten künftiger Hochschulen, bei der Planung noch gar nicht zu ermitteln; und in vielen Bereichen wären sie kaum in der Lage, ihre Bedürfnisse im Hinblick auf eine noch nicht in ihrer Komplexität erfahrbare künftige Situation im voraus zu spezifizieren [43]. Darüber hinaus beeinträchtigt die Tendenz zur Diskontierung der Zukunft auch die politische Motivation; offenbar erreicht die Bereitschaft zur aktiven Vertretung eigener Interessen erst im Ausführungsstadium von Entscheidungsprozessen ihr Maximum und wird um so geringer, je weiter in die Zukunft die Planverwirklichung projiziert wird [44]. Im Vergleich zur kurzfristigen Politik wird die politische Artikulation von Interessen in der längerfristigen Planung in aller Regel weniger vollständig, weniger genau, weniger dicht und weniger intensiv sein.

Von dieser verminderten Artikulationsfähigkeit werden jedoch nicht alle Interessen in gleicher Weise betroffen. Es gibt schichtspezifische Unterschiede der Zukunftsorientierung und des Zeithorizontes [45]; zugleich erhöht der Informationsbedarf der Planung den Artikulationsvorsprung der organisierten gegenüber den nichtorganisierten Interessen und der Führung gegenüber der Mitgliedschaft in Interessenorganisationen [46]. Vor allem aber begünstigt längerfristige Planung jene Großorganisationen, die selbst zur längerfristigen Planung ihrer Investitionen und Strategien übergegangen sind und darum die Auswirkung künftiger Entwicklungen auf die eigenen Interessen vorausbestimmen müssen und können. Man braucht nicht von einer Verschwörung zwischen staatlichen und privatwirtschaftlichen Planungsbürokratien auszugehen [47], um zu vermuten, daß bei der Knappheit von Information über die ferne Zukunft der Planungsoutput des einen Bereichs zum wichtigen Dateninput des anderen werden könnte. Sicherlich entwertet aber die längerfristige Planung der Politik die wichtigsten Artikulations- und Einflußmöglichkeiten der unorganisierten Interessen und der Mitgliedschaft: das Wahlverhalten, den Protest und die direkte Aktion [48].

Die verminderte Interessenartikulation gegenüber der längerfristigen Planung und ihre besondere Selektivität reduziert dann auch die Bedeutung der formellen Zustimmung der am Entscheidungsprozeß Beteiligten als Indikator für das spätere Einverständnis der Betroffenen [49]. Wenn also bei der längerfristigen Planung Interessenberücksichtigung in geringem Maße durch die unmittelbare Bedürfnisartikulation und die politische Sensibilität von Konsensbildungsprozessen vermittelt werden kann, dann wird man unter politischen Aspekten zunächst fragen, ob und wie dieser Verlust durch die Verstärkung der Informationssuche und -verarbeitung im Planungsprozeß ausgeglichen werden kann.

Dabei geht es einmal um die Frage der Leistungsfähigkeit von Suchsystemen und Prognoseinstrumenten, Zukunftsforschung, »look out institutions«, »technological forecasting« oder »social indicators«-

Programmen [50]. Trotz seiner Bedeutung für die relative Abhängigkeit der politischen Planung von dem Informationsangebot der wenigen planungsfähigen Großorganisationen soll dieser Aspekt hier nicht weiter verfolgt werden. Es wird vielmehr unterstellt, daß wir noch weit von prinzipiellen Erkenntnisgrenzen entfernt sind und daß darum unsere Erfassung von Problemen, Bedürfnissen und Möglichkeiten und ihrer wahrscheinlichen Veränderung in der Zukunft noch erheblich verbessert werden kann. Problematischer erscheint dagegen die Frage, wie dieser potentielle Zuwachs an Information im Planungsprozeß in gleichmäßigere Interessenberücksichtigung umgesetzt werden kann. Dies soll zunächst als Problem der spezifischen Interessenauswahl durch die jeweils planende Institution erörtert werden.

2. Entscheidungstheoretisch formuliert werden Interessen in der Planung dann berücksichtigt, wenn sie entweder als »Ziele« oder als »Restriktionen« die Suche nach Handlungsmöglichkeiten und die Auswahl brauchbarer Handlungsalternativen bestimmen [51]. Dabei soll weiterhin zwischen »normativen« und »empirischen« Restriktionen unterschieden werden, d. h. zwischen »Kontextwerten« [52], deren Beeinträchtigung unerwünscht wäre und vermieden werden soll, und »Realisierungsvoraussetzungen« (verfügbare Ressourcen und als unüberwindlich perzipierte Widerstände), deren Nichtberücksichtigung die betreffende Handlungsalternative scheitern ließe [53]. Mit Hilfe dieser terminologischen Unterscheidungen können nunmehr eine Reihe von Hypothesen zur Interessenberücksichtigung in Planungsorganisationen formuliert werden [54].

Die Hypothesen setzen die Randbedingungen politischer Planung innerhalb der heutigen Regierungsstruktur voraus, gehen also insbesondere davon aus, daß Planung innerhalb aufgabenspezifisch organisierter Einheiten stattfindet und daß am jeweiligen Auswahlprozeß nicht nur die jeweils planende organisatorische Einheit beteiligt ist. Unter diesen Bedingungen ist die den Auswahlprozeß initiierende Planungseinheit meist in der Lage, die »Ziele« der Planung, d. h. das zu lösende Problem oder die aktiv zu fördernden Interessen, für den weiteren Prozeß zu definieren. Andere Beteiligte (etwa: andere Ressorts, Parlament, Interessengruppen) können in der Regel nur die »Restriktionen« vermehren. Sie können dadurch den Grad der Zielverwirklichung herabsetzen oder die Planung zum Scheitern bringen, aber sie sind nur selten in der Lage, die Zieldefinition zu erweitern oder zu verändern.

Der Grund für diesen Vorsprung der planenden Einheit bei der

Problem- und Zieldefinition könnte darin liegen, daß eine Problematisierung des Lösungsvorschlags auf dieser Ebene von den anderen Beteiligten einen zu hohen Informations- und Verarbeitungsaufwand erfordern würde. Näherliegend ist jedoch die Vermutung, daß jeder weitere Beteiligte den ursprünglichen Planvorschlag in erster Linie aus der speziellen Perspektive seiner Auswirkung auf die eigenen Aufgabenbereiche oder Interessen beurteilt, während die Erweiterung oder Änderung der Problem- oder Zieldefinition eine Beschäftigung mit dem Plan im ganzen erfordern würde [55].

Die planende Einheit wählt »Ziele« ausschließlich aus jenen Problembereichen, die innerhalb ihres eigenen Aufgaben- und Verantwortungsgebietes liegen. Das gleiche gilt in geringerem Maße auch für die Auswahl normativer Restriktionen. Für die Erklärung dieses Befundes kann zunächst auf die Theorie der »selektiven Perzeption« verwiesen werden, derzufolge die organisatorische Arbeitsteilung gleichzeitig zu einer Institutionalisierung von Aufmerksamkeit für bestimmte Problembereiche und zu einer Verminderung von Aufmerksamkeit für die außerhalb liegenden Gebiete führt [56]. Unterstützt wird diese Tendenz in der Regel durch das »incentive system« der Organisation [57], durch das ein Engagement für »externe« Probleme und Interessen meist nicht belohnt wird.

Aus dem bisher Gesagten folgt weiter, daß Probleme und Interessen außerhalb des Verantwortungsbereichs der planenden Einheit in der Regel nur dann berücksichtigt werden, wenn sie von einer anderen am Entscheidungsprozeß beteiligten Einheit zur Bedingung des Konsens erhoben werden. Meistens setzen sich dabei nur die Interessen durch, die »Veto-Positionen« besetzt halten und so zur »empirischen Restriktion« werden. Soweit solche Interessen von institutionellen Beteiligten innerhalb des Regierungssystems vertreten werden, werden sie in der Regel als Verteidigung eines status quo und Abwehr negativer Veränderungen definiert. Der Grund dafür liegt vermutlich auch wieder in dem höheren Informations- und Verarbeitungsaufwand, den eine innovative Interessenvertretung im Vergleich zur rein defensiven erfordern würde. Daraus folgt aber auch, daß durch das Hinzutreten weiterer Beteiligter und der durch sie vertretenen Restriktionen das Innovationsniveau der Planungsinitiative herabgesetzt wird.

3. Aus den hier vorgetragenen Hypothesen lassen sich zwei für die Frage der Interessenberücksichtigung problematische Schlußfolgerungen ziehen: Der durch organisatorische Arbeitsteilung begrenzte

Verantwortungsbereich einer planenden Einheit führt zur Vernachlässigung von Problemen und Interessen, die außerhalb dieses Verantwortungsbereichs liegen und zugleich zur Vernachlässigung der »externen Kosten« einer Planung, soweit diese nicht durch konfliktfähige andere Beteiligte am Entscheidungsprozeß vertreten werden. Andererseits führt die organisatorisch begrenzte Verantwortung der planenden Einheit auch dazu, daß »empirische« Bedingungen außerhalb ihres Verantwortungsbereichs als »Sachzwänge« hingenommen werden, obwohl sie prinzipiell politisch veränderbar wären.

Im Hinblick auf beide Probleme scheint die Lösung zunächst einfach: Es geht offenbar nur darum, den Aufmerksamkeitsbereich der planenden Einheit auszudehnen, was durch ihre Zuordnung zu der jeweils höheren hierarchischen Ebene, etwa dem Minister oder dem Kanzleramt [58], oder durch die »interdisziplinäre« Rekrutierung der Planer aus mehreren spezialisierten Einheiten bewirkt werden könnte. Daß ein solcher Weg erfolgreich sein kann, hat der Prozeß der Ausarbeitung des »Verkehrspolitischen Programms der Bundesregierung« durch eine aus Mitgliedern mehrerer Fachabteilungen gebildeten Arbeitsgruppe gezeigt [59]. Daraus folgt jedoch nicht, daß dieses Lösungsmuster auch unbegrenzt steigerungsfähig wäre. Voraussetzung für den Erfolg der Arbeitsgruppe des Verkehrsministeriums war die teamartige Zusammenarbeit zwischen fünf Mitgliedern, die erst die integrierende Verarbeitung der sektoralen Informationen und die mehrfache Iteration zwischen Problemsuche, Problemanalyse, Suche und Überprüfung von Handlungsalternativen erlaubte. Wenn in diesem Prozeß über den engeren Verkehrsbereich hinaus etwa auch die gesamtwirtschaftlichen, sektoralen und regionalen Aspekte des Verkehrspolitischen Programms in der gleichen Weise hätten einbezogen werden sollen, dann wäre die Grenze möglicher Teamarbeit bald überschritten worden. Die Arbeitsfähigkeit des Teams wäre mit steigender Mitgliederzahl rasch gesunken, während die Zahl der zu berücksichtigenden Relationen zwischen interdependenten Faktoren als quadratische Funktion $n\ (n-1)$ angestiegen wäre.

Gewiß können die Grenzen planerischer Informationsverarbeitung technisch erweitert werden. Informationssysteme können planungsrelevante Daten sammeln und verfügbar halten; komplexe Interdependenzen zwischen einer Vielzahl von Faktoren können in Modellrechnungen verfolgt und die wahrscheinlichen Auswirkungen alternativer Handlungsmöglichkeiten können durch Simulation vorgeklärt werden [60]. Allerdings scheinen auch diese Techniken ihre eigene Selektivität zu entwickeln. Zwar können sie die Quantität der zu verarbeitenden Information außerordentlich steigern, sie müssen dann aber die reale Komplexität durch Einführung restriktiver Annahmen auf die Fassungskraft des jeweiligen Modells reduzieren [61]. Eine ähnliche Reduktion erfolgt auch bei der Datensammlung, wo die besondere Leistungsfähigkeit quantitativer Methoden und die Eignung des Computers für die Verarbeitung großer Mengen gleichartiger Daten zur einseitigen Selektion quantifizierbarer Information führt [62]. Diese technisch bedingte Selektivität von Informationssystemen und formalisierten Planungsmodellen ist dann auch ein politisches Problem, wenn dadurch bestimmte Problembereiche und bestimmte gesellschaftliche Interessen bevorzugt und andere benachteiligt werden, ohne daß diese Diskriminierung selbst zum Gegenstand politischer Auswahlprozesse gemacht werden könnte.

4. Am Anfang dieses Abschnitts stand die Frage nach den Chancen der Interessenberücksichtigung in der längerfristigen Planung. Sie konnte hier gewiß nicht definitiv beantwortet werden, aber es liegen doch genügend Indizien vor, die jede positive Antwort außerordentlich problematisch erscheinen lassen. Man wird deshalb von der Voraussetzung ausgehen müssen, daß der Verlust an unmittelbarer Interessenartikulation durch die Betroffenen in der Praxis der längerfristigen Planung nicht zuverlässig durch leistungsfähigere Verfahren der Informationsgewinnung und Informationsverarbeitung ausgeglichen werden kann. Angesichts der besonderen Selektivität der Planungsinstitutionen und Planungsverfahren für bestimmte Arten von Informationen und besondere Problembereiche muß das Risiko sehr hoch angesetzt werden, daß die längerfristige Politik an den schließlichen Bedürfnissen der Betroffenen vorbeigeplant wird. Dies erscheint zunächst als ein Risiko für die Betroffenen, deren Bedürfnisse vereitelt und deren Lebenschancen beeinträchtigt werden können. Es erscheint aber auch als ein Risiko für das politische System, das sich im *Ausführungs*stadium mit Unzufriedenheit, Unruhe und Loyalitätskrisen konfrontiert sehen kann, ohne daß es darauf noch kurzfristig reagieren könnte.

Die potentiell sehr hohen individuellen, sozialen und politischen Kosten der Langfristplanung sollten also Anlaß sein, dieses Instrument sparsam einzusetzen. Wir brauchen darum neben Planungstheorie und Planungstechnologie auch die wissenschaftliche und politische Diskussion über die Kriterien der *Planungsbedürftig-*

keit [62a]. Nicht alles, was mit dem verfügbaren technischen Instrumentarium planbar erscheint, braucht auch langfristig geplant zu werden, und nicht alles, was koordinierbar erscheint, braucht auch koordiniert zu werden. Planungsbedürftig ist sicherlich die Verwendung knapper Ressourcen für konkurrierende Aufgabenbereiche; aber die Aufgaben selbst brauchen nicht schon deshalb auch inhaltlich für den gleichen Zeitraum geplant zu werden. Hier geht es vielmehr darum, jene begrenzte Zahl von Zielen zu identifizieren, die in der Zukunft überhaupt nur dann erreicht werden können, wenn sie heute schon in Angriff genommen werden. Dazu gehören etwa langwierige technologische Entwicklungen, aber auch politische Innovationen, die nur durch eine lange Kette koordinierter Einzelmaßnahmen herbeigeführt werden können. Gerade weil aber mit solchen Innovationen Folgeprobleme verbunden sind, die heute noch nicht antizipiert werden können, sollten sie nicht als flächendeckende Planung, sondern eher als »Kernplanung« [63] konzipiert werden, so daß in den angrenzenden Bereichen die Flexibilität in der kurzfristigen Verarbeitung der Folgeprobleme erhalten bleibt.
Darüber hinaus muß die besondere Aufmerksamkeit allen jenen Möglichkeiten gelten, die es erlauben, die Informationsverarbeitung im Planungsprozeß näher an die zuletzt Betroffenen heranzubringen. Hierzu gehört die Eingliederung von »Planungsanwälten« unterrepräsentierter Gruppen in den Planungsprozeß [64], aber auch die Weiterentwicklung der »Suboptimierung« und der »Mehrebenenplanung« [65] zu mehrstufigen politischen Prozessen. Es geht dabei nicht nur um die Dezentralisierung von Optimierungsaufgaben, sondern um ihre Delegation an politische Einheiten, in denen artikulierte Interessen in nur teilweise determinierten Auswahlprozessen verarbeitet werden können. Im Hinblick auf das Ausgangsproblem sind solche dezentralisierenden Planungsmodelle allerdings von um so größerem Interesse, je mehr sie auch eine Delegation in der Zeitdimension an zukünftige Auswahlprozesse erlauben [66]. Gegenüber dem »unmöglichen Ideal« der professionellen Planer, der Suche nach der »integrierten Zielfunktion« für die »Gesamtplanung« [67], haben die Politikwissenschaft und Verwaltungswissenschaft Anlaß, gerade die Möglichkeiten begrenzter Planung als Forschungsthema zu wählen.

V.

Dieses Ergebnis hat unmittelbare Bedeutung auch für die Frage nach *Wechselbeziehungen* zwischen der Planung und dem politischen Prozeß der Konfliktaustragung und Konsensbildung. Wenn nämlich die Berücksichtigung der Interessen trotz leistungsfähigerer Informationsverarbeitung in der Planung problematisch und selektiv bleibt, dann ist auch über die Ergebnisse von Planungsprozessen Dissens möglich, der nicht lediglich auf mangelnde Information der Beteiligten zurückgeführt werden kann. Planung kann darum Konflikt-Konsensprozesse nicht in ihrer Funktion ersetzen, sondern bleibt von ihnen abhängig und beeinflußt sie zugleich in vielfältiger Weise. Diesen Abhängigkeiten soll im folgenden Abschnitt nachgegangen werden, wobei zunächst der Zusammenhang zwischen Planungsinhalten und Konsensbedarf und anschließend der Einfluß struktureller und prozessualer Variablen auf die Konsenschancen der längerfristigen Politikplanung erörtert werden soll.

1. Politische Planungen können im Konflikt-Konsensprozeß mehr oder weniger kontrovers verarbeitet werden, und man kann vermuten, daß die Wahrscheinlichkeit kontroverser Behandlung (der »Konsensbedarf«) auch vom gegenständlichen Bereich und vom Inhalt der jeweilig geplanten Politik abhängt. Trotz der Plausibilität dieser Vermutung ist die Politikwissenschaft bisher zwar zu einer Reihe von Klassifikationsvorschlägen, aber noch nicht zu einer gesicherten Typologie politischer Entscheidungen gelangt, so daß auch die daran anknüpfenden Hypothesen zum Konsensbedarf noch wenig theoretisch fundiert sind. Breitere Zustimmung hat vor allem die Unterscheidung zwischen »distributiver«, »regulativer« und »redistributiver« Politik gefunden, wobei ein besonders hoher Konsensbedarf bei den redistributiven Politikinhalten behauptet wird [68]. In einer anderen Klassifikation wird zwischen »pure public goods«, »quasi public goods« und »distribution of income« unterschieden und dabei unterstellt, daß der Konsensbedarf bei den reinen Kollektivgütern (etwa: Verteidigung, Atomenergie- und Weltraumprogramme) erheblich niedriger sei als bei den anderen Politikarten [69]. Der gleiche Autor geht davon aus, daß Entscheidungen, durch die politische Machtstrukturen und etablierte Institutionen verändert werden, besonders konfliktträchtig seien, und daß tiefgreifende Änderungen oder Kürzungen in bereits laufenden Programmen schwerer zu erzielen seien als die Einführung völlig neuer Programme oder Programmerweiterungen [70]. Mit speziellem Bezug auf die Planung wird schließlich zwischen »allocative planning« und »innovative planning« unterschieden, und es spricht offenbar manches dafür, daß der auf umfassende Ressourcenallokation gerichtete Planungstyp (etwa: Finanzplanung oder Landes-

entwicklungsplanung) auf geringere Konsensprobleme stößt als der Versuch einer direkten Änderung der gesellschaftlichen Strukturen durch innovative Planung [71].

Die Abhängigkeit des Konsensbedarfs von Politikinhalten ist für die Planungsforschung deshalb von besonderem Interesse, weil bei niedrigem Konsensbedarf die besondere Leistungsfähigkeit, aber auch die spezifische Selektivität von Planungsinstitutionen und Planungsmethoden am leichtesten in verbindliche Entscheidungen und kollektives Handeln umzusetzen sind [72]. Deshalb erscheinen auch die politischen Implikationen der relativ unkontroversen Planungstypen als relevantes Thema der Politikforschung. Hier interessiert jedoch vor allem die andere Frage nach der Bedeutung der Planung für den Prozeß der Konsensbildung angesichts kontroverser Politikinhalte.

Auch hier liegen bisher lediglich Vermutungen, nicht aber gesicherte Ergebnisse vor. So kann einerseits behauptet werden, daß Politikplanung unter Ausnutzung der Legitimationskraft der Wissenschaft im Begriff sei, die kontroverse Politik zu verdrängen [73], während andere umgekehrt davon ausgehen, daß gerade die weitgehende Aufklärung und Offenlegung der Handlungsziele und der Voraussetzungen und Folgen alternativer Handlungsmöglichkeiten im Planungsprozeß die Ausdehnung und Intensität politischer Konflikte steigern und die Wahrscheinlichkeit der Konsensbildung erheblich vermindern müsse [74]. Ein besonderes Problem könnte sich dabei für die längerfristige Planung weitreichender Innovationen stellen: Häufig werden die schließlichen Vorteile einer solchen Politik erst gegen Ende der Durchführungsphase realisiert werden, während die »Kosten« für die negativ betroffenen Gruppen schon früher, im Falle der »symbolischen Kosten« einer Verletzung von Werthaltungen und Weltorientierungen [75] oft sogar sofort anfallen werden. Wenn dies zutrifft, dann muß die Tendenz zur stärkeren Diskontierung der ferneren gegenüber der näheren Zukunft und der Gegenwart die Konsensprobleme gerade in der längerfristigen Planung erheblich verschärfen. Auf die damit zusammenhängenden Fragen soll im letzten Abschnitt ausführlicher eingegangen werden, nachdem zunächst die wahrscheinlichen Auswirkungen struktureller und prozessualer Variablen auf den Konsensbedarf innovativer Planung erörtert worden sind.

2. Zum Zusammenhang zwischen Entscheidungsstrukturen und den Konsenschancen innovativer Politik liegen vor allem Aussagen aus der politikwissenschaftlichen Pluralismusforschung und der organi-

sationssoziologischen Forschung über Innovationen vor. In beiden Forschungsbereichen sind vergleichbare Variable identifiziert worden: Konzentration oder Fragmentierung politischer Macht, Zentralisierung oder Dezentralisierung von Entscheidungskompetenzen, geringere oder höhere Differenzierung von Organisationsstrukturen [76]. Und trotz mancher Differenzen im einzelnen scheint auch eine weitgehende Konvergenz der Hypothesen und Befunde feststellbar. In einiger Vereinfachung kann der Bereich der Übereinstimmung folgendermaßen charakterisiert werden:

Bei der Beurteilung von Innovationschancen ist zu unterscheiden zwischen der Initiierung und der Durchsetzung von Innovationen [77]. Eine pluralistische Struktur mit relativ selbständigen Subsystemen erhöht die Häufigkeit von Initiativen [78]. Allerdings wird es sich dabei in der Regel um solche Innovationen handeln, die Probleme des eigenen Subsystems lösen sollen. Übergreifende Problemzusammenhänge werden in einem fragmentierten Politiksystem tendenziell vernachlässigt [79]. Überdies werden solche Initiativen in der Regel den wahrscheinlichen Widerstand anderer Einheiten auf gleicher Ebene als »empirische Restriktion« antizipieren und die Reichweite ihrer Handlungsinitiativen dementsprechend begrenzen müssen [80]. Demgegenüber erscheinen zentralisierte Systeme weniger sensibel für die Probleme ihrer Subsysteme [81], erleichtern jedoch die Behandlung übergreifender Problemzusammenhänge und sind geringeren empirischen Restriktionen unterworfen. Dementsprechend erschwert eine pluralistische Struktur, in der mehrere relativ selbständige Einheiten zusammenwirken müssen, die Konsensbildung, wenn Innovationen mehrere Bereiche übergreifen sollen [82]. Dabei geht es nicht nur um die – bei gewissen Konstellationen strukturell bedingte [83] – Wahrscheinlichkeit des Vetos eines Beteiligten, sondern auch um die oben erörterte innovationsfeindliche Erhöhung der status-quo-orientierten Restriktionen einer Entscheidung. Andererseits begünstigt die Dezentralisierung jene Innovationen, für die wohl in einzelnen Subsystemen, nicht aber im Gesamtsystem Konsens zu gewinnen ist [84].

Ein Forschungsproblem von besonderem Interesse stellt sich mit der Gründung *gemeinsamer* Planungseinrichtungen in einer unverändert pluralistischen Entscheidungsstruktur. Es erscheint möglich, daß die gemeinsame Informationssuche und Informationsverarbeitung in solchen Gremien über die Angleichung der Wirklichkeitsperzeptionen und des Problembewußtseins der Beteiligten auch die Konsenschancen erheblich verbessern könnte. Im Vergleich zu anderen gemeinsamen Einrichtungen ohne Planungscharakter (Ministerkonferenzen, interministerielle Ausschüsse etc.) könnte die gemeinsame Planung gerade von der psychologischen Tendenz zur Diskontierung der Zukunft und der darum vermutlich größeren Flexibilität der Einstellungen und größeren Formbarkeit von Interessen und Positionen profitieren.

Von den Wirkungen der Entscheidungsstruktur kaum zu trennen ist die Bedeutung *prozessualer* Modalitäten für die Konsenschancen innovativer Politik. Auch hier ist in der Literatur eine gewisse Konvergenz hinsichtlich der relevanten Variablen festzustellen [85]. Unterschieden werden etwa »Problemlösungsprozesse«, in denen es bei unterstelltem Konsens über Präferenzen und Perzeptionen um die gemeinsame Suche nach der besten Lösung geht, und »politische« Prozesse, bei denen Dissens zwischen den Beteiligten überwunden werden muß. Innerhalb der zweiten Gruppe wäre weiter zu differenzieren zwischen »zentralistischen« Entscheidungsprozessen (Hierarchie und Mehrheitsentscheidung) und »pluralistischen« Prozessen (»log rolling« und »bargaining«), bei denen der Appell an eine gemeinsam übergeordnete Entscheidungsinstanz fehlt [86]. Die Typologie wird weiter kompliziert durch die Möglichkeit, daß informell pluralistische Prozesse den Inhalt der Entscheidung festlegen und eine formell zentralistische Entscheidung das Ergebnis ratifiziert.

Bei dem offensichtlich engen Zusammenhang zwischen prozessualen und strukturellen Variablen soll hier nur eine planungsrelevante Hypothese hervorgehoben werden: Pluralistische Entscheidungsprozesse tendieren eher als zentralistische dazu, komplexe Entscheidungsinhalte nicht im ganzen zu verarbeiten, sondern sie aufzulösen in eine Vielzahl miteinander nur wenig koordinierter Auseinandersetzungen um Detailprobleme. Darin kann ein besonderes Risiko für »integrierte« Planungen liegen, deren einzelne Elemente präzise aufeinander abgestimmt sein sollen, und die darum die Desintegration in politischen Prozessen viel eher fürchten müssen als die Verwerfung im ganzen, die immerhin die Chance einer Neuplanung offenhält. Pluralistische Prozesse werden sich diesen Erfordernissen integrierter Planung nur schwer fügen können und werden sich insbesondere auch durch das Angebot von Planungsalternativen kaum davon abhalten lassen, die einzelnen Planelemente je nach der relativen Stärke der interessierten Gruppen in einer Mehrzahl von Bargaining-Situationen zu verändern.

VI.

1. Die hier als Hypothesen oder als Fragen formulierten Beziehungen zwischen politischer Planung und dem politischen Prozeß der Konfliktaustragung und Konsensbildung können auch von der Theorie der Planung nicht ausgeklammert werden. Wo sie vernachlässigt werden, da kommt es zu ideologischen Forderungen an die Politik, die diese nur bei extremer und höchst unwahrscheinlicher Zentralisierung und Machtkonzentration erfüllen könnte. Dabei ist der Unterschied zwischen dezisionistischer und technokratischer Planungsideologie sehr gering [87]: die eine setzt auf die »Zielvorgaben« der politischen Führung, die andere sucht den Machthaber, der die politische Kraft zur Durchsetzung der an Gesamtsysteminteressen orientierten Planungen aufbringt. Solche Erwartungen können Oberbürgermeister, Minister und Regierungschefs in pluralistischen Demokratien nur selten erfüllen. Sie sind Teilnehmer an Konflikt- und Konsensprozessen in differenzierten Entscheidungsstrukturen; ihre Steuerungs- und Kontrollchancen gegenüber relativ autonomen Subsystemen sind begrenzt, und der Kredit ihres »generalisierten Mandats« wird durch kontroverse Politik rasch überzogen.

Man kann dem Problem der Konsensbildung ausweichen, indem man Planungskapazität in erster Linie in politischen Bereichen mit besonders niedrigem Konsensbedarf investiert [88]. Aber wenn die oben angeführten Hypothesen zutreffen, dann wären das Planungen mit geringem Umverteilungseffekt, Planungen, die nicht in laufende Programme eingreifen, Planungen, die etablierte Machtstrukturen nicht berühren, kurz: Planungen, die wenig verändern – Planungen als »Utopie des Bewahrens« [89]. Die Bedeutung solcher Planungen soll nicht unterschätzt werden: Auch die »bloße« Effizienzsteigerung erweitert die Handlungsmöglichkeiten der Politik und damit den Bereich der realisierbaren Ziele. Aber die Beschränkung auf die unkontroverse Politik würde gerade jene Problembereiche ausschließen, bei denen Lösungen nur durch langfristig angelegte und komplexe Veränderungs- und Umstrukturierungsstrategien realisiert werden können. Diese Probleme scheinen rasch zuzunehmen; die Praxis der politischen Planung kann ihnen je länger je weniger ausweichen, und auch ihre Theorie wird sich darum der Konsensproblematik innovativer Politikplanung zuwenden müssen.

2. Dabei sehe ich den Kern des Problems in folgendem Zusammen-

hang: In dem Maße, in dem die gesellschaftlichen Anforderungen an die Politik und damit die öffentlichen Aufgaben zunehmen, schrumpfen auch die »politikfreien Räume«. Neue Politik trifft darum mehr und mehr auf politisch schon geregelte Sachverhalte und etablierte Programme; sie ist je länger je mehr nur noch als Änderung oder Beseitigung laufender Politik möglich. Sofern die Änderung nicht lediglich in einem Mehr bestehen kann, erhöht sich schon dadurch der Konsensbedarf. Wichtiger erscheint jedoch der Umstand, daß etablierte Politiken sich in aller Regel ihre spezialisierten Institutionen geschaffen haben: Parteigliederungen, Fraktionsarbeitskreise und Parlamentsausschüsse, Ministerien oder Abteilungen in Ministerien, Verwaltungsapparate auf mittlerer und unterer Ebene, spezialisierte Interessenorganisationen und Publikationsorgane. Die Mitglieder dieser Institutionen haben ihre Existenz bis zu einem gewissen Grad auf die Fortdauer der zugrunde liegenden Politik gebaut; sie haben ihre Präferenzen und Perspektiven daran orientiert, und sie werden Politikänderungen gewiß auch aus dieser institutionellen Perspektive beurteilen. Innovationen, die Eingriffe in institutionalisierte Strukturen erfordern, müssen darum unabhängig vom Widerstand der Betroffenen auch mit institutioneller Opposition rechnen.

Die Wirksamkeit der institutionellen Opposition ist deshalb so außerordentlich hoch einzuschätzen, weil sie in das Entscheidungssystem im engeren Sinne eingebaut ist oder zumindest direkten Zugang zu den Entscheidungsstellen genießt. Im Gegensatz zu den Betroffenen an der Basis hat diese Opposition weder Organisations- noch Artikulationsprobleme und kaum Informations- und Kommunikationsschranken zu überwinden. Politik gehört auf dieser institutionellen Ebene zum täglichen Geschäft, und die Vertretung der eigenen Interessen wird hier nur selten durch politische Apathie gedämpft [90].

Damit ist nicht gesagt, daß Bürokratie oder Verbände konservativ sein müßten. Sie können, wenn dies mit den eigenen institutionellen Interessen zusammenfällt, zu den wichtigsten Trägern innovativer Reformpolitik werden. Es wird lediglich vorausgesetzt, daß das Interesse an der Nichtbeseitigung der eigenen Institution im politischen Prozeß ein Eigengewicht erlangen kann und daß man deshalb vermuten darf, daß etwa die Schwierigkeiten der Versicherungsreform oder der Verwaltungsgebietsreform nicht allein von den Versicherten oder den Bürgern ausgehen, sondern auch etwas mit den institutionellen Interessen von Versicherungskörperschaften,

Stadtverwaltungen, Landratsämtern und Regierungspräsidien zu tun haben [91].

Auf den Gesamtbereich der Politik bezogen kann dies bedeuten, daß Entscheidungs- und Veränderungsspielräume mit der Ausdehnung des durch laufende Programme abgedeckten Bereichs und der darauf bezogenen politisch-administrativen Institutionen zunehmend verschwinden und daß darum die stetige Erweiterung öffentlicher Aufgaben mit zunehmender Unbeweglichkeit der Politik bezahlt werden muß. Wenn das in der Tendenz und *ceteris paribus* zutrifft, dann sollte die Aufmerksamkeit der Forschung sich vor allem auf jene Randbedingungen richten, von denen eine Abschwächung oder Umkehrung dieser Tendenz zum institutionellen Immobilismus erwartet werden könnte.

Als naheliegender Ansatzpunkt erscheint dabei die höhere oder geringere Identifikation des Personals mit den jeweiligen politisch-administrativen Institutionen. Man kann vermuten, daß diese Identifikation um so intensiver sein wird, je enger und dauerhafter die individuellen Lebenschancen der Mitglieder an die Entwicklung der eigenen Institution gebunden sind. Unter diesem Aspekt erscheint etwa die Personalrotation zwischen mittleren und unteren Verwaltungsbehörden und den Ministerien, zwischen den Ministerien oder zwischen Bundes- und Länderverwaltungen als innovationsgünstige Bedingung insbesondere dann, wenn mit einem Wechsel Aufstiegschancen verbunden sind. Aus dem gleichen Grund können auch Außenseiter in der Verwaltung die Innovationsfähigkeit des Gesamtsystems erhöhen [92].

Von Interesse sind ferner alle jene Randbedingungen, die entweder die Oppositionsbereitschaft der »institutionellen Zwischenebene« oder deren politischen Einfluß vermindern. Beide Voraussetzungen treffen etwa in Krisensituationen häufig zusammen. Die akute Gefahr aktiviert in der Regel die politische Spitze und führt so zu einer stärkeren faktischen Zentralisierung von Entscheidungsprozessen auf Kosten des Einflusses institutioneller Subsysteme [93]. Zugleich hat das allgemeine Erkennen einer Krisensituation oft den Effekt, »egoistische Sonderinteressen« zu diskreditieren und ihre offene Vertretung zu erschweren [94]. Beide Vermutungen weisen also in die Richtung der allgemeineren These, Innovationen in hochkomplexen Systemen seien allenfalls noch in Krisensituationen möglich [95].

Allerdings sind die hier entwickelten Überlegungen enger gefaßt. Sie lokalisieren den Widerstand gegen Veränderungen nicht notwendigerweise im Zustand des Gesamtsystems, das durch die relative politische Apathie seiner Mitglieder der Politik normalerweise einen recht erheblichen Handlungsspielraum beläßt [96]. Vielmehr wird die Opposition gegen Veränderungen hier in erster Linie jener institutionellen Zwischenschicht zugeschrieben, deren Mitglieder in der Verfolgung institutioneller Interessen mit hoher »politischer Kompetenz« operieren. Wenn dies zutrifft, dann braucht die Veränderungen begünstigende Krise auch nicht notwendigerweise das Gesamtsystem zu erschüttern; es kann schon genügen, wenn sie nur die institutionelle Zwischenschicht »verunsichert«. Dazu reicht in manchen Bereichen schon ein Regierungswechsel, der offenbar zumindest Reformen der Organisation und des Entscheidungsverfahrens erheblich begünstigt. Auf derselben Dimension liegen aber auch die spektakulären Innovationschancen der revolutionären oder putschistischen Machtergreifung.

Die Verunsicherung institutionalisierter Interessen kann jedoch nicht nur von der Spitze, sondern auch von der Basis her erfolgen. Die Mobilisierung neuer Teilnehmer am politischen Prozeß kann die eingespielte Balance der Institutionen von Fall zu Fall verändern und dadurch politische Bewegung möglich machen. Die Politisierung von Problemen, die Intensivierung politischer Forderungen, die Ausbreitung von Unzufriedenheit und Unruhe, dramatische Wahlergebnisse, Demonstrationen, Streiks, Gewaltanwendung erscheinen unter diesem Aspekt auch bedeutsam als Bedingungen, die das relative Gewicht institutioneller Eigeninteressen vermindern und so die Chance für Innovationen verbessern können.

3. Für die Planung innovativer Politik folgen daraus zwei Konsequenzen: Auch für die längerfristige Planung ist die Chance, Probleme zu antizipieren, Krisen zu vermeiden und gesellschaftliche Strukturen aktiv zu gestalten und zu verändern, nicht beliebig verfügbar. Der bloße Versuch einer längerfristigen Planung setzt die politischen Bedingungen eines komplexen, pluralistischen Systems noch nicht außer Kraft; insbesondere dann nicht, wenn die Planung selbst nach den Spielregeln der pluralistischen Politik vorgehen muß. Deutlicher gesagt: Wenn der Widerstand gegen Veränderung von den institutionalisierten Interessen ausgeht, dann muß innovative Planung scheitern, wenn es ihr nicht gelingt, über den Bereich der institutionalisierten Politik hinaus Resonanz und Unterstützung zu finden. Wenn strukturverändernde Politik überhaupt eine Chance haben soll, dann braucht sie die Öffentlichkeit, die Politisierung von Problemen, die Mobilisierung von Erwartungen, For-

derungen und Aktionsbereitschaft außerhalb der Institutionen; sie braucht die breite Konsensbildung als Voraussetzung für den politischen Erfolg im institutionellen Bereich.

Aber das heißt nicht, daß diese Voraussetzung jederzeit verfügbar oder leicht zu schaffen wäre. Regierungen werden in aller Regel aus plausiblen Gründen davor zurückschrecken, Probleme öffentlich zu dramatisieren und Erwartungen und Forderungen zu aktivieren, die sie auf kurze Sicht kaum erfüllen könnten. Sie müßten überdies in pluralistischen Demokratien mit offenen Kommunikationssystemen immer befürchten, daß solche von oben induzierten Konsensbildungsprozesse »außer Kontrolle« geraten und zu unvorhersehbaren Forderungen weit jenseits der eigenen Absichten führen könnten. Unter solchen Umständen ist die in totalitären Systemen manchmal erfolgreiche Mobilisierung »von oben« für pluralistische Demokratien weder eine sehr attraktive noch eine sehr wahrscheinliche Alternative. Die innovative Politikplanung bleibt darum letztlich doch angewiesen auf weitgehend ungesteuerte, jedenfalls von der Planung aus kaum steuerbare, gesellschaftliche und politische Prozesse der Problemartikulation, Bewußtseinsbildung, Politisierung und Mobilisierung; sie kann vielleicht diese Prozesse fördern und beschleunigen, aber die Vorstellung einer vom politischen Prozeß ablösbaren oder diesen steuernden Planung gesellschaftlicher Strukturänderungen bleibt unter den gegebenen Bedingungen eine technokratische Illusion [97].

Damit wird auch die zweite Konsequenz deutlich: Langfristige Planung wird offenbar doch in erster Linie dort erfolgreich sein, wo der niedrige Konsensbedarf einer wenig kontroversen Politik sie begünstigt. Innovative Politik mit hohem Konsensbedarf wird dagegen nicht schon dann möglich, wenn Wissenschaftler, »look out institutions« oder Planungsstäbe ein Problem identifiziert und Lösungsvorschläge entwickelt haben. Politisch lösbar wird ein solches Problem erst dann, wenn entweder Krisendruck oder weitgehend autonome Prozesse der Problemartikulation, Politisierung und Konsensbildung den Widerstand gegen tiefgreifende Änderungen vermindert haben. Das heißt jedoch auch, daß in diesen Bereichen die Möglichkeit einer vorausschauenden Lösung künftiger Probleme und der Vermeidung von Krisen begrenzt, und daß darum strukturverändernde Politik auch tendenziell in höherem Maße reaktive Politik bleiben wird.

Das bedeutet nicht, daß darum nur noch kurzsichtiges und richtungsloses »muddling through« möglich bliebe. Aber es bedeutet, daß Bemühungen um die inhaltliche Verbesserung der Politik den Aspekt der Krisennutzung ebenso miteinbeziehen müssen wie den der langfristigen Krisenvermeidung. Die charakteristische Bedingung der reaktiven Politik ist die Knappheit der verfügbaren Zeit und die hohe Intensität der auf baldige Erfüllung gerichteten Forderungen. Die Steigerung der kurzfristigen Reaktionsfähigkeit wird darum für das politische System unter bestimmten Bedingungen sogar wichtiger sein als der Ausbau der Langfristplanung. Zumindest käme es darauf an, auch das Instrument der »Eventualplanung« zu höherer Leistungsfähigkeit zu entwickeln und rasch verfügbare Kapazitäten für die »policy analysis« und »policy evaluation« auch außerhalb der Anwendungsbereiche des längerfristigen »policy planning« aufzubauen. Die damit angedeuteten Forschungsfragen können hier nicht mehr weiterverfolgt werden. Sie sind im Ende eines Aufsatzes zur Politikplanung nicht mehr als ein Hinweis auf die fortdauernde Bedeutung der nicht langfristig planbaren Politik und ihrer inhaltlichen Qualität für die relative Distanz zwischen politischen Leistungen und den realen Bedürfnissen der Mitglieder des Gemeinwesens.

Anmerkungen

1 So etwa *T. Ellwein,* Politik und Planung, Stuttgart 1968, S. 10.

2 Ebenda, S. 51.

3 So erklärt etwa *Joseph H. Kaiser* die »von den großen Plänen ausgehende Faszination« mit der Erwartung eines »ausschließlich sachlichen, »non partisan approach«; sie (die rationale Planung) hebt sich entschieden ab von den Emotionen, Taktiken und unsachlichen Ambitionen des parteipolitischen Kleinkriegs; nicht der Kampf um die Macht, sondern – man ist versucht zu sagen: die *Natur der Sache* – setzt die Maßstäbe«. *J. H. Kaiser,* Einleitung, in: J. H. Kaiser, Hrsg., Planung I, Baden-Baden 1965, S. 18.

4 So etwa *A. Wildavsky,* The Political Economy of Efficiency: Cost-Benefit Analysis, Systems Analysis, and Program Budgeting, Pub. Adm. Rev., 26, 1966, S. 292 ff.

5 So – ausdrücklich in der Tradition *Max Webers* – auch die neuere amerikanische Politikwissenschaft. Vgl. etwa *H. D. Lasswell/A. Kaplan,* Power and Society: A Framework for Political Inquiry, New Haven 1950, S. 74 ff., 240 f. (»A political act is one performed in power perspectives«; »Power is participation in the making of decisions«; »A decision is a policy involving severe sanctions«). *R. A. Dahl,*

Modern Political Analysis, Englewood Cliffs 1963, S. 5 ff. (»power«, »rule«, »authority«); *G. A. Almond/G. B. Powell*, Jr., Comparative Politics: A Developmental Approach, Boston 1966, S. 16 ff. (»legitimate coercion«).

6 Zur Verhaltenskoordination durch Einfluß in pluralistisch strukturierten Systemen vgl. *E. C. Banfield,* Political Influence, New York 1961.

7 Zur Typologie sozialer Koordination und Kontrollen vgl. auch *R. A. Dahl/C. E. Lindblom,* Politics, Economics and Welfare: Planning and Politico-Economic Systems Resolved into Basic Social Processes, New York 1953.

8 Das Problem der Herrschaft wird verharmlost, wenn man es – wie *Wolf-Dieter Narr* und *Rolf-Richard Grauhan* vorschlagen – lediglich als Folgeproblem der politischen Auswahl zwischen alternativen Handlungsmöglichkeiten behandelt: *Narr,* Logik der Politikwissenschaft – eine propädeutische Skizze, in: *G. Kress/D. Senghaas,* Hrsg., Politikwissenschaft. Eine Einführung in ihre Probleme, Frankfurt 1969, S. 9, 21–24; *Grauhan,* Politikwissenschaftliche Forschung zur Verwaltung, DÖV, 1970, S. 587, 589. Dabei wird das eigentliche Ärgernis der Herrschaft, die Inanspruchnahme *individueller* Verhaltensalternativen (und Ressourcen) ohne Rücksicht auf das aktuelle Einverständnis des Betroffenen, aus dem Bewußtsein verdrängt. Beteiligung am Auswahlprozeß kann dieses Problem vielleicht entschärfen, könnte es aber nicht einmal dann beseitigen, wenn alle Betroffenen einer Entscheidung zugestimmt haben (denn sie verlieren zumindest die Möglichkeit, ihr Verhalten zu ändern, sobald ihre Wünsche sich ändern). Ein Politikbegriff, der ausschließlich von den »Beteiligten« und nicht auch von den »Betroffenen« her konzipiert wird, verführt leicht (insbesondere wenn er sich durch die Forderung nach mehr Partizipation und Aufklärung moralisch entlastet) zu einer Unterschätzung der Kosten von Politik und damit zur Maximierung von Herrschaft.

9 Vgl. dazu *N. Luhmann,* Theorie der Verwaltungswissenschaft: Bestandsaufnahme und Entwurf, Köln 1966, S. 63 ff.

10 Was dabei an Konsensproblemen vom Auswahlprozeß zu verarbeiten ist, hängt allerdings auch von der *Art* der Herrschaftsausübung im Ausführungsstadium ab. Historisch brachte der Übergang zum Steuerstaat und zur Wahrnehmung öffentlicher Aufgaben durch bezahlte Bürokratien eine entscheidende Verminderung des individuell empfundenen Herrschaftsdrucks und damit des Konsensbedarfs, durch die die moderne Ausweitung der öffentlichen Aufgaben überhaupt erst möglich wurde. Insofern sind gerade die Modalitäten der Erbringung kollektiver Leistungen und die jeweilige Mischung von Geld- und Handlungskontributionen und von indirekter oder direkter Verhaltenssteuerung von außerordentlicher politischer Bedeutung, die jedoch auch nur dann sichtbar wird, wenn der Politikbegriff die »Betroffenen« mit einbezieht. Die neuerdings offenbar wieder zunehmende Notwendigkeit direkter

Verhaltenssteuerung zur Umstrukturierung gesellschaftlicher Subsysteme kann darum auch wieder zu einer drastischen Erhöhung des Konsensbedarfs im politischen Prozeß führen.

11 Vgl. hierzu etwa *Luhmann,* a.a.O.; *ders.,* Grundrechte als Institution: Ein Beitrag zur politischen Soziologie, Berlin 1965, S. 151 ff.; *ders.,* Politische Planung, Jb. f. Soz. Wiss., 17, 1966, S. 271, 284 ff.; *ders.,* Legitimation durch Verfahren, Neuwied 1969.

12 Insoweit ist *Grauhan* und *Narr,* a.a.O., ohne weiteres zuzustimmen. Kritik verdient lediglich die Reduktion des Politikbegriffs auf die »Auswahl«-Perspektive.

13 So besonders deutlich, weil nicht durch demokratische Gesinnungsethik das Problem verwischend, das Kapitel »Politische Wahl und Gesetzgebung« bei *Luhmann,* Legitimation durch Verfahren, S. 139 ff., insbesondere 167 ff.

14 Vgl. hierzu *F. W. Scharpf,* Demokratietheorie zwischen Utopie und Anpassung, Konstanz 1970, S. 54 ff.

15 Dabei geht es nicht nur darum, die jeweiligen Schranken der Partizipation an Auswahlprozessen zu problematisieren, sondern es kommt vor allem darauf an, die Intellektuellen-Frage »wer darf mitreden?« zu ergänzen durch die Frage nach den tatsächlich Begünstigten und Belasteten. Erst eine solche Erweiterung des Politikbegriffs kann auch die spezifische Präokkupation des Auswahl-Ansatzes mit den symbolischen Ergebnissen des politischen Prozesses überwinden: Vgl. dazu *M. Edelman,* The Symbolic Uses of Politics, Urbana 1967; *ders.,* Research Orientations: Some Pitfalls and Some Strategic Suggestions, in: H. S. Kariel, ed., Frontiers of Democratic Theory, New York 1970, S. 352 ff.

16 Vgl. dazu etwa: *P. Bachrach/M. S. Baratz,* Two Faces of Power, Am. Pol. Sc. Rev., 56, 1962, S. 947 ff.; *dies.,* Decisions and Nondecisions: An Analytical Framework, ebenda, 57, 1963, S. 632 ff.; *C. Offe,* Politische Herrschaft und Klassenstrukturen: Zur Analyse spätkapitalistischer Gesellschaftssysteme, in: Kress/Senghaas, a.a.O., S. 155 ff.; *Hirsch,* Zur politischen Ökonomie des politischen Systems, ebenda, S. 190 ff.

17 Der sich rasch entwickelnde Zweig der *output*-Forschung in der amerikanischen Politikwissenschaft scheint im Begriff, das Programm einer »Finanzsoziologie« wieder aufzugreifen: *R. Goldscheid,* Steuerverwendung und Interessenpolitik, in: Finanzwirtschaftliche Untersuchungen, Schriften des Vereins für Socialpolitik, 174 (1928). Vgl. *G. F. Schaefer/S. H. Rakoff,* Politics, Policy and Political Science: Theoretical Alternatives, Research Monograph No. 4, Center for Comparative Political Research, SUNY at Binghampton 1970. Der derzeitige Stand der *output*-Forschung wird am besten vermittelt durch die Beiträge in: I. Sharkansky, ed., Policy Analysis in Political Science, Chicago 1970; vgl. auch die umfassende Bibliographie auf S. 467–476. Von besonderem Interesse im gegenwärtigen Zusammenhang sind dabei jene Arbeiten, die sich explizit dem Verteilungs- und Umverteilungsaspekt politischer

outputs zuwenden, so etwa: *T. R. Dye,* Income Inequality and American State Politics, Am. Pol. Sc. Rev., 63, 1969, S. 157 ff.; *B. R. Fry/R. F. Winters,* The Politics of Redistribution, ebenda, 64, 1970, S. 508 ff. Vgl. jetzt auch *P. Bachrach/M. S. Baratz,* Power and Poverty: Theory and Practice, New York 1970.

18 Vgl. hierzu etwa: *G. A. Almond/S. Verba,* The Civic Culture: Political Attitudes and Democracy in Five Nations, Princeton 1963, S. 101 ff., 214 ff., 402 ff.; *W. Kaltefleiter,* Wirtschaft und Politik in Deutschland, Konjunktur als Bestimmungsfaktor des Parteiensystems, Köln, 2. Auflage 1968.

19 Hierzu statt vieler: *P. Davidoff/T. A. Reiner,* A Choice Theory of Planning, Journal of the American Institute of Planners, 28, 1962, S. 103, 105 ff.

20 Vgl. hierzu im Anschluß an *H. Freyer,* Herrschaft und Planung, Hamburg 1933, vor allem: *H. Lübbe,* Herrschaft und Planung: Die veränderte Rolle der Zukunft in der Gegenwart, in: Festschrift für Max Müller, Freiburg 1966, S. 188 ff.; *H. Schelsky,* Planung der Zukunft: Die rationale Utopie und die Ideologie der Rationalität, Soziale Welt, 17, 1966, S. 155, 165 ff.

21 Vgl. hierzu etwa die Abfolge der »Vorworte« von *Kaiser* zu den von ihm herausgegebenen Bänden der Reihe »Planung«; *K. Lenk,* Aspekte der gegenwärtigen Planungsdiskussion in der Bundesrepublik, PVS, 7, 1966, S. 364 ff.; *H. J. Arndt,* Der Plan als Organisationsfigur und die strategische Planung, PVS, 9, 1968, S. 177 ff.

22 *E. Forsthoff,* Über Mittel und Methoden moderner Planung, in: J. H. Kaiser, Hrsg., Planung III, Baden-Baden 1968, S. 21.

23 Zum Wandel der Anforderungen an die Politik in der Bundesrepublik vgl. auch *F. W. Scharpf,* Policy Sciences Teaching in Context: A Note on Germany, Policy Sciences, 1, No. 4 (December 1970).

24 So vor allem *N. Luhmann,* Status quo als Argument, in: H. Baier, Hrsg., Studenten in Opposition, Bielefeld 1968, S. 74, 76 ff.

25 Bezugsrahmen, Fragestellungen und Hypothesen sind stark beeinflußt durch die Arbeit an »Fallstudien zu Entscheidungsprozessen in der Bundesregierung«, die im Auftrag der Projektgruppe für Regierungs- und Verwaltungsreform beim Bundesminister des Innern im Sommer 1970 abgeschlossen wurde. Vielfältige Anregungen aus Diskussionen mit den Mitgliedern der Projektgruppe und meinen Mitarbeitern *Hanfried Andersen, Klaus Dammann, Jürgen Kussau, Lutz Oertel* und *Hubert Treiber* sind auch in diesen Aufsatz eingegangen. Mein Dank an dieser Stelle soll jedoch die Verantwortung für Mängel und Schwächen nicht umverteilen.

26 Vgl. etwa *D. Easton,* A Systems Analysis of Political Life, New York 1965, S. 29 ff.; *Almond/Powell,* a.a.O., S. 20 ff., 73 ff.

27 Zur Kritik vgl. *W. F. Ilchman/N. T. Uphoff,* The Political Economy of Change, Berkeley 1969, S. 56 f.

[28] So vor allem *Ilchman/Uphoff*, a.a.O., S. 26 ff. und passim.

[29] *Easton*, a.a.O., S. 54 ff., will mit der Kategorie der »withinputs« die nicht durch die Umwelt induzierten Beiträge aus dem Entscheidungssystem selbst erfassen. Er stößt dabei jedoch auf theoretische Schwierigkeiten innerhalb seines Modells, und die Kategorie bleibt bei ihm marginal.

[30] Vgl. etwa *C. W. Mills*, The Power Elite, New York 1956; *G. W. Domhoff*, Who Rules America?, Englewood Cliffs 1967.

[31] So vor allem: *R. A. Dahl*, Critique of the Ruling Elite Model, Am. Pol. Sc. Rev., 52, 1958, S. 463 ff.; *N. W. Polsby*, Community Power and Political Theory, New Haven 1963. Zu den methodischen und inhaltlichen Problemen der »power elite«-Kontroverse vgl. *Scharpf*, Demokratietheorie, S. 36 ff.

[32] So etwa: *R. A. Dahl*, Who Governs? Democracy and Power in an American City, New Haven 1961; *A. Wildavsky*, Dixon-Yates: A Study in Power Politics, New Haven 1962; *R. A. Bauer/I. de Sola Pool/L. A. Dexter*, American Business and Public Policy, New York 1963. Zum gleichen Ergebnis sind wir auch bei unseren eigenen »Fallstudien zu Entscheidungsprozessen in der Bundesregierung« gekommen: *F. W. Scharpf*, Bericht des Projektleiters, unveröff. Ms., Konstanz 1970. Offenbar verdeckt die sehr gezielte Fallauswahl der meisten »pressure group«-Studien den generellen Sachverhalt. Eine totale Erfassung der Regierungstätigkeit würde vermutlich ergeben, daß sie nur zu einem ganz geringen Teil durch *direkte* »externe« Inputs initiiert oder inhaltlich bestimmt wird.

[33] Vgl. hierzu etwa *Hirsch*, Zur politischen Ökonomie des politischen Systems; *J. Huffschmid*, Die Politik des Kapitals, Frankfurt/M. 1969; *H. Meißner*, Bürgerliche Ökonomie im modernen Kapitalismus, Berlin-Ost 1967. *J. Esser* unterscheidet in einem unveröffentlichten Arbeitspapier (Konstanz 1970) derzeit vier Versionen der »Agenturtheorie«, die die Abhängigkeit der Staatsgewalt von der ökonomisch herrschenden Klasse behauptet. Keine von ihnen würde allein durch den Nachweis der relativ geringen Wirksamkeit *direkter* Einflußversuche der Wirtschaft auf die Politik erschüttert.

[34] In ähnlichem Sinne unterscheiden *Dahl/Lindblom*, a.a.O., zwischen »processes of rational calculation« und »processes of social control«. Vgl. auch die Differenzierung zwischen den »analytischen« und »politischen« Aspekten des Budgetprozesses bei *C. L. Schultze*, The Politics and Economies of Public Spending, Washington 1968.

[35] Dazu *J. Habermas*, Verwissenschaftliche Politik und öffentliche Meinung, in: J. Habermas, Technik und Wissenschaft als »Ideologie«, 2. Aufl., Frankfurt/M. 1969, S. 120 ff.; *K. Lompe*, Wissenschaftliche Beratung der Politik, Göttingen 1966.

[36] Dabei ist es eine Frage der Zweckmäßigkeit im Kontext der Forschung, ob die Unterscheidung auf den Auswahlprozeß im Gesamtsystem oder

in einem beteiligten Subsystem bezogen wird. Im zweiten Fall gehört die Perzeption von Widerstand oder Konsenschancen außerhalb des eigenen Subsystems zur Informationsseite, andernfalls zur Konflikt/Konsensseite.

[37] Als Beispiel für einen solchen Versuch vgl. *N. Luhmann,* Klassische Theorie der Macht: Kritik ihrer Prämissen, Z. f. Pol. 16, 1969, S. 149 ff. *Luhmanns* Definition der Machtausübung als »Selektion von Verhaltensprämissen für einen anderen« (S. 168) läßt eine Übersetzung von Befunden aus dem Kontext der Machttheorie in den Kontext der Kommunikationstheorie möglich erscheinen. Ähnlich *A. Etzioni,* The Active Society, New York 1968, S. 313 ff., insbes. S. 333 ff. *Etzioni* führt allerdings (gegen *Karl W. Deutsch,* The Nerves of Government: Models of Political Communication and Control, New York 1963) gute Gründe dafür an, den konzeptionellen Dualismus von Macht und Kommunikation als Mechanismen zur Übertragung von Steuerungssignalen nicht aufzugeben, da sie keineswegs voll füreinander substituierbar seien.

[38] Als faszinierendes Beispiel für das damit aufgeworfene Problem vgl. *G. T. Allison,* Conceptual Models and the Cuban Missile Crisis, Am. Pol. Sc. Rev., 63, 1969, S. 689 ff. Allison demonstriert, daß der Entscheidungsprozeß in der amerikanischen Regierung während der Kuba-Krise in offenbar plausibler Weise mit Hilfe von drei völlig verschiedenen theoretischen Ansätzen erklärt werden kann, nämlich dem »rational policy model«, dem »organizational process model« und den »bureaucratic politics model«. Auch hier wäre vielleicht eher nach empirischen Interdependenzen zu fragen. So erscheint es mir immerhin denkbar, daß der Kontext und die Relevanzregeln einer Diskussion im Weißen Haus über die für die USA beste Reaktion auch die Verfolgung (und die Definition) der nach den Modellen 2 und 3 allein relevanten Subsystem-Ziele (der einzelnen Ressorts, Waffengattungen, Geheimdienste etc.) strukturiert hat. Jedenfalls würde man erwarten, daß ohne diese Disziplinierung durch den gemeinsamen Kontext der Diskussion die Verhaltensbeiträge der Subsysteme nicht mit der gleichen Deutlichkeit zu einer »rational policy« für das Gesamtsystem führen müssen.

[39] Zur Definition vgl. etwa: *A. J. Kahn,* Theory and Practice of Social Planning, New York 1969, S. 12 ff.; *Y. Dror,* The Planning Process: A Facet Design, Int. Rev. Adm. Sc., 29, 1963, S. 44 ff.; *H. Schelsky,* Über die Abstraktheit des Planungsbegriffs in den Sozialwissenschaften, in: Zur Theorie der allgemeinen und der regionalen Planung, Beiträge zur Raumplanung 1, Bielefeld 1969, S. 9 ff.; *H. K. Schneider,* Planung und Modell, ebenda, S. 41 ff.

[40] So *Kaiser,* in: Planung II, S. 11 ff.; *Davidoff/Reiner,* a.a.O., S. 113 ff.

[41] *H. J. Arndt,* Die Figur des Plans als Utopie des Bewahrens, in: Säkularisation und Utopie, E. Forsthoff zum 65. Geburtstag, Stuttgart 1967, S. 119 ff., möchte sogar die Definition des Plans (im Unterschied zur »Strategie«) auf die dissensfreien »ablauftechnischen Pläne« begrenzen.

[42] So die »Bellagio Declaration on Planning«, in: E. Jantsch, ed., Perspectives of Planning, Paris 1969.

[43] Vgl. dazu vor allem *F. H. Tenbruck*, Zu einer Theorie der Planung in Wissenschaft und Praxis, in: Festschrift zum zwanzigjährigen Bestehen des Westdeutschen Verlags, Köln 1967, S. 109, 112 ff.

[44] Dafür einige empirische Belege bei *N. Dennis*, People and Planning, London 1969.

[45] Vgl. dazu etwa *L. H. LeShan*, Time Orientation and Social Class, The Journal of Abnormal and Social Psychology, 47, 1952, S. 589 ff.; *M. A. Straus*, Deferred Gratification, Social Class and the Achievement Syndrome, Am. Soc. Rev., 27, 1962, S. 326 ff.

[46] Die vorwegnehmende Planung hat insoweit die gleichen politischen Wirkungen wie die vorwegnehmende Gesetzgebung. Vgl. dazu *F. W. Scharpf*, Die politischen Kosten des Rechtsstaats: Eine vergleichende Studie der deutschen und amerikanischen Verwaltungskontrollen, Tübingen 1970, S. 73 f.

[47] So etwa *J. K. Galbraith*, The New Industrial State, London 1967. Ohne jeden Vorbehalt begrüßt dagegen *Erich Tautsch* »The emergence of industry as a ›planner for society‹ on an equal level with government«: Adaptive Institutions for Shaping the Future, in: Jantsch, ed., a.a.O., S. 471, 486 ff.

[48] Ihnen gemeinsam ist die retrospektive Orientierung an den erfahrenen *Ergebnissen* der Politik. Während jedoch solche politischen Reaktionen für die kurzfristig steuerbare Politik noch instruktiv sein mögen, sind sie für die langfristig geplante Politik als Instruktion unbrauchbar und als Sanktion weit verspätet.

[49] So schon *F. W. Scharpf*, Die planende Verwaltung in der Demokratie, Recht und Politik, 1969, S. 20, 21 f. *Thomas Ellwein* sieht hierin eine »bedenkliche Nähe zu technokratischem Denken«, das die Verwaltung »als Motor der Entwicklung« sieht und die Politik »darauf reduziert, für diese Entwicklung die Legitimation zu schaffen«. *T. Ellwein*, Regierung und Verwaltung. 1. Teil: Regierung als politische Führung, Stuttgart 1970, S. 29. Mir scheint der Vorwurf, auch nach erneuter Prüfung, fehlzugehen – jedenfalls solange keine Argumente dafür angeboten werden, weshalb das von mir bezeichnete Problem der zukunftsgerichteten Interessenartikulation entweder nicht vorhanden oder leicht lösbar sein sollte. Ohne Bezug zur möglichen Interessenartikulation scheint mir auch *Ellweins* »regulative Idee einer umfassenden politischen und sozialen Selbstbestimmung« (S. 32) abstrakt (und in der Praxis darum elitär).

[50] Vgl. etwa: *E. Jantsch*, Technological Forecasting in Perspective, Paris 1967; *H. Ozbekhan*, The Idea of a »Look-out« Institution, Santa Monica 1965; R. A. Bauer, ed., Social Indicators, Cambridge 1966; *B. M. Gross*, The State of the Nation: Social Systems Accounting,

London 1966; *H. Kahn/A. Wiener,* The Year 2000: A Framework for Speculation on the Next Thirty-Three Years, New York 1967.

[51] Zur Definition vgl. *H. A. Simon,* On the Concept of Organizational Goal, Adm. Sc. Quart., 9, 1964/65, S. 1 ff. Danach sind sowohl Ziele als auch Restriktionen als Brauchbarkeitsbedingungen für die Auswahl von Handlungsalternativen maßgeblich. Jedoch leiten »Ziele« (die aktiv verfolgt werden sollen) die Suche nach Alternativen, während »Restriktionen« (die lediglich nicht verletzt werden dürfen) erst für die Überprüfung der so gefundenen Alternativen herangezogen werden.

[52] Vgl. dazu *Scharpf,* Demokratietheorie, S. 11 ff.

[53] Ähnlich wie hier unterscheidet auch *Friedmann* zwischen der »feasibility«, der »efficacy for achieving stated objectives« und der »compatibility with contextual ends« von Handlungsstrategien: *J. Friedmann,* Introduction: The Study and Practice of Planning, Int. Soc. Sc. J., 11, 1959, S. 327, 330.

[54] Die nachfolgenden Abschnitte stützen sich weitgehend auf die Ergebnisse der von *J. Kussau* und *L. Oertel* bearbeiteten Fallstudie zum Verkehrspolitischen Programm der Bundesregierung für die Jahre 1968 bis 1972 (»Leberplan«). Die Aussagen sind jedoch allgemeiner und schärfer zugespitzt formuliert, als das Material dieses Falles zulassen würde; sie haben darum explizit Hypothesencharakter.
Der untersuchte Fall selbst weist im Vergleich zu »normalen« Entscheidungsprozessen in der Bundesregierung die folgenden Besonderheiten auf: Der »Leberplan« wurde von einer dem Grundsatzreferat zugeordneten »Arbeitsgruppe« aus Mitgliedern mehrerer spezialisierter Fachreferate ausgearbeitet; die Arbeit der Gruppe wurde während der ersten Monate nicht nur gegenüber der Öffentlichkeit und den anderen Ressorts, sondern auch gegenüber dem eigenen Haus abgeschirmt; das Interesse des Ministers konnte von der Arbeitsgruppe von Anfang an vorausgesetzt werden; er wurde über den jeweiligen Stand der Arbeit informiert und war an der (innerhalb des Ministeriums) endgültigen Auswahl der Handlungsalternativen in außerordentlich intensiver Weise beteiligt. Das Ergebnis der Arbeit war ein die wichtigsten Verkehrsträger erfassendes, in sich koordiniertes Programm mit einer Kombination einzelner Maßnahmen, deren politischer Kern jedoch zweifellos bei dem Versuch lag, die Sanierung der Bundesbahn durch die Beschränkung und Belastung des Güterfernverkehrs auf der Straße zu unterstützen. Vgl. dazu auch *F. Wilkenloh,* Das verkehrspolitische Programm der Bundesregierung für die Jahre 1968 bis 1972 im Spiegel der Verwaltungsarbeit, Die Verwaltung, 2, 1969, S. 65 ff.

[55] Ähnlich *R. K. Huitt,* Political Feasibility, in: A. Ranney, ed., Political Science and Public Policy, Chicago 1968, S. 263, 273. Ein weiterer Grund liegt vermutlich darin, daß der von einem dafür formell zuständigen Initianten vorgelegte Entscheidungsvorschlag das »Thema« der weiteren Diskussion für alle anderen Beteiligten weitgehend fest-

legt und daß darum besondere Anstrengungen erforderlich wären, wenn ein anderer Beteiligter (für alle) das Thema ändern wollte: *N. Luhmann,* Öffentliche Meinung, PVS, 11, 1970, S. 2, 11 ff.

[56] Vgl. dazu *D. C. Dearborn/H. A. Simon,* Selective Perception: A Note on the Departmental Identification of Executives, Sociometry, 21, 1958, S. 140 ff.; *J. G. March/H. A. Simon,* Organizations, New York 1958, S. 127 ff.

[57] Vgl. dazu *P. B. Clark/J. Q. Wilson,* Incentive Systems: A Theory of Organizations, Adm. Sc. Quart., 6, 1961/62, S. 129 ff.

[58] Zum derzeitigen Stand der Planung in der Bundesregierung vgl. *R. Jochimsen,* Zum Aufbau und Ausbau eines integrierten Aufgabenplanungssystems und Koordinationssystems der Bundesregierung, Bulletin v. 16. 7. 1970, S. 949 ff.; *H. Bebermeyer,* Das politische Planungssystem der Bundesregierung – Entwicklung und Stand der institutionellen Voraussetzungen und Instrumentarien, in: R. Jochimsen/U. Simonis, Hrsg., Theorie und Praxis der Infrastrukturpolitik, Berlin 1970, S. 713 ff.; *A. Theis,* Führungsinstrumentarium und politische Planung, Die Außenpolitik, 1969, S. 735 ff.

[59] Vgl. *Wilkenloh,* a.a.O.

[60] Vgl. die Beiträge in B. G. Hickman, ed., Quantitative Planning of Economic Policy, Washington 1965, sowie *J. Kornai* u. a., Mathematische Methoden bei der Planung der ökonomischen Struktur, Berlin-Ost 1967. Von besonderem Interesse für die politische Planung ist die Weiterentwicklung des *Forrester*-Simulationsmodells zu einem kommunalen Management-System für West-Berlin: *J. W. Forrester,* Urban Dynamics, Cambridge 1969; *Zentrum Berlin für Zukunftsforschung,* Entwurf eines kommunalen Management-Systems: Berliner Simulationsmodell BESI, ZBZ-Bericht 9, Berlin 1970.

[61] So etwa *H. Weinblatt,* Urban Dynamics: A Critical Evaluation, Policy Sciences, 1, 1970, S. 377 ff. Vgl. auch *F. Naschold,* Optimierung: Möglichkeiten, Grenzen und Gefahren, Stadtbauwelt, 1969, S. 282 ff.

[62] *Bertram Gross* spricht in diesem Zusammenhang von einem »double-barrelled Gresham's Law under which monetary information tends to drive out of circulation quantitative information of greater significance, and quantitative information of any sort tends to retard the circulation of qualitative information«. *B. Gross,* a.a.O., S. 90. Vgl. hierzu auch *P. J. Henriot,* Political Questions About Social Indicators, West. Pol. Quart., 23, 1970, S. 235 ff.; *E. B. Sheldon/H. E. Freeman,* Notes on Social Indicators: Promises and Potential, Policy Sciences, 1, 1970, S. 97 ff.

[62a] Erste Ansätze dazu finden sich bei *H. A. Simon,* Research for Choice, in: W. R. Ewald, ed., Environment and Policy: The Next Fifty Years, Bloomington 1968, S. 360, 368 ff.

[63] *Arndt,* Die Figur des Plans als Utopie des Bewahrens, a.a.O., S. 139, hält entsprechend seinem strikten Planungsbegriff überhaupt nur be-

grenzte Kernpläne für realisierbar: Sie sind »durch höchste Prioritätsanforderung gegen partikuläre Strategien sowie gegen den Einfluß ökonomischer Knappheit geschützt; sie müssen außerhalb des ökonomischen Systems gehalten werden und ohne Rücksicht auf Kosten und Preise durchgesetzt werden können«. Ähnlich auch *Arndt,* Der Plan als Organisationsfigur und die strategische Planung, S. 192 f.

[64] Berichte über die Heranziehung von Planungsanwälten in der Stadtplanung finden sich in: *P. Davidoff,* The Planner as Advocate, in: E. C. Banfield, ed., Urban Government: A Reader in Administration and Politics, rev. ed. New York 1969, S. 544 ff.; *Peattie,* Reflections of an Advocate Planner, ebenda, S. 556 ff.

[65] Zu den Voraussetzungen und Verfahrensweisen der Suboptimierung vgl. etwa: *C. Hitch,* Sub-Optimization in Operations Problems, Operations Research, 1, 1953, S. 87 ff.; *A. C. Enthoven,* The Simple Mathematics of Maximization, in: *C. J. Hitch/R. N. McKean,* The Economics of Defense in the Nuclear Age (1960), New York 1966, S. 361, 396 ff. Ein mathematisches Modell der iterativen Mehrebenenplanung wird dargestellt bei *J. Kornai/T. Liptak,* Das volkswirtschaftliche Modell der »Zweiebenenplanung«, in: *Kornai,* Mathematische Methoden, S. 329 ff., 354 ff.

[66] Vgl. etwa *D. Gabor,* Open-Ended Planning, in: Jantsch, ed., Perspectives of Planning, S. 329 ff.

[67] Vgl. *A. Altshuler,* Comprehensive Planning. An Impossible Ideal, in: Banfield, ed., Urban Government, S. 530 ff.

[68] So *T. Lowi,* American Business, Public Policy, Case Studies, and Political Theory, World Politics, 16, 1964, S. 677 ff.; *ders.,* Decision Making vs. Policy Making: Toward an Antidote for Technocracy, Pub. Adm. Rev., 30, 1970, S. 314 ff. *Salisbury* hat im Anschluß an *Lowi* noch weitere Differenzierungen innerhalb des Typs der »regulativen« Politik vorgeschlagen (»constitutional«/»regulatory«) und den Typ der »Selbstregulierung« durch interessierte Gruppen hinzugefügt: *R. H. Salisbury,* The Analysis of Public Policy: A Search for Theories and Roles, in: Ranney, ed., Political Science and Public Policy, a.a.O., S. 151 ff.; *R. Salisbury/J. Heinz,* A Theory of Policy Analysis and Some Preliminary Applications, in: Sharkansky, ed., Policy Analysis in Political Science, S. 39 ff. Vgl. auch *L. A. Froman, Jr.,* The Categorization of Policy Contents, in: Ranney, a.a.O., S. 41 ff.

[69] *Schultze,* a.a.O., S. 83 ff., 86.

[70] Ebenda, S. 84 f., 88 f.

[71] *J. Friedmann,* A Conceptual Model for the Analysis of Planning Behavior, Adm. Sc. Quart., 12, 1967/68, S. 225 ff. Die bei *Friedmann* implizit gebliebene Hypothese zum Konsensbedarf wurde in einem Arbeitspapier von *Reinhart Wettmann* (MS, Mainz 1970) formuliert und auf seine laufenden Untersuchungen zum Hessischen Planungssystem bezogen.

72 So auch *Schultze,* a.a.O., S. 87 f.

73 *Horowitz* sieht eine Bewegung »from politics to policy« im Gange, an deren Ende »the end of politics as a significant mass activity« stehen werde. Der Wissenschaft, die allerdings die Entscheidungsinhalte kaum beeinflussen könne, komme dabei in erster Linie die Aufgabe der Legitimation zu: *I. L. Horowitz,* Social Science Mandarins: Policymaking as a Political Formula, Policy Sciences, 1, 1970, S. 339 ff. Ähnlich auch *R. E. Lane,* The Decline of Politics and Ideology in a Knowledgeable Society, Am. Soc. Rev., 31, 1966, S. 649 ff.

74 So im Anschluß an *Lindblom* vor allem: *A. Wildavsky,* The Political Economy of Efficiency: Cost-Benefit Analysis, Systems Analysis, and Program Budgeting, Pub. Adm. Rev., 26, 1966, S. 292 ff.

75 Vgl. *Edelman,* The Symbolic Uses of Politics, a.a.O. Zu den außerordentlichen Schwierigkeiten einer Politikänderung, die eine vorgängige oder gleichzeitige Änderung der »contextual orientations« der Öffentlichkeit oder wichtiger Gruppen erfordert, vgl. auch *Etzioni,* The Active Society, S. 160 ff.

76 Vgl. statt vieler: *A. S. McFarland,* Power and Leadership in Pluralist Systems, Stanford 1969; *Scharpf,* Demokratietheorie, S. 29 ff., mit weiteren Nachweisen; *J. Hage/M. Aiken,* Social Change in Complex Organizations, New York 1970; *J. Q. Wilson,* Innovation in Organization: Notes Toward a Theory, in: J. D. Thompson, ed., Approaches to Organizational Design, Pittsburgh 1966, S. 193 ff.; *R. Zintl,* Organisation und Innovation, PVS, 11, 1970, S. 219 ff.

77 *Wilson,* a.a.O., S. 200.

78 *Wilson,* S. 200 ff.; *Hage/Aiken,* a.a.O., S. 30 ff.

79 *Scharpf,* a.a.O., S. 51 ff.

80 Diese Hypothese stützt sich auf unsere Fallstudien zu Entscheidungsprozessen in der Bundesregierung und den dabei möglichen Vergleich zwischen dezentralen Politikinitiativen, die etwa von einem einzelnen Referat ausgehen, das die notwendigen Entscheidungsbeiträge anderer Stellen auf dem Wege der horizontalen Selbstkoordination gewinnen muß, und zentralen Initiativen, die entweder vom Minister ausgehen oder doch auf ihn als Entscheidungsstelle und seine Möglichkeiten der hierarchischen Koordination bezogen sind: *Scharpf,* Bericht des Projektleiters.

81 Vgl. hierzu vor allem *R. Schnur,* Politische Entscheidung und räumliche Interessen, Die Verwaltung, 3, 1970, S. 257 ff.

82 *Wilson,* S. 202 ff.

83 Der »Profilneurose« deutscher Koalitionsparteien entspricht etwa das Profilierungsbedürfnis der Inhaber selbständiger Wahlämter in den pluralistisch verfaßten amerikanischen Kommunen – in beiden Fällen mit der Folge verminderter Innovationsfähigkeit: *R. L. Crain/D. B. Rosenthal,* Structure and Values in Local Political Systems: The Case of Fluoridation Decisions, Journal of Politics, 28, 1966, S. 169, 186 ff.

[84] *Wilson,* S. 211 f.; *Scharpf,* Die politischen Kosten des Rechtsstaats, S. 72.

[85] Vgl. etwa die Vorschläge bei *March/Simon,* Organizations, S. 129 f. (»problem solving«, »persuasion«, »bargaining«, »politics«); *J. D. Thompson/A. Tuden,* Strategies in Decision-Making (1959), in: F. J. Lyden/G. A. Shipman/M. Kroll, eds., Policies, Decisions, and Organizations, New York 1969, S. 310, 313 ff. (»computation«, »compromise«, »majority judgment«, »inspiration« – gemeint ist die nicht hinterfragte Dezision des anerkannten Führers); *Lowi,* American Business, Public Policy (»log rolling«, »bargaining«, »elite-counter elite conflict«).

[86] Zur differenzierten Typologie von »log rolling« und »bargaining« vgl. etwa *L. A. Froman,* The Congressional Process: Strategies, Rules and Procedures, Boston 1967, S. 23 ff.

[87] Vgl. dazu *Arndt,* Der Plan als Organisationsfigur, und vor allem die Kritik neuerer Planungsideologien bei *Schelsky,* Planung der Zukunft.

[88] Dahin tendiert offenbar *Schultze,* a.a.O., S. 83 ff.

[89] So vor allem *Arndt,* Die Figur des Plans als Utopie des Bewahrens.

[90] Zur Apathie-Diskussion in der politischen Theorie vgl. *Scharpf,* Demokratietheorie, S. 39 ff. Der hier interessierende Zusammenhang zwischen relativer Apathie der Betroffenen und politischem Handlungsspielraum wird expliziert bei *Almond/Verba,* a.a.O., S. 473 ff.

[91] So etwa *V. v. Bethusy-Huc,* Das Sozialleistungssystem der Bundesrepublik Deutschland, Tübingen 1965, S. 220 ff., 249 ff., die von einer »Diktatur des bürokratischen Apparats der sozialen Sicherheit« spricht. Die vorwiegend institutionelle Verortung der Opposition wird vorausgesetzt bei den realistischen Analysen zur Strategie und Taktik bei Gebiets- und Verwaltungsreformen von *R. Schnur,* Strategie und Taktik bei Verwaltungsreformen, Baden-Baden 1966; *ders.,* Widerstände und Schwierigkeiten bei Verwaltungsreformen: Einige pragmatische Bemerkungen, DVBl., 85, 1970, S. 753 ff.; *ders.,* Gebietsreform als Neuverteilung politischer Macht, in: Neugliederung der Länder, Loccumer Protokolle 3/1968, S. 116 ff.

[92] Zu einigen amerikanischen Erfahrungsberichten, die diese Hypothese unterstützen, vgl. *F. W. Scharpf,* Über die Beratung des amerikanischen Präsidenten, Die Verwaltung, 3, 1970, S. 360, 364 ff.

[93] Auch diese Hypothese findet Unterstützung in unseren Fallstudien zu Entscheidungsprozessen in der Bundesregierung.

[94] So insbesondere *Wilson,* a.a.O., S. 208 f.

[95] So statt vieler: *K. W. Deutsch,* Politics and Government: How People Decide Their Fate, Boston 1970, S. 52 ff., der den Immobilismus-Krisen-Zyklus als die typische Gefahr pluralistischer Systeme bezeichnet.

[96] So jedenfalls die Theorie des »generalisierten Mandats«, die die Unfähigkeit des Wählers, seine Interessen beim Wahlakt zu spezifizieren, hervorhebt: *T. Parsons,* »Voting« and the Equilibrium of the American

Political System, in: *ders.*, Sociological Theory and Modern Society, New York 1967, S. 223 ff.; *Luhmann*, Grundrechte als Institution, S. 149 ff.

97 Anfschlußreich und ernüchternd ist die historische Darstellung des langen politischen Weges von der Problemartikulation bis zur innovativen Politik (und der relativ geringen Bedeutung von Problemanalyse und Planung im Vergleich zur »politischen« Politik von Interessengruppen, Parteien, Kandidaten, Kongreß und Präsidenten) bei *J. L. Sundquist*, Politics and Policy: The Eisenhower, Kennedy, and Johnson Years, Washington 1968. Behandelt werden die folgenden *issues:* Arbeitslosigkeit, Armut, Bildungswesen, Gleichberechtigung der Rassen, Krankenversorgung im Alter, Umweltschutz.

9 *Martin Rein*

Sozialplanung: Auf der Suche nach Legitimität

Jegliche Planung muß auf irgendeine Weise das Problem ihrer Legitimität lösen, d. h. die Frage beantworten, worauf sich ihre Autorität, in gesellschaftliche Prozesse einzugreifen, stützt. Dies gilt vor allem für solche Arten der Sozialreform und Stadtplanung, deren Ziel es ist, *soziale Innovationen* durchzuführen, d. h. neue Programme und Ideen zu initiieren, um gesellschaftliche Probleme zu verringern und zu lösen.

Wodurch erhalten die Eingriffe der Reformer und Planer ihren Sinn und ihre soziale Bedeutung? Wie rechtfertigen sie ihre Notwendigkeit und woher erhalten sie ihre Unterstützung? Das Legitimationsproblem stellt sich besonders in der amerikanischen Gesellschaft, da der reformorientierte Planer nur begrenzte Macht besitzt, seine Ziele durchzusetzen. Er muß die fehlende Macht, d. h. »die Fähigkeit, externe und interne Umweltfaktoren zu kontrollieren und/oder den Folgen einer ungenügenden Kontrolle entgegenzuwirken« [1], durch Kooperation ausgleichen. Er muß die parzellierte Macht sammeln und nutzbar machen, um geplanten Wandel zuwege zu bringen.

Einige Planungsorganisationen glauben sich diesem Dilemma entziehen zu können, wenn sie das Mandat, Neuerungen einzuleiten oder geplanten Wandel zu fördern, zurückweisen. Sie sehen ihre Aufgabe lediglich darin, ein Forum zu schaffen, auf dem sich andere durch die Intervention von Koordinatoren statt Planern einigen können [2]. Doch Organisationen, die geplanten Wandel erreichen wollen, bedürfen der Autorität, um andere Organisationen in ihrer Freiheit einschränken zu können. Um dem schwer faßbaren Ideal, das wir Allgemeininteresse nennen, näherzukommen, versuchen sie, sich die Interessen anderer Organisationen dienstbar zu machen oder ihre Funktionen und Zwecke zu ändern. Sobald solche Organisationen jedoch mächtig genug sind, effektiv handeln zu können, sind sie auch stark genug, ihre Macht zu mißbrauchen. Dann gilt es, ihre Macht einzudämmen. In der Demokratie trifft die Machtzentralisation auf starke Hindernisse, einzelnen Institutionen hingegen werden größere Freiheiten gelassen. Solange jedoch Ungerechtigkeit herrscht, benötigt man irgendeine zentralisierte Macht, um ihr entgegenzuwirken. Es ist eine große Aufgabe demokratischer Gesellschaften, zu versuchen, die widersprüchlichen Forderungen – nach den Mitteln, Machtmißbrauch zu kontrollieren, nach der Macht, menschliches Elend zu verringern und nach der Einschränkung der Handlungsfreiheit anderer, die solche Macht erfordert – zu vereinen. Die Suche nach Legitimität ist ein Versuch, dieses Dilemma zu lösen.

Grundlagen der Autorität der Stadtplanung

Die Erfahrung mit der Stadtplanung in den Vereinigten Staaten zeigt, daß sich Stadtplaner zur Rechtfertigung und Legitimierung ihrer Interventionen auf vier Quellen der Autorität berufen. Man könnte sie als *Sachverstand, Stellung der Bürokratie, Präferenzen der Betroffenen* und *professionelle Werte* bezeichnen.

Die Autorität des Sachverstandes

Dieses Konzept basiert auf der Annahme, daß der Planer auf Grund von technisch-wissenschaftlichen Kenntnissen in der Lage sei, der Irrationalität des politischen Prozesses der städtischen Verwaltung entgegenzuwirken, der zu Entscheidungen führt, die aus einem »opportunistischen Handel zwischen mächtigen, politischen und ökonomischen Interessen« resultieren [3]. In der Frühphase der Planungsbewegung galt der Grundsatz, daß Planer große formal-institutionalisierte Macht unabhängig vom politischen Prozeß brauchten, um als autonome »vierte Gewalt« in der städtischen Verwaltung agieren zu können [4]. Die erste Stadtplanungskommission von New York City bestand 1934 in der Mehrzahl aus Mitgliedern, die »die Prämisse vertraten, die Kommission sollte ein Expertengremium sein, das ein Stimmrecht bei den kommunalen Entscheidungen hat, gleichzeitig außerhalb steht und gegen die Notwendigkeit, mit ›Politikern‹ und speziellen Interessengruppen verhandeln und ihnen Konzessionen machen zu müssen, abgesichert ist« [5]. Die Erfahrung lehrte bald, daß politische Autonomie zur Isolation und Unabhängigkeit zur Machtlosigkeit führt. Entpolitisierte, vom politischen Prozeß unabhängige Autorität, die auf technisch-wissenschaftlicher Rationalität basiert, erschöpft sich in der Unterbreitung von Vorschlägen ohne Durchsetzungschance [6]. Es konnte nicht überraschen, daß das Bedürfnis nach neuen Quellen der Autorität bald erkannt wurde.

Die Autorität der Bürokratie

In den vierziger Jahren wurde von Mitgliedern der öffentlichen Verwaltung die Möglichkeit diskutiert, Politik und Verwaltung zu trennen [7]. Im Mittelpunkt dieser Debatte stand die Frage, ob jeder administrative Akt eine politische Konsequenz nach sich ziehe, die eine technologische Lösung nicht zuläßt. Wenn Politik und Verwaltung nicht zu trennen seien, dann erhalte der Planer seine Autorität in erster Linie von den Politikern und nicht von der Technologie. Je unvollkommener aber die Kontrolle über den Verwaltungsprozeß sei, desto größer sei auch der Einfluß der Fachleute, und die Rolle des Planers bei der Entwicklung einer Politik somit unklar. Die Problematik im Konzept der Planung als »vierte Gewalt« besteht demgemäß in den konfligierenden Ansprüchen zwischen Planern und Politikern.

Beckman, der diese Debatte unlängst aufgriff, vertrat den Standpunkt, daß dieser Identitätskonflikt – Planer oder Politiker – »am besten dadurch zu lösen sei . . ., daß er (der Planer) die ungemein wichtige, wenn auch begrenzte Rolle zu übernehmen bereit sei, die in unserem System die Mitglieder der öffentlichen Verwaltung innehaben« [8]. Beckman fordert den Planer auf, den politischen Entscheidungsträgern zu assistieren, da der »Einfluß des Planers auf die öffentliche Politik innerhalb der Bürokratie auf seinem Sachverstand beruht. Planer und andere Berater im Stab haben nur insoweit Einfluß, als sie ihre politischen Vorgesetzten überzeugen können . . . Es darf nicht vergessen werden, daß in unserem System von Regierung und Verwaltung die Politik über der Verwaltung steht. Sie verleiht Macht und Verantwortung dem Politiker und dem Wähler ganz deutlich Autorität« [9].

Der Planer, der eine Entscheidung seiner Vorgesetzten nicht für richtig hält, kann versuchen, sie von seiner eigenen Meinung zu überzeugen oder verärgert das Feld räumen. Doch in seiner Funktion als Mitglied der Planungsorganisation erhält er seine Autorität vom Direktor dieser Organisation, der von gewählten Politikern

ernannt wurde, die wiederum ihre Autorität von der Wählerschaft beziehen.
Die Theorie der Beziehung zwischen dem Planer als Bürokraten und dem Politiker als Vertreter der Wählerschaft hat oft keine Entsprechung in der Praxis. Öffentliche Verwaltungen werden auf Grund ihres Umfanges und ihrer Komplexität zunehmend von der Aufsicht gewählter Entscheidungsträger unabhängiger. Sie kontrollieren die Informationen, durch die ihre Kompetenz in Frage gestellt werden kann und sie überdauern die Politiker, deren Politik sie ausführen. Zudem geben Wahlbeamte den Interessen einiger Gruppen jeweils den Vorrang vor anderen oder vor irgendeinem hypothetischen Allgemeininteresse. Theoretisch hat ein geschädigter Bürger die Möglichkeit, unmittelbar bei seinem Abgeordneten gegen die Verletzung seiner Rechte oder die Mißachtung seiner Bedürfnisse zu protestieren. Doch praktisch werden in der Demokratie die Bedürfnisse und Präferenzen unpopulärer, unerwünschter und machtloser Gruppen mißachtet. Politiker sind darauf angewiesen, politisch zu überleben. Sie entsprechen in erster Linie den Interessen ihrer Wähler und nicht den Bedürfnissen schweigender und daher nicht repräsentierter Gruppen.

Die Autorität der Betroffenen

Mit Herbert Gans', John Dyckmans und Martin Meyersons Untersuchungen über Freizeit-, Bildungs- und Gesundheitseinrichtungen begann in den fünfziger Jahren die Kritik am Planer als Bürokraten. Die Autoren gelangten zu der Erkenntnis, daß eine Planung, die sich sowohl an professionellen Werten als auch an der politischen Führung orientiert, im Laufe ihrer Entwicklung die Präferenzen, Bedürfnisse und Wünsche der Betroffenen aus den Augen verliert. Sie forderten offenbar eine neue Technologie, die dem Planungsprozeß durch die Erschließung neuer Informationsquellen neue Richtlinien geben könnte. Solche Informationsquellen sollten vor allem sozialwissenschaftliche Befragungen über die Präferenzen derjenigen sein, die tatsächlich oder potentiell die öffentlichen Dienstleistungen in Anspruch nehmen. Gans, Dyckman und Meyerson schrieben, daß die Planung dem »Verbrauchermarkt« entsprechen müsse. Sie entwickelten jedoch keine expliziten Kriterien für Verfahren, um Differenzen zwischen widersprüchlichen Prioritäten unterschiedlicher Einkommens- oder Altersgruppen auszugleichen oder evtl. Konflikte auf Grund von Diskrepanzen zwischen den Präferenzen der Betroffenen und der Politik der Planer, der übrigen Bürokratie oder der gewählten Entscheidungsträger zu lösen [10]. Rapkin, Winnick und Blank kamen in ihrer Monographie über Wohnungsmarktanalyse zu einer ähnlichen Auffassung: Sie vertreten die Ansicht, daß Kriterien für die Entwicklung politischer Projekte auf den Prioritätenentscheidungen der Benutzer beruhen sollten, wie sie durch den Marktmechanismus identifiziert werden [11]. Dieses Konzept vom »Endverbraucher« als Quelle der Legitimität für die Planung wirft wichtige ideologische Fragen auf, was die Grenzen und Möglichkeiten des Marktes als Mechanismus der Bewertung von Wünschen der Betroffenen angeht. Davidoff und Reiner führten die allgemeine Argumentation weiter: »Es ist nicht Sache des Planers, die letzten Entscheidungen zu treffen, mit denen Werte in politische Verpflichtungen umgesetzt werden.« [12]

Um 1960 traten neue Kräfte im politischen Prozeß auf, die der Idee der Interessenwahrnehmung der Betroffenen zu Geltung und Anerkennung verhalfen. Ein neuer Literatur- und Erfahrungsbereich entwickelte sich aus dem Versuch heraus, die Legitimität des Planers von den Prioritäten der Planungsadressaten, besonders den politisch nicht artikulierten, herzuleiten. Einige Planer forderten eine neue Legitimitätsbasis, d. h. sie forderten, daß der Planer unmittelbarer die Werte, Prioritäten und Bedürfnisse der Betroffenen vertreten solle. Planung sollte also ihre Legitimität von den Bedürfnissen derjenigen herleiten, die die Dienstleistungen in Anspruch nehmen. Der Planer sollte seine Fähigkeiten einer »user-bureaucracy« zur Verfügung stellen statt wie bisher einer »supplier-bureaucracy«.

Diese Ideen fanden in der Theorie der Planung als Interessenwahrnehmung (advocacy planning) ihren Ausdruck, die davon ausgeht, daß die Planer ihre Legitimität von den »Klienten« herleiten. Diese Form der Planung impliziert, daß die Planung jeweils für einen bestimmten Standpunkt oder Vorschlag eintritt und Argumente sammelt. Paul Davidoff expliziert diese Position in seinem einflußreichen Artikel »Advocacy and Pluralism in Planning«, wenn er mit Nachdruck darauf hinweist, daß »der Planer, der die Interessen wahrnimmt, seinem Klienten verantwortlich ist und versucht, dessen Ansichten auszudrücken« [13].

All diese Autoren vertraten die Position, daß Planer ihre Legitimität von den Prioritäten, Wünschen und Bedürfnissen der Benutzer, Verbraucher und Klienten herleiten. Sie unterscheiden sich jedoch

in den Handlungsimplikationen, die ihre Position enthält. Ein klientenorientierter Standpunkt kann zu Umfragen über die Prioritäten der Planungsadressaten führen oder zum Vertrauen auf den Markt als Mechanismus, die Wünsche der Betroffenen zu offenbaren, oder auch zur Verteidigung gewisser Rechte einzelner Gruppen *gegen* andere und weniger in Konkurrenz mit anderen. Jeder Standpunkt hat seine besondere Problematik. Die Präferenzen einzelner, wie sie sich in Befragungsergebnissen manifestieren, können nicht zu kollektiven Prioritäten aggregiert werden, ohne dabei die Entscheidungen einiger Individuen zu verletzen (gemäß dem berühmten Arrow-Paradox). Planung entwickelte sich im Bemühen, den Markt zu ergänzen oder zu ersetzen, wo er nicht in der Lage war, den individuellen Bedürfnissen gerecht zu werden oder das Problem der externen Effekte zu lösen. Der Glaube an die Freiheit des Marktes und die freie Wahl des Verbrauchers hat nicht wesentlich zur Lösung dieser Probleme der öffentlichen Politik beigetragen, und als wir schließlich mit Interessenwahrnehmung zu experimentieren begannen, traten kaum lösbare Schwierigkeiten auf.
Der Bericht eines Planers über seine Erfahrungen bei der Interessenwahrnehmung weist auf einige dieser ungeheuren Schwierigkeiten hin. Zum einen erwies es sich als recht schwer, die in Frage kommenden Klienten bzw. Gemeinden zu identifizieren. Eine Gemeinde ist heterogen, und der Versuch, eine »single-client-organisation« zu errichten, die nicht nur ihre Interessen wahrnehmen, sondern gleichzeitig auch für die nichtrepräsentierten Teile der Gemeinde sprechen sollte, stellte sich als überaus schwierig heraus. Doch selbst wo eine solche Organisation gebildet werden konnte, konnten die Interessen einer heterogenen Gemeinde nur mit Mühe identifiziert werden. Waren diese Interessen jedoch artikuliert, so entdeckte der Planer, daß lokale Organisationen mitunter recht engstirnig und für die Armen mit besonderen Problemen oft sogar von Nachteil sind; so z. B. für die auf Fürsorge angewiesenen Mütter, die Landstreicher oder Zigeuner. Peattie bemerkt sarkastisch: »... man gebe jedem Stadtteil seinen Planer zur Wahrnehmung der Interessen, und die Folge davon könnte sein, daß sich die Stadt den Armen überhaupt verschließt.«[14] Selbst wenn diese Probleme – Lokalisierung des Klienten und Identifizierung und Anerkennung seiner Interessen – überwunden werden können, sieht sich der Planer als Vertreter bestimmter Interessen erneut in einem Dilemma, wenn er erkennt, daß »die Betroffenenorganisationen ... eine Art Legitimationsfunktion zu erfüllen scheinen, die es dem

Planer gestattet, mehr zu sein als nur Vertreter der Meinung anderer [15].

Die Autorität der professionellen Werte

Eine weitere Autoritätsbasis sind die professionellen Werte, denen sich der Planer verpflichtet fühlt sowie der Sachverstand, auf den er sich beruft. Stadtplanung ist diesem Konzept nach eine wertbeladene Profession, und die professionellen Werte verleihen Autorität, d. h. die Legitimität zu planen. Diese Verbindung von Expertentum und Ideologie ist nicht ganz geheuer, und es zeigt sich allgemein die Hemmung, gestützt auf die Autorität der letzteren zu handeln. Doch da die Unmöglichkeit, Werte und Technologie zu trennen, eingesehen wird, wird ein auf Werten beruhendes Handeln hingenommen. Es wird z. B. eine Profession geschaffen, die Wertkonkurrenz zuläßt und der Realisierung unterschiedlicher Werte verpflichtet ist. »Die Profession ist offenbar in einen progressiven und einen konservativen Flügel gespalten: Der erstere fordert eine Sozialplanung, die rassische und ökonomische Ungleichheit mindert, der letztere verteidigt die traditionelle Stadtplanung und die Legitimität der Werte der Mittelklasse.« [16]
Zunehmend wird von Planern erwartet, sich gegen die Bürokratie, in der sie tätig sind, aufzulehnen und auf eine Veränderung in der Politik und den Zielen der Bürokratie im Einklang mit den erklärten Wertvorstellungen hinzuarbeiten. Diese Werte betreffen sowohl den Planungsprozeß als auch die Planungsinhalte. Erstere bestehen z. B. in Entscheidungsregeln, etwa der Beteiligung Betroffener; Ziele wie z. B. die rassische und wirtschaftliche Integration der Gemeinde oder die Verringerung von Ungleichheiten stehen beispielhaft für die letzteren.
Die öffentliche Meinung oder die offizielle Politik der Bürokratie steht diesen Werten mitunter feindlich gegenüber. Der Planer, der sich gegen die Bürokratie auflehnt, stellt ihre politischen Ziele und Verfahren in Frage. Eine offene Kampfansage zwingt den Bürokraten dazu, prinzipiell seine Position aufzugeben. Als Außenseiter steht es ihm offen, sie in der Funktion des Beraters oder Wissenschaftlers zu unterwandern. Eine Reihe privater Beratungsfirmen und einzelne Planer fühlen sich ihren professionellen Werten und ihrem Planungswissen gleichermaßen verpflichtet. Der Bürokrat hat die Wahl zu bleiben und einen Guerillakampf zu führen, d. h.

dort anzusetzen, wo das System innerlich verwundbar ist, oder Verbindungen mit Gruppen außerhalb der Verwaltung zu knüpfen, um interne Veränderungen zu bewirken. Vielfach bleibt er jahrelang untätig, weil die Hebel zur Veränderung fehlen. Nichtsdestoweniger hat jede Bürokratie ihre revolutionären Reformer, die darauf warten, die Bürokratie als »Guerilla-Reformer« aufzurütteln [17].

Ein ungewöhnliches Beispiel für dieses Vorgehen ist der Kampf einer Gruppe junger Experten im Mitarbeiterstab der Stadtplanungskommission von New York City, die sich selbst »städtischer Untergrund« nennen. Auf einem öffentlichen Hearing, das die Kommission veranstaltete. »warfen sie der Kommission vor, die Erkenntnisse ihrer eigenen Planer mißachtet und mächtigen Immobilien-Spekulanten nachgegeben zu haben, als sie vorschlug, einen Teil Manhattans neu für Luxuswohnungen einzuteilen« [18]. Was dieses Ereignis so ungewöhnlich macht, sind die gemeinsamen Aktionen dieser Reformer in der Öffentlichkeit. Typischer für die Rebellion von Experten in Regierung und Verwaltung ist der Versuch, Veränderungen innerhalb der Bürokratie, d. h. hinter geschlossenen Türen statt im Lichte der Öffentlichkeit, herbeizuführen.

Diese Quelle der Legitimität wirft unangenehme Fragen auf, z. B. die Frage, wo die Grenze zwischen professionellen und persönlichen Werten verläuft, Fragen der Zweck-Mittel-Ethik und der professionellen Verantwortlichkeit und Rechtfertigung, wenn die Zweckmäßigkeit über ethische Werte gesiegt hat. Doch ungeachtet dieser und anderer ungelöster Fragen experimentieren Planer, die die Konzeption wertfreier Wissenschaft zurückweisen, mit dieser Quelle der Autorität.

Legitimitätsstrategien

Bereits dieser kurze Überblick über die Stadtplanung macht deutlich, daß Stadtplaner auf unterschiedliche Legitimitätsgrundlagen rekurrieren: als wissenschaftliche Experten unabhängig vom politischen Prozeß, als Gehilfen der gewählten politischen Entscheidungsträger und der Bürokratie, die diesen verantwortlich ist, als Vermittler und Vertreter der Präferenzen der Planungsadressaten und schließlich als Vertreter professioneller Werte. Jede Legitimitätsbasis hat ihre eigene Problematik, wie dieser kurze Überblick über die Erfahrungen der Stadtplaner als Experten, Bürokraten,

Wahrnehmer bestimmter Interessen der Planungsbetroffenen und als Revolutionäre innerhalb der Verwaltung erkennen läßt.

Doch müssen Planer unbedingt zwischen diesen alternativen Legitimitätsgrundlagen wählen? Sicherlich könnte Planung ihre Position wesentlich stärken, wenn sie sich gleichzeitig auf Fachwissen, professionelle Werte und Normen, etablierte politische Macht *und* die Bedürfnisse und Wünsche der Betroffenen als Basis ihrer Legitimität berufen könnte. Aber wenn diese verschiedenen Legitimitätsgrundlagen kollidieren, was fast immer der Fall ist, wenn sie gleichzeitig als Orientierung dienen, dann muß der Planer sich für eine von ihnen entscheiden.

Die Erfahrungen der »neuen Garde der anti-poverty planners« – wie Reston sie nennt – verweist auf die jeweilige Problematik, die in der Orientierung an einer oder mehreren konfligierenden Legitimitätsquellen liegt. Die Bundesgesetzgebung in Form des Juvenile Delinquency and Youth Offences Control Act von 1961 und des Economic Opportunity Act von 1964 schaffte die Grundlage für diese Art der Sozialplanung. Sie umfaßt neuerdings, seit der Verabschiedung des Demonstration Cities and Metropolitan Act von 1966, auch die Probleme im Zusammenhang mit der Wertminderung städtischer Regionen. Die Suche dieser Sozialplaner und -reformer nach einer tragenden Legitimitätsgrundlage verläuft auffallend parallel zur Legitimitätssuche der Stadtplaner.

Der Stadtplaner und dieser Typus des Sozialplaners haben viele Gemeinsamkeiten. Beide verwenden einen großen Teil ihrer Energie auf die Anfertigung von Vorschlägen als Grundlage für die Mobilisierung von bundes- oder einzelstaatlichen Finanzmitteln; sie befassen sich beide mit der Entwicklung spezifischer Programme, um vage, unklar definierte gesellschaftliche Ziele zu erreichen. Beide entwickeln lang- und kurzfristige Pläne, beide fühlen sich der Einführung neuer Ideen und Innovationen als Basis für weitere Experimente verpflichtet; und schließlich hoffen beide, daß die von ihnen entwickelten Pläne von der Administration ausgeführt werden. – In unserem Zusammenhang ist jedoch die wichtigste Gemeinsamkeit beider ihre Suche nach Legitimität, d. h. nach Rechtfertigung ihrer Interventionen.

In dem nun folgenden Teil dieses Aufsatzes werden drei der genannten Strategien – Elitenkonsens, rationale Analyse und Beteiligung der Bürger – daraufhin untersucht, wie sie zur Lösung des Problems der Legitimation von Reformen beitragen [19]. Während jede dieser Strategien von entscheidender Bedeutung ist, reicht keine allein als Legitimitätsgrundlage aus; denn jede hat ihre spezifischen Grenzen. Der Versuch wiederum, sich mehrerer Strategien gleichzeitig zu bedienen, führt häufig zu Konflikten und Widersprüchen. So wird im Bemühen, ein Dilemma zu lösen, ein neues geschaffen.

Konsens der Eliten

Eine Möglichkeit der Rechtfertigung von Planungseingriffen besteht darin, Billigung und Unterstützung seitens der Führung der maßgeblichen städtischen Institutionen zu suchen. Diese Strategie stellt die Macht etablierter Institutionen nicht in Frage. Sie versucht teilweise die Macht von innen heraus zu beeinflussen, indem sie Institutionen für ihre eigenen Ziele kooptiert. Die Billigung durch etablierte Macht legitimiert Reform- und Änderungsversuche.

Im Sozialwesen wurde diese Macht, Veränderungen zu bewirken, einst der Koalition von freiwilligen Institutionen übertragen, in denen die Elite der Gemeinde vertreten war.

»Die öffentliche Wohlfahrt und Planung in den Gemeinden lag ganz eindeutig in den Händen einer im wesentlichen elitären Führung ... Die gesellschaftliche Elite verband sich mit der wirtschaftlichen ... Diese wirtschaftlichen Kräfte wurden zur Grundlage der Entwicklung eines großen Teils der sozialen Fürsorge. Erst später erkannte man, daß diese Führungselite in erster Linie weiß und protestantisch war und die frühe Schichtung der amerikanischen Gesellschaft reflektierte.« [20]

Diese frühen wirtschaftlichen und gesellschaftlichen Eliten lehnten häufig die Rolle der öffentlichen Verwaltung im Sozialwesen ab. In ihrem elitären Demokratieverständnis glaubten sie sich am besten befähigt, die Interessen der »gesamten Gemeinde« zu verstehen, zu vertreten und zu schützen.

Heute sind – wegen der sich wandelnden Funktion der öffentlichen Verwaltung und der Entstehung neuer Machtzentren – solche freiwilligen Körperschaften keine adäquate Basis für legitime Veränderungen mehr. Folglich müssen die Stadtplaner nunmehr die Beteiligung der Stadtverwaltung suchen, d. h. sie versuchen Koalitionen in der Verwaltung z. B. zwischen den Behörden für Wohlfahrt, Freizeit, Polizei u. a. oder zwischen verschiedenen Verwaltungsebenen, etwa zwischen der Stadt und dem Kreis oder zwischen den Schulkommissionen und dem Staat zu bilden. Legitimität hängt davon ab, ob es gelingt, die verschiedenen Gruppen zu einer Einigung zu bewegen – traditionelle und neuere Machtgruppen, einflußreiche Führungspersönlichkeiten, etablierte Interessenverbände und die öffentliche Verwaltung.

Ein neuer Faktor ist der Einfluß des Bundes auf die Lokalpolitik. In einer eingehenden Analyse der Beziehungen zwischen Soziologie und dem Wohlfahrtsstaat lenkt Gouldner die Aufmerksamkeit auf »die Art und Weise, in der sich der Charakter der Sozialreformen in den USA gewandelt hat. Nicht die mißliche Lage der Städte ist neu, wenngleich ihr Verfall zunimmt, sondern vielmehr die Tatsache, daß ... Reforminitiativen und -mittel in steigendem Maße auf Bundesebene angesiedelt sind und nicht auf kommunaler Ebene« [21].

Eine repräsentative Organisationsstruktur auf breiter Basis, die der Legitimation von Reformen dient, kann ihrem eigentlichen Ziel, der Einführung gesellschaftlicher Neuerungen, im Wege stehen [22]. Je größer die Vielfalt der institutionellen Interessen ist, die eine solche Planungsstruktur umfaßt, desto mehr wird Planung sich durch Legitimität ausweisen können, da der größte Teil der Gemeinde repräsentiert ist. Doch mit der Verbreiterung der Legitimitätsbasis entsteht die Gefahr, daß Innovationen zugunsten eines Konsenses zwischen den divergierenden Interessen aufgegeben werden. Diese neuen Planungsstrukturen befinden sich in ständigen, internen Kompetenzstreitigkeiten. In der Praxis scheint den beteiligten Gruppen die Erreichung gemeinsamer Ziele weniger wichtig zu sein als die Erhaltung der Autonomie ihrer jeweiligen Organisationen. Die Einbeziehung führender Mitglieder der Gemeinde trägt nur wenig zur Lösung dieser Zuständigkeitskonflikte bei, ja, sie mag diese Lösung sogar noch erschweren; denn freiwillige Planungskörperschaften und die führenden Mitglieder der städtischen Eliten, die sie repräsentieren, geben sich mit dem Einfluß, den sie als einfache Mitglieder der Koalition – statt in ihrer Funktion als Vorsitzende – ausüben können, nur ungern zufrieden. Sie, die einst den ersten Platz in der Planung innehatten, werden jetzt auf Grund dieser neuen, repräsentativeren Struktur zur Seite gedrängt und in eine untergeordnete Rolle verwiesen. Folglich wird ein Großteil der Energie der Planungsorganisation von der Entwicklung innovativer Veränderungen abgelenkt und konzentriert sich auf die Lösung des noch schwierigeren Problems bloßen Überlebens – auf den Zusammenhalt der Koalition [23].

Die Planer auf Bundesebene, die über die finanziellen Mittel wachen, sahen dieses Dilemma, glaubten aber an seine Lösung. Ihre

Strategie beruhte im wesentlichen auf zwei Annahmen: (1) darauf, daß ein marginaler Zuwachs an finanziellen Mitteln Veränderungen stimulieren könnte, und (2) daß das Zusammenwirken von freiwilligen Organisationen und den öffentlichen Behörden eine notwendige Voraussetzung für Veränderungen sei. Sie hofften, die Macht der Bundesgelder – kleinere Ausgaben, an die sich die Erwartung auf größere Beträge knüpft – sowie der Beteiligungsprozeß würden zu Veränderungen führen. Sie gingen davon aus, daß finanziell schlecht gestellte Institutionen ihre Funktionsweise ändern würden, um sich verfügbare und benötigte Gelder zu sichern. Die lokalen Reformer, die von diesen lokalen Planungsorganisationen aus operierten, hatten dabei die zentrale Aufgabe, zu vermitteln, welche institutionellen Veränderungen erforderlich seien, um die verfügbaren Finanzmittel zu bekommen. Auf Grund ihres Wissensmonopols und ihres Zugangs zu nichtlokalen Geldquellen waren sie in der Lage, die Richtung, die das Bündnis der lokalen Eliten einschlagen müßte, um die gewünschten Mittel zu erhalten, entscheidend zu beeinflussen. Die grundlegende Prämisse war dabei folgende: Weil die kommunalen Institutionen die Bundesmittel so dringend benötigten, würden sie bereit sein, sich selbst zu reformieren, um diese Mittel zu bekommen. Daß die Institutionen aber finanzielle Mittel aus den herkömmlichen und aus neuen Quellen bekommen könnten, sich jedoch gegen Änderungen zur Wehr setzen würden, war eine Möglichkeit, an die offensichtlich weder die lokalen noch die nationalen Planer gedacht hatten.

Die zweite Annahme beruhte auf dem Glauben, daß die Einbeziehung und Beteiligung freiwilliger Institutionen zur Selbsterziehung und zur Einsicht in die Notwendigkeit von Veränderungen führen würde. Diese Annahme geht von einem Bürokratieverständnis aus, das die Gründe für die mangelnde Flexibilität der Organisationen im wesentlichen in Ignoranz und mangelhaften Kommunikationsstrukturen sieht. Mit der Schaffung geeigneter Kommunikationsstrukturen, die es den Vertretern der einzelnen Organisationen gestattet, freier miteinander zu kommunizieren, würde auch die Notwendigkeit von Veränderungen bereitwilliger erkannt und akzeptiert werden. Eine solche Theorie ist jedoch lückenhaft, denn sie ignoriert die Existenz fundamentaler Wert- und Interessenkonflikte zwischen den Institutionen, die in offeneren Kommunikationsstrukturen eher verschärft denn vermindert werden dürften. Die beharrliche Forderung nach Planungsbeteiligung der lokalen Eliten zum Zwecke der Selbstreform appelliert an den gesunden

Menschenverstand, basiert jedoch auf unzulänglichen Annahmen über die Funktionsweise von Institutionen. In der Praxis kooperieren oder einigen sich Organisationen häufiger, um ihre Interessen zu verteidigen als um die utopischeren gemeinsamen Ziele zu verfolgen, auf die sich das Konzept des Allgemeininteresses stützt. So verpflichtete die Einigung auf neue Strukturen der Beteiligung die Organisationen nicht gleichfalls zu Veränderungen in ihrer Politik und ihren Programmen. Der latente Konflikt wurde weiter mitgeschleppt; wenn er aufbrach, drohte das Bündnis autonomer Teilnehmer auseinanderzufallen. Um dies zu verhindern und den bloßen Zusammenhalt zu wahren, wurden Kompromisse geschlossen. Dabei fielen Innovationen dem Konsens zum Opfer.

Genau so wie eine repräsentative Struktur zu verminderten Innovationen führen kann, kann die Beteiligung von Institutionen an ihrer eigenen Reform zur Weiterführung der einmal eingeschlagenen Politik führen. Abgesehen davon, daß die von den Planern mobilisierten Finanzmittel einfach nicht ausreichten, um substantielle Reformen zu finanzieren, ist es nicht einsichtig, wie die Planer überhaupt hoffen konnten, wesentliche Strukturveränderungen einzuleiten, die das Rollenverständnis der verschiedenen Institutionen und ihre bereits eingeschlagene Politik in Frage stellen würden. Solche Veränderungen würden ganz und gar den Bedingungen widersprechen, unter denen die Planer von den Institutionen zu Rate gezogen wurden. *Beteiligung der lokalen Eliten – so sahen wir – verhilft zwar zur Legitimation, verhindert aber Innovationen.*

Eine Alternative zur Theorie, daß sich Institutionen gleichsam selbsterzieherisch verändern, besagt, daß Institutionen, da sie sich nicht aus eigenem Antrieb verändern, dazu herausgefordert werden müssen. So entwickelte sich die »public health«-Bewegung, die hauptsächlich von Nichtfachleuten getragen wurde – (und nur von einem geringen Teil der Profession unterstützt wurde) –, gegen den heftigen Widerstand der Ärzte; ein weiteres Beispiel wäre die »Charity Organisation Society« (Hauptstütze und Bollwerk der Sozialarbeit vor der Wirtschaftskrise), die die Witwen- und Altenpension zu Anfang dieses Jahrhunderts ablehnte; und ein drittes die »Charity School«, die die öffentliche Schulbildung ablehnte. Dieser Theorie zufolge kann sich eine Reform nicht ausschließlich auf die bereitwillige Mitwirkung der reformbedürftigen Institutionen verlassen.

Wenngleich es zwecklos ist, die Realität etablierter institutioneller

Macht zu ignorieren, läuft innovative Planung, die sich ausschließlich auf die etablierte Führungsschicht stützt, sehr stark Gefahr, ihren Sinn und Zweck zu verlieren. Zunehmend müssen die Planer feststellen, daß die größere Zusammenarbeit mit den herrschenden Institutionen ihnen auch größere Kompromisse abverlangt, und immer weniger garantiert, daß die finanziellen Mittel für innovative Planung statt für die Weiterführung des Status quo ausgegeben werden. In ihrer Frustration tendieren sie dazu, große Verwaltungsinstitutionen zu übergehen. So wurden z. B. auf dem Bildungssektor Programme für Vorschulerziehung, Fortbildung, Sommerschulen und Tutorenunterricht entwickelt, die ständig das zentrale Prinzip der schulischen Aufgabe, den allgemeinen Unterricht, umgehen und statt dessen eine ganze Reihe zusätzlicher Programme schaffen. Derartige Abhilfemaßnahmen werden zu einer Art Index für das Scheitern grundlegender, struktureller Veränderungen. Sie sind die Antwort auf die frustrierendere Aufgabe, die wesentlichen Funktionen der Institutionen selbst unmittelbar zu beeinflussen. Der Widerstand der Institutionen führt zu einer verstärkten Entwicklung solcher Programme.
Viele Programme der beruflichen Weiterbildung ignorieren das staatliche System der Berufsausbildung, bedienen sich anderer Organe oder errichten sich eigene Organisationen, in denen spezielle Fortbildungsprogramme angeboten werden. In diesem Fall stellen das Doppelangebot an Programmen und die Abhilfemaßnahmen keinen Rückzug dar, sondern eine Strategie der Konfrontation. Doch um Institutionen so direkt herauszufordern, bedarf es einer anderen Autoritätsgrundlage.

Die Macht des Wissens

Eine weitere Form der Legitimation sozialen Wandels ist es, Reformen als rationale, aufeinander abgestimmte, wissenschaftliche Lösungen der sich stellenden Probleme anzubieten. Dies ist offensichtlich der von der Wissenschaft und den beratenden Experten bevorzugte Ansatz. Wissen im Sinne der rationalistischen Wissenschaftstradition im allgemeinen und Wissen aus empirischer Forschung im besonderen kann eine Legitimitätsgrundlage sein, weil es mit größerer Wahrscheinlichkeit angemessene Lösungen verspricht. Diese Lösungen wiederum setzen eine wertfreie Sozialwissenschaft voraus, die zu einer objektiven Erforschung der Ätiologie der sozialen Probleme und zur Entwicklung von Aktionsprogrammen fähig ist, die vor allem auf Fakten basieren und weniger auf institutionellen oder anderen Werten. Die Analyse gesellschaftlicher Probleme und die vorgeschlagenen Abhilfemaßnahmen werden in erster Linie als technische und weniger als ideologische Fragen begriffen: So war z. B. der vom Präsidenten eingesetzte Ausschuß für Jugenddelinquenz vor allem auf die Bedeutung rationaler Analyse als Basis der Planung und Programmentwicklung fixiert. Als Bedingung für die Mittelvergabe forderten die Reformer in der Bundesregierung von den Gemeinden den Versuch, die Probleme der Kriminalität, Armut oder des physischen und sozialen Verfalls städtischer Regionen auf der Grundlage relevanter Daten und sozialwissenschaftlicher Theorien zu konzeptualisieren.

Reformen werden legitim, wenn sie statt auf politischem Konsens oder ideologischen Werten in erster Linie auf harten objektiven Fakten basieren, die aus einer rigorosen, sozialwissenschaftlichen Analyse stammen. Verfechter dieser Ansicht sind der Überzeugung, daß die Wissenschaft »ethische und ideologische Spekulationen« ersetzen kann und sollte. Diese Ansicht wurde bereits früher von den Vertretern der »policy sciences« (in den 40er Jahren) und den Vertretern der These vom Ende der Ideologie (in den 50er Jahren) geäußert. Im Einklang mit dieser Philosophie propagierte der Präsidentialausschuß die Ideale, daß nicht nur soziale Pläne auf einer gründlichen und objektiven Analyse der gesellschaftlichen Probleme basieren müßten, sondern die Problemlösungsversuche selbst objektiv ausgewertet werden müßten. Für erfolgreich befundene Programme sollten ohne Rücksicht auf die Interessen der Bürokratien weiterhin verfolgt werden, während Programme, die den objektiven Maßstäben nicht genügen, abgelehnt und aufgegeben werden sollten. Veränderungen dürften nicht eine Reaktion auf »Modeerscheinungen« oder etablierte Interessen sein, sondern müßten auf der Evidenz beruhen, die die empirische Bewertung der Programmresultate ergäbe. Nicht die Eliten, sondern die Wissenschaft sollte die staatlichen Eingriffe rechtfertigen.

Auch diese Reformstrategie hat ihre eigenen, inhärenten Widersprüche. Vielleicht nicht auf lange Sicht, da Forscher ihre Aktivitäten immer als die letzten Beiträge zu Wahrheit und Wissen rechtfertigen können; aber auf kurze Sicht bringt sie in der Tat Konflikte mit sich; denn auch das Sammeln von Informationen hat seinen Preis. Man denke z. B. an die Schwierigkeiten, auf welche die Planungsorganisationen stießen, als sie Situation und Probleme der städtischen Neger-Ghettos untersuchen wollten. Empirische Forschung kann, wie es in einem Bericht recht ungehalten heißt, »ein leicht durchschaubares Mittel zur Vertagung von Maßnahmen sein, so daß diejenigen, die an dem Theater beteiligt sind, das die Forschung über die Probleme unterprivilegierter Jugendlicher aufführt, bewußt oder unbewußt Gehilfen derer sind, die wohl die augenfälligen bestehenden Ungerechtigkeiten perpetuieren« [25]. Die enttäuschte schwarze Bevölkerung einer Stadt erwartet Taten und keine schönen Worte, Versprechungen oder Studien.

Diese Ressentiments mögen vielleicht nicht völlig rational sein, sicherlich sind sie jedoch verständlich – vor allem wenn wir feststellen müssen, daß die vorbereitende Forschung und Analyse so vieler kommunaler Aktionsprogramme (community action programs) außerordentlich esoterisch ausfielen und vielfach niemals wirklich praktikable Vorschläge lieferten. Es ist in der Tat oftmals nicht leicht, einen Zusammenhang zwischen der Theorie, den vorgelegten Fakten und den zur Problemlösung entwickelten Programmen zu entdecken. Diese weit verbreitete Diskrepanz zwischen Reformprogrammen, Forschung und theoretischen Erkenntnissen zeigt, daß der Beitrag, den Theorie und Forschung zur Verringerung gesellschaftlicher Probleme leisten, begrenzt ist. Forschung, die aus solchen Planungsversuchen erwächst, hat in den meisten Fällen keine neuen Erkenntnisse über die arme Bevölkerung geliefert; ebensowenig hat sie unser Verständnis der Kriminalität erweitert oder zu neuartigen Programmen geführt, die zur Bewältigung dieser Probleme nötig waren. Diese Erfahrungen lassen den Schluß zu, daß dem Beitrag, den Informationen einer wertfreien Sozialwissenschaft zur Entwicklung einer Sozialpolitik liefern können, bei weitem zuviel Bedeutung beigemessen worden ist.

Auch die wissenschaftliche Prüfung von Versuchsprogrammen ist auf grundlegende Hindernisse gestoßen. Das Haupthindernis, auf das die Wissenschaftler stießen, war die Explikation der gesellschaftlichen Ziele, deretwegen die Eingriffe unternommen wurden. Dies galt besonders für Programme mit weitgesteckten, vielfältigen und teilweise widersprüchlichen Zielen, die sich auf die Beschaffung von Berufsmöglichkeiten oder die Förderung organisatorischen Wandels richteten. Die auftretenden Schwierigkeiten waren sowohl administrativer als auch methodologischer Natur. Es ist in den meisten Fällen schwierig, soziale Versuchsprogramme derart streng zu kontrollieren, daß die Ergebnisse eine eindeutige Entscheidung für oder gegen bestimmte Formen der Intervention zulassen.

Wenn dieses Reformprinzip nun eine umfassende Aktion aufeinander bezogener Programme fordert, die alle vielfältige und diffuse Ziele verfolgen, dann wird die ohnehin schwierige Forschungsaufgabe geradezu entmutigend komplex. Aktionen erfordern von den Planern einen gewissen Opportunismus, d. h. sie müssen flexibel auf den Wechsel politischer Koalitionen reagieren, da sich mit den Koalitionen auch die Grundlage ihrer umfassenden Programme ändert. Wenn jedoch auch noch die Input-Variablen wesentlichen Änderungen unterworfen sind, wird die Forschungsaufgabe noch verwickelter. Wenn die Beschränkungen des Forschungsentwurfs sichtbar werden, läßt sich schwer nachweisen, wie die gemessenen Ergebnisse zustande kamen. Somit bleibt die Interpretation der empirischen Befunde kritischen Fragen offen. Hartnäckige Verfechter bestimmter Programme werden sicherlich eher geneigt sein, die Forschungsmethodologie und deren Bewertungskriterien zurückzuweisen, als die Schlußfolgerungen aus Ergebnissen empirischer Wissenschaft akzeptieren, die oftmals negativ ausfallen [26].

Eine Strategie, die auf der Macht der Wissenschaft beruht, hat weitere, inhärente Grenzen, nämlich dort, wo sie mit anderen Änderungsstrategien in Konflikt gerät. Die Erforschung von Problemen erfordert ein gewisses Maß an Autonomie gegenüber politischen Zweckmäßigkeiten und Erwägungen. Wenn sie aber rigoros ihren Problemen nachgeht, ohne die Frage der Durchsetzbarkeit zu berücksichtigen, kann sie zu Lösungen führen, die zwar rationalen Kriterien genügen, politisch jedoch irrelevant sind. Dies ist allerdings das grundsätzliche Dilemma jeglicher rationalen Planung: der Versuch, die konfligierenden Forderungen der Rationalität und der Durchführbarkeit zu vereinen. Planung, die die Fragen der Durchsetzbarkeit unbeachtet läßt, vegetiert als akademisch und irrelevant dahin. Sie mag sehr wohl richtig sein, ist aber nicht relevant, sie mag korrekt sein, ohne zweckdienlich zu sein. Obwohl Planung und Forschung eng miteinander verzahnt sein müssen, konkurrieren sie getrennt um die finanziellen Mittel. Es ist vorgekommen, daß Forscher sich einen ganz beträchtlichen Teil des gesamten Planungsetats sichern konnten, während den Planern nur geringe Geldmittel zur Ausführung ihrer Aufgaben übrig blieben. Planung kann nicht nur am Wettstreit um Geldmittel scheitern, sondern auch am Wertkonflikt, d. h. am unterschiedlichen Gewicht, das Wissenschaftler und Reformer Erkenntnis und Handeln jeweils beimessen. Empirische Forschung kann gelegentlich allzu besorgt um eine Pseudo-Exaktheit sein, die zu einer Flut von Empirismus und einem Übermaß an

Daten für den Papierkorb führt. Ohne eine Theorie, die die Auswahl der Erhebungen bestimmt, geraten wir in eine Situation, in der man nicht mehr weiß, welche Fragen diese Daten eigentlich beantworten sollen. Verwirrte Planer stehen vor einem Labyrinth von Tabellen und Daten, die keinen unmittelbaren Zusammenhang erkennen lassen und nur wenig Informationen für Schlußfolgerungen darstellen. Reformer hoffen oft, daß die Wissenschaft die Entwicklung der Planungspolitik lenken würde, dadurch, daß sie über die Richtigkeit oder Unrichtigkeit der Handlungsprämissen von Organisationen Aufschluß gibt. Doch um neue Programme zu entwickeln, braucht man soziale Phantasie, die selten ein Produkt strenger Wissenschaft ist.
Forschung kann sogar noch mehr als kostspielig und irrelevant sein, sie ist in der Lage, die Ziele der Reformer zu vereiteln. Der Verlauf des Programms zur Vorbeugung gegen Kriminalität ist hierfür ein aufschlußreiches Beispiel. Die Reformer suchten nach Programmen zur Prüfung der Annahme, daß gesellschaftliche Institutionen Barrieren aufrichten, die den Leistungswillen lähmen mit der Folge wachsender Apathie und Devianz seitens der unterprivilegierten Teile der Bevölkerung. Der methodologische »bias« der Wissenschaftler brachte jedoch die Reformer von ihrer ursprünglichen Absicht der Veränderung von Institutionen ab und führte statt dessen zu einer Neudefinition des Problems im Sinne individueller Rehabilitation. So verstärken Sozialwissenschaftler manchmal den Druck auf Planungsorganisation, der es ihnen unmöglich macht, ihr Augenmerk auf die gesellschaftlichen Institutionen als die wesentlichen Zielgruppen des Wandels zu lenken. Forscher bevorzugen in der Regel die traditionellen und erprobten wissenschaftstheoretischen Ansätze ihrer Disziplinen, wie etwa Einstellungsuntersuchungen, das Selbstwahrnehmungskonzept oder Rollenmodelle. Die Indizes, die sie entwickelt haben, um die Wirkung von Modellprogrammen zu messen, waren teilweise verhaltenswissenschaftlicher, häufiger jedoch einstellungstheoretischer Natur. Indizes zur Messung institutioneller Veränderungen wurden im großen und ganzen zugunsten mehr individualistischer Ansätze vernachlässigt.
Forschung kann gelegentlich nicht nur mit den Reformzielen, sondern auch mit der Suche nach Elitenkonsens kollidieren. Organisationsstudien, die Beispiele bürokratischer Inflexibilität und sozialer Ungerechtigkeit aufdecken, können mit den Bemühungen in Konflikt kommen, die zu untersuchenden Institutionen zur Zusammenarbeit und zur Einigung zu bewegen. Untersuchungen, die scho-

nungslos Daten über die Arbeitsweise einer Bürokratie erheben, sind imstande, Fakten offenzulegen, die kooperierende Institutionen in starke Verlegenheit bringen können. Es ist in der Tat nicht leicht zu entscheiden, wie man solche Informationen – sofern man sie hat – behandeln soll; denn werden sie bekannt, macht man die Institutionen, die doch unbedingt zusammenarbeiten sollen, zu Gegnern. Andererseits ist es nicht ohne Risiko, solche Informationen geheim zu halten. Das mag zum Teil erklären, warum Planer selten auf der wissenschaftlichen Untersuchung institutioneller Arbeitsweisen bestanden haben.

Schließlich wäre es denkbar, daß die Forschung die von den Reformern aufgeworfenen Probleme überhaupt nicht beantworten kann. Betrachten wir kurz eine solche Problemstellung, der sich umfassende Planung oder einzelne Stufenpläne gegenüber sehen können: Eine umfassende Wohlfahrtsplanung kann bei einer Reihe von Institutionen ansetzen – bei der weiterführenden Schule, der Wohlfahrtsbehörde, dem Gesundheitsamt, der psychotherapeutischen Beratung oder dem Arbeitsamt. Einige der traditionellen freiwilligen Wohlfahrtseinrichtungen – die sog. »settlement houses« und »welfare councils« – werden nicht länger als geeignete zentrale Einrichtungen für die Koordination von Wohlfahrtsprogrammen auf kommunaler Ebene angesehen. Doch stehen irgendwelche Fakten zur Verfügung, auf die wir uns bei der Entscheidung für die eine oder andere dieser Institutionen als geeigneter Koordinierungsstelle für ein umfassendes kommunales Programm berufen können? Sollten sich soziale Programme auf Gesundheit, Wohnungsfragen, Beschäftigung oder Bildung konzentrieren, um Abhängigkeiten zu verringern? und – falls alle legitime Alternativen darstellen – müssen wir dann die Suche nach einem wirklich umfassenden Programm aufgeben und uns mit dem bestehenden Dschungel der verschiedenen Koordinationstätigkeiten, dem Überangebot und konzertierten Dienstleistungen abfinden?

Ebenso wie eine breite, repräsentative Planungsstruktur Innovationen vereiteln kann, um die schwache Koalition konfligierender Interessen zu bewahren, so können auch Wissenschaftler die Mission der Reformer unterlaufen, wenn sie sich in ihrer Identifikation mit der Wissenschaft ausschließlich methodologischen Problemen widmen, statt die Ziele des Aktionsprogramms zu vertreten. Die Sorge um Exaktheit und Wissenschaftlichkeit kann zur Vernachlässigung der relevanten Probleme des Aktionsprogramms führen. Reiner Wissensdrang, der sich nicht an expliziten und sorgfältig entwikkelten gesellschaftlichen Zielen ausrichtet, führt zu engstirniger Technokratie.

Die Macht des Volkes

Reformer können ihre Programme auch damit rechtfertigen, daß sie von den Empfängern der Dienstleistungen unterstützt, gebilligt und mitentwickelt werden. Eine solche Legitimitätsgrundlage ist frei von der Überheblichkeit, die nur dem Experten oder dem Angehörigen einer Elite zubilligt, die Bedürfnisse der Armen am besten zu kennen. Sie entbindet von der lästigen Verantwortung eines Wohlfahrts-Kolonialismus oder -Paternalismus, bei dem eine gesellschaftliche Gruppe Dienstleistungen im Namen einer anderen bereitstellt. Dienstleistungsempfänger sind politisch sich artikulierende Adressaten der Planung, d. h. in erster Linie Bürger und nicht »Klienten«, die der Therapie oder Fürsorge bedürfen. Demokratie erschöpft sich schließlich nicht in der Suche nach Elitenkonsens, sondern besteht auch in der Mobilisierung von Interessengruppen, die sämtlich bestrebt sind, ihre eigenen Ziele im Rahmen einer pluralistischen Gesellschaft zu verfolgen. Die amerikanische Demokratie muß demgemäß »das grundlegende Ungleichgewicht zwischen Eliten und Nicht-Eliten« korrigieren, »dadurch, daß sie das Machtgefälle zwischen ihnen verändert« [27]. Sie versucht es, indem sie unterprivilegierte Gruppen der Bevölkerung in die Lage versetzt, ihre Forderungen und Präferenzen einflußreicher zu artikulieren; ihnen hilft, Proteste zu organisieren, in denen sie ihren moralischen Anspruch auf Gerechtigkeit und Gleichbehandlung artikulieren können; den Armen zusätzlich zur kollektiven Aktion die Gesetzesmaschinerie zur Seite stellt, durch die sie als Kläger gegen die Institutionen, die ihre Rechte mißachtet haben, auftreten können.
Strategien des geplanten Wandels, die ihre Legitimität aus der unmittelbaren Partizipation der ansässigen Bürger und Adressaten der Planung ableiten, haben stürmische Zeiten erlebt, seit sie 1962 durch den präsidentiellen Ausschuß für Jugenddelinquenz und Jugendkriminalität ins Leben gerufen wurden. Diese Entwicklungen müssen im Zusammenhang mit der Bürgerrechtsbewegung und den militanten Forderungen nach »black power« gesehen werden. Als Gegenreaktion wurden repräsentative Gemeindestrukturen erweitert, um die Zielgruppen des geplanten Wandels einzubeziehen. Das Prinzip der »maximum feasible participation«, das in dem »Eco-

nomic Opportunity Act« artikuliert worden war, wurde von der Administration in vielerlei Weise ausgelegt, bis hin zur unmittelbaren Partizipation der Armen in den politischen Gremien der »Community Action Agencies« [28]. In einigen Städten wie San Francisco (und später Oakland nach dem Model Cities Program) wurde Partizipation als Kontrolle interpretiert; die Armen beherrschten die Einrichtung, während sich der Bürgermeister auf eine untergeordnete Position zurückzog [29]. Als sich einige Organisationen gesellschaftlichen Veränderungen widersetzten, wurde aus der Partizipation an der Planung sozialer Protest und soziale Aktion, in Form von Mietstreiks, Boykottmaßnahmen und anderen Kampfstrategien, um Veränderungen voranzutreiben [30]. Neuerdings wird unter Bürgerbeteiligung die kommunale Kontrolle über öffentliche Einrichtungen, wie »multi-service centers«, Gesundheitsprojekte und ein dezentralisiertes öffentliches Grundschulsystem verstanden [31]. Das Model Cities Program ermutigte das Experimentieren mit Planung, verstanden als Interessenwahrnehmung (advocacy planning) in Städten (z. B. Boston), in denen kommunale Gruppen in der Lage waren, sich mit Hilfe bereitgestellter Mittel eigene Planer zu verpflichten, um Pläne und die gesellschaftlichen und baulichen Grundlagen zur Behebung der städtischen Notlage zu entwickeln. Unter der Regierung Nixon könnte der Community Self-Determination Act von 1968, der z. Z. dem Kongreß vorliegt, wiederum eine neue Phase der Kontrolle durch die Betroffenen einleiten. Dieses Gesetz soll die Grundlage für die kommunale Kontrolle von privatwirtschaftlichen Unternehmen schaffen und es den Bürgern der Gemeinden ermöglichen, »einen Teil der Gewinne dieser Unternehmen zur Bereitstellung benötigter sozialer Dienstleistungen zu verwenden« [32].

Die konsequente Fortführung dieses Gedankens ist folgende Anomalie: Sie führt zwangsläufig zu zweierlei Demokratieverständnis – einmal für die Armen und zum andern für die übrigen Teile der Gesellschaft [33]. Während die Teilnahme der Mittelklasse am politischen Prozeß über ihre gewählten Vertreter erfolgt, wird in den Bezirken der armen Bevölkerung Demokratie tendenziell als eine Art unmittelbare Partizipation an der Basis interpretiert. Die Befähigung zur kommunalen Selbsthilfe wird als ein therapeutischer Prozeß zur Förderung sozialer Integration verstanden. Zur Selbsthilfe fähige Gemeinden bringen fähige Männer hervor, da jeder sein eigener Politiker ist. Man erwartet, daß sich aus den wechselseitigen Interessen der Bürger, die Seite an Seite gemeinsame

Probleme bearbeiten, spontan Organisationen entwickeln. Als Belohnung für die Partizipation werden Bürgerstolz, Entwicklung der Persönlichkeit und die Verringerung devianten Verhaltens in den Gemeinden angesehen. Aktionsgruppen bilden sich nicht auf Grund von pragmatischen Interessen, persönlichen Vorlieben und ökonomischen Vorteilen – dies sind in erster Linie typische Motive derer, die den lokalen politischen Parteien beitreten. Planung sollte ihre Aufgabe anders verstehen; sie sollte nicht darin bestehen, die unteren Einkommensgruppen der Gemeinde soweit zu befähigen, daß sie ihre Belange selbst vertreten können, sondern vor allem darin, repräsentativere, den besonderen Bedürfnissen und Interessen dieser Gruppen angemessenere Strukturen zu schaffen. Ist statt einer direkten Demokratie die Schaffung einer repräsentativen Demokratie das Ziel, dann werden vor allem besoldete Politiker benötigt und nicht besoldete Fürsprecher.

Folglich dürfte direkte Demokratie als ein Stadium im Prozeß der Entwicklung neuer politischer Koalitionen und Führungsschichten gelten, nicht aber als ein Idealzustand in der »guten« Gemeinde.

Richard Cloward und Francis Piven sind der Ansicht, daß bei kollektiven Protesten der Elite und der unteren Einkommensgruppen ein fundamentaler Konflikt entsteht, weil beide »recht unterschiedlicher Überzeugung sind, was die Natur sozialer, ökonomischer und politischer Institutionen und der Mittel, sie zu verändern, angeht« [34]. Die Elite geht davon aus, daß sich Institutionen durch Überzeugung und über Sozialisation verändern, und daß auftretende Probleme zum großen Teil technischer Natur sind und der Analyse von der Art einer Kosten-Nutzen-Rechnung zugänglich sind. Im Gegensatz dazu liegt den kollektiven Protesten unterer Einkommensgruppen die Überzeugung zugrunde, daß Institutionen auf bloße Macht und auf Druck reagieren; Probleme werden personalisiert, Gegner werden als die Schuldigen angesehen, und Ausbeutung der Armen wird ungeachtet eventueller Vorteile zurückgewiesen.

Die Versuche, Bezirke der unteren Einkommensgruppen zu organisieren, begegnen der Schwierigkeit, ein großes Maß an Interesse aufrechterhalten zu müssen, vor allem, wenn die Programme für die Bewohner nur am Rande von Bedeutung sind und nur wenig Chancen für Veränderungen am Arbeitsplatz, der Wohnungssituation oder anderer Annehmlichkeiten bieten. Daneben besteht die Gefahr, daß Fragen eher danach ausgewählt werden, ob es ihnen gelingt, Interesse zu wecken und weniger auf Grund ihres sachlichen Gehalts. Proteste können statt zu einer Plattform für politische Forderungen zum Selbstzweck werden. Doch ohne ein Anliegen für den Protest zu haben, verfallen Organisationen mit großer Wahrscheinlichkeit in ritualisiertes Organisieren um seiner selbst willen. Wie man versuchen kann, Engagement wachzuhalten, zeigt die Arbeit Saul Alinskys. Es ist der Versuch, die Gemeinde hinsichtlich eines politischen Problems zu polarisieren und dann den Bösewicht, der angeblich das Problem geschaffen hat, rücksichtslos zu attackieren.

Während es bisher überaus schwierig gewesen ist, die Armen auf der Basis ihrer Armut oder sozialen Klassenzugehörigkeit innerhalb der Berufshierarchie zu organisieren, gibt es zumindest Präzedenzfälle für die Politisierung auf der Grundlage ethnischer oder religiöser Gruppenzugehörigkeit. Bürgerpartizipation reflektiert diesen Aspekt des politischen Lebens in den USA und weitet ihn unversehens zu einem Programm der Aktivierung der schwarzen Ghettos aus; in der zunehmenden kämpferischen Form, die städtische Aktionsprogramme der Schwarzen kennzeichnet, zeigt sich, daß die militante Bevölkerung erkannt hat, wie schwierig sich Wandel erreichen läßt. Das erhöhte Bewußtsein der relativen Deprivation verwandelte den Prozeß von Reformen (definiert entweder als Therapie und Schaffung von Gemeinden, die zur Selbsthilfe fähig sind oder als Angebot von Berufsmöglichkeiten durch organisatorische Veränderungen, um die Mobilität zu erhöhen) in Revolution, die auf Integration als realisierbares gesellschaftliches Ideal verzichtet und sich in Aufruhr und Gewalt äußerte. Wie die herrschende Macht auf Gewalt und Bedrohung ihrer Schlüsselpositionen reagieren wird, ist ungewiß. Es gibt Hinweise, daß sie teils zurückschlägt, teils mit zunehmender Liberalisierung antwortet, in dem zwiespältigen Wunsch nach gesellschaftlicher Stabilität und sozialer Gerechtigkeit zugleich.

Lipsky hat darauf hingewiesen, daß »Protestgruppen einzigartig dazu in der Lage sind, die Dringlichkeit gewisser Probleme zu akzentuieren, daß sie aber – weil ihnen die organisatorischen Voraussetzungen fehlen – nicht bei der Entwicklung oder Implementierung von Lösungen für die von ihnen dramatisierten Probleme mitwirken können« [35]. Wenn aber Protestgruppen die Unterstützung von sozialen Wohlfahrtseinrichtungen erhalten, verlieren sie rasch an Glaubwürdigkeit als Basisbewegungen. Sie degenerieren zu arbeitsparenden Selbsthilfe-Projekten oder bekommen Aufräume- und Reparaturfunktionen. Es ist erstaunlich, wie viele Bürokraten versuchen, die unteren Einkommensgruppen zur Durchsetzung ihrer eigenen Ziele zu organisieren. Sanierungsämter gründen Wohnblockgruppen, die Wohlfahrtsämter in den Armenvierteln organisieren Stadtteilarbeit, Schulen fördern PTAs (Elternbeiräte), und ähnlich versucht die Stadtplanung, einen Bezirk zu mobilisieren, um die Opposition gegen Stadterneuerungspläne auf ihre Seite zu bringen und ihr den Wind aus den Segeln zu nehmen. Der Fachmann stellt lediglich die Tagesordnung auf; verläßt er dann die Organisation, so bricht sie zusammen.

Der Prozeß der Einbeziehung der Armen zur Therapie oder Selbsthilfe oder zur Legitimation der Planungsaktivitäten schöpft die Möglichkeiten, die Partizipation bei der Politisierung der Armen bietet, nicht aus. Über die Beteiligung der Bürger kann ein neues Machtzentrum entstehen, wenn der politische Apparat in den Stadtteilen der unteren Einkommensgruppen neu belebt wird, und die verkümmerten Strukturen, die einst Generationen von Einwanderern bei ihrer Eingliederung in die amerikanische Gesellschaft halfen, durch neue ersetzt werden. Es ist paradox, daß die Reformobjekte der einen Generation zu Idealen der nächsten Generation werden sollen: Die ethnische Politik und der politische Apparat wurden einst als die Haupthindernisse einer vernünftigen Kommunalpolitik angesehen. Jedoch werden viele der Gruppen, die an diesen vom »Establishment« geförderten Programmen partizipieren, mit Argwohn betrachtet, als hätten sie die Gemeinde, aus der sie kamen, verraten. Dieses harte Urteil vergißt, daß Partizipation – betrachtet man sie vom Standpunkt der Betroffenen – eine Möglichkeit ist, sich ein System, an dem man teilhaben möchte, »einzukaufen«.

Konfliktsituationen bei der Suche nach Legitimität

Wir haben also die drei Strategien beschrieben, deren sich die Reformer und Planer zur Legitimation ihrer Aktionen bedienen. Jede einzelne behandelt einen anderen Aspekt des demokratischen Prozesses: das Bedürfnis nach Konsens unter den institutionellen Interessen der Eliten, die Ehrfurcht vor Wissenschaft und Fakten und die Notwendigkeit des Pluralismus, d. h. die Vielfalt und Konflikte, auf die eine lebensfähige Demokratie angewiesen ist. Die ganze Problematik scheint darin zu bestehen, daß Reformen, die im Bemühen um Konsens mit dem Establishment zusammenarbeiten, leicht ihren Sinn und ihr Ziel dabei verlieren. Das Mitgefühl und die Verpflichtung den Armen gegenüber verflüchtigt sich in dem Maße, wie Innovationen und Reformen dem Überleben und der Weiterentwicklung der Institutionen geopfert werden. Andererseits dürfte die Planung, die nur für die Rechte der Armen kämpft und die Zusammenarbeit mit den etablierten Institutionen ablehnt, wahrscheinlich nicht nur Konflikte erzeugen, sondern darüber hinaus gar nicht in der Lage sein, irgendwelche konstruktiven Lösungen zu entwickeln, die zu einer echten Reform führen. Es ist nicht möglich, über die Aktivierung der Armen auf Stadtteilbasis grundlegende Veränderungen zu erzielen; denn der Blick verengt sich auf solche Probleme, die geeignet sind, lokale Initiativen zu stimulieren. In der Regel werden dabei die großen Fragen der Gesellschafts- und Wirtschaftspolitik aus den Augen verloren. Die Wissenschaft steht beiden Aufgaben manchmal im Wege; denn sie kann – wie Gouldner es formuliert – als »hamletic strategy« der Verzögerung und Verschleppung dienen, sich politischen Realitäten zwar zuwenden, ohne jedoch zu Aktionen zu führen, die echte Dienstleistungen für die Armen zur Folge haben. Die Wissenschaft kann mit Reformaktivitäten um finanzielle Mittel konkurrieren oder auch konkurrierende Ziele verfolgen. Die Aufdeckung sozialer Ungerechtigkeit, die durch Konfrontation Aktionen stimulieren will, kann die öffentlichen Bürokratien in Verlegenheit bringen und die Zusammenarbeit mit den Reformern erschweren. Andererseits verfällt Sozialpolitik ohne begleitende Forschung und ohne irgendeine Form der objektiven Analyse der Auswirkungen von Maßnahmen ständig neuen Modeerscheinungen, ohne aus ihren Fehlern zu lernen. Es ist zudem zwecklos, fortwährend Neuerungen einzuführen und neue Ideen zu verbreiten, ohne je zu prüfen, ob es sich nicht nur um vorübergehende Trends handelt oder ob sie tatsächlich irgendwelche nachweislichen Veränderungen hervorbringen.

Gibt es einen Ausweg aus dieser vielschichtigen Problematik? Ich fürchte nein, da sich in ihr die Widersprüche der amerikanischen Gesellschaftsordnung selbst manifestieren [36]. Es ist sinnlos, nach Paradigmen und Rezepten zu suchen, um das gesamte Problem aus dem Weg zu räumen und schließlich zu demonstrieren, daß die Strategien ja miteinander vereinbar sind, sich wechselseitig verstärken und keineswegs in grundlegendem Konflikt miteinander stehen. Die Suche nach einem Wohlfahrtsmonismus, der Interessenpluralismus ausschalten möchte, nährt lediglich Illusionen. Und die Verfolgung sämtlicher drei Strategien gleichzeitig in ein und derselben Organisation führt auf lange Sicht unweigerlich zu internen Konflikten.

Eugene Litwak wies darauf hin, daß wir solche Konflikte in der Regel dadurch lösen, daß wir die konfligierenden Funktionen von getrennten Organisationen ausführen lassen. »Eine Gesellschaft mag beide Ziele verfolgen – Freiheit und Sicherheit des Einzelnen. Beide Werte können in Konflikt miteinander stehen . . . und doch ist die Gesellschaft bestrebt, jeden der beiden zu maximieren. Eine Möglichkeit, daß beide gleichzeitig trotz des Konfliktes verfolgt werden, besteht darin, sie separaten Organisationen anheim zu stellen; z. B. überträgt man der Polizei den Schutz der individuellen Sicherheit und überläßt den Zeitungen die Pressefreiheit.« [37]
Doch Fragmentierung der Funktionen löst das Dilemma nicht, es trägt lediglich dazu bei, das Problem der interorganisatorischen Beziehungen zu verschlimmern, wenn mangelnde Koordination zu einer ständigen Krise führt.
Das Programm der Regierung für vorbeugende Maßnahmen gegen Kriminalität legte den Akzent auf rationale Planung und die Macht des Wissens; das Programm zur Bekämpfung der Armut suchte die Ideale der »größtmöglichen Einbeziehung der Armen« zu erreichen; das Model Cities Program wiederum konzentrierte alle Energie, zumindest anfangs, offenbar auf die etablierte Macht, und folgte wohl in erster Linie dem Prinzip einer »breiten« und weniger einer »maximalen« Partizipation. Das schließt nicht aus, daß sämtliche Programme sich auch der übrigen Strategien bedienen, aber sie scheinen eigentlich einer auf Kosten der übrigen den Vorzug zu geben. Wir suchen Rat bei der Wissenschaft, wenn uns der Mangel an Wissen und eindeutigen Richtlinien besonders bewußt wird. Wir erhoffen uns Unterstützung von Interessenwahrnehmung und unmittelbaren Aktionen zur Hilfe der Armen, wenn wir plötzlich feststellen, wie stark politische Programme in den herrschenden Machtstrukturen verankert sind und von den Eliten usurpiert werden. Wir suchen die Unterstützung der etablierten Macht, wenn uns klar wird, daß organisierte Programme, so verdienstvoll sie sein mögen, nicht mit den sich wandelnden Bedingungen der Gesellschaft Schritt zu halten vermögen, direkte Demokratie hingegen unser Bekenntnis zur repräsentativen Demokratie zu bedrohen scheint.

Schlußfolgerungen

Stadt- und Sozialplaner sind davon ausgegangen, daß der Wertkonsens, der die Gesellschaft zusammenhält, den zwingendsten Bezugsrahmen für einen »die Gemeinde betreffenden« Planungsprozeß biete. Sobald jedoch die Trennlinien in der Gesellschaft offenbar werden und immer stärker hervortreten, muß die Planung jeder Ebene diese Bedingungen reflektieren. Doch obgleich das Bedürfnis nach neutraler Planung immer stärker wird, je mehr die unterschiedlichen Interessen aufeinanderprallen, wird ihre Koordination und Integration ebenfalls schwieriger. Rationale Planung wird zum Mythos, wenn sich der Wertkonsens, auf den sie sich beruft, als Illusion erweist, und Verfahren, Willkürentscheidungen auszuschalten, nicht verfügbar sind. Die zunehmende Komplexität gesellschaftlicher Bedingungen und die Erkenntnis, daß jede Entscheidung das Ergebnis kurzfristiger Zweckmäßigkeitsüberlegungen und ein Kompromiß zwischen etablierten Interessen ist, lassen das Bedürfnis, die langfristigen, gesellschaftlichen Interessen zu schützen, vorrangig und die Forderungen nach rationalen Lösungen dringender erscheinen.

Das grundlegende Dilemma der Planung läßt sich wohl nie ganz lösen, d. h. das Dilemma, daß die sozialen Probleme unparteiische, rationale und politisch unabhängige Lösungen erfordern, und daß wir keine Verfahren der objektiven Bewertung haben, daß wir keinen Weg gefunden haben noch finden werden, um Planung aus dem politischen Prozeß zu lösen, ohne sie gleichzeitig irrelevant werden zu lassen. Auch »advocacy planning« ist keine Lösung, denn Planung im Sinne der Interessenwahrnehmung erfordert eine weitere Institution (nicht notwendigerweise einen Planer), die die Rolle des Schiedsrichters übernimmt. Ein solcher Schiedsrichter wäre nicht lediglich ein Vermittler zwischen konfligierenden Interessen – seine Urteile würden dadurch gerecht, daß sie sich an einer normativen Richtschnur, einem ethischen Wert orientieren [38]. Doch die Gesellschaft hat weder Mechanismen der Beurteilung geschaffen, noch Gesetze oder Traditionen, die uns Normen und Kriterien an die Hand geben, um gegensätzliche Richtungen in der Sozialpolitik zu bewerten. Diese Entscheidungssituation entsteht auf Grund der distributiven Effekte politischer Planung, die einige Gruppen stärker als andere begünstigen. Sozialplanung zwingt uns, über das Pareto-Optimum als einem Kriterium für die öffentliche Entscheidungsfindung hinauszugehen. Selbst die Wahl der Mittel impliziert eine Entscheidung hinsichtlich der Ziele. Da sich in dem Mittel der Intervention Werte manifestieren, gibt es keine einfache Entscheidungsregel, um die Mittel und Ziele zu unterscheiden. Folglich kann uns die Sozialwissenschaft allein nicht helfen, unter den widersprüchlichen Zielen zu wählen, ebensowenig wie sie uns die Kriterien liefern kann, wenn es gilt, verschiedene öffentliche Dienstleistungen gegeneinander objektiv abzuwägen. Die Wissenschaft hat keine anderen Kriterien zu bieten als die der Effizienz und Effektivität empirischer Studien, die versuchen, das Ziel-Mittel-Problem zu lösen.

Angesichts der Unlösbarkeit dieses grundlegenden Dilemmas verknüpft sich mit jeder Grundlage für Autorität, die Planung legitimiert, ein anderes Verständnis ihrer Funktion: Sie kann sich als unparteiisch verstehen in ihrem Versuch, jeden nur verfügbaren Konsens auszunutzen und im Bereich dieser allgemeinen Übereinkunft zu planen. Planung wird dann als ein rationaler, wissenschaftlicher Prozeß interpretiert, bei bekannten Zielen die relative Effizienz verschiedener Mittel zu beurteilen. Der Planer kann sich aber auch als rationaler »Zieltechniker« verstehen, wie Reiner anmerkte, d. h. die Ziele, die in den bereits auf anderer Grundlage getroffenen Entscheidungen verborgen sind, offenlegen [39]. Planung kann weiterhin ein Forum darstellen, auf dem die Planer versuchen, die konfligierenden Interessen zur Einigung zu bewegen. Oder der Planer kann sich als Bürokrat verstehen, dem sein Aufgabenbereich von gewählten Volksvertretern zugewiesen wird. Wo die etablierten politischen Strukturen inflexibel sind, kann der Planer als Vertreter diskriminierter und unterprivilegierter Gruppen handeln, sie organisieren, um sie am politischen Prozeß teilhaben zu lassen. Er kann sich aber auch als Guerillakämpfer verstehen und versuchen, einen Wandel innerhalb der Bürokratie einzuleiten, dadurch, daß er die Verwaltung kompetenter und aufgeschlossener macht, ohne dabei ein anderes explizites Reformziel zu haben als den Wunsch, zur Lösung aktueller sozialer Probleme beizutragen.

Dieser Blick auf die Legitimitätsprobleme in der Sozialplanung gestattet zwei allgemeine Folgerungen: 1. Die Grundlage für die Legitimität der Planung ist weder selbstverständlich noch schmal, es lassen sich vielmehr eine ganze Reihe verschiedener Grundlagen der Legitimität aufzeigen. Doch da sich eine Planungsorganisation nicht auf alle zugleich berufen kann, ist eine Wahl geboten. 2. Jede Autoritätsbasis hat ihre charakteristischen Schwächen, die für den Planer eine Reihe schwer lösbarer ethischer Probleme mit sich bringen, für die die Planungstechnologie keine Lösungen bietet. Diese Probleme stellen sich dann, wenn man erkennt, welche Implikationen und Folgen mit der Wahl zwischen den verschiedenen Autoritätsgrundlagen verbunden sind.

Die Ausbildung von Stadt- und Sozialplanern sollte nicht auf jeweils einer einzigen Legitimitätsgrundlage fußen, d. h. Stadtplanung auf der Planungstechnologie, Sozialplanung hingegen auf der Basis der Interessenwahrnehmung (advocacy). Wir müssen den zukünftigen Planern die Erkenntnis vermitteln, daß es darüber hinaus eine ganze Reihe anderer Alternativen der Legitimation ihrer Arbeit und Funktion gibt. Inzwischen müssen wir eingehender prüfen, welche Konflikte entstehen, wenn sich Planung auf alle genannten Legitimitätsgrundlagen zugleich beruft. Wir werden hierdurch unser Verständnis der ethischen Probleme erweitern, denen sich der Planer in der pluralistischen Gesellschaft konfrontiert sieht. Aber da wir keine fertigen Lösungen für diese Wertkonflikte anbieten können, müssen sich Ausbilder in der Sozialpolitik wohl oder übel damit abfinden, daß sie ihren Schülern keine Methodologie noch Technologie der politischen Planungsanalyse und Entscheidungsfindung an die Hand geben können. Wir werfen in der Regel nicht zu beantwortende Fragen auf; denn wir verfügen weder über Regeln noch Kriterien bei der Wahl zwischen alternativen gesellschaftlichen Zielen und konkurrierenden Legitimitätsgrundlagen. Bei der Suche nach Entscheidungsregeln bekommen planungstechnologische Überlegungen die Überhand und lenken unseren Blick von den fundamentalen ethischen und ideologischen Fragen ab, die gesellschaftspolitische Analysen implizieren. Wenn das Gesagte in seiner Verallgemeinerung gilt, dann müssen wir notgedrungen einsehen, daß wir nicht imstande sind, unseren Studenten im Laufe ihrer Ausbildung das nötige Handwerkszeug für die Erstellung politischer Planungsanalysen mitzugeben, da es ein solches Handwerkszeug gar nicht gibt. Sie müssen sich auf ihre intellektuellen Fähigkeiten oder auf das Spezialwissen ihrer jeweiligen Disziplinen stützen, das sie bereits an Universitäten oder Fachschulen erworben haben. Sozialpolitische Planung als Erkenntnisbereich kann ein Fachstudium höchstens ergänzen, es aber keinesfalls ersetzen. Wir müssen uns aber vor der Versuchung hüten, auf dieser Wissensvoraussetzung zuerst an die lösbaren Probleme heranzugehen und die unlösbaren Konflikte liegen zu lassen, weil dies der richtige Weg zur Erkenntnis sei. Sozialpolitik umfaßt alle sozialen Bereiche und gesellschaftlichen Ziele und Werte, die eine Wahl zwischen verschiedenen Sozialprogrammen erfordern. Doch damit rühren wir an den Kern des Problems, der die Grenzen der Sozialwissenschaft deutlich macht und uns daran erinnert, wie wenig erforscht jenes Terrain doch ist, in dem Tatsachen und Werte eins werden. Es bleibt die Frage offen, inwiefern und auf welche Weise die Wissenschaft beitragen kann, »Werte zu klären und zu formulieren ... und ob es dabei notwendig wird, das Konzept der Sozialwissenschaft um einige Attribute der philosophischen Kritik zu erweitern« [40].

Anmerkungen

[1] Davis A. Armstrong, »Some Notes on the Concept of Planning« (Tavistock Institute of Human Relations. London, Juli 1961), S. 8 (vervielfältigtes Manuskript).

[2] Zur Analyse des Dilemmas, mit dem solche Organisationen konfrontiert sind, wenn sie Änderungen zu fördern suchen oder wenn es ihnen nicht gelingt, alle relevanten Interessen der Gemeinde in ihrem Forum zu vereinigen, siehe: Martin Rein und Robert Morris, »Goals, Structures and Strategies of Planned Change«, in: Social Work Practice, 1962 (New York: Columbia University Press, 1962).

[3] Wallace S. Sayre und Herbert Kaufman, Governing New York City: Politics in the Metropolis (New York: Russell Foundation, 1960), S. 372.

[4] Dieses Argument wurde erneut vorgebracht, als eine Gruppe von Planern gebeten wurde, die Planungsentwicklung in Puerto Rico zu beraten, siehe: Rexford Gray Trigwell, »The Place of Planning in Society«, A Series of Seven Lectures on The Place of Planning in Society with special reference to Puerto Rico (Technical Paper No. 7, San Juan: Puerto Rico Planning Board, 1954).

[5] Sayre und Kaufman, Governing New York City, S. 372/3.

[6] Siehe: Robert C. Fried, »Professionalism and Politics in Roman Planning«, Journal of the American Institute of Planners, XXXV, Nr. 3 (Mai 1969), S. 150–159.

[7] Für Gegenargumente siehe: Carl Friedrich, Constitutional Government and Democracy (Boston: Ginn and Company, 1946); *Herman Finer*, Theory and Practice of Modern Government (Überarbeitete Auflage, New York: Henry Holt and Company, 1949), S. 871–885. Eine brauchbare Zusammenfassung dieser Debatte bietet: Glendon Schubert, The Public Interest (Glencoe, Illinois: The Free Press, 1960), S. 120 f.

[8] Norman Beckman, »The Planner as a Bureaucrat«, Journal of the American Institute of Planners, XXX, No. 4 (Nov. 1964), S. 324; Alan Altshuler, The City Planning Process: A Political Analysis (New York: Cornell University Press 1965).

[9] Ibid., S. 326/7. Altshuler argumentiert, daß, da »politische Beamte den Planern selten irgendwelche klaren Instruktionen geben, um die Aspekte

der Wertwahl ihrer Arbeit zu leiten, den Experten viel Verfügungsfreiheit bleibt«. So scheint er Beckmans Formulierung der Rolle des Planers als Bürokrat zurückzuweisen. Altshulers Kommentare verwenden »Bürokrat« im strengen Weberschen Sinn.

[10] Obwohl sie zusammen lehrten und sehr viel zu diesem Thema schrieben, haben sie ihre Arbeiten noch nicht zu einem Bericht zusammengefaßt.

[11] Chester Rapkin, Louis Winnick und David Blank, Housing Market Analyses: A Study of Theory and Method, A Report from the Institute for Urban Land Use and Housing Studies for the Housing and Home Finance Agency, 1952.

[12] Paul Davidoff und Thomas A. Reiner, »A Choice Theory of Planning«, Journal of the American Institute of Planners, XXVIII, Nr. 2 (Mai 1962), S. 108.

[13] Paul Davidoff, »Advocacy and Pluralism in Planning«, Journal of the American Institute of Planners, XXXI (November 1965), S. 331–338.

[14] Lisa R. Peattie, »Reflections on Advocacy Planning«, Journal of the American Institute of Planners, XXXIV, Nr. 2 (März 1968), S. 84.

[15] Ibid., S. 86.

[16] Herbert Gans, »Social Planning: Regional and Urban Planning«, in International Encyclopedia of the Social Sciences (New York: The McMillan Company and The Free Press, 1968), S. 131.

[17] Im Bereich der Planung ist zumindest eine Anstrengung unternommen worden, um eine lockere Bindung zwischen Rebellen zu schaffen, die die Politik ihrer eigenen und anderer Programme zu ändern suchen. Leonard Duhl nennt diese Verbindung ein »floating crap game« (Unbestimmtes Fehlwurfspiel). Diese Analogie ist jedoch mißverständlich, denn die Spieler stehen nicht miteinander in Wettstreit, sondern suchen sich vielmehr gegenseitig bei ihrer gemeinsamen Aufgabe zu unterstützen. Berufsverbände wie z. B. der Verband der Planer für Chancengleichheit (Planner for Equal Opportunity, PEO) können auch als Referenzgruppe dienen.

[18] Martin Arnold, »Young Insurgents in Planning Commission Charge it Operates in Secrecy«, New York Times, March 30, 1969, S. 34.

[19] Die Berufung auf eine Legitimitätsbasis braucht keineswegs echt zu sein. Daher müssen wir unsere Aufmerksamkeit nicht nur authentischen Legitimitätsansprüchen schenken. Unter bestimmten Umständen können Mythen eine große Rolle für die Überzeugung anderer von der Berechtigung eines Anspruchs spielen. Dieser wichtige Aspekt wird jedoch im Rahmen dieses Aufsatzes nicht systematisch untersucht.

[20] Robert Morris und Martin Rein, »Emerging Pattern in Community Planning« in Social Work Practice, 1963 (New York: Columbia University Press, 1963), S. 156.

[21] Alvin W. Gouldner, »The Sociologist as Partisan: Sociology and the

Welfare State«, The American Sociologist, III, No. 2 (Mai 1968), S. 109.

22 Die Termini Innovation und Veränderung benötigen eine Erklärung. Ich finde die Unterscheidung brauchbar, die Lake in seinem Überblick über Theorien und Forschung hinsichtlich des sozialen Wandels entwickelte. Er stellt fest: »In der durchgesehenen Literatur existiert keine Unterscheidung zwischen einer Strategie der Innovation und einer Theorie der Veränderung ... Wenn die Konzepte an Taktiken zur Einführung der Veränderung gebunden sind und wenn eine zeitliche Einteilung vorgeschlagen wird, dann werden die Theorien zu Innovationsstrategien ... zu einer Theorie der Veränderung gehört nicht ein Programm zur Einführung der Veränderung« Dale G. Lake, »Concepts of Change and Innovation in 1966« The Journal of Applied Behavioral Science, IV, Nr. 1 (1968), S. 4/5.
Kahn und seine Mitarbeiter behandeln Innovation als Verfahren, Rollen und Aktivitäten, die es einer Organisation ermöglichen, sich von festgesetzten Regeln angesichts der sich ändernden Umstände zu lösen. Siehe: Robert Kahn et al., Organizational Stress: Studies in Role Conflict and Ambiguity (New York: John Wiley and Sons, 1964), Kap. 7. Dieser Aufsatz befaßt sich mit den Bemühungen einiger Organisationen, Innovationen in anderen Organisationen einzuleiten. Diesen Prozeß definiere ich als geplanten Wandel oder soziale Reform.

23 Für weitere Hinweise auf den Konflikt zwischen Innovationen und Organisationen mit einer breiten Mitgliederbasis der freiwilligen sozialen Fürsorge sowie in Gesundheits- und Wohlfahrtskörperschaften siehe: Martin Rein, »Organization for Change«, Social Work, IX, No. 2 (April 1964), S. 32–41; Martin Rein und Robert Morris, »Goals, Structures and Strategies for Community Change«, S. 32–41. Einen Überblick über die Literatur internationaler Organisationen, die zu ähnlichen Folgerungen gelangt, gibt: Richard E. Walton, »Two Strategies of Social Change and their Dilemmas«, The Journal of Applied Behavioral Science, I, No. 2 (April, Mai, Juni 1965), S. 167–179.

24 Einen kritischen Überblick über diese Fragen gibt: T. S. Simey, Social Science and Social Purposes (London: Constable and Co., Ltd., 1968), S. 138.

25 Harlem Youth Opportunities Unlimited, Youth in the Ghetto: A Study of the Consequences of Powerlessness and A Blueprint for Change (New York: HarYOU, 1964), S. 2/3.

26 Siehe z. B. Melvin Herman, »Problems of Evaluation«, The American Child, XLVII, Nr. 2 (März 1965), S. 5–10, und U. S. Congress, Senate, Subcommittee on Employment, Manpower and Poverty of the Committee on Labor and Public Welfare, Hearings auf S. 1545, Teil 10 (Comments on Sar Levitan, »Work Experience and Training«, staff paper), 90th Cong., 1st Sess., 1968, S. 3072–3081.

[27] Peter Bachrach, »Elite Consensus and Democracy«, The Journal of Politics, XXIV (1962), S. 451.

[28] Zur Diskussion über die Kritik an der Partizipation als einer Politik siehe: John C. Donovan, The Politics of Poverty (New York: Pegasus 1967), S. 41–48.

[29] James Cunningham, »The Struggle of the American for Freedom and Power«, ein Bericht, der für die Ford-Foundation im August 1967 vorbereitet wurde. Siehe S. 57–69 für einen Bericht über die Gemeindeaktion in der City von San Francisco.

[30] Eine kritische Bewertung der Grenzen und Stärken des Protestes gibt Michael Lipsky, »Protest as a Political Resource« (Institute for Research on Poverty, University of Wisconsin, April 1967) (Vervielfältigt).

[31] Hans Spiegel, »How Much Neighborhood Control?« in Citizen Participation in Urban Development (Washington, DC: NTL Institute of Applied Behavioral Science, 1968), S. 271–291.

[32] U. S. Congressional Record, Juli 24, 1968.

[33] Siehe: Martin Rein und S. M. Miller, »Citizen Participation and Poverty«, University of Connecticut Law Review, I (Dezember 1968), S. 221–243.

[34] Richard Cloward und Francis Piven, Low-Income People and Political Process, A Paper Presented at the Training Institute Program on Urban Community Development Projects (New York: Mobilization for Youth, Mai 1965).

[35] Michael Lipsky, »Protest as a Political Resource« (University of Wisconsin, Madison) (Vervielfältigt).

[36] Zur weiteren Diskussion jede dieser Strategien und auf welche Weise sie in Konflikt miteinander stehen, siehe: Peter Marris und Martin Rein, Dilemmas of Social Reform: Poverty and Community Action in the United States (New York: Atherton Press, 1967).

[37] Eugene Litwak und Lydia F. Hylton, »Inter-organizational Analysis: A Hypothesis on Coordination Agencies«, Administrative Science Quarterly, IV (März 1962), S. 396.

[38] Alvin W. Gouldner, »The Sociologist as Partisan«, S. 113.

[39] Thomas A. Reiner, »The Planner as Value Technician: Two Classes of Utopian Constructs and their Impacts on Planning in: H. Wentworth Eldredge (ed.), Taming Megalopolis (Vol. I, New York: Doubleday and Company, 1967), S. 232–247.

[40] T. S. Simey, Social Science and Social Pruposes, S. XI.

Übersetzt von Christine Mussel

10 *David Stoloff*

Die kurze, unglückliche Geschichte der Community Action-Programme

Vorbemerkung

Unter Titel I B des Economic Opportunity Act von 1964 wurde das Neighborhood Job Corps zum Zwecke der Ausbildung und der Vermittlung von Arbeitserfahrung von Jugendlichen zwischen 16 und 21 Jahren gebildet. Einer der Ausgewählten aus New York City namens Lyman Thompson, einundzwanzigjährig, äußerte sich wie folgt: »Ich arbeite hier am Newark City Museum und es gefällt mir sehr gut, aber allerdings als ich hier ankam, erzählten sie mir von Reptilien und es gab da einige, die ich nicht leiden konnte ... Besonders Schlangen konnte ich nicht leiden ... Aber jetzt komme ich mit ihnen zurecht. Meine Arbeit gefällt mir wirklich und ich bin stolz darauf, und ich bin stolz, daß ich hier bin. Wir füttern sie, wir machen ihre Käfige sauber, und Kinder von verschiedenen Schulen kommen hierher und so weiter. Es macht eine Menge Spaß in der Reptilienecke.« [1]

Abgesehen davon, daß der Umgang mit Schlangen eher interessant als nützlich sein mag, so liegt doch der eigentliche Kernpunkt des Programms gegen die Armut in der Zielbestimmung der »maximum feasible participation« der Armen selbst. Auf einer Konferenz in Washington, an der sowohl Vertreter der Armen als auch der Regierungsbürokratie teilnahmen, geschah folgendes:

»In Ausschußsitzungen sprachen die Armen von der Planung einer ›Organisation gegen die politische und ökonomische Struktur‹, die ihnen die Kontrolle über die Ausgaben für das Programm gegen die Armut verweigert. Es war die Rede von ›politischen Attentaten‹ zur Entfernung von Amtsinhabern, denen vorgeworfen wurde, daß sie ›uns unten halten‹. Mrs. Unita Blackwell von der Mississippi Freedom Democratic Party erklärte, ›Die Bundesregierung sollte sich schämen. Die gleichen Leute, die uns 3 Dollar am Tag bezahlen und darauf aus sind, die Menschen vom Land zu verdrängen, sitzen selbst im Ausschuß des Programms gegen die Armut. Geben Sie uns selbst die Finanzmittel, und wir werden Ihnen zeigen, was wir mit dem Geld zustande bringen können.‹ Carl

Johnson von Harlan County (Kentucky) sagte, daß sein Bezirk trotz der Finanzzuwendungen von einer Million Dollar nicht besser daran sei.« [2] [...]

Der Feldzug gegen die Armut begann mit der Einführung eines kühnen neuen Konzepts für die Sozialfürsorge – dem Community Action Program.

»Durch ein neues kommunales Aktionsprogramm wollen wir die Armut bei der Wurzel packen ... Dies soll Männer und Frauen im ganzen Land dazu veranlassen, langfristige Pläne für einen Angriff auf die Armut in ihren eigenen Kommunen auszuarbeiten. Dabei handelt es sich nicht um Pläne, die in Washington vorbereitet und dann vielen verschiedenartigen Situationen oktroyiert werden. Sie basieren vielmehr auf der Tatsache, daß die Einwohner einer Kommune ihre eigenen Probleme am besten kennen und am besten wissen, wie man damit fertig wird. Diese Planung wird also jeweils auf der Kommunalebene erarbeitet und sich mit den ungezählten Bedürfnissen auseinandersetzen, die der Armut in einer Kommune zugrunde liegen. Inhalte und Schwerpunkte werden dabei je nach den Umständen differieren.«

Soweit Präsident Johnson in seiner »Message on Poverty« vor dem Kongreß am 16. März 1964.

Das Konzept ist zwar kühn, seine Implementierung ist jedoch bisher zaghaft gewesen. Beim ersten Anzeichen von Widerstand traten die Generäle im Feldzug gegen die Armut den strategischen Rückzug an und gaben das kommunale Aktionsprogramm dem Feind preis.

Die Verortung der Community Action innerhalb des Economic Opportunity Act von 1964

Die legislative Formulierung des Community Action-Konzepts geschah unter dem Titel II des Economic Opportunity Act von 1964, und zwar als »Community Action Programs« (CAP). Dieses Gesetz sah vor, daß »ein kommunales Aktionsprogramm mit soviel Partizipation wie möglich, sowohl der Einwohner eines Bezirks, als auch der im Programm tätigen Gruppenmitglieder entwickelt, durchgeführt und verwaltet« werden sollte [3]. Im ersten Jahr nach Anlauf des Programms wurden 340 Mill. Dollar zur Verfügung gestellt, im zweiten 850 Mill. [4]. Diese Gelder wurden entweder an gemeinnützige Privatorganisationen oder an öffentliche Einrichtungen zur Verwendung für ein breites Spektrum innovativer Aktionen vergeben, die auf die bekannten Bedingungen für Armut wie etwa Arbeitslosigkeit, schlechten Gesundheitszustand, schlechte Wohnverhältnisse und unzureichende Ausbildung abzielen. Das Programm war zwar für ländliche wie städtische Kommunen geplant, jedoch gingen die Subventionen praktisch alle an städtische Stellen.

CAP war der Kern des von der Administration begonnenen Feldzuges gegen die Armut. Die übrigen mit dem Economic Opportunity Act beschlossenen Programme stellten dagegen eine unzusammenhängende Folge traditionell konzipierter und orientierter Programme dar. Das Job Corps, Neighborhood Youth Corps, Special Loan Program, Work Experience Program und VISTA sind entweder Erweiterungen, Erneuerungen oder Veränderungen solcher Programme, über welche bereits beträchtliche Erfahrungen vorlagen. Es sind dies im wesentlichen Arbeitsbeschaffungs-, Schulungs- und Umschulungsprogramme nach der alten, zentral verwalteten und »fürsorge-orientierten« (»supplier oriented«) Methode des Umgangs mit den Armen; d. h., sie reflektieren getreu die Einstellung der professionellen und bürokratischen Wohlfahrtsverwalter zu den Problemen wie zu deren angemessenen Lösungen.

Gerade diese »fürsorge-orientierten« Programme haben sich aber für die, die in ständiger Armut leben, als inadäquat und unangemessen erwiesen. Sie bleiben ohne Auswirkung auf das Leben der Alten und Kinder, der von der Wohlfahrt abhängigen Mütter, der Alkoholiker und Drogensüchtigen oder auch auf die entfremdeten und von der Kultur ausgeschlossenen Jugendlichen und Erwachsenen der ethnischen Ghettos. Untersuchungen von Michael Harrington [5] und anderen akzentuierten das Bedürfnis nach einer neuen Auffassung des Problems der Armut und bereiteten damit den Feldzug gegen die Armut vor.

Das CAP zeichnet sich durch die Möglichkeit aus, eine vom »Benutzer« oder »Klienten« her orientierte Einstellung zur Armut zu entwickeln. In Programmen, die mit der aktiven Mitarbeit der Armen entwickelt, durchgeführt und verwaltet werden, kann sich eine größere Sensibilität gegenüber den Bedürfnissen der Armen entfalten. Außerdem ist schon der Prozeß der Entwicklung und praktischen Durchführung eines Programms instruktiv und förderlich. Menschen, die lange arm gewesen sind, sind nicht nur von der Welt der Arbeit ausgeschlossen, sondern auch von Entscheidungsprozessen, Programmentwicklungen, von Finanzverwaltung, Personalführung und all den Prozessen, in denen sich produktive Tätigkeit entfalten kann. Es gab Grund zu hoffen, daß CAP solche Erfahrungen ermöglichen würde, aus denen die Armen ein neues Selbstbewußtsein beziehen könnten.

Der Kampf um die Leitung von CAP

Unmittelbar nach Verabschiedung des Economic Opportunity Act begann eine Anzahl von Kommunen mit der Organisation von Foren für die Planung von Community Action Programmen. Im allgemeinen setzten sich diese Foren aus professionellen Wohlfahrts- und Sozialarbeitern zusammen (die selbst wiederum der oberen Mittelklasse angehören), ferner einigen gewählten oder ernannten Beamten der Stadtverwaltung. Manchmal, aber nicht oft, kamen einige »Vertreter« der Armen dazu – dies jedoch nur auf Empfehlung des Bürgermeisters oder anderer Amtsträger. Eine Anzahl von Nachbarschaftsorganisationen und andere »grass roots«-Gruppen, die dabei übergangen worden waren, protestierten. Ihrer Ansicht nach wurde überhaupt nicht der Versuch unternommen, die Absicht des Gesetzgebers, die eine »maximum feasible participation« der Armen verbindlich macht, zu erfüllen.
Damit brach von drei Seiten der Kampf um die Führung der kommunalen Foren aus, und zwar von den lokalen politischen Interessenvertretern, den etablierten Wohlfahrtsämtern und denen, die sich für eine echte Repräsentation der Armen einsetzten. Bald stellte sich heraus, daß die Administration unter Johnson weder die Absicht hatte noch überhaupt dazu imstande war, die Kooptation der CAP-Gruppen durch lokale politische Organisationen zu verhindern oder etwa eine echte Partizipation der Armen zu gewährleisten – jedenfalls dort nicht, wo die Entscheidungen über die Verteilung der Gelder fallen. Schon im Januar 1965 wies Saul Alinsky [6], ein bundesweit bekannter Verfechter von Aktionen auf der Kommunalebene, detailliert nach, daß das Programm von korrupten und machtgierigen Lokalpolitikern zwecks Protektion manipuliert und jede andere als eine Alibi-Partizipation derer, denen das Programm hätte dienen sollen, verhindert worden war.
Es gab einige frühe Anstrengungen der Administration, diesem Prozeß entgegenzuwirken. Durch gutes Zureden versuchte das Office of Economic Opportunity während des ersten Jahres, die Städte dazu zu bewegen, die Foren angemessen zusammenzusetzen. Aber

aus einigen Hearings vor dem House Committee for Education und Labor wurde im Sommer 1965, als das Programm ein Jahr gelaufen war, die geringe Wirkung dieser Bemühungen deutlich. Bürgerabordnungen aus New York, Cleveland, Philadelphia, Chicago und anderswo artikulierten ihren Protest. Unter diesem Druck drohte die Administration damit, bei nicht genügender Repräsentation der Armen in den CAP-Organisationen die Gelder zurückzuhalten.

Dies waren leere Drohungen. Eine Administration der Demokratischen Partei muß notgedrungen in Schwierigkeiten geraten, wenn sie versucht, einer mit Angehörigen der Demokratischen Partei besetzten Kommunalorganisation bewilligte Gelder vorzuenthalten. Zwar gab das Office of Economic Opportunity Richtlinien für die Repräsentation der Armen heraus. Einige Städte erlaubten sogar den Armen, ihre eigenen Vertreter für die lokalen Foren im Programm gegen die Armut zu ernennen. Aber die Richtlinien besagten sehr wenig, und die Foren wurden so umstrukturiert, daß den gewählten Vertretern der Armen jede Möglichkeit einer effektiven Kontrolle über die Gelder entzogen war. In Chicago sitzen in einem Forum von 60 Mitgliedern angeblich 12 Vertreter von sechs Armenvierteln, ausgewählt von Verwaltern der »service centers« in den sechs Stadtvierteln, die aber selbst wiederum von politischen Gruppen ernannt sind!

Die Stadtverwaltung von New York hatte sich schließlich dazu bereit gefunden, im »Council against Poverty« ein Drittel Arme zuzulassen. Jedoch erklärte die Stadt den Empfang von Geldern durch das Forum für ungesetzlich; ein Amt mit dem Namen »Economic Opportunity Committee«, in dem keine Armen vertreten sind, wurde statt dessen als Finanzverwaltung des Programms eingerichtet. Der Bürgermeister von Los Angeles, Yorty, lehnte es kurzerhand ab, sich mit dem Problem zu befassen, bis es, wie es oft geschieht, einfach von selbst verschwand – d. h. die Bundesadministration hat schließlich wegen mangelnder Beteiligung der Armen niemals einen Pfennig verweigert. In Newark hatte der lokale Parteiapparat der Demokraten es irgendwie geschehen lassen, daß die Partei im Forum des Programms gegen die Armut nicht vertreten war. Als das Forum, die United Community Corporation, sich weigerte, das Versehen rückgängig zu machen, lehnte wiederum der Stadtrat es ab, sich mit seinem vorgeschriebenen Anteil von 10 % an den Programmkosten zu beteiligen, wodurch das Programm lahmgelegt wurde. Dies sind nur ein paar Beispiele.

Die oben erwähnte Situation in Newark hatte übrigens noch eine andere Folgewirkung, die gewisse Befürchtungen von Bürgermeistern, deren Städte ein Programm gegen die Armut durchführen, bestätigte. Im Frühjahr 1966 bewarb sich in einer mit Problemen und Argumenten aus dem Programm gegen die Armut geführten Wahlkampagne ein Vizepräsident des Forums für die Kandidatur zum Bürgermeister und gewann in den Vorwahlen der Demokratischen Partei genügend Stimmen für ein Kopf-an-Kopf-Rennen mit dem anderen Hauptkandidaten. Einem alerten Politiker war es nämlich von Beginn der Community Action Programme an klar gewesen, daß Kommunalaktionen und Bürgerbeteiligungen eine direkte Konfrontation mit dem etablierten System politischer Macht und gesellschaftlicher Kontrolle implizieren [7]. Wer neue Organisationen schafft, die über Gelder und Positionen verfügen und die Programme durchführen, von denen der Mann auf der Straße betroffen ist, der schafft eine neue Basis für politische Macht. Dies zu verhindern, muß das alte System tunlichst die neuen Programme unter seine Kontrolle bringen – und genau das ist das Modell, nach dem die Community Action Programme im ganzen Land gehandhabt werden.

»Vorgefertigte« Programme

Vielleicht wegen dieser Schwierigkeiten, jedenfalls aber in direktem Widerspruch zur Absicht des Gesetzgebers und zur oben zitierten Botschaft Präsident Johnsons zum Programm gegen die Armut, hat das Office of Economic Opportunity nach und nach jegliche Lokalinitiative bei der Planung von Community Action Programmen usurpiert.

Seit dem vorigen Sommer entwickelt das Office of Economic Opportunity eine Serie von »vorgefertigten« Programmen zur Verabreichung durch die örtlichen CAP-Gruppen. Davon war das erste und erfolgreichste das »Headstart«-Programm, das für Kinder aus armen Familien ein intensives Vorschultraining anbietet. Es wird von CAP-Organisationen und lokalen Schulbehörden durchgeführt. »Headstart« ist jetzt das größte Programm unter Titel II und wird nächstes Jahr wahrscheinlich 40 % der Geldes dieses Titels verwalten [8].

Ebenso »vorgefertigt« ist das »Nelson Amendment«-Programm, welches den Städten gestattet, gegenwärtige oder potentielle Wohlfahrtsempfänger in Verschönerungsprojekten zu beschäftigen [9]. Dieses Programm wird nächstes Jahr etwa 10 % der Gelder absorbieren.

Das »Foster Grandparents«-Programm, in dem ältere Leute als Ersatzeltern in Institutionen für Kinder arbeiten, wird soeben vom Office of Economic Opportunity organisiert.

Das gleiche trifft auf das Programm für Rechtshilfe zu, das von Geldern der CAP finanziert, aber nicht von lokalen CAP-Organisationen verwaltet wird. Das Office of Economic Opportunity verweigerte einer von lokalen CAP-Organisationen initiierten Rechtshilfe unter dem Druck von juristischen Berufsorganisationen, die eine »sozialisierte Rechtspflege« befürchteten, die Gelder. Als Kompromiß wurden statt dessen in besonderen Rechtshilfeprojekten den örtlichen Anwaltskammern unterstellte Rechtsberatungsbüros eingerichtet.

Auch das unter Titel II lancierte »Demonstration«-Programm, welches neue Wege der Organisation und Durchführung von Community Action Programmen hätte erkunden sollen, ist seinem ursprünglichen Zweck entfremdet worden. Das jetzt dem Kongreß vorliegende Nachtragsgesetz zum Economic Opportunity Act sieht schon die Hälfte der dafür bestimmten Gelder für ein Versuchsprogramm für Rauschmittelabhängige vor.

Ganz offensichtlich haben also die vorgefertigten Programme örtliche Initiativen verhindert und damit Innovationsspielräume auf der Lokalebene reduziert. Wird dieser sich abzeichnende Trend weitergeführt, so werden die örtlichen CAP-Foren schließlich nichts anderes sein als der verlängerte Arm zentral geleiteter und auf bestimmte Bevölkerungsgruppen abzielender Programme. Planungs- und Programmentwicklungsfunktionen, wie sie durch den Economic Opportunity Act den lokalen CAP-Organisationen verbindlich vorgeschrieben worden sind, werden nur noch in begrenztem Maße ausgeübt [10].

Das große Versprechen, das der Feldzug gegen die Armut ergab, hätte sich gerade in den Aktionen auf der Kommunalebene erfüllen können. Hier nämlich wurden die Probleme der Armut in einer wirklich einzigartigen und vielversprechenden Art und Weise angepackt. Durch diese Gesetzgebung wurden Vorstellungen von Aktionen geweckt, durch die verarmte Gemeinden sich selbst helfen könnten, indem sie durch die Ermutigung zum Durchdenken ihrer Probleme zu eigenen Problemlösungen kommen und sie in Programmen formulieren und realisieren würden. Es ist auch nicht un-

vernünftig anzunehmen, daß der Gesetzgeber gerade dies beabsichtigt hatte.
Aber das Community Action Program ist praktisch tot. Und zwar nicht wegen irgendwelcher Mängel in der Konzeption, sondern weil die Administration wenig daran interessiert war, auf den lokalen politischen Arenen dafür einzutreten. Die Armen sind also doch machtlos. Als die Bürgermeister der großen Städte begriffen, daß das Programm gegen die Armut ein Politikum ist, bei dem eine Fülle von Ämtern zu besetzen ist, die eine potentielle Bedrohung ihrer politischen Macht darstellen, brachten sie es unter ihre Kontrolle, ohne nennenswertem Widerstand zu begegnen. Die für die Durchführung des Economic Opportunity Act verantwortliche Verwaltung wehrte sich anfangs ein wenig, begnügte sich aber schließlich damit, die Verteilung ihrer Gelder minuziös zu spezifizieren.
So bleiben die Probleme der Armen ungelöst. Wenn die Analysen der Versuchsprogramme – daß eine wirkliche Lösung ihrer Probleme nur die Armen selbst leisten können –, die die Grundlage der Konzeption des CAP bildeten, zutreffen, dann sind wir noch nicht auf dem richtigen Weg. Die derzeit laufenden Programme, die den Armen wiederum nur Wohlfahrtsunterstützung und Arbeitsbeschaffung zu bieten haben, werden die in dauernder Armut Lebenden in der aussichtslosen Situation gefangen halten, in der sie sich seit Generationen befinden.

Anmerkungen

1 Office of Economic Opportunity, Congressional Presentation, Washington, D. C., April 1965, Vol. I, S. 25.
2 Time, 22. April 1966, S. 21.
3 Economic Opportunity Act von 1964, U. S. Government Printing Office, Washington, D. C.
4 Seit der Abfassung dieses Artikels wurden vom Office of Economic Opportunity Zahlen veröffentlicht, aus denen hervorgeht, daß von den 850 Mill. Dollar nur 666 Mill. tatsächlich vergeben wurden. Davon erhielten die örtlich geplanten CAP-Gruppen im Gegensatz zu den unten beschriebenen 395 Mill. Dollar.
5 The Other America, New York, 1962.
6 Saul D. Alinsky, »The War on Poverty – Political Pornography«, Journal of Social Issues, Januar 1965, S. 41–47.

7 Die theoretische Basis des Community Action Program ist in den Ergebnissen einer Serie von dreizehn Versuchsprojekten über Kriminalität zu suchen, welche von 1961–1964 von dem President's Committee on Juvenile Delinquency and Youth Crime durchgeführt wurden. Im zweiten Jahr des Feldzugs gegen die Armut übernahm das Office of Economic Opportunity die Verantwortung für alle ursprünglich vom President's Committee finanzierten Programme. In zweien dieser Projekte – und zwar HARYOU und Mobilisation for Youth, beide in New York lokalisiert – wurden gut durchstrukturierte theoretische Rahmenprogramme formuliert, die starke Elemente von »community action« und von Selbstbestimmung auf der Kommunalebene enthielten. Ihre These besagt, daß Kriminalität das Ergebnis sei von einerseits dem Mangel an Chancen, andererseits aber dem Bewußtsein der Ohnmacht gegenüber dem Leben, ein Gefühl, das die ganze Slumkultur durchdringt. Eine Veränderung ist nur durch die Übertragung eines gewissen Maßes an politischer und ökonomischer Macht an die Armen selbst zu erreichen. Detaillierte Darstellung der HARYOU und MFY-Programme in: »HARYOU's Youth in the Ghetto: a Study of the Consequences of Powerlessness and a Blueprint for Change«, New York 1964; ferner »MFY's A Proposal for the Prevention and Control of Delinquency by Expanding Opportunities«, New York 1961; und Richard A. Cloward und Lloyd E. Ohlin: »Delinquency and Opportunity«, Glencoe 1960.

8 Economic Opportunity Amendmends of 1966, House of Representatives, 89th Congress, 2nd Session, Report Nr. 1568, Washington, D. C.

9 Das »Nelson Amendment« wurde von Senator Gaylord Nelson von Wisconsin eingebracht. Darin wurde der Direktor des OEO ermächtigt, Zuschüsse an solche Projekte zu vergeben, »die auf die Bedürfnisse jener schon seit langer Zeit arbeitslosen Armen abgestimmt sind, die wenig Aussicht auf Beschäftigung haben und die wegen Alter oder anderen Umständen nicht imstande sind, von anderen Programmen her einen Arbeitsplatz oder Ausbildungsbeihilfe zu erlangen ...«

10 Seit Abfassung dieses Artikels sind der Economic Opportunity Act von 1966 und die darin verfügten Bewilligungen vom Kongreß verabschiedet worden. Für nicht »vorfabrizierte« Programme unter Titel II wurden 323 Millionen Dollar bewilligt, aber nur 200 Millionen vergeben (verglichen mit 395 Millionen im vorigen Jahr). »Headstart« bekam schließlich 50 % der bewilligten Gelder, nämlich 352 Millionen Dollar. Das »Nelson Amendment Program«, das jetzt mit einem anderen Ausbildungsprogramm kombiniert ist, ist mit 73 Millionen versehen, weitere vorfabrizierte Programme mit den restlichen 98 Millionen.

Aus dem Englischen von Ilse Campling

11 *Bertram M. Gross*

Die neue Systembudgetierung

In allen Gesellschaftsordnungen haben Individuen und Gruppen von jeher um die Kontrolle von nützlichen und knappen Ressourcen gekämpft. Keine Gruppe kann überleben, geschweige denn sich entwickeln ohne gewisse Möglichkeiten der Mobilisierung, Verteilung und Nutzung von Ressourcen. Regierungen beginnen den Kampf um Ressourcen mit spezifischen und interdependenten Möglichkeiten der Geldschöpfung, der Besteuerung, der Ausgabenpolitik, des steuernden Eingreifens, der Informationsbeschaffung und des legitimen Gebrauchs organisierter Gewalt mittels militärischer oder polizeilicher Kräfte [1]. Mit dem Aufkommen der Industrialisierung und der heutigen nachindustriellen Dienstleistungsgesellschaft [2] geben große Ausgaben der Regierung die Grundlage für ein wachsendes Volumen und eine wachsende Vielfalt von Gütern und Dienstleistungen ab. Entscheidungen über diese Ausgaben berühren wesentlich die ökonomischen, sozialen und politischen Interessen von Individuen und Gruppen in einem Land, genauso wie die ausländischer Verbündeter, Satelliten oder Supermächte. Diese Entscheidungen werden zum Zentrum von Kontroversen über die Struktur und Funktionsweise der Regierung – von den allgemeinsten Themen nationaler Politik bis hin zu den Details spezifischer Programme und Institutionen. Indem diese Auseinandersetzungen immer komplexer werden, brauchen die Politiker und die Mitglieder der Verwaltung Verfahren der Konfliktregelung, die für die meisten der Konfliktpartner – und sei es unter Protest – akzeptabel sein sollen. Alle Konfliktpartner brauchen Richtlinien für ihre eigenen Entscheidungsprozesse, das heißt dafür, Probleme zu identifizieren, eine Wahl zwischen Alternativen zu treffen und diese Wahlentscheidungen zu rationalisieren (oder zu legitimieren) [3]. Gewisse intellektuelle Eliten und Praktiker reagieren auf diese Anforderungen derart, daß sie sie in mancherlei Hinsicht schon Jahrhunderte oder Jahrzehnte im voraus antizipieren, in anderer Hinsicht aber oft hinter dem pragmatischen Erfindungsgeist der politischen

Führer herhinken. In jedem Land, welchen politischen Systems oder Entwicklungsstands auch immer, gibt es Tendenzen zu einer kontinuierlichen Ansammlung budgetärer Techniken in vier historischen Phasen, in denen die Auseinandersetzungen sich um folgende Probleme zentrieren: (1) Input-Kosten und budgetäre Zyklen, (2) die spezifischen Ausgaben, für die Geld ausgegeben wird, (3) die ökonomischen Auswirkungen der öffentlichen Gesamtausgaben und (4) die Effekte von spezifischen Programmen und das Problem alternativer Wege zur Erreichung der gleichen oder veränderter Ziele [4]. Diese Phasen sind verbunden mit Veränderungen der öffentlichen Verwaltung, die sich jeweils ausrichten an (um einige der berühmten Schlagworte zu gebrauchen, wie sie in den westlichen Gesellschaften üblich sind): Sparsamkeit, Effizienz, Prosperität, Wirksamkeit der Politik und allgemeine Wohlfahrt. In jeder Phase sind die neuen Techniken implizit in Orientierungen der Politik verwurzelt, werden von einer expliziten Theorie gerechtfertigt, in formalen Regeln ausgedrückt und im bürokratischen und politischen Wettbewerb um knappe Ressourcen benutzt. In jeder ist die Kluft zwischen formal vorgeschriebener und realer Praxis immer groß. Diese wird immer dann größer, wenn bei zunehmender Zentralisierung die Kapazitäten der zentralen Koordinierungsstelle überstiegen werden [5]. In den meisten Ländern werden Veränderungen in den formalen Vorschriften – wie gering oder verspätet ihre Wirkungen auf die aktuelle Praxis auch seien – als »Budgetreformen« bezeichnet. Amerikanischer Brauch ist es, von »Durchbrüchen« oder sogar von »Management-Revolutionen« zu sprechen.

In jeder dieser sich überschneidenden Phasen werden bestimmte technische und wissenschaftliche Eliten zu Protagonisten von gewissen neuen Ideen. In ihrer Geringschätzung des konventionellen Wissens treffen sie auf den Widerstand der »alten Garde«. Später werden sie in das Establishment miteinbezogen und von einer neuen Generation von Reformern unter Beschuß genommen. In diesem Prozeß fügen die Mitglieder einer solchen Elitegruppe neue Bedingungen ein, die den Inhabern politischer und bürokratischer Macht bei der Erreichung ihrer Ziele (welche das auch immer sein mögen) helfen, und erhöhen damit ihre eigene Macht und ihr eigenes Prestige. Sie bringen neue Formen, Symbole und Zeremonien legitimierter Rationalität in den die ganze Nation umfassenden Kampf um Ressourcen ein.

In den folgenden Abschnitten werde ich den neuesten amerikanischen »Durchbruch« analysieren: das neue Planungs-Programmierungs-

Budgetierungssystem der Bundesregierung, häufig als PPB, PPBS, Programmbudgetierung, Kosten-Wirksamkeits-Analyse, Systemanalyse oder Systembudgetierung bezeichnet. Wie Allen Schick angedeutet hat, ist das neue System »in einem halben Jahrhundert von Tradition und Entwicklung verankert« [6]. Aber es ist auch im Zusammenhang mit vielen noch im Embryonalstadium befindlichen Entwicklungen zu sehen, die in den 70er Jahren wahrscheinlich zu einer »neuen Welle der Innovationen in den Management- und Verwaltungstechniken« anwachsen werden [7]. Da dieser »Durchbruch« eher evolutionär als revolutionär ist, werden wir uns im folgenden durchweg mit dem historischen Hintergrund und den gegenwärtigen wie zukünftigen Entwicklungstrends beschäftigen. Nachdem wir kurz versuchen, diese historische Neuerung und die Verwirrungen, die sie begleiteten, darzustellen, werden wir uns mit der Frage beschäftigen »Was ist dieses neue Verfahren wirklich?« Da unsere Antwort etwa im Sinne des Begriffs der »input-output-effect-alternative analysis« ausfallen könnte, werde ich danach eine kurze historische Darstellung der Entwicklung dieser Konzepte geben sowie die neueren Versuche einer Synthese im Rahmen einer systematischen Analyse der Alternativen darstellen. Zum Schluß werde ich einige der Implikationen für Politik, Mangement und Theorie aufzeigen, die die Versuche beinhalten, Verfahren nach Art des PPB einzuführen oder auf deren Basis Veränderungen herbeizuführen.

Während unser Hauptaugenmerk auf der Bundesregierung der Vereinigten Staaten liegen soll, ist der konzeptuelle Rahmen (mit einigen Abstrichen) auch auf die speziellen Bedürfnisse von staatlichen und lokalen Stellen, privaten Organisationen und den Regierungen anderer Länder anwendbar. Obwohl die Diskussion primär den Bereich der Management- und Budgetierungstechniken zur Grundlage hat, soll sie uns zu allgemeineren, jedoch sachbezogenen Fragestellungen der Planung, Information und dem Problem der »Intelligenzfunktionslücken« führen [8]. Es soll dabei das Bedürfnis nach respektloser Infragestellung allgemein anerkannter, jedoch auch irreführender Modelle der Rationalität, des Entscheidungsprozesses und des politischen Verhaltens geweckt werden.

PPB als »Durchbruch«

In weniger als einem Jahr nach seiner Wahl zum amerikanischen Präsidenten gab Lyndon B. Johnson die Einführung »eines ganz neuen und revolutionären Systems der Planung, Programmierung und Budgetierung innerhalb der gesamten Bundesregierung« bekannt [9].

In der Folge prahlte er damit, daß »dieses System, das seinen Nutzen schon lange im Verteidigungsministerium erwiesen habe, jetzt jedem Ministerium und jeder Regierungsstelle die fortgeschrittensten Techniken des modernen Unternehmensmanangement in die Hand gibt« [10]. Zu diesem Zwecke wurden Experten für »Systemanalyse« aus Robert McNamaras Verteidigungsministerium in verschiedene zivile Regierungsstellen, darunter das Budgetbüro und auch das Weiße Haus selbst, geschickt. Mit den angeworbenen neuen Experten und einigen übernommenen alteingesessenen Beamten wurde der ungeheure Versuch unternommen, Verfahren des Verteidigungsministeriums auf weniger faßbare, »weiche« zivile Programme anzuwenden, und zwar in gleichem Maße auf traditionelle Programme sowie auf die neuen und mutmaßlich teuren Programmansätze der »Great Society«.

Diffusion und Konfusion

Seit 1965 hat sich das neue System rapide ausgebreitet. Zur Zeit ist es bei folgenden Stellen eingeführt, wird dort gebraucht oder mißbraucht:

- in Hunderten von Ämtern und Abteilungen innerhalb der Bundesregierung;
- vom »Comptroller General« als ein Mittel, das »General Accounting Office« zu modernisieren [11];
- von den Kongreßausschüssen zur Beurteilung von Programmvorlagen der Regierung und zur Ausarbeitung von Vorschriften für die zukünftige Programmüberprüfung durch die Legislative [12];
- von vielen Gouverneuren, Bürgermeistern, einzelstaatlichen und lokalen Stellen (eine Tendenz, die durch den wachsenden Glauben daran beschleunigt wird, daß Eingaben um Bundeshilfe eher erfolgreich sind, wenn sie in der PPB-Terminologie begründet sind [13].

Das Interesse an dem neuen System ist auch in anderen Ländern schnell gestiegen – in den industrialisierten sowie in den sich im Prozeß der Industrialisierung befindenden (den Entwicklungsländern), gleichgültig, ob sie mehr oder weniger sozialistisch ausgerichtet sind. In den sich industrialisierenden Ländern, in denen die Mitglieder der Verwaltung noch darum kämpfen, Verfahren nach der Art der »performance budgeting reforms« der Hoover-Kommission (1947–1949 und 1953–1955) zu übernehmen, ist man jetzt dabei, sich hier technische Hilfe für die Legitimierung neuer Reformen zu suchen [14].

Die Verbreitung des neuen Budgetierungssystems war in den USA von wachsender Verwirrung begleitet. Wie bei jeder bedeutenden Neuerung ist man ihm besonders unter den alten Mitgliedern der Haushaltsabteilungen sowohl mit mangelnder Flexibilität als auch mit hartnäckigem Widerstand begegnet. Das hat zu einer Ritualisierung, einer Überformalisierung und einem Übermaß an Informationssammlung geführt. Tatsächlich hat die Flut von PPB-Papieren, die die Kommunikationskanäle der Regierung verstopft, in einigen Fällen genau die Möglichkeit zu rationalem Handeln bedroht, die sie eigentlich erhöhen sollten. Die Einführung des PPB war, wie bei vielen anderen Managementtechniken, vom Ausbruch erstaunlicher Anmaßungen angeblicher »Durchbrüche« und einer Überstrapazierung in irrelevanten Situationen begleitet [15]. Viele technische Spezialisten haben ihm den Weg gebahnt, die mit wenig Verständnis, noch weniger Interesse und überhaupt keiner Erfahrung in allgemeinen Problemen des Managements dazu tendierten, das Versagen der Verwaltung als technisches Problem zu propagieren [16]. Wie bei den meisten Neuerungen in der öffentlichen Verwaltung sind deren Wurzeln in den inhaltlichen und prozessualen Aspekten der Politik und deren Wirkungen auf sie vernachlässigt, verheimlicht oder verzerrt worden. Als Innovation, die sich mit Robert McNamaras Zeit als Verteidigungsminister und Lyndon B. Johnsons Präsidentschaft verbindet, kann sie nicht einfach von den großen Kontroversen getrennt werden, die deren Politik und Programme hervorriefen. Jene, die McNamara zugestehen, eine »Mangement-Revolution« zur Stärkung der militärischen Kapazität durchgeführt zu haben, müssen seine Rolle – und die der Kosten-Wirksamkeits-Analyse – in einer asiatischen Militäraktion, von hohen Kosten, niedriger Wirksamkeit und fragwürdiger Klugheit in Erwägung ziehen. Jene, die als Reaktion auf die Vietnampolitik Lyndon B. Johnsons jegliches Verdienst aberkennen wollen, werden Schwierigkeiten haben, die historischen Implikationen des neuen Systems abzuschätzen.

All diese Unklarheiten sind noch durch phantastische begriffliche

Verwirrungen vervielfacht worden. In die frühere Sprachregelung der Budgetierung, Buchhaltung und der »Effizienztechnologie« sind neue Begriffe aus der Mikroökonomie, der Systemsteuerung und des Unternehmensmanagements eingegangen. Kleinkarierte Versuche zur Popularisierung der Begriffe haben zu nichts anderem geführt, als zu einer Verlangsamung jener grundlegenden Vorgänge, die zu einer besseren Begrifflichkeit führen. »System«, »output«, »Planung« und »Programmierung« sind »Modeworte« geworden, die mit scheinbarer Aufgeklärtheit gebraucht werden, was oft nur engstirnige Naivität verdeckt.

In der Tat scheint hier ein unausgesprochenes »gentleman's agreement« vorzuliegen, daß Grundbegriffe niemals definiert werden müssen. Die Konsequenz von all dem ist, daß sich die größte Verwirrung an der Frage bildet, »was nun das neue System eigentlich ist?«

Das Ausmaß allgemeiner Mißverständnisse wurde von Alain Enthoven, dem »Assistant Secretary of Defense for Systems Analysis« vor einem Senatsausschuß öffentlich bezeugt: »Es vergeht kaum eine Woche, in der ich nicht irgendwelche phantastischen Beschreibungen der Systemanalyse im Pentagon lese. Wenn ich auch nur einen kleinen Teil dieser Beschreibungen für wahr hielte, würde ich Minister McNamara und seinem Stellvertreter Nitze empfehlen, mich vor die Tür zu setzen.« [17] Noch bezeichnender ist, daß auch tiefe Verwirrung im eigentlichen »Kontrollturm« des neuen Systems, dem Budgetbüro entstanden ist. Im Sommer 1967 endlich kamen die Beamten des Budgetbüros zwar widerstrebend, aber dennoch offiziell zu der Erkenntnis, daß »die längerfristigen Ziele des PPBS (von denen angenommen worden war, daß sie zur Klärung der Ziele anderer staatlicher Stellen und zur Präzisierung nationaler Ziele beitragen) noch vielen unklar sind« [18]. Aus der Entdeckung vieler alternativer Möglichkeiten für zukünftige Verbindungen zwischen dem PPBS und »*dem* Budgetierungssystem«, kamen sie zur Betonung der Tatsache, daß das neue System nur ein Anhängsel an das alte sei und daß die Integration beider in naher Zukunft unwahrscheinlich sei [19]. Ja, sie kamen sogar zu dem Schluß, daß innerhalb des Büros selbst »die Definition des PPBS (. . .) eine Quelle der Uneinigkeit und Verwirrung ist« [20].

Was ist PPB?

Die vertrauenswürdigsten Befürworter und Verteidiger des PPB sind sich meist in bezug darauf, was PPB *nicht ist,* sehr klar gewesen. Sie haben immer wieder betont, daß:

- es *nicht* von streng mathematischen Modellen oder der Eingabe in EDV-Anlagen abhängig ist,
- es *kein* System ist, das das menschliche Urteil ersetzt,
- es *nicht* Fragen der relativen Gewichtung von Lebensbereichen mit einbezieht, wie z. B. die Frage der relativen Betonung von Gesundheit gegenüber Bildung, von Transportsystemen gegenüber Kommunikationssystemen, von militärischen gegenüber zivilen Ausgaben.

Trotzdem denken viele sonst gut informierte Leute immer noch, PPB ließe sich durch einen oder alle der oben genannten Punkte kennzeichnen. Dies läßt sich teilweise aus der Tatsache erklären, daß die Praktiker des PPB großen Schwierigkeiten, wenn nicht sogar eigenen Meinungsverschiedenheiten und Verwirrungen dabei ausgesetzt sind, zu erklären was PPB *ist.* Für diese Schwierigkeit gibt es viele gute Gründe.
Einer davon ist, daß der Sinn des PPB wichtiger ist als der Buchstabe. Einige Institutionen praktizieren PPB, ohne es zu wissen; andere vollziehen alle formalen Operationen, ohne ihm im Grunde inhaltlich nahezukommen. Zudem gibt es sicherlich nicht *das* System. Es gibt vielmehr eine Vielzahl von Verfahren nach Art des PPB und die Organisationen unterscheiden sich in jeder Phase stark in der spezifischen Kombination von Elementen (in der folgenden Terminologie wollen wir dies »output-mix« nennen). Vor allem ist zu beachten, daß sich das PPB in einem frühen Entwicklungsstadium befindet und es wird wahrscheinlich noch mehr Veränderungen durchmachen, als man erahnen kann. Der inhaltliche Sinn des PPB besteht aus einer Verbindung zwischen Programmplanung und Budgetierung. Ohne eine solche Einheit können die Planer leicht den Bezug zu jenen Zwängen verlieren, die ihnen durch die Knappheit von Ressourcen auferlegt werden, während bei den Haushaltsfachleuten leicht die Gefahr besteht, vom Inhalt der Pläne und Programme getrennt zu werden. Jener Sinn durchdringt den sonst geistlosen (und oft verwirrenden) Wortschwall der vielen Bulletins des Budgetbüros zu diesem Gegenstand. Er verkörpert sich in den Vorschriften mit denen sich diese Bulletins beschäftigen: (1) einer »analytischen Kapazität«, (2) einem spezialisierten Informations-

zyklus und (3) den konzeptuellen Grundlagen, von denen angenommen wird, daß sie die Basis der Informationen sind.

Die analytische Kapazität soll laut dem Budgetbüro durch einen Stab von Spezialisten für Systemanalyse gewährleistet werden, der den Mitgliedern der Führungsspitze eines Amtes oder deren Stellvertretern direkt unterstellt ist [21]. Tatsächlich hat dies bedeutet, daß ein Mitarbeiterstab zur Herstellung und Überprüfung von Programmen das spezialisierte alte Haushaltsplanungspersonal, das schon der Führungsspitze unterstellt war, zurückgedrängt oder ganz verdrängt hat. In den frühen Phasen versuchten die Väter des PPB, jene Stäbe aus Leuten zu rekrutieren, die für die RAND-Corporation oder in McNamaras Ministerium gearbeitet hatten oder über Kenntnisse in der Ökonomie oder den »welfare economics« verfügten. Diese gemeinsame Vergangenheit, verbunden mit einer spespezialisierten Terminologie, erleichterte die Kommunikation und Kooperation beim Kampf gegen die alten Mitglieder der Haushaltabteilungen. Sie half auch, ein »true believer syndrome« bei jenen frühen PPB-Anhängern aufrechtzuerhalten, die, da sie sich als Avantgarde fortgeschrittener Rationalität sahen, wenig für das traditionelle Budgetierungspersonal übrig hatten. Nach drei Jahren PPB gab es etwa 1000 Leute in besonderen PPB-Stellen in der Regierung; etwa die Hälfte davon saß auf neugeschaffenen Stellen [22]. Da vielen von ihnen die erwähnte Vergangenheit und die Vertrautheit mit der neuen Terminologie fehlten, wurde versucht, ihnen durch spezielle Schulungsprogramme die benötigten Spezialkenntnisse beizubringen [23]. Zusätzliche analytische Kapazität wurde über Verträge mit privaten Forschungs- und Beratungsunternehmen, unter anderem auch bei der RAND-Corporation, eingekauft.

Vom spezialisierten Informationszyklus wird angenommen, daß er »die Daten in sinnvollen Kategorien, die grundlegend für das Treffen wichtiger Entscheidungen durch Behördenspitzen und den Präsidenten, sind«, präsentiert [24]. Der traditionelle Budgetierungszyklus bleibt mehr oder weniger der gleiche – wobei jede Institution im September jeden Jahres formal ihre Budgetanforderungen vorlegt, der Präsident seine NOA-(new obligational authority)-Anforderungen jeden Januar übermittelt und die Bewilligungsgesetze voraussichtlich gegen Ende des Steuerjahres den Kongreß passieren. Der neue Informationszyklus scheint vor allem dazu bestimmt, das »Tal« der alten Budgetierungsaktivitäten zu füllen, das auf den »Gipfel« der »Budget Message« des Präsidenten folgt. Besonders von Januar bis Juni arbeitet jede Stelle drei Arten von Dokumenten aus: (1) ein Programm-Memorandum (PM), welches die Ziele, die globale Strategie, die Hauptentscheidungen und vorläufigen Empfehlungen in Hinblick auf jedes ihrer Programme umreißt; (2) einen mehrjährigen Programm- und Finanzierungsplan (PFP), um »die aktuellen und zukünftigen Konsequenzen der Entscheidungen des laufenden Jahres im Hinblick auf Haushalt und Leistungen« aufzuzeigen; und (3) Spezielle Studien (SS), die dazu dienen »die analytische Basis für Entscheidungen über Programmpunkte in den PM-Dokumenten« [25] abzugeben. Nur in den SS-Dokumenten, die zahlenmäßig geringer sind »als die PM- und PFP-Dokumente, werden gelegentliche Versuche in Richtung auf formale analytische Modelle unternommen, die in etwa denen der Verteidigungs-Systemanalyse entsprechen. Im besten Fall bringen diese Dokumente Überlegungen ans Licht, die bisher verschwiegen wurden und nicht sichtbar waren. In dem Ausmaße wie das getan wird, fördern sie einen strukturierten Gang der Debatte innerhalb der Exekutive, wobei Analysen auf »Gegenanalysen« treffen. Formal bleiben alle solche Dokumente – ob kontrovers oder harmlos – dem Kongreß und den Ausschüssen verborgen. Dennoch dienen sie unfraglich als Grundlage beim öffentlichen Auftritt einzelner Institutionsmitglieder im Kongreß. Von jedem PFP wird angenommen, das es eine Verbindung (»cross-walk«) zwischen den neueren Programmkategorien und den traditionellen Budgetkategorien nach den Haushaltsstatuten beinhaltet. Alle Dokumente können in Anspruch genommen werden (wenn sie nicht schon zur Presse durchgesickert sind), um formelle Rechtfertigungen und die Argumente, die bei anderen Formen legislativer Überzeugungsversuche und Druck verwendet werden, vorzubereiten.

Grundkonzepte

Die Konzepte, die dem Informationszyklus und der Arbeit der Spezialisten für Systemanalyse zugrunde liegen, machen die Stärke des PPB aus. Sie sind jedoch zur Zeit noch ungenügend entwickelt und werden in den formalen Dokumenten ambivalent gebraucht. Grundsätzlich – um eine Formulierung zu gebrauchen, die mehr auf fortgeschrittener Praxis (wie ich sie interpretiere), als auf offiziellen Vorschriften beruht – beziehen sie sich auf: (1) Inputs und deren Kosten, (2) Outputs (Endprodukte oder Leistungen), (3) Wirkungen (Nutzen oder Schaden) und (4) Alternativen. Diese Konzepte geben die Basis sowohl für quantitative Messung als auch für weniger exakte qualitative Informationen. Sie liefern den substantiellen Inhalt – langfristig wie auch kurzfristig –, der hinter den anderen Begriffen (etwa Ziele, Pläne, Programme etc.), die sich auf zielgerichtetes Verhalten beziehen, steckt. Als Parameter der Systemleistung liefern sie die Grundlage für Informationen über vergangene oder gegenwärtige, sowie über wahrscheinliche oder erwünschte zukünftige Leistungen. Es sind die gleichen Konzepte, die den Programmbewertungstechniken zugrunde liegen, die in modernen Unternehmensorgnnisationen und in der Weltbank gebräuchlich sind.

Zu Beginn des Jahres 1965 bemerkten die Spitzenbeamten des Budgetbüros, daß diese Konzepte – trotz ihres weit zurückreichenden historischen Hintergrunds – langsame und sorgfältige Entwicklung brauchen. Sie drängten deshalb den Präsidenten, die Anwendung des neuen Systems in den ersten Jahren auf fünf oder sechs Behörden zu beschränken, die wie die Streitkräfte schon etwas fortgeschrittener in der Programmplanung waren. Der Präsident war gegen diesen Vorschlag. Er bestand von Anfang an auf der Einbeziehung aller Ministerien und der meisten unabhängigen Behörden (agencies) [27]. Dementsprechend waren die Praktiker des PPB gezwungen, gegen ihre Wünsche an vielen Fronten zu kämpfen. Das gab ihnen wenig Zeit für die Ausreifung ihrer eigenen Konzepte und dazu, sie mit weiteren Bereichen der Forschung in Verbindung zu bringen, besonders mit den Management-, Steuerungs- und Organisationstheorien. Als ihre neuen Begriffe oft bei den Alteingesessenen auf Widerstand stießen, zogen sie sich häufig auf einen lässigen Fachjargon zurück. Vor allem hatten sie wenig Zeit, sich selbst den angehäuften Fundus budgetärer Konzepte und Techniken anzueignen oder eine Beurteilung des großen Wissens – ja, sogar der »analytischen Fähigkeiten« – zu leisten, die häufig von den weniger intellektuellen alteingesessenen Mitgliedern der Verwaltung gezeigt wurden.

In den folgenden Abschnitten werden wir deshalb zusätzlich zu einer Betrachtung der aufeinanderfolgenden Phasen der konzeptuellen Entwicklung für jede Phase einige ihrer Wirkungen auf die »liegengelassenen« Probleme der vorhergehenden angeben.

Traditionelle Budgetierung: Input-Kosten

Die Aufstellung eines Haushaltsplanes durch die Regierung beginnt mit unerläßlichen Anstrengungen, die Verpflichtung zur Rechenschaftslegung dadurch zu fördern, daß verhindert wird, daß öffentliche Mittel verschwendet, für nicht-autorisierte Zwecke verwandt werden oder in unkontrollierter Höhe, was zu Inflation oder höheren Steuern führen könnte, ausgegeben werden. Die Haushaltsplaner addieren die verschiedenen Inputs, für die die Regierung jedes Jahr Geld ausgibt. Sie suchen nach detaillierten Informationen über Ausgaben für solche »Budgettitel« (oder »Ausgabenobjekte«) wie Personalkosten, Mieten, öffentliche Einrichtungen, Transport, Sachmittel und Ausrüstung, Verträge, Darlehen, Zuweisung etc. Diese Informationen müssen für die verschiedenen Sektionen, Büros, Abteilungen, Ministerien und öffentliche Körperschaften, zusammengetragen werden.

Die erste Hauptreform der Haushaltsplanung tritt gewöhnlich dann auf, wenn die Regierung ein einigermaßen zusammengefaßtes Budget für alle ihre Einzelhandlungen aufstellt. Dieser Schritt ist oft verbunden – wie in den USA mit dem »Budget and Accounting Act« von 1921 – mit neuen Formen der Rechnungsprüfung und Kontrolle, die dazu dienen, die Umleitung der Mittel in private Taschen oder deren Verwendung für andere, nicht autorisierte Zwecke zu vermeiden. Dies beinhaltet in jedem Fall einen periodischen Budgetierungszyklus, der mit Anforderungen von Geldern und Entscheidungen über diese Forderungen beginnt, weitergeht über die Verwendung bereitgestellter Mittel, der Überprüfung der Verwendung und zurückgeht zu neuen Anforderungen für die nächste Haushaltsperiode.

Diese Zyklen beinhalten – ob formell oder informell – andauernde Verhandlungen zwischen den Akteuren, die unterschiedliche Rollen bei der Mobilisierung, Verteilung und Verwendung der Ressourcen spielen. Innerhalb einer großen Abteilung (oder eines Ministeriums) spielen die höheren Beamten die Rolle von »Ressourcen-Rationierern« gegenüber denen in den untergeordneten Sektionen und Abteilungen, die die Ressourcen freimachen (den »Ressourcen-Mobilisierern«). Auf der Ebene der zentralen Führung sind die »Rationierer« diejenigen, die den zentralen Budgetierungsapparat der Regierung besetzen, wobei jedoch die Abteilungsleiter als »Mobilisierer« wirken. Mit der Zeit sorgt dieser Apparat für ein Reservoir an Wissen und Arbeitskraft, das der politischen Führung des Staates zur Verfügung steht. Er wird ein unentbehrliches Instrument bei jeglichen Versuchen der gesellschaftspolitischen Steuerung über Planung.

In vielen Ländern ist die Budgetüberprüfung eher ein Akt der Information als ein wichtiger Faktor für die Entscheidungsfindung. Deshalb wird der Budgetierungsprozeß der Exekutive das eigentliche Zentrum des nationalen »bargaining« und »lobbying« zwischen den verschiedenen Interessen. In den Vereinigten Staaten, wo die Kontrolle der Exekutive über die Bewilligungen des Kongresses keineswegs absolut ist, wird ein Großteil dieses »bargaining« in das Repräsentantenhaus, den Senat und ihre Bewilligungsausschüsse und Legislativorgane getragen [28]. In diesem Rahmen fungieren der Präsident, das Budgetbüro und die Behörden als »Ressourcen-Mobilisierer« – und die Gruppen im Kongreß als »Rationierer«.

In dieser Phase sind die Experten gewöhnlich nicht wissenschaftlich oder theoretisch vorgebildet. Ihre Grundfertigkeiten beruhen im wesentlichen auf Verwaltungswissen und entsprechen den Kenntnissen von untergeordneten Buchhaltern, Rechnungsprüfern sowie Juristen. Die meisten davon können mit den neuen Ideen (oder dem Gehalt) der Wirtschaftsprüfer und Juristen in der Privatwirtschaft nicht mithalten. Diejenigen, die Universitätsabschlüsse und hohe Qualifikationen vorweisen können, neigen dazu, in private Unternehmen abzuwandern und treten dann oft als gegnerische Experten vor den Regierungsbehörden wieder auf. Trotzdem kann das Expertentum, das sich hartgesottene Veteranen angeeignet haben, durchaus substantiell sein. Es ist oft in den zunehmend verzwickten Regeln und Verfahren begründet. Es entfaltet sich in den zunehmend technischen Definitionen, die alle Informationen beherrschen, wie etwa die über Bevollmächtigungen, Verpflichtungen, Ausgaben, Ausgabenobjekte, Verteilung, Auszahlungen, Vorauszahlungen, Rückzahlungen, Bürgschaften, Lieferverträge und dergleichen.

Das öffentliche Image des Budgetreformers gleicht in dieser Phase gewöhnlich dem eines »Wachhundes über die Finanzen«. Der Wachhund symbolisiert Ehrlichkeit, Gesetzestreue und Wirtschaftlichkeit. In dem Maße, in dem Unehrlichkeit und mangelnde Gesetzestreue an Bedeutung zu verlieren scheinen, wird das Hauptgewicht auf die Wirtschaftlichkeit, vielleicht sogar Sparsamkeit und Einschränkung gelegt. Zu einem gewissen Grade steht dieser Wert über dem Gruppenkonflikt. Jede Interessengruppe, die mehr öffentliche Gelder für ihre Zwecke erhalten will, wird Sparsamkeit in bezug auf andere Zwecke begrüßen. Sowohl die Symbolik als auch das reale Gesche-

hen offenbart jedoch die Tendenz, Ausgaben, die bestehende Muster der Verteilung von Einkommen, Wohlstand und öffentlichen Leistungen ändern würden, abzulehnen.
Das »ausgeglichene Budget« haben die Wachhunde zuoberst auf ihr Banner geschrieben. Das gibt auf der einen Seite ein grobes Kriterium für die Entscheidungsfindung bei den »Rationierern« ab, und zwar eines, bei dem ein gehöriger Schuß gesunder Menschenverstand und Gefühl mitspielt. Auf der anderen Seite ist das ausgeglichene Budget entsprechend flexibel, nämlich wegen der vielen alternativen Definitionen von Ausgaben und Einnahmen, der Möglichkeit zusätzlicher Verwendungen, und der Leichtigkeit, mit der man spezielle Fonds außerhalb des formellen Budgets schaffen kann [29]. Bei der Budgetierung in privaten und öffentlichen Organisationen »kann jeder selbstbewußte Verwaltungsmann einen großen Profit in einen mittleren und einen mittleren Gewinn in einen kleinen Verlust umwandeln« [30], und zwar durch den kreativen Gebrauch von allgemein anerkannten Definitionen.
Bei öffentlichen Angelegenheiten, die nicht geschäftsmäßig betrieben werden, kann jeder selbstbewußte Verwaltungsbeamte ein mäßiges Defizit in einen ausgeglichenen Zustand verwandeln und ein zunehmendes Defizit in einen Schritt in Richtung auf einen Überschuß.
Zusätzliche »Reformen« erscheinen oft als neuerliches Zunehmen an Rechnungsprüfung und den zentralen Kontrollmaßnahmen, die vor und/oder nach Ausgaben von Ämtern, Abteilungen und zentralen Haushaltsbehörden und anderen Stellen vorgenommen werden. Wenn der Verdacht ernsthafter Verschwendung oder Korruption besteht, kann man all diese Formen anwenden. Das Ergebnis kann allerdings das Gegenteil von dem sein, was beabsichtigt war, denn bei einer Anhäufung überbürokratisierter Verfahren wird es nicht nur erleichtert durch die Maschen zu schlüpfen, sondern es kann auch die Wirksamkeit des Verfahrens beeinträchtigen. Außerdem geht die Information darüber, wie die Ressourcen tatsächlich genutzt werden, leicht in einem Wirrwarr von Rechtfertigungen der »Mobilisierer« und »Rationalisierer« unter. Wie Leuchtkugeln auf einer stürmischen mitternächtlichen See, tendieren intensive Rechnungsprüfungen und Untersuchungen dazu, diese Situation durch die Beleuchtung von Details auszugleichen.

»Wir empfehlen, das ganze Budgetierungskonzept der Bundesregierung durch Einführung eines Budgets, das auf Funktionen, Handlungen und Zielen aufbaut, zu modernisieren. Dies bezeichnen wir als ein »performance budget«[31]. Mit diesen Worten brachte die erste Hoover-Kommission (1947–49) formell eine langvorbereitete Reform auf der unteren Ebene in Gang. Sechs Jahre später setzte die zweite Hoover-Kommission (1953–55) die Kampagne fort, wobei sie häufiger das Wort »Programm« (in »Programm Budget«, »Programmklassifikationen« und »Programmkosten«) anstatt »Performance« benützte[32].

Die Idee hinter dieser Bewegung war erschreckend einfach: nämlich daß jede Abteilung in der Regierung wissen sollte, was sie getan hat, tut, oder mit den Inputs, die sie benützt, noch tun will. Mit diesem Wissen ist es möglich, die Kosten für die Durchführung dieser Funktionen, Handlungen oder Ziele einzuschätzen, oder sogar zu wissen, wann es – bei gleichbleibenden Kosten – eine Zunahme des Outputs geben wird. Die grundlegenden Techniken für solche Berechnungen sind von Fertigungsingenieuren und Kostenrechnungsprüfern hauptsächlich im privaten Geschäftsleben entwickelt worden. Ihre Anwendung im öffentlichen Dienst wurde von O- und M-Technikern bei der Regierung vorangetrieben, die oft mit Budgetierungsstellen zusammenarbeiteten. Viele Verwaltungsbeamte im öffentlichen Dienst sahen in dieser Art der Budgetaufstellung einen möglichen Weg, genauen Kontrollen der Legislative zu entrinnen. Einige sahen darin auch die Möglichkeit, ihre eigenen Managerverfahren zu verbessern. Einige wenige Mitglieder und Ausschüsse des Kongresses sahen hierin die Basis, um die legislative »Kontrolle der Finanzen« zu reformieren.

Obwohl die Produktivität und Effizienz die grundlegenden Schlagworte in dieser Phase der Budgetreform gewesen sind, hat es nie ein eindeutiges öffentliches Bild der Reformer gegeben. Selbst die hervorragendsten »efficiency engineers« und Kostenrechnungsprüfer sind nicht für ihren öffentlichen Anklang bekannt. Abgesehen davon haben die wirklichen Professionellen auf diesem Gebiet selten engeren Kontakt mit der Regierung gehabt, als über gelegentliche Dienste als Gutachter oder aufgabengebundene Berater.

Die Experten, die sich mit »performance budgeting« beschäftigten, waren auffallenderweise nicht wissenschaftlich qualifiziert. Das ist einer der Gründe, warum die Aura, die mit dem Namen von Prä-

sident Hoover assoziiert wird (trotz seiner unpopulären Rolle im Weißen Haus während der Weltwirtschaftskrise) für die »performance budgeting«-Bewegung so wichtig war.
Die Hauptauswirkung dieser Phase der Budgetreform ist eine größere Betonung der Handlungen oder Outputs gewesen, für die Inputs gebraucht werden. Das ist oft eine Denkweise, die in formalen Haushaltsdaten nie voll wiedergegeben – oder sogar mißinterpretiert wird. Technisch läßt sie sich auf dreierlei Weise darstellen:

Die Identifizierung von spezifischen Outputs. Das geschieht gewöhnlich durch Ziel- oder Programmbezeichnungen, die nur bedeutsam sein können, wenn sie von genauen Beschreibungen begleitet werden. Das kann für alle Komponenten der Makrokategorien gelten, die von Makroökonomen benutzt werden, bis hinunter zu den Aufgaben, Aufträgen oder Funktionen der kleinsten Einheiten (ja selbst der Individuen).
Quantitative Indikatoren des Outputvolumens. Bei öffentlichen Arbeiten können das physische Indikatoren von Bauten sein, die errichtet werden oder schon vollendet worden sind. Bei anderen Endprodukten (einschließlich solchen von Forschungs- oder Managementgruppen, die bei der Planung öffentlicher Arbeiten mitwirken) sind indirektere Indikatoren nötig. In jedem Fall hängt ihre Relevanz von einer sinnvollen Identifikation der Outputs, auf die sie angewandt werden sollen, ab.
Produktivität und Kostenrechnungsprüfung. Das geschieht, indem man das eine oder das andere Inputmaß (von Arbeitszeit und Arbeitskosten bis zu den gesamten Kosten, einschließlich des Kapitals) mit einem spezifischen Output in Beziehung setzt. Das ist gewöhnlich nur für Outputs möglich, die leicht identifizierbar sind – Auszahlung, Versicherung, Post, Unterhaltungskosten und Maßnahmen des Ressourcen-Managements, mit denen sich das Budgetbureau in »Measuring Productivity of Federal Government Organisations« [33] beschäftigte.

Der Fortschritt war jedoch bei jeder Variante sehr verschieden. Zuerst einmal erkannte die Hoover-Kommission nicht, daß es leichter ist, den Output bei Programmen mit »hard goods« – wie öffentlichen Arbeiten, Waffenproduktion, Dienstleistungen und Ressourcenmanagement und »document processing« zu identifizieren, zu messen und seine Kosten zu berechnen. Hier hätte viel mehr getan werden können, und zwar durch die Betonung verfeinerter, in

Unternehmen und Management entwickelter Konzepte, in Hinblick auf Outputzusammensetzung, Outputqualität und Kosten. Zweitens haben es die Haushaltsplaner der Regierung versäumt, ihr Interesse auf die nicht faßbaren Outputs zu richten, d. h. auf Dienstleistungen, die eher Information und Kontrolle beinhalten als Verarbeitung von Rohmaterialien. Dieses Versagen war am größten hinsichtlich solcher nicht faßbaren Leistungen, die nichtroutinemäßig, veränderlich und kontrovers sind. Drittens war die Kostenberechnung sowohl unvollständig als auch unbeholfen. Hohe Kapitalkosten werden auf vielen Gebieten vernachlässigt (wie bei Investitionen in EDV-Anlagen, Luftsicherheitseinrichtungen, Postsortieranlagen), statt dessen richtet man die Aufmerksamkeit zwanghaft auf die Zuteilung von an sich überflüssiger Arbeitszeit. Unter diesen Bedingungen war es schwierig, große Fortschritte in Richtung auf eine engere Integration der Informationskategorien, die in den Haushaltsplanentscheidungen in der ersten Stufe benutzt wurden, und jenen der Ausgabenberechnungen und Kontrollen, zu erzielen.

Die Verwirrung, die auf diesem Gebiet noch herrscht, wird durch die Schwierigkeit veranschaulicht, die einige beobachtende Experten dabei hatten, zu erkennen, in welchem Ausmaß Outputkonzepte schon in die Vorgehensweisen des Kongresses eingedrungen sind. So ist im Budget-Büro manchmal vermutet worden, daß der Kongreß immer noch ausschließlich mit dem altmodischen Auflisten von Inputs arbeitet. Aaron Wildavsky, ein politischer Wissenschaftler, der gewöhnlich zwischen Fehlinformationen und Tatsachen unterscheiden kann, hat sogar detaillierte Gründe vorgebracht, um zu belegen, warum der Kongreß nicht mit der Programmbudgetierung zurechtkommen wird [34]. Trotzdem bestehen große Teile des Bewilligungsgesetzes darin, Zuteilungen für spezielle Programme festzulegen. Bewilligungshearings und Berichte wenden den Programmüberlegungen steigende Aufmerksamkeit zu, wobei die althergebrachten Inputlisten im moderneren Rahmen im Hinblick auf ihre Relevanz für beabsichtigte Outputs verwandt werden. Ein großer Teil von wichtigen Programmen – einschließlich solcher über militärische Ausrüstung, Weltraumforschung, Atomenergie, Auslandshilfen, Maßnahmen gegen die Armut, und Hilfen für die Entwicklung des Ausbildungssystems – werden jährlichen oder zweijährlichen Programmüberprüfungen durch legislative Ausschüsse unterzogen [35].

Die Keynessche Revolution: Auswirkungen der öffentlichen Gesamtausgaben

Die volkswirtschaftliche Gesamtrechnung ist eine der größten sozialen Erfindungen der industriellen Gesellschaft gewesen. Sie hat zu einer spezifischen Sichtweise der Beziehung, um es mit den Begriffen auszudrücken, die Gerhard Colm in das Denken des Budget-Büros während des zweiten Weltkrieges brachte, zwischen dem Haushalt der Regierung und dem »nationalen Haushalt« geführt. Das hat die kontinuierliche Basis für fruchtbare Hypothesen über die möglichen Auswirkungen der Gesamtausgaben einer Regierung abgegeben – sowie zusammen mit spezifischen Vorgehensweisen in der Steuer-, Kredit- und Geldpolitik – auf das Wachstum, die Beschäftigungslage, die Preise, den Konsum, die Investitionen, den Außenhandel und den internationalen Zahlungsausgleich, gegeben. Viele dieser Hypothesen sind mit harten politischen und theoretischen Auseinandersetzungen über alternative Verfahren der Fiskal- und Geldpolitik verbunden gewesen. Diesen Kontroversen liegt eine steigende Zahl wohldefinierter Längsschnittdaten zugrunde, die in ein vorhandenes makroökonomisches Modell passen. Diese haben die detaillierte Darstellung von Informationen über wechselnde Ausgaben- und Einnahmemuster aller Einheiten einer Gesellschaft erleichtert, also sowohl von der Regierung als auch von Individuen und anderen Institutionen. All das hat die Personalstruktur der zentralen Haushaltsplanung der Regierung tatsächlich revolutioniert. Eine große Zahl von Ökonomen gelangte so zu mehr oder minder großem Einfluß auf das zentrale Finanzmanagement. Das »Council of Economic Advisers«, das unter dem »Employment Act« von 1946 gegründet wurde, stellte eine neue institutionelle Grundlage für ihren Zugang zur allgemeinen Fiskalpolitik dar. In den sechziger Jahren hat sich diese Basis beträchtlich verbreitert, wobei die professionellen Ökonomen eifrig nach wichtigen Positionen nahe bei der Spitze jeder Bundesinstitution strebten. Diese personelle Revolution ist durch eine beispiellose Abfolge von professionellen Ökonomen als Budgetdirektoren und die Ernennung eines Ökonomen zum Mitglied des »Federal Reserve Board« bestätigt worden. Obwohl man sie erst als »Eierköpfe« und »praxisferne Professoren« abtat, haben sich die Ökonomen ein beträchtliches Prestige verschafft. Tatsächlich sind die »Drei Weisen« ein Symbol der neuen Budgetrevolution geworden – was sich in den Mitgliedern des »Council of Economic Advisers« ausdrückt – oder die »Troika«, die das »Council« mit dem Budgetbüro und dem Schatzamt zusammenbringt. Ein anderes Symbol ist die absolute Größe (oder der jährliche Zuwachs) des Bruttosozialprodukts geworden – Allzwecksymbol des ökonomischen Fortschritts.

Die substantiellen Auswirkungen dieser personellen Revolution sind beträchtlich gewesen. Zuerst einmal haben die neuen Makroökonomen das ausgeglichene Budget, das als Hauptkriterium für rationale Entscheidungen galt, ernsthaft in Frage gestellt – wenn nicht sogar ganz zerstört. Zweitens arbeiteten sie, indem sie komplexere Kriterien entwickelten, ständig an der Formulierung einer Fiskalpolitik, die auf eine sich verändernde Hierarchie von nationalen Zielen orientiert war: Verhinderung von Depressionen oder deren Bekämpfung, Maßnahmen gegen die Inflation, Vereinfachung der Kriegsmobilisierung und Förderung von Wachstum und Entwicklung. Das hat zu einer starken Involvierung in die große Politik des nationalen ökonomischen Krisenmanagements geführt. Drittens setzen sie sich sowohl in der Grundlagen- als auch in der angewandten Forschung sehr dafür ein, ihre makroökonomischen Modelle zu verbessern. Das bedeutete das Experimentieren mit Input-Outputmodellen über laufende intersektorale Transaktionen, Nationale Gesamtvermögensberechnung und eine Flut von Kapitalberechnungen, um Einkommens- und Vermögensberechnungen zu verbinden. Das hat auch zu konzeptionellen Bedrohungen des traditionalen Modells geführt, wie etwa die Ausdehnungen des Konzepts der Investitionen über die sogenannten »hard goods« hinaus zum Einschluß von Investitionen in Menschen und Institutionen, und dem Erkennen des wachsenden Outputvolumens in nicht marktbestimmten Sektoren und zu zaghaften Versuchen, das Bruttosozialprodukt neu zu berechnen [36]. Jenseits ihres direkten Einflusses auf die prozessualen Aspekte der Politik haben diese Versuche dazu beigetragen, einen Geist der Innovation zu schaffen. Die Unterstützung intelligenter junger Leute zu gewinnen und damit von Beamten im öffentlichen Dienst, die die Hilfe der Jungen und/oder den Anstoß neuer Ideen suchten. Schließlich haben die Makroökonomen eine wichtige Rolle bei der Erarbeitung folgender Verbesserungen der Informationen über den nationalen Haushalt gespielt:

- detailliertere Daten über alle Ausgaben und Einnahmen der Regierung, einschließlich spezifischer Fonds und Darlehen [37].
- längerfristige Modelle (in denen sowohl Wahrscheinlichkeitsaussagen, als auch Ziele enthalten sind), die solche Daten mit anderen ökonomischen Variablen verbinden.

- genauere Zuteilung von Ausgaben und Einnahmen zu Zeitabschnitten (was eine stärkere Verwendung der strengen Methoden unternehmerischer Buchführung erforderte)
- Differenzierungen in laufende und »investitionsartige« Ausgaben (egal, ob das Budget formal in laufende und Kapitalkomponenten getrennt ist.) [38]

Die Makroökonomen haben auch einen wichtigen Einfluß bei der Klassifizierung der gesamten Ausgaben der Regierung in große Programmbündel gehabt. So packt das US-Budget von 1969 alle Aufgaben in 12 »Makroprogramme« oder »Hauptfunktionen«: Nationale Verteidigung, Internationale Angelegenheiten und Finanzen, Weltraumforschung und Technologie, Landwirtschaft und landwirtschaftliche Ressourcen, Bodenschätze, Handel und Verkehr, Wohnungs- und Gemeindeentwicklung, Gesundheit, Arbeit und Wohlfahrt, Bildung, Kriegsversehrtenunterstützung und Versorgung, Zinsen und allgemeine Verwaltung. Die Nichteingeweihten haben diese allgemeinen Funktionen oft mit Programmbudgetkategorien verwechselt. Aber die Makroökonomen haben sich nicht direkt mit spezifischen Projekten und Bündeln von Projekten und Aktivitäten beschäftigt, die kleinere Programme innerhalb der Makrokategorien umfassen. Das haben sie den Anhängern der »performance«- oder »Programm-Budgetierung« überlassen.

Die neuen mikroökonomischen Theorien: Auswirkungen spezifischer Programme

Seit undenklichen Zeiten haben die »Haushalts-Mobilisierer« ihre Forderungen mit dem Argument gerechtfertigt, daß bei Erfüllung ihrer Forderungen viele andere Menschen davon einen großen Nutzen hätten. Ihre Rechtfertigungen reichten von Forderungen nach dem Wohlergehen spezifischer Gruppen bis hin zu sehr vagen Verallgemeinerungen über mutmaßliche Beiträge zu so allgemeinen Zielsetzungen wie nationale Verteidigung, ausreichende oder Vollbeschäftigung, ökonomisches Wachstum, physischen oder seelischen Wohlergehens, sozialer Gerechtigkeit, oder einem anderen allgemein vertretenen »nationalen Anliegen«. Die Rhetorik der Fordernden ist meist eindrucksvoller gewesen als ihre Argumentation über Ursache und Wirkung. Man ist ihnen von seiten der »Ressourcen-Rationierer« stets mit tiefer Skepsis und oberflächlichen Analysen begegnet.

In den dreißiger und vierziger Jahren entwickelten sich große Konflikte zwischen konkurrierenden Interessenvertretern auf dem Gebiet der Wasserwirtschaftsentwicklung – besonders zwischen dem »Army Corps of Engineers« und dem »Bureau of Reclamation«. In den fünfziger Jahren entwickelten sich ähnliche Streitigkeiten zwischen verschiedenen Teilstreitkräften über alternative Raketen-, Flugzeug- und anderen »Verteidigungssystemen«. In beiden Fällen beinhalteten die konfligierenden Programme leicht identifizierbare, obgleich hochkomplexe Endprodukte. In beiden Fällen waren nicht nur gegeneinander kämpfende Bundesbürokratien in die Konflikte involviert, sondern auch die Lebensinteressen von Tausenden von Arbeitern, Farmern, Lieferanten, Versorgungsbetrieben, lokalen Verwaltungen und ihren Repräsentanten im Kongreß. In beiden Fällen waren neue Techniken des Konfliktmanagements nötig, um die Probleme zu identifizieren, zwischen Alternativen zu wählen und die getroffenen Entscheidungen zu legitimieren.

Das Ergebnis war eine Reihe neuer analytischer Techniken – von denen einige durch »Mobilisierer« entwickelt wurden (besonders im Bureau of Reclamation) und einige durch »Rationalisierer« (wie im Büro des Verteidigungsministers unter McNamara). Das Wesen dieser Techniken war es, meiner Meinung nach, explizitere und logisch geordnete Information über die Wirkungen oder Ergebnisse spezifischer Programme oder Projekte zu liefern, die man gewöhnlich als »Nutzen« oder »Nachteile« bezeichnet. Indem sie solche Informationen über Auswirkungen lieferten, entstand eine konstruktive Entwicklung von enger gehaltenen zu allgemeineren Ansätzen. So betonten die frühen »Kosten-Nutzen-Analysen« solchen Nutzen, der sich in Geld ausdrücken ließ. Das erlaubte sowohl »Mobilisierern« als auch »Rationalisierern«, monetäre Kosten zu monetärem Nutzen ins Verhältnis zu setzen. Konkurrierende Modelle konnten deshalb auf einer Verhältnisskala angeordnet werden [39]. Dieses Verfahren erzeugt schwerwiegende Einwände, da viele der monetären Maßstäbe willkürlich, wenn nicht vollkommen fiktiv waren und andere wichtige Maße vernachlässigt wurden. Die weiter entwickelte »Kostenwirksamkeitsanalyse« bestand aus wenig mehr als einer Verbreitung des erlaubten Informationsbereichs in den Kosten-Nutzen-Berechnungen. Die erste Phase der Erweiterung bestand darin, daß man Nebeneffekte oder indirekte Effekte, die in monetären Begriffen meßbar sind, einbezog (wie etwa in der früheren Kosten-Nutzen-Analyse von Wasserwirtschaftsprojekten). Darauf folgte die Einbeziehung solcher Informationen in nichtmonetären Begriffen wie Schätzungen über die Steigerung der Lebenserwartung mittels Gesundheits- oder Sicherungsprogrammen, ohne nun notwendigerweise den Wert menschlichen Lebens in Geld auszudrücken. Man könnte diesen Trend als einen bezeichnen, der sich von »Programmberechnung« zu »Ergebnisbereichsanalyse« bewegt. Eine Hauptschwierigkeit liegt jedoch darin, daß selbst die Mikroökonomen, die wiederholt das Wort »Effektivität« benützt haben, nur vorsichtig zugeben, wenn man von expliziten Stellungnahmen einmal absieht, daß sie sich versuchsweise mit Ursache-Wirkungsanalysen beschäftigt haben. Wenn wir das festhalten, ist klar, daß Schätzungen über mutmaßliche Ergebnisse viele verschiedene Ursachenfaktoren außerhalb des zu analysierenden Diagramms in Betracht ziehen müssen und daß viele solche Faktoren, seien sie sozialer, psychologischer und politischer Natur, nicht sofort in ökonomischen Begriffen oder denen irgendeiner anderen Einzeldisziplin verständlich sind. Außerdem gibt es in der Realität nie Nutzen oder Schaden (egal, wie sie berechnet werden) an sich. Er wird von wirklichen Menschen, von Gruppen oder Institutionen genossen oder erlitten – und einige Machthaber werden es nie mögen, auf die Frage, wessen Süpplein da gekocht werde, ehrliche Antworten zu erhalten, von freudiger Begeisterung ganz zu schweigen.

Trotzdem was das explizite Herangehen an die Auswirkungen durch die Mikroökonomen (wie weit es auch jeweils ging) unvermeidlich verbunden mit intellektuellerem Herangehen an Inputs und Outputs. Auf der Inputseite hat man das Hauptgewicht auf die Schätzung der Kapitalkosten über die Lebensdauer eines Kapitalinvestitionsprojekts gelegt. Das beinhaltet ein unternehmensmäßiges Herangehen an die Kapitalberechnung – wobei die jährliche Last der Kapitalkosten über einen bestimmten Zeitraum geschätzt wird, um einen Vergleich mit dem Nutzen in demselben Zeitraum möglich zu machen. Das hat wiederum zu verzwickten Auseinandersetzungen geführt, was den angemessenen Zinssatz der auf Regierungskapital berechnet werden soll, anbetrifft, wobei man das nicht weniger wichtige Problem des gewählten Zeitraums etwas vernachlässigte [41]. Auf der Seite von Handlungen und Outputs hat man Operations Research, PERT, kritische Pfad-Methoden und andere Methoden zur Verbesserung von komplexen Arbeitsabläufen verstärkt. Die Hauptarbeit wurde – besonders im Verteidigungsministerium – für die Errichtung von Kostenvoranschlägen und deren Kontrollen auf der Grundlage von breiten Programmen, die sich auf verschiedene Behörden oder verschiedene Arten der Leistungen bezogen, aufgewandt [42]. Wo es vorher detaillierte Langzeitplanung gegeben hatte, führte diese Art der Programmierung zu einer engeren Verbindung zwischen Planung und Budgetierung. Mit diesem Komplex von technischen Fortschritten entstand ein zweiter Kanal für das Eindringen von professionellen Ökonomen in einflußreiche Positionen. In diesem Fall sind die Reformer Mikroökonomen gewesen. Ihr theoretischer Hintergrund war sehr viel schwächer als der der Makroökonomen, da die Preistheorie und die Grenznutzentheorie viel weniger Relevanz für die Programm- und Projektanalyse hat als die Keynessche Theorie für die Fiskalpolitik. Viele von ihnen haben versucht, aus den »welfare economics«, einem etwas trockeneren Zweig der Ökonomie, relevante Konzepte herauszupressen, ein paar haben, mit mehr Erfolg, etwas theoretischen und begrifflichen Unterbau aus der ökonomischen Managementtheorie erhalten. Aber diese Schwäche ist in mancher Hinsicht auch eine Quelle der Stärke gewesen. Es hat die neuen Analytiker – ob ihr Ansatz nun die Kosten-Nutzen oder die Kosten-Wirksamkeitsanalyse war – vor den heftigen und weitverbreiteten öffentlichen Kontroversen bewahrt, die die Makroökonomie gekennzeichnet haben. Das hat zu der ziemlich weitverbreiteten Vorstellung beigetragen – die von vielen heftig bestritten, von wenigen vorsichtig bejaht wird –, daß die neuen Methoden zu objektiven wissenschaftlichen Lösungen von früher als politisch erachteten Problemen führten.

»System Analyse«: Alternative Programme

Auf allen Stufen der Haushaltsplanungsreform sind Alternativen in Betracht gezogen worden: beim traditionellen Budgetieren alternative Inputs und Höhe der Kostenvoranschläge, beim »performance«-Budgetieren alternative Höhe der aggregierten öffentlichen Ausgaben in Beziehung zu Steuern und Krediten. Vor allem die Erforschung der Wirkungen durch die mikroökonomischen Methoden der Kosten-Nutzen und Kostenwirksamkeitsanalyse hat unverkennbar zur Berücksichtigung von noch allgemeineren Alternativen geführt:
Programme verschiedenen Umfangs, vollkommen verschiedene Programmarten, indirekte Wirkungen und jeweils nichtmonetäre und nichtquantitative Informationen. Dieses allgemeinere Herangehen an Alternativen bezeichnet man oft als »Systemanalyse«. Dieser

Gebrauch wird in Charles Hitchs Definition gut illustriert: »Systemanalyse ... beinhaltet einen kontinuierlichen Zyklus der Definition von militärischen Zielen, der alternative Systeme zur Erreichung der Ziele aufzeigt und diese Alternativen im Hinblick auf ihre Wirksamkeit und ihre Kosten bewertet, die Ziele und andere Annahmen, die der Analyse zugrunde liegen, in Frage stellt, neue Alternativen eröffnet und neue militärische Ziele setzt – und so weiter, ohne Ende« [43].

Der aufmerksame Leser wird in dem oben Zitierten zwei eng verbundene, aber trotzdem verschiedene Bedeutungen des Begriffs »System« entdecken. Auf der einen Seite benutzt Hitch den Begriff, um »Verteidigungssysteme« (oder spezieller »Waffensysteme«) zu bezeichnen. So berichtet er in seiner bahnbrechenden Arbeit »The Economics of Defense in Nuclear Age« [4] über Probleme, bessere Schiffstransporte zu entwickeln, die mit Lufttransportsystemen koordiniert sind, um bessere logistische Versorgungssysteme zu entwickeln. Seitdem haben sich die Waffensystemanalytiker mit einem verwirrenden Aufgebot an militärischen »hardware«-Systemen, von bemannten Bombern und Interkontinentalraketen bis zu einer Vielzahl von Raketen-U-Booten und Raketenabwehrsystemen, beschäftigt. Auf der anderen Seite kennzeichnet Hitch mit dem Begriff »System« auch eine systematische Methode, »hardware«-Techniken und Vorgehensweisen zu analysieren, die bei der Behandlung eines konkreten Systems benutzt werden. Die beiden Bedeutungen kommen sich am nächsten, wenn Systemanalytiker konzeptuelle Modelle entwickeln, um konkrete Systeme darzustellen. Wenn es sich um kleinere Komponenten handelt, kann das mit Hilfe von engen mathematischen Modellen geschehen. Im Falle von größeren »hardgoods«-Systemen benötigt man allgemeinere Modelle. In jedem Fall werden meist viel breitere Problembereiche einbezogen als bei den »operations research«. Die besten Modelle dieser Art findet man wahrscheinlich in der Systemsteuerung, wie sie ursprünglich im Bell-Laboratorium entwickelt wurden und neuerdings für einige der technologisch am meisten fortgeschrittenen Kommunikationssysteme und für Geräte zur Weltraumforschung angewandt werden [45].

Immer, wenn Systemanalytiker über hardware-System hinausgehen, fallen die beiden Bedeutungen meist ziemlich auseinander. Die Probleme beginnen eigentlich, wenn Militäranalytiker – oder sogar Spezialisten für Systemsteuerung – vorsichtig damit anfangen, Menschen in ihre Modelle einzuführen, um das Verhalten einer

Flugzeugbesatzung oder eines Teams von Raketentechnikern zu simulieren. Diese Probleme werden zunehmend akut in Hinblick auf komplexere soziale Systeme, die in militärische Angelegenheiten involviert sind – wie das Verteidigungsministerium, der Komplex der Luft- und Raumfahrt, die südvietnamesische Armee, die Nato, oder die Führungskomponente eines jeden. Das ist einer der Gründe, außer bloßer Vorsicht, daß die Systemanalytiker des Verteidigungsministeriums sich hauptsächlich auf die Beschaffung und Versorgung beschränken und strategische Alternativen mehr in bezug auf das Entwerfen oder Liefern von »hard goods« sehen, als darin, daß diese als Instrumente und Mittel der Gestaltung der US-Politik entwickelt und benutzt werden [46].

In den meisten Bereichen der Entscheidungsfällung durch die Regierung, wo keine Maschinensysteme berücksichtigt werden, kann man den jetzigen PPB-Stil der Systemanalyse meistens als systematische Denkweise über Nicht-Systeme beschreiben. Sehr selten, wenn überhaupt, haben die PPB-Fachleute Modelle eines »sozialen Systems« entwickelt – entweder im Sinne einer Organisation oder dem Komplex von Organisationen, die bei der Planung und Vervollständigung eines gegebenen Programms oder Komplexes betroffen sind. Bei Input- und Outputkonzepten werden kaum explizite Angaben über die Struktur von (oder internen Änderungen in) dem System oder Subsystem gemacht, das die Inputs erhält und in Outputs verwandelt. Bei Bundeshilfeprogrammen besteht die Tendenz, das ausgeprägte soziale Netz aus konkurrierenden Ressourcengebern, vielfältigen Vermittlungsinstanzen und den letztendlichen Empfängern, welche die Ressourcen auf eine Weise nutzen, die kaum streng kontrolliert werden kann, zu ignorieren. So beschränkt sich eine Reihe von speziellen Untersuchungen, die im Ministerium für Gesundheit, Erziehung und Wohlfahrt vorbereitet wurden (die manchmal als Prototypen für die entwickeltste Art des PPB vorgeführt wurden) auf die Darstellung der Bundeshilfe auf der einen Seite und die voraussichtlichen Ergebnisse auf der anderen, praktisch ohne die intervenierenden Faktoren zu berücksichtigen [47]. Ihr Hauptwert lag darin, daß sie durch eine Serie von Berichten, die (obwohl jeder davon ein nicht sehr anspruchsvoller Ansatz ist) im Ganzen eine Art symbolische Legitimation für die »neue analytische Kapazität« des gesamten Ministeriums liefern, nebenbei auch detailliertere Abläufe der Programmplanung angeben. Sie dienen auch dazu, die Aufmerksamkeit auf gewisse Beziehungen zwischen verschiedenen Programmen zu lenken.

Trotzdem war es sehr fruchtbar, die Formulierung von Alternativen zu betonen. Ganz besonders dann, wenn PPB-Fachleute alternative Verfahrensspielräume für neu entworfene Programme hervorheben. Mit anderen Worten, eine tatsächlich im Hooverschen Sinne durchgeführte Kostenrechnung von identifizierten Programmen kann die Grundlage für die Grenzkostenanalyse werden. Wenn alternative Programmstufen formuliert werden (egal welche Qualität die Vergleiche zwischen zunehmenden Kosten und Nutzen haben), kann dies mehr Ordnung in den komplexen Prozeß der Programmausweitung oder -verengung bringen.

Einige Verwaltungsleute, die mit field operations zu tun haben, behaupten, daß dadurch die field officers eine konstruktive Rolle bei der Planung von Erweiterungen und Einschränkungen erhalten, anstatt sie völlig den Launen der »pie dividers« des zentralen Amts auszuliefern. Ehrgeizigere Systemanalytiker gehen kreativer an die Neuformulierung nicht nur schon existierender und gerade vorgeschlagener Programme, sondern auch der allgemeineren Ziele, denen sie dienen sollen, heran. Wie Edward S. Quade hervorhob, »besteht tatsächlich keine Einigkeit über die Ziele. Die Wahl, angeblich zwischen Alternativen, findet in Wirklichkeit zwischen Zielen und Zwecken statt« ...[48] Formal richtet sich die ehrgeizigste Form der Systemanalyse auf eine umfassende, auf Null bezogene (zero-based), als auf eine inkrementale Haushaltsplanung. Doch das macht große Investitionen von Geld und Zeit bei den Analytikern nötig. Und was noch wichtiger ist, es setzt ein beträchtliches politisches Fingerspitzengefühl voraus. Es ist leichter, von kleinen Programmen eine umfassende Analyse bis in alle Einzelheiten zu machen, besonders bei den neuen schwächeren und relativ leicht angreifbaren. Dagegen ist es etwas anderes, an so heilige Kühe wie die Überschall Zivil-Luftfahrt (SST) heranzugehen, die neuen Raketenabwehrsysteme, das Apolloprogramm und andere Programme, die Milliarden von Dollars verschlingen, die auch zur Lösung urbaner Probleme eingesetzt werden könnten. Hier reichen politischer Mut und politisches Rückgrat nicht aus. Es ist auch nötig, sehr spezifische Alternativen innerhalb desselben Feldes zu formulieren. Ein typisches Beispiel wäre ein spezifisches Programm für unbemannte Weltraumforschung durch automatische Raumfahrzeuge von der Art der Ranger, Mariner, Orbiter und Surveyor. Zusätzlich zu freigesetzten Milliarden zur Lösung urbaner Probleme würde das auch dazu beitragen, das Wissen über den Weltraum zu verbessern und damit über eine sichere und billigere Art der bemannten Forschung zu einem späteren Zeitpunkt. Aber so ein Programm kann nicht sinnvoll entwickelt werden – nämlich mindestens durch Verdoppelung der laufenden NASA-Ausgaben von ungefähr 75 Millionen Dollar für die unbemannte interplanetare Raumfahrt. Obwohl viele der besten PPB-Fachleute so ein Abenteuer begrüßen würden, hätte jeder ernsthafte Vorstoß in diese Richtung einen langen und schwierigen Konflikt mit den Gruppen auf dem Gebiet der Luft- und Raumfahrt zur Folge, die sich für die Verteidigung des viel teureren Apolloprogrammes zur bemannten Erforschung einsetzen würden.

Verbesserte Ansätze

Wie auch bei früheren Weiterentwicklungen der Budgetierungsverfahren, beinhaltet auch die Systembudgetierung verbesserte Ansätze in bezug auf:

Input-Kosten. Wenn eine entscheidende Betonung auf die »Gesamtsystemkosten« gelegt wird, führt das zur Betrachtung sowohl der gesamten Auslagekosten (einschließlich der indirekten oder derer, die durch das Erscheinen in einem anderen Budget nicht gleich sichtbar sind) als auch der Opportunitätskosten. Tatsächlich wurde die Basis geschaffen, Systeme zu berechnen und zu kontrollieren, die wie das »Prime« des Verteidigungsministeriums auf den wirksameren Gebrauch der Kostenrechnung bei der Programmplanung und Verwirklichung zielen.
Input bezogen auf Output. Die Betonung von Outputkonzepten hat die Analyse von Input-Outputbeziehungen erleichtert. Leider ist ein Großteil der frühen Arbeit von Mikroökonomen geleistet worden, die dazu tendieren, den Begriff »Output« in bezug auf die Ergebnisse der Endprodukte einer Organisation zu benützen, welche im Unternehmensmanagement und in der Systemsteuerung selber als Outputs angesehen werden [49]. Nachdem diese Schwierigkeit überwunden ist, bringen die PPB-Fachleute jetzt fortgeschrittenere Konzepte von Output und Handlung in die neue Systembudgetierung: (a) Das »Output mix« von irgendeinem System oder Subsystem, wobei Änderungen in den relativen Proportionen oft die wichtigsten kurzfristigen Alternativen sind [50]; (b) Unterscheidungen von Zwischen- und Endprodukt-Output, wodurch die Analyse der Outputentwicklung innerhalb eines Systems erleichtert wird; (c) Outputs, die Investitionen in das produzierende System selbst darstel-

len, und die die Ressourcen von Endleistungen (teilweise) umleiten und auf diese Weise zu einer größeren Leistungskapazität in der Zukunft beitragen können; (d) auf mehrere Behörden ausgedehnte Programme (und in Zusammenarbeit erzeugte Outputs), die aus verschiedenen Quellen finanziert werden [51]; und (e) die vielen und oft gegensätzlichen Dimensionen von Outputqualität (wie sie ursprünglich in Werner Hirschs wichtigem, aber lange vernachlässigtem Beitrag »Quality of Government Services« diskutiert wurden) [52].

Auswirkungen der Gesamtausgaben. In früheren Phasen der Keynesschen Revolution in der Fiskalpolitik nahmen Makroökonomen oft den Standpunkt ein, daß es keine Rolle spiele, wofür öffentliche Gelder ausgegeben würden, da erst die aggregierte Ebene die wichtigen Auswirkungen auf die Wirtschaft habe. Durch verbesserte Analysen der Auswirkungen von spezifischen Programmen und Programmalternativen haben die Fiskalpolitik-Analytiker heute mehr Information zur Verfügung und können leichter erkennen, daß die hauptsächlichen Auswirkungen der Fiskalpolitik auch von der Substanz der Programme herrühren.

Auswirkungen spezifischer Programme. Wie schon erwähnt, neigen die Systemanalytiker eher dazu, jede relevante Information über die Auswirkungen spezifischer Programme oder Projekte zu verarbeiten, als sich auf monetäre oder andere quantifizierbare Daten zu beschränken. Das macht es leichter für PPB-Fachleute: (a) spezifische Parteien, die von Interesse sind, zu identifizieren, einschließlich Adressatennetze, Versorgungseinrichtungen, Kontrollinstanzen, beigeordnete Instanzen etc. [53]; (b) anfänglich über komplexe Geld- und Einflußflüsse nachzudenken, wie bei Bundeshilfeprogrammen [54]; (c) das Problem der Ursache-Wirkungsannahmen unter multikausalen Bedingungen in den Griff zu bekommen [55], und (d) verbesserte »soziale Indikatoren« entwickeln zu helfen, sowie andere Arten von Daten aus dem Ergebnisbereich, die über die Programmberechnung hinausgehen und sich direkter mit den Menschen und Institutionen beschäftigen, auf die sich die Regierungsprogramme voraussichtlich auswirken [56].

Heißlaufende Computer und die ernste, ultralogische Fassade von Robert McNamara dominieren meist das Bild der neuen »Systemanalyse« in der Öffentlichkeit. In vielen Kreisen wird das verstärkt durch den Heiligenschein, den die Fachleute für Systemsteuerung in der Kommunikations-, Weltraum- und Verteidigungstechnologie errungen haben – obwohl die typische Systemanalyse in zivilen Bereichen weit weniger entwickelt ist als die der Fachleute für Systemsteuerung im Bereich von »hard goods«. Die PPB-Fachleute selbst versuchen, sich ein Image von »interdisziplinären Generalisten« aufzubauen, eine tapfere Anstrengung, die einen ehrlichen Versuch, ihre Interessen und Fähigkeiten zu erweitern, bezeichnet. Leider sind viele von denen, die dieses Image am aktivsten fördern, eigentlich Mikroökonomen, die ein Milieu von »gemeinsamer Vergangenheit« vorziehen, und kaum für wirklich interdisziplinäre Konzepte aufnahmebereit sind [57]. Viele von ihnen haben sich noch nicht zu dem angesammelten Erfahrungsschatz früherer Budgetierungsbegriffe, -konzepte und -praktiken hinaufgearbeitet. Viele können nicht einmal ihre Terminologie auf die der Makroökonomen einrichten (für die Input-Outputanalyse z. B. etwas ganz anderes bedeutet). Wenige sind auch nur grob vertraut mit einigen der relevantesten Konzepte der Fertigungsingenieure oder Systemsteuerung, ganz abgesehen vom öffentlichen oder Unternehmensmanagement. Wenn sie von den Alteingesessenen wegen ihres schwierigen Jargons scharf kritisiert werden, reagieren sie meist defensiv, indem sie sich auf ihre Fachsprache oder eine altmodische »governmentese« zurückziehen, anstatt sich um ein besseres Verständnis der Konzepte und deren Kommunizierbarkeit zu bemühen. Trotzdem rührt das eigentliche Prestige der besten PPB-Fachleute, besonders jener, die mehr systemanalytisch als mikroökonomisch orientiert sind, von ihrer eigenen Leistung her. »Der gute Systemanalytiker ist«, mit den scharfen Worten von Aaron Wildavsky, »ein ›cochem‹, was auf Jiddisch soviel bedeutet wie ›Weiser‹ mit einem familiären Unterton. Seine starke Seite ist Kreativität. Obwohl er manchmal so vorgeht, daß er die Mittel mit den Zielen in Beziehung setzt und die Ziele so einrichtet, daß sie zu den Mitteln passen, scheut er sich gewöhnlich davor, es sich so leicht zu machen und versucht statt dessen, solche Elemente phantasievoll in neue Systeme zu beziehen, die ihre eigenen Mittel und Ziele schaffen ... Er verachtet solche, die sagen, daß sie ihre Ziele als gegeben hinnehmen, obwohl sie genau wissen, daß die scheinbare Zuverlässigkeit ihrer Ziele während der Analyse verschwinden wird, und daß sowieso die meisten Leute nicht wissen, was sie wollen, weil sie nicht wissen, was sie bekommen können.« [58] Die Benützer der Budgetierungsanalyse wollen mehr als Information, um ihre Entscheidungen anzuleiten; sie wollen Schaumschlägerei (»hokum«), um ihre Entscheidungen vor sich selbst und in den Augen anderer zu legitimieren. Die Stärke des kreativen systemanalytischen »cochem« ist, daß er beides zugleich liefern kann – ein Phänomen, das durch meine eigene ethymologische Forschung indirekt unterstützt wird, die unterstellt, daß das jiddische »chochem« (das auf dem hebräischen »chochma« basiert) wahrscheinlich die Quelle des Wortes »hokum« ist. Wenn die weniger fähigen PPB-Fachleute ihr Denken überroutinisiert haben und sich auf zwanghaft rigide Art und Weise benehmen, so sind die brillantesten Innovatoren unter ihnen – vor allem wegen ihrer kaum verhohlenen Verachtung für weniger Qualifizierte – nicht die liebenswürdigsten Individuen. Als Innovatoren haben sie wenig Zeit, sich hinzusetzen und sich klarzumachen, was sie tun; deshalb kann der Unterschied zwischen ihrer tatsächlichen und der sich selbst zugeschriebenen Leistung ziemlich groß sein. Wenn man Harry Trumans Bemerkung über politische »Hitze« paraphrasieren wollte, hieße sie, »wenn du das Schaumschlagen nicht haben kannst, geh' aus der Küche«. So werden neue Ideen gekocht. Da solche Angriffe eine beträchtliche Hitze erzeugen, gibt es eine offensichtliche Tendenz, daß kühnere und gewissenhaftere Systemanalytiker in Situationen kommen, wo sie früher oder später aus der Küche gebeten (oder geworfen) werden [59].

Einige Implikationen zukünftiger Verbreitung systemanalytischer Verfahren

»Die Kunst der Systemanalyse ist heute etwa soweit, wie die Medizin während der letzten Hälfte des 19. Jahrhunderts«, meinte Alain Enthoven. ». . . sie hat den Punkt erreicht, an dem sie im Durchschnitt mehr Nutzen als Schaden bringt.« [60] Um die Klugheit dieser Beobachtung einzuschätzen, darf man sich nicht von der Anzahl der quacksalberischen Praktiker verwirren lassen, oder die scheinheilige Prämisse ernst nehmen, daß verschiedene Arten von Nutzen und Schaden gegeneinander aufgerechnet werden könnten. Man muß sich bloß einmal vorstellen, daß in den 70er Jahren die sich beschleunigenden Prozesse schneller Diffusion, über die oben kurz berichtet wurde, die neue Systembudgetierung und -planung in die Spitzen der Macht bei Bundes-, Staats- und lokalen Regierungsbehörden bringen wird. Man muß auch annehmen, daß der »Zustand der Kunst« sich sowohl schnell als auch ungleichmäßig weiterentwickeln wird, wobei eine größere Vielfalt von Verfahren nach Art des PPB weniger zu einer einzigen Art führen wird, als eher zu neuen Forderungen nach Reformen und Neuerungen. Diese Diffusion wird wahrscheinlich mehr und nicht weniger Verwirrung bedeuten. Wie die bestehenden, auf »hard goods« bezogenen Techniken, ist die neue Systembudgetierung nicht nur in einem sozialen Kontext verankert, sondern auch ein Faktor zur Beeinflussung von sozialem Wandel. Ohne einen vollen Überblick über diese komplexen Ursache-Wirkungs-Beziehungen anzustreben, wollen wir über einige der Implikationen für Politik, Management und Theorie spekulieren.

Unparteiische Politik der »Technopolitiker« (»Technipol«)

Einer der großen Vorteile der neuen Systembudgetierung liegt darin, daß sie nicht mit irgendeiner politischen Partei in Verbindung gebracht werden kann. In den Vereinigten Staaten ist sie von einem republikanischen Minister in einer demokratischen Regierung eingeführt worden. Sie wurde von republikanischen Gouverneuren und Bürgermeistern, mit der Hilfe von demokratischen Beamten und Praktikern eingesetzt. Auch in anderen Ländern wird sie Möglichkeiten für qualifizierte und ehrgeizige junge Leute schaffen, egal was sie für politische Neigungen haben, Positionen mit Prestige und Einfluß unter einem großen Spektrum von Regimen zu erlangen. Das wird bedeuten, daß die innovativen Potenzen der Systembudgetierung unter den meisten Bedingungen vorhanden sein oder sogar wachsen werden. Gleichzeitig ist es wahrscheinlich, daß ihre genauso großen Möglichkeiten, Innovationen zu verhindern, voller ausgeschöpft werden. Diese Frage hängt natürlich mit Veränderungen im Umfang der Regierungsausgaben zusammen. Wie Paul Hammond richtig betont hat, wurden McNamaras »Managementtechniken – einschließlich derer, die Geld sparten – in einer ausgabenfreudigen Umgebung entwickelt.«[61] Das illustriert ein grundlegendes bürokratisches Verfahrensprinzip, das darin besteht, daß »Ressourcen-Mobilisierer«, die Fähigkeiten zur Vergrößerung des Kuchens zeigen, auch mehr Erfolg bei der Propagierung von Ideen darüber haben, wie man die größeren Stücke verteilt. Viele PPB-Fachleute haben gemerkt, daß das Gegenstück dieses Prinzips sich an den Schwierigkeiten zeigte, denen sie gegenüberstanden, als durch die steigenden militärischen Ausgaben im Bundeshaushalt 1966–69 die zivilen Programme und die damit verbundenen Hoffnungen stark beeinträchtigt wurden.
In einem allgemeineren Sinne hat die neue Systemanalyse schon eine wichtige Auswirkung auf die politische Struktur und den politischen Stil gehabt. Argumente und Rechtfertigungen im Stil von PPB neh-

men bei politischen Auseinandersetzungen immer mehr Raum ein. Selbst Politiker der alten Schule und die Führungskräfte von Interessengruppen reißen sich darum, ihren eigenen »Stall« von Systemanalytikern einzurichten oder zuverlässige Dienste von Forschungseinrichtungen, Beratungsfirmen und anderen privatwirtschaftlichen Unternehmen in Anspruch zu nehmen. Die neuen »Technokraten« werden, ohne daß damit ein Ende der Interessengruppenpolitik angezeigt ist, zu wichtigen Elementen in dem komplexen Netz unserer Machteliten. Im Ganzen kann das dazu führen, den Machtzuwachs der Exekutive zu beschleunigen, was mit einer entsprechenden Abnahme in den Funktionen der legislativen Organe auf Bundes-, Staats- und der lokalen Ebene verbunden ist. Trotzdem haben viele legislative Ausschüsse einiger ihrer initiativreicheren Mitglieder – besonders solcher, die technische Hilfe von Regierungsstellen, privaten Organisationen und besonderen legislativen Mitarbeiterstäben erhielten, schon Methoden von der Art des PPB benützt. Dies wird sich wahrscheinlich als schwächere Gegentendenz fortsetzen. Viele Mitglieder der Exekutive, die in der Budgetierungsreform einen Weg sehen, die Legislative aus den kleinen Details der Inputauflistung herauszuhalten, werden es nicht gern sehen, wenn dies die Legislative in unerfreuliche politische Entscheidungen über wichtige Programme einbezieht.

Einige Politikwissenschaftler und Soziologen sehen in den Methoden von der Art des PPB einen unvermeidlichen, eindimensionalen Trend zur Professionalisierung, umfassenden Institutionalisierung und »Entpolitisierung« der Politik durch das Monopol von Technokraten, was Wildavsky die Rationalität der »totalen Effizienz« nennt [62]. Je mehr man sich auf exekutive und legislative Organe sowie politische Parteien konzentriert, desto eingängiger wird diese Sichtweise. Das Bild sieht jedoch etwas anders aus, besonders in einer allgemeineren Sicht, daß »die ›fortgeschrittenen‹ Industriegesellschaften – besonders die Vereinigten Staaten und West-Europa – in den Geburtswehen einer bewegten und aufwühlenden Umwandlung in das nachindustrielle Zeitalter liegen« [63]. Von diesem vorteilhaften Blickpunkt aus kann man sehen, daß das Wachstum der nachindustriellen Dienstleistungsgesellschaften mehr soziale Verschiebungen, größere gesellschaftliche Krisen und tiefere Spannungen, Verwirrungen und Frustrationen mit sich bringen kann, als die industriellen Revolutionen im Westen während des 19. Jahrhunderts erlebten, oder die sogenannten »Entwicklungsländer« heute. Unter dieser Perspektive muß man die heutige Systemanalyse als einen der technologischen Faktoren ansehen, die eher zu Unordnung und Diskontinuität, als zur Stabilität des gesellschaftlichen Systems führen. Ausgehend von den neuesten politischen Entwicklungen in West- und Osteuropa wie auch der USA hat Ghita Ionescu die Vorstellung entwickelt, daß die Regierungsoppositionen vor dem dreifachen Druck zum Konsens, institutionell erzeugter Apathie und der technisch bedingten Ausdehnung von Macht und Verantwortung der Regierung kapituliert haben [64]. Er hat die letzten Ausbrüche von sogenannter »antipolitischer Politik« in Form von Rassenkonflikten, Studentenunruhen und anderen weniger hervorstechenden Formen der Rebellion durch die Intelligenz im nachindustriellen Zeitalter beobachtet. Er findet, daß solche Aktionen in einem antiinstitutionellen, außerparteilichen und außerparlamentarischen Sinne meist höchst politisch sind. Es ist zweifelhaft, ob wir schon am Ende dieses Phänomens stehen. Die Verbreitung der Systemanalyse in ihrer engeren Spielart könnte eine ständige Erweiterung antiinstitutioneller Politik hervorrufen, besonders wenn die Systemanalyse von politischen Führern als Aushängeschild für einen Staat benützt wird, der angeblich sowohl Wohlfahrt anstrebt, als auch gleichzeitig Krieg führt [65].

Manager versus Techniker

In seinem Memorandum zur Einführung des PPB im Außenministerium hat Thomas Schelling einige wichtige Beobachtungen in bezug auf die Voraussetzungen von Managerfähigkeiten für den Erfolg von PPBS dargestellt:
»PPBS ist unter Mithilfe eines kompetenten analytischen Stabs sicher ein Hilfsmittel für einen Entscheidungsträger, der seine eigenen Entscheidungen treffen will, und zwar im vollen Bewußtsein darüber, wie er sie trifft; es kann jedoch für eine untätige Exekutive, die ihre Entscheidungen aus einem Prozeß ableiten möchte, an dem sie nicht intellektuell beteiligt war, ein verführerisches Hilfsmittel sein, das zu einer peinlichen Verlegenheit führt. PPBS kann ein hervorragendes Instrument bei Entscheidungen des Top-Managements sein; aber dazu muß ein Top-Management da sein, das Entscheidungen treffen will.« [66]
Mit diesem beißenden Kommentar wiederholt Schelling eine der ältesten Wahrheiten des Geschäftslebens und der öffentlichen Verwaltung: nämlich, daß die Arbeit eines guten Stabes noch nicht

einen guten Entscheidungsträger ausmacht. Er hätte auch betonen können, daß die Arbeit eines »kompetenten analytischen Stabes« allein zu dem führen kann, was Jack Koteen in bezug auf die Agency of International Development als »Paralyse durch Analyse« beschrieben hat. Übertriebene Betonung des formalen Kalkulationsvermögens (und das ist besonders gefährlich für regionale Verwaltungen sowie in Entwicklungsländern) kann die knappen Ressourcen von den gleichermaßen wichtigen Aufgaben des Aufbaus von handlungsfähigen Stäben abziehen. Diese Art von Ressourcenverteilungsproblemen darf man nie solchen Experten in der Ressourcenverteilung überlassen, die damit beschäftigt sind, Ressourcen für sich selbst zu mobilisieren. Darüber hinaus kommt jeder neue ambitionierte PPB-Stab unvermeidlich mit den Verteidigern der Programme ins Gehege, die jene in Frage stellen – mit den Budgetarbeitern der alten Garde oder mit anderen Rivalen im Kampf um Positionen von strategischem Einfluß. Das Ausmaß der destruktiven oder konstruktiven Wirkung solcher Konflikte hängt weitgehend von der Klugheit der Führung ab.

Obwohl Schellings Memorandum nicht all jene Implikationen der Systemanalyse auf das Management berücksichtigt, liegt seine Stärke darin, daß es in direkter Weise sich mit den personellen Fähigkeiten des »top management« befaßt. Tatsächlich kann man zwischen den Zeilen (aus der Sicht des Budgetbüros) ein nur schwach verhohlenes Gefühl der Hoffnungslosigkeit in bezug auf die Führungsqualitäten des damaligen Außenministers Dean Rusk herauslesen. Man kann einen klaren Hinweis dafür finden, daß die Anwendung der neuen Systembudgetierung im Außenministerium einen Minister mit den Führungsqualitäten McNamaras nötig machen würde. Dies ist eine durchaus ernstzunehmende Position. Nichtsdestoweniger wäre Schellings Vorlage gegenüber dem Senatsunterausschuß härter ausgefallen, wenn er sich direkt mit der Führungsspitze des PPB selbst, dem Direktor des Budgetbüros und dem Präsidenten befaßt hätte. Innerhalb des Budgetbüros schwelt noch immer einiger Groll gegen Präsident Johnson wegen seines Verbots gegen den Vorschlag des Büros, das neue System in der Anfangsphase auf fünf oder sechs Büros zu beschränken. Viele Beamte des Büros sehen darin einen Fall von schlechter Führung durch den Präsidenten, die zu einem der Auswüchse führten, die die Johnson-Administration charakterisierten. Doch die eigentliche Schwäche von Johnsons Entscheidung, zur gleichen Zeit bei den meisten Regierungbehörden zu beginnen, lag in seiner Unfähigkeit, die

Schwächen in der Führungsspitze der Institution einzuschätzen, die für die Einführung des Systems verantwortlich war: dem Budgetbüro.

Im vergangenen Jahrzehnt hat sich die Funktion des Büros stark ausgeweitet, ohne daß man dem internen Management entsprechend größere Aufmerksamkeit geschenkt hat. Abgeschirmt von externer Beurteilung und Kritik durch die Protektion des Präsidenten, isolierte es sich in zunehmendem Maße von den frischeren Winden der Theorie, Forschung und der Ideen besonders im Bereich des Großunternehmensmanagements. In der Entwicklungsphase des PPB war Kermit Gordon vom »Council of Economic Advisers« Direktor. Als ein Ökonom, der hauptsächlich an den »new exonomics« orientiert war, sah er sich nicht ganz als ein General der vom Präsidenten proklamierten »Management-Revolution«. Er, wie sein Nachfolger Charles Schultz (auch ein an Fiskalpolitik orientierter Ökonom aus dem »Council of Economic Advisers«), fanden es bequemer, eine relativ untätige Führungsrolle zu spielen, indem sie das PPB vor allem Leuten hinter den Kulissen überließen, die sie sich von McNamara und der RAND-Corporation ausgeliehen hatten. Diese Abfolge endete logischerweise mit der Ernennung von Charles Zwick, einem Mikroökonomen von RAND im letzten Jahr der Johnson-Administration.

In dieser Periode, als sich die Mitarbeiter des Büros auf mittlerer Ebene zusehends der Notwendigkeit des Ausbaus der eigenen Führungskapazität bewußt wurden, scheinen die Bemühungen des Präsidenten vor allem bei der Vorbereitung längerfristiger Pläne für Neubewertung und Stärkung der ganzen exekutiven Abteilung gelegen zu haben. Auf der einen Seite beinhaltete dies Versuche des Weißen Hauses, das von beiden Parteien unterstützte »Ribicoff-Pearson«-Gesetz zu umgehen, um eine neue Kommission für Organisation und Management der Exekutive einzurichten (eine Maßnahme, die im Juli 1968 unbestritten den Senat passierte, aber dann im Repräsentantenhaus starb). Auf der anderen Seite beinhaltete dies ziemlich unehrliche und enggehaltene Pläne, während der letzten Monate der Johnson-Administration ein Projekt zur Untersuchung der Exekutive einzurichten, in dem der Ex-Präsident nach seinem Ausscheiden aus dem Weißen Haus mitarbeiten könnte. In dieser Beziehung besteht für niemanden ein Zwang, sich an Hoovers Beispiel gebunden zu fühlen. Wenn Ex-Präsident Hoover erst 15 Jahre nach Ende der Hoover-Administration zum Mitglied der ersten Hoover-Kommission ernannt wurde, so besteht noch kein

Grund dafür, warum Lyndon Johnsons Energien nicht schon 15 Wochen nach Ende seiner Regierungszeit für die Öffentlichkeit hätten fruchtbar gemacht werden können. Tatsächlich wäre vielleicht ein Programm detaillierter Denkschriften auf der Basis einer Fallstudie der beste Weg, dies zu tun, gewesen. Leider ist hier nicht der Willen zu einer ernsthaften Beschäftigung mit Fragen der Führungsabteilungen, auch der der Zukunft des PPB und der Selektion des Führungspersonals für das Budgetbüro zu finden gewesen.

Entscheidungen über die Einführung des PPB

Ganz abgesehen von solchen Erwägungen sind Tausende von Führungskräften in den verschiedenen Regierungsbehörden Amerikas gegenwärtig oder bald damit konfrontiert, Entscheidungen über die Einführung systemanalytischer Verfahren zu treffen. Druck in dieser Richtung wird nicht nur von den zentralen Budgetierungsstellen, sondern auch von anderen Stellen, von externen Kontrollorganen und Beratern sowie den eigenen ambitionierten Praktikern ausgehen. Eine kreative Reaktion auf diesen Druck muß auf etwas Substantiellerem beruhen als auf bloßer Fügsamkeit und Konformität mit Regeln oder Moden. Die Führungskräfte müssen lernen, daß es nicht *das* System PPB noch *die* Systemanalyse schlechthin gibt, und daß sie faktisch die Wahl zwischen der Einführung einer ziemlich großen Vielfalt analytischer Verfahren haben. Sie werden es lernen müssen, alternative Programme der Haushaltsplanung in bezug auf ihre Auslagen und Opportunitätskosten sowie ihre vielfältigen – erwünschten und nicht erwünschten – Wirkungen zu beurteilen. In anderen Worten, ob dieses formal oder kraft Intuition allein geschieht, es werden Kosten-Wirksamkeits- oder systemanalytische Konzepte für die Wahl zwischen alternativen Plänen der Einführung oder Verbesserung von Programmen der Kosten-Wirksamkeits- oder Systemanalyse benutzt werden müssen [67].

Bei der Bewertung der möglichen Kosten und Effekte der verschienen systemanalytischen Verfahren ist es von grundlegender Wichtigkeit, daß die Führungskräfte nicht dem von vielen Praktikern propagierten Irrtum verfallen, daß nämlich angenommen wird, daß Informationen über Kosten, Outputs und Effekte nur brauchbar sind, wenn sie sich statistisch ausdrücken lassen. Sie tun gut daran, die Warnungen zu beachten, die Arthur M. Ross anläßlich seines Rücktritts vom Posten als US-Beauftragter für Arbeitsstatistik aussprach. In seinem Artikel mit dem Titel: »Overblown Affinity for Numbers« weist Ross darauf hin, daß »die Regierungsbeamten dazu neigen, Statistiken allzu wörtlich zu nehmen, nicht deren Grenzen zu sehen und Teilwahrheiten mit der ganzen Wahrheit über komplexe Realitäten zu verwechseln«. Er stellt dann die Frage: »Besteht darin eine Koinzidenz, daß der am sorgfältigsten vorbereitete Krieg in der amerikanischen Geschichte zugleich der am wenigsten erfolgreiche ist?«. Seine Antwort: »Ich glaube nicht, im Gegenteil trug der ungeheure Gebrauch der Statistik direkt und grundlegend zum Ergebnis bei.« [68] Diese Interpretation des Vietnamkrieges sollte man sich immer dann in Erinnerung rufen, wenn von Führungskräften verlangt wird, dem Beispiel McNamaras im Verteidigungsministerium zu folgen. Gleichzeitig wäre es ein Fehler anzunehmen, daß alle militärischen Programme »hart« und die zivilen »weich« seien. Bei ersteren gibt es viele nicht faßbare Handlungen (wie etwa die latente Bedrohung im Zusammenhang mit der Abschreckung) und viele faßbare Handlungen (wie die militärischen Operationen selbst), deren wichtigste Effekte auf die moralische und politische Stabilität jedoch nur nicht-quantitativ gemessen werden können. Bei Programmen der zweiten Kategorie gibt es viele Formen von »hard goods«, besonders die öffentlichen Arbeiten, bei denen es sehr wohl quantitativer Messung bedarf.

Letzten Endes sollten Führungskräfte den noch unvollkommenen Charakter aller Budgetierungsreformen mit Einschluß der neuesten bei ihren Urteilen über die Einführung und Entwicklung neuer Informationsprozesse im Gedächtnis behalten. Dies ist ein guter Grund dafür, nicht nur voreilig aufkommende hohe Erwartungen zu vermeiden, sondern auch dafür, Ressourcen für experimentelle Untersuchungen, die sich noch nicht in naher Zukunft groß auszahlen, bereitzustellen. Die Kunst, kreative Praktiker heranzuziehen, liegt darin begründet, sie mit herausfordernden Problemen, mit Möglichkeiten gehört zu werden, mit der Notwendigkeit der Auseinandersetzung mit anderen Experten und mit ununterbrochener Kritik zu konfrontieren. Sie besteht nicht darin, aus ihnen eine »Statistokratie« zu machen, der im Austausch für die Legitimationsfunktion fortgeschrittener Zahlenmagie etwas Macht hinter den Kulissen gegeben wird.

In seinem Vorwort zu den reichlich vielfältigen Beiträgen in Walter Buckleys »Modern Systems Research for the Behavioral Scientist« weist Anatol Rapoport auf eine interessante Herausforderungs-Reaktions-Beziehung in der Geschichte wissenschaftlicher Entdeckungen hin. »Die Herausbildung von Disziplinen, Unterdisziplinen und Spezialgebieten drohte die wissenschaftliche Gemeinschaft in gegenseitig isolierte Enklaven zu spalten, die unfähig sind, miteinander zu kommunizieren. Wissenschaft drohte zu einer Lawine von Ergebnissen zu werden, die in ihrer Gesamtheit nicht mehr zum Wissensfortschritt, geschweige denn zum Erkenntnisfortschritt beiträgt, als ein Haufen Steine zu einer Kathedrale wird.«
»Die moderne Systemsichtweise«, nimmt Rapoport an, »ist eine Antwort auf diese Bedrohung ... Sie baut auf neuen Entwicklungen auf, die den Anspruch haben, politische Erkenntnisansätze wiederaufzunehmen, ohne an wissenschaftlicher Stärke zu verlieren ...«. Er kommt dann zu folgendem Schluß: »Der Systemansatz zur Untersuchung menschlichen Handelns kann als ein Versuch der Wiederherstellung von Sinn (als intuitiv begriffenes Verstehen von Ganzheiten) verstanden werden, wobei er sich weiterhin an die Prinzipien *disziplinierter* Verallgemeinerungen und rigoroser Deduktion hält. Er ist, kurz gesagt, ein Versuch, die Untersuchung menschlichen Handelns wissenschaftlich zu machen und auch Sinnkriterien zu suchen.« [69] Bei der Diskussion dieses in den 59 Beiträgen, die seinem Vorwort folgen, illustrierten Versuchs stellt Rapoport auch zwei Gefahren heraus. Verhaltenswissenschaftler, die »den wissenschaftlichen Status von Naturwissenschaftlern anstreben ... sind der Gefahr ausgesetzt, das Studium menschlichen Verhaltens zu trivialisieren und, was oft noch schlimmer ist, ihr Expertenwissen solchen Gruppen dienstbar zu machen, die die Macht haben, Menschen für ihre eigenen Zwecke zu manipulieren. Jene, die von dem Bedürfnis getrieben werden, menschliches Verhalten zu verstehen, »stehen in der Gefahr, die Untersuchung menschlichen Verhaltens in freischwebenden Spekulationen ohne genügende Verankerung in Fakten und überprüfbaren Hypothesen undurchsichtig zu machen«. Obwohl er ein Anhänger der Systemtheorie ist, wendet Rapoport ein, daß *»beide Gefahren durch das verführerische Potential der neuen Systemkonzepte schwerwiegender geworden sind«* [70]. (Hervorhebung vom Autor).
Was hat es mit dem »verführerischen Potential« der neuen System-

budgetierung, wie sie als PPB unter McNamara und dem Budgetbüro entwickelt wurde, auf sich? Es ist merkwürdig genug, daß auf diese Art des Systemansatzes in Rapoports umfassendem Vorwort nicht Bezug genommen wird. Noch gibt es keinen einzigen Beitrag zu diesem Gebiet in der gesamten Buckleyschen Textsammlung. Obwohl dies eine ernste Unterlassung ist (die für zukünftige Zusammenstellungen unwahrscheinlich ist), bezeichnet es doch die Unreife dessen, was auf dem Gebiet der Budgetierung »Systemanalyse« genannt wird. Die besten theoretischen Arbeiten auf diesem Gebiet würden neben den systemtheoretischen Beiträgen von Kenneth Boulding, Karl Deutsch, David Easton, W. Ross Ashby, Arthur D. Hall, Ludwig Van Bertalanffy, Norbert Wiener und Robert Redfield – die alle in diesem Band erscheinen – etwas fehl am Platze (wenn nicht anfängerhaft) wirken. Bisher ist die Literatur zur Systembudgetierung, die in solcher Nachbarschaft erscheinen könnte, hauptsächlich (wenn auch nicht durchweg) auf die mikroökonomische Analyse beschränkt. Dies deutet sich am meisten in dem Geist der offenen Stellungnahme Alain Enthovens an: »Vielleicht liegt es daran, daß ich Ökonom von professioneller Ausbildung bin, daß ich dazu neige, die Rolle der Systemanalyse als angewandte ökonomische Analyse zu betonen.« [71] Um noch offener zu sein, wir müssen erkennen, daß das, was Systemanalyse auf dem Gebiet der Bundeshaushaltsplanung genannt worden ist, die Anwendung von nur einem Aspekt moderner Ökonomie darstellt. Bis jetzt hat sie nur geringen Kontakt mit jenen anderen Formen angewandter Ökonomie, wie sie sich – um nur einige Beispiele zu nennen – in Anthonys »Management Accounting« und »Planning and Control Systems« [72], Chamberlains »The Firm and Private and Public Planning« [73], [74], Druckers »Managing for Results« [75] oder Shonfields »Modern Capitalism« [76] finden. Alle jene haben Implikationen auf die Mikroanalyse im öffentlichen Sektor und für die Ausbildung gegenwärtiger und zukünftiger PPB-Praktiker. Insoweit stellt die neue Systembudgetierung noch eine fraktionierte Unterdisziplin dar. Als solche zeigt sie gleichzeitig die beiden Varianten des verführerischen Potentials, auf die Rapoport hingewiesen hat, und noch den zusätzlichen Anspruch, doch wirklich interdisziplinären Charakter zu haben. Wir können annehmen, daß ihre weitere Verbreitung nicht nur zu einer Frustration vieler dieser Ansprüche führen kann, sondern auch zu vielen Fällen der »Trivialisierung des Studiums menschlichen Verhaltens« und »freischwebender Spekulation ohne genügend festen Grund«.

Nichtsdestoweniger gibt es sehr bedeutende Potentiale in den dem PPB zugrundeliegenden Konzepten sowie in ihrer Anwendung auf konkrete Lebensprobleme in vielen wichtigen Bereichen.

Zuallererst wird die weitere Anwendung von Methoden nach Art des PPB unfraglich zu wichtigen technischen Fortschritten (von denen einige in den vorangegangenen Abschnitten berührt wurden) im Hinblick auf die Konzepte Input, Output, Wirkungen und Alternativen führen. Vor allem wird deren logische Entwicklung die Theoretiker zur Anwendung fundamentaler Systemkonzepte hinführen, die sie bisher stark vernachlässigt haben: der sozialen und physischen Umwelt eines Systems (und System-Umwelt-Beziehungen), der Struktur von Systemen und Subsystemen (und die Rolle von geplantem oder ungeplantem Strukturwandel) und anderen Aspekten der Systemleistung (oder -funktionierens) als der bloßen Transformation von Inputs in Outputs [77]. Vor allen Dingen *heißt dies, daß Individuen und Institutionen mit ihren Motivationen, unterschiedlichen Interessen und Unvorhersehbarkeiten in das Modell aufgenommen werden*, eine Aufgabe, die weit schwieriger ist, als Menschen, oder auch eine ganze Kolonie davon, auf den Mond zu schießen.

Aber das heißt nicht von dem einen Extrem des Maschinenmodells in das andere Extrem eines von jenen harten Realitäten wie Boden, Gebäude, Ausrüstung, Maschinen und Geld abstrahierenden »Human Relations«-Modell zu fallen. Es bedeutet die Entwicklung eines multi-dimensionalen Modells von Menschen-Ressourcen-(oder um die Tavistock-Sprache zu gebrauchen: soziotechnischen)Systemen. Mit solchen Modellen, die einen allgemeinen Bezugsrahmen oder eine Perspektive liefern, werden die Systemanalytiker besser in der Lage sein, ihre kreativen Fähigkeiten beim Entwurf von Sequenzen von speziellen, einmaligen oder Partialmodellen, die in den unaufhörlich aufeinanderfolgenden Prozessen der Entscheidungsfindung benötigt werden, zu entfalten [78].

Zum zweiten kann die ununterbrochene Anwendung von Systemkonzepten – sogar auch die der gegenwärtig unreifen – in Regierungsprogrammen eine größere Anzahl und mehr Gruppen von Professionellen, etwa Natur- und Sozialwissenschaftlern (anderer Richtung als die Ökonomen) in den Wettstreit mit Ökonomen als Experten öffentlicher Politik miteinbeziehen. Dabei werden viele dem Beispiel jener Ökonomen folgen, die entweder auf der Basis falscher Neutralität oder übertriebener Betonung neutraler Techniken über konkrete Lebensprobleme gearbeitet haben. Andere werden dem Beispiel der großen Ökonomen in der Tradition von Adam Smith, Karl Marx und John Maynard Keynes folgen, die wußten, daß man, um wirklich bedeutend zu werden, auch offen kontrovers sein muß. Die Soziologen sind ziemlich weit in dieser Richtung gegangen. Es gibt sogar Anzeichen dafür, daß Politikwissenschaftler, über die unpolitische Wissenschaft der Prozeßanalyse hinausgehend, sich für den vollen Eintritt in die öffentliche Politik der 70er Jahre rüsten. All dies braucht den Aufbau auf den in den letzten beiden Jahrzehnten gemachten Fortschritt des Positivismus, Behaviorismus und auf den sich entwickelnden Empirismus mehr als dessen Zurückweisung. Das wird aber auch heißen, daß das gegenwärtige konventionelle Wissen über Ressourcenallokation, Rationalität und Entscheidungsprozesse nicht mehr länger als Ausgangspunkt genommen werden kann. Es wird neuer schöpferischer Prozesse zur Umdefinition unserer Prämissen bedürfen, die sich beziehen auf:

- Ressourcenverteilung, wobei die Aktivitäten der *Ressourcenmobilisierung und -verwendung* im Kontext des Versuchs der Beeinflussung von Ereignissen durch den »Ressourcenzuteiler« gesehen werden,
- Rationalität, mit Erwägung der *Wünschbarkeit,* die für nicht weniger wichtig als die Folgerichtigkeit oder die Machbarkeit erachtet wird und rationales Handeln im phänomenologischen Sinne, das oft als wichtiger als die expliziten kalkulatorischen Prozesse angesehen wird,
- das Treffen von Entscheidungen, wobei *Wettbewerb, Konflikt und Machtausübung* als integrale Bestandteile des Entscheidungsprozesses angesehen werden und Legitimation ein grundlegendes Element für die Durchsetzungsfähigkeit von Leistungen ist.

Hoffentlich können Entwicklungen in dieser Richtung mehr Integration von Ideen, Begriffen und Formen der Praxis, die in den vergangenen Stadien der Budgetreform entstanden sind, schaffen. Aber es wäre unrealistisch, zu viel zu früh oder ohne neue Eingebungen an Kreativität, Schwung und Wissen, die weit über die der budgetären Entwicklungen der Jahre 1961–68 hinausgehen, zu erwarten.

Anmerkungen

[1] An der politischen Theorie ist die staatliche Herrschaftsausübung von der privaten traditionellerweise durch deren Monopol auf die legale Anwendung organisierter Gewalt unterschieden worden. Die Überbetonung dieses Aspekts öffentlicher Herrschaftsausübung hat die Aufmerksamkeit der Politikwissenschaftler von den anderen monopolisierten Funktionen des Staates (besonders die der Steuereinziehung und der Regulierung des Geldumlaufs) abgelenkt, von Aufgaben, die sich ganz erheblich von den finanziellen Operationen auch der größten Banken und Unternehmen unterscheiden. Es wird schwierig sein, zu einem besseren Verständnis von steuerlichen und budgetären Problemen sowie den Beziehungen zwischen öffentlichen und privaten Angelegenheiten zu kommen, ohne sich ernsthaft um eine politische Analyse dieser – bisher als exklusive Domäne der Ökonomie betrachteten – Bereiche zu bemühen.

[2] Einige der Hauptaspekte der neuen Dienstleistungsgesellschaft, mit besonderem Augenmerk auf deren Implikationen für die Organisation von Regierung und Management werden in meinem Aufsatz »What, Another Hoover Commission?« *Public Administration Review,* March April 1968, pp. 168–175 (Kurzfassung aus: »Senate Subcommittee on Executive Reorganization«, Washington D. C., January 22, 1968) behandelt. Eine theoretischere Erörterung desselben Problems mit Betonung auf der Beziehung zwischen gesellschaftlichem Wandel und Systemtheorie findet sich in meinem Aufsatz »The Coming General Systems Theories of Social Systems«, *Human Relations,* November 1967, pp. 357–374 (auch erhältlich in *Futuribles, Analyse et Prévisions,* Paris, France, February 1967, pp. 129–140).

[3] Diese Formulierung zeigt ein Abgehen von traditionellen Konzeptionen des Entscheidungsprozesses. Sie gründet sich auf den handlungstheoretischen Ansatz der kurz dargestellt ist in: »The Decision-Making Struggle«, Kapitel 21, *Organizations and Their Managing* (Gekürzte einbändige Ausgabe von B. M. Gross, *The Managing of Organizations),* (New York: Free Press, 1968), pp. 557–565.

[4] Dieser Ansatz ist in gewisser Hinsicht weiter als der von Allen Schick in »The Road to PPB: The Stages of Budget Reform«, *Public Administration Review,* December 1966, pp. 243–258.

[5] Der Begriff der »zentralen Führungsagentur« bezieht sich auf den Komplex von Individuen und Institutionen, der als zentrales Kontrollsystem jeder nationalen Regierung fungiert. Unter den Rollen, die die Akteure innerhalb dieses Komplexes spielen, sind die folgenden:

(1) allgemeine Führungsrollen

(2) Rollen des finanziellen Managements (einschließlich der Haushaltsplanung)

(3) Rollen der kritischen Problematisierung

(4) Spezialistenrollen
(5) allgemeine Mitarbeiterrollen.
Weitere Details siehe in: Bertram M. Gross, »The Managers of National Economic Change«, in: Roscoe C. Martin (Hrsg.), *Public Administration and Democracy* (Syracuse University Press, 1965), pp. 101–127.

6 Allen Schick, op. cit., p. 243.

7 Bertram M. Gross, »Systems Guidance in the 1970's«, *Organizations* and Their Managing, op. cit., p. viii.

8 Siehe Diskussion über die »Intelligenzfunktionslücke« bei Bertram M. Gross und Michael Springer, »New Goals for Social Information«, *The Annals*, September 1967, Vol. 373, pp. 209–213.

9 Stellungnahme von Lyndon B. Johnson, News Conference of August 25, 1965.

10 Präsident Johnsons Rede vor dem Kongreß über »The Quality of American Government«, March 17, 1967.

11 »Wie ich schon angedeutet habe, haben wir einen kleinen Stab von Systemanalytikern aufgebaut. Dieser soll vor allem aus unseren eigenen Leuten bestehen, die dazu eine besondere Ausbildung erhalten. Von außerhalb werden nur einige wenige hinzugezogen werden. Zusätzlich dazu sind wir dabei, auch unserem übrigen mit Rechnungsprüfungsaufgaben betreuten Personal zur Verbesserung ihrer Fähigkeiten auf diesen Gebieten eine Ausbildung zu gewähren.« Stellungnahme von Elmer B. Staats, Comptroller General of the United States, vor dem »Subcommittee on National Security and International Operations« 90. Kongreß, 2. Sitzung, 26. März 1968, p. 211.

12 In manche Gesetze sind schon verschiedene, an PPB ausgerichtete Erfordernisse in die Begrifflichkeit eingegangen. [...]

13 Siehe Selma J. Mushkin, *Planning, Programming, Budgeting for City, State, County Objectives* (PPB Notes 1–11), George Washington University, State-Local Finance Project, Washington, D. C., 1967 bis 1968. Die Untersuchung wurde in Zusammenarbeit mit dem Council of State Governments, der International City Managers Association, der National Association of Counties, der National Governors Conference, der National League of Cities, und der Conference of Mayors angefertigt. Spezielle Untersuchungen, die von der Ford Foundation finanziert werden, entstehen in fünf Staaten: California, Michigan, New York, Vermount, Wisconsin; fünf Counties: Dade County, Fla.; Davidson County, Tenn.; Los Angeles County, Calif.; Nassau County, N. Y.; and Wayne County, Mich.; und fünf Städten: Dayton, Denver, Detroit, New Haven und San Diego. Siehe auch Selma Mushkin und Majorie Willcox: An Operative PPB System: A Collaborative Undertaking in the States, State-Local Finances Project, Washington, D. C.; und der Report of the Subcommittee on Economy in Government, The *Planning-Programming-Budgeting System: Progress and Potentials, op. cit., and Criteria for Evaluation in Planning State and Local Pro-*

gramms, eine Untersuchung unter dem Subcommitee on Intergovernmental Relations, op. cit. Eine spezielle Fallstudie auf diesem Gebiet »PPBS Comes to Detroit«, wird von Herbert Klein (Controller City of Detroit), vorbereitet.

[14] Genau wird das von Itzhak Galnoor und Bertram D. Gross »The New Systems Budgeting and the New Nations«, *International Social Sciences Journal,* February 1969, abgehandelt. Desgleichen in Daniel Figgins Untersuchung, *Program Budgeting in Developing Nations: The Case of Peru,* 1962–1966.

[15] Bertram M. Gross »System's Guidance in the 1970's«, *Organization and Their Managing,* op. cit., p. ix.

[16] United Nations Departement of Economic and Social Affairs, Public Administration Branch, *The Administration of Economic Development Planning: Principles and Fallacies,* United Nations, New York 1966 (ST/TAO/M/32), p. 12.

[17] Alain C. Enthoven vor dem Subcommittee of National Security and International Operations, Part 2, op. cit., p. 72.

[18] US Bureau of the Budget, *The Work of the Steering Group on Evaluation of the Bureau of the Budget: A Staff Summary,* July 1967, p. 2–11.

[19] Ibid., pp. 2–6 bis 2–10.

[20] Ibid., p. 2–5.

[21] Bureau of the Budget, Bulletin No. 68–2, July 18, 1967, p. 12.

[22] Offizielle Schätzungen gaben 869 PPB Stellen im Finanzjahr 1968 in der Bundesregierung an. Siehe Aussage von Charles L. Schultze vor dem Subcommittee on National Security and International Operations, Part I, op. cit., p. 44.

[23] Siehe National Institute of Public Affairs, *Program Description, Educational Program in Systematic Analysis,* October 1967. In diesen Programmen weist NIPA, in Zusammenarbeit mit dem Budget Bureau und der Civil Service Commission zivile Angestellte in vom Bund subventionierte Projekte in den folgenden Universitäten ein: Carnegie-Mellon University, University of California (Irvine), Harvard University, University of Maryland, Massachusetts Institute of Technologie, Princeton University, Stanford University, University of Wisconsin.

[24] Bureau of the Budget. Bulletin No. 66–3, October 12, 1965, p. 2.

[25] Bulletin No. 68–2, op. cit., p. 9.

[26] Die Begründung des Direktors des Budget Bureau Schultze für seine Weigerung, PPB-Dokumente an den Kongreß weiterzugeben: »Was wir für Empfehlungen für den Kongreß benötigen, sind so ehrliche Programmbewertungen wie möglich ... Wenn die Angestellten in den unteren Positionen wüßten, daß alles, was sie zu Papier bringen, veröffentlicht werden soll, würden wir, befürchte ich, mehr vorsichtige und weniger relevante Information erhalten.« Aussage vor dem Subcommittee on National Security, op. cit., p. 49.

[27] Die Einzelheiten dieser Entscheidung und die Umstände, die sie beglei-

ten, werden eines Tages eine ideale Fallstudie in öffentlicher Verwaltung abgeben.

[28] Die »Macht über die Finanzen« üben im Kongreß der Vereinigten Staaten in immer stärkerem Maße die gesetzgebenden Ausschüsse aus, und nicht nur der Bewilligungsausschuß. Dennoch ist das bargaining und lobbying, wenn auch unsichtbar, in der Exekutive noch intensiver.

[29] Ein gutes Beispiel hierfür ist das »Budget für ausländische Währungen« – das gewöhnlich nichts mit dem formalen Budget zu tun hat – vieler Länder, in denen eine Knappheit an ausländischen Währungen zu Währungskontrollen geführt hat.

[30] Bertram M. Gross, »Profitability«, in : *Organizations and Their Managing*, op. cit., p. 438.

[31] Commission on Organization of the Executive Branch of Government, *Budgeting and Accounting*, Washington, D. C., 1949, p. 8.

[32] Commission on Organization of the Executive Branch of the Government, *Budgeting and Accounting*, Washington, D. C., 1955. Diese Konzepte sind von Frederick C. Mosher auf einer höheren Ebene klarer dargelegt und entwickelt worden, in: Program Budgeting (Chicago: Public Administration Service, 1954), und von Jesse Burkhead, *Government Budgeting* (New York: John Wiley, 1956).

[33] Bureau of the Budget, *Measuring Productivity of Federal Government Organizations* (Washington, D. C., The Bureau, 1964).

[34] »Von Programmpaketen zu sprechen, scheint eher untertrieben«, schrieb Wildavsky 1964. »Aber wer wagt den Ausschüssen für die bewaffneten Streitkräfte zu sagen, sie sollten ihre jetzige Verantwortung und Macht abgeben?« *The Politics of the Budgetary Process* (Boston: Little, Brown and Company, 1964), p. 141. Wildavsky übersah jedoch, daß viele gesetzgebende Ausschüsse die Programmbudgetierung dazu benützt haben, ihren Verantwortungsbereich zu vergrößern. So haben die bewaffneten Streitkräfte jährliche Programmüberprüfungen bei den Programmen der Hauptwaffensysteme durchgeführt. So wurde der Konflikt über das TFX-Programm kürzlich im Senatsausschuß für Verteidigung auf die Spitze getrieben.

[35] Eine spezielle Übersicht über diese Entwicklung hat Roger Jones, ein Assistent des Direktors des Budget Bureau, angefertigt, wie er in seinem Brief an den Autor andeutet (vom 29. März 1968). Der Brief erwähnt auch Programme der Seefahrtsverwaltung, die seit dem Steuerjahr 1969 eine jährliche Bewilligung benötigen. Schon früher schrieb Richard F. Fenno, *The Power of the Purse* (Boston: Little, Brown and Company, 1966), pp. 71–73, über ähnliche Tendenzen in dieser Richtung.

[36] Wenn man die Werte für den Output von nichtbezahlten Personen (Hausfrauen) und die Kosten des Regierungskapitals zusammenzählt, erhöht sich die offizielle Zahl von 681 Milliarden $ Bruttosozialprodukt, für 1965 auf 1000 Milliarden; siehe John Kendrick, »Studies in the National Income Account«, *Contributions to Economic Knowl-*

edge Through Research, National Bureau of Economic Research, 47, Report, Juni 1967. Unter einem anderen Blickwinkel bin ich für das selbe Jahr auf 1200 Milliarden für das Sozialprodukt gekommen.

[37] Siehe »Comparison of Old and New Budget Concepts, Special Analysis A«, *U.S. Budget,* Steuerjahr 1969.

[38] Siehe »Investment, Operating and Other Budget Outlays, Special Analysis D«, U.S. Budget, Steuerjahr 1969.

[39] Siehe Otto Eckstein, *Water Resources Development* (Cambridge, Mass.: Harvard University Press, 1958); Ronald N. McKean *Efficiency in Government through Systems Analysis* (New York: Wiley, 1959); Robert Dorfman (Hrsg.) *Measuring benefits of Government Investments* (Washington, D. C.: The Brookings Institution, 1965), and Bureau of the Budget, *Manpower Programs: Design and Analysis* (Washington, D. C., The Bureau, May 1968).

[40] Edward S. Quade (Hrsg.), *Analysis for Military Decisions* (Chicago: Rand – McNally, 1964); Stephen Enke (Hrsg.), *Defense Management* (Englewood Cliffs, N. J.: Prentice-Hall, 1967).

[41] Eine neuere Untersuchung dazu ist: the Comptroller General's Report to the Joint Economic Committee, *Survey of Use by Federal Agencies of the Discounting Technique in Evaluating, Future Programs,* General Accounting Office, January 29, 1968. In bezug auf Abschreibungsraten fordert der Bericht »ein gemeinsames Maß für alle Stellen«. Die Erfahrung mit Abschreibungs- und Amortisationstechniken im privaten Geschäftsleben zeigt jedoch die Notwendigkeit unterschiedlicher Raten für unterschiedliche Zwecke zu einem unterschiedlichen Zeitpunkt, selbst innerhalb derselben Organisation, einzuführen. Siehe auch Subcommittee on Economy in Government, Economic Analysis of Public Investment Decisions: Interest Rate Policy and Discounting Analysis, op. cit.

[42] Ein neueres Beispiel ist das »Projekt PRIME«, ein Kostenrechnungssystem, das Robert N. Anthony, der frühere Assistant Secretary of Defense, im Verteidigungsministerium einführte. »Das Projekt Prime«, sagt Anthony in einem Papier, das er dem Federal Government Accountants Symposium am 14. Juni 1967 vorlegte, »beinhaltet die Entwicklung und Einrichtung einer Aufwandsberechnung für die mit dem Projekt verbundenen Aktivitäten im Verteidigungsministerium.«
Eine vollständige Darstellung dieses Ansatzes siehe in Management Accounting, Text and Cases (Homewood, III.: Richard D. Irwin, 1962); und: Planning and Control Systems, A Framework for Analysis (Boston: Harvard University Press, 1965).

[43] Charles J. Hitch, *Decision-Making for Defense* (Berkeley and Los Angeles: University of California Press, 1965), zitiert in Samuel A. Tucker (Hrsg.), *A Modern Design for Defense Decision: A McNamara-Hitch-Enthoven Anthologie* (Washington, D. C.: Industrial College of the Armed Forces, 1966), pp. 126–127.

[44] Charles J. Hitch und Roland N. McKean, *The Economics of Defense in the Nuclear Age* (Cambridge, Harvard University Press, 1960).

[45] Einen hervorragenden Überblick über die Systemsteuerung gibt Arthur D. Hall, *A Methodology of System Engineerings* (New York: Van Nostrand, 1962). Unter anderem liefert Hall eine wichtige Unterscheidung zwischen operations research und Systemsteuerung: »Operations research beschäftigt sich mit den Handlungsabläufen eines schon vorhandenen Systems, das sowohl Menschen als auch Maschinen einschließt ... Im Gegensatz dazu betont die Systemsteuerung die Planung und den Entwurf von neuen Systemen, um schon vorhandene Handlungsabläufe besser durchzuführen oder Handlungsabläufe, Funktionen oder Dienstleistungen zu vervollständigen, die noch nie vorher durchgeführt wurden.« Das deckt sich fast mit Alain Enthovens Unterscheidung zwischen operations research und Systemanalyse: »Allgemein betrachtet akzeptiert operations research spezifierte Ziele und gegebene Annahmen über die Einzelheiten, hard-ware und ähnliches, und versucht dann die optimale Lösung zu berechnen, also gewöhnlich ein Ziel zu maximieren oder zu minimieren, wenn die verfügbaren Ressourcen gegeben sind. Die Systemanalyse hat demgegenüber einen weiteren Blickwinkel ... Ihr Anliegen ist es, große Irrtümer zu vermeiden und dem Entscheidungsträger ein Spektrum von Wahlmöglichkeiten vorzulegen, die verschiedene Zusammensetzungsmöglichkeiten von Wirksamkeit und Kosten darstellen, so daß er seine Wahl treffen kann. Es ist Bestandteil der Systemanalyse, die Ziele in Frage zu stellen.« »Systems Analysis and the Navy«, in: Fremont J. Lyden and G. Miller (Hrsg.), *Planning*-Programming-Budgeting (Chicago: Markham 1968), p. 285.

[46] Paul Y. Hammond, »A Functional Analysis of Defense Department Decision-Making in the McNamara Administration«, *American Political Science Review,* Vol. LXII, March 1968, pp. 57–69. Hammond vermutet auch, daß »Vietnam jetzt den dringenden Bedarf an Lern- und Steuerungskapazität aufzeigt, die durch PPBS im Verteidigungsministerium nicht erreicht wurde.« P. 66.

[47] Die folgende Programmanalyse wurde vom Büro des Assistant Secretary for Program Coordination im Ministerium für Gesundheit, Erziehung und Wissenschaft in den Jahren zwischen 1966 und 1968 herausgegeben: A. Disease Control Programs: (1) Motor Vehicle Injury Prevention Program, August 1966; (2) Cancer, Oktober 1966; (3) Arthritis, September 1966; (4) Selected Disease Control Programs, September 1966; (5) Kidney Disease, July 1967. B. Human Investments Programs: (1) Adult Basic Education, Work Experience, and Training, September 1966; Elementary and Secondary Education, September 1966; (3) Selected Human Investment Programs, October 1966; (4) Delivery of Health Services to the Poor, December 1967; (5) Vocational Rehabilitation Programs, December 1967; (6) Nursing Manpower Programs, 1968. C. Other Programs: (1) Income and Benefit Programs,

October 1966; (2) Maternal und Child Health Care Programs, October 1966; (3) A Simulation Approach to Air Pollution Statement-Demonstration Study of Sulphur Oxide, December 1967. See also Planning-Programming-Budgeting (Guidance for Program and Financial Plan), Revised February 1968. Der Hauptmangel dieser Dokumente liegt in der Tatsache, daß die Programme selbst – die ja ein unerläßliches Verbindungsglied zwischen bestimmten Kosten, die die Regierung aufwendet, und bestimmten geschätzten Ergebnissen, wie verstärkte zukünftige Ertragskapazität – kaum spezifiziert oder auch nur diskutiert sind. Nirgends in diesen Dokumenten gibt es ein explizites Modell mit sequentiellen Beziehungen. Eine explizite Benützung eines Ablaufmodells findet sich in »Systems Analysis of Criminal Justice«, in: *The Challenge of Crime in a Free Society,* A Report by the President's Commission on Law Enforcement and Administration of Justice (Washington, D. C.: Government Printing Office, February 1967), pp. 261 to 271.

48 Edward S. Quade, *Analysis for Military Decisions,* op. cit. p. 176.

49 So ist unter den analytischen Instrumenten, die Kosten-Nutzen- oder Kosten-Nützlichkeitsanalyse, die Nutzen oder Nützlichkeit (outputs) mit Ressourcen (inputs) vergleicht, eine der bekanntesten. David Novick (Hrsg.), *Program Budgeting* (Cambridge, Mass.: Harvard University Press, 1965), p. viii. »Output« in diesem Sinne bedeutet sowohl Handlungen als auch die Konstruktion von Startrampen und voraussichtlichen Wirkungen wie die Reduzierung von anfänglicher Verletzbarkeit durch Überraschungsangriffe (ibid., p. 110).

50 In einem Forschungsprojekt, Systems Budgeting und Planning for Education: The Case of an Engineering School, entwickelt Itzhak Galnoor ein »output mix«-Modell für den Entwurf von komplexen Leistungen und die Schaffung einer Basis für Wahrscheinlichkeitsaussagen, die mögliche Wirkungen betreffen. Das Modell wird besonders für Ausbildungsverfahren auf Universitätsebene verwandt, wobei der Langzeitplanung und -budgetierung von Abteilungen, Fakultäten und Colleges besondere Aufmerksamkeit gewidmet ist.

51 In einem Untersuchungsprojekt, »The Educational Complex: Emerging Macro-Systems in the Service Society«, stellt Michael Marien ein allgemeines Systemmodell für ein Makromodell auf, um die Struktur und Arbeit miteinander verbundener Organisationskomplexe und Teile von Organisationen zu identifizieren, die in der ganzen »Bildungsindustrie« eine Rolle spielen.

52 Werner Z. Hirsch, »Quality of Government Services«, in Howard G. Schaller (Hrsg.), Public Expediture Decision in the Urban Community (Washington, D. C.: Resources for the Future, 1963), pp. 163–169. Eine etwas detailliertere und etwas neuere Diskussion über Outputqualität findet sich in dem Artikel »Output: Quality and Quantity« des Autors, der zusammen mit den vorhergehenden und folgenden Ka-

piteln in *Organizations and Their Managing*, op. cit. pp. 334–356, abgedruckt ist.

[53] Mit diesem Problem beschäftigt sich Michael Mariens Untersuchungsprojekt, op. cit.

[54] In dem Forschungsprojekt, The Politics of Resource Mobilization: The Case of Federal Aid To Education, stellt Davis O. Porter ein »resource-flow donor-recipient«-Modell auf, das dazu dient, die Wirkungen von Bundeshilfeprogrammen herauszufinden. Im ursprünglichen Stadium ist das Modell auf die Bundeshilfe im Ausbildungssektor in den Vereinigten Staaten angewandt worden.

[55] In einer Untersuchung, *Systems Budgeting and Planning for Technological Change: The Problem of Indirect Effects*, entwickelt David Curzon ein allgemeines Modell zur Schätzung der voraussichtlichen Auswirkungen von alternativen Programmen; einige seiner Fallstudien werden dazu dienen, die Auswirkungen von technologischem Wandel auf Organisationen und andere soziale Systeme aufzuklären, mit spezieller Berücksichtigung der Einführung von Lehrmaschinen ins System der Schule. Herman Mertins, der früher im New Yorker Hafenamt tätig war, beschäftigt sich mit einer ähnlichen Untersuchung über die gegenwärtigen Auswirkungen von Programmen für die sogenannte »integrierte Verkehrsplanung«.

[56] In seinem Forschungsprojekt, *The First Social Report of the President: Social Science and Politics*, stellt Michael Springer die Entwicklung von sozialen Indikatoren, die »Ergebnisbereichsinformationen« liefern, als Beschäftigung von Sozialwissenschaftlern dar, die einflußreiche Rollen in der Regierungspolitik erstreben.

[57] Siehe Alain Enthoven, »Systems Analysis and the Navy«, in: Samuel A. Tucker (Hrsg.), op. cit., p. 162.

[58] Aaron Wildavsky, The Political Economy of Efficiency: Cost-Benefit Analysis, Systems Analysis and Program Budgeting«, *Public Administration Review*, December 1966, p. 298.

[59] Seit jenem Tag im August 1967, als Robert McNamara vor dem Senate Preparedness Investigating Subcommittee auftrat und in seiner Funktion als Verteidigungsminister statistische Daten über die »Wirksamkeit« des US-Bombardements in Nordvietnam vorlegte, begannen Beobachter in Washington vorherzusagen, daß Präsident Johnson sich bald nach einer anderen Stelle umsehen würde, wo McNamaras Fähigkeiten eingesetzt werden können. McNamara, das wurde offensichtlich, hatte das stillschweigende Übereinkommen zwischen sich und den Streitkräften gebrochen – nämlich, seine durch einen großen Mitarbeiterstab garantierte analytische Kapazität nur mit der Auflage einzusetzen, daß sie zwar eine neue Art der Kontrolle von Beschaffungs- und Versorgungsvorgängen der Streitkräfte darstellten, aber bei den wichtigeren Entscheidungen über den Gebrauch militärischer Mittel in Kampfhandlungen nicht voll eingesetzt werden dürfen. Einige dieser Probleme wer-

den vermieden, wenn Systemanalytiker in der speziellen Stellung von zeitweisen Beratern sind, wie bei dem Vertrag der RAND Corporation mit Bürgermeister Lindsay von New York City über eine kurzfristige Studie in Bereichen wie Wohnungswesen, Polizei, Feuerbekämpfung und Gesundheit. Die Ergebnisse der Arbeit von RAND in New York City werden ein interessantes Kapitel in der Geschichte der neuen Systembudgetierung darstellen.

60 Alain C. Enthoven »Choosing Strategies and Selecting Weapons Systems«, in Samuel A. Tucker (ed.), op. cit., p. 138.

61 Paul Y. Hammond, »A Functional Analysis of Defense Department Decision-Making in the McNamara Administration«, op. cit., p. 64.

62 Aaron Wildavsky, op. cit.

63 Bertram M. Gross, »The Coming General Systems Models of Social Systems«, Human Relations, op. cit.

64 Ghita Ionescu, »Politics in a New Key«, paper presented to the Salzburg Round-Table on Modernization of Politics, International Political Science Association, September 16, 1968.

65 In einem anderen Zusammenhang habe ich die »Reziprozität von Reformen im eigenen Land mit militärischer Expansion im Ausland« während der ersten Jahre der Johnson Administration hervorgehoben, wie sie sich in Programmen konkretisiert, die »ein unsicheres Gleichgewicht zwischen Sozialpolitik im eigenen Lande (die hauptsächlich entworfen wurde, um den Liberalen zu gefallen) und den sich ausdehnenden militärischen Aktionen im Ausland (als Reaktion auf den Druck der radikalen Rechten)...« schufen. Durch die Zwischenwahlen von 1966 schwand dieser zeitweilige Konsens, den diese Reziprozität von Wohlfahrtsplanung und Kriegführung hervorgerufen hatte, und damit alle Hoffnung, daß die neue Systembudgetierung mit Präsident Johnsons Worten »uns dazu befähige, unsere nationalen Ziele genau und kontinuierlich zu präzisieren«.

66 Thomas C. Schelling, »PPBS and Foreign Affairs«, Memorandum prepared for the Senate Subcommittee on Security and International Operations, op. cit., p. 1. Man könnte hinzufügen, daß das kompetente Top Management an erster Stelle auch benötigt wird, um mit Analytikern beim Entwurf solcher analytischer Dienstleistungen zu arbeiten, die wirklich notwendig sind, um die verschiedenen innovativen Stile von kreativen Intellektuellen weiterzuentwickeln und zu hegen (die oft von persönlicher und intellektueller Exzentrizität geplagt sind).

67 Natürlich könnten zentrale Budgetierungsstellen den Spitzen von Behörden bei der Formulierung solcher »Systementwürfe« helfen. Das wird jedoch erst dann möglich sein, wenn solche Stellen fähig sind, Konzepte nach Art des PPB nicht nur auf »soft Services« im allgemeinen anzuwenden, sondern auch auf ihre eigenen Handlungen. Doch im Sommer 1965, während eines Schulungsseminars des Budget Bureaus über die Einführung von PPB in »weiche« zivile Behörden, bat ein

hartnäckiger Beamter um eine Beschreibung, wie der neue Ansatz auf das Büro selbst angewandt werden könne. »Das«, wurde ihm gesagt, »ist nicht Gegenstand der Diskussion.« Seitdem hat das Büro den Standpunkt beibehalten, daß eine sogenannte rationale Exekutive Kosten-Wirksamkeitsverfahren bei allen wichtigen Programmen außer Planungs-Programmierungs-Budgetierungs-Programmen anwenden kann. Dieses ungeschriebene Gesetz bietet eine unliebsame Erinnerung an Joseph Hellers Novelle, Catch-22, in der ein Flieger, der sein Leben im Kampf riskiert hatte, nur dann das Fliegen aufgeben könnte, wenn ihn der Doktor für verrückt erklärt hätte. Aber ein Flieger, der das Fliegen aufgeben will, erklärte der Doktor, wäre nicht verrückt: »Die Sorge um die eigene Sicherheit angesichts von wirklichen und unmittelbaren Gefahren, ist das Ergebnis eines rationalen Verstandes.« Das war Catch-22, das eine ungeheure Präzision bei seiner perfekten Zusammensetzung von Teilen hatte, die anmutig und erschreckend wie gute moderne Kunst war... Gegenwärtig PPB-Praktiken könnte man nach der Ziffer des Rundschreibens mit dem sie vom Budget-Büro eingeführt wurden, als Catch-66-3 bezeichnen.

68 Arthur M. Ross, »Overblown Affinity for Numbers«, Washington Post, June 30, 1968, reprinted in Hearings of the Senate Subcommittee on National Security and international Operations, Planning-Programming-Budgeting, Part 4, op. cit., pp. 240–242. Im Fall der Information über Vietnam, die von der Johnson-Regierung verbreitet wurde, ist das Problem weniger das einer »Wissenslücke« als das, was man beschönigend eine »Vertrauenslücke« genannt hat. Die Manipulation von statistischen Daten durch die Johnson Regierung war vermutlich am schlimmsten in bezug auf die steigenden Kosten des Vietnamkrieges. Heftige, wenn auch loyale Angriffe auf den irreführenden Gebrauch von Haushaltsdaten durch die Johnson-Regierung liefert: Eliot Janeway in: The Economics of Crisis (New York: Weigbright and Talley, 1968) and Bruce Ladd in: Crisis in Credibility (New York New American Library 1968). Soweit dem Autor bekannt wurde, erfolgte kein Dementi auf die Beschuldigungen von Janeway und Ladd durch den Präsidenten, den Budgetdirektor, oder den Finanzminister.

69 Anatol Rapoport, »Foreword«, in: Walter Buckley (ed.), Modern Systems Research for the Behavioral Scientist (Chicago: Aldine, 1968), pp. xxi–xxii.

70 Ibid.

71 Alain Enthoven, »Systems Analysis and the Navy«, in: Samuel A. Tucker (ed.), op. cit., p. 162.

72 Robert A. Anthony, Management Accounting, Text and Cases, op. cit.; und Planning and Control Systems, A Framework for Analysis, op. cit.

73 Neil W. Chamberlain, The Firm: Micro Economic Planning and Ac-

tion (New York: Mc-Graw-Hill, 1962); und Private and Public Planning (New York: Mc-Graw-Hill, 1965).

[74] Joel Dean, Managerial Economics (Englewood Cliffs, N. J.: Prentice-Hall 1957).

[75] Peter F. Drucker, Managing for Results (New York: Harper & Row, 1964).

[76] Andrew Shonfield, Modern Capitalism (London: Oxford University Press 1965).

[77] Eine kurze Zusammenfassung des Inhaltsbereichs dieser umfassenden Systemkonzepte liefert der Autor in: »Systems Guidance in the 1970's«, der Einleitung zu: Organizations and Their Managing, op. cit. Ähnliche Systemkonzepte werden in »Appraising Administrative Capability in Development« entwickelt, meinem methodologischen Memorandum für die Abteilung für öffentliche Verwaltung der UNO, INTERPLAN (the International Group for Studies in National Planning). Auf der sehr abstrakten Ebene der »general systems«-Theorie werden die Konzepte auch vorgeführt in dem Beitrag des Autors: The State of the Nation: Social Systems Accounting (London: Tavistock, 1966), der auch im dritten Kapitel von Raymond A. Bauer (ed), Social Indicators (Cambridge: M. I. T. Press, 1966) erschien.

[78] Die Notwendigkeit »leistungsfähiger Partialmodelle anstatt der unaufhörlichen Folgen von ›Schnittbereichen‹ von physikalischen und menschlichen Aktionen« wird in »Frameworks for Special, Unique and Partial Models«, The State of the Nation, op. cit., pp. 144–146 diskutiert. Einen ähnlichen Versuch, obwohl weniger darauf gerichtet »konkrete Systeme« in Modellen darzustellen, findet sich in der wertvollen neuen Arbeit von Yehezkel Dror: Public Policy-making: Reexamined (San Francisco: Chandler, 1968).

Übersetzt von Christine Mussel

12 *William A. Niskanen*

Warum brauchen wir neue Verfahren für Budgetentscheidungen? Administrative Aspekte

I. Welche Art »neuer« Verfahren?

Ein guter Analytiker spricht den Lehrbüchern zufolge immer eine breitere Frage an als die im Thema gestellte. Eine angemessene Einleitung zu meinem Thema wäre es, zuerst die Frage nach der *Art* neuer Verfahren der Budgetgestaltung anzusprechen. Die neuen Methoden, um die es hierbei vermutlich geht, sind mikroökonomische Analysen, Programmkosten und die entsprechenden Planungs-, Programmierungs- und Budgetierungskonzepte. Diese Verfahren sind aber heute nicht mehr neu – noch entscheidender, die Erfahrungen der USA mit diesen Verfahren lehren, daß sie – bisher jedenfalls – den Budgetgestaltungsprozeß weder substantiell verändert noch erheblich verbessert haben.
Nach mehr als 30 Jahren formaler Kosten-Nutzen-Analysen von wasserwirtschaftlichen Projekten werfen die meisten dieser Projekte nur einen nominellen Ertrag ab; es wird subventioniertes Wasser bereitgestellt, um subventionierten Ackerbau zu betreiben. Die fortschrittlichen Verbesserungen in den Bewertungsrichtlinien sind durch grobere Schätzungen der Kosten und Nutzen verwässert worden, und nahezu alle scheinen zufrieden: Die Analytiker haben ihre Prinzipien, die Politiker ihren Vorteil (»pork«) und die Benutzer haben ihre Projekte. Der größte Teil des US-Bundeshaushalts wurde bereits vor über zwanzig Jahren auf der Grundlage von Programmkosten neu gegliedert; hiermit wurde ein Hindernis für eine effiziente Verwaltungsführung verkleinert, ohne den Verwaltungsleuten neue Anreize zu geben. Kosten-Wirksamkeits-Analysen werden seit ungefähr 15 Jahren angewandt, um Verteidigungsprogramme zu überprüfen, und ein PPB-System ist formal seit 10 Jahren in Gebrauch. Trotz alledem ist nicht klar, ob sich die Effizienz der US-Verteidigung in dieser Periode erhöht hat. Das PPBS wurde formal von den wichtigsten Regierungsbehörden vor mehr als fünf Jahren übernommen; es wurde nicht wirksam mit den regulären Entscheidungsabläufen verzahnt und seine formalen Elemente wurden vor kurzem wieder aufgegeben. Diese Erfahrungen liefern kei-

nen Grund für die Annahme, daß diese »neuen« Methoden den budgetären Entscheidungsprozeß reformiert oder gar verbessert hätten.
Einige der Befürworter dieser Verfahren argumentieren, daß der Budgetprozeß ohne die Verwendung dieser Verfahren noch weniger zufriedenstellend wäre; diese Behauptung ist jedoch nicht überprüfbar. Andere klagen, daß diese Verfahren nur wegen institutioneller und politischer Hindernisse nicht wirksam genug waren – eine Feststellung, die der wesentlichen Frage ausweicht. Wieder andere Befürworter – mich eingeschlossen – vertreten die Ansicht, daß diese Verfahren einen erheblichen *potentiellen* Wert haben, der von ihrer Integration in die regulären Budgetentscheidungsprozesse abhängt sowie von der Berücksichtigung der entscheidenden institutionellen und politischen Bedingungen, denen der Budgetprozeß unterworfen ist.

II. Warum neue Verfahren?

Am besten wird die Notwendigkeit neuer Methoden der Budgetgestaltung mit der Feststellung belegt, daß Regierungen unsere Bedürfnisse oftmals nur mangelhaft erfüllen. Ein offensichtlicher Beleg des mangelhaften Verwaltungshandelns ist der widersprüchliche Budgetprozeß – d. h. die Tatsache, daß die Summe der Einzelentscheidungen nicht mit den Entscheidungen über das Ganze übereinstimmen. Im Falle des amerikanischen Bundeshaushalts zeigt sich diese Widersprüchlichkeit auf drei Ebenen:
1. Der Präsident prüft das Gesamtbudget zweimal jährlich; einmal, um die Planziele zu setzen, und später, um den formalen Haushaltsentwurf festzulegen. Nach jeder Prüfung werden aber zahlreiche Entscheidungen über Einzelprogramme getroffen, die nicht mit den synoptischen Überblicken übereinstimmen.
2. In den letzten Jahren setzte der Kongreß eine Gesamtausgabenerhöhung fest, billigte aber nichtsdestoweniger anschließend Einzelprogramme, die diese Plafondierung sprengten.
3. Im politischen Prozeß werden zunehmend Forderungen nach Einzelprogrammen artikuliert; andererseits zeigen Meinungsumfragen, daß die Bevölkerung in erheblichem und wachsendem Umfang an der Ausgabenpolitik der Bundesregierung insgesamt interessiert ist. Die Widersprüchlichkeit des Budgetprozesses wird nicht beseitigt werden – auch nicht Schritt für Schritt –, solange nicht Kosten

und Nutzen der einzelnen Programme koordiniert betrachtet werden, und zwar sowohl von denen, die diese Programme fordern, wie auch ihren politischen Vertretern.
Worin die besonderen Probleme der öffentlichen Budgetierung liegen, zeigt sich durch einen Vergleich mit den Problemen von Wirtschaftsunternehmen. Jedes Budgetsystem muß über Informationen zu folgenden Fragen verfügen: Wie gut ist die gegenwärtige Leistung? und: Wie kann sie verbessert werden? Für Unternehmen liefern die üblichen Rechnungssysteme und der Marktvergleich verhältnismäßig gute Antworten auf die erste Frage. Die Bilanzen und ein ziemlich einfaches ökonomisches Kalkül tragen zur Beantwortung der zweiten Frage bei. Der Wert dieser Verfahren hängt aber entscheidend von den Eigenheiten der Privatwirtschaft ab: Die Bewertung der Leistung und entsprechend die Messung der Gewinne ist nur dadurch möglich, daß ein Unternehmen seine Produktion in teilbaren Mengen verkauft. Ein Profitmotiv ist eine notwendige Bedingung dafür, daß diese Verfahren für die Unternehmensentscheidungen relevant werden können. Freier Zugang zum Markt ist andererseits eine notwendige Bedingung, um das öffentliche Interesse zu schützen.
Öffentliche Verwaltungen unterliegen aber nicht den gleichen Bedingungen, aus denen das ökonomische Kalkül und gute Bilanzen für die Unternehmen wichtig sind. Die meisten Regierungsbehörden verkaufen ihre Leistungen nicht stückweise und haben daher keinen objektiven Wertmaßstab für ihre Leistung oder Gewinne. Darüber hinaus gibt es keinen Indikator, der ständig objektiv die Gesamtleistung einer Verwaltung anzeigen würde. Die Ausgabenkonten messen in der Regel nur Zahlungsausgänge, nicht Kosten, wie sie auch nicht Vermögenszugänge und Schulden erfassen. Man könnte auch für Verwaltungen Bilanzen entwickeln, was aber selten getan wird, da die Liquidität und Verschuldungsfähigkeit der öffentlichen Hand mehr von ihrem Recht, Steuern zu erheben und Geld auszugeben, abhängt als von ihrer Netto-Vermögens-Position. Über die Ziele politischer und bürokratischer Institutionen herrscht weithin Unklarheit; es ist lediglich klar, daß diese Ziele keine durchgehenden, starken Anreize zur Verwendung ökonomischer Kalküle darstellen. Schließlich haben öffentliche Verwaltungen eine Monopolstellung und auch die Macht, diesen Status aufrechtzuerhalten. Eine Regierung ist genaugenommen ein non-profit-Monopol, das seinen Mitgliedern Leistungen unentgeltlich zur Verfügung stellt, sich durch Pauschalabgaben finanziert und seine Budgetentschei-

dungen auf der Basis von Informationen über Zahlungsausgänge und das antizipierte Votum der Betroffenen trifft.
Sollen neue Verfahren für die Budgetgestaltung der öffentlichen Hand brauchbar sein, so müssen sie diese besonderen Merkmale der öffentlichen Verwaltung berücksichtigen. Wenn die neoklassische Wohlfahrtsökonomie die Unzulänglichkeiten der Marktwirtschaft und ihre Beseitigung in den Mittelpunkt ihres Interesses stellt, so bedarf es jetzt einer »new welfare politics«, deren zentrales Anliegen die Unzulänglichkeiten im Wirtschaftsgebaren der öffentlichen Hände und deren Beseitigung sind. Das erste Argument für neue Verfahren der Budgetgestaltung liegt in der Unzulänglichkeit der heutigen Verfahren, das zweite muß sich auf die Hoffnung gründen, daß es irgendwelche neuen Verfahren gibt, die besser funktionieren.

III. »Administrative« Probleme

Warum war das PPBS mit seinen formalen Elementen, so wie es 1965 in der Bundesregierung der USA eingeführt und vor kurzem wieder fallengelassen wurde, nicht in der Lage, den Budgetgestaltungsprozeß wesentlich zu verbessern? Der Hauptgrund liegt darin, daß dieses System die besonderen Bedingungen der politischen und bürokratischen Institutionen der Regierung außer acht ließ. Ich verwende den Begriff »administrative« Probleme, um das Problemfeld zu beschreiben, das zwischen dem PPB-System und diesen Institutionen lag. Eine Reihe dieser Probleme sind jedoch, wie sich herausstellen wird, analytische und konzeptuelle Probleme des PPBS, andere sind institutioneller Natur.
Die vier grundlegenden Probleme des formalen PPB-Systems sind m. E. folgende:

1. Die Gliederung nach Programmen

Ein Großteil der Erörterung und Kontroversen über das PPBS betraf die Suche nach der einen »besten« Weise, wie Staatstätigkeiten nach Programmkategorien aggregiert werden können. Diese Suche ging von der Annahme aus, daß es ein einziges oder dominantes Ziel gäbe, zu dem jedes Programm seinen Beitrag leiste, und daß der Budgetprozeß am besten so gestaltet würde, daß alle Aktivitäten, die zum gleichen identifizierbaren Teilziel beitragen, gemeinsam geprüft würden. Als weitere Annahme ging ein, daß offenkundige, allgemein akzeptierte Ziele existierten, nach denen die Aktivitäten bewertet werden könnten. Tatsächlich jedoch betreffen die meisten Aktivitäten natürlich mehrere Ziele, und wahrscheinlich liegt hierin die Voraussetzung dafür, daß diese Aktivitäten aufgenommen und wiederholt gebilligt werden; denn die für die Billigung der einzelnen Staatstätigkeiten erforderlichen Koalitionen umfassen Personen, die das Programm aus unterschiedlichen Gründen unterstützen (etwa weil sie die Maßnahmen begrüßen oder auch bestimmte Einrichtungen, Bauvorhaben o. ä., in ihrem Bezirk wünschen). In der Entwicklung der Programmbudgets stand man vor der Wahl zwischen Programmkategorien, die zu weit waren, um operational zu sein, und Kategorien, die auf einzelne Maßnahmen zugeschnitten waren; man entschied sich im allgemeinen für sehr weite Kategorien. Insgesamt gesehen, waren die Bemühungen, die einzige, »beste« Programmstruktur zu entwickeln, im großen und ganzen zwecklos, und sie werden es wohl auch in Zukunft sein.

2. *Die Planungsorientierung*

Vorschläge, daß die Bundesregierung für einen längeren Zeitraum als eine Haushaltsperiode »planen« sollte, werden seit langem gemacht. Diese Planungsorientierung wurde ein wesentlicher Bestandteil des PPBS der nichtmilitärischen Regierungsbereiche, wenngleich sie – entgegen dem allgemeinen Verständnis – kein integraler Bestandteil des PPBS war, wie es im Verteidigungsministerium gehandhabt wurde. Ein Planungssystem ist auf die Zukunft ausgerichtet und impliziert, daß die Organisation verbindliche Entscheidungen für die Zukunft trifft. Ein Programmierungssystem ist dagegen an der Gegenwart orientiert und trifft verbindliche Entscheidungen nur für die kleinstmögliche inkrementale Periode. Das fünfjährige Verteidigungsprogramm legte lediglich die zukünftigen Implikationen heutiger Entscheidungen dar, es bedeutete aber weder eine Festlegung noch eine Prognose künftiger Entscheidungen oder Budgets. Selbstverständlich begrenzen oder modifizieren heutige Entscheidungen den Rahmen möglicher Entscheidungen in der Zukunft; sie beschränken ihn jedoch nicht zwangsläufig allein auf die im Fünf-Jahres-Programm dargelegten Entscheidungen. Diese wichtige Trennung zwischen Planung der Zukunft und Darlegung der künftigen Implikationen heute getroffener Entscheidungen ging unglücklicherweise in der übereilten Entwicklung des PPB-Systems für die übrigen Regierungsbehörden verloren. Die Politiker, die die Entscheidungen treffen, sind aber, sei es auf Grund verfassungsmäßiger Beschränkung, sei es aus persönlichen Gründen, nicht bereit, bindende Entscheidungen über die kleinstmögliche inkrementale Periode hinaus zu treffen. Damit aber minderte diese Planungsorientierung die Glaubwürdigkeit des gesamten PPB-Systems.

3. Die institutionellen Annahmen

Die frühen Befürworter von PPBS waren naiv genug zu behaupten, PPBS sei politisch neutral – es begünstige oder bedrohe nicht aus sich heraus bestimmte Programme, Institutionen oder politische Positionen. Einen derartigen Anspruch hätte man als naive Propaganda von im übrigen weitsichtigen Personen abtun können, hinge nicht der Wert eines PPB-Systems ganz stark von einer einheitlichen Zielbewertung durch die verschiedenen Beteiligten im Budgetprozeß ab. PPBS unterstellt stillschweigend ein bürokratisches und politisches System im Sinne Max Webers, in welchem die Ziele aller Beteiligten übereinstimmen und der Budgetprozeß nichts weiter als eine stufenweise Filterung der ursprünglichen Vorschläge ist. Dieses Modell mag einige politische Systeme akkurat beschreiben – wenngleich ich hieran Zweifel hege –, es beschreibt jedoch nicht die Beziehungen zwischen Behörden und Entscheidungsinstanzen in der amerikanischen Bundesregierung – ausgenommen vielleicht für den Fall einer allgemeinen Krise. Die grundlegende Beziehung zwischen einer Verwaltungsbehörde und den Budgetfiskalisten in unserem System ist das Verhältnis zwischen Kontrahenten mit beträchtlich voneinander abweichenden Zielvorstellungen. Ähnliches gilt für die Beziehungen zwischen dem Präsidenten und den von ihm ernannten Ressortchefs: der erste Direktor des Budgetbüros (Bureau of the Budget) bezeichnete die Kabinettsmitglieder als »Vizepräsidenten für die Ausgaben und als solche des Präsidenten natürliche Gegner«. Auf diesem Hintergrund stellt jedes Informations- oder Analysesystem, das die Tätigkeit und Wirksamkeit der vorschlagenden Behörden »erhellt«, für diese eine Bedrohung dar und wird folglich entweder auf Widerstand treffen oder unterlaufen werden. Informationen sind kein Naturprodukt wie Gold, das man sucht und veredelt – Informationen sind vielmehr das Produkt eines Interaktionsprozesses. Eine Behörde wird nur solche Informationen herausgeben, die wirksam vertreten werden können und die ihrer Meinung nach ihren eigenen Interessen nützen. In den ersten Jahren der Einführung von PPBS forderte das Budgetbüro die Behörden häufig auf, Analysen zu erstellen, die deren zentrale Programme und Verwaltungsinteressen in Frage stellten. Es sollte nicht verwundern, daß die Antworten auf derartige Anfragen gewöhnlich auf unbestimmte Zeit verschoben wurden, unklar waren oder den eigenen Interessenstandpunkt vertraten. Ich kann mir persönlich keinen objektiven Entscheidungsprozeß in einer durch konträre Positionen gekennzeichneten Umgebung vorstellen. Das Verständnis der Funktionsweise bürokratischer und politischer Institutionen dagegen kann dazu dienen, einen solcherart heterogenen Prozeß zu verbessern.

4. Die analytischen Modelle

Die meisten Programmanalysen in den Bereichen der inneren Politik basierten – vor allem in der Anfangszeit – auf analytischen Modellen, die für die betreffenden Probleme irrelevant waren (und sind). Zwei Arten solcher analytischen Modelle waren besonders irreführend und trugen zur Diskreditierung der substantiellen Beiträge, die Analytiker zu leisten vermögen, bei: das »Verteidigungsmodell« und das Modell des »Volkseinkommens«.

a) Das Verteidigungsmodell

Viele der Analytiker, die das PPBS unterstützten, hatten vorher an militärischen Programmen mitgearbeitet und übertrugen ihre Modelle aus dem Verteidigungsbereich unkritisch auf nichtmilitärische Programme. Nationale Sicherheit kann als charakteristisches, nationales, öffentliches Gut gelten; es gibt wenig Grund, die Rolle der Regierung, genauer, einer Zentralregierung, in der Bereitstellung dieses Gutes in Frage zu stellen. Das typische analytische Problem bei Verteidigungsprogrammen ist ein Produktionsproblem und lautet: Wie ist ein bestimmter Verteidigungsbeitrag zu den geringstmöglichen Kosten zu produzieren? Bei nichtmilitärischen Programmen ist es dagegen durchaus sinnvoll, die Rolle der Bundesregierung dabei in Frage zu stellen, und die meisten Behörden – einige wenige ausgenommen – stellen das öffentliche Endprodukt nicht selbst her. So finanziert und regelt die Bundesregierung zwar z. B. das öffentliche Gesundheits-, Bildungs-, Verkehrs- und Polizeiwesen etc., sie produziert diese Systeme aber ebensowenig wie sie sie betreibt. Für innenpolitische Programme sollte der angemessene Analyseablauf folgendermaßen aussehen:

1. Am Anfang muß die Frage stehen: Welche Rolle ist für die Regierung im Verhältnis zum Markt und zu anderen privaten Einrichtungen auf dem betreffenden Gebiet die angemessenste?
2. Dann muß sich die Frage anschließen: Welche Rolle ist für die Bundesregierung im Vergleich zu den vielen anderen Gebietskörperschaften und parafiskalischen Gebilden die angemessenste?
3. Und schließlich muß gefragt werden: Welches Mittel ist für die Bundesregierung am geeignetsten, um die jeweils im politischen Prozeß artikulierten Ziele angesichts des Verhaltens der übrigen Beteiligten zu realisieren?

Nur für den Fall, daß die Antworten auf diesen Fragenkatalog die Produktion einer bestimmten öffentlichen Leistung auf Bundesebene nahelegen, wird das Produktions- oder »systemanalytische« Problem für die Politik der Bundesregierung relevant. Die Bundesregierung mag es für nützlich erachten, die Forschung über die Erstellung öffentlicher Güter durch die Gemeinden zu finanzieren, weil eine solche Forschung selbst ein öffentliches Gut darstellen kann, aber der Wert einer solchen Forschung kann nur von den »Endproduzenten« realisiert werden. Während es für die Analyse von Verteidigungsprogrammen oft genügt, den Operationsbereich, die relevanten Technologien und einfache Maximierungsverfahren zu kennen, erfordern Programmanalysen im innenpolitischen Bereich oft das Verstehen des sozialen und institutionellen Verhaltens von Gruppen und Institutionen sowie eine normative Theorie des Regierungshandelns in einem föderativen System. Die Analysen bundespolitischer Programme erfordern – wen sie relevant sein sollen – den Übergang von der »Systemanalyse« zur »politischen Ökonomie«.

b) Das »Volkseinkommens«-Modell

Viele Programmanalysen im Bereich der Innenpolitik unterstellen als Ziel der Politik die Maximierung des Volkseinkommens (oder der Wohlfahrt der Bevölkerung). Dieses Modell hat keinerlei normativen Gehalt außer für solche Fälle, in denen eine einzige Person oder der Staat das gesamte Volksvermögen besitzt, oder in denen die staatliche Politik neutral gegenüber der Einkommens- und Vermögensverteilung ist – Fälle, in denen lediglich Allokationsentscheidungen relevant sind. Dennoch argumentierten die traditionellen Kosten-Nutzen-Analysen von wasserwirtschaftlichen Projekten jahrzehntelang, daß Projekte, die einer Gruppe mehr nützen als sie einer anderen Kosten verursachen, in gewisser Hinsicht erstrebenswert seien – ganz gleich ob die benachteiligte Gruppe für ihren Verlust entschädigt würde. Viele der Analysen von Bildungs-, Arbeitsmarkt- und Gesundheitsprogrammen basieren auf einem »human capital«-Modell, das von der Annahme ausgeht, staatliche Politik solle den Wert des nationalen Bestandes an »menschlichem Kapital« maximieren – so als ob wir alle Sklaven des Staates oder einer Rechnungsgröße wie des Volkseinkommens wären.

Dieses Modell liefert vielfach erschreckend ungenaue Resultate, gemessen an den im politischen System artikulierten Verteilungspräferenzen. Viele der öffentlichen Projekte, die hohe Erträge abwerfen, kommen Regionen mit hohem Einkommenswachstum zugute, während das politische System Projekte in wirtschaftlich schwachen Regionen mit niedrigen Einkommen präferiert. Viele der »human resource«-Programme mit hohen Erträgen betreffen ganz besonders die Klasse der jungen, weißen Erwachsenen, während das politische System eher Hilfen für Alte, Kinder, Behinderte und Minoritäten fordert.

Distributionsüberlegungen sind – in unserem System zumindest – der Kern der politischen Auseinandersetzung, doch das »Volkseinkommens«-Modell mit seiner ausschließlichen Zentrierung auf Allokationsbedingungen führt oft entweder zu fehlerhaften Entscheidungen oder aber zur Vernachlässigung der Analyse. Nur wenn sowohl Kosten wie Nutzen ein und derselben Gruppe zufallen oder die benachteiligte Gruppe ausreichend entschädigt wird, bietet selbst die beste Kosten-Nutzen-Analyse gerade eine ausreichende Grundlage für die Entscheidungen über öffentliche Investitionen. Für die meisten Aktivitäten sollten sich die Analytiker auf Alternativen mit gleichartigen distributiven Effekten beschränken oder aber ihre Folgerungen auf die Darlegung der geschätzten Kosten, Nutzen, nichtquantifizierbaren Effekte und distributiven Folgen reduzieren. Analytiker, die beanspruchen, mehr zu tun, sind entweder naiv, oder sie vermengen ihre eigenen politischen Präferenzen mit ihren Analyseergebnissen. Um die knappen analytischen Ressourcen bestmöglich einzusetzen, sei Analytikern geraten, sich regelmäßig vor Beginn ihrer Analysen über die Distributionspräferenzen des politischen Systems klarzuwerden, für das sie tätig werden.

Ein letztes Problem der Budgetentscheidungen im Falle der Bundesregierung der USA sollte erwähnt werden, wenngleich dieses Problem kein spezifisches PPB-Problem ist. Die Aufstellung des Gesamthaushalts wird ungewöhnlich und – wie ich glaube unnötig –

kompliziert, durch die Einbeziehung der mutmaßlichen fiskalischen Auswirkungen auf die Gesamtnachfrage in die Betrachtung. Solche Überlegungen führen gelegentlich dazu, daß wünschenswerte Maßnahmen in Zeiten der Hochkonjunktur aufgeschoben werden, und sie haben noch häufiger zur Folge, daß wenig wünschenswerte Maßnahmen als Reaktion auf die von einer Rezession erzeugten politischen Pressionen ergriffen werden. M. E. wird hier unnötig kompliziert, und zwar aus zwei Gründen: Erstens werden Budgetentscheidungen am stärksten von fiskalischen Überlegungen beeinflußt, wenn sich die Wirtschaft in einem Boom oder in einer Rezession befindet; die Auswirkungen solcher Überlegungen werden normalerweise aber erst nach einem Jahr oder noch später spürbar. Was die fiskalischen Effekte auf die Gesamtnachfrage betrifft, so ist der Haushalt bestenfalls ein stumpfes Schwert, um die gewünschten Zwecke zu erreichen, schlimmstenfalls jedoch kann der Haushalt destabilisierende Wirkungen haben. Zweitens verstärken sich die Zweifel, ob bei konstanter Geldmenge unter den Bedingungen, die in den Vereinigten Staaten seit dem Zweiten Weltkrieg vorherrschen, überhaupt fiskalische Wirkungen auf die Gesamtnachfrage zu verzeichnen sind. Doch diese Frage würde eine weitere Abhandlung erfordern. Im Ergebnis bin ich der Ansicht, daß Entscheidungen über öffentliche Ausgaben unabhängig von ihren mutmaßlichen Auswirkungen auf die Gesamtnachfrage getroffen werden sollten.

IV. Einige Änderungsvorschläge

Bessere Analysen und Informationen können, so glaube ich, zwar spürbare, aber keine substantiellen Verbesserungen der Regierungstätigkeit bewirken. Substantielle Verbesserungen erfordern Veränderungen in der Struktur der Regierung und Verwaltung, Veränderungen, die von den jeweils bestehenden Bedingungen in den einzelnen Regierungen und Verwaltungen abhängen. Der Analytiker ist selbst nicht in der Lage, strukturelle Änderungen zu bewirken, und der erforderliche Konsens für derartige Strukturänderungen wird in der nächsten Zukunft nicht zu beschaffen sein. Analytiker, die für eine Regierung tätig werden, sind daher am besten beraten, die allgemeinen Strukturbedingungen als gegeben zu akzeptieren und ihre eigene Rolle entsprechend umzuinterpretieren, um so ihre Wirkungsmöglichkeiten innerhalb der gegebenen Bedingungen zu erhöhen. Gleichzeitig möchte ich die Qualifizierteren unter den Analytikern staatlicher Tätigkeit in anderen Institutionen auffordern, mehr Aufmerksamkeit auf die Analyse alternativer Strukturen von Regierung und Verwaltung zu verwenden. – Im verbleibenden Teil meines Referats möchte ich nun noch einige Änderungen zusammenfassend behandeln, mit deren Hilfe die Analysen der Informationsgewinnung und -verarbeitung im Prozeß der Budgetgestaltung unter den gegebenen Bedingungen der Regierungs- und Verwaltungsstruktur verbessert werden können.

1. Die Entwicklung eines analytischen Systems

Wie ich bereits ausführte, halte ich es weder für möglich noch für erstrebenswert, ein einziges, bestes Schema für die Darstellung und Beurteilung der Regierungstätigkeit zu entwickeln. Es ist im Gegenteil wichtig, mehrere unterschiedliche Schemata zu entwickeln, um sowohl die unterschiedlichen Entscheidungen, die von verschiedenen Personen zu verschiedenen Zeitpunkten getroffen werden, einzufangen, als auch die vielfältigen Ziele, denen die meisten öffentlichen Aktivitäten dienen. Diese verschiedenen Schemata, die sich zur Verbindung von Budget- und Aufgabenaspekten als nützlich erweisen dürften, sollten m. E. zumindest die folgenden einschließen:

a) Institutionelle Gliederung nach Ausgabentiteln
Diese Gliederung ist für die endgültige Budgetbewilligung notwendig, da Präsident wie Kongreß ihre Budgetentscheidungen letztlich in diesen Kategorien treffen. Sie ist auch erforderlich für die interne Verwaltungsführung und Rechnungskontrolle.

b) Programmgliederung
Eine flexible Programmgliederung ist zweckmäßig, doch können sich die Programmaggregationen überschneiden und müssen nicht erschöpfend sein. Eine etwas unterschiedliche Aggregation je nach Fragenkomplex ist sinnvoll.

c) Eine Gliederung nach Nutznießern
Es ist oft sinnvoll, Finanzen und Aufgaben nach folgenden Betroffenenkategorien zu klassifizieren:

- Einkommensklasse
- demographische Gruppe
  (Alte, Jugendliche, Minoritäten, Rassen, Veteranen etc.)
- Regionen

(kommunale Verwaltungen, Stadt, Land etc.)
- Bundesländer

d) Input-Kategorien
Da gewisse Verwaltungsprobleme typisch sind für bestimmte Inputarten, unabhängig von Behörden und Programmen, ist die Einteilung nach folgenden Input-Kategorien oft zweckmäßig:
- Zivil- und Verteidigungspersonal
- öffentliches Vermögen
- Transferzahlungen an einzelne
- Zuweisungen an andere Gebietskörperschaften.

Um die verschiedenen Schemata zum Zweck der Darstellung und Beurteilung der öffentlichen Tätigkeit zu entwickeln, ist es nötig, ein Datensystem zu erstellen, in welchem die Ausgangsdaten hinreichend detailliert festgehalten sind, um somit die Zusammenfassung zu jedem der aufgeführten Schemata sowie wechselseitige Übersetzbarkeit zu gestatten. In den Vereinigten Staaten wird gegenwärtig an einem solchen System gearbeitet. Auf diese Weise sollte endlich die rasche und flexible Aggregation der Daten der Budget- und Aufgabenbereiche in einem oder mehreren der verschiedenen Schemata, entsprechend der jeweiligen Fragestellung, möglich werden.

2. *Die Entwicklung eines Verfahrens zur Überprüfung der einzelnen Politikbereiche*

In vielen Fällen treffen öffentliche Verwaltungen Entscheidungen über politische Aufgaben indirekt; sie sind in den notwendigen Entscheidungen über Einzelheiten des Haushalts impliziert. Hier liegt der Grund, weswegen der Budgetprozeß oft zusammenhanglos ist und weshalb die Budgetgestalter nicht selten mit dem Gesamtbudget unzufrieden sind, obwohl sie doch jedes seiner Teile gebilligt haben. Um den Budgetprozeß kohärent zu gestalten, ist ein formaler politischer Orientierungsrahmen vor Aufstellung des Budgets wahrscheinlich Voraussetzung. Die Bundesregierung der USA hat mit verschiedenen Arten von politischen Vorgaben als Grundlage für eine bessere politisch-strategische Orientierung experimentiert, ohne zu einem besonders geeigneten Verfahren zu gelangen. Zum Zwecke der Prüfung von Politikbereichen sollte ein erfolgreicher Orientierungsrahmen m. E. folgendermaßen aussehen:
a) Der formale Rahmen sollte flexibel und um die für die kom-

mende Budgetperiode antizipierten wichtigsten Fragenkomplexe zentriert sein. Ein Datensystem in der beschriebenen Form ist erforderlich, um dieses flexible Schema zu unterstützen.

b) Die Überprüfung einzelner Politikbereiche sollte von einer budgetären Null-Marke ausgehen, ohne damit das gesamte Budget abdecken zu müssen; es ist nämlich nicht erforderlich, jedes Jahr für sämtliche öffentlichen Aktivitäten einen neuen Orientierungsrahmen aufzustellen. Wichtig ist nur, daß ein brauchbarer Rahmen für jede Aktivität zu irgendeinem Zeitpunkt entwickelt wird.

c) Die Überprüfung der Politikbereiche sollte gegenwartsorientiert sein und sich nur auf diejenigen grundlegenden Entscheidungen konzentrieren, die in der kommenden Budgetperiode getroffen werden müssen oder sollen. Ex-post-Programmbewertungen sind nur dann sinnvoll, wenn sie eine Orientierung für die in nächster Zukunft erforderlich werdenden Entscheidungen darstellen. Überlegungen über künftige Kosten und Tätigkeiten sollten auf die künftigen Implikationen heutiger Entscheidungen beschränkt werden und nicht dazu dienen, zukünftige Entscheidungen heute vorwegzunehmen.

d) Der Analyseprozeß sollte sich primär auf diese Überprüfung von Politikbereichen konzentrieren, nicht nur, um den jährlichen Arbeitsaufwand zu verteilen, sondern auch, um sicherzustellen, daß die Analyseergebnisse in einen Orientierungsrahmen eingehen, in welchem die wichtigsten Alternativen berücksichtigt werden. Der Analyseprozeß sollte die Konkurrenzbedingungen des Budgetprozesses beachten. Es hat wenig Zweck, die Behörden aufzufordern, sich absichtlich zu belasten. Die Entscheidungsinstanzen müssen nebeneinander herlaufen, teilweise redundante Informationsquellen erschließen – etwa in anderen Behörden, in Lobbygruppen, oder an den Universitäten – um sicherzustellen, daß sie nicht allein von den Informationen der betroffenen Behörden abhängig sind. Sie sollten auch eine genügend große unabhängige Kontrollkapazität besitzen, um sie beispielsweise als Druckmittel gegen mangelhafte Analysen aus den Behörden zu verwenden und um ihre Machtstellung zu erhalten.

e) Die Überprüfung der Politikbereiche sollte bestimmte politische Entscheidungen als Leitlinien für die Budgetaufstellung erzwingen. Man sollte unbedingt vermeiden, daß der Budgetprozeß entweder experimentellen Charakter erhält oder aber sich zu einem Intellektuellen-Seminar entwickelt; die erste Entwicklung ist unnötig, die zweite steril.

In diesem Jahr wurde in den USA einiges unternommen, um den ersten Durchgang des Bundeshaushalts nach diesen Gesichtspunkten neu zu ordnen; weitere Schritte in dieser Richtung sind vorgesehen.

3. *Neue Maßstäbe für die Analyse*

Das Verteidigungsmodell und das »Volkseinkommens«-Modell – wie oben beschrieben – haben sich als nicht besonders zweckmäßig für budgetäre Entscheidungen in innenpolitischen Fragen erwiesen. Die beiden wichtigsten Änderungen in der Art der Programmanalyse müssen die folgenden sein:

a) Als erstes sind diejenigen Aufgaben zu ermitteln, die das Handeln der Bundesregierung erforderlich machen, wenn man die Handlungsmöglichkeiten und -anreize bei privaten Institutionen und anderen Gebietskörperschaften als konstant annimmt; nicht alle akuten gesellschaftlichen Probleme sind notwendigerweise geeignet, um von der Bundesregierung gelöst zu werden. Hat man die zentralen Aufgaben ermittelt, sollte sich nun die Analyse darauf konzentrieren, wie sie besser erledigt werden können. Bei den anderen Aufgaben, die von anderen Institutionen vergleichsweise besser gelöst werden können, sollte die Analyse einen Plan entwikkeln, wie solche Aufgaben abgegeben werden können, was u. U. einen Ausgleich für jene erfordert, die bei dieser Transaktion verlieren; es ist, glaube ich, wenig gewonnen, wenn knappe analytische Kräfte eingesetzt werden, um Wege zu suchen, wie eine unangemessene Funktion marginal besser wahrgenommen werden könnte.

b) Weiterhin sind die Verteilungseffekte solcher öffentlichen Aktivitäten festzustellen, bei denen Grund für die Annahme besteht, daß sie eine ungleiche Verteilung der potentiellen Nutzen zur Folge haben. Allzu oft haben Maßnahmen, die verabschiedet wurden, weil man von ihnen eine Hilfe für bestimmte Gruppen erwartete, gänzlich andere distributive Konsequenzen, und die Kenntnis solcher wahrscheinlichen Effekte kann die Effizienz der politischen Entscheidungen verbessern. Ein besseres Verständnis der distributiven Effekte ist manchmal auch für die Entwicklung einer Ausgleichsstrategie wichtig, damit die Streichung einer bestehenden Aufgabe oder die Inangriffnahme einer neuen möglich wird.

Diese Vorschläge sind nur erste Antworten auf die Frage: »Wie können wir es besser machen?« Sie liefern nicht Grund genug für den Optimismus, daß bessere Informationen und Analysen die Aufgabenerfüllung durch Regierung und Verwaltung um vieles verbessern würden. Die Analyse kann im besten Fall lediglich die von außen kommenden Signale verstärken, auf welche Regierung und Verwaltung vorrangig reagieren. Es mag zwar reichlich »Bedarf« nach Analysen bestehen, was die Informationen und Analysen betrifft, auf die sich Budgetentscheidungen gründen sollten, doch es wird wenig explizite Nachfrage nach Analysen laut werden, so lange diese nicht die institutionellen Prozesse berücksichtigen, in denen die Tätigkeit von Regierung und Verwaltung abläuft.

Ins Deutsche übersetzt von Christine Mussel

13 *Horst Ehmke*

Planung im Regierungsbereich – Aufgaben und Widerstände*

Eine schön formulierte Einleitung ist zwar oft die Zierde eines Vortrags, ich will jedoch gleich zur Sache kommen. Meine Ausführungen über »Planung im Regierungsbereich – Aufgaben und Widerstände« werden kein Beitrag zur Theorie der Planung sein. Hier in Freiburg hieße das auch Eulen nach Athen tragen. Vielmehr möchte ich mich mit der Planung und ihren Problemen in der Regierungs*praxis* befassen. Ich will ein wenig selbstkritisch aus der Schule plaudern, auf die ich seit zwei Jahren als Chef des Kanzleramtes gehe, deren Stundenplan allerdings das Unterrichtsfach »Planung« keineswegs an erster Stelle führt.

Ich gehe davon aus, daß in puncto Planung zwei Einsichten nicht zu bestreiten sind: erstens, daß Planung im Dienst der Politik zu stehen hat und nicht etwa Politik ersetzen kann, und zweitens, daß Politik ohne das Instrument der Planung nicht mehr auskommt. Die jetzige Bundesregierung hat gleich nach ihrem Amtsantritt den Versuch unternommen, aus diesen Einsichten praktische Konsequenzen zu ziehen. Sie ist dabei den Weg des »trial and error« gegangen, was mit mehr Schwierigkeiten verbunden war, als wir uns zunächst vorstellen konnten. Was sind die Aufgaben, was sind die Widerstände?

I. Die Aufgaben

Die Amerikaner machen bekanntlich einen feinen Unterschied zwischen »to solve a problem« und »to settle a problem«. »Setteln« tut man ein Problem »by definition«. Da es mir um die Lösung von

* Der damalige Chef des Bundeskanzleramtes, Bundesminister Prof. Dr. *Horst Ehmke,* hielt in der Universität Freiburg am 26. November 1971 den hier abgedruckten Vortrag.

Fragen geht, widerstehe ich der Versuchung, den zahlreichen Definitionen des Planungsbegriffes eine weitere hinzuzufügen. Bescheidener als manche Definitoren sehe ich politische Planung im Regierungsbereich als ein Instrument an, mit dessen Hilfe die unmittelbaren und die mittelbaren, die kurzfristigen und die langfristigen *Folgen politischer Handlungen*, vor allem aber auch die *Folgen von Unterlassungen* dargestellt und mögliche *Alternativen der Entscheidung* entwickelt werden können. Ich verstehe unter Planung also etwas anderes als das Produzieren von Plänen.

Politische Planung im Regierungsbereich soll helfen:

1. wichtige, auf uns zukommende Probleme so rechtzeitig zu erkennen, daß sie angepackt werden können, bevor Krisenerscheinungen eintreten und wir dann auf Krisenmanagement beschränkt sind (z. B. Umweltproblem);
2. Politik nicht länger nur als Summe von selbständigen Teilpolitiken zu verstehen: es reicht nicht aus, daß bei einer Entscheidung berücksichtigt wird, welche Auswirkungen sich für die nicht unmittelbar zur Entscheidung anstehenden Bereiche ergeben; wir brauchen eine konzeptionell orientierte, vorwärtsgerichtete Koordinierung (z. B. Bildungsreform);
3. Problemlösungen und Entscheidungen vorzubereiten, die sich an dem gesellschaftlichen Entwicklungsstand von morgen und übermorgen statt an dem von gestern ausrichten (z. B. Lehrlingswesen, Bildungstechnologie);
4. Entscheidungen so vorzubereiten – und das ist etwas anderes als der vorhergehende Punkt –, daß sie die Probleme nicht nur kurzfristig, sondern für einen längeren Zeitraum vom Tisch bringen, damit unsere Kapazität nicht immer wieder von den gleichen Dingen beansprucht werden (z. B. die jahrzehntelange Krise des Kohlen-Bergbaus);
5. die Widerstände, die sich einer solchen rationaleren Politik entgegenstellen, zu erkennen, zu analysieren und Durchsetzungsstrategien zu entwickeln (hier gibt es bislang mehr Negativ- als Positivbeispiele).

Diese Aufgaben kann die Planung nur erfüllen, wenn sie zugleich ein methodisches oder organisatorisches Instrument zur formellen und materiellen Rationalisierung des Prozesses ist, durch den Entscheidungen vorbereitet werden. Darauf komme ich zurück.

II. Die Widerstände

Wenn ich mich zunächst den Widerständen zuwende, denen die Planung begegnet, muß ich etwas weiter ausholen.
Obwohl die Unternehmen der Wirtschaft seit langem intensiv planen, ist es noch nicht lange her, daß politische Planung in der Bundesrepublik als Sünde wider den Geist der Freiheit verpönt war. Dadurch ist falsches Bewußtsein konserviert worden, und zwar nicht nur in der Öffentlichkeit, sondern auch in der Verwaltung und in der Politik. Die hier liegenden Widerstände sind von größerer Bedeutung als die in der Sache oder in der Methode liegenden Widerstände. Ihre Überwindung erfordert mehr Kraft und mehr Zeit.

1. Öffentliches Bewußtsein

Das Umweltproblem ist eines der Beispiele dafür, daß in der Bundesrepublik, wie in anderen vergleichbaren Industriestaaten, erst in letzter Stunde eine planvolle Politik aktiver Entwicklungssteuerung an die Stelle einer Politik bestenfalls reaktiver Anpassung trat.
Die Umweltproblematik wurde von vielen zu spät erkannt und von anderen zu lange totgeschwiegen. Frühe Warner wie der heutige Bundeskanzler, der bereits 1961 in einer zugegebenermaßen etwas lyrischen Form »blaue Luft über der Ruhr« als politisches Ziel proklamierte, wurden nicht ernst genommen.
Selbst heute, bei einem wesentlich veränderten Problembewußtsein, haben es Wissenschaftler schwer, für ihre beunruhigenden Prognosen etwa für das Jahr 1980 die nötige Resonanz zu finden.
Dies ist aber nur ein Beispiel. Fehlentscheidungen im Verkehrswesen und im Städtebau, die Bildungs- und Autoritätskrise, eine unsoziale Vermögensverteilung, und eine einseitige private Wohlstandsmehrung zu Lasten der öffentlichen Leistungskraft, all das beruhte auf einer kurzsichtigen Politik, die von der Hand in den Mund lebte und die Illusion widerspiegelte, daß sich die meisten Probleme nach einer geheimnisvollen Teleologie selbsttätig regeln könnten.
Inzwischen ist das Problembewußtsein gewachsen und auch die Einsicht in die Notwendigkeit von Änderungen. Das ist aber ein langsamer und keineswegs gradliniger Prozeß. Menschen, die der Schuh drückt, zeigen heute eine große Bereitschaft, sich erklären zu lassen, warum er sie drückt und was man dagegen tun kann. Eine andere

Sache ist es, Menschen mit Problemen der Zukunft zu konfrontieren, die sie unmittelbar noch gar nicht als problematisch erfahren. Für die behutsame Entwicklung eines solchen kritischen Zukunftsbewußtseins braucht die Politik nachhaltige Hilfe aus vielen Bereichen, vor allem die Hilfe der Schule, der Wissenschaft und der Massenmedien.

Mit der Änderung des gesellschaftlichen Bewußtseins gehen allerdings auch neue Mißverständnisse einher. So werden etwa langfristige Bedarfsschätzungen mit kurzfristigen Plänen verwechselt. So entstehen unbegründete Ängste auf der einen und unrealistische Hoffnungen auf der anderen Seite. Beides kann für die Entwicklung und Durchsetzung einer langfristigen Politik nicht hilfreich sein. Schließlich ist das Bewußtsein, daß etwas geschehen muß, nicht identisch mit der Bereitschaft, etwas auf Kosten der eigenen Interessen geschehen zu lassen. Auch der umweltbewußte Mitbürger wird z. B. vorerst nicht glauben, auf sein Auto verzichten zu können. Und wir werden es wohl auch erleben, daß die gerade abgeschlossene Erarbeitung eines Umweltprogramms, des ersten in diesem Lande, verglichen mit der Durchsetzung des Verursacherprinzips im Einzelfalle eine relativ einfache Angelegenheit war.

Widerstände genug also im allgemeinen und im gruppenspezifischen öffentlichen Bewußtsein gegen eine langfristige, vorausschauend geplante Politik der praktischen Vernunft.

2. Verwaltung

Es wäre ein grundlegender Irrtum, anzunehmen, im staatlichen Bereich herrsche verglichen damit eitel Aufklärung. Die staatliche Verwaltung – auch die Ministerialverwaltung – sieht ihre Aufgabe traditionell in erster Linie darin, sogenannte vorgegebene politische Ziele in Rechtsnormen umzusetzen und diese verwaltungsmäßig durchzuführen.

Sie ist weder personell noch organisatorisch darauf eingerichtet, planvoll an der Aufstellung eines Konzepts politischer Zielsetzungen und Handlungsprogramme mitzuwirken. Die herkömmliche Ausbildung, die herkömmliche Organisations- und Motivationsstruktur stehen der Planung eher entgegen.

Das Umweltproblem ist z. B. ein guter Beleg dafür, daß das sogenannte klassische Wissen der Beamten weder sachlich noch methodisch für die Entwicklung langfristiger Lösungen ausreicht. Ich bitte meine Fakultätskollegen um Nachsicht, wenn ich sage: meine Bonner Erfahrung hat mich in der Ansicht bestärkt, daß die herkömmliche Juristenausbildung keine ausreichende Vorbereitung für den öffentlichen Dienst ist. Mit dem Schlachtruf, das »Juristenmonopol« zu brechen, ist es allerdings auch nicht getan, zumal die Studiengänge anderer Fächer nicht weniger einseitig sind. Von der Verwaltung und der Planung her gesehen, scheint mir die Lösung eher in Richtung »gemischter« Studiengänge gesucht werden zu müssen, wie man sie z. B. in Konstanz erprobt. Hinzukommen muß eine entscheidende Anstrengung auf dem Gebiet der laufenden Fortbildung der Beamten. Dabei sei am Rande erwähnt, daß Beamte des Kanzleramtes früher einmal von der Teilnahme an Fortbildungsveranstaltungen mit der Begründung abgehalten wurden, wer ins Kanzleramt gerufen worden sei, sei so gut, daß er keiner weiteren Fortbildung bedürfe (eine These, deren Richtigkeit heute Herr Kollege Jochimsen selbst in bezug auf den Chef des Kanzleramtes anzuzweifeln wagt).

Sinnvolle und erfolgreiche staatliche Planung in unserem hochkomplexen gesellschaftlichen und wirtschaftlichen System wird allerdings immer mehr und vielfältigeres Wissen erfordern, als im Behördenapparat selbst vorhanden sein kann. Auf Beratung durch Spezialisten, in der Regel Wissenschaftler, wird auch bei Verbesserung der Beamtenausbildung in zunehmendem Maße zurückgegriffen werden müssen. *Wissenschaftliche Beratung* wirft jedoch schwierige *Kooperationsprobleme* auf. Der Aufwand für die Problemdefinition, vor allem für die konkreten Fragestellungen an die Berater, für Informationsbeschaffung und Informationsaustausch sowie für die Rückkoppelung zwischen Beratern und Beratenen und schließlich für die Umsetzung der Beratung in Handeln, ist ziemlich groß. Er setzt außerdem, auch insofern ist eine verbesserte Ausbildung der Beamten wichtig, ein Verständnis der Beamten für die Denk- und Arbeitswelt des Wissenschaftlers voraus, umgekehrt aber auch ein Verständnis der Wissenschaftler für die Bürokratie. Ob das im Regelfall ohne längere eigene Erfahrung in der Verwaltung gewonnen werden kann, erscheint mir zweifelhaft. Jedenfalls sollten wir alles daransetzen, die, verglichen mit anderen Ländern, immer noch erschreckend große Immobilität unseres Personals in Wirtschaft, Wissenschaft und Verwaltung zu überwinden. Ein Gesichtspunkt, dem auch bei der Reform des öffentlichen Dienstrechts Rechnung getragen werden muß.

Eine Verstärkung des Planungsbewußtseins im öffentlichen Dienst schafft sofort wieder neue Probleme. »Klassische« Beamte, gerade die guten, die sich in Planungsfragen hineinarbeiten, machen z. B. nach meiner Beobachtung einen Re-Akademisierungsprozeß durch. Sie entdecken die Wunderwelt dessen, was sie für die Examensvorbereitung nicht für nötig gehalten haben und auch in der Verwaltung bisher nicht gefragt worden sind. Die Folgen können bedenklich sein. Ich entsinne mich z. B., daß eine Projektgruppe fast ein halbes Jahr für den im übrigen erfolglosen Versuch gebraucht hat, sich über ihr Selbstverständnis klarzuwerden, bis sie durch ein oktroyiertes Arbeitsprogramm unsanft auf den Pfad der praktischen Arbeit zurückgeführt wurde. Umgekehrt ist der Versuch, verwaltungsunerfahrene Wissenschaftler, z. B. frisch von der Universität weg, in die Verwaltung zu holen, nicht weniger problematisch. Sie erliegen zu leicht der Versuchung, ihre Wissenschaftlichkeit durch eine dem »Normalbeamten« nur partiell verständliche Sprache unter Beweis zu stellen und ihre vermeintlich höheren Einsichten dem »Fußvolk« der Beamten etwas von oben herab beizubringen. Das führt u. U. dazu, daß sie bald nur noch für sich selbst planen. Diese Dinge mag der Planungstheoretiker als small talk abtun. Sie sind aber mitentscheidend dafür, ob vorausschauend planende Politik Wirklichkeit werden kann.

Schon weil ein solcher Klassenkampf von Planern und Bürokraten vermieden werden muß, kann politische Planung nicht neben der klassischen Bürokratie organisiert werden. Sie muß vielmehr in den Regierungsapparat integriert werden. Dabei dürfen Planungsabteilungen die Fachabteilungen weder verdrängen noch verdoppeln. Das Zauberwort zur theoretischen Lösung dieses Problems heißt bekanntlich Matrix-Management. In der Wirklichkeit ist die operative Verzahnung sehr schwierig, vor allem setzt sie längere Erfahrung voraus.

Mit der herkömmlichen *Organisationsstruktur* hängt die *Motivationsstruktur* des öffentlichen Dienstes eng zusammen. Der klassische Referent eines Ministeriums pflegt ein vorzüglicher Sachkenner der in seine Zuständigkeit fallenden Materie zu sein. Sein Denken ist sachlich-konkret, politisch-pragmatisch, im übrigen stets zuständigkeitsorientiert. Sein Handeln ist auf die Wahrung von Kompetenzen und die Erledigung von Vorgängen gerichtet. Dafür wird er auch befördert. Dieses System setzt Prämien eher auf Durchsetzung der eigenen Sache als auf Kooperation.

3. Politik

Wesentlich verstärkt werden diese administrativen Widerstände durch die Tatsache, daß Politiker, vor allem Ressortchefs, teils aus der Natur der Sache, teils aus eigener Natur »competitive animals« sind. Schumpeter hat ein ganzes Buch geschrieben, um das zu rechtfertigen. Auch in der Öffentlichkeit gilt die Durchsetzung der eigenen Ressortinteressen mehr als die Einordnung der Ressortinteressen in ein politisches Gesamtkonzept. Und die monokratische, um nicht zu sagen monarchische Gebärde wirkt stärker als die Einordnung in team-Arbeit, die sich im gemeinsamen sachlichen Erfolg, nicht aber in personifizierender Selbstdarstellung spiegeln kann. Sicher kann es hierbei nur um Gradunterschiede gehen, nicht um ein Entweder-Oder. Die Gradunterschiede sind aber wichtig. Jedenfalls spricht es z. B. nicht für ein hohes Niveau politischer Aufklärung in einem Lande, wenn *Haushaltsberatungen* in der Öffentlichkeit überwiegend danach beurteilt werden, wer am wenigsten und wer am meisten »geschoren« wurde.

Ein weiteres kommt hinzu, und damit kehre ich zu den im öffentlichen Bewußtsein liegenden Widerständen zurück: Solange es an kritischem Zukunftsbewußtsein mangelt, wird beim Politiker eher Tagesopportunismus als zukunftsorientiertes Handeln prämiiert, zumal, wenn dieses Handeln mit zusätzlichen Belastungen verbunden sein sollte. Wäre es anders, hätte man hierzulande politisch nicht solange von der jeweils mit Wahlgeschenken verbundenen Parole »Keine Experimente« leben können.

4. Vorgefundene Planungsinstrumente

Neben den im Bewußtsein der Öffentlichkeit, der Verwaltung und der Politik liegenden Bedingungen der Möglichkeit politischer Planung ist die Tatsache zu erwähnen, daß die neue Bundesregierung bei Aufnahme ihrer Arbeit kein brauchbares Instrumentarium für die Planung und Koordinierung ihrer Tätigkeit vorgefunden hat. Die wenigen gestalteten Flecken in der von Planung sonst unberührten Landschaft altehrwürdiger Regierungs- und Verwaltungspraxis waren weitgehend Ergebnis der Großen Koalition vom Winter 1966/67.

Unter den Fachplanungen einzelnr Ressorts war das *Planungssystem der Bundeswehr* das fortgeschrittenste. Den *methodisch* am weitesten entwickelten Planungsansatz für öffentliche Investitionen gab es im *Bundesverkehrsministerium.* Im Rahmen des verkehrspolitischen Programms wurde mit Hilfe analytischer Verfahren der Ausbau der Bundesfernstraßen bis 1985 geplant. Dabei wurden zugleich die finanziellen Konsequenzen deutlich.

In anderen Ministerien und im Bundeskanzleramt wurden Planungsgruppen oder Planungsstäbe eingesetzt. Dabei war allerdings oft nicht recht klar, welche Funktionen diese wahrnehmen sollten. Teilweise handelte es sich um Denk-Reserven der Minister, die sich, losgelöst vom bürokratischen Alltag, Neues einfallen lassen sollten. Teilweise handelte es sich um eine Verstärkung der Haushalts- und Finanzplaner im Ressort.

Für das Regierungssystem insgesamt führte das Stabilitäts- und Wachstumsgesetz von 1967 zwei wichtige Planungsinstrumente ein: Die *mittelfristige Zielprojektion* und die *Finanzplanung.* Beide Instrumente zählen heute schon zum Establishment der Planung, sind aber – wie so vieles Etablierte – keineswegs unproblematisch. Beide sind getreu dem Wort von Herrn Kaiser, daß *die Planung eine Tochter der Krise sei,* aus den Problemen der Rezession entstanden, und zwar auch als Instrumente mittelfristiger globaler Konjunktursteuerung.

Die mittelfristige Zielprojektion der gesamtwirtschaftlichen Entwicklung hat sich bei allen noch bestehenden methodischen Schwächen als makroökonomischer Orientierungsrahmen für staatliches, gesellschaftliches, wirtschaftliches Planen und Handeln, insbesondere im Hinblick auf die verfügbaren ökonomischen und finanziellen Ressourcen, im großen und ganzen bewährt. Sie ist im übrigen zugleich eines der wenigen bisher gemeinsam akzeptierten wirtschaftspolitischen Instrumente der Europäischen Gemeinschaft.

Problematischer ist in ihrer jetzigen Form die mehrjährige Finanzplanung. Sie soll im Interesse vorausschauender Politik in Geld ausgedrückte Übersicht über die staatlichen Notwendigkeiten und Möglichkeiten schaffen. Solange sie aber nicht stärker aufgabenorientiert ist, läuft der Finanzplan faktisch weitgehend auf eine Prolongation des jeweiligen Jahreshaushalts hinaus. Für die Gesamtplanung der Bundesregierung ist das unbefriedigend. Darüber später mehr.

Schließlich gab es die ersten institutionellen Ansätze zu einem Sozialbudget, das inzwischen funktionell ausgebaut worden ist.

Zur Zeit der Großen Koalition ist auch der Versuch gemacht worden, hinsichtlich der Planungsmethoden und Planungsorganisationen für das Regierungssystem insgesamt ein Stück voranzukommen.

Zu diesem Zweck wurde eine interministerielle Projektgruppe »Regierungs- und Verwaltungsreform« eingesetzt, deren Bericht im Jahre 1969 der neuen Regierung ein Bündel teils noch sehr theoretischer, teils schon praktikabler Vorschläge zum Ausbau eines Planungsverbundes der Bundesministerien an die Hand gab. Der Aufbau eines solchen Planungsverbundes war eine der Aufgaben, vor die sich bei ihrem Amtsantritt die Bundesregierung gestellt sah.

III. Aufbau eines Planungsverbundes

Lassen Sie mich darlegen, welche Ansatzpunkte zum Aufbau des Planungsverbundes gewählt wurden. Es geht dabei um Organisation und Verfahren politischer Planung im Regierungsbereich, nicht, noch nicht, um spezielle »Inhalte« von Planungen.

Das Grundgesetz stellt der politischen Führung mit dem Bekenntnis zum Sozialstaat die Aufgabe, die Ordnung des Gemeinwesens bewußt zu gestalten. Über Planungsorganisation und Planungsverfahren schweigt sich unsere Verfassung aus. Die vom Bundestag eingesetzte Enquête-Kommission zur Verfassungsreform prüft zur Zeit Notwendigkeit und Möglichkeit ihrer verfassungsrechtlichen Verankerung. Ich selbst kann vor einer verfassungsrechtlichen Festlegung, zumindest einer so frühzeitigen Festlegung, nur warnen. Denn einerseits müssen wir in diesem Entwicklungsstadium möglichst flexibel bleiben, zum anderen ist der Spielraum, den das Grundgesetz für die Erprobung von Planungsverfahren bietet, noch längst nicht ausgenutzt.

Ausgangspunkt verfassungsrechtlicher Überlegungen zur politischen Gesamtplanung der Bundesregierung ist *Art. 65 GG*, der Kanzlerprinzip, Kabinettprinzip und Ressortprinzip miteinander verbindet. Oft wird die Meinung vertreten, die Einführung von Planungselementen in unser Regierungssystem werde das Kanzlerprinzip stärken. Ich bezweifle das. Wir haben eine »Kanzlerdemokratie« gehabt, als von Planung noch nicht die Rede war, und wir haben eine Überbetonung des Ressortprinzips erlebt, als die Notwendigkeit von Planungsbewußtsein sich bereits durchzusetzen begann. Angesichts der Notwendigkeit von Team-Arbeit in unserer komplexen, immer stärker arbeitsteiligen Gesellschaft wäre es nicht nur verfassungspolitisch, sondern auch *»leistungspolitisch«* fragwürdig, wollte man den Versuch machen, unser Regierungssystem in Richtung auf ein Präsidialsystem zu entwickeln. Das Kanzlerprinzip wird m. E. durch langfristige Planung nicht weiter gestärkt werden, da diese für Richtlinienentscheidungen zu kompliziert ist; das Ressortprinzip ebenfalls nicht, weil die Addition von Ressortpolitik keine langfristige Gesamtpolitik ergibt. Verstärkt werden sollte das Kabinettprinzip. Das ist übrigens auch der Grund, warum für den schon vor Baubeginn sagenumwobenen Neubau neben dem Palais Schaumburg die Bezeichnung »Kanzler- und Kabinettsamt« vorgeschlagen worden ist, während der eher monarchisch geprägte Volksmund raunt, da werde die Brandt-Wache gebaut. Aber nicht nur die Bezeichnung, sondern auch die funktionale Gliederung des Neubaus wird der Notwendigkeit von Team-Arbeit Rechnung tragen, wie denn auch die Fähigkeit zu Team-Arbeit, nicht nur mit Untergebenen, sondern auch mit Kollegen in stärkerem Maße zu einem Auswahlkriterium politischen Führungspersonals werden muß.

Betrachtet man die Frage nicht von Kanzler, Kabinett und Ministerien, sondern vom Kanzleramt und von den Ressorts her, so spricht auch auf dieser Ebene nichts für eine zentralisierte Gesamtplanung. Das Kanzleramt hat – neben der Beratung des Kanzlers – in bezug auf die Ressorts und das Kabinett im wesentlichen koordinierende Funktionen. Es würde denaturiert, und die Regierung würde aus dem Gleichgewicht gebracht, wollte man versuchen, ihm auf dem Gebiet der Planung ressortverdrängende Funktionen zu übertragen. Der Gedanke eines *»Bundesplanungsamtes«*, das weitgehend neben der politischen Gesamtplanung alle Fachplanungen der Ressorts in sich aufsaugt, ist *weder richtig noch praktikabel.*

Selbst auf dem Gebiet der Fachplanung geht es weitgehend nicht um Konzentrierung, sondern um Koordinierung. So gut wie alle Bundesministerien haben z. B. Zuständigkeit in Umweltfragen. Die Konzentrierung dieser Zuständigkeit in einem Ministerium würde andere nicht weniger wichtige Sachzusammenhänge zerschneiden, so daß ein Umweltressort mit ziemlicher Sicherheit ein Zuständigkeitskonflikt-Ministerium werden würde. Wir sind statt dessen den Weg der Koordinierung gegangen, indem wir einen Kabinettausschuß für Umweltfragen gebildet haben. Durch die Bestellung des am stärksten beteiligten Ministers zum geschäftsführenden Vorsitzenden neben dem allgemeinen Vorsitz des Bundeskanzlers wird die Koordinierungsfunktion des Ausschusses verstärkt. Eine andere Frage ist es, ob man sich zur administrativen *Durchführung einer integrierten Bundesoberbehörde* bedient. Ich befürworte ein solches Bundesamt für Umweltschutz, wie ich überhaupt eine stärkere Aus-

gliederung von Aufgaben der administrativen Durchführung aus den Bundesministerien befürworte.
Eine weitere Überlegung spricht für einen Planungsverbund, also eine koordinierende, noch besser: kooperative Planung. Es geht in der Planung ja nicht nur um die Koordinierung und Zusammenarbeit von Bundesressorts. Es geht auch – wie etwa auf dem Umweltgebiet – um die Zusammenarbeit von Bund, Ländern und Gemeinden im kooperativen Föderalismus. Die Planungen im föderativen Bereich lassen sich nicht zentralisieren. Das gilt erst recht für den Bereich der Europäischen Gemeinschaft und für gemeinsame internationale Vorhaben. Es gilt aber schließlich auch für die Zusammenarbeit von Staat und Wirtschaft. Auch die sich stufenweise ausweitende Planungslandschaft spricht also dafür, Planung auf keiner Handlungsebene zu zentralisieren. Wir brauchen vielmehr einen dezentralen Verbund, d. h. viel Koordinierung, sehr viel Kooperation und große Flexibilität.
Im übrigen darf man bei der Beurteilung der Art und Weise, wie ein Planungsinstrumentarium entwickelt wird, eines nicht vergessen: Die Einführung von organisatorischen, verfahrensmäßigen und methodischen Planungselementen in den Regierungsapparat muß bei vollem Betrieb vor sich gehen. Es gilt also notgedrungen die Devise »plan as you go«. Das hat auch Vorteile, insofern es den Bemühungen um Veränderung diejenige Erdenschwere gibt, die Planungsversuche benötigen, um erfolgreich zu sein. Denn es geht ja nicht darum, schöne Pläne zu machen, und dann frei nach Brecht zu singen »geh'n tun sie alle nicht«. Vielmehr soll Planung den Politikern helfen, eine zukunftsorientierte Politik durchzusetzen. Dafür aber ist Ungeduld schon angesichts der Widerstände, die sich aus der eingangs geschilderten Bewußtseinslage ergeben, ein schlechter Ratgeber. Organisation und Verfahren des Planungsverbundes müssen Schritt für Schritt entwickelt werden.
Was für Organisation und Verfahren gilt, gilt auch für Methoden der Planung. Es gibt viele Methoden der Planung, aber keine, die für alle Zwecke geeignet ist, und für keinen Zweck eine ganz zufriedenstellende. Planungsmethoden sind Hilfsmittel der Planung, keine politischen Wunderwaffen. In der Planungspraxis braucht man mehr als Methoden, und Planer sind oft um so erfolgreicher, je besser es ihnen gelingt, einer vordergründigen Methodengläubigkeit zu entrinnen und die Methoden auf den ihnen zukommenden Platz zu lassen. Planung muß vom Problem, nicht von der Methode her betrieben werden.

Die Bundesregierung sieht es also als ihre Aufgabe an, einen dezentralen Planungsverbund aufzubauen, um eine offene und flexible Gesamtplanung zur Durchsetzung einer langfristig orientierten Politik zu entwickeln. Daß die beiden großen parlamentarischen Anfragen der Opposition zur Reformpolitik im März und Oktober dieses Jahres demgegenüber von einem System umfassender, zentralisierter Detailplanung ausgehen, beruht wohl weniger auf tieferer Einsicht als auf einem Nachholbedarf aus der Zeit, in der Planung noch zur Sünde wider den Geist der Freiheit erklärt wurde. Lassen Sie mich nun das bisher Erreichte darlegen.

1. Entwicklung seit der Regierungsübernahme

Der Aufbau eines kooperativen Planungsverbundes für die politische Planung im Regierungsbereich setzt die Weiterentwicklung der Planungskapazitäten der Ressorts für ihre Fachplanungen auf der einen und der Kapazitäten des Bundeskanzleramtes und der Ressorts für die politische Gesamtplanung der Bundesregierung auf der anderen Seite voraus.
Die *Entwicklung in den Ressorts* ist gekennzeichnet durch *erhebliche Unterschiede im Ansatz* je nach den Funktionen des Ressorts. Das ist im Interesse möglichst vielseitiger Erfahrung zu begrüßen, solange ein Verbund möglich ist. Ein Mangel ist aber noch, daß je nach Größe der Ressorts in sehr unterschiedlichem Maße Personal und Geldmittel für Planung zur Verfügung stehen. Den Aufgaben und Bedürfnissen von Ressorts wie Verteidigung, Verkehr und Forschung entspricht es, daß hier spezielle technische Planungssysteme bzw. Subsysteme entwickelt werden. Ein allgemeines Kennzeichen der Entwicklung ist das zunehmende Bemühen um Referats-, Abteilungs- und – damit komme ich zur Gesamtplanung – Ressort-Grenzen überschreitende Querschnittsplanung.

Fünf Funktionen politischer Gesamtplanung sind im Bereich der Regierung zu nennen:
Die *Informationsfunktion.* Planung ist ohne ausreichende Informationsbasis nicht möglich. Gegenseitige Information der Planer in den verschiedenen Ressorts ist zugleich Voraussetzung und erste Stufe der koordinierten Gesamtplanung.
Die *Koordinierungsfunktion.* Sie ist in bezug auf die Gesamtregierung die zentrale Funktion in dem, wie gesagt, notwendig dezentralen Planungssystem.

Durch Information und Koordination wird es möglich, weitere Planungsfunktionen zu erfüllen, und zwar:

Die *Integrationsfunktion.* Die Ressorts müssen sich frühzeitig auf einen gemeinsamen inhaltlichen, zeitlichen und finanziellen Rahmen einigen, innerhalb dessen die Verwirklichung der Vorhaben der Bundesregierung einschließlich der organisatorischen Verfahren erfolgen kann.

Die *Anstoßfunktion* der Planung. Die durch ressortübergreifende Arbeits- oder Regierungsprogramme geschaffene Übersicht über die Regierungsaktivitäten hilft Widersprüche, Konflikte und Lücken in den einzelnen Ressorts oder zwischen den Ressorts zu erkennen und durch Frühkoordinierung längerfristige und überzeugendere Lösungen zu erarbeiten.

Die *Kontrollfunktion.* Die Überwachung der Ablaufplanung und die ständige Gegenüberstellung von Ankündigung und Ausführung ermöglichen eine Art Regierungsbuchhaltung mit Erfolgskontrolle, die zugleich Ausgang weiterer Planungen sein kann.

2. Planungsbeauftragte und Informationssystem

Kann man – grob gesprochen – das Kabinett mit seinen 15 Mitgliedern als die politische Ebene der Bonner Administration bezeichnen, so die Referate der Ressorts als die operationale. Es gibt insgesamt etwa 1500 Referate. Man kann die Frage stellen, ob besondere organisatorische Vorkehrungen zur Koordinierung erforderlich wären, wenn jeder Referent volle Übersicht über die Tätigkeit aller anderen Kollegen hätte. Die Frage wäre wohl zu bejahen. Sie ist aber schon darum uninteressant, weil überhaupt nur durch organisatorische Vorkehrungen sichergestellt werden kann, daß ein Referent wenigstens so viel von der Tätigkeit seiner Kollegen weiß, wie er zur Erfüllung seiner eigenen Aufgaben unbedingt wissen muß.

Diesem Ziel dienen die Ernennung von Planungsbeauftragten und der Aufbau eines neuen Informationssystems.

Mit Zustimmung des Kabinetts wurden im November 1969 in jedem Ministerium sowie im Presse- und Informationsamt der Bundesregierung Planungsbeauftragte im Abteilungsleiterrang ernannt. Sie tagen zweimal monatlich im Bundeskanzleramt unter Vorsitz des Leiters der aus dem früheren Planungsstab entwickelten, jetzt operativen Planungsabteilung des Amtes.

Die Planungsbeauftragten sollen die Projekte der Ressorts unter inhaltlichen, zeitlichen und finanziellen Prioritätsgesichtspunkten zu Arbeitsprogrammen der Bundesregierung zusammenfassen. Die laufende Koordinierung der Einzelvorhaben durch die bisherigen Abstimmungsmechanismen innerhalb und außerhalb der Ressorts bleibt unberührt. Die Planungsbeauftragten sollen darüber hinaus Planungsprozesse in den Ressorts und zwischen den Ressorts anregen und fördern. Sie arbeiten dem Kreis der beamteten Staatssekretäre zu, die sich unter dem Vorsitz des Chefs des Bundeskanzleramtes wöchentlich treffen, um ihrerseits das Kabinett in der Koordinierung der Regierungstätigkeit zu unterstützen.

Die Planungsbeauftragten sind inzwischen zur festen Institution geworden. Der Erfolg ihrer Arbeit ist abhängig vom Fortschritt der administrativen Planung in den Ressorts. Erschwerend wirkt die sehr unterschiedliche Einordnung der Planungsbeauftragten in den einzelnen Ministerien. Nicht alle Ressorts haben bereits Planungs- oder Grundsatzabteilungen.

Infolgedessen wird die Funktion des Planungsbeauftragten in einigen Fällen vom Leiter einer Verwaltungs- oder Fachabteilung wahrgenommen, ohne daß damit immer eine allgemeine Koordinierungsfunktion verbunden wäre. Auch der Zugang zur politischen Hausleitung und damit das Gewicht der Planungsbeauftragten im Hause ist von Ressort zu Ressort verschieden.

Die erste größere Aufgabe der Planungsbeauftragten war der Aufbau einer gemeinsamen Informationsbasis als Voraussetzung für Frühkoordinierung und Aufgabenplanung. Seit Anfang 1970 melden die Ressorts monatlich auf *Datenblättern* dem Bundeskanzleramt die Projekte, die von allgemeiner politischer oder finanzieller Bedeutung sind. Die in den Datenblättern enthaltenen Informationen werden mit Hilfe eines Elektronenrechners aufgelistet und dann sofort allen Ressorts zugänglich gemacht. Sie enthalten verwaltungstechnische Daten, inhaltliche Merkmale, wie Bezeichnung und Beschreibung des Vorhabens; Bezüge zum internen Arbeitsprogramm der Regierung, Bezüge zur Europäischen Gemeinschaft, politische Bedeutung, Öffentlichkeitswirksamkeit, Finanzdaten, wie Auswirkungen auf den Bundeshaushalt, auf andere öffentliche Haushalte und auf Preise; schließlich Daten zu Art und Verfahren der Durchführung des Vorhabens einschließlich eines Zeitplanes zur regierungsinternen und parlamentarischen Behandlung.

Das Datenblattverfahren war zunächst durch einen riesigen Papierumsatz belastet. Bei einem Datenblattbestand von zur Zeit etwa 650 laufenden Vorhaben, einer monatlichen Fortschreibung und einer generellen Listenauswertung bestand die Gefahr, daß vor lauter Papier das einzelne Datenblatt nicht mehr zu sehen war. Durch eine Verbesserung der maschinellen Verarbeitungs- und Auswertungsmöglichkeiten sind diese Kinderkrankheiten inzwischen weitgehend behoben worden. Heute können alle rd. *23 000 gespeicherten Einzelinformationen* nach bestimmten Auswahlkriterien in fast beliebiger Kombination – also je nach gezielter Fragestellung – kurzfristig abgefragt werden. Auf Grund der Anforderungen der Ressorts – die von Ressort zu Ressort noch stark schwanken – gibt es zur Zeit insgesamt 22 standardisierte Auswertungsprogramme.

EDV-Anlagen sind also in der politischen Planung nicht nur nützlich, sondern unentbehrlich. Andererseits ist es eine groteske Vorstellung, man könne oder wolle Politik durch Computer ersetzen. Computer sind ebenso wie Planungsmethoden nur Hilfsmittel. Da politische Sachverhalte nur sehr begrenzt objektivierbar und schematisierbar sind, dürften die Möglichkeiten der elektronischen Datenverarbeitung im politischen Bereich außerdem geringer sein, als manche EDV-Experten ursprünglich angenommen haben. Die Speicherung politischer Informationen und die Entwicklung einer Benutzersprache sind jedoch im Bundespresseamt und im Bundeskanzleramt Gegenstand von Experimenten.

Unmittelbares Ziel des neuen Informationssystems ist es, eine möglichst vielseitige und frühzeitige Unterrichtung des Bundeskanzlers und der Minister über die wesentlichen Vorhaben aller Ressorts zu sichern; die Frühkoordinierung der Regierungsaktivitäten innerhalb der Ressorts und mit dem Bundeskanzleramt zu verbessern und eine systematischere Zeitplanung der Kabinettsreferate zu erleichtern.

Im weiteren Verfahren soll das fortentwickelte Datenblattsystem folgende Aufgaben lösen helfen:

- die Verzahnung sachlich zusammenhängender Vorhaben während der Planung;
- das frühzeitige Erkennen von Zielkonflikten;
- die sachliche und zeitliche Prioritätensetzung;
- eine »Frühwarnung« für die Finanzplanung;
- eine »Frühwarnung« für politische Initiativen des Kanzlers und der Minister gegenüber Parlament und Öffentlichkeit;
- die Zeitplanung von Bundestag und Bundesrat.

Das Informationssystem hat trotz mancher Rückschläge seine Bewährungsprobe bestanden. Die Zusammenarbeit zwischen dem Bundeskanzleramt und den Ressorts ist gut. Ein wesentlicher Grund dafür liegt darin, daß dieses Informationssystem das Eigeninteresse der Ressorts anspricht. Sie erhalten zum erstenmal eine Übersicht über die Gesamtaktivitäten der Regierung, in manchen Fällen aber auch zum erstenmal eine Übersicht über die Aktivitäten des eigenen Hauses.

Eine solche Übersicht ist keine Selbstverständlichkeit. Als Staatssekretär im Bundesjustizministerium habe ich z. B. zunächst einmal tage- und nächtelang Berge von Akten gelesen, bis eines Tages der natürliche Hang zur Bequemlichkeit über den deutschen Fleiß siegte und ich mich zu fragen begann, wo die Akten denn wohl alle herkämen und wer sie wann und warum in Gang gesetzt habe.

Damit war ich bereits an der Wurzel des Planungsproblems. »Vorhaben« oder »Vorgänge« entstehen überwiegend in den 1500 Referaten der Ressorts, und zwar aus unterschiedlichen Gründen. Etwa weil das Parlament einen Auftrag erteilt hat oder weil ein Problem von der Fachwelt bzw. von Interessengruppen aufgeworfen worden ist. Aber auch, weil jeder Referent Existenzberechtigung oder Beförderungswürdigkeit sowie Stellenmehranforderungen beweisen muß. Diese »Urproduktion« bestimmt den weiteren Gang der Regierungsmaschinerie einschließlich der Zahl der Akten, die ein Minister oder Staatssekretär »aufarbeiten« muß, um »seinen Schreibtisch leer zu kriegen«. Im Justizministerium haben wir daher seinerzeit angeordnet, daß kein neues Vorhaben ohne Genehmigung des Staatssekretärs mit einem anderen Ressort besprochen werden darf.

Solange nicht die »Urproduktion« unter Kontrolle gebracht ist, ist weder eine politische Programmplanung noch eine Planung der personellen, finanziellen und zeitlichen Ressourcen möglich. Beides ist nur möglich, wenn eine Entscheidung über die Aufgaben gefallen ist, die die Regierung in Angriff nehmen will. Politische Planung ist daher Aufgabenplanung, und Aufgabenplanung setzt frühe Information und frühe Koordinierung voraus.

Dabei muß man sich eines wesentlichen Mangels der informativen Ausgangsbasis bewußt sein. Was zunächst als Aufgabe oder Vorhaben in sie eingeht, ist von den Referaten »vorgegeben«. Bestenfalls hat das Ressort selbst geprüft, ob es unter politischen, finanziellen, personellen und zeitlichen Gesichtspunkten wirklich sinnvoll ist, diese Aufgabe a) überhaupt und b) jetzt zu bearbeiten.

Die Prüfung dieser Frage ist eines der Ziele der nächsten Stufe der politischen Planung, der Entwicklung mittelfristiger Arbeitsprogramme.

3. Mittelfristige Arbeitsprogramme der Bundesregierung

Für die Entwicklung mittelfristiger Arbeitsprogramme der Bundesregierung wurden neben den gesammelten Informationen die Ankündigungen der Regierungserklärung vom Oktober 1969 als politische Zielvorgabe in die Planung hineingegeben. Auch sie wurden zunächst »unbesehen« übernommen. Man muß sich aber darüber im klaren sein, daß das *dezisionistische Planungsmodell* – die politische Führung setzt die Ziele, die Wissenschaft nennt die objektiven Bedingungen, die Bürokratie plant die Durchführung und die Öffentlichkeit fühlt sich optimal regiert – ebenso unrichtig ist wie das *technokratische Modell,* nach dem sich selbst die Ziele aus objektiven, von den Technikern objektiv zu ermittelnden Sachzwängen ergeben. In Wirklichkeit muß die Planung durch kritische »Verarbeitung« von Informations- und Zielvorgaben nicht nur zur besseren Information, sondern auch zur Fortentwicklung der Programmatik beitragen.

Im Sommer 1970 wurden vom Bundeskanzleramt und von den Ressorts der erste Entwurf eines internen Arbeitsprogramms der Bundesregierung für diese Legislaturperiode erarbeitet.

Folgende Anforderungen sollten dabei erfüllt werden:

Die programmatischen Ankündigungen der Regierungserklärung vom 28. Oktober 1969 und ihre Detaillierungen in zwölf nachfolgenden Berichten der Bundesregierung sollten in ein sachlich zusammenhängendes und nach Schwerpunkten geordnetes Arbeitsprogramm für die Planung und Durchführung der inneren Reformen umgesetzt werden.

Die einzelnen Maßnahmen und Programme sollten zeitlich geordnet und mit der Finanzplanung abgestimmt werden. Von den Ressorts »vorgegebene«, für die Ausführung der Regierungserklärung jedoch unerhebliche Vorhaben sollten wegfallen oder auf einen späteren Zeitpunkt verschoben werden, in jedem Fall keinen Vorrang genießen.

Durch Kabinettbeschluß sollte das Arbeitsprogramm für die Ressorts bis zum Ende der Legislaturperiode verbindlich gelten und jeweils bei der Fortschreibung der Finanzplanung überprüft werden.

Diese recht simplen und einsichtigen Zielsetzungen in die Tat umzusetzen, war schwierig. Zunächst gab es für dieses Unternehmen kein Vorbild und keinen Vorläufer bei früheren Bundesregierungen. Derartige Neuerungen müssen eine Verwaltung, die ihre Tätigkeit am eindruckvollsten im gewohnten Arbeitsablauf zu beweisen pflegt, erheblich verunsichern. Trotz dieser Schwierigkeiten wurde ein Arbeitsprogramm entwickelt, das die erste Zielsetzung, ein sachlich zusammenhängendes Schwerpunktprogramm zu sein, im wesentlichen erfüllt hat. Die Fülle der von den Ressorts erstatteten Meldungen wurde in mühsamer Kleinarbeit zu *27 Querschnittsprogrammen* verdichtet und in *6 Bereiche* zusammengefaßt. Wie zahlreich und vielfältig die Implikationen sind, die bei einem einzigen Programmpunkt bedacht werden müssen, möchte ich am Beispiel der flexiblen Altersgrenze verdeutlichen.

Die »Erarbeitung einer Konzeption für die Regelung einer flexiblen Altersgrenze« war eines der erklärten Ziele dieser Bundesregierung. Auf den ersten Blick scheint diese Zielsetzung gesellschafts-, wirtschafts- und finanzpolitisch wenig problematisch zu sein. In Wahrheit handelt es sich um ein höchst komplexes Problem mit vielfältigen und langfristigen Auswirkungen.

Die Einführung einer flexiblen Altersgrenze hat per Saldo wohl praktisch eine Verminderung des Arbeitspotentials zur Folge. Deren Ausmaß ist abhängig von den tatsächlich bestehenden Altersgrenzen, die unter der generell festgesetzten Grenze liegen, von der neu festzusetzenden generellen Altersgrenze und von den Bedingungen, unter denen das frühzeitige Ausscheiden erfolgen kann. Wenn die Zahl der Beschäftigten geringer wird, kann dies ein geringeres Wirtschaftswachstum und verminderte Steuereinnahmen bedeuten. Der Trend zum abnehmenden Arbeitspotential wird verstärkt durch verlängerte Ausbildungs- und Fortbildungszeiten sowie durch mehr Urlaub. Zugleich müssen auch die im Rahmen der Bildungsreform zu erwartenden Entzugseffekte am Arbeitsmarkt berücksichtigt werden, denen erst später dadurch evtl. hervorgerufene Produktivitätszuwächse gegengerechnet werden können. Wenn es mehr Schüler und Studenten gibt, verringert sich die Zahl der Arbeitnehmer der entsprechenden Altersgruppen; wenn mehr Lehrer ausgebildet werden, sind relativ weniger Arbeitnehmer für andere Bereiche verfügbar. Ein mögliches Korrektiv könnte darin bestehen, die Zahl der ausländischen Arbeitnehmer zu erhöhen. Dies würde einerseits die Versorgung dieser Arbeitnehmergruppe mit Ausbildung, Wohnung und sozialer Sicherung noch dringender machen, andererseits vielleicht aber auch Fragen der inneren Sicherheit aufwerfen.

Eine Kette von Querschnittsproblemen ergibt sich auch bei der Finanzierungsfrage. Da die Einführung der flexiblen Altersgrenze keine zusätzlichen Belastungen des Bundeshaushalts mit sich bringen soll, müssen die Lasten im Rahmen der Beiträge oder der Reserven der Sozialversicherung aufgefangen werden. Damit steht dieses Projekt in unmittelbarer Konkurrenz mit alternativen Leistungsverbesserungen in der Rentenversicherung, die jedoch auf andere Zielgruppen, nämlich auf Kleinstrentner, nicht berufstätige Ehefrauen sowie geschiedene Frauen gerichtet sind. Außerdem wird die Sozialversicherung dann – im Vergleich zu vielen zurückliegenden Jahren – nur einen kleineren oder gar keinen positiven Finanzierungssaldo aufweisen, der indirekt die Durchführung von Investitionen – auch von Reforminvestitionen – ermöglicht. Ich will damit nicht etwa sagen, daß dies über Jahre hin die Aufgabe der Sozialversicherung sei. Man muß aber sehen, daß die Rentenreform insofern auch Auswirkungen auf den Finanzierungsspielraum der öffentlichen Hand auf dem Kapitalmarkt haben wird. Schließlich mußten auch mögliche Rückwirkungen auf die Sozialhilfe und auf das Wohngeld bedacht werden. Beide gehen zu Lasten der Städte und Gemeinden, die ohnehin dem Bund vorwerfen, sie mit seiner Reformpolitik finanziell zu überfordern.

Alle diese Überlegungen fanden schließlich ihren Niederschlag in dem 5-Punkte-Programm für die zweite Rentenreform. Die mögliche Spanne der flexiblen Altersgrenze wurde auf zwei Jahre festgelegt; die Verknüpfung mit der Novelle zum Ehescheidungsrecht wurde sichergestellt.

Soweit das Beispiel.

Die Erarbeitung eines mittelfristigen Arbeitsprogramms war bereits erheblich schwieriger als die Erarbeitung einer gemeinsamen Informationsbasis. Das gilt zunächst im technischen Sinne. Will man die »negative Koordinierung« von Vorhaben, bei der ein Referent prüft, ob sein Bereich von den Vorhaben eines anderen Referenten nicht beeinträchtigt wird, durch »positive Koordinierung« ersetzen, so müßten – wie Fritz Scharpf nach den Regeln der Kombinatorik gezeigt hat – etwa bei vier Entscheidungsbereichen mit jeweils zwei Entscheidungsalternativen, 48 Relationen, bei 10 Bereichen und 4 Alternativen schon 1440 Relationen erfaßt und gleichzeitig auf ihre Implikationen hin verarbeitet werden. Das ist natürlich »Theorie«, macht aber vielleicht die Schwierigkeit einer auch nur ansatzweise konzeptionellen Koordinierung deutlich.

Aber auch politisch war die Durchsetzung des Arbeitsprogramms schwieriger. Zunächst gab es Einwände aus dem Verhältnis zur Opposition: Ein detailliertes internes Arbeitsprogramm der Bundesregierung mit Zeitplanung könnte zu einer negativen Abhakliste für die Opposition werden. Es ist klar, daß politische Planung und Geheimhaltung sich schon deshalb ausschließen, weil zu viele Personen am Planungsprozeß beteiligt sind, an einer so verstandenen Planung beteiligt sein müssen. Richtig ist auch, daß eine offene, flexible politische Planung – wie geschehen – absichtlich oder unabsichtlich als vollzugsverbindlicher Plan mißverstanden und angegriffen werden kann. Richtig ist aber auch, daß ohne ein internes Arbeitsprogramm politische Planung nicht möglich ist und daß man Kinderkrankheiten durchstehen muß.

Man geht daher nicht fehl in der Annahme, daß sich Schwierigkeiten, auf die das Arbeitsprogramm stieß, auch aus der Interessenlage der Ressorts ergeben. An der gemeinsamen Informationsbasis haben sie ein Eigeninteresse, beim Arbeitsprogramm fürchten sie, in ihrem Zuständigkeitsbereich beschränkt oder doch festgelegt zu werden. Dies gilt vor allem für die ausgabenstarken Ressorts. Das Gesamtinteresse der Regierung erfordert jedoch eine ressortüberschreitende Planung.

Das am 22. Oktober 1970 vom Kabinett beschlossene Arbeitsprogramm ist ein Anfang mit vielen Mängeln. Es muß bei der Fortschreibung verbessert, inhaltliche Fragestellungen und alternative Lösungsvorschläge müssen verstärkt einbezogen werden.

Frühkoordinierung und Arbeitsprogramm haben schon jetzt einen Nebeneffekt, der festgehalten zu werden verdient. Bei der oben beschriebenen »Urproduktion« der Referenten eröffnet der Umstand, daß auf den weiterverarbeitenden Stufen der Hierarchie nur die jeweils *strittig gebliebenen Fragen* bearbeitet werden, die Möglichkeit, daß die Grundfragen in den Referaten beschlossen werden, während das Kabinett nur in letzter Minute Korrekturen anbringt. Die Aufstellung eines Arbeitsprogramms führt nun zwar nicht regelmäßig dazu, daß erst die politischen Grundsatzfragen entschieden werden und sich dann die technische Ausarbeitung anschließt. Es mehren sich aber die Fälle, in denen das Kabinett zunächst über »Grundsätze«, »Eckwerte«, »Leitsätze« beschließt, bevor Gesetzentwürfe ausgearbeitet werden. Sehr zum Leidwesen des Finanzministers übrigens, der sich durch solche Grundsatzentscheidungen politisch festgelegt sieht, bevor noch die Kosten genau errechnet werden können.

Dieser Hinweis führt zu Mängeln des Arbeitsprogramms, die über die in der Sache liegenden Schwierigkeiten seiner Erarbeitung hinausgehen.

Bei dem Versuch, das Arbeitsprogramm gleich mit einer detaillierten Zeitplanung zu versehen, haben wir zurückstecken müssen. Zwar ist es gelungen, das Programm in sich zeitlich zu ordnen. Es stellte sich aber bald heraus, daß fast alle ersten Zeitschätzungen recht willkürlich waren. Inzwischen sind die Fristvorstellungen für die Vorbereitung in den Ressorts und die Behandlung im Kabinett und im Parlament schrittweise realistischer geworden.
Viel schwieriger noch ist der Versuch, *Programmstruktur und Haushaltssystematik* so miteinander zu verbinden, daß unmittelbar von der einen Seite in die andere Seite umgestiegen und auch umgerechnet werden kann. Hier sind wir im Ansatz steckengeblieben. Dies liegt vor allem an der ausschließlichen Orientierung von Haushalt und Finanzplan und den finanziellen Mitteln – Inputs – auf der einen und der Orientierung von Arbeitsprogrammen an Aufgaben, Zielen und Ergebnissen – Outputs – auf der anderen Seite. Wegen dieser Umsteigeschwierigkeiten mußten wir z. B. bei der letzten Fortschreibung viel Mühe darauf verwenden, zu verhindern, daß im Zuge von notwendigen Kürzungen oder Streckungen versehentlich Teile des Reformprogramms gestrichen wurden. Bei der Fortschreibung haben wir auch zu spüren bekommen, wie schwer es ist, *neue Ausgabenblöcke einzuschieben.* Ich denke z. B. an den Umweltschutz. Nur mit größter Anstrengung haben wir bis 1975 1,3 Mrd. DM für das neue Umweltgesamtprogramm unterbringen können. Bei einem vorgesehenen Gesamtausgabevolumen des Bundes von rd. 440 Mrd. DM für diesen Zeitraum sind das ganze 0,3 Prozent. Allerdings ist zu berücksichtigen, daß der Bund insoweit nur beschränkt zuständig ist und sich hinsichtlich der Kostentragung für das Verursacherprinzip entschieden hat.
Die Schwierigkeiten liegen aber noch tiefer, nämlich in dem Problem, wie in der Aufgabenplanung, Programmplanung und Ressourcenplanung *miteinander zu verbinden* sind. Der schwierige Schritt von der mehrjährigen Finanzplanung zu einer wirklichen Erfolgskontrolle ermöglichenden Aufgabenplanung – eine Aufgabe, um deren Lösung sich auch andere Staaten bemühen – steht uns noch bevor. Er ist aber auch von der Finanzplanung her gesehen notwendig.
Die mittelfristige Finanzplanung sollte im Interesse rationaler Politik eine finanzielle Vorausschau staatlicher Notwendigkeiten und Möglichkeiten sein. Faktisch ist der Finanzplan heute weitgehend eine *Prolongation des jeweiligen Jahreshaushalts.* Die Ausgabenansätze des Jahreshaushalts werden gemäß der traditionellen Haus-

haltssystematik auf fünf Jahre fortgeschrieben unter globaler Berücksichtigung der in der Zielprojektion angegebenen Wachstumsraten bei geschätzten Gesamteinnahmen und Gesamtausgaben.

Eine derart angelegte Finanzplanung tendiert dazu, den geltenden Haushaltsplan für die Zukunft bis in die einzelnen Titelansätze zu zementieren. Der Haushaltsplan aber ist keineswegs ein Regierungsprogramm in Zahlen. Er regelt zwar im Detail die Aufteilung der Ermächtigungen für Personal-, Sach- und Investitionsausgaben, für Übertragungen und Darlehen. Er läßt aber den politisch-programmatischen Hintergrund der Ausgaben, die Aufgaben, die angestrebten Ziele und Produkte der Politik nicht erkennen. Ein derartiger – nicht programmorientierter – Haushalt gibt für sich genommen keinen Aufschluß darüber,

- ob die Einzelvorhaben aufeinander abgestimmt sind,
- ob überholte Aufgaben weitergeführt werden,
- ob für die Erfüllung neuer Aufgaben Spielraum vorhanden ist,
- ob neben den finanziellen und ökonomischen auch übergeordnete politische Aspekte berücksichtigt worden sind,
- ob eine kurz- oder längerfristige Ausgabenbindung besteht und
- ob neue, aber erst später wirksame Ausgaben begründet worden sind.

Anforderungen dieser Art müssen aber gestellt werden, wenn es um politische Planung geht.

Schon im mittelfristigen Bereich bleibt also viel Arbeit zu tun.

4. Erste Schritte zu einer langfristigen Aufgabenplanung von Bund und Ländern

Selbst bei einer integrierten Programm- und Ressourcenplanung wird wegen der mittelfristig festliegenden Ausgaben die Tendenz bestehen, das gegebene Arbeitsprogramm und den gegebenen Finanzplan durch Fortschreibung zu konservieren. Die mittelfristige Planung bedarf daher der Korrektur von der Zukunft her, sie muß durch eine längerfristige, die Ressourcen einschließende Aufgabenplanung gleichermaßen hinterfragt werden. Trotzdem wäre es an sich richtig gewesen, erst weitere Fortschritte im mittelfristigen Bereich zu erarbeiten und sich erst dann der Langfristplanung zuzuwenden. Ein solches Abwarten war aber nicht möglich, da einzelne Ressorts wie Bildung und Verkehr dazu übergingen, übergehen mußten, ihrerseits langfristige Fachplanungen bis 1985 bzw. 1990 in Angriff zu nehmen. Um den Realismus der Mittelanforderung dieser Teilplanungen beurteilen und eine die Gesamtpolitik präjudizierende Wirkung verhindern zu können, ist es notwendig, einen *allgemeinen Bezugsrahmen* zu schaffen.

Die gleiche Notwendigkeit ergibt sich aus dem Stand der komplexen Planungsbemühungen von Bund und Ländern im Bereich der sogenannten Gemeinschaftsaufgaben, deren verfassungspolitische Bedeutung man übrigens nicht allein nach den finanzpolitischen Schwierigkeiten beurteilen sollte, die sie mit sich bringen. Hier geht es nicht nur um die kooperative Planung von Bund und Ländern im Bereich jeder einzelnen Gemeinschaftsaufgabe, sondern auch um die Koordinierung der Planungen in den verschiedenen Bereichen. Nur ein Beispiel: Die Wahl eines neuen Hochschulstandorts (Gemeinschaftsaufgabe A) ist ein Recht der Länder. Der Bund muß 50 Prozent der Kosten tragen. Kann er seine Zustimmung geben, wenn in seinem *regionalen Wirtschaftsförderungsprogramm* (Gemeinschaftsaufgabe B) und in seinem verkehrspolitischen und langfristigen Wohnungsbauprogramm an dem vorgesehenen Standort ein entsprechender Infrastrukturausbau nicht vorgesehen ist? Oder wenn im Zuge der Agrarstrukturförderung (Gemeinschaftsaufgabe C) die landwirtschaftliche Nutzfläche in der fraglichen Gegend in größere Erholungsgebiete umgestaltet werden soll? Es bleibt abzuwarten, wieweit das im Entwurf vorliegende *Bundesraumordnungsprogramm als sachlicher Bezugsrahmen geeignet ist, diese räumliche Koordinierung herbeizuführen.* Das Bundesraumordnungsprogramm soll Zielvorstellungen für die räumlich-strukturelle Entwicklung der Bundesrepublik im Zusammenhang darstellen. Es könnte insofern *überfachlicher Orientierungsrahmen* für die raumwirksamen Fachplanungen und Maßnahmen des Bundes und der Länder werden.

Sowohl für die langfristigen Fachplanungen des Bundes als auch für diese Bund-Länder-Planungen ist ein langfristiger Aufgaben- und Ressourcenrahmen notwendig. Daß dieser Rahmen nur ein gesamtstaatlicher Rahmen sein kann, braucht nach den gegebenen Beispielen nicht näher begründet zu werden.

Die Regierungschefs des Bundes und der Länder haben daher im Juli dieses Jahres vereinbart, daß Bund und Länder gemeinsam eine *Gesamtproblemanalyse der öffentlichen Aufgaben für den Zeitraum von 1976 bis 1985* erarbeiten. Es geht dabei zunächst um eine Bestandsaufnahme der bestehenden rechtlichen und tatsächlichen Bindungen, der längerfristigen Planungen, der längerfristigen Auswirkungen mittelfristiger Planungen und spezieller Probleme im

Bereich der öffentlichen Aufgaben. Es ist eine Erprobungsphase von sechs Monaten vorgesehen. Die Gesamtproblemanalyse liegt in der Hand von Sachverständigengruppen, die von Bund und Ländern in etwa paritätisch besetzt werden. Auch hier müssen die Ansätze zur Aufgabenplanung mit ersten Ansätzen zur Ressourcenplanung für Bund, Länder und Gemeinden verbunden werden. Angesichts des Fehlens von Vorarbeiten – selbst eine gemeinsame mehrjährige Finanzplanung von Bund, Ländern und Gemeinden gibt es immer noch nicht – ist mit einem schnellen Erfolg nicht zu rechnen.

Ich komme zum Schluß. Das Problem des Verhältnisses von *Regierung und Parlament* im Bereich der Planung habe ich noch nicht einmal berühren können. Wir haben einen offensichtlich beschwerlichen Weg beschritten. Wir sind noch lange nicht am Ziel. Aber soviel wissen wir: Der eingeschlagene Weg ist richtig, ihn zu beschreiten war notwendig. Selbst die heutige Opposition könnte ihn als Regierungspartei nicht wieder verlassen. Wer meint, Planung sei ein Kapitel aus dem Tagebuch einer Schnecke, der sollte nicht übersehen, daß die eigentlichen Veränderungen im stillen vor sich gehen: Über die Notwendigkeit von Planung besteht in diesem Lande heute ein ebenso breiter Konsens wie über die Notwendigkeit von Reformen.

14 *Bernard H. Rudwick*

Effektive Planung durch Systemanalyse: Grundsätze und Beispiele

[...]

Was ist Systemanalyse?

Die Anhänger der Systemanalyse umschreiben mit dem Begriff »Systemanalyse« unterschiedliche Arbeitsansätze.
Um diese Unterschiede zu verdeutlichen, werden diese Ansätze hier vergröbert dargestellt. An dem einen Extrem stehen die mathematisch-orientierten Analytiker, die eine Reihe von Optimierungstechniken auf hochgradig strukturierte Probleme anwenden wollen. Wird diese Gruppe von Systemanalytikern von einem Entscheidungsträger vor ein Problem gestellt, das gut strukturiert ist, auch in bezug auf die Ziele, die er zu optimieren wünscht (z. B. Unternehmensgewinne oder Zerstörung von militärischen Zielen), so stellt der Analytiker eine Reihe mathematischer oder logischer Gleichungen auf, die eine Reihe relevanter Variablen und Rahmenbedingungen enthalten und bestimmt das mathematisch errechenbare Optimum des Systems. Diese Vorgehensweise kann als die »Mathematik der Systemanalyse« bezeichnet werden.
An dem anderen Extrem (ein Beispiel dafür wären die Systemanalytiker der RAND Corporation) stehen diejenigen Analytiker, die bei dem unstrukturierten Problem des Entscheidungsträgers ansetzen. Sie sind im wesentlichen bestrebt, das Problem richtig zu strukturieren und auch die wahren Ziele des Entscheidungsträgers aufzudecken. Sie betrachten ihre Arbeit also unter dem Aspekt, der als die »Logik der Systemanalyse« bezeichnet werden kann. Erst dann suchen sie unter Einsatz der schon erwähnten mathematischen Optimierungstechniken nach der bevorzugten Lösung des Problems.
Beide Typen der Analyse sind für die Systemplanung notwendig; ich möchte mich hier auf die Logik der Systemanalyse konzentrieren, die Voraussetzung für die Strukturierung eines Problems ist und zeigen, wie eine bevorzugte Lösung erreicht werden kann. Elementare Fragen der Wahrscheinlichkeitsrechnung und der Statistik werden nur berührt, wenn es erforderlich ist; die Arbeit als ganzes ist »nicht-mathematisch«.
Alain Enthoven, Assistant Secretary of Defense (Systemanalyse),

hat in einem kurzen Artikel eine der besten Definitionen der Systemanalyse gegeben [1]:

»Was ist Systemanalyse? Mir war es nicht möglich, eine gute und kurze Definition zu finden. Ich würde die Systemanalyse, so wie sie im Verteidigungsministerium entwickelt wurde, als einen durch Vernunft geleiteten Ansatz zur Lösung von Entscheidungsproblemen umschreiben. Einige haben sie als quantitative Vernunft definiert. Es ist die wechselseitige Anwendung von Methoden der quantitativen Wirtschaftsanalyse und wissenschaftlicher Methoden im weitesten Sinne auf Entscheidungsprobleme über bestimmte Waffensysteme und Strategien. Es ist der systematische Versuch, den Entscheidungsträger mit einer vollständigen, exakten und sinnvollen Zusammenfassung der für eindeutig definierte Issues und Alternativen relevanten Informationen zu versorgen.«

Die RAND-Corporation, die wohl eine führende Rolle auf dem Gebiet einnimmt, gibt folgende Definition der Systemanalyse [2]:

»Systemanalyse ist der Versuch, dem Entscheidungsträger bei der Wahl einer Alternative behilflich zu sein, indem seine wahren Ziele untersucht werden, wenn möglich die mit alternativen Vorgehensweisen oder Strategien zur Erreichung dieser Ziele verbundenen Kosten, Effektivität und Risiken quantitativ verglichen und zusätzliche Alternativen entwickelt werden, wenn die untersuchten sich als unzureichend erweisen.«

Diese Definition der Systemanalyse hebt bestimmte Schlüsselworte und ihr Verhältnis zueinander hervor: Sie ist in Abb. 1–1 dargestellt.

Da Systemplanung als der Prozeß der Generierung und Bewertung alternativer Wege zur Änderung eines Systems zum Besseren bezeichnet werden kann, kann an Hand der Abb. 1–1 das Verhältnis zwischen Systemanalyse (wie von RAND definiert) und Systemplanung erörtert werden. Die Abbildung verdeutlicht außerdem:

1. Das Problem, an dem sowohl der Systemplaner als auch der Analytiker arbeiten, kommt von einem identifizierbaren Entscheidungsträger oder Manager einer Organisation, der über Ressourcen verfügt (wie Arbeitskräfte oder Dollar), die zur Lösung des Problems eingesetzt werden können.

2. Die Analyse wird zur Lösung des Problems auf zweierlei Arten eingesetzt: Erstens zur Zergliederung oder Parzellierung des Problems, so daß alternative Lösungsmöglichkeiten entwickelt werden können; zweitens zur Bewertung dieser Lösungen, um zu bestimmen, wie gut jede Alternative zur Lösung des Problems beiträgt

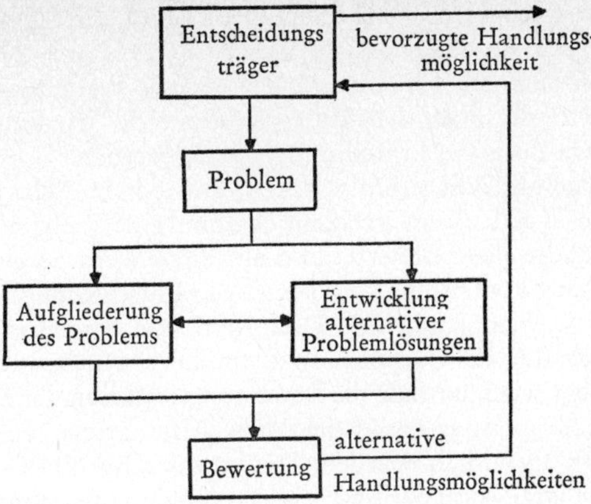

Abb. 1-1 Systemanalyse- und Planungsprozeß

(Nutzen), wie auch, um die Kosten und Risiken der Durchführung der Alternative zu bestimmen. Das Bewertungsverfahren muß auch das Wertsystem des Entscheidungsträgers berücksichtigen. In dieser Phase der Analyse ist die Bestimmung dessen, »was getan werden sollte«, bei weitem das größte Problem.

3. Erreicht keine der vorgeschlagenen Problemlösungen das Ziel vollständig (oder in akzeptablen Kostengrenzen), so können die bis dahin erarbeiteten Ergebnisse der Analyse zur Ausarbeitung zusätzlicher Alternativen eingesetzt werden, die dann auch bewertet werden.

4. Die Ergebnisse der Bewertung erscheinen in der Form relevanter Informationen, die für die Zwecke des Entscheidungsträgers strukturiert sind. Diese Informationen umfassen die untersuchten alternativen Handlungsmöglichkeiten, die Ergebnisse, die von jeder der Lösungsmöglichkeiten erwartet werden, die für jede Lösung erforderlichen Ressourcen sowie die zur Implementierung vorgeschlagene Alternative. Billigt der Entscheidungsträger den empfohlenen Weg oder eine der anderen untersuchten Alternativmöglichkeiten (einschließlich der Entscheidung, zum gegenwärtigen Zeitpunkt nichts zu unternehmen), so ist die Planungsphase abgeschlossen. Beurteilt jedoch der Entscheidungsträger keine der vorgeschlagenen Lösungen als akzeptabel, weil sie gewisse Mängel aufweisen, so kann auf seinen Wunsch die Arbeit fortgesetzt werden und, ausgehend von den Reaktionen des Entscheidungsträgers auf den ersten

Lösungsentwurf, wird der beschriebene Prozeß noch einmal durchlaufen. Dieser Prozeß wiederholt sich solange, bis der Entscheidungsträger mit der vorgeschlagenen Lösung zufriedengestellt ist, wobei die zusätzlichen Kosten einer erneuten Wiederholung des dynamischen Prozesses in Rechnung gestellt werden.

Zusammengefaßt läßt sich also sagen, daß der in Abb. 1-1 dargestellte Prozeß mit einem Problem beginnt, eine Reihe alternativer Lösungen sucht, diese bewertet und auf diese Weise zu einer bevorzugten Lösung kommt, die dem jeweiligen Entscheidungsträger vorgeschlagen werden kann. Die Definition von Systemanalyse, wie sie von der RAND-Corporation formuliert wurde und hier zugrunde gelegt wird, umfaßt die Bewertungsfunktion der Systemplanung, da die anfangs berücksichtigten Alternativen von den Systemplanern entwickelt wurden. Die von der RAND-Corporation formulierte Definition der Systemanalyse beinhaltet jedoch auch die »Formulierung zusätzlicher Alternativen, wenn die untersuchten sich als unzureichend erweisen«. Der eigentliche Unterschied zwischen den Arbeitselementen von Systemplanung und Systemanalyse scheint somit in der unterschiedlichen Bedeutung zu liegen, die den einzelnen Arbeitsschritten beigemessen wird.

Der Systemplaner geht im allgemeinen von einem Problem aus und entwickelt aus einer Reihe von Lösungsvorschlägen eine bevorzugte Lösungsmöglichkeit, während der Systemanalytiker mit der bevorzugten Lösung und den weiteren entwickelten Alternativen beginnt und dann untersucht, ob die empfohlene Lösung wirklich den besten Ansatz darstellt, wobei während des Bewertungsprozesses andere Ansätze entwickelt werden können.

Es sollte kurz noch Systemanalyse vom Entscheidungsprozeß unterschieden werden. Die Definition der RAND-Corporation besagte, daß Systemanalyse eine *Hilfe* für den Entscheidungsträger ist. Dabei werden aus verschiedenen Gründen fast immer Faktoren aus der Analyse ausgeklammert: Der Analytiker ist vielleicht nicht in der Lage, einen bestimmten Faktor quantitativ zu erfassen (wie z. B. Moral), oder die vollständige Berücksichtigung bestimmter zusätzlicher Faktoren würde es unmöglich machen, die Analyse in der zur Verfügung stehenden Zeit und mit den verfügbaren Mitteln zu beenden. Der Entscheidungsträger selbst hat vielleicht kein Interesse daran, bestimmte »politische« Faktoren explizit in die Analyse einzubeziehen. Angesichts dieser Beschränkungen ist der Systemanalytiker gezwungen, in der Analyse Kompromisse einzugehen, er sollte jedoch diese anderen wichtigen Überlegungen in ihrer quali-

tativen Bedeutung dem Entscheidungsträger ausdrücklich mitteilen, damit dieser diese Faktoren dennoch in seiner Interpretation der Analyse und bei der Entscheidung berücksichtigen kann.
[...]

Entwicklung der Systemanalyse

In diesem Abschnitt soll ein Gesamtverfahren zur Bewertung einer Systemanalyse im Hinblick auf ihre Effektivität zur Erreichung eines Zieles sowie ihrer Kosten entwickelt werden. Insbesondere wird die Rolle untersucht, die Modelle, vor allem analytische Modelle, bei der Systemplanung spielen. Es wird diskutiert, was ein Modell ist und warum Modelle bei der Problemlösung oder Systemplanung verwendet werden. Die verschiedenen Modelltypen werden erörtert, einschließlich derjenigen, die das System beschreiben, die Arbeit, die getan werden muß und die Systemumwelt. Es werden zwei Bewertungsmodelle beschrieben: (a) das Effektivitätsmodell, das es dem Systemanalytiker ermöglicht vorherzusagen, wie gut das System eine Aufgabe in einer bestimmten Umwelt erfüllen wird, und (b) das Kostenmodell, das die gesamten erforderlichen Systemkosten schätzt. Für jedes Modell werden Beispiele angeführt. Schließlich werden die Beziehungen dieser Modelle bei der Durchführung einer Systemanalyse entwickelt.

Wichtigste Terminologie

Systemplanung verwendet die folgenden Schlüsselbegriffe: *Analyse*, die zur Erarbeitung oder *Synthese* der *System*-Alternativen führt, ihre Bewertung und die Wahl der am günstigsten erscheinenden Alternative. Bevor diese unterschiedlichen Modelltypen und ihre Anwendung betrachtet werden, sollten diese Schlüsselbegriffe, die bei der Systemplanung auftreten, definiert werden.
Analyse: Im Lexikon wird Analyse definiert als die »Aufgliederung eines Ganzen in seine Einzelteile; die Untersuchung eines Komplexes, seiner Elemente und ihrer Beziehungen«.
Trennung, Aufgliederung oder Parzellierung eines komplexen Problems in seine kleineren Teile, die leichter gelöst werden können, ist also das wesentlichste Merkmal einer Analyse, wobei die endgültige Lösung die Zusammenfassung dieser Teil-Lösungen in einer Weise darstellt, die auch die Interdependenzen dieser Teile richtig einbezieht.

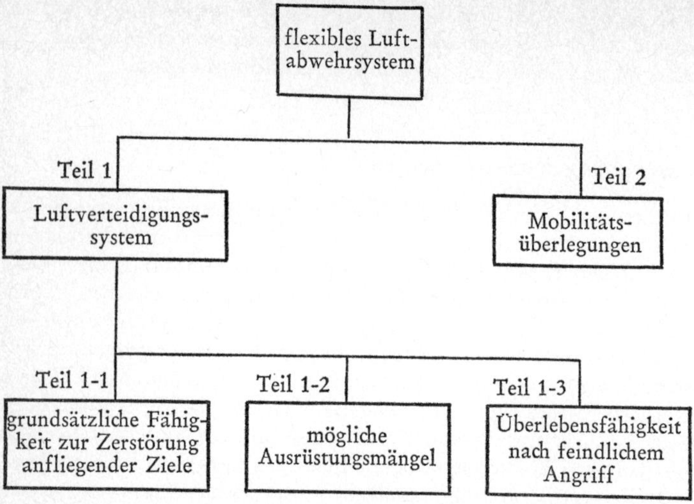

Abb. 4-1 Aufgliederung des Problems der flexiblen Luftabwehr

So könnte z. B. in einer Analyse, deren Ziel die Bewertung alternativer flexibler Luftabwehrsysteme ist, die Analyse in mehrere grundlegende Teile aufgegliedert werden, die anfänglich als unabhängig voneinander behandelt werden, wie in Abb. 4-1 dargestellt.
Teil 1: Fähigkeit des Systems, die Aufgabe der Luftverteidigung zu leisten, nachdem das System einmal installiert wurde, unabhängig von Mobilitätsüberlegungen.
Teil 2: Die Mobilitätsaspekte, die die Fähigkeit des in Teil 1 beschriebenen stationären Systems modifizieren würden. Diese Aspekte umfassen den Nutzen der Systemmobilität wie z. B. die Möglichkeit, es nach Bedarf an verschiedenen Orten zu installieren, wie auch den Grad der Reduktion der Einsatzbarkeit des stationären Systems während der Zeit, in der das System zu seinem neuen Standort transportiert und dort installiert wird.
In ähnlicher Weise kann die Leistung des Systems in Teil 1 in mehrere kleinere Probleme untergliedert werden, um dadurch getrennte, kleinere und weniger komplexe Analysen zu ermöglichen:
Teil 1-1: Grundsätzliche Fähigkeit des Systems, die Aufgabe der Luftverteidigung zu erfüllen, unabhängig von allen anderen Überlegungen.

Teil 1-2: Dysfunktionen, verursacht durch Ausrüstungsmängel.
Teil 1-3: Überlebensfähigkeit des Systems nach einem feindlichen Angriff.

Auf diese Weise kann ein komplexes Problem in eine Reihe kleinerer Probleme untergliedert werden, von denen jedes einzeln sehr viel leichter analysiert werden kann.

Obwohl jedoch getrennte, kleinere Analysen jetzt durchgeführt werden können, darf der Analytiker zwei Probleme nicht unterschätzen:

1. Es muß eine Möglichkeit gefunden werden, die getrennten Ergebnisse miteinander zu kombinieren.
2. Faktoren, die in einem Teil der Analyse berücksichtigt werden, können sich auch auf einen anderen Teil auswirken.

Ein Beispiel dieser Interdependenz der Teile wäre, daß die Mobilitätsüberlegungen von Teil 2 das System so großen Erschütterungen und Vibrationen unterwerfen, daß die Zuverlässigkeit der Ausrüstung (Teil 1–1), verglichen mit einem stationären System, reduziert wird.

Synthese: Synthese kommt von »zusammenfassen« und bedeutet die Zusammenlegung von Teilen oder Elementen, um ein Ganzes zu bilden. Synthese ist also gewissermaßen das Gegenteil von Analyse. Bei der Analyse eines Stromnetzes z. B. ist eine Kombination von Schaltkreis-Elementen gegeben (das System), die in einer bestimmten Weise miteinander verbunden sind: die Leistung des Schaltkreises (der Output) soll bestimmt werden, wenn das Netz an eine Stromquelle (der Input) angeschlossen wird. Im umgekehrten Fall der Synthese ist eine bestimmte gewünschte Leistung des Stromnetzes angegeben und es soll diejenige Kombination der Elemente der Schaltkreise gefunden werden, die der gewünschten Leistung am nächsten kommt, wenn es an eine Stromquelle angeschlossen wird.

Das Ziel der Analyse eines Problems besteht darin, eine bevorzugte Lösung für das Problem zu finden. Die Spezifizierung der Elemente, aus denen sich die Systemlösung zusammensetzt, einschließlich der Interdependenzen der Elemente und der Funktionsweise des Systems wird der Systementwurf genannt. Der Prozeß der Analyse des Problems und der Erarbeitung einer bevorzugten Systemlösung für das Problem wird Systemplanungsprozeß oder Entwurfsprozeß (design) genannt. Dieser Prozeß erfordert offensichtlich sowohl Systemanalyse wie auch Synthese.

Wesentliche Elemente einer Systemanalyse

Während der Begriff »Systemanalyse« schon definiert wurde und grundsätzlich aus der Systembewertung und, falls erforderlich, der Erarbeitung zusätzlicher Alternativen besteht, sollen jetzt ihre Einzelteile untersucht werden. Hitch führt die folgenden Elemente als wesentlich in einer Systemanalyse an [3].

»Ein *Ziel* oder eine Reihe von Zielen.«

»Alternative Mittel (oder *›Systeme‹*), durch die das Ziel erreicht werden kann.«

(Das können entweder verschiedene Kombinationen von Systemelementen oder Systemkomponenten sein, oder unterschiedliche Strategien des Einsatzes eines bestimmten Systems.)

»Die *›Kosten‹* der Ressourcen, die von jedem System benötigt werden.«

»Ein mathematisches oder logisches *Modell* oder Modelle, d. h. eine Reihe von Beziehungen zwischen den Zielen, die alternativen Mittel zur Erreichung dieser Ziele die Umwelt und die benötigten Ressourcen.«

»Ein *Kriterium* zur Wahl der bevorzugten Alternative.
Im allgemeinen setzt dieses Kriterium die Ziele und die Kosten auf irgendeine Weise zueinander in Beziehung. Z. B. durch Maximierung der Zielerreichung im Rahmen eines angenommenen oder gegebenen Budgets.«

Diese Elemente einer Systemanalyse und ihre Interdependenzen sind in Abb. 4-2 dargestellt. Sie bilden die Grundlage des analytischen Verfahrens, das im folgenden beschrieben und angewendet werden soll. Die von Hitch aufgeführten Elemente wurden, darauf soll an dieser Stelle explizit hingewiesen werden, durch die folgenden Elemente ergänzt:

Es gibt eine *Aufgabe, die getan werden muß;* sie ist das eigentliche Ziel. Jede Systemalternative wird in dem *Systementwurf* dargestellt. Das Modell, durch das festgestellt wird, wie gut jedes System das Ziel in der *Umwelt* erfüllt, wird *Effektivitätsmodell* genannt. Das Modell, das die Gesamtkosten jedes Systems zur Erreichung des Zieles festsetzt, wird *Kostenmodell* genannt.

Jedes dieser Elemente ist ein Modell und wird im folgenden ausführlich diskutiert. Zuvor soll jedoch der Begriff »Modell« untersucht werden.

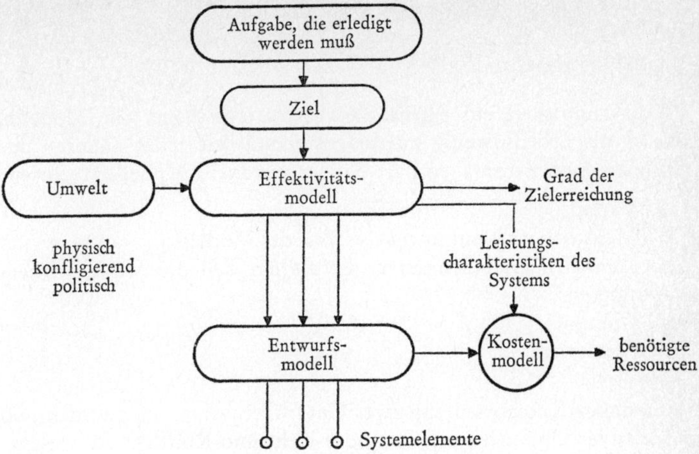

Abb. 4-2 Modelle zur Systembewertung

Definition eines Modells

Ein Modell kann definiert werden als eine explizite Darstellung eines Phänomens oder eines Problemgebietes, seiner verschiedenen Faktoren und ihrer Beziehungen; mit seiner Hilfe soll das Ergebnis von Handlungen vorhergesagt werden. Ein Modell ist somit ein Analogon oder eine Imitation der Wirklichkeit. Diese Definition ist ziemlich weit gefaßt und beinhaltet deshalb sowohl qualitative wie quantitative Modelle.

Modelltypen

R. D. Specht schreibt [4]:
»Modelle können klassifiziert werden nach:
1. Zweck – Ausbildung, Studium, etc.
2. Anwendungsbereich – strategisch, taktisch, logistisch etc.
3. Ebene – vom nationalen Bereich bis hin zu Operationen, die auf eine Einheit begrenzt sind.
4. Statisch oder dynamisch.
5. Zweiseitig oder einseitig, konfligierend oder nicht.
6. Grad, in dem Mathematik verwendet wird.
7. Einsatz von Computern – wie groß und auf welche Weise.

8. Komplexität – detailliert oder aggregiert.
9. Formalisierung – der Grad, in dem die Interaktionen vorausgeplant und ihre Ergebnisse vorherbestimmt sind.«

Specht entwickelt ein eigenes Klassifikationsschema für Modelle, das er als »ebensowenig zufriedenstellend wie jedes andere« bezeichnet. Sein Schema enthält 5 übergeordnete Modellkategorien:

I. Verbal;
II. Menschen – als ein integraler Teil des Modells;
III. Menschen und Computer, die als ein Teil des Modells interagieren;
IV. Computer;
V. Analytisch.

Jede dieser Kategorien hat zwei Unterkategorien, »je nachdem, ob ein aktiver Opponent existiert oder nicht und Konflikt ein wesentlicher Teil des Modells ist«.
Ein verbales Modell ist somit eine Beschreibung in Worten eines Vorfalls, einer Aktivität oder eines Systems. Eine Übung für den Kriegsfall, in der eine tatsächliche Schlacht simuliert wird, wäre ein Mensch-Modell. Die Übung eines Kommandopostens, bei der Entscheidungen von Menschen gefällt werden, ein Computer jedoch eingesetzt wird, um einen Teil des Problems zu simulieren, wie z. B. einen feindlichen Atomangriff und die Abwehr durch die eigenen Streitkräfte, ist ein Beispiel für ein Mensch-Computer-Modell. Weiterhin klassifiziert Specht Computer und analytische Modelle als mathematische Modelle. Einige mathematische Modelle wie das Ohmsche Gesetz sind deterministisch; andere Modelle jedoch, die zufällige Prozesse beschreiben, sind probabilistisch, wodurch drei weitere Modellkategorien eingeführt werden. Werden die Ergebnisse des analytischen Modells als eine Wahrscheinlichkeitsverteilung dargestellt, so wird dieses Modell auch »probabilistisches Modell« genannt. Wird nur der erwartete Wert der Ergebnisse angegeben, so wird das Modell auch »Werterwartungs-Modell« genannt. Erhält man die Wahrscheinlichkeitsverteilung durch Ziehung von Zufallsstichproben aus jeder der Wahrscheinlichkeitsverteilungen, die mit den notwendigen Operationen verbunden sind, so wird das Modell auch eine »Monte-Carlo-Simulation« genannt. Während viele der Modelle, die hier verwendet werden, mathematische Modelle sind, würde unsere Definition eines Modells als ein »Analogon der realen Welt« auch die folgenden Modelltypen erfassen:

1. Eine mechanische Zeichnung;
2. ein maßstabsgetreues Modell eines Flugzeuges für Messungen im Windkanal;
3. eine Landkarte;
4. elektrische Schaltkreise;
5. ein Flugsimulator zur Ausbildung von Piloten;
6. ein maßstabsgetreues Modell eines Skeletts;
7. Bilder des menschlichen Nervensystems, des Knochenbaus und des Kreislaufs.

Jedes dieser Modelle ist entweder eine zweidimensionale Zeichnung oder eine dreidimensionale Darstellung eines physischen Objektes; der spezifische Zweck jedes dieser Modelle besteht darin, ein in der Natur vorkommendes oder vom Menschen geschaffenes Objekt zu beschreiben.

Wichtig ist in diesem Zusammenhang, daß das spezifische Modell zu dem untersuchten Problemgebiet in Beziehung steht. Versucht man z. B. die günstigste Reiseroute mit dem Auto von einem Ort zu einem anderen festzulegen, so wäre ein Modell der Situation eine Straßenkarte, die nicht nur alle Straßen angibt, sondern auch ihre jeweiligen Charakteristiken. Da das Entscheidungskriterium kürzeste Zeit, kürzeste Entfernung, niedrigste Kosten, oder schönste Landschaft oder eine Kombination von allem sein kann, ist eine Straßenkarte ein gutes Modell, um eine Lösung für dieses Problem zu finden.

Wäre man jedoch Leiter einer Fluggesellschaft und wollte den Umsatz durch Information der zukünftigen Passagiere steigern, so wären zwei Modelle erforderlich: (a) eine Karte, die zeigt, welche Städte von der Reisegesellschaft miteinander verbunden werden, und (b) einen Zeitplan, der Ankunft und Abflugzeiten aller Flüge in allen Städten, die von der Fluggesellschaft angefolgen werden, angibt.

Bei der Planung einer intercity-Schnellstraße würde der Planer schließlich zusätzliche Karten benötigen, die sowohl topographische Angaben über das Terrain wie auch die Bebauung enthalten, so daß Bodenpreise eingesetzt werden können. Bei der Betrachtung der verschiedenen Alternativen für den Bau einer Schnellstraße könnten so die Kosten der Enteignung kalkuliert werden. Jedes dieser drei Probleme erforderte eine Karte, aber jede Karte war von einer anderen Art, je nach den besonderen Charakteristiken, die für das Problem wichtig sind.

Viele der beschriebenen Modelle waren deskriptiver Art und zeigten Elemente (wie z. B. Art der Schnellstraße) und ihre Beziehungen (wie z. B. welche Schnellstraßen bestimmte Städte miteinander verbinden). Ein anderer, auch in der Systemanalyse verwendeter Modelltyp hat die Möglichkeit der Transformation von System-Input und System-Output zur Voraussetzung. Ein Beispiel hierfür wäre die Transformation einer Radiowelle, die in ein Radiogerät einfließt und als Output in Ton umgewandelt wird. Solche Modelle werden verwendet, um ein System zu beschreiben und zu verstehen, wie z. B. einen Herstellungsprozeß.
Im folgenden werden zunächst die verschiedenen Modelle beschrieben, die zur Durchführung der Systembewertung (wie in Abb. 4-2 dargestellt) benötigt werden. Der Prozeß der Gewinnung numerischer Daten aus diesen Modellen unter Verwendung der Wahrscheinlichkeitstheorie, kombinatorischer Techniken oder der Monte-Carlo-Simulation wird als »Modell-Anwendung« definiert. Zweifellos ist die Modellanwendung von der Art des Modells abhängig.

Beschreibung des Systems

Zuerst soll das Entwurfsmodell betrachtet werden, das eine Beschreibung der untersuchten Systemalternative liefert. Dabei erscheint es sinnvoll, sich zunächst die Frage zu stellen, was ein System ist.
Der Begriff »System« hat mehrere Bedeutungen, da in der heutigen system-orientierten Umwelt jeder über Systeme zu arbeiten scheint. Es gibt Radarsysteme, Datenverarbeitungssysteme, Kommunikationssysteme, Produktionskontroll-Systeme und Marktforschungssysteme. Können sie alle wirklich System genannt werden? Und worin unterscheiden sich System und Subsystem?
Man kann versuchen, diese Fragen durch eine Betrachtung der realen Welt zu beantworten, die sich aus Dingen (wie Ausrüstung) und Menschen zusammensetzt, die durch eine organisatorische Struktur miteinander verbunden sind. Abb. 4-3 ist die graphische Darstellung eines solchen Organisationsmodells. Dieses Modell enthält diejenigen Elemente, aus denen sich das National Establishment der Vereinigten Staaten zusammensetzt, und zwar von der Spitze der Streitkräfte, der Luftwaffe bis hinunter zur Ausrüstung der Luftabwehr.
Das dargestellte Luftabwehrsystem setzt sich aus einem Raketen-

abfangsystem zusammen, das zu Beginn von einem Kommando- und Kontrollsystem gesteuert wird. Dieses wiederum setzt sich, wie dargestellt, aus einem Radarsystem zusammen, das als eine Ansammlung von Sendern, Empfängern und Antennen gedacht werden kann.
Es enthält außerdem ein Datenverarbeitungssystem mit Eingabe- und Ausgabegeräten, Datenspeicherungsanlagen, zentralen Datenverarbeitungsanlagen wie auch Kommunikations- und Display-Systeme. Können sie alle als Systeme bezeichnet werden?
Die lexikalische Definition von »System« lautet folgendermaßen:
»Eine Aggregation oder Vereinigung von Objekten, die durch irgendeine lokale Interaktion oder Interdependenz miteinander verbunden sind; eine Gruppe verschiedener Einheiten, die auf natürliche oder künstliche Weise so miteinander kombiniert sind, daß sie ein integrales Ganzes bilden und im Einklang funktionieren, operieren oder sich bewegen und oft einer Art von Kontrolle gehorchen; ein organisches oder organisiertes Ganzes;
wie z. B. das Universum als System, das Sonnensystem, jedes beliebige Telegraphensystem.«
In einem Bericht der Systems Science und Cybernetics Group des Institute of Electrical and Electronic Engineers (IEEE) wird der Begriff »System« folgendermaßen definiert [5]:
»Ein System ist eine Sammlung verschiedener interagierender menschlicher und maschineller Elemente, die miteinander verbunden sind, um ein gemeinsames, erstrebtes Ziel durch Manipulation und Kontrolle von Material, Information, Energie und Menschen zu erreichen.«
»Mit dieser Definition können Systeme als durch ihre Ziele oder Elemente charakterisiert begriffen werden oder durch ihre vorherrschende Technologie. So gibt es Kommando- und Kontrollsysteme, Marine-Systeme oder elektromechanische Systeme.«
Die Allgemeinheit dieser Definition hat den Vorteil, daß mit ihr *alles* als System aufgefaßt werden kann. So kann an Hand des IEEE-Berichts sogar ein Tisch als System klassifiziert werden, da er aus vier Beinen und einer Tischplatte (den Elementen) besteht, die miteinander verbunden sind, um ein gemeinsames gewünschtes Ziel zu erreichen (Tragen von Objekten). Tatsächlich deutet der Bericht an, daß es als einziges vielleicht nicht gelänge, ein Tischbein als System zu klassifizieren, aber vielleicht würde ein Molekularphysiker auch das nachweisen können. Eine derart allgemeine Definition ist also vielleicht nicht sehr sinnvoll.

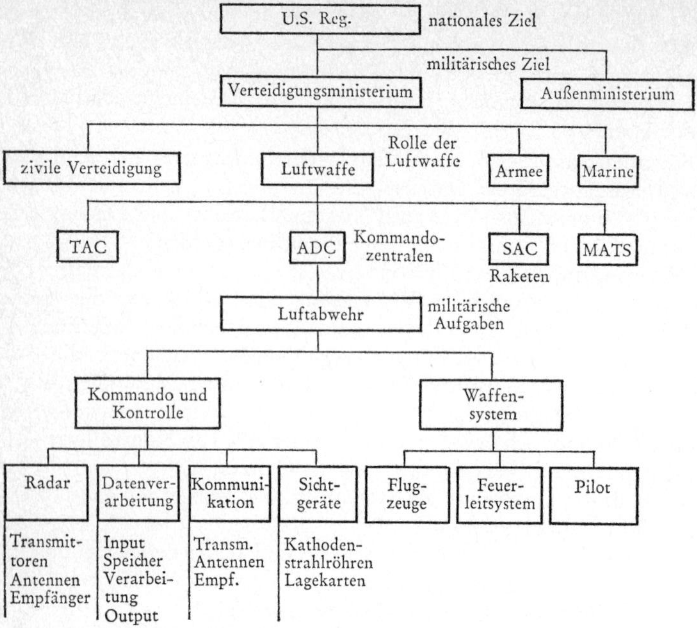

Abb. 4-3 Hierarchie der Systeme

Der Autor geht davon aus, daß, da alles als System definiert werden kann, diese Definition einige Nachteile aufweist. Ein besserer Ansatz könnte die Erkenntnis sein, daß der einzige Zweck, ein System zu untersuchen, darin besteht, ein Problem zu lösen oder Wünsche und Bedürfnisse zu erfüllen. Folglich könnte man von einem »systematischen (oder rationalen) Ansatz zur Bewältigung komplexer Probleme und zur Entscheidungsfindung« ausgehen.
Die lexikalische Definition des Begriffes »System« und die des IEEE sind akzeptabel, wenn diese Definitionen dadurch ergänzt werden, daß, wie in Abb. 4-3 dargestellt, es eindeutig eine »Hierarchie der Systeme« gibt. Durch die Konstruktion einer solchen Struktur für jedes beliebige Problem kann der Systemplaner explizit die drei Ebenen identifizieren, deren Elemente für ihn von größter Bedeutung sind. Die erste Ebene ist ihm direkt untergeordnet; sie enthält diejenigen Elemente des Problems, die der direkten Kontrolle des Systemplaners unterstehen. Bei dem Entwurf eines Kon-

troll- und Kommandosystems z. B. gehören Radarempfänger, Datenverarbeitungsmaschinen, Kommunikations- und Sichtgeräte zu den Elementen. Wie später noch ausgeführt, besteht die wesentliche Funktion des Systementwerfers darin, ein Gleichgewicht in der Systemleistung zwischen diesen Elementen herzustellen (z. B. der Grad, in dem diese Elemente die Kommando- und Kontroll-Ziele erfüllen und die für diese Leistung erforderlichen Ressourcen.)

Die Leistungs- und Kostencharakteristiken jedes dieser Elemente ergeben sich eindeutig aus (und enthalten deshalb implizit) den Leistungs- und Kostencharakteristiken aller ihrer Teil-Elemente. Der Systemplaner kann deshalb den Entwurf der untergeordneten Befehlsebene, wie z. B. die Radarempfänger, an andere technische Spezialisten delegieren, um sich so ein wenig von Kontrollproblemen freizumachen [6].

Außerdem kann der Systemplaner durch die Konstruktion dieser Hierarchie das Ziel der nächsthöheren Ebene eindeutiger identifizieren (z. B. das der Luftverteidigung). Das ist wichtig, denn die Ziele der niedrigeren Ebenen müssen mit denen aller höheren Ebenen vereinbar sein. Schließlich werden durch diese Hierarchie auch jene Elemente erfaßt, mit denen der Entwerfer des Kommando- und Kontrollsystems interagieren muß, dem Luftwaffensystem.

Das Systementwurfsmodell umfaßt somit:

1. Eine Beschreibung aller Systemelemente, die für das Funktionieren und die Aufrechterhaltung des Systems notwendig sind, wie Hardware, Software, Ausrüstung und Menschen. Eine solche Beschreibung würde der in Abb. 4-4 gegebenen Struktur folgen.
2. Das politische oder operationale Konzept oder die Strategie, die die Elemente miteinander verbindet und bei Operationen des Systems befolgt wird.
3. Schlüsselfaktoren des Systems, Charakteristiken oder Attribute, die das System und seine Elemente beschreiben.

Während Teil 1 und 2 die Charakteristiken von »Dingen« (Systemelemente) beschreiben und wie sie angewendet werden sollen, befaßt sich der dritte Teil des Modells mit den Systemleistungscharakteristiken. Die Leistungscharakteristiken eines Bombers z. B. wären seine Fluggeschwindigkeit, Reichweite, maximale Höhe, Bombentraglast, Verwundbarkeit durch Luftabwehr etc. Das Entwurfmodell kann jetzt in jeden gewünschten Grad der Detaillierung gehen.

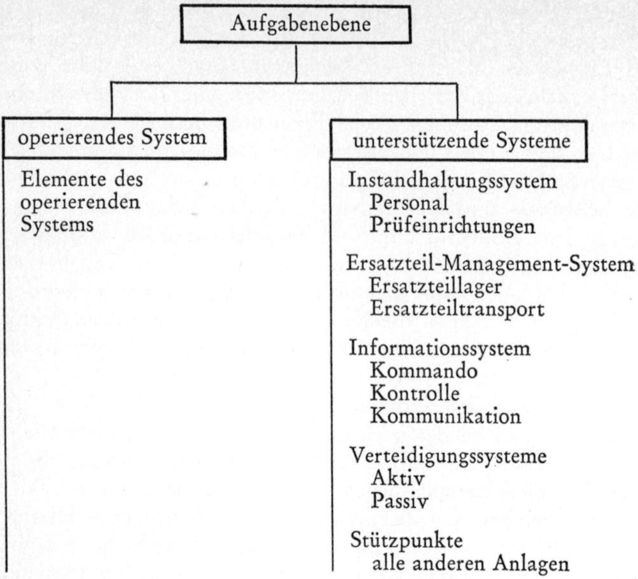

Abb. 4-4 Aufgabenebenen-System und seine Subsysteme

Faktoren der Systemplanung

Die verschiedenen Faktoren, die bei der Systemplanung berücksichtigt werden müssen, können in drei Klassen aufgeteilt werden: (a) diejenigen Faktoren, die der direkten Kontrolle der planenden Stelle unterliegen, (b) jene, die nur indirekt von ihr kontrolliert werden können, und (c) diejenigen, die nicht von ihr kontrolliert werden können. Die letzte Gruppe (c) wird als Umwelt definiert. Gesetzt den Fall, das Air Force Semi-Automatic Ground Environment (SAGE) Luftverteidigungs-Kontrollsystem, dessen Elemente in Abb. 4–3 unter »Kommando und Kontrolle« aufgeführt sind, soll verbessert werden. An Hand dieses Beispiels sollen jetzt die drei Faktorengruppen untersucht werden:
Direkt kontrollierbare Faktoren: Zu diesen Faktoren gehören alle Elemente des SAGE Air Defense Control Systems, die der direkten Kontrolle des Systemplaners unterliegen. Das sind Radar, Datenverarbeitung, Kommunikation und Sichtgeräte, alles Elemente eines Informationssystems.

Indirekt kontrollierbare Faktoren: Zu diesen gehören die Teile des übergeordneten Systems, die mit den direkt kontrollierbaren Teilen des Systems interagieren müssen, die jedoch nicht der direkten Kontrolle des Systemplaners unterliegen. Zu den Elementen dieser Kategorie gehören bemannte und unbemannte Abfangeinheiten, Boden-Luft-Raketen, das Oberkommando und der Präsident.
Umwelt: Alle anderen unkontrollierbaren Elemente, die in der Untersuchung berücksichtigt werden müssen. Dazu gehören alle die Nebenbedingungen, die sich auf die physische Umwelt wie Wetter, atmosphärische Verhältnisse, Temperatur etc. beziehen, sie schließen auch den potentiellen Feind oder Widersacher ein.
Im folgenden wird gezeigt, wie die Erkennung dieser Faktorenkategorien dem Systemplaner bei der Bewältigung der Probleme helfen kann.

Behandlung dieser Faktoren

Die direkt kontrollierbaren Elemente unterliegen der direkten Kontrolle des Systemplaners und sind in dem Entwurfsmodell ausgewiesen.
Die Aufgabe des Systemplaners besteht darin, die verfügbaren Ressourcen auf diese Elemente zu verteilen und die maximale Effektivität für diesen bestimmten Ressourceneinsatz zu erreichen. Die Leistungscharakteristiken der indirekt kontrollierbaren Elemente kann der Systemplaner von denjenigen Organisationen erhalten, die sie direkt kontrollieren und als festgesetzte Nebenbedingungen akzeptieren. Das ist bei der Mehrzahl dieser Elemente der Fall.
In manchen Fällen entdeckt der Analytiker jedoch, daß dasselbe übergeordnete Ziel zu geringeren Kosten erreicht werden kann als ursprünglich dargestellt, wenn einige indirekt kontrollierbare Elemente des Problems modifiziert werden.
Der Systemplaner hat somit von berufswegen die Pflicht zu versuchen, diese anderen Elemente dadurch zu modifizieren, daß er entweder auf die angrenzende Organisation Einfluß ausübt oder die Situation dem Systemplaner der übergeordneten Ebene mitteilt, der die direkte Kontrolle über beide Elemente ausübt.
Die Umweltfaktoren können so behandelt werden, daß explizit gesagt wird, wie diese Faktoren in der Untersuchung berücksichtigt werden. Einige dieser Faktoren, wie die physische Umwelt, sind durch niemanden kontrollierbar, ihre Werte haben jedoch

einen hohen Wahrscheinlichkeitsgrad (wenn auch nur in probabilistischer Form). Andere Faktoren, die die Leistungscharakteristiken des Gegenspielers oder potentiellen Feindes betreffen, sind nicht nur hochgradig ungewiß, sondern es muß auch mit Sicherheit davon ausgegangen werden, daß der Gegenspieler bewußt versuchen wird, sein System so zu steuern, daß die Effektivität des untersuchten Systems minimiert wird.
Zu den verschiedenen Faktoren, die in dieser Kategorie berücksichtigt werden müssen, gehören also auch die verschiedenen operationalen Situationen, die angetroffen werden können, die sogenannten »Kontingenzen«.
Eine qualitative Beschreibung jeder Kontingenz wird ein »Scenario« genannt, das S. Brown [7] definiert als eine »Annahme über die Umwelt des bestimmten Systems, das untersucht wird.« Im allgemeinen besteht das Scenario aus einer verbalen Beschreibung, die Angaben darüber enthält, wie die Aufgabe beginnt, welche Waffensysteme der Gegenspieler zur Anwendung bringen könnte sowie über Anzahl und Kombination der Waffen und die Leistungscharakteristiken des feindlichen Systems und wie es eingesetzt werden könnte. Im allgemeinen muß für jedes der verschiedenen möglichen Scenarios eine Analyse durchgeführt werden.

Beschreibung der Ziele

Der Systemplaner muß sich mit zwei Arten von Zielen befassen. Die erste kann als Planungsziel, Projektziel oder Problemziel bezeichnet werden. Dieses Ziel ist der eigentliche Grund dafür, daß überhaupt Planungsbemühungen unternommen werden und bedeutet im allgemeinen auch das Bestreben, eine oder mehrere Leistungscharakteristiken des Systems zu verbessern (wie erhöhte Fluggeschwindigkeit, Tragfähigkeit, Verläßlichkeit) oder die Systemkosten zu reduzieren.
Der zweite Zieltyp kann Systemziel genannt werden und besteht in der Funktion oder Aufgabe, die das System erfüllt.

Systemeffektivität

Der wesentliche Zweck einer Systemanalyse besteht darin, quantitativ zu bestimmen, wie gut eine Systemalternative ein Ziel erreicht.

Wie schon angedeutet, erfordert die Antwort auf diese Frage grundsätzlich die Herstellung einer Beziehung zwischen Leistungscharakteristiken (aus dem Entwurfsmodell zu gewinnen), der Umwelt, in der das System operieren wird, und dem (den) Ziel(en) der Aufgabe. Die Effektivität eines Systems kann damit definiert werden als der Grad, in dem das System seine Aufgabe oder Funktion in der Umwelt erfüllen kann.

Die Bedeutung der Umweltfaktoren für die Erfüllung der Systemziele (d. h. die Systemeffektivität) kann an dem Problem der Effektivitätsbestimmung veralteter, leichter Bomber des Typs B-25, die während des Zweiten Weltkrieges eingesetzt wurden, in der heutigen Umwelt verdeutlicht werden. Das Maß der Effektivität der Bomber könnte definiert werden als seine Fähigkeit, Ziele zu zerstören. Zur Analyse dieser Situation muß die Art der Kriegführung berücksichtigt werden: Ist es ein allgemeiner Atomkrieg, die Niederschlagung eines Aufstandes oder ein begrenzter Krieg gegen einen Feind, der über ein Luftabwehrsystem verfügt? Ein Teil des Problems besteht also darin, die durchzuführende Aufgabe, das Ziel des Systems im Rahmen dieser Aufgabe und die Systemumwelt zu untersuchen. Auf der anderen Seite des Problems stehen die Charakteristiken des Bombers. Die Charakteristiken des Systems (der Bomber) könnten unabhängig von der zu erfüllenden Aufgabe gemessen werden. Im Fall der B-25 wären das niedrige Geschwindigkeit, geringe Reichweite, niedrige Höhe, geringe Verwundbarbarkeit durch feindliche Luftabwehr und niedrige Bombentraglast, wie in dem Entwurfsmodell des Systems konstruiert. Diese Leistungscharakteristiken wären für eine Art der Mission wenig zufriedenstellend wie z. B. allgemeiner Atomkreig, sie könnten jedoch für eine andere hervorragend sein, wie z. B. zur Niederschlagung eines Aufstandes. Bei Verwendung im letzteren Fall könnte die geringe Geschwindigkeit kein Handicap sein, da die Luftverteidigung nur aus kleinen Bodenfeuerwaffen bestehen könnte. Sind die Ziele getarnt, so könnte die geringe Geschwindigkeit nicht nur ausreichend, sondern sogar vorteilhaft sein. Liegen die Ziele in der Nähe des Luftwaffenstützpunktes, so könnte die begrenzte Reichweite der Bomber problemlos sein.

Operationales Ablaufmodell

Einer der schwierigeren Teile einer Systemanalyse besteht darin, die richtigen Ziele richtig zu bestimmen. Zum einen, weil die Leistungscharakteristiken des Systems oft als Mehrfach-Ziele behandelt werden, wodurch eine »objektive Funktion«, die zur »Optimierung« des Systems eingesetzt werden kann, nur schwierig zu erhalten ist. Da außerdem jedes System nur Teil einer Hierarchie von Systemen ist (Abb. 4-3), wobei jede Systemebene ihr eigenes spezifisches Systemziel hat, muß es auch eine Hierarchie der Systemziele geben. Der Systemplaner benötigt also einen Rahmen, der diese Hierarchie der Ziele darstellt und diese Ziele zu den verschiedenen Charakteristiken der Systemleistung und der Umwelt in Beziehung setzt. Ein solches Modell wird »operationales Ablaufmodell« genannt und besteht aus einer Reihe von Aktivitäten oder Ereignissen, die das System erbringen muß, um das *gesamte* (übergeordnete) Systemziel zu erreichen. Jede dieser Aktivitäten kann quantitativ durch eine Reihe von Maßnahmen, die Input oder Output jeder Aktivität beschreiben wie auch das Verhältnis von Input und Output der Aktivität (die sog. Transformationsfunktion der Aktivität) dargestellt werden. Der Hauptzweck des operationalen Ablaufmodells besteht darin, mit seiner Hilfe bewerten zu können, wie jede Systemalternative zur Erreichung des Zieles beiträgt. Das operationale Ablaufmodell kann somit als Modell der Systemeffektivität verwendet werden. Außerdem können durch die Analyse des spezifischen Systemziels und die Konstruktion einer Hierarchie übergeordneter Ziele und Maßnahmen oft zusätzliche Möglichkeiten der Problemlösung gefunden werden.

Beispiel: Das Problem der Warteschlangen bei Personenaufzügen
[...]

Ansatz des WSEIAC-Komitees zur Messung der Effektivität

Im Jahre 1964 gründete die United States Air Force Systems Command ein Weapon System Effectiveness Industry Advisory Committee (WSEIAC) [8], das sich aus Vertretern der Industrie und des Systems Command zusammensetzt, die sich mit dem Problem der Systembewertung befassen sollten. Sie kamen unter anderem zu folgenden Ergebnissen:
Systemeffektivität kann definiert werden als der Grad, in dem ein System eine Reihe spezifischer Aufgabenerfordernisse wahrscheinlich erfüllen wird; sie ist eine Funktion der folgenden drei wesentlichen Komponenten:

Verfügbarkeit, Zuverlässigkeit und Fähigkeit.
»*Verfügbarkeit*« ist ein Maß des Systemzustands zu Beginn einer Aufgabe und ist eine Funktion der Interdependenzen zwischen Hardware, Personal und Verfahren.
»*Zuverlässigkeit*« ist ein Maß des Systemzustands zu einem oder mehreren Zeitpunkten während der Mission unter Berücksichtigung des Systemzustands (der Zustände) zu Beginn der Mission, und kann definiert werden als die Wahrscheinlichkeit (oder Wahrscheinlichkeiten oder ein anderes angemessenes aufgabenorientiertes Maß), daß das System (a) jeden seiner signifikanten Zustände während einer bestimmten Mission erreicht und/oder beibehält und (b) die mit diesen Zuständen verbundenen Funktionen erfüllen wird.
»*Fähigkeit*« ist das Maß, in dem das System die Ziele erfüllt, und zwar unter Berücksichtigung des (der) Systemzustands(zustände) während der Mission; sie ist insbesondere für das Leistungsspektrum eines Systems bestimmend.
Mit Hilfe dieser Definition der WSEIAC von Systemeffektivität kann also die Effektivität eines jeden Systems bestimmt werden. So kann z. B. die Effektivität eines Systems, das eine Aufgabe durchführt, an der Wahrscheinlichkeit gemessen werden, mit der das System die Aufgabe bis zu einem bestimmten Grad erfüllen wird (die Effektivität eines Luftabwehrsystems z. B. könnte gemessen werden an der Wahrscheinlichkeit, mit der zumindest (n) Flugzeuge in einem Einsatz vernichtet werden). Die Effektivität eines Systems, das eine Funktion erfüllt, könnte in ähnlicher Weise gemessen werden. So könnte z. B. die Effektivität eines Radarsystems an der Wahrscheinlichkeit gemessen werden, mit der ein Flugzeug bestimmter Größe auf eine Entfernung von 100 Meilen entdeckt wird. Die Definition des WSEIAC-Komitees von Systemeffektivität bezieht sich auf die Messung eines beliebigen Systems innerhalb einer Hierarchie von Systemen. In jedem Fall muß jedes System in seiner beobachtbaren Umwelt gesehen werden und in Übereinstimmung mit den spezifischen Umweltbedingungen, die während der Analyse festgesetzt wurden, angewendet werden. Mit dieser Definition wird die Systemeffektivität immer probabilistisch gemessen. Einer der wesentlichsten Vorzüge des WSEIAC-Ansatzes ist darin zu sehen, daß der Systemanalytiker gezwungen ist, sich auf die drei Hauptkomponenten der Effektivität zu konzentrieren:
Verfügbarkeit, Zuverlässigkeit und Fähigkeit, die wiederum eine Funktion der verschiedenen Leistungscharakteristiken eines Systems

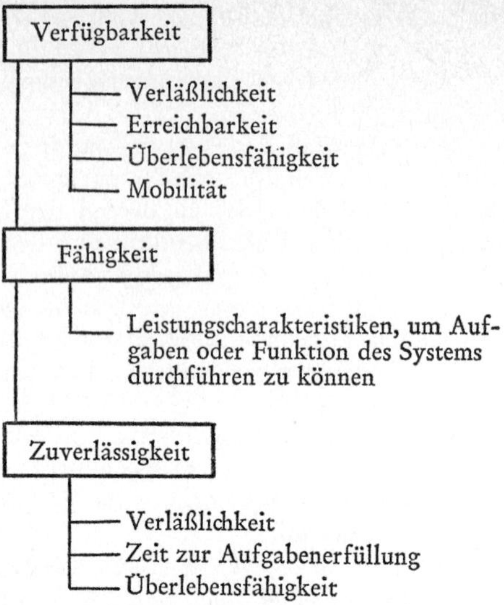

Abb. 4-6 Komponenten der Effektivität

sind, wie in Abb. 4-6 dargestellt. Es wird auffallen, daß mit dieser Definition die Faktoren »Verläßlichkeit« des Systems und »Überlebensfähigkeit« des Systems sowohl unter dem Aspekt der Verfügbarkeit wie auch dem der Zuverlässigkeit betrachtet werden müssen, da das System dysfunktional sein kann oder durch eine feindliche Aktion zerstört werden könnte noch bevor die Systemoperation beginnt oder während das System operiert und seine Aufgaben erfüllt [9].

Ein solches Diagramm kann dem Analytiker bei der Konstruktion eines operationalen Ablaufmodells eine nützliche Kontrolle sein und verhindern, daß einer dieser Faktoren unberücksichtigt bleibt.

Die Interdependenz von Modellen in einer Systemanalyse

Nach der Beschreibung der verschiedenen Modelle, die als Teil der Systemanalyse konstruiert werden, soll jetzt das Verfahren zusammengefaßt dargestellt werden, mit dem diese Modelle als Teil eines formalisierten Arbeitsprozesses in der Systemplanung angewendet werden können.

Wenn auch im folgenden die Arbeitsschritte der Analyse einzeln aufgelistet sind, so sollte dieser Arbeitsprozeß dennoch als iterativ begriffen werden, denn der Analytiker beginnt mit einigen Schritten und kann dann wieder zurückgehen, sobald neue Daten zur Verfügung stehen.

Die Durchführung dieser Schritte in der Systemplanung ist in Abb. 4-7a dargestellt, die die Interdependenzen der eben beschriebenen Modelle aufzeigt und ein besseres Verständnis der drei Problemtypen ermöglicht. Diese Probleme sind das »vorgegebene Problem«, eine Erweiterung dieses Problems, genannt das »Problem wie es verstanden wird« und eine abschließende Einengung dieses Problems, genannt das »zu lösende Problem«. Im folgenden wird dargelegt, warum eine Unterscheidung zwischen diesen drei miteinander verbundenen Problemtypen in der Systemplanung sinnvoll ist.

Der Systemplanungsprozeß beginnt mit dem vorgegebenen Problem (VP) und zwar ist es die Darstellung des Problems, wie sie dem Systemanalytiker ursprünglich vorgelegt und die Analyse in Gang gebracht wurde. Das VP wird manchmal als eine »empfundene Notwendigkeit« beschrieben, da es im allgemeinen eine qualitative Beschreibung einer intuitiven Empfindung des Entscheidungsträgers ist, daß in seinem Bereich ein Problem existiert, das nach seiner Auffassung durch eine Systemanalyse geklärt werden sollte.

So könnte z. B. beim SAGE Air Defense Control System folgendes Problem gegeben sein: »Untersuche verschiedene Möglichkeiten, die Effektivität des SAGE Systems zu verbessern.«

Der Entscheidungsträger könnte dem VP auch eine oder mehrere Lösungsmöglichkeiten hinzufügen; z. B. »Untersuche Möglichkeiten, die Kommunikationskapazität des SAGE Systems durch Einsatz digitaler Datenverarbeitung und nicht durch Sprachkommunikation zu verbessern.«

An diesem Punkt, an dem die Analyse versucht, das Problem, wie es verstanden wird (WP, wahrgenommenes Problem), zu entwickeln, kann der Systemanalytiker zwei Richtungen verfolgen (d. h. um ein besseren Verständnis des VP zu ermöglichen). Das WP stellt im allgemeinen eine Erweiterung des VP dar und besteht aus denjenigen Faktoren, die in der ursprünglichen Darstellung des Problems nicht enthalten sind, vom Systemanalytiker jedoch in der einleitenden Analyse des Problems identifiziert wurden. Wie in Abb. 4-7a dargestellt, kann der Analytiker sich nach rechts bewegen und sich auf das gegenwärtige System konzentrieren und alle Möglichkeiten

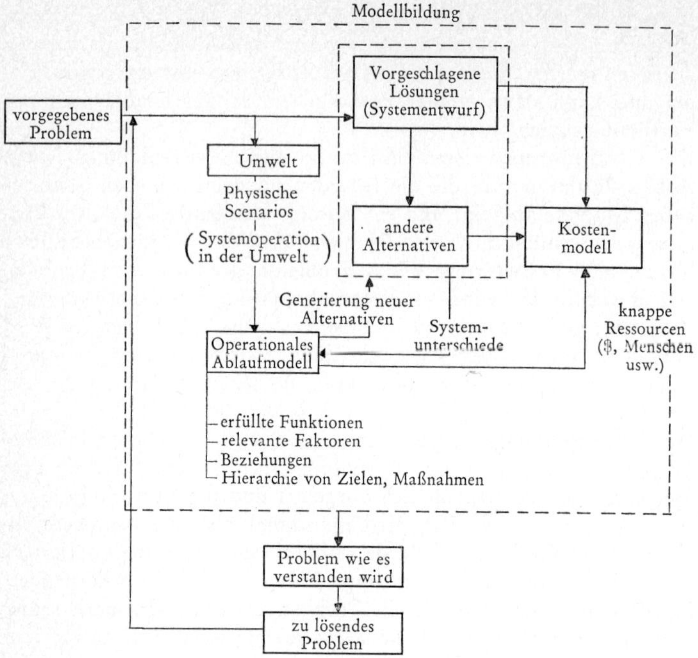

Abb. 4-7 a Modellbildung in der Systemanalyse

berücksichtigen, die zur Lösung des gegebenen Problems vorgeschlagen wurde. Das geschieht durch das Entwurfsmodell, in dem die Elemente der vorgeschlagenen Lösung (sofern es eine gibt) und die erreichbaren Leistungskriterien (im Rahmen der vorgeschlagenen Lösung) strukturiert werden.

Der Rahmen der Analyse kann dann erweitert werden, um die Lösung des gegebenen Problems durch die Konstruktion eines Entwurfsmodells des übergeordneten Systems, das explizit alle Elemente enthält (wie die auf niederer Ebene vorgeschlagenen Lösungen des vorgegebenen Problems), die zur Erreichung des Systemziels notwendig sind oder dafür eingesetzt werden können (in diesem Fall die Luftabwehr), in den größeren Rahmen einzuordnen. Das Entwurfsmodell der übergeordneten Systemebene dient nicht nur der Identifizierung der Gegenspieler (d. h. anderer Alternativen), sondern auch der Verdeutlichung der Aufgabe(n), die das System leistet.

Wird dieser Weg der Systemplanung weiter verfolgt, so kann der Analytiker die vorgeschlagenen Lösungen untersuchen und sich auf die von dem System zu leistenden Funktionen konzentrieren, den Ablauf der beobachtbaren Ereignisse oder Aktivitäten (einschließlich Zielen und quantitativen Messungen) und auf das Verhältnis von Leistungscharakteristiken des Systems zu diesen beobachtbaren Aktivitäten. Wie in Abb. 4-7a dargestellt, dient diese Analyse als Input für den zweiten der beiden parallelen Ansätze bei der Entwicklung des WP. Bei diesem zweiten Ansatz wird von der Aufgabe und ihren Zielen ausgegangen und die Umwelt einschließlich Scenarios und das operationale Ablaufmodell konstrüiert.

Die Systemumwelt umfaßt die physischen Aspekte der Umwelt für jede der verschiedenen beobachtbaren Kontingenzen, unter denen das System funktionieren muß. Es werden Scenarios konstruiert, die jede Kontingenz (z. B. mögliche Art des Einsatzes) verbal beschreiben. Jedes Scenario enthält eine Beschreibung der verschiedenen Bedingungen, die während der Jahre, in denen das System operiert, vorherrschen können, und führt zur Konstruktion eines operationalen Ablaufmodells, das die zu erbringenden Systemaktivitäten oder Ereignisse zu den Leistungskriterien und der Umwelt in Beziehung setzt. Dieses Modell ist die Grundlage für die Bewertung der Effektivität des Systems und ermöglicht es außerdem, neue, zuvor nicht vorgeschlagene Systemalternativen zu generieren.

Der Arbeitsprozeß könnte vom VP direkt zur Umwelt und dann zur Konstruktion eines operationalen Ablaufmodells führen wie in Abb. 4-7a dargestellt. Dieser Ansatz befaßt sich zunächst mit der Mission und der zu erfüllenden Aufgabe, bevor die vorgeschlagenen Systemalternativen untersucht werden. Da während des Arbeitsprozesses beide Schritte vollzogen werden müssen und die einzelnen Schritte iterativ sind, dürfte die Reihenfolge, in der sie durchgeführt werden, nicht allzu wichtig sein. Hier wird der zuerst beschriebene Weg vorgezogen.

Das endgültig formulierte zu lösende Problem (ZLP) ist im allgemeinen eine Vereinfachung des WP, indem entweder vereinfachte Annahmen dadurch gemacht werden, daß einige Faktoren konstant gehalten werden oder daß einige Faktoren oder weniger wahrscheinliche Scenarios vollständig aus der Betrachtung ausgeschlossen werden. Dieses Vereinfachungsverfahren wird angewendet, um das Problem hinsichtlich der analytischen Ressourcen wie Arbeitskräfte, Rechenzeit und der gesamten für die Analyse zur Verfügung stehenden Zeit in Grenzen zu halten. Je mehr Vereinfachungen oder

Auslassungen zur Eingrenzung des zu lösenden Problems gemacht werden, desto weniger glaubhaft mag die Analyse für den Entscheidungsträger sein. Im allgemeinen muß der Analytiker bei der Abwägung zwischen Genauigkeit und Glaubwürdigkeit der Analyse und den für die Problemlösung zur Verfügung stehenden Ressourcen sehr vorsichtig vorgehen.

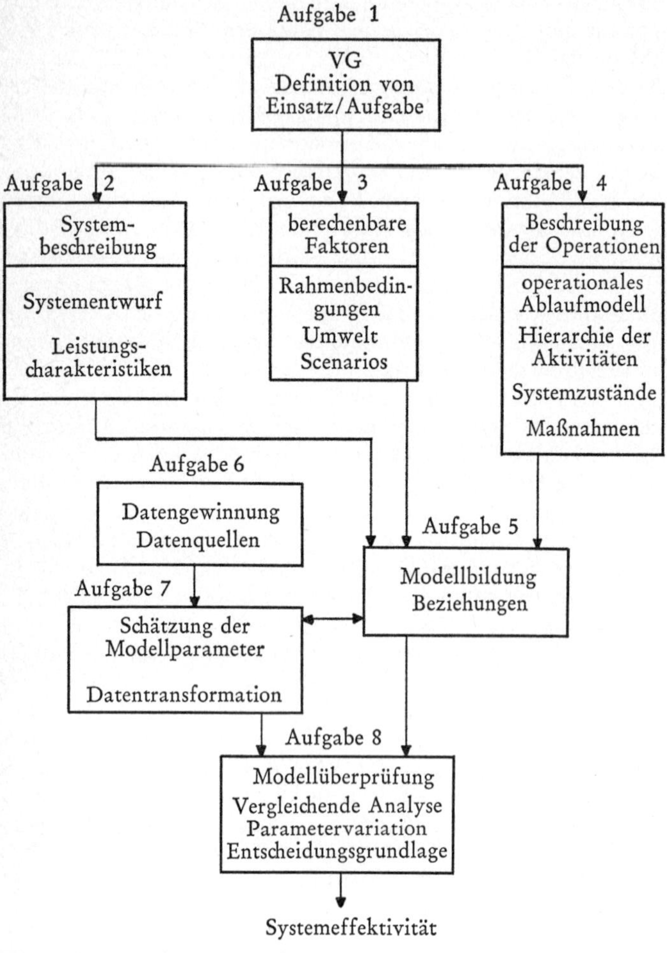

Abb. 4-7 b Prozeß der Systembewertung

Es muß noch einmal betont werden, daß der gesamte beschriebene Prozeß iterativ ist. Ich habe gute Erfahrungen damit gemacht, zu Beginn grobe Modelle zu konstruieren und sie dann zu verfeinern und zu erweitern und beim erneuten Durchlaufen dieses Prozesses immer mehr ins Detail zu gehen. Rückkopplung zu dem Entscheidungsträger ist ein notwendiger Teil der Systemanalyse, um Validität und Glaubwürdigkeit zu sichern hinsichtlich der Logik der Analyse und der Angemessenheit der in die Analyse einbezogenen Faktoren unter Berücksichtigung der für die Aufgabe zur Verfügung stehenden Ressourcen. Es ist von besonderer Wichtigkeit, die Billigung des Entscheidungsträgers zur Eingrenzung des Problemumfangs zu erhalten (d. h. die Teile der breiter angelegten Analyse, die von VP zu ZLP ausgeklammert werden), um das Problem mit den für die Analyse zur Verfügung stehenden Ressourcen bewältigen zu können. Dem (den) Entscheidungsträger(n) muß die Art der Annahmen und Auslassungen, die vorgenommen werden, und die sich daraus für die Analyse als notwendig ergebenen Ressourcen, explizit mitgeteilt werden, denn nur so können glaubhaft Modelle konstruiert und valide Analysen durchgeführt werden. Der Analytiker muß bei der Vereinfachung des Modells ohne Zweifel sehr sorgfältig vorgehen, damit keine relevanten Variablen ausgeklammert werden.
Das richtig zu tun, ist Teil der Kunst der Systemanalyse.
Das vorhin zitierte WSEIAC Komitee hat einen ähnlichen Ansatz zur Systembewertung [10]. Ihr Prozeß (leicht geändert, um die hier entwickelte Terminologie verwenden zu können) kann als die folgenden, in Abb. 4–7b dargestellten Abläufe von Aufgaben gesehen werden, von denen die ersten 5 denen in Abb. 4–7a dargestellten entsprechen.

Aufgabe 1: Definition der Aufgabe. Dieser Prozeß beginnt mit der Definition der Aufgabe und ist eine genaue Erläuterung des VP einschließlich der beabsichtigten Zwecke des Systems. (Die Umweltbedingungen sowie die Scenarios werden unter Aufgabe 3 beschrieben.)

Aufgabe 2: Beschreibung des Systems. Diese Beschreibung sollte nicht nur eine Beschreibung des untersuchten Systems enthalten einschließlich der Leistungscharakteristiken, sondern auch ein Blockdiagramm, das die Beziehungen zu seinen Komplementär-Systemen und jedem anderen System, das die gleiche Mission vollführen kann, aufweist. Die Systembeschreibung wird also auch die Hierarchie der Systeme einbeziehen, die zur Erfüllung der Aufgabe beitragen (oder Aufgaben für ein Mehrzweck-System).

Aufgabe 3: Identifizierung der berechenbaren Faktoren. Hier sollten nicht nur alle Annahmen und Beschränkungen einbezogen werden, sondern auch die Annahmen über die Umwelt, insbesondere das Scenario oder die Beschreibung der verschiedenen Umweltbedingungen, unter denen das System operieren wird. Ist mehr als ein Scenario zu berücksichtigen, so sollten diese entsprechend aufgeführt werden.

Aufgabe 4: Beschreibung der Operationen. Unter Berücksichtigung der Hierarchie der Systeme wird das operationale Ablaufmodell konstruiert, das als Basis der Bewertung der Effektivität dient. Dieses Modell enthält die verschiedenen Ereignisse, die stattfinden müssen sowie die Hierarchie der Maßnahmen und gibt die verschiedenen Charakteristiken der Systemleistung und der Umwelt bezüglich der jeweiligen Teil-Modelle an.

Aufgabe 5: Modellkonstruktion. Dies ist eine zweifache Aufgabe. Der erste Schritt umfaßt die Ausarbeitung des Entwurfmodells und des operationalen Ablaufmodells. Der zweite Schritt besteht darin, die quantitativen Beziehungen festzusetzen, die eine Reihe mathematischer und/oder logischer Gleichungen sind, die die in den jeweiligen operationalen Ablaufmodellen einzubeziehenden Faktoren miteinander verbinden.
Um die parametrischen Relationen zwischen den Faktoren und den zur Erreichung quantitativer Ergebnisse notwendigen Daten zu bestimmen, sollte der Analytiker ein Scenario zugrunde legen, das eines der betrachteten Systeme berührt und das System mit der Umwelt interagieren lassen, einschließlich einer in dem Scenario angenommenen feindlichen Streitkraft. Der Analytiker betrachtet dann jedes der mit den gesamten Operationen verbundenen einzelnen Ergebnisse, die zuvor in dem operationalen Ablaufmodell dargestellt wurden, um so Schritt für Schritt die spezifischen relevanten Faktoren und ihre Beziehungen zu bestimmen. Das wird am besten durch die Konstruktion einer »Test-Hypothese« erreicht, die eine in parametrischer Form ausgedrückte Beziehung für jedes involvierte Ereignis ist. Diese Beziehung basiert auf der Kenntnis des Analytikers über den Typ der Operation, die natürlich von den Beobachtungen oder der Erfahrung des Analytikers mit dieser Art der Operation abhängig ist. Der Analytiker legt dann fest, welche Da-

ten er nach seiner Meinung innerhalb der zur Verfügung stehenden Zeit gewinnen kann und macht die notwendigen Annahmen, um das Problem so zu simplifizieren, daß Zeit und begrenzt zur Verfügung stehende Ressourcen nicht überschritten werden. Diese Daten erhält er durch Aufgaben 6 und 7.

Aufgabe 6: Datengewinnung. Diese Aufgabe spezifiziert die zu gewinnenden Daten, die als Basis des numerischen Inputs in das operationale Ablaufmodell dienen, wo diese Daten zu suchen sind und die Schwierigkeit, sie zu gewinnen.

Aufgabe 7: Schätzung der Modellparameter. Unter Einsatz aller Daten oder Informationen, die verfügbar sind oder innerhalb der zur Verfügung stehenden Zeit und mit den begrenzten Ressourcen beschafft werden können, werden numerische Schätzungen der relevanten Parameter vorgenommen. Dieser Prozeß kann unter Heranziehung bekannter Gleichungen, die ähnliche Faktoren zueinander in Beziehung setzen, statistischen Techniken oder subjektiven Schätzungen, die auf Urteilen beruhen, vorgenommen werden. Der Prozeß bestimmt natürlich den Grad des Irrtums bei den eingegebenen Daten. Es sollten auch die Methoden angegeben werden, mit denen die Daten extrapoliert werden, um die Modellparameter zu schätzen.

Aufgabe 8: Modellüberprüfung. Modellüberprüfung ist die Aufgabe, jedes der in dem operationalen Ablaufmodell aufgeführten Teilmodelle miteinander zu verbinden, und einen quantitativen Output für einen gegebenen Input zu erhalten. Zu den Methoden der Modellüberprüfung gehören verschiedenen mathematische Techniken und Simulationen. Die richtige Methode ergibt sich aus der Menge und Genauigkeit der verfügbaren Daten, der Genauigkeit der gewünschten Ergebnisse und der zur Durchführung der Analyse zur Verfügung stehenden Ressourcen.

Kostenmodell

Die vorangegangene Diskussion konzentrierte sich auf Modelle zur Effektivitätsmessung alternativer Systementwürfe. Es müssen in diesem Zusammenhang auch alle Ausgaben für Ressourcen oder die Kosten, die bei der Durchführung jeder dieser Systemalternativen anfallen, berücksichtigt werden. Es müssen also Kostenmodelle entwickelt werden, die diesen Output liefern können. Bei jedem Kauf, bei dem ein Konsument die Wahl zwischen verschiedenen Ausführungen hat, wie z. B. beim Kauf eines neuen Autos, kommt der Konsument mit einem Kostentyp in Berührung: den Investitionskosten, wobei das Investitions-Kostenmodell, wie in Tab. 4-1 dargestellt, per Gesetz an dem linken Rückfenster eines jeden neuen

Tabelle 4-1 Investitionsmodell eines Autos

Grundmodell 4türige Limousine	$ ......
Automatisches Getriebe	......
Servolenkung	......
Servobremsen	......
Radio	......
Heizung	......
Schalensitze	......
Transport ab Fabrik	......
Gesamtsumme	$ ......

Autos angebracht ist. Dieses Modell gibt die Preise jedes einzelnen Elements des Autos an, einschließlich der unterschiedlichen Ausführungen. Der Kaufpreis des gelieferten Autos ist die Gesamtsumme der Element-Kosten und gibt offensichtlich nicht die Unterhaltungs- und Wartungskosten des Autos an. Dafür werden andere Modelle benötigt.

Kriterien zur System-Selektion

Vorausgesetzt, Effektivität und Kosten jeder einzelnen Systemalternative könnten getrennt gemessen werden, so steht der Systemanalytiker dennoch vor dem Problem, diese beiden Faktoren zu kombinieren, um eine endgültige Entscheidung treffen zu können. Kann ein ökonomisches Maß an Effektivität gefunden werden, so können die Systemkosten in das Effektivitätsmaß einbezogen werden und ein wahres Optimum gewählt werden. Angenommen der Grad der Automation in einer Fabrik, die Fernsehgeräte herstellt, soll erhöht werden. Werden z. B. die Unternehmensgewinne in den nächsten drei Jahren als Effektivitätsmaß genommen und mehrere Möglichkeiten einer verbesserten Herstellung untersucht, so wäre es möglich, die Effektivität gegen die Systemkosten zu setzen (wie in Abb. 4-8 dargestellt). Die Gewinne würden an Hand von Faktoren

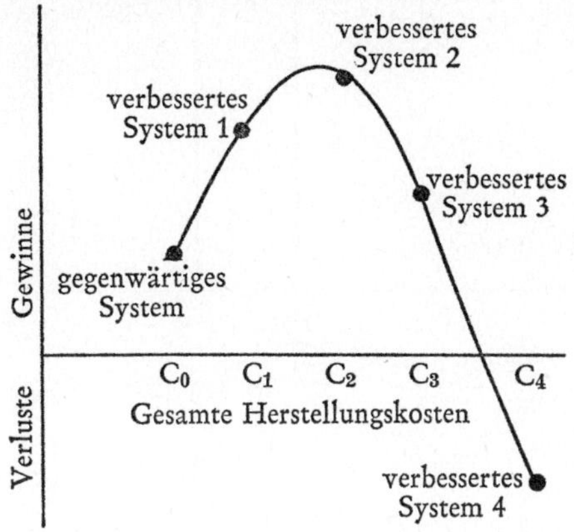

Abb. 4-8 Unternehmensgewinne bei verschiedenen Herstellungssystemen

wie erwartete Nachfrage und Gesamtzeit zur Abschreibung der Kapitalbewilligung für die neuen Anlagen berechnet werden. Die Abbildung zeigt, daß die Profite zunächst mit den Systemverbesserungen (und Kosten) ansteigen, mit weiteren Kostenerhöhungen jedoch absinken (und sogar negativ werden). Der Planer kann somit ein Systemoptimum (d. h. in der Nähe von C_2) für die spezifischen, zugrunde gelegten Bedingungen angeben.

Es gibt jedoch bei der Systemplanung viele andere Probleme, bei denen das Maß der Effektivität nicht in wirtschaftlichen Größen gemessen werden kann, sondern nur der Nutzen (oder die Effektivität) angegeben werden kann. Wie Abb. 4-9a zeigt, wäre z. B. eine Situation denkbar, in der das System B ein höheres Effektivitätsniveau hat als das System A, aber mehr kostet [11]. Das Problem der Systemauswahl besteht darin, das bessere System zu finden (d. h. ob die zusätzliche Effektivität die zusätzlichen Kosten wert ist). Es ist unmöglich, diese Frage zu beantworten – es sei denn rein intuitiv – (was falsch oder schwierig zu rechtfertigen sein

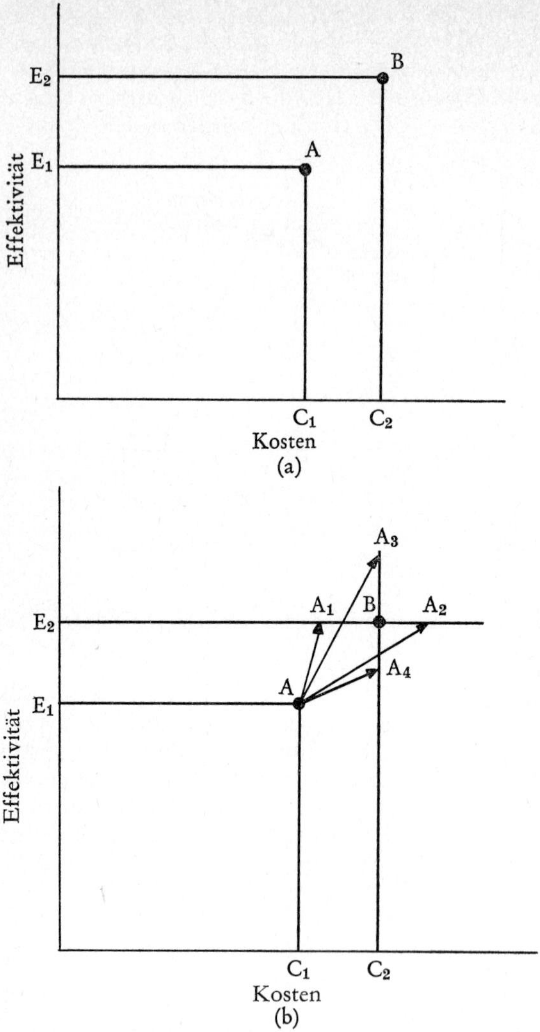

Abb. 4-9 Wahl der bevorzugten Alternative

könnte), ohne auf eine der beiden Selektionskriterien zurückzugreifen, die in einer Kosten-Effektivitätsanalyse berücksichtigt werden:
1. Spezifiziere ein Effektivitätsniveau, das alle Systeme erreichen müssen und wähle dasjenige System aus, das dieses Niveau zu den niedrigsten Kosten erreicht. Dieses Kriterium wird »Pivotieren um konstante Effektivität« genannt. Wird also E_2 als Vergleichsniveau der Effektivität gewählt und die Effektivität des Systems A entsprechend erhöht, so könnte sein neues »Systemoptimum« auf Abbildung 4-9b entweder A_1 sein (niedrigere Kosten als B und deshalb gewählt) oder A_2 (höhere Kosten als B und deshalb nicht gewählt).
2. Spezifiziere ein Kostenniveau, das von keinem System überschritten wird und wähle dasjenige System, welches das höchste Effektivitätsniveau erreicht. Das wird »Pivotieren um konstante Kosten« genannt.

Wird also C_2 als Vergleichsniveau der Kosten gewählt und die Kosten von System A entsprechend erhöht, so kann sein neues »Systemoptimum« in Abb. 4-9b entweder A_3 (höhere Effektivität als B und deshalb gewählt) oder A_4 (niedrigere Effektivität als B und deshalb nicht gewählt) sein.

Oft gibt es kein bestimmtes Leistungsniveau, auf dem das als absolute Forderung formulierte Ziel erreicht werden kann. Man betrachte z. B. die Analyse alternativer Verteidigungssysteme (sowohl passiv als auch aktiv) zum Schutz eines Landes gegen einen allgemeinen Atomkrieg. Das bisher verwendete Maß könnte die »überlebende Bevölkerung« sein. Je mehr Mittel für Verteidigung ausgegeben werden, desto mehr Menschen würden also überleben. Der Entscheidungsträger benötigt somit eine Funktion, die Effektivitätsniveau und Systemkosten für eine Reihe »effizienter Lösungen« zueinander in Beziehung setzt, wie in Abb. 4-10a (Pivotieren um konstante Effektivität), und in Abb. 4–10b (Pivotieren um konstante Kosten) dargestellt. Außerdem geben die Zahlen nicht nur das bevorzugte System an, das ein bestimmtes Effektivitätsniveau (oder Kosten) für ein bestimmtes Scenario erreicht, sondern sie geben auch an, welche anderen Systeme außerdem noch in Erwägung gezogen wurden. Basierend auf diesen Informationen und der Forderung nach Mitteln für andere, unabhängige Ziele, kann der Entscheidungsträger dann das angemessene Effektivitätsniveau wählen. Das zeigt eine Grenze der Systemanalyse. Solange nicht mehrere Ziele in irgendeiner Weise zueinander in Beziehung gesetzt werden können, muß die Entscheidung darüber, wieviel Geld für

a)

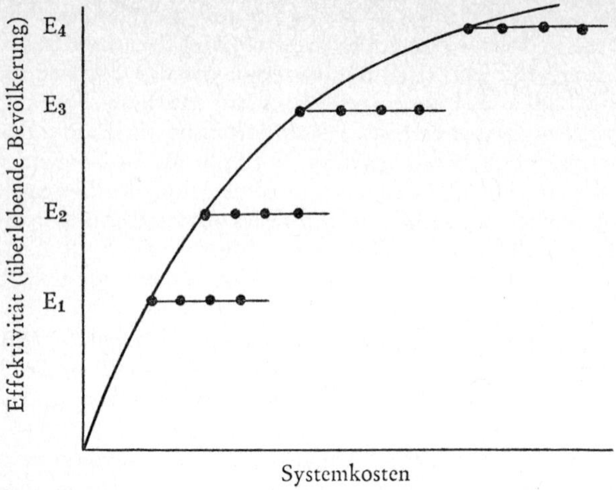

b)

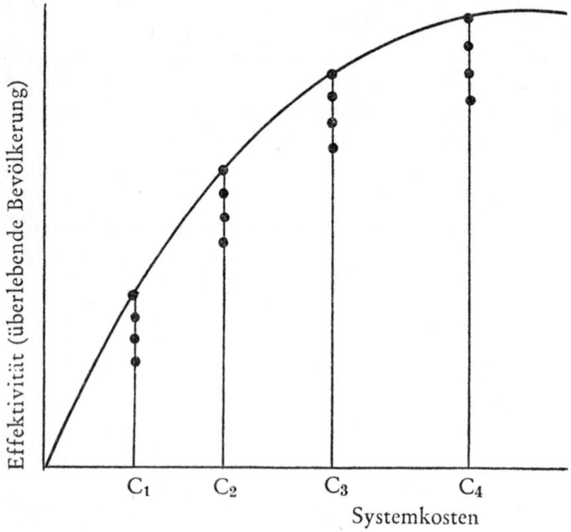

Abb. 4-10 Strukturierung der effektivsten Lösungen:
a) Pivotieren um konstante Effektivität
b) Pivotieren um konstante Kosten

eines dieser Ziele zur Verfügung gestellt werden soll, wie z. B. in dem oben beschriebenen Fall des Verteidigungssystems, auf Urteil beruhen. Mit Hilfe der Systemanalyse kann jedoch die effizienteste Lösung für jedes Effektivitätsniveau (oder Kosten) gefunden werden, wie auch die Funktion, die diesen Nutzengewinn durch zusätzliche Kosten ausweist, wie in Abb. 4-10a dargestellt (wieder unter einer Reihe von Annahmen, die in den konstruierten Modellen dargelegt werden).

Wie Modellbildung dem Planer hilft

Das Vorhergehende sollte deutlich machen, daß es einen systematischen Ansatz der Problemlösung (Systemplanung) gibt, der bei der Bewertung von Systemen und der Generierung neuer Systementwürfe verwendet werden kann. In diesem Prozeß spielt Systemanalyse eine wichtige Rolle. Es soll im folgenden diskutiert werden, auf welche Weise Modelle dazu beitragen können.

Was tut ein Modell?

Mit Hilfe von Modellen kann der Systemanalytiker zu einem besseren Verständnis des Problems und seiner Phänomene gelangen. Das geschieht durch die Umsetzung der realen Situation in eine Reihe wichtiger Faktoren und ihrer Relationen. Durch Arbeit mit dem Modell anstatt des realen Systems oder der realen Situation, können gewisse Vorteile erzielt werden.
Modellbildung bietet die Möglichkeit, ein System zu bewerten (d. h. die erwartete Leistung des vorgeschlagenen Systems vorherzusagen), ohne dieses System wirklich zu bauen und arbeiten zu lassen. Es gibt viele Gründe, warum es unmöglich sein könnte, ein bestimmtes System tatsächlich vollständig arbeiten zu lassen:

1. Es könnte unmöglich sein, einen vollständigen Systemtest durchzuführen. Eine vollständige Bewertung eines ICBM-Raketensystems bedeutete einen Raketenabtausch, der vermieden werden muß.

2. In kleinerem Rahmen könnte ein tatsächlicher, vollständiger Test zu große Unterbrechungen bewirken, wie in dem Beispiel des Baus und Tests einer oder mehrerer vorgeschlagener Entwürfe einer neuen Produktionsweise.

3. Daten über Systemleistung für jede der verschiedenen möglichen Situationen könnten nur in begrenztem Umfang verfügbar sein. Weist das System zufällige Prozesse auf, so könnte die Verwendung begrenzter Daten zu ungenauen Vorhersagen über die Systemleistung führen. Analytische Modelle ermöglichen die Anwendung quantitativer Wissenschaften wie Mathematik, Wahrscheinlichkeitsrechnung und Statistik und anderer wissenschaftlicher Methoden, um begrenzte Testdaten zu ergänzen.

4. In ähnlicher Weise könnte es Leistungsdaten geben, die nur für einige wenige Teile des Systems verfügbar sind. So könnten z. B. Zuverlässigkeit von Teilsystemen oder Tests eines bestimmten Sprengkopfes verfügbar sein. Könnte ein Weg gefunden werden, diese Daten zu kombinieren und zu verwenden, so könnten einige Angaben über die erwartete Systemleistung gemacht werden.

5. Das System kann physisch nicht verfügbar sein (d. h. nur ein konzeptioneller oder vorläufiger Entwurf und somit keine zu testende Hardware). Es muß ein Weg gefunden werden, alle möglichen verfügbaren Daten dazu zu verwenden, eine rechtzeitige Prognose darüber machen zu können, ob das System bei entsprechender Hardwareentwicklung vielversprechend ist.

6. In jedem dieser Fälle könnte es hinsichtlich des Zeit- und Kostenaufwands zu kostspielig sein, physisch mehrere Systemalternativen zu bauen und diese in genügender Detailliertheit zu testen, anstatt hinreichend genaue Vorhersagen durch Modellbildung zu erhalten. Modellbildung stellt eine Möglichkeit dar, viele alternative Systemverbesserungen zu generieren – eine Funktion der Systemplanung. Durch die Möglichkeit, die zu erfüllenden Funktionen zu analysieren und insbesondere die dominanten Charakteristiken der Systemleistung zu bestimmen, die für die Bestimmung der Systemeffektivität entscheidend sind, kann der Analytiker eine Reihe von physisch realisierbaren Methoden der Durchführung dieser Funktionen erarbeiten und damit neue alternative Möglichkeiten der Implementierung des Systems und der Lösung des Problems schaffen. Kosten-Leistungs-Analysen können verwendet werden, um zu entscheiden, welche der angegebenen Leistungskriterien die Kosten rechtfertigen.

Modellbildung bietet den involvierten Arbeitskräften eine ausgezeichnete Möglichkeit, miteinander zu kommunizieren. Das verhilft den verschiedenen Entscheidungsträgern, Technologen und Analytikern zu einem besseren Verständnis des Problems, der zu leistenden

Arbeit, der untersuchten Hauptfaktoren und der zugrunde gelegten Annahmen.
Das ist besonders wichtig bei einem umfangreichen Projekt, an dem viele Leute arbeiten. Mit Hilfe der Modellbildung können die Bemühungen vieler spezialisierter Talente, von denen jedes ein besonderes Interesse an dem Problem hat, besser integriert werden.

Auf welche Weise trägt Modellbildung dazu bei?

Modellbildung erreicht diese Dinge, indem versucht wird, wissenschaftliche Methoden einschließlich induktiver und deduktiver Verfahren auf das Problem anzuwenden.
Der erste Schritt in der induktiven Methode besteht z. B. darin, sich auf irgendein bestimmtes Problem zu konzentrieren und einige Phänomene oder Operationen zu beobachten. Ein Wissenschaftler z. B. sieht durch ein Mikroskop oder Teleskop oder er beobachtet ein Phänomen in der Natur, so wie Galilei unterschiedliche Gewichte vom Turm von Pisa fallen ließ oder Newton angeblich einen fallenden Apfel beobachtete:

1. »Beobachte« das gegenwärtige System.
2. Konstruiere Schlüsselaktivitäten der Systemoperation.
3. Entwickle Maßnahmen, die beschreiben, »wie gut« die Aktivitäten erfüllt werden (»Hierarchie der Maßnahmen«).
4. Bestimme die Schlüsselkriterien des Systems und der Umwelt, die die Systemeffektivität bestimmen.
   (Leistungsberechenbare Faktoren)
5. Teste, revidiere und validiere Modelle.

Der Wissenschaftler entwickelt dann eine Hypothese (d. h. vom systemanalytischen Standpunkt ein Modell), das alle diejenigen Faktoren und ihre Interdependenzen enthält, die er für wichtig erachtet und die zur Beschreibung des Phänomens in der von ihm gewünschten Genauigkeit notwendig sind.
Das Ohmsche Gesetz berücksichtigte z. B. nur die Faktoren Strom und elektrische Antriebskraft (oder Stärke) und Widerstand; die Spannungsfrequenz wurde nicht berücksichtigt. In ähnlicher Weise hat Newton das Verhältnis von der Masse eines Körpers, der zurückgelegten Entfernung und der Zeit hergestellt, jedoch den Luftwiderstand unberücksichtigt gelassen.

In einer Systemanalyse ist es dem Analytiker überlassen, durch seine Kenntnisse und durch die intuitive Urteilsfähigkeit anderer, in dem Projekt involvierter Personen zu entscheiden, welchen Faktoren größte Wichtigkeit beigemessen wird.
Der dritte Schritt besteht darin, die Relationen für Validität zu prüfen. Das geschieht durch die Sammlung von Daten, die die Hypothese bestätigen (oder widerlegen). In den Naturwissenschaften werden Experimente im Labor durchgeführt, um Daten zu erhalten, mit denen die Hypothese validiert, widerlegt oder modifiziert werden kann. In ähnlicher Weise konstruiert der Systemanalytiker das operationale Ablaufmodell, das zur Bewertung der Systemeffektivität verwendet wird, indem, wenn möglich, entweder das System in seiner Gesamtheit beobachtet wird, oder seine Teilsysteme, falls sie noch unabhängig voneinander sind, oder geistig, wenn die Teilsysteme noch nicht verfügbar sind. In dem letzteren Fall muß der Analytiker eine verbale Beschreibung oder ein Modell der zukünftigen Umwelt (das Scenario) und der Systemanwendung konstruieren, die er durch die Systemanwender und Benutzer erhält, die das vorgeschlagene System in der Zukunft arbeiten lassen würden. Das operationale Ablaufmodell quantifiziert somit die verbalen Modelle.
Bei der Analyse großer und komplexer Systeme ist es leider nicht immer möglich, alle experimentellen oder Testdaten zu bekommen, die zur Validierung aller Modelle und Teilmodelle (d. h. Hypothesen oder Beziehungen) notwendig sind.
So könnten einige Daten nur einem Gegenspieler zugänglich sein, wie in dem Fall der Menge und Charakteristiken der Ausrüstung eines Wettbewerbers auf dem Markt oder eines möglichen Feindes. Darüber hinaus können einige Daten nur durch Experimente gewonnen werden, die, wie z. B. der Bau von Prototypen großer und teurer Systeme, zu kostspielig sind, oder durch Tests wie z.B. Kernexplosionen in der Atmosphäre, die durch internationale Verträge verboten sind.
Sind vollständige Testdaten nicht verfügbar, so muß die deduktive Methode verwendet werden und der einzig mögliche Test der Validierung ist der der Logik, Vertretbarkeit oder Glaubhaftigkeit. Systemanalyse verwendet also induktive Verfahren, um die ausreichend validierten Transferfunktionen des Modells zu bestimmen, für das Testdaten verfügbar sind. Durch deduktive Verfahren werden die Transferfunktionen derjenigen Modelle erfaßt, für die nur wenige Daten verfügbar sind. Es erhebt sich immer die Frage, wie

man wissen kann, was von den zur Planung eines Verteidigungssystems durchgeführten Systemanalysen nun wirklich valide ist. Die einzige Antwort darauf ist abzuwarten, bis das empfohlene System gebaut und getestet ist, was fünf oder mehr Jahre dauern kann. Aber auch das ist aus mehreren Gründen kein eindeutiger Test.
Denn erstens kann sich die Umwelt in der Zwischenzeit ändern und deshalb die tatsächlichen Systemeffektivität von der vorhergesagten abweichen. Außerdem kann eines der abgelehnten Systeme, das nie gebaut wurde, möglicherweise sich als besser erweisen als vorhergesagt und dadurch zum besten System werden; da es jedoch niemals gebaut wurde, wird der Entscheidungsträger das auch nie wissen. Der entscheidende Punkt der Frage, ob diese Modelle (und damit die Systemanalyse) valide sind oder nicht, ist folgender: Werden dem Entscheidungsträger Systemvorschläge unterbreitet, dann muß eine Entscheidung gefällt werden. (Die Entscheidung, nichts zu tun oder sie aufzuschieben ist auch eine Entscheidung.) Die Verwendung eines logischen Rahmens, in den alle verfügbaren Informationen, d. h. Daten, wie auch Erfahrung, Urteil und Intuition des Entscheidungsträgers, der Technologen und des Personals eingegeben werden können, ist die beste Hilfe bei der Entscheidungsfindung. Das ist mit Hilfe der Systemanalyse möglich.

Anmerkungen

[1] Navy Review, Jg. 1965.

[2] E. S. Quade (Hrsg.), Analysis for Military Decision, The RAND Corp., 1964, S. 4.

[3] Ders., a.a.O., S. 13/14.

[4] E. S. Quade/W. I. Boucher (Hrsg.), Systems Analysis and Policy Planning, American Elsevier Publ., New York 1968, S. 288 f.

[5] Symposion der Systems Science and Cybernetics Group des IEEE, 1964.

[6] Der Systemplaner muß sich natürlich vergewissern, daß er wirklich die Leistungs- und Kostencharakteristiken erhält, die von der ersten Ebene geschätzt wurden. Vorhersage solcher Risiken kann von den ersten Ebenen angefordert werden.

[7] E. S. Quade, W. I. Boucher (Hrsg.), a.a.O.

[8] Weapon System Effectiveness Industry Advisory Committee (WSEIAC), Final Report of Task Group II, »Prediction-Measurement«

(Concepts, Task Analysis, Principles of Model Construction), January 1965, AFSC-TR-65-2-Vol. II, S. 3.

[9] Das trifft für den allgemeinen Fall eines Systems zu, das nicht ständig in Einsatz ist wie z. B. eine Rakete oder ein Flugzeug. Ein ständig operierendes System wie z. B. ein Stromgenerator, hat eine unbegrenzte Einsatzzeit; die Komponente der Verfügbarkeit schließt deshalb die der Zuverlässigkeit mit ein.

[10] Bericht des WSEIAC AFSC-TR-65-2, Vol. 2, »Prediction-Measurement (Concepts, Task Analysis, Principles of Model Construction)«, S. 5–16; und AFSC-TR-65-6, Final Report, S. 10–19.

[11] Die Entscheidung ist eindeutig, wenn ein System größere Effektivität zu niedrigeren Kosten bietet.

Übersetzt von Ingrid v. Berg

15 *Jay W. Forrester*

Industrial Dynamics – ein Rückblick auf das erste Jahrzehnt

[...]

Geschichte

Die ersten Ansätze zu einer Konzeption von Systembegriffen, die heute Industrial Dynamics genannt wird, liegen zehn Jahre zurück (3). Vier Jahre zuvor war die Alfred P. Sloan School of Management am Massachusetts Institute of Technology mit der großzügigen Unterstützung von A. P. Sloan gegründet worden, da seiner Ansicht nach eine Managementschule in einer technischen Umgebung im Gegensatz zu den Managementschulen anderer akademischer Bereiche um neue und bedeutende Aspekte bereichert werden könnte. Mit seinen Erfahrungen in Regelkreistechnik, Computertechnik und Managementpraxis schloß sich der Autor der Schule in der Absicht an, die potentiellen Verbindungen zwischen Technik und Betriebswirtschaftslehre zu untersuchen und zu entwickeln. Es wurde angenommen, daß diese Verbindungen in den Bereichen der Unternehmensforschung und der Anwendung der Computertechnik für die Verarbeitung von Managementinformationen zu finden seien.

Von 1956 bis 1957 wurden die Aktivitäten im Bereich der amerikanischen Unternehmensforschung analysiert, die darauf abzielten, Methoden der Mathematik und anderer Wissenschaften auf industrielle Probleme anzuwenden. Die Analyse ergab, daß die komplexeren Probleme des Topmanagement in der Unternehmensforschung nicht hinreichend behandelt wurden. Sie konzentrierte sich hauptsächlich auf einzelne, als Steuerungsprozesse betrachtete Entscheidungen, d. h. Entscheidungen, bei denen die Inputs als unabhängig von den Entscheidungen selbst aufgefaßt werden. Entscheidungen werden aber zu dem Zweck getroffen, die Umgebung zu beeinflussen und dadurch verschiedene Inputs für darauffolgende Entscheidungen zu erzeugen. Obwohl die Zugrundelegung eines offenen Modells die Analyse vereinfachte, konnten die Hypothesen, von denen die Analyse ausging, auf Grund der Rückkopplungsstruktur, in der sich die Entscheidungsprozesse tatsächlich abspielen, widerlegt werden.

Außerdem konnte man mit der mathematischen Richtung der Unternehmensforschung, der Konzentration auf analytische Lösungen und den Optimierungszielen nur relativ einfache Situationen angehen. Die Behandlung komplexerer Zusammenhänge war damit nicht möglich, und die meisten nichtlinearen Phänomene mußten vernachlässigt werden. Die Unternehmensforschung der damaligen Zeit schien sich wohl bei der Lösung wichtiger Probleme zu bewähren. Man war jedoch nicht der Meinung – weder innerhalb noch außerhalb der Unternehmensforschung –, daß es sich bei diesen Problemen um diejenigen handelte, deren Lösungen für Erfolg, Stagnation oder Untergang von Unternehmungen entscheidend sind.

Die Aufgaben der Unternehmensführung bestehen in der Integration der verschiedenen Unternehmungsfunktionen, in der Schaffung derjenigen Bedingungen, die eine positive Wechselwirkung zwischen Unternehmung und Markt erzeugen, und in der Kombination der greifbaren ökonomischen Variablen mit den weniger greifbaren Variablen der psychischen Strukturen und der Machtverhältnisse. Keine dieser Aufgaben wurde in der Unternehmensforschung adäquat behandelt. Sie konzentrierte sich auf die separate Behandlung der verschiedenen Unternehmungsfunktionen und wurde folglich nur in genau abgegrenzten Entscheidungsbereichen angewendet. Außerdem schienen die Methoden nicht für eine breitere Anwendung geeignet zu sein. Die Hauptprobleme der Unternehmensführung liegen aber nicht in isolierten Einzelentscheidungen, sondern eher in der Entwicklung von Entscheidungsregeln für die Generierung von Entscheidungsfolgen und in der Strukturierung des Führungssystems im Hinblick auf die Integration von Informationsquellen, Entscheidungsregeln und Aktivitäten.

Die Untersuchungen des ersten Jahres ergaben, daß die Theorie der Rückkopplungssysteme viel allgemeiner, wesentlicher und auf soziale Systeme besser anwendbar ist, als allgemein angenommen worden war. Ingenieure hatten die Analyse von Rückkopplungssystemen bei der Entwicklung technischer Geräte bereits im großen Rahmen angewendet. Kybernetik als eine andere Bezeichnung für die Theorie der Rückkopplungsprozesse wurde in den biologischen Wissenschaften ein allgemein bekannter Begriff. Die Grundidee der Rückkopplung kann in der ökonomischen Literatur über Jahrhunderte zurückverfolgt werden. Trotzdem begann man nur erst allmählich die Implikationen, die Bedeutung und die Prinzipien der Rückkopplungsprozesse zu verstehen. Dieses Gebiet war zwar bei weitem nicht erschöpfend untersucht, doch es zeigte sich in zuneh-

mendem Maße, daß die Anwendungsmöglichkeiten der Systemtheorie noch kaum abzusehen waren. Man stellte fest, daß Rückkopplungsprozesse in allen sozialen Systemen zu beobachten sind und den Schlüssel für die Strukturierung und Aufdeckung von Zusammenhängen bilden, die bislang als unerklärlich und widerspruchsvoll galten.
Mit Unterstützung der Ford Foundation wurde ein Forschungsprogramm mit dem Ziel initiiert, die Grundbegriffe der Theorie der Rückkopplungssysteme, die zuvor in den technischen Wissenschaften entwickelt worden waren, auf soziale Systeme zu übertragen. Entsprechend der Hauptzielsetzung, eine Beschränkung auf einfache lineare Systeme zu vermeiden, stand die analytische Methode nicht im Vordergrund. Zum erstenmal konnte man auf mathematische Lösungsmethoden als primäres Instrumentarium verzichten, weil die Entwicklung der Computertechnik mittlerweile Systemsimulationen auf einfache und billige Weise ermöglichte. Mit der Möglichkeit der Simulation als einer Methode zur Bestimmung des Verhaltens von Modellsystemen konnte die Entwicklung mathematischer Methoden zugunsten einer Konzentration auf die Erforschung der fundamentalen Eigenschaften von Systemstrukturen zurückgestellt werden. Dies führte zu einer einfachen und allgemeinen Struktur, die für die Interaktionen in allen möglichen Systemtypen repräsentativ zu sein schien. Diese verallgemeinerte Struktur ist nicht nur für die Ordnung von Beobachtungen und Erfahrungen, sondern auch für den Übergang zur Systemsimulation geeignet. Diese Struktur wird in einem späteren Abschnitt näher erläutert.
Die Vergangenheit und unmittelbare Zukunft lassen sich in drei Phasen gliedern:
Phase 1, 1956–1961, Strukturelle Konzepte und dynamisches Verhalten gleichgewichtiger Systeme. Die Struktur von Systemen wurde identifiziert als Rückkopplungsschleifen und den in ihnen als Komponenten enthaltenen Substrukturen. Auf dieser Grundlage wurden dann Systembeschreibungen durchgeführt. Die Begriffe wurden in der Theorie der gleichgewichtigen Wachstumsprozesse angewendet, die sich ausschließlich mit den Fluktuationen um Gleichgewichtspfade beschäftigt und Wachstums- und Schrumpfungsprozesse außer Betracht läßt. Das war die Phase, in der die »Technik der Unternehmensführung«, ein neues Konzept auf diesem Gebiet, den Hauptgegenstand der Industrial Dynamics bildete. Die erste Phase endete mit der Veröffentlichung von »Industrial Dynamics« (3).

Phase 2, 1962–1966, die Dynamik ungleichgewichtiger Wachstumsvorgänge und allgemeine Systemtheorie. Dies war eine Periode der Konsolidierung und Klärung von Systembegriffen in den Sozialwissenschaften. Fernerhin wurden Lehrprogramme für die Vermittlung der Grundlagen der Systemtheorie getestet. Man bemühte sich damals, den Lehrstoff und die Methoden so zu gestalten, daß die Begriffe der Systemtheorie auch dem durchschnittlichen Studenten der Betriebswirtschaft verständlich wurden. In dieser Periode wurde die Modellbildung im Rahmen der Industrial Dynamics auf Situationen ausgedehnt, in denen Nichtlinearität ein vorherrschendes Charakteristikum ist. Es wurden die Prozesse positiver Rückkopplung bei der Einführung von Produkten, beim Wachstum von Unternehmungen und Volkswirtschaften untersucht. Während dieser Periode wurde das Gebiet der Industrial Dynamics nicht nur hinsichtlich der Anwendung auf Unternehmensgründungen ausgedehnt, sondern auch in bezug auf eine allgemeine Systemtheorie als einheitlichen Begriffsrahmen für die Beschreibung von Vorgängen und Zusammenhängen in so verschiedenen Gebieten wie Technik, Medizin, Management, Psychologie und Volkswirtschaft. Die Literatur bietet bislang nur ein unzureichendes Bild der Ergebnisse dieser Periode, die in bezug auf die Dynamik ungleichgewichtiger Wachstumsprozesse und die Theorie des Lebenszyklus von Produkten (4, 12, 13, 14), auf dem Gebiet der Lehre (5, 6, 9) und in bezug auf die Entwicklung einer allgemeinen Systemtheorie erzielt wurden (5, 7).

Phase 3, 1967–1975, Grundlagen und Querverbindungen. In der kommenden Periode müssen die Literatur und der Lehrstoff erstellt werden, die erforderlich sind, die Theorie und Anwendung der Systemforschung einer breiteren Schicht zugänglich zu machen. Gegenwärtig sind die Systembegriffe unzusammenhängend und unvollständig, die Theorie der Rückkopplungsprozesse ist zu stark mathematisch orientiert, und es fehlen Interpretationen, mit denen die Charakteristika sozialer Systeme erfaßt werden können. Eine vereinfachte Interpretation der Mathematik der Rückkopplungsprozesse müßte entwickelt werden. Die Grundsätze dynamischen Verhaltens in Systemen müssen identifiziert und dem Studenten an Hand praktischer Übungen vermittelt werden. In der Literatur müssen vielfältige Anwendungsmöglichkeiten der Systemtheorie aufgezeigt werden, um einerseits die Allgemeingültigkeit der Konzepte zu demonstrieren und andererseits Regeln für die Abgrenzung und Interpretation von Systemen zu entwickeln.

Industrial Dynamics als die Wissenschaft vom Rückkopplungsverhalten in sozialen Systemen befindet sich noch immer in einem sehr frühen Entwicklungsstadium. Vielen sind die Grundbegriffe des Gebiets bekannt. Darüber hinaus gibt es jedoch kaum Möglichkeiten für eine berufliche Qualifikation.

Es gibt viele verschiedene Auffassungen von Industrial Dynamics. Einige sehen darin nur eine Simulationstechnik, da für sie Industrial Dynamics mit dem DYNAMO Compiler gleichbedeutend ist. Der DYNAMO Compiler ist ein Computerprogramm für die Simulation von Industrial Dynamics Modellen, aber das ist keineswegs die einzig mögliche Methode einer solchen Simulation. Die Simulation wiederum ist nicht der Kern der Industrial Dynamics. Mit Hilfe der Simulation werden lediglich die Charakteristika von Systemmodellen dargestellt, weil mathematisch analytische Lösungen nicht möglich sind. Für diejenigen, die sich intensiver mit Industrial Dynamics befassen, handelt es sich um die Interpretation und Anwendung von Rückkopplungsbegriffen auf nichtlineare Systeme mit mehrfachen Schleifen, zu denen die sozialen Systeme zu rechnen sind. Industrial Dynamics ist ein noch sehr unvollständiger Theorienkomplex, der sich mit Rückkopplungsvorgängen befaßt. Es handelt sich um die Erforschung der Interaktionsmechanismen in Systemen. Das Interesse gilt den Eigenarten der Strukturen zielgerichteter Systeme.

Am MIT werden im 1. Semester elementare Probleme der Unternehmensforschung behandelt. Jedes Jahr belegen etwa 120 Anfänger und Fortgeschrittene dieses Fach. Ein wesentlicher Teil kommt von anderen Fakultäten. Derselbe Lehrstoff wird auch den 100 Teilnehmern der Sloan Fellow und der Senior Executive Development Programs vermittelt. Aber jede einsemestrige Beschäftigung mit diesem Gebiet ist unvollständig und oberflächlich. Dabei wird die Bedeutung der Struktur als Bestimmungsfaktor des Verhaltens von Systemen deutlich gemacht. Der Student erhofft sich ein besseres Verständnis der Probleme der Unternehmensführung. Er ist damit jedoch nicht in der Lage, sich allein weiterzubilden. Eine einsemestrige Einführung hat für den Studenten ganz ähnliche Vor- und Nachteile wie die Lektüre des Buches »Industrial Dynamics« (3). Fairerweise muß man sagen, daß die Lektüre dieses Buches auch ohne spezielle Vorbildung möglich ist. Es kann jedoch zu Mißverständnissen führen. Man kann das Buch lesen, ohne sich bewußt zu sein, daß es auf einer profunden Kenntnis der Rückkopplungssysteme basiert. Es wird nicht versucht, die Grundlagen der Rückkopplungstheorie zu vermitteln. Ein Leser ohne Vorbildung auf dem Gebiet der Rückkopplungsprozesse bemerkt bei der Lektüre des Buches nicht, daß ihm die begrifflichen und theoretischen Grundlagen fehlen, die für ein tieferes Verständnis des Buches notwendig sind. Nachdem er das Buch gelesen und anscheinend verstanden hat, betrachtet dieser Leser seine Umgebung und ist unfähig, die Methode Industrial Dynamics ohne weitere Anleitung erfolgreich anzuwenden. Dieses Problem zeigt die Unzulänglichkeiten der gegenwärtig verfügbaren Literatur und der Lehrprogramme.

Da in der Literatur die Anwendung der Industrial Dynamics auf Produktions- und Verteilungsprozesse dominiert, erkennen viele den Nutzen nur in diesen Gebieten an und übersehen die Allgemeingültigkeit und Anwendbarkeit auf andere Bereiche wie Marketing, Finanzen und Wettbewerb. Diesem Mangel in der Literatur kann nun abgeholfen werden. Zeit und Arbeit werden Früchte tragen.

Durch die zwar weit verbreitete, aber oberflächliche Beschäftigung mit Industrial Dynamics hat sich die Theorie wissenschaftlich etabliert. Es gibt jedoch keine erfahrenen Praktiker, die die Hoffnungen und Versprechungen realisieren könnten. An mehr als 30 Universitäten wird Industrial Dynamics bis zu einem gewissen Grad gelehrt. An den meisten Universitäten geschieht das im Rahmen anderer Disziplinen, gewöhnlich z. B. in produktionstheoretischen Vorlesungen mit Betonung auf Simulationsmethoden und der Dynamik von Produktionsprozessen. Viele Unternehmungen beschäftigen sich mit Industrial Dynamics, aber meistens geschieht das noch in autodidaktischer Form. Das Interesse an Industrial Dynamics ist weltweit. Die Japaner sind sehr aktiv auf diesem Gebiet, haben Teile der amerikanischen Literatur übersetzt und eine ganze Anzahl eigener Artikel veröffentlicht. Eine deutsche Übersetzung von Industrial Dynamics ist in Vorbereitung (3). Großes Interesse besteht auch in den skandinavischen Ländern, England und Frankreich.

Unternehmungen, die bereit sind, Arbeitsgruppen für Industrial Dynamics einzurichten, sobald ausgebildetes Personal verfügbar ist, fordern ständig Informationen an. Es wird jedoch zunehmend deutlich, daß Managementschulen und sozialwissenschaftliche Fakultäten die Studenten nicht gründlich genug ausbilden, um dem Bedarf nachzukommen. Der Personenkreis, der heute wahrscheinlich am geeignetsten ist, rekrutiert sich aus Ingenieuren, die im Rahmen ihrer Ausbildung mit Feedback-Prozessen vertraut gemacht wurden und diese Konzepte und Methoden dann verallgemeinern und auf soziale Systeme anwenden. Das Angebot an solchen Personen ist viel zu gering, um die Nachfrage auch nur annähernd befriedigen zu können. Diese gegenwärtig vorherrschende Diskrepanz zwischen Angebot und Nachfrage zeigt deutlich, daß eine viel adäquatere Literatur und neue und bessere Lehrprogramme erforderlich sind.

Der Stand der Theorie der Rückkopplungssysteme

Da es sich bei Industrial Dynamics um eine kybernetische Betrachtungsweise sozialen Verhaltens handelt, sollte man eine Vorstellung vom gegenwärtigen Stand der Rückkopplungstheorie haben. Die Grundstruktur eines Feedback-Systems ist eine Rückkopplungsschleife, innerhalb derer der Systemzustand den Input für einen Entscheidungsprozeß erzeugt, der eine Aktion auslöst, die den Systemzustand verändert. Es ist ein ständig zirkulärer Vorgang. Jede Entscheidung, gleichgültig ob sie sich im persönlichen, unternehmerischen, nationalen, internationalen Bereich, oder auch im Bereich der Natur abspielt, steht in solch einem Zusammenhang.

Diesem Anspruch völliger Allgemeingültigkeit wird zuweilen entgegengehalten, daß ein so weites Konzept unbrauchbar sei, weil der Bereich der Entscheidungsprozesse damit nicht kategorisiert werden könne, das Allumfassende sinnleer sei. Aber wir halten Physik nicht für gehaltlos, weil all ihren Phänomenen das Atom zugrunde liegt, noch ist die Biologie uninteressant, nur weil die Zelle das Grundelement aller Organismen ist. Das Wort »Entscheidung« wird hier im Sinne der Steuerung einer Handlungsfolge gebraucht. Eine solche Handlungsfolge ist z. B. die Zeit, die in Abhängigkeit vom körperlichen Zustand eines Menschen dem Schlaf gewidmet ist, die Bemühung, Produkte auf Grund von Marktinformationen über den Verkaufserfolg des Produkts zu verbessern, die Änderung des Zinssatzes in Abhängigkeit vom Geldangebot, Preisveränderungen in Abhängigkeit von weltweiter Güterknappheit oder der Kaninchenkonsum in Abhängigkeit von der Zahl der Koyoten. In diesen wie in allen anderen Entscheidungsfolgen beeinflußt die aus einer Entscheidungsfolge resultierende Handlung den Zustand des Systems, der zu der Entscheidungsfolge führt.

Die Feedback-Idee findet sich überall in wissenschaftlichen Veröffentlichungen wie auch in der Populärliteratur. Aber nur die technischen Wissenschaften verfügen über einen exakt aufgebauten Theorienkomplex, der sich speziell mit dem dynamischen Verhalten von Rückkopplungsschleifen befaßt. Hierbei kommt der Elektrotechnik die dominierende Rolle zu. Auf diesem Gebiet gibt es eine immense Literatur, mit der ganze Reihen von Bücherregalen zu füllen sind. Um den Umfang der vorhandenen Literatur erfassen zu können, sollten wir vielleicht vier Dimensionen oder Charakteristika von Feedback-Systemen betrachten – Ordnung (order), Richtung der Rückkopplung (direction), Nichtlinearität (non-linearity) und Anzahl der Rückkopplungsschleifen (loop multiplicity).

Die Systemordnung

Die Ordnung eines Systems kann verschieden definiert werden. In natürlichen Systemen wird die Ordnung oft definiert als die Anzahl der in ihnen enthaltenen Energiespeicher. In einem System, das als Differentialgleichung beschrieben wird, entspricht die Ordnung dem Index der höchsten Ableitung. In einem System, das als eine Folge von Integrationen beschrieben wird, entspricht die Ordnung der Anzahl der Integrationen. In einem System, das durch Differenzengleichung erster Ordnung (also Integrationen) beschrieben wird, ist die Ordnung gleich der Anzahl der Differenzengleichungen. Die Anzahl der »Zustandsgrößen« (das sind Differenzengleichungen erster Ordnung, d. h. Integrationen) entspricht in der Terminologie der Industrial Dynamics der Ordnung des Systems. Anschaulicher ausgedrückt ist die Ordnung des Systems gleich der Zahl der Akkumulationen. In einer Unternehmung erhöht sich die Ordnung des Systems für jedes Bilanzkonto, jeden Maschinenpool, jede Angestelltengruppe, jede Informationsvariable, die *durchschnittliche* Systemaktivitäten mißt, und jede für die Beschreibung des Systems erforderliche Haltung oder psychologischen Zustand.
Eine Überprüfung der Feedback-Literatur zeigt, daß sich der größte Teil mit Systemen erster und zweiter Ordnung befaßt. Nur ein kleiner Teil der Literatur beschäftigt sich mit Systemen dritter, vierter und höherer Ordnung. Aber selbst elementare Phänomene der Unternehmensführung können gewöhnlich nur mit Systemen mindestens fünfter bis zwanzigster Ordnung adäquat dargestellt werden. Jeder Versuch, einen Industriekomplex realistisch darzu-

stellen, führt ohne weiteres zu Systemen hundertster Ordnung. Die in der anerkannten Literatur enthaltenen Modelle sind höchstens der zehnte Teil dessen, was erforderlich wäre, um die Verhaltensweisen aufzuzeigen, die industrielle und wirtschaftliche Systeme beherrschen.

Die Wirkungsrichtung der Rückkopplung (Polarity)

In einer Rückkopplungsschleife läuft entweder ein positiver oder ein negativer Rückkopplungsprozeß ab. Damit ist die Richtung oder die algebraische Struktur des Prozesses gemeint.

Ein positiver Regelkreis ist so ausgerichtet, daß das System – wenn es durch einen Impuls einmal in Gang gesetzt ist – immer aktiver wird. Positive Rückkopplung findet in der Aufbauphase einer Atomexplosion statt. Sie tritt in Unternehmungen auf, wenn Verkäufer Einnahmen erbringen, um mehr Verkäufer einzustellen. Positive Rückkopplung ist die systemtheoretische Beschreibung des Prozesses, der bei der Vermehrung von Kaninchen abläuft. Positive Rückkopplung erzeugt eine exponentielle Abweichung von einem Ausgangszustand, oft vom Zustand des Stillstandes. Positive Rückkopplung ist typisch für die Wachstumsprozesse bei Produktmärkten, Gesellschaften oder Ländern.

Der negative Regelkreis dagegen ist zielorientiert. Bei einer Abweichung vom Ausgangszustand wird eine Aktivität ausgelöst, die das System tendenziell zum Gleichgewichtszustand, d. h. zum Ziel zurückführt. Eine negative Rückkopplung kann das System entweder auf einen glatten, nichtoszillatorischen, exponentiellen Pfad zum Gleichgewichtszustand zurückführen, oder sie kann das Gleichgewicht über eine konvergierende oszillatorische Bewegung intendieren, oder sie kann instabil sein und ständig größer werdende Schwingungen um den »Gleichgewichtszustand« erzeugen, der zwar immer wieder einmal temporär, aber nie auf die Dauer erreicht wird.

Etwa 99 % der Rückkopplungsliteratur hat den negativen Regelkreis zum Gegenstand. Der negative Regelkreis ist schwieriger und formal interessanter als der positive. Alle Wachstumsprozesse zeigen jedoch positives Feedback-Verhalten. Die positive Rückkopplung wird in der technischen Literatur fast völlig vernachlässigt, da das Hauptinteresse hier bislang den Regelprozessen zur Aufrechterhaltung bestimmter Gleichgewichtsbedingungen galt. Das gleiche gilt weitgehend auch für die mathematische Ökonomik. Die positive Rückkopplung ist einer mathematischen Behandlung linearer Systeme normalerweise nicht zugänglich, weil positive Rückkopplung in linearen Systemen zu unendlichen exkursiven Prozessen und destruktiven Konsequenzen führt. Positives Feedback-Verhalten hat vor allem in sozialen und biologischen Systemen viel anwendungsorientiertes Interesse hervorgerufen. Modelle positiver Rückkopplungsprozesse sind dann anwendbar, wenn die Nichtlinearität natürlicher Systeme zur Begrenzung der Wachstumsphase berücksichtigt wird, oder wenn die Simulationsmethode bei der Systemanalyse verwendet und der Zeitraum so kurz ist, daß die normale Wachstumsphase nicht überschritten wird.

Der Nichtlinearitätsgrad

Ohne eine strenge Definition anzustreben, können wir sagen, daß ein System nichtlinear ist, wenn in ihm Produkte oder Quotienten von Variablen auftreten oder wenn es einen Koeffizienten enthält, der eine Funktion einer Variablen ist. Beispielsweise kann der Umsatz auf einem Markt ausgedrückt werden als das Produkt aus der Anzahl der Anbieter und ihrem jeweiligen Verkaufserfolg, der von Faktoren wie dem Preis, der Qualität und der Lieferfrist eines Produktes abhängig sein kann. Falls diese Faktoren als Variablen betrachtet werden, ist der Marktumsatz eine nichtlineare Funktion der Variablen »Anzahl der Anbieter« und »individueller Verkaufserfolg«. Entsprechend sind nichtlineare Beziehungen für die Aktivitäten in allen unseren sozialen Systemen charakteristisch.
Allgemein können wir vom Nichtlinearitätsgrad eines Systems sprechen. In den Nichtlinearitätsgrad gehen die Anzahl nichtlinearer Entscheidungsregeln des Systems ein und das Ausmaß, in welchem die Verhaltensweisen des Systems nur auf die Nichtlinearität zurückzuführen sind. Der Nichtlinearitätsgrad – obwohl kein streng definierter Begriff – kann auf einer positiven Skala, die rechts vom Nullpunkt liegt, der den linearen Systemen zugeordnet ist, dargestellt werden. Fast die gesamte mathematisch-analytische Literatur beschäftigt sich mit den Systemen im Ursprung der Skala, also den linearen Systemen. Die meisten Lebensprozesse und die meisten sozialen Prozesse liegen auf der Skala rechts vom Nullpunkt. Nichtlineare Systeme bilden jedoch den Gegenstand von höchstens zwei Prozent der Feedback-Literatur, und diese zwei Prozent be-

ziehen sich dazu noch auf sehr spezielle Fälle von Nichtlinearität. Die Bedeutung der Nichtlinearität wird von *Kovach* (10) gut beschrieben:

»Wir haben die Schallmauer durchbrochen, wir sind nicht mehr weit von der Überschreitung der Thermoschwelle entfernt, und wir sind im Begriff, die nichtlinearen Phänomene aufzuklären. Die Lösung des letztgenannten Problems scheint die schwierigste zu sein. Es ist sonderbar, daß sich die nichtlinearen Phänomene, die in der Natur in so großem Ausmaß vorkommen, allen Bemühungen zu widersetzen suchen. Man könnte fast meinen, daß es dem Menschen nicht gestattet sein soll, das Universum vollständig zu erfassen, falls er nicht auf Grund übermenschlicher Anstrengungen eine Erklärung für die nichtlinearen Phänomene findet. ... Wir haben uns gewissermaßen dem Glauben hingegeben, daß alles ideal, homogen, isotrop, perfekt und reibungslos ist, schwerelos zwar, aber gleichzeitig unendlich starr. Wir haben sozusagen den Schleier der Nichtlinearität, der uns bedeckt, an einigen wenigen Stellen zerrissen. Durch diese Öffnungen hindurch können wir versuchen, das riesige Unbekannte zu fassen ... Es erscheint einsichtig, daß mit der qualitativen Denkweise die gegenwärtig vorherrschende quantitative Methode der Mathematik eines Tages überwunden wird. Gewisse Tendenzen in den Naturwissenschaften und viele Entwicklungen in der Mathematik deuten darauf hin, daß die Strukturanalyse die Mathematik der Zukunft sein wird. In einfachen Worten ausgedrückt sind es nicht die Dinge, die zählen, sondern die Verbindungen zwischen ihnen.«

Die Anzahl von Rückkopplungskreisen (Multiplicity of Loops)

Fast die gesamte Literatur über Rückkopplungssysteme ist Systemen mit nur einem Regelkreis gewidmet. Nur ein kleiner Teil der Literatur beschäftigt sich mit Systemen, die zwei oder mehr gekoppelte Regelkreise enthalten. Um jedoch Unternehmungen systemtheoretisch adäquat zu modellieren, muß man zwischen zwei und zwanzig Hauptregelkreise mit jeweils mehreren Unterkreisen einführen. Beispielsweise kann ein einfaches Modell zur Beschreibung der Absatzentwicklung eines neuen Produkts drei nichtlineare Regelkreise enthalten: 1. einen positiven Regelkreis für die Verkaufsabteilung, deren Mitarbeiter Verkaufsaufträge einbringen, die zu Einnahmen führen und so eine personelle Erweiterung der Verkaufsabteilung ermöglichen; 2. einen negativen Regelkreis für den Markt, in dem der Wirkungskreis »Absatz – Lagerbestandsveränderung – Veränderung der Lieferfrist – Veränderung der Attraktivität des Produkts – Veränderung der Absatzmenge« dargestellt wird; 3. einen negativen Regelkreis für Investitionen, durch den der Wirkungskreis »lange Lieferfrist – Erhöhung der Produktion – Verkürzung der Lieferfrist« abgeleitet wird.

Modelle für komplexere Systeme

Wenn man sich Systemen von größerer Komplexität im Hinblick auf die genannten Dimensionen – Ordnung des Systems, positive Rückkopplung, Nichtlinearität und Multiplizität der Schleifen – zuwendet, wird man beobachten, daß Veränderungen des Systemverhaltens hier im wesentlichen qualitativer Natur sind. Die komplexeren Systeme zeigen nicht das bloße Ausdehnungsverhalten, wie man es von einfacheren Systemen gewohnt ist. Beispielsweise ist die Art der Änderung des Systemverhaltens bei einer Erhöhung der Ordnung eines negativen Regelkreises wohlbekannt. Ein negativer Regelkreis erster Ordnung kann bei einer Störung nur eine exponentielle Annäherung an den Gleichgewichtszustand zeigen. Bei einem Regelkreis zweiter Ordnung entsteht die Möglichkeit für einen ganz neuen Verhaltensmodus: Es kann entweder eine konvergierende Oszillation oder eine Oszillation mit ständig zunehmender Amplitude auftreten. Das einfachste System, in dem es zu einer oszillativen Überlagerung einer exponentiellen Bewegung kommen kann, ist ein System dritter Ordnung. In komplizierteren Modellen können wichtige Verhaltensweisen realer Systeme, die sich bisher einer Analyse entzogen haben, abgebildet werden.
Bei Nichtlinearität können Überraschungen bezüglich des Systemverhaltens auftreten. Ein nichtlineares System kann bei kleineren Störungen unstabil sein, und es kann bei größeren Störungen Stabilität in Form von andauernden gleichmäßigen Oszillationen zeigen. Nichtlinearität kann einen positiven Regelkreis zu einem negativen Regelkreis machen, d. h. sie kann den diesbezüglichen Charakter eines Regelkreises grundlegend verändern. Nichtlinearität kann in einem System die Vorherrschaft eines Regelkreises zugunsten eines anderen brechen. Beispielsweise kann der Expansionsprozeß, der bei der Einführung eines neuen Produkts abläuft, seinen positiven Rückkopplungscharakter verlieren, und die Verlagerung der Vor-

herrschaft auf einen negativen Regelkreis kann zu einer Stagnation führen.
Systeme mit mehreren Regelkreisen verhalten sich anders als einfachere Systeme. Beispielsweise werden nichtlineare Systeme mit mehreren Regelkreisen plötzlich unempfindlich gegen Veränderungen in den meisten Systemparametern. In einigen Modellen können 90 % der Systemparameter bis zu einem Faktor von der Größe Fünf individuell verändert werden, ohne daß das Systemverhalten dadurch wesentlich beeinflußt wird. Teilweise ist das auf eine »Verdünnung« zurückzuführen, die durch einen einzelnen Parameter, der mit einer großen Zahl der übrigen Parameter verwoben ist, hervorgerufen wird. Aber eine noch größere Rolle spielt dabei die solchen Systemen immanente Neigung, Veränderungen ihrer Verhaltensstrategien zu verhindern. In speziellen Bereichen kann zwar eine wesentliche Veränderung dieser Strategien stattfinden. Das System »verändert« sich jedoch nur in einer solchen Weise, daß der Informationsinput von diesem Zeitpunkt an zwar zu neuen Daten führt, die aber im Hinblick auf die neue Strategie so ausgewertet werden, daß annähernd die alten Ergebnisse resultieren. Tatsächlich sieht sich der Manager mit diesem Phänomen immer wieder konfrontiert; denn Änderungen der Global-Strategie einer Unternehmung zum Zwecke der Bewältigung einer problematischen Situation scheinen meistens keinen Erfolg zu haben. In komplexen Systemen kann man regelrechte Mechanismen zur Verhinderung aller Versuche entdecken, die auf eine Änderung des Systemverhaltens gerichtet sind. Natürlich gibt es Ausnahmen, und eines der wichtigsten Ergebnisse, die wir Industrial Dynamics verdanken, besteht darin, daß man in einem System diejenigen Entscheidungsregeln identifizieren kann, bei deren Änderung eine Änderung des Systemverhaltens am ehesten zu erwarten ist.

Industrial Dynamics als eine allgemeine Strukturtheorie

Es erscheint zweckmäßig, bei der Analyse von Systemen zwei Arten von Fragestellungen zu unterscheiden: diejenigen Fragestellungen, die sich auf die Struktur von Systemen beziehen, und diejenigen Fragestellungen, die sich auf das dynamische Verhalten von Systemen beziehen. Zwischen den beiden Arten von Fragestellungen besteht eine enge Beziehung, weil die Struktur eines Systems sein Verhalten bestimmt. Sie müssen jedoch nacheinander behandelt werden. Bevor man von einem System und vom Verhalten eines Systems sprechen kann, muß seine Struktur gegeben sein. Die bisherigen Schwächen der Managementausbildung und -praxis sind insbesondere auf das Fehlen eines einheitlichen Strukturkonzepts zurückzuführen. Bruner weist in den ersten Kapiteln seines sehr anschaulichen Buchs über den Ausbildungsgang (1) mit großer Klarheit auf die Bedeutung des Strukturkonzepts für die Förderung des Lernprozesses hin.

Industrial Dynamics ist eine Metatheorie der Systemstrukturen. Im Rahmen der Industrial Dynamics wird jedoch allmählich auch ein Komplex von Hypothesen über den Zusammenhang zwischen Systemstruktur und Systemverhalten entwickelt. Dem Strukturkonzept der Industrial Dynamics stehen die Strukturkonzepte, die in der wissenschaftlichen Literatur anderer Gebiete zu finden sind, gegenüber. Im Rahmen der Industrial Dynamics hat der Strukturbegriff aber wohl die strengste Definition und Anwendung gefunden.

Strukturen besitzen vier Ebenen oder Hierarchien:

- die geschlossene Systemgrenze
- die Rückkopplungsschleife als strukturelles Grundelement
- Zustandsgrößen/Levels (Integrationen oder Akkumulationen, die die Systemzustände charakterisieren)
- Flußgrößen/Rates (Entscheidungsregeln, Aktivitätsvariablen oder Zu- und Abflüsse)
  a) das Ziel
  b) der beobachtete Systemzustand
  c) die Diskrepanz zwischen dem Ziel und dem beobachteten Systemzustand
  d) die zielorientierte Aktion.

Auf der ersten Konstitutionsebene beschäftigt man sich im Rahmen der Industrial Dynamics mit geschlossenen Systemen. Das bedeutet, daß das betrachtete Systemverhalten durch Faktoren innerhalb der definierten Systemgrenzen bestimmt wird. Es bedeutet nicht die Annahme, daß es in Wirklichkeit keine Interaktionen zwischen dem System und seiner Umwelt gäbe. Es bedeutet nur, daß diese Interaktionen für das spezielle Systemverhalten, das den Gegenstand der Untersuchung bildet, nicht kausalrelevant sind.

Innerhalb der Grenze wird das System als durch Rückkopplungsschleifen konstituiert betrachtet. Jede Entscheidung wird innerhalb einer oder mehrerer solcher Rückkopplungsschleifen getroffen. Durch die Interaktionen zwischen den Rückkopplungsschleifen wird

das Systemverhalten erzeugt. Die Modellierung eines Systems beginnt bei der Rückkopplungsstruktur und nicht bei den Komponenten der einzelnen Rückkopplungsschleifen.
Auf der dritten Konstitutionsebene werden die Rückkopplungskreise als Komposita aus zwei Variablenklassen betrachtet, die in der Terminologie der Industrial Dynamics als »Zustandsgrößen« und als »Flußgrößen« bezeichnet werden.
Zustandsgrößen sind Integrationsvariable, die den Zustand des Systems in jedem gegebenen Zeitpunkt beschreiben. Flußgrößen (oder Raten) sind Strömungsvariable, die von den Zustandsgrößen abhängig sind und deren Integrationen wiederum die Zustandsgrößen bestimmen. Mit den Begriffen der Zustands- und der Ratenvariablen wird – z. T. unter anderen Bezeichnungen – auch in anderen Disziplinen gearbeitet. Die Unterscheidung zwischen Zustands- und Ratenvariablen bildet eine notwendige und hinreichende Grundlage für die Modellierung der Substruktur der Rückkopplungsschleifen.
Auf der vierten Konstitutionsebene werden die Zustandsvariablen als Variable betrachtet, deren Werte durch Integrationen bestimmt werden. Sie werden – abgesehen von den in sie eingehenden Raten – nicht weiter zerlegt. Die Ratenvariablen haben dagegen noch eine erkennbare Subsubstruktur. Die Ratenvariablen sind die Entscheidungsregeln des Systems. Jede dieser Entscheidungsregeln enthält implizit oder explizit Aussagen über das Ziel der betreffenden Entscheidungsinstanz, den Systemzustand, die Abweichung des Systemzustands von jenem Ziel und eine Handlung als gewünschte Reaktion auf diese Abweichung.

Die geschlossene Systemgrenze

In einem Rückkopplungskreis läuft – über zeitliche Verzögerungen und Störungen – grundsätzlich ein geschlossener Entscheidungsprozeß ab, der einen – nach weiteren zeitlichen Verzögerungen und Störungen beobachtbaren – Einfluß auf den Systemzustand ausübt. Das Interesse konzentriert sich nun auf die Funktionsweise eines solchen Regelkreises. Äußere Kräfte können auf den Regelkreis einwirken, wir aber interessieren uns dafür, in welcher Weise die Eigenschaften des Regelkreises eine Verstärkung oder eine Abschwächung der Störungen oder eine Expansion des Systems verursachen. Die Systemgrenze umschließt alle diejenigen Elemente, die für die Konstitution des Systems notwendig sind. Die Systemgrenze impliziert eine dynamische Unabhängigkeit des Systems in dem Sinne, daß eine Variable, die von außen über die Grenze hineinwirkt, von den Aktivitäten innerhalb der Grenze nicht beeinflußt wird. Alles, was sich außerhalb der Grenze abspielt, ist im wesentlichen zufallsbedingt oder unabhängig von allem, was sich innerhalb der Grenze abspielt. Für die Untersuchung der Wechselwirkungen zwischen den Aktivitäten innerhalb und außerhalb der Systemgrenze sind geschlossene Regelkreise kaum von Bedeutung.

Wo die Systemgrenze zu ziehen ist, hängt ganz entscheidend von dem speziellen Systemverhalten ab, das untersucht werden soll. Ist man nur an einer ganz bestimmten Verhaltensweise interessiert, so muß die Grenze notwendigerweise alle diejenigen Elemente umschließen, die diese spezielle Verhaltensweise erzeugen. Wendet man sich einer anderen Verhaltensweise zu, muß die Grenze möglicherweise wesentlich anders gezogen werden. Im Falle eines Unternehmungsmodells müßte die Grenze alle diejenigen Aspekte der Unternehmung einschließen – wie etwa die Marktlage, die Konkurrenten und andere Umweltfaktoren – die gerade hinreichend sind, das untersuchte Verhalten zu erklären. Alles, was nicht wesentlich dazu beiträgt, das untersuchte Verhalten zu erklären, sollte außerhalb der Systemgrenze gelassen werden. Vielleicht kann das an einem immer wieder verwendeten Beispiel aus dem Programm unseres Sommerkurses über Industrial Dynamics veranschaulicht werden. Die Teilnehmer definieren sukzessive alle Komponenten eines Systems, entwickeln ein Modell des Systems und untersuchen das Verhalten des modellierten Systems durch Computer-Simulation. Als Vehikel wird dabei oft die Preis- und Angebotsinstabilität auf einem Gütermarkt genommen. Zu Beginn wird das Problem in seiner einfachsten Form behandelt; es wird gezeigt, wie Angebots- und Nachfragereaktionen auf Preisveränderungen periodisch wiederkehrende Diskrepanzen zwischen Angebot und Nachfrage hervorrufen können. Da staatliche Preisstützungsprogramme bei vielen Gütern offensichtlich eine Rolle spielen, sehen sich die Sommerkursteilnehmer oft genötigt, diese staatliche Aktivität schon in das erste Modell einzubeziehen. Ein solcher Schritt sollte jedoch von der Beantwortung der folgenden Frage abhängig gemacht werden: »Ist die staatliche Aktivität *entscheidend für die Erzeugung* der Preis- und Angebotsfluktuationen, deren eigentliche Ursache gesucht wird?« Natürlich ist sie es nicht. Die Güterpreise waren unstabil, lange bevor es staatliche Preisstützungsprogramme gab.

Preisstützungsprogramme mögen nützlich oder schädlich sein, aber sie sind nicht notwendig für die Demonstration des klassischen Grundmodells der Instabilität von Preis und Angebot.
Das Konzept der geschlossenen Systemgrenze scheint sehr elementar zu sein, aber es ist anscheinend gar nicht leicht zu handhaben. Es impliziert die Behauptung, daß exogene Variable nicht der Schlüssel für die Erkenntnis des Charakters eines Systems sind. Test-Inputs mögen für eine Systemanalyse nützlich sein, aber nur um das System zu veranlassen, seine innere Natur zu enthüllen.

Die Rückkopplungsschleife (Feedback Loop)

Die Rückkopplungsschleife wird als das grundlegende Strukturelement von Systemen betrachtet. In diesem Rahmen wird jede Entscheidung getroffen. Jede Entscheidung wird durch den jeweiligen Systemzustand einerseits bestimmt und beeinflußt denselben andererseits. Das ist eine Aussage, die sowohl gültig ist für die Kräfte, die die elektrische Ladung eines Kondensators steuern, als auch für die bewußten Entscheidungen des Managers oder des Menschen schlechthin als auch für die Auswahlprinzipien der Natur, die die Arten im Evolutionsprozeß an die Umwelt anpaßt. Das Vorgehen des in Industrial Dynamics geübten Analytikers ist ein iterativer Prozeß, der kreisförmig durch alle vier strukturellen Konstitutionsebenen eines Systems verläuft. Bevor den tieferen Ebenen mehr Aufmerksamkeit geschenkt wird, gilt das Interesse so lange den höheren Ebenen, bis sie befriedigend konstituiert sind. Mit anderen Worten: die Systemgrenze kommt zuerst. Der zweite Schritt besteht in der Identifizierung der Rückkopplungsschleifen und sollte vor der Identifizierung der Substruktur der Zustands- und der Flußgrößen liegen. Dieser Punkt bereitet demjenigen, der nicht über ein fundiertes Wissen bezüglich der dynamischen Eigenschaften von Rückkopplungssystemen verfügt, die größten Schwierigkeiten. Er ist nicht in der Lage, von beobachteten Symptomen und dem beobachteten Verhalten des Systems auf die vermutliche Struktur der Rückkopplungsschleifen zu schließen. Er kann aus dem historischen Ablauf einer tatsächlichen Situation nicht jene Evidenzen gewinnen, die sich auf die Bedeutung der verschiedenen positiven und negativen Rückkopplungsschleifen und ihrer Wirkungszusammenhänge beziehen.

Zustandsgrößen und Flußgrößen

Im Rahmen des Strukturkonzepts der Industrial Dynamics werden zwei Klassen von elementaren Systemvariablen als notwendig und hinreichend erkannt. (Die Hilfsgleichungen werden algebraisch zu den Ratengleichungen gezählt. Die Approximationsgleichungen erster Ordnung können zerlegt werden in eine einfache Zustandsgleichung und zwei Ratengleichungen.) Die Zustandsgleichungen beschreiben den Systemzustand oder die Bedingung des Systems in jedem beliebigen Zeitpunkt. Die Zustandsvariablen beschreiben die zeitliche Kontinuität des Systems und bieten die Informationen, auf denen die Flußraten basieren. Die Ratenvariablen sind die Aktions- oder Flußvariablen. Durch die Raten werden die Zustandsgrößen verändert. Die Zustandsgleichungen stellen Integrationen dar, in denen die Effekte der Raten akkumuliert werden. Die Ratengleichungen sind algebraische Ausdrücke ohne Zeitbezug.

Die Unterscheidung zwischen Zustandsgrößen und Veränderungsraten findet man auch in der Literatur vieler anderer Gebiete. In der Wirtschaftswissenschaft handelt es sich bei den Zustandsgrößen oft um Lagerbestände und bei den Raten um Lagerbestandsveränderungen. Auf dem Gebiet der technischen Rückkopplungssysteme gewinnt der »Zustandsvariablen-Ansatz« zunehmend an Bedeutung. In gewissen Passagen der ingenieurwissenschaftlichen Literatur wird ein Begrif entwickelt, der genau dem Begriff der Zustandsvariablen im Rahmen der Industrial Dynamics entspricht. »Der Zustandsvariablen-Ansatz fördert die Begriffsbildung sowohl im Hinblick auf diese Probleme als auch im Hinblick auf die Problematik der nichtlinearen Systeme. Darüber hinaus bietet er eine einheitliche Basis für die Behandlung linearer und nichtlinearer Probleme ... der Zustand eines Netzwerks steht in Beziehung zum Gedächtnis des Netzwerks ... heuristisch betrachtet trennt der Zustand eines Systems die Zukunft von der Vergangenheit, so daß der Zustand alle diejenigen Informationen bezüglich der Geschichte des Systems umfaßt, die für die Festlegung einer Reaktion auf ein Input-Ereignis erforderlich sind ... die Art und Weise, in der ein System seinen gegenwärtigen Zustand erreicht, beeinflußt nicht seinen zukünftigen Output. Der gegenwärtige Zustand des Systems und die gegenwärtigen und zukünftigen Inputs bestimmen allein die gegenwärtigen und zukünftigen Outputs ... die Outputs der Integratoren im Simulationsdiagramm bilden die Komponenten des Zustandsvektors ... obwohl die Outputs der Integratoren im Simulationsdiagramm einen natürlichen Zustand beschreiben, sind diese Variablen in dem betreffenden System physikalisch u. U. nicht meßbar« (2, Kapitel 5).

Im Rechnungswesen der Unternehmung wird eine implizite Unterscheidung zwischen Zustands- und Ratenvariablen dadurch vorgenommen, daß die einen in die Bilanz und die anderen in die Gewinn- und Verlustrechnung eingehen. Die Bilanz gibt den gegenwärtigen finanziellen Status des Systems wieder, wie er sich durch Akkumulation oder Integration der Flußraten der vergangenen Periode ergibt. Die Gewinn- und Verlustvariablen stellen (wenn man einmal die Tatsache unberücksichtigt läßt, daß sie keine dem gegenwärtigen Zeitpunkt entsprechenden Größen, sondern Periodendurchschnitte sind) Flußraten dar, die eine Veränderung des Zustands in der Bilanz bewirken.

Dieselbe Unterscheidung zwischen Zustands- und Ratenvariablen kann man – wenn auch in einer anderen Terminologie – auf dem Gebiet der Psychologie finden, wofür wir ein Zitat aus Cartwrights Vorwort zu einer Aufsatzsammlung von Lewin anführen wollen: »Von fundamentaler Bedeutung ist für Lewin natürlich das Konstrukt des ›Feldes‹. Alles Verhalten (Handeln i. e. S., Denken, Wünschen, Streben, Bewerten, Durchführen etc.) kann als eine Veränderung des Zustands eines Feldes in einem bestimmten Zeitraum betrachtet werden . . . in der Individualpsychologie ist das Feld, mit dem der Wissenschaftler sich beschäftigen muß, der ›Lebensraum‹ des Individuums . . . die Aufgabe des Wissenschaftlers ist es, theoretische Konzepte und Beobachtungs- und Meßtechniken zu entwikkeln, die geeignet sind, die Eigenschaften jedes beliebigen Lebensraums zu beschreiben und die für die Veränderung dieser Eigenschaften geltenden Gesetzmäßigkeiten zu erkennen . . . Lewins Behauptung, daß die Determinanten des Verhaltens zu einem bestimmten Zeitpunkt nur in den Eigenschaften des Feldes zum selben Zeitpunkt zu finden sind, hat eine heftigere Kontroverse ausgelöst als irgendeine seiner sonstigen Grundthesen. Lewin behauptet mit anderen Worten, daß der Lebensraum sich in der Zeit entwickelt, durch Ereignisse beeinflußt wird und historisch determiniert ist, *daß jedoch nur das jeweilig gegenwärtige System wirksam sein kann«* (11, Vorwort). Lewins Konzepte des Feldes oder des Lebensraums entsprechen offensichtlich dem Konzept der Zustandsvariablen, wie wir es hier verwenden. Die Konzepte des »Verhaltens« und der »für die Veränderung der Eigenschaften geltenden Gesetzmäßigkeiten« entsprechen dem Konzept der Ratenvariablen.

Die Substruktur der Entscheidungsregeln

In den Ratengleichungen werden die Entscheidungsregeln eines Systems dargestellt. Es sind die Regeln, nach denen einem bestimmten Zustand des Systems eine bestimmte Aktion zugeordnet wird. Eine Entscheidungsregel wird in vier Komponenten zerlegt. Die erste Komponente ist das Ziel des Entscheidungsprozesses. Es ist das Ziel, das von dem betreffenden Teilsystem verfolgt wird. In dem sehr weiten Sinne, in dem der Begriff hier gebraucht wird, werden – wie es bei menschlichen Entscheidungsprozessen der Fall ist – auch physikalische Prozesse durch Ziele gesteuert *. Die zweite Komponente einer Entscheidungsregel besteht darin, daß durch sie ein bestimmter Informationsbedarf – als Grundlage für den Entscheidungsprozeß – spezifiziert wird. Dieser Informationsbedarf bezieht sich auf die zu einem bestimmten Zeitpunkt wahrnehmbaren Eigenschaften des Systemzustands. Der wahrnehmbare Zustand des Systems muß vom wahren Zustand des Systems unterschieden werden. Es ist nur die *verfügbare* Information, die die Entscheidungen beeinflußt. Der wahre Zustand kann, bevor er zu einem bestimmten Zeitpunkt offenbar wird, durch Wahrnehmungsfehler – wie Verzögerungen, Verzerrungen und Einseitigkeiten – verdeckt werden. Beide Zustände – der wahre und der wahrnehmbare Zustand – sind jedoch Systemzustände. Die dritte Komponente einer Entscheidungsregel besteht darin, daß sie einen Modus für die Feststellung von Diskrepanzen zwischen dem Ziel und dem Zustand des Systems enthält. Die vierte Komponente schließlich besteht darin, daß durch eine Entscheidungsregel auch ein bestimmtes Verhalten als Reaktion auf eine bestimmte Diskrepanz zwischen Ziel und Systemzustand vorgeschrieben wird. Die eben skizzierte Struktur einer Entscheidungsregel ist an anderer Stelle eingehender diskutiert worden (3, Kapitel 10).

Bemerkungen zur Struktur

Von einigen Seiten wird der Strukturbegriff der Industrial Dynamics als stilisiert, naiv oder zu stark vereinfachend kritisiert.

* Der Schwimmer und die Klappe des Wassertanks einer Toilette haben das Ziel, den Wassertank vollzuhalten. Ein identisches Strukturkonzept beschreibt einen Wassereimer mit einem Loch: der Abfluß (Handlung) hängt ab von der Differenz (Diskrepanz) zwischen der Wasserhöhe (wahrnehmbarer Zustand) und der Wasserhöhe am Loch (Ziel).

Einige sind anscheinend der Meinung, daß die Systemkonzepte eher auf den DYNAMO Compiler zugeschnitten wurden als umgekehrt. Wir meinen, daß sich der Strukturbegriff als einfach, allgemeingültig und grundlegend für viele Systeme der Technik, der Medizin und Psychologie und auch für soziale und ökologische Systeme erweisen wird.

Sobald man die Allgemeingültigkeit einer Systemstruktur anerkennt, so erweist sich die Struktur für die Organisation des Wissens in einer bestimmten Situation als äußerst nützlich. Wissen wird für einen bestimmten Zweck organisiert. Der Zweck könnte darin bestehen, eine bestimmte Verhaltensweise zu erklären und vielleicht zu ändern. Ohne einen Zweck oder ein Ziel gibt es keine Basis für eine Systemdefinition. Ist das Ziel aber klar, so kann man nach dem Konzept der geschlossenen Systemgrenze vorgehen. Bei dem Versuch, die Grenze zu definieren, gilt die Aufmerksamkeit den Aspekten, die berücksichtigt werden müssen, um die Symptome und die Verhaltensweisen des Systems zu bestimmen. Die Systemgrenze wird zweifellos mit der Perzeption der nächsthöheren Strukturebene festgelegt, auf der Regelkreise eine Rolle spielen. Wenn die Regelkreise definiert sind, werden sie zu den Pfaden durch das reale System, die in dem spezifischen Modell des betreffenden Systems dargestellt werden sollen. Die Schleifen stellen die Ausschnitte der Realität dar, die für die Zwecke der jeweiligen Analyse als wichtig anerkannt werden sollen.

Nachdem die Grenze und die Regelkreise festgelegt sind, werden die Systemvariablen in Zustandsgrößen und Flußgrößen unterteilt. Alle Variable, die den Systemzustand definieren, sind Zustandsgrößen und werden als Integrationen (Differentialgleichungen erster Ordnung) dargestellt. Alle Variablen, die die Aktivität definieren, sind algebraisch und gehören zur Kategorie der Ratengleichungen. Die Zustandsgrößen bestimmen Flußgrößen und die Flußgrößen erzeugen Zustandsgrößen. Jeder Pfad durch eine Systemstruktur wird notwendigerweise abwechselnd auf Zustands- und Ratenvariablen treffen. Die Substruktur einer Flußgröße oder einer Entscheidungsregel lenkt die Aufmerksamkeit auf die Konzepte, die berücksichtigt werden müssen.

Ist man im Umgang mit bewährten, formalen und allgemeinen Strukturen geübt, so wird die Zeit, die erforderlich ist, um die signifikanten Beziehungen bei widersprüchlichen, unzureichenden und unwichtigen Informationen einer tatsächlichen Situation aufzufinden, um das zweifache reduziert.

Es erübrigt sich wohl darauf hinzuweisen, daß es praktisch keine Beziehung zwischen der Strukturierung eines Systems im Sinne der Industrial Dynamics und dem Organisationsdiagramm gibt, wie es in Unternehmungen üblich ist. Die Elemente der dynamischen Systemstruktur sind die Informationsflüsse und die Entscheidungsinstanzen, die bestimmte Handlungsströme steuern. Der Entscheidungsstrom, der von einer bestimmten Instanz des Systems ausgeht, kann die Beiträge mehrerer Personen oder Ebenen der realen Organisation repräsentieren. Umgekehrt ist wahrscheinlich jeder einzelne Mitglied einer ganzen Reihe von Entscheidungsinstanzen, die ganz unterschiedliche Flußraten steuern.

Die Zustandsgrößen eines Industrial Dynamics Modells werden als Differentialgleichungen erster Ordnung dargestellt. Da das Lösungsintervall hinreichend klein gewählt wird, entspricht dies vollkommen einem System von Integrationen. Es sollten vielleicht einige Bemerkungen zu der Wahl eines Gleichungssystems in der Form von Integrationen im Gegensatz zu einem System von Differentialgleichungen gemacht werden. Technische Systeme werden fast ausschließlich als Differentialgleichungen definiert. Das erscheint jedoch künstlich. Dadurch wird die Aufmerksamkeit leicht auf die falsche Richtung der Kausalität gelenkt. Füllt man z. B. einen Wassertank mit einem Gartenschlauch, so ist nach unseren Vorstellungen von der Wirklichkeit das Wasser im Tank das Integral (Akkumulation) des Wasserstroms, der aus dem Schlauch fließt. In der gegenteiligen Aussage, die auf einer Differentiation und nicht auf einer Integration beruht, würde die Wasserströmungsrate als Differentialquotient des Wasserstands im Tank definiert. Diese Formulierung suggeriert die Vorstellung, daß das Wasser aus dem Schlauch fließt, *weil* sich der Wasserstand im Tank verändert. Die Wiedergabe des Tatbestandes durch eine Differentialgleichung kann die Richtung der Kausalität in Systemen verschleiern.

Stellt man die Richtigkeit der Beschreibung eines Systems durch Differentialgleichungen in Frage, so kann man noch einen Schritt weitergehen und auf die Tatsache aufmerksam machen, daß es keine natürlichen Prozesse gibt, die als Differentiation ablaufen. Es gibt kein Instrument, das Differentialquotienten mißt. Geräte, die dem Namen nach Flußraten messen, messen in Wirklichkeit Durchschnittsraten über eine bestimmte Zeitspanne und arbeiten nach Prinzipien, die auf Integrationen beruhen. Wenn in der Technik eine Differentialgleichung physikalisch gelöst werden soll, wie z. B. beim Differentialanalysator, so wird die Gleichung so oft integriert, bis die Differentialquotienten eliminiert sind. »Differentialanalysator« ist eine falsche Bezeichnung. Die Maschine besteht aus Integratoren.

In den Vorlesungen über dynamisches Verhalten in Systemen haben wir festgestellt, daß es für den Studenten viel einfacher und natürlicher ist, sich nur mit Integrationsprozessen zu beschäftigen und auf Differentiationen zu verzichten. Die Differentiation wird als ein mathematischer Artefakt betrachtet, der in den dargestellten Systemen kein natürliches Korrelat hat.

Die Zukunft

Der Leser hat natürlich recht mit der Feststellung, daß die Literatur und die Lehrprogramme, die gegenwärtig zur Verfügung stehen, nur sehr wenig dazu beitragen, das Wissen auf dem Gebiet der Systemtheorie zu erlangen, das in den vorangegangenen Kapiteln behandelt wird. Die Literatur über Industrial Dynamics verspricht Vorteile, die aus einem besseren Verständnis der Strukturen und des Verhaltens von Systemen erwachsen können. Die mathematischen Voraussetzungen werden jedoch nicht in entsprechendem Maße vermittelt. Auch die Grundsätze der systemtheoretischen Modellbildung werden nicht dargelegt. Außerdem fehlt es an einer ausreichenden Zahl von Beispielen, die als Richtlinien bei der Strukturierung von Systemen dienen können.

Wenn Systemstruktur und dynamisches Verhalten als roter Faden durch die Managementausbildung laufen und die verschiedenen Funktionsbereiche zu einem einheitlichen Ganzen zusammenfassen sollen, dann gilt es, noch einige Lücken zu füllen. Die mathematischen Probleme des dynamischen Verhaltens in Systemen müssen in angemessener Weise behandelt werden. Es müssen Beispiele für Systemstrukturen gegeben werden, die einige der wichtigsten Verhaltensweisen erzeugen, die in Unternehmungen und Wirtschaftssystemen zu beobachten sind. In übergreifenden Artikeln sollte gezeigt werden, wie Systemkonzepte in den verschiedenen Aufgabenbereichen und in der Unternehmensführung angewendet werden können.

Mathematik der Feedback-Systeme

Es sind bereits viele Bücher über die Mathematik der Feedback-Systeme veröffentlicht worden. In den meisten werden jedoch hauptsächlich analytische Lösungsmethoden behandelt. Deshalb sind die mathematischen Methoden schon bald erschöpft. Trotzdem sind die behandelten Systeme zu einfach, um für Probleme der Unternehmensführung von großem Interesse zu sein. Während man Mathematik auf höchstem Niveau betreibt, werden die einfachen Konzepte dynamischen Verhaltens mit dem Hauptziel, das individuelle Verständnis der Mechanismen der Feedback-Systeme zu verbessern, nicht in genügendem Maße betont. Am MIT versuchen wir nun, eine Interpretation der bestehenden mathematischen Methoden zu finden, um die Problemstellung zu vereinfachen, die Begriffe präziser zu machen und den Lehrstoff als eine Grundlage zu gestalten, von der aus intuitives Urteil und die Anwendung von Simulationsmethoden entwickelt werden können.

Grundsätze des Feedback-Verhaltens

Neben einer mathematischen Behandlung von Systemen scheint auch ein deskriptives Vorgehen erforderlich zu sein, durch das die Prinzipien des Verhaltens von Systemen verbal beschrieben und mit Beispielen belegt werden. Eine solche Methode wäre auf einfache Probleme und Übungen angewiesen, um die Begriffe und Methoden zum Handwerkszeug des Studenten zu machen. Der Autor ist im Begriff, ein entsprechendes Buch mit einem Anhang von Übungsaufgaben zu veröffentlichen *.

Systembeispiele

Geht man bei der Lösung praktischer Probleme der Unternehmensführung nach dem Ansatz der Industrial Dynamics vor, so scheint man sich hauptsächlich auf das im Gedächtnis gespeicherte Wissen über Systeme zu stützen, mit denen man sich bereits beschäftigt hat. Sollen andere die gleichen Probleme lösen können, müssen diese gespeicherten Beispiele logisch geordnet und schriftlich fixiert werden. Solch eine Reihe von Systembeschreibungen würde diejenigen Strukturen aufdecken, die in der Industrie immer wieder auftreten (Literaturhinweise 8, 12 und 13 weisen auf diesen Ansatz hin). Bei

* Mittlerweile auch auf deutsch erschienen: J. W. Forrester, Grundzüge einer Systemtheorie, Betriebswirtschaftlicher Verlag Gabler, Wiesbaden 1972 (Anm. d. Hrsg.).

diesem Ansatz sollten zur Erklärung eines bestimmten Systemverhaltens nur diejenigen Strukturelemente angegeben werden, auf die das Verhalten zurückgeführt werden kann. Neben der so identifizierten Struktur sollten alle die Tatbestände angegeben werden, die in einer praktischen Problemsituation anzeigen, daß dieses bestimmte Subsystem eine dominierende Rolle spielt. Historische Daten sind oft entscheidend bei der Suche nach dem Subsystem, das möglicherweise eine Störung für das Gesamtsystem bedeutet.

Übergreifende Artikel

Eine Reihe von Veröffentlichungen ist erforderlich, um den Einfluß der Systemstrukturierung auf die Probleme zu zeigen, die in den verschiedenen Funktionsbereichen der Unternehmensführung auftreten. Schwierigkeiten, die in einem bestimmten Funktionsbereich auftreten, werden wahrscheinlich durch ein System hervorgerufen, das verschiedene Funktionsbereiche scharf voneinander abgrenzt. Diese Veröffentlichungen würden verschiedene Gebiete verbinden, die jetzt noch viel zu stark isoliert sind.

Managementausbildung

Es gab bislang keine theoretische Grundlage der Managementausbildung, die die Funktion erfüllt, die der Physik in bezug auf die technischen Disziplinen zukommt. Obwohl die Managementausbildung an den Universitäten häufig die Volkswirtschaftslehre als Grundlage der Unternehmensforschung betrachtet, sollten wir Unternehmensforschung und Volkswirtschaftslehre eher als Systeme verstehen, die mit demselben Begriffsapparat arbeiten und ähnliche dynamische Verhaltensweisen erforschen. Sie unterscheiden sich in bezug auf den Aggregationsgrad, aber nicht unbedingt ihrer Natur nach oder in bezug auf die Komplexität ihrer Problemstellung. Die physische Größe oder der Umfang eines Systems haben nur wenig mit der Komplexität des Modells zu tun, das das System adäquat darstellen soll. Je größer das System, desto höher kann der Aggregationsgrad sein. Das Modell einer Wirtschaft muß nicht alle in ihr enthaltenen Unternehmungen erfassen. Das Modell einer Unternehmung repräsentiert nicht jede einzelne Person. Ein Modell menschlichen Verhaltens muß nicht jede einzelne Zelle erfassen. Ein Modell der Zell-Dynamik wäre viel stärker aggregiert als ein einzelnes Atom oder die meisten Moleküle. Wahrscheinlich hätten die Modelle, die für jedes dieser Systeme erforderlich sind, annähernd die gleiche Komplexität.

Die Theorie der Struktur und des Verhaltens von nichtlinearen Systemen mit mehreren Regelkreisen sollte sich zur Grundlage und zum Hauptbestandteil einer einheitlichen Managementausbildung entwickeln. Der gleiche Ansatz sollte in jedem Spezialgebiet der Betriebswirtschaftslehre, der Volkswirtschaftslehre und der Psychologie zur Beschreibung von Zusammenhängen benutzt werden. Wenn die verschiedenen Bereiche auf einer gemeinsamen Grundstruktur aufbauten, wäre es einfach, Verbindungen zwischen ihnen herzustellen.

In dem Maße, wie die Systemtheorie eine stärkere Betonung in der Managementausbildung erfährt, wird sich bezüglich der Mathematik eine Akzentverschiebung ergeben. In Zukunft wird der Schwerpunkt weniger auf Statistik und Matrixalgebra, sondern eher auf der Mathematik stetiger Veränderlicher liegen, die in Kausalsystemen vorherrschend sind. Statistik und Mathematik der kontinuierlichen Prozesse beruhen auf einer gemeinsamen Grundlage. Die beiden Richtungen scheinen jedoch bei den Studenten sehr unterschiedliche Haltungen hervorzurufen (oder sie werden von Studenten mit unterschiedlicher Prädisposition gewählt). Die mathematische Richtung, die sich mit zufälligen Ereignissen beschäftigt, scheint von der Vorstellung begleitet zu sein, daß die Welt willkürlich und unkontrollierbar sei. Die Mathematik der Differentialgleichungen (oder der bevorzugten Integraldarstellung) betont die Ursache-Wirkung-Beziehungen und fördert die Auffassung, daß die Welt veränderbar und steuerbar sei. Die Statistik beschäftigt sich vorwiegend mit Abweichungen von Mittelwerten, ohne dabei die Veränderbarkeit des Mittelwerts in genügendem Maße zu berücksichtigen. Der auf den kontinuierlichen Variablen beruhende Ansatz betont zunächst die Kausalstruktur, die den Mittelwert steuert, und bezieht dann, wenn das Verständnis soweit gediehen ist, Zufälligkeiten ein, um den Einfluß unsicherer Faktoren auf das System zu bestimmen.

Industrial Dynamics ist der Methode der Fallstudie verwandter als den meisten anderen Methoden der Managementausbildung. Sie beschränkt sich jedoch nicht auf eine bloße Falldiskussion. Die Modellierung eines Prozesses setzt eine diszipliniertere Denkweise voraus als die reine Diskussion, genauso wie eine schriftliche Darstellung gewöhnlich zu sorgfältigeren Überlegungen führt als eine Unterhaltung. Die Modellbildung führt also zu einer besser überdachten und präziseren Systembeschreibung. Nachdem das Modell formuliert ist, zeigt die Simulation, ob die Voraussetzungen, von denen ausgegangen wird, zu dem erwarteten Systemverhalten führen. Das Ergebnis der Simulation entspricht in vielen Fällen nicht den Erwartungen. Das Ausmaß, in dem sich ein Modell wie das tatsächliche System, das im Modell dargestellt wird, verhält, ist ein Kriterium für die Adäquatheit des Modells. Dieser Test ist undurchführbar, wenn ein Managementproblem nur in einer Falldiskussion behandelt wird.

Industrial Dynamics sollte dazu beitragen, die Aspekte der Unternehmensführung im Rahmen der Managementausbildung zu vertiefen. Gegenwärtig ist die Managementausbildung weitgehend auf die Funktionen des Managementberaters und nicht auf die Funktionen des Managers selbst ausgerichtet. Die Aspekte der Unternehmensführung werden traditionell erst im Rahmen eines Kursus über Unternehmenspolitik am Ende der Managementausbildung abgehandelt. Es dauert aber viel länger, die Systemdenkweise und die Fähigkeit, dynamische Interaktionen zu erfassen, als die Fakten der Funktionsbereiche zu erlernen. Auf Grund der Bedeutung der Systemtheorie sollte sie zur Grundlage der gesamten Managementausbildung werden. Dieses Grundprogramm wird die folgenden neuen Gebiete umfassen: die Mathematik der Systemtheorie, die Prinzipien des dynamischen Verhaltens von Systemen, die Umsetzung von Erfahrung und deskriptivem Wissen in eine präzis strukturierte Form, die Erarbeitung von Entscheidungsregeln durch Simulationsexperimente, die Koordination von Modelltheorie und Falldiskussionen und ein Fach Unternehmenspolitik, das auf Entscheidungsanalysen in der Form dynamischer Modelle basiert.

Die Erforschung dynamischen Verhaltens in Systemen durch umfassendere Modelle ebnet den Weg zu einem neuen Verständnis der Rückkopplungsprozesse in sozialen Systemen. In der Zukunft wird sich zweifellos zeigen, daß wir heute erst über einen Bruchteil des Wissens verfügen, das für das Verständnis der Grundsätze, der Theorie und der Verhaltensweisen von Rückkopplungsstrukturen erforderlich ist.

Anmerkungen

1 Bruner, Jerome S., The Process of Education, Harvard University Press, 1960.
2 DeRusso, Paul M., Rob, J. Roy und Charles M. Close, State Variables for Engineers, John Wiley & Sons, Inc., 1965.
3 Forrester, Jay W., Industrial Dynamics, The M. I. T. Press, 1961.
4 –, »Modeling the Dynamic Processes of Corporate Growth«, Proceedings of the IBM Scientific Computing Symposium, 7.–9. Dezember 1964, S. 23–42.
5 –, »The Structure Underlying Management Processes«, Proceedings of the 24th Annual Meeting of the Academy of Management, 28.–30. Dezember 1964, S. 58–68.
6 –, »A New Avenue to Management«, Technology Review, Band LXVI, Nr. 3, Januar 1964.
7 –, »Common Foundations Underlying Engineering and Mangement«, IEEE Spectrum, September 1964, S. 66–77.
8 –, »Modeling of Market and Company Interactions«, Proceedings of the American Marketing Association, 31. August – 3. September 1965.
9 Jarmain, W. Edwin (Hrsg.), Problems in Industrial Dynamics, Cambridge, The M. I. T. Press, 1963.
10 Kovach, Ladis D., »Life can be so Nonlinear«, American Scientist, Band 48, Nr. 2, S. 218–225 (Juni 1960), veröffentlicht von Society of the Sigma Xi.
11 Lewin, Kurt, herausgegeben von Cartwright, Dorwin: Field Theory in Social Science, Harper, 1951.
12 Nord, Ole C., Growth of a Product: Effects of Capacity – Acquisition Policies, Cambridge, The M. I. T. Press, 1963.
13 Packer, David W., Resource Acquisition in Corporate Growth, Cambridge, The M. I. T. Press, 1964.
14 Roberts, Edward B., The Dynamics of Research and Development, New York, Harper and Row, 1964.
Bezüglich einer Bibliographie über Industrial Dynamics ist hinzuweisen auf:
15 Forrester, J. W., »New Directions in Industrial Dynamics«, Industrial Management Review, Band 6, Nr. 1, 1964, Alfred P. Sloan School of Management, M. I. T.

Übersetzt von Heidi Kesberger

16 *John P. Crecine*

Ein Computersimulationsmodell kommunaler Budgetierung

[...]

1. Eine positive, empirische Theorie kommunaler Budgetierung

Das Modell wird als Computerprogramm entwickelt; die Natur des Budgetentscheidungsprozesses legt ein solches Vorgehen nahe. Selbst eine oberflächliche Beschäftigung mit dem Verfahren der kommunalen Ressourcenallokation zeigt, daß diese das Resultat einer *Abfolge* von Entscheidungen ist: Anforderungen der Behörden, Erstellung der Budgetvorlage durch den Bürgermeister und schließlich die Bewilligung durch den Stadtrat. Ein Computerprogramm ist im Grunde eine Sammlung von *Instruktionen,* die in einer spezifischen Reihenfolge ausgeführt werden. Soll ein Computerprogramm eine angemessene Form der Beschreibung des Budgetprozesses sein, so müssen die Regeln im einzelnen über die Zeit stabil sein und in einer spezifischen Abfolge beachtet werden (d. h. sie müssen Teil einer »stabilen« Struktur sein). Glücklicherweise gibt es einige zwingende Gründe, weshalb dies der Fall sein dürfte. Ein Grund, warum programmierte Entscheidungen sich tendenziell auf repetitive Probleme beziehen und umgekehrt, ist ganz klar folgender: »Wenn ein bestimmtes Problem oft genug wiederkehrt, dann wird gewöhnlich ein Routineverfahren zu seiner Lösung erarbeitet werden.« Sicherlich handelt es sich beim Budget der Kommunen um ein ständig (nämlich jährlich) wiederkehrendes Problem. Es deutet alles darauf hin, daß Individuen komplexe Probleme lösen, indem sie das globale Problem in eine Reihe weniger komplexer Probleme zerlegen und diese vereinfachten Probleme dann eines nach dem anderen lösen.

Das Problemlösungsverhalten von Individuen wurde auch bereits in einzelnen Fällen mit Hilfe eines Computerprogramms beschrieben; so etwa von Clarkson [1] für einen Portfoliomanager; von Cyert, March und Moore für den Kunden eines Kaufhauses [2]; von Newell und Simon für Schachspieler [3] und für Versuchspersonen in einfachen Problemlösungssituationen [4].

1.1 *Computersimulation kommunaler Budgetierung*

Die Simulation des Budgetprozesses muß das Verhalten vieler Individuen beschreiben – das Verhalten der Haushaltsreferenten in den Behörden, im Büro des Bürgermeisters und der Mitglieder des Stadtrates. Es besteht kein Grund anzunehmen, daß die schätzungsweise hundert Personen, die in das formale Budgetentscheidungssystem involviert sind, irgendwie schwieriger zu »programmieren« oder zu simulieren seien als *einzelne Individuen*. Die Schwierigkeit entsteht – wenn überhaupt – wegen der Zahl der Entscheidungen und Entscheidungsträger in unserem Modell und der zu analysierenden Datenmenge [5].

Simulation als Forschungswerkzeug

»Simulation ist eine Methode der Theorienbildung, die einen Teil oder den gesamten Output eines handelnden Systems reproduziert.« [6] Einige Simulationsmodelle haben außerdem das Ziel, nicht nur die Endresultate, sondern auch die Zwischenergebnisse zu reproduzieren. Diese Aufgabe stellt sich das folgende Modell. Es stellt den Versuch dar, Output und Verfahren in Gestalt eines Computerprogramms zu reproduzieren, indem es sowohl die Struktur des Entscheidungsprozesses (Abfolge der Entscheidungen) darstellt als auch die Funktionen der einzelnen Entscheidungsregeln (individuelle Gleichungen, die die faktischen Entscheidungsregeln abbilden) und die Entscheidungsparameter (die Gewichte von »Konstanten« oder empirisch determinierter Variabler, die in der Struktur und den funktionalen Relationen des Modells eingebettet sind).

2. *Überblick über die kommunale Budgetierung*

Es ist zweckdienlich, sich den gesamten Entscheidungsprozeß als ein organisiertes Verfahren vorzustellen, dessen sich der Entscheidungsträger bedient, um die potentielle Komplexität des Budgetproblems zu bewältigen. Das »ursprüngliche« Problem ist, was den Beitrag zur Komplexität betrifft, vor allem durch den von außen auferlegten »constraint« eines ausgeglichenen Budgets [7] gekennzeichnet und damit durch die Notwendigkeit, sämtliche Haushaltsposten auf *einem gewissen Abstraktionsniveau* simultan zu betrachten.

2.1 Problemperzeption

Es sollte an dieser Stelle noch einmal betont werden, daß es uns hier im wesentlichen um das Problem des Haushalts geht, so wie es von den tatsächlichen Entscheidungsträgern (den Beamten in den einzelnen Behörden, dem Stab des Bürgermeisters und den Mitgliedern des Stadtrates) gesehen wird. Ganz offensichtlich (wie aus Interviews hervorgeht) sehen die Entscheidungsträger das Problem als die Aufgabe der gleichgewichtigen Verteilung der kommunalen Ressourcen an, als Problem, die Mittel in der Weise auf die Funktionen innerhalb der Verwaltung aufzuteilen, daß die übergeordneten kommunalen Ziele erreicht werden etc. Generell wird das Problem von den *Behördenleitern* darin »gesehen«, Haushaltsvoranschläge einzureichen, die (1) der Behörde Mittel zur Durchführung laufender Programme als Teil eines kontinuierlichen Bemühens sichert, bestehende Probleme zu bewältigen, (2) vom Bürgermeisteramt akzeptiert werden kann und (2) einen angemessenen Anteil an jedem Zuwachs des städtischen Gesamthaushaltes darstellt und es der Behörde somit ermöglicht, neue Probleme in Angriff zu nehmen (sofern sie sich stellen). Aufgabe des *Bürgermeisters* hingegen ist es im wesentlichen, einen Haushaltsvorschlag zu unterbreiten, der (1) ausgeglichen ist, (2) wenigstens die bestehenden Dienstleistungsgrade aufrechterhält, (3) wenn möglich, die städtischen Personalkosten erhöht und (4) Steuererhöhungen vermeidet (vor allem Vermögenssteuern), da eine Erhöhung dieser Steuer dazu führen könnte, daß die privatwirtschaftlichen Unternehmen und die Industrie die Stadt verlassen, dadurch die kommunale Steuergrundlage geschmälert wird. Bleiben dem Bürgermeister, nachdem er einige der genannten Ziele erreicht hat, noch weitere Mittel, so werden diese entweder für die Unterstützung von Programmen oder Projekten verwendet, die auf der »Liste« stehen oder zur Erfüllung eines Teils der zusätzlichen Anforderungen aus den Behörden.

Für den *Stadtrat* wiederum besteht das »Problem« in der Prüfung der Haushaltsempfehlungen des Bürgermeisters und Durchsicht auf »offensichtliche« Fehler und Auslassungen. Wegen der Komplexität und der Fülle der Details im Budget des Bürgermeisters und wegen der unzureichenden personellen Besetzung beschränken sich die Entscheidungen des Stadtrates weitgehend darauf, das Budget zu billigen. Die Bedingungen, daß der Haushalt ausgeglichen sein muß, bedeutet, daß z. B. eine Veränderung in einem Budgettitel eine ausgleichende Veränderung in anderen Ausgabenkategorien, Verwaltungseinheiten oder Einnahmen zur Folge hat, d. h. eine (vom Stadtrat veranlaßte) Änderung impliziert eine Reihe von Änderungen, die dieser – sei es aus Zeit- oder Personalgründen – nicht mit berücksichtigt.

2.2 *Aufgliederung des Problems in lösbare Teilprobleme*

Wir haben bereits geschildert, wie kommunale Entscheidungsträger die *potentielle* Komplexität des Problems kommunaler Ressourcenallokation mit Hilfe ihrer notwendigerweise vereinfachten Problemwahrnehmung bewältigen. Als weitere Vereinfachungsstrategien wurden folgende beobachtet:

1. Das laufende Budget wird getrennt vom Kapitalbudget als ein generell unabhängiges Problem behandelt. Die einzige Verbindende zwischen beiden ist die »logische« Einarbeitung von Kapitalbudgetierungsentscheidungen in das laufende Budget [8].
2. Der Haushalt wird institutionell gegliedert (nach Behörden und Abteilungen), und die Budgettitel (Gehälter, Ausrüstung, laufende Sachausgaben etc.) bleiben von einem Jahr zum anderen außerordentlich stabil. Diese partielle Strukturierung des Problems »gestattet« den meisten Entscheidungsträgern, die Bewilligungsfrage für einen Titel in einer Verwaltungseinheit als (Teil-)Problem zu behandeln, getrennt vom gesamten Ressourcenallokationsproblem. So wird das Gesamtproblem in eine Reihe kleinerer Probleme der Entscheidung über Finanzbewilligungen für einzelne Behörden transformiert.
3. Die Einnahmenschätzungen werden generell getrennt von den Schätzungen der Ausgaben vorgenommen. Das heißt, das Aufkommen aus einer bestimmten Steuer wird unabhängig von den Ausgaben geschätzt. Und während die Steuersätze auf der Grundlage vorläufiger Berechnungen der *geschätzten Gesamtausgaben* zum Zwecke des Budgetausgleichs gelegentlich etwas modifiziert werden, werden die Steueraufkommensschätzungen nur selten manipuliert, um den Haushalt auszugleichen.
4. Die Struktur des Entscheidungsprozesses – selbst eine Arbeitsteilung zwischen den Behördenleitern, dem Bürgermeisteramt und dem Stadtrat – reflektiert außer administrativer Hierarchie auch eine Reihe von Vereinfachungsstrategien, um komplexe Probleme in den Griff zu bekommen.

5. Schließlich fand man noch eine weitere Vereinfachungsstrategie in allen untersuchten Städten. Eine einheitliche Besoldungspolitik, die relative Positionen des Personals innerhalb der für sämtliche Bedienstete der Stadt geltenden Lohn- und Gehaltstarife aufrechterhält, eliminiert das potentielle, komplexe Problem, Gehaltsentscheidungen im Einzelfall treffen und gleichzeitig versuchen zu müssen, gewisse Normen der »gleichen Bezahlung für gleiche Tätigkeit« beizubehalten [9].

2.3 Verwaltung nach Präzedenzfällen

Als das entscheidende Budgetierungsproblem des Bürgermeisters kann wahrscheinlich die Forderung nach einem ausgeglichenen Haushalt angesehen werden. Gesetzt den Fall, er würde auch nur die Mehrzahl der Haushaltsposten einer ernsthaften Prüfung unterziehen – seine Aufgabe wäre immens. Die Forderung, einen ausgeglichenen Haushalt zu erstellen, könnte bedeuten, daß der Bürgermeister nicht nur jeden Posten im Verhältnis zu allen anderen zu prüfen hätte. Die gesamten Ausgaben für das Polizeiwesen z. B. wären auf irgendeine Weise im Hinblick auf die Implikationen für das Gesundheitswesen, das Bauwesen, die Feuerwehr usw. zu rechtfertigen. Offensichtlich verfügt der Bürgermeister aber weder über das Personal noch über die analytischen Ressourcen oder über genügend Zeit, um eine derartige Prüfung vorzunehmen – selbst wenn die notwendigen Kenntnisse und Daten verfügbar wären.

Statt dessen betrachtet der Bürgermeister – wie wir bereits sahen – die Haushaltserstellung als ein Problem, das jeweils grundsätzlich dem des Vorjahres ähnlich ist mit geringfügigen Änderungen lediglich hinsichtlich der verfügbaren Ressourcen (auf Grund neuer Einnahmenschätzungen), die es ermöglichen, eine Reihe kontinuierlicher kommunaler Probleme (wie Polizei, Feuerwehr, Stadterneuerung, Bauwesen, Verkehr) anzupacken, modifiziert um einige wenige neue auftretende Probleme und einige wenige partielle Lösungen alter Probleme. Für ihn in seiner Situation besteht das »logische« Vorgehen bei der Lösung komplexer Budgetierungsprobleme darin, die »Lösung des Vorjahres« (die laufenden Bewilligungen) im Hinblick auf die *Veränderungen* bezüglich der verfügbaren Ressourcen und Verschiebungen in den kommunalen Problemen zur »diesjährigen Lösung« zu machen. Damit verändert sich das Budget natürlich langsam in einer Reihe »marginaler Änderungen« im Vergleich zu den Haushalten der Vorjahre [10]. Da jedes Jahr nur ein geringer Teil des Budgets neu überdacht wird, wird ein Haushaltsposten, sobald er einmal im Haushalt erscheint, allein auf Grund dieser Tatsache auch in den folgenden Budgets »Existenzberechtigung« erhalten.

Diese »Verwaltung nach Präzedenzfällen« ist ein integraler Bestandteil der meisten empirischen Theorien der Entscheidungsfindung in der Literatur; Cyert und Marchs »A Behavioral Theory of the Firm« beschreibt, wie vorangegangene Lösungen und Lösungswege zur Lösung neuer Probleme herangezogen werden – im großen und ganzen ein Modell *inkrementaler* Anpassungen von Wirtschaftsunternehmen an ihre interne und externe Umwelt [11]. Braybrooke und Lindblom halten derartiges »Präzedenz«-vorgehen für gerechtfertigt und als »rationale« Entscheidungsstrategie für vertretbar [12]. Wildavsky hebt die Funktion der »Präzedenzfälle« als »Kalkulationshilfe« im Budgetprozeß der Bundesregierung hervor [13].

2.4 *»Offenheit« öffentlicher Entscheidungen*

Ein grundlegendes Merkmal der Entscheidungsfindung auf dem öffentlichen Sektor (im Gegensatz zum privaten) ist die Tatsache, daß sowohl Entscheidungen als auch Entscheidungsprozesse (zumindest potentiell) der öffentlichen Überprüfung unterworfen sind. Entscheidungen im öffentlichen Bereich sind tendenziell stärker »abgesichert« als entsprechende Entscheidungen im Privatbereich, und jede einzelne Entscheidung (Haushaltsposten) in einem Entscheidungssystem (dem Gesamthaushalt) sollte ihre eigene »Berechtigung« haben. Außerdem können die *Verfahren* der Entscheidungsfindung ebenfalls öffentlicher Kritik unterzogen werden. Wir möchten behaupten, daß die »Offenheit« öffentlicher Entscheidungen die Verwendung ziemlich sachlicher Methoden der Aufgliederung des Budgetproblems und das Zugrundelegen von *Präzedenzfällen* als eine auf Absicherung [14] zielende Strategie der Entscheidungsfindung begünstigt, sowie die Verwendung einfacherer, leichter zu verstehender Verfahren fördert, als es sonst der Fall wäre.

3. *Ein formales Modell der kommunalen Budgetierung*

Problemkomplexität und die Mechanismen, sie zu bewältigen, sollen im folgenden im Zusammenhang mit den Verhaltenscharakteristika des Modells analysiert werden. Einen Aufriß des Modells stellt Abb. 1 dar. Da das Modell ja in drei mehr oder weniger voneinander unabhängige Teilmodelle zerlegt werden kann, worin sich der Nutzen der Aufgliederung und Arbeitsteilung zur Komplexitätsreduzierung zeigt, werden wir jedes dieser Teilmodelle getrennt behandeln.

3.1 Der Modellbereich

Das formale Computermodell bezieht sich explizit auf drei Entscheidungsprozesse – die Anforderungen der Behörden, die von den einzelnen Behördenleitern innerhalb der städtischen Verwaltung formuliert werden, den Haushalt des Bürgermeisters zur Vorlage vor dem Stadtrat und die endgültigen Bewilligungen durch den Stadtrat. Diese drei Prozesse sind in Abb. 1 als Felder A, B und C gekennzeichnet. Die Outputs des Teilmodells der Behördenanforderungen stellen den Input in das Teilmodell des Bürgermeisterhaushalts dar und dessen Output wiederum ist Input für das Teilmodell der Finanzbewilligungen durch den Stadtrat.
Die Outputs jedes der drei Teilmodelle entsprechen in Zahl und Abstraktionsebene weitgehend den Outputs (oder Entscheidungen) des kommunalen Budgetprozesses. In unserem Modell stellt jede im allgemeinen oder laufenden Budget erfaßte Behörde Finanzanforderungen für jeweils 2–3 Standardtitel – je nachdem, um welche Stadt es sich handelt. Das Modell gibt beispielsweise für jede der drei Phasen des Entscheidungsprozesses die folgenden Dollarschätzungen für die städtische Planungsabteilung wieder:

Cleveland	Detroit	Pittsburgh
Personelle Dienste Sachmittel, Gemeinkosten, Ausrüstung, Reparaturen und Verbesserungen	Verwaltungs- personalkosten Sonstige Gehälter Sachmittel und Gemeinkosten Ausrüstung und Reparaturen	Gehälter für Verwaltungs- personal Sonstige Gehälter Sachmittel, Ausrüstung und Gemeinkosten Unterhaltung

Zwischen 44 und 64 Behörden und Verwaltungsbehörden in den untersuchten Städten waren am Entscheidungsprozeß beteiligt und jede Verwaltungseinheit hatte Voranschläge für zwei bis fünf Titel.

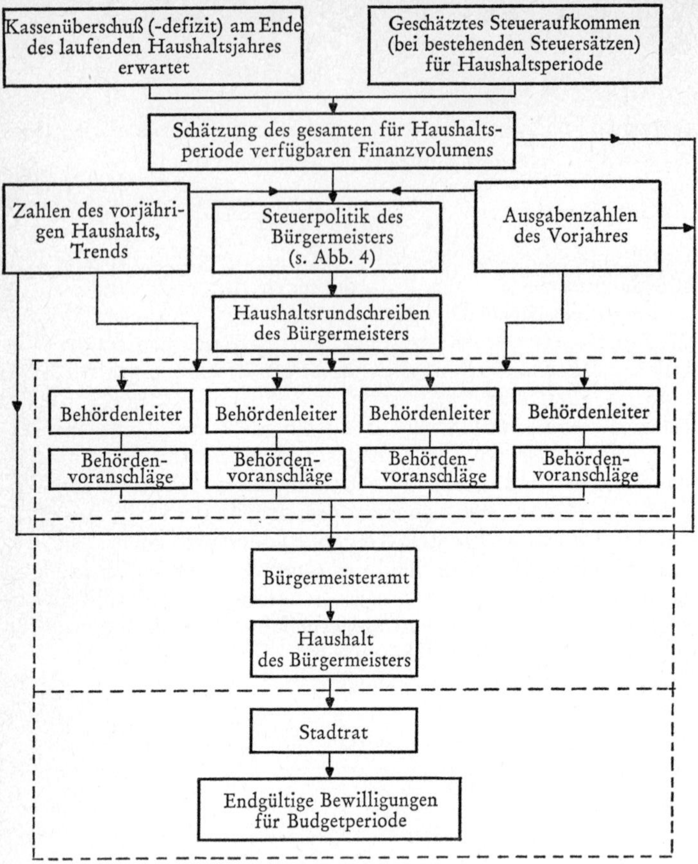

Abb. 1 Überblick über den Entscheidungsprozeß

In jeder der untersuchten Städte wurden in jedem Jahr und in jeder der drei Phasen zwischen 128 und 220 Entscheidungen getroffen. An dieser Stelle dürfen legitimerweise zwei wichtige Fragen gestellt werden.

1. Warum sind Budgettitel in der beschriebenen Weise aufgegliedert?
2. Warum wird die Ressourcenallokation in »Dollars« gemessen und nicht in Personen, Anzahl der Straßenbeleuchtungskörper o. ä.?

Jede dieser Fragen ist »entscheidend« für eine normative Theorie der Budgetierung. Im Rahmen einer empirischen Theorie sind die Antworten ziemlich einfach – und im wesentlichen identisch: Alle interviewten Personen in den drei Städten denken und kommunizieren in »Dollar«-kategorien. Sie unterscheiden (zumindest in den Interviews) Ausgaben nach den gleichen Kategorien, wie sie in den Rechnungssystemen ihrer jeweiligen Städte unterschieden werden. Offensichtlich stellen Dollarangaben im Umgang mit dem Begriffssystem in Gestalt des städtischen Rechnungswesens [15] die relevanten Bezugspunkte dar und liefern für die Beteiligten die Grundlage für die Strukturierung des Prozesses.

3.2 Teilmodell der Behördenanforderungen (DEPT-Modell) *

Rolle: Die Rolle des Behördenleiters ist derjenigen des Leiters eines Ressorts oder Büros in der Bundesregierung vergleichbar, wie sie Wildavsky beschreibt [16]. Sein Ziel ist es, soviel Gelder wie möglich für seine Abteilung und seine Ziele zu erlangen. Wenn »Washington voll ist« ... »von Männern und Frauen, die fest davon überzeugt sind, daß die Regierung Mittel für diesen oder jenen Zweck aufwenden sollte« [17], so trifft dies nicht weniger für die Gemeindeverwaltungen zu. Generell neigt der Leiter einer Behörde dazu – sei es aus Erfahrung, auf Grund des Sozialisationsprozesses bis zu seiner jetzigen Position und durch »Lernen«, daß Mittelanforderungen wahrscheinlich vom Bürgermeister oder Stadtrat gekürzt werden – mehr anzufordern, als er eigentlich zu bekommen »erwartet«. Dieses Einplanen von »Polstern« im Budget ist Teil des Systems wechselseitiger Erwartungen und Rollen. Von den Behördenleitern wird erwartet, daß sie mehr anfordern, als sie eigentlich

* DEPARTMENT-Modell

»benötigen«, vom Bürgermeisteramt wird erwartet, daß es diese Anforderungen kürzt, damit der Haushalt ausgeglichen wird.
Kontext: Die Entscheidungen, von denen wir sprechen, setzen die Höhe der Ausgaben für das kommende Haushaltsjahr fest. Sie sind Entscheidungen über Personalstärke, Sachmittel und Ausrüstung. Sie sind kein Programmbudget im Sinne einer exakten Wiedergabe der verschiedenen Aktivitäten im kommunalen Budget. Die Entscheidungen, um die es sich hier handelt, liegen gewissermaßen in der Mitte. Sie stellen die Zwänge dar, denen Entscheidungen über bestimmte, später von der Behörde auszuführende Aktivitäten unterliegen. Die Festsetzung der jeweiligen Ausgaben gehört zu den ständigen Problemen eines Behördenchefs. Unterhalb einer gegebenen Ausgabendecke sind viele verschiedene Kombinationen von Aktivitäten möglich. »Eine niedrige Finanzdecke kann, kurz gesagt, durchaus noch einigen Spielraum lassen.« [18]

Charakteristika des DEPT-Modells

Welche Rolle das Haushaltsrundschreiben des Bürgermeisters und die an die Behördenleiter gesandten Haushaltsformulare spielen, ist offenkundig. Zusammen mit dem Zeitplan für die Einreichung der ausgefüllten Haushaltsformulare haben diese Dokumente den Zweck, dem Behördenleiter die Strukturierung seines Problems abzunehmen. In der Regel erhalten die Behörden die Haushaltsformulare nicht ganz zwei Monate bevor das Gesamtbudget dem Stadtrat vorgelegt wird. Ihnen steht normalerweise ungefähr ein Monat zur Ausfertigung ihrer Anforderung zur Verfügung.
Diese knappe Terminierung sollte in ihrer Bedeutung nicht unterschätzt werden. Da es keinen Aufschub für die sonstigen Aufgaben eines Behördenleiters gibt, bedeutet die Aufstellung des Haushalts eine zusätzliche Belastung. Im Kontext von unzähligen anderen, außerbudgetären Problemen und Pflichten nehmen die meisten Behördenleiter nur allzu gern die Problemstrukturierung in Form der Haushaltsformulare an. Täten sie dies nicht, so müßten sie eine alternative Struktur ausarbeiten; zum anderen obläge ihnen die »Beweislast« in bezug auf die Rechtfertigung ihrer Alternative gegenüber dem Bürgermeisteramt.
Wie ist nun das Haushaltsproblem für die Leiter der Behörden vorstrukturiert?
Haushaltsformulare: Die Haushaltsformulare erscheinen geradezu

als physikalische Konstanten des Haushaltsuniversums [19]. Sie sind wie folgt gegliedert:

	Ausgaben des Vorjahres	Diesjährige Bewilligungen	Anforderungen für das kommende Jahr
Standardtitel 1	$ 54 321,00	$ 57 400,00	?
Aufgliederung von 1	–	–	
Standardtitel 2	$ 43 219,00	$ 45 600,00	?
Aufgliederung von 2			
.			
.			
.			
Standardtitel N	$ 100,00	$ 120,00	?
Aufgliederung von N			

Dadurch, daß sie das Finanzproblem strukturieren, beeinflussen (»bias«) die Formulare die Ergebnisse bzw. Entscheidungen der Behördenleiter in zweierlei Richtungen:

1. Sie bieten den Behördenleitern einen beträchtlichen Anreiz, die Anforderungen im Rahmen der gegebenen Haushaltstitel zu halten.
2. Sie liefern einen automatischen Vergleich zwischen den Anforderungen »für das nächste Jahr«, wodurch die »laufenden« Bewilligungen zwangsläufig zu einem der Kriterien bzw. Bezugspunkte der Anforderungen »für das kommende Jahr« werden.

Das Rundschreiben des Bürgermeisters enthält jeweils Richtlinien, die die Problemstrukturierung in Gestalt der Haushaltsformulare noch bekräftigen – so z. B. die Anweisung, eine ». . . schriftliche Begründung für jede Änderung der einzelnen Angabenkategorien« zu geben; »die Erfahrungen aus den Jahren 1962 und 1963 wurden aufgeführt . . . um Ihnen bei der Schätzung Ihres Bedarfs für 1965 zu helfen«; »unter der Überschrift ›Erklärung für Mehr- oder Minderanforderungen‹ sind die Gründe darzulegen . . . die für die Mehr- bzw. Minderanforderungen verantwortlich sind«, »die laufenden Haushaltsbewilligungen sind oben auf dem Formular angegeben«.

Allgemeiner Entscheidungsprozeß der Haushaltsanforderungen der Abteilungen (DEPT-Modell) *

1. Abteilungen erhalten Haushaltsrundschreiben und Haushaltsformulare vom Bürgermeister mit folgendem Inhalt: a) Laufende Bewilligungen für sämtliche Ausgabenkategorien der Behörde; b) laufende Gesamtbewilligungen; c) Ausgaben des Vorjahrs für verschiedene Ausgabenkategorien; d) veranschlagte, zulässige Steigerung der laufenden Bewilligungen, impliziert im »Tenor« des Bürgermeister-Schreibens.

2. Trend der Behördenanforderungen – Richtung und Größenordnung jüngster Veränderungen in der Höhe der Bewilligungen für einzelne Titel der Abteilung.

↓

3. Behörde formuliert mit Hilfe von Informationen aus 1. und 2. eine »vertretbare Anforderung« von Finanzmitteln für ihre bestehenden Ausgabenkategorien; laufende Bewilligungen dienen als »Basis« oder Bezugspunkt; diese Schätzungen werden angepaßt, je nachdem, ob die Mittel im Vorjahr erhöht wurden (für einige Konten bedeutet eine Erhöhung der Mittel im Jahr zuvor eine Verringerung im Jahr darauf – Ausrüstung – für andere zeigt eine Erhöhung der laufenden Bewilligungen eine weitere Erhöhung für das kommende Jahr an) und gemäß der Differenz zwischen den Ausgaben des Vorjahrs und den laufenden Bewilligungen.

↓

4. Mit Hilfe der in 3. berechneten »vertretbaren Anforderungen« wird ein vorläufiges Gesamtbudget für die Behörde erstellt.

↓

5. Liegt das Gesamtbudget außerhalb der vom Bürgermeisteramt gesetzten Oientierungsdaten (wie sie aus dem »Tenor« des Haushaltsrundschreibens entnommen werden)?

6. nein ↓

Enthalten die Gehaltskonten Steigerungen gegenüber den laufenden Bewilligungen?

7. ja ↓

Sämtliche Anforderungen in allen Ausgabenkategorien werden so verändert, daß jede (vorgeschlagene) Steigerung gemessen an den laufenden Bewilligungen als Zusatzanforderung eingereicht wird. Zurück zu 6. und prüfe, ob Steigerungen in den Gehaltskonten enthalten.

keine Steigerung

Steigerung

8. Stelle reguläre Anforderung in der Höhe der laufenden Bewilligungen und stelle für die Steigerungen Zusatzanforderungen.

↓

9. Errechne Gesamthöhe der regulären Behördenanforderungen.

↓

10. Sende reguläre Anforderungen und Gesamtanforderungen zusammen mit Zusatzanforderungen an das Bürgermeisteramt.

Abb. 2

* Ein detaillierteres Flußdiagramm des Teilmodells DEPT sowie eine Beschreibung des Computerprogramms FORTRAN II findet sich bei Crecine, J. P., Governmental Problem Solving: A Computer Simulation of Municipal Budgeting, Rand McNally, Chicago 1969.

Der Detaillierungsgrad der einzelnen Titel übt ebenfalls seinen Einfluß auf den Entscheidungsprozeß des Behördenleiters aus. (In einer der untersuchten Städte war ein Posten mit 3 $ für laufende Bewilligungen für »Mottenkugeln« veranschlagt.) Allgemein »zwingt« jeder im Haushaltsplan ausgewiesene Posten (line item) zu einem Vergleich mit früheren Jahren und stellt somit einen weiteren »constraint« dar, dem die Behördenanforderungen Rechnung tragen müssen. Angesichts der wachsenden Zahl der constraints (die in dem Maße der Haushaltsaufgliederung zunimmt) ist es kaum verwunderlich, daß der Behördenleiter auf einfachere Entscheidungsregeln zurückgreift, um sein potentiell schwieriges Problem zu bewältigen. Darüber hinaus möchten wir behaupten, daß sich auf Grund der Struktur der Haushaltsformulare die Anforderungen (Bewilligungen) von Jahr zu Jahr um so weniger ändern, je detaillierter das Budget (gemessen an der Zahl der Haushaltsposten) ist.

Dem Erfordernis effektiver Haushaltskontrolle im Bürgermeisteramt, die wegen der geringen Personalausstattung noch erschwert ist [20] (gering im Vergleich zu einer entsprechenden Organisation in der Privatwirtschaft), wird durch eine große Anzahl einfacher historischer Vergleiche Genüge getan; es hat in vielen Fällen eine große Zahl lästiger kleiner Details zur Folge gehabt, auf welche vielbeschäftigte Behördenleiter in der Form reagierten, daß sie in ihr Budgetverhalten über die Jahre möglichst wenig änderten.

Der »Tenor« des Rundschreibens wirkt als willkürliche, obere Begrenzung der Behördenanforderungen (Abb. 2/5). Wenn die Gesamtanforderungen einer Behörde diese »Decke« überschreiten, dann werden die Mehranforderungen in der Regel als »Zusatz«-Anforderungen gestellt (Abb. 2/7 und 8). Auch Änderungen in den Gehaltstarifen auf Grund von Erhöhungen oder Beförderungen werden als Zusatzanforderungen gestellt (oder überhaupt nicht). Zusatzanforderungen wird eine detaillierte Erklärung beigegeben; sie werden vom Bürgermeisteramt getrennt behandelt – und stehen regelmäßig auf der »Tagesordnung« der Haushaltsgespräche zwischen Behördenleitern und dem Bürgermeisteramt.

Bisher haben wir ausschließlich die constraints, denen der Leiter einer Behörde Rechnung tragen muß sowie die Verfahren, die er beachten muß, behandelt. Offensichtlich bleibt ihm jedoch noch einiger Handlungsspielraum. Die »Kalkulationen« eines Behördenleiters beinhalten vielfach die Überlegung, was im Bürgermeisteramt »durchgehen wird« [21]. Bei diesen Kalkulationen geht er von der Basis der laufenden Bewilligungen aus und paßt diesen Betrag an aktuelle Bewilligungstrends, Diskrepanzen zwischen Bewilligungen und entsprechenden Ausgaben u. ä. an (Abb. 2/3). Anschließend wird geprüft, ob die Ergebnisse dieser »Kalkulation« die genannten constraints berücksichtigen. Die endgültige Anforderung wird dann auf die Standardformulare übertragen und dem Bürgermeisteramt zur Beurteilung übersandt.

Nicht im formalen DEPT-Modell enthaltenes Verhalten

Ein flüchtiger Blick auf das DEPT-Modell zeigt, daß (zumindest nach unserer Theorie) sich das Verhalten der einzelnen Behörden bei den Haushaltsvoranschlägen voneinander nur darin unterscheidet, welches Gewicht die einzelnen Behördenleiter den vorangegangenen Bewilligungen, Trends und Ausgaben jeweils beimessen (Abb. 2/3). Weiterhin wird (im Modell) behauptet, daß diese relativen Gewichte über die Zeit stabil sind. Die Möglichkeit außerplanmäßiger Innovationen (bzw. Veränderungen) durch die Behördenleitung fehlt im Modell ebenso wie die Vorstellung, Behörden könnten Mechanismen der Reaktion auf Unzufriedenheit seitens der Bürgerschaft sein – kurz, die Behörden werden als ausdrücklich nur auf Druckausübung seitens des Bürgermeisters reagierende Einheiten begriffen. Weiterhin enthält das Modell nicht solche Änderungen in den Budgetanforderungen, die sich zwangsläufig aus anderen politischen Verpflichtungen ergeben – Erhöhungen des laufenden Budgets als Folge von Kapitalbudgetüberlegungen. Veränderungen in der Aufgabenerledigung innerhalb des Staates (das klassische Problem in diesem Zusammenhang stellt die außerordentlich instabile Aufteilung der Soziallasten zwischen den Einzelstaaten und den Kommunen dar), Übertragung von Aufgaben an andere Verwaltungseinheiten (und umgekehrt) (Übertragung des Krankenhauswesens an Bund oder Einzelstaat) und Veränderungen der Aufgabenebene oder -reichweite auf Grund von Mittelzuweisungen aus anderen Quellen (Zuweisungen aus dem Stadterneuerungsprogramm oder dem Programm der Bundesregierung gegen die Armut u. a.). Unser Modell schließt innovatives Verhalten nicht von vornherein aus. Es stellt lediglich fest, daß Innovationen (wenn überhaupt) innerhalb einer sich gleichmäßig verändernden Plafondierung stattfinden. Man könnte sagen, daß ein System der Gewichtung laufender Bewilligungen, Trends etc., das zu relativ großen, gleichmäßigen Steigerungen führt, ein größeres Innovationspotential beinhaltet als andere, die zu kleineren Zuwächsen (oder Abnahmen) führen – selbstverständlich unter der Voraussetzung, daß die Anforderung teilweise bewilligt wird. Andererseits könnte man behaupten, daß die Begrenzung der Haushaltsmittel den Leiter einer Behörde angesichts sich wandelnder Bedürfnisse und Pressionen der Bürgerschaft (die einen Wandel in den Ziel- und Programmanforderungen der Behörden hervorrufen) dazu zwingt zu »innovieren«, um überleben zu können. Cyert und March [22] vertreten eher das erste Innovationskonzept als das letztere. Sie argumentieren mit Mansfield [23], daß das Vorhandensein von »Luft im Budget« »... eine Geldquelle für Innovationen darstellt, die bei Knappheit nicht gebilligt würden, die jedoch die starke Unterstützung einer bestimmten Gruppe haben«. Bedeutende technologische Innovationen, so wird argumentiert, seien nicht-problemorientierte Innovationen. Wie dem auch sei, unser Modell schließt nicht bestimmte Arten innovativen Verhaltens aus, es ist jedoch nicht in der Lage, die Adoption »substantieller« Innovationen (wesentlicher Änderungen in Ausgaben und Bewilligungen) vorherzusagen oder zu erfassen.

Weiter könnte dem Modell der »Vorwurf« gemacht werden, es vernachlässige »externe« Einflüsse. Dieser Vorwurf trifft besonders dann zu, wenn man bei Reaktionen der Behörden auf Druckausübung davon ausgeht, daß die gesamten (auf die Behörde) von außen ausgeübten Pressionen und Einflüsse von Jahr zu Jahr beträchtlich variieren und daß die Mechanismen, mit deren Hilfe die Behörden auf Druckausübung reagieren, zu entsprechend irregulären Budgetentscheidungen führen. Geht man jedoch davon aus, daß jede Behörde im Laufe der Jahre nicht nur mit dem Bürgermeisteramt, sondern auch mit der verwaltungsexternen Umgebung »Frieden geschlossen hat«, dann dürften die Reaktionsmechanismen (d. h. konstante Reaktionen auf konstante Druckausübung) ebenfalls im genannten Gewichtungssystem erfaßt sein. Das Modell schließt budgetäres Verhalten als Reaktion auf Druckausübung nicht aus, sondern ermöglicht eine ganze Reihe von Aussagen über Art und Kontext der Reaktionen (und Druckausübung). Die Angemessenheit unserer Charakterisierung von »Innovation« und »Druck« wird in den Residuen des Modells reflektiert.

3.3 *Das Modell der Haushaltsempfehlungen des Bürgermeisters – (MAYOR's-Modell) –*

Rolle: Aufgabe des Bürgermeisters im Budgetprozeß ist es, die gesetzliche Verpflichtung zu erfüllen und dem Stadtrat einen ausgeglichenen Haushalt zur Begutachtung vorzulegen. Die Betonung liegt auf »ausgeglichen«. Ein Großteil der Problemlösungsaktivitäten im Bürgermeisteramt dreht sich um Versuche, ein Defizit zu beseitigen oder einen Überschuß zu verringern. Da die Anforderungen der administrativen Untereinheiten beinahe immer die verfügbaren Mittel überschreiten (wie dies auch in den meisten anderen Organisationen der Fall ist), ist die Rolle des Bürgermeisteramtes gegenüber den Behörden die des Sparsamen, der die Behördenanforderungen in mageren Jahren auf das »absolute Minimum« beschneidet und in üppigeren Jahren die Verwaltungskosten »unter Kontrolle« hält.

Charakteristika des MAYOR's-Modell

Der Entscheidungsprozeß im Bürgermeisteramt kann sinnvoll als Suche nach einer Lösung für das Problem eines ausgeglichenen Haushalts verstanden werden. In gewisser Weise hat sich der Bürgermeister der möglichen Lösung bereits durch die Vorgabe von Haushaltsrichtlinien in seinem Rundschreiben an die Behördenleiter versichert. Ungefähr vier Monate, bevor der Haushalt dem Stadtrat vorliegen muß, erhält der Bürgermeister vorläufige Einnahmeschätzungen aus Quellen innerhalb der Stadtverwaltung sowie aus externer Quelle. Mit einer groben Schätzung der im kommenden Haushaltsjahr für Ausgaben verfügbaren Gelder und der Kenntnis der »erforderlichen« und prädeterminierten Budgetveränderungen für das kommende Jahr versehen, kann der Bürgermeister eine überschlägige Schätzung des insgesamt zulässigen Zuwachses bzw. der Kürzung im Vergleich zu den laufenden Finanzbewilligungen vornehmen. – Ausgehend von dieser Zahl wird der »zulässige« prozentuale Zuwachs (oder die Kürzung) geschätzt und den Behördenleitern durch das Haushaltsrundschreiben übermittelt (Lediglich das Ergebnis dieses Teils des Entscheidungsprozesses – »der Tenor des Schreibens« – ist in unserem Modell explizit enthalten). In den meisten Fällen ergibt dann die »Summe« der Haushaltsanforderungen, die das Bürgermeisteramt erreichen, einen »nahezu« (ca. 90%ig) ausgeglichenen Haushalt.

Die Einnahmenschätzung wird an diesem Punkt des Prozesses zu einem unabhängigen constraint. Nur in ganz wenigen Fällen werden die Einnahmen oder Steuer*sätze* variiert, um den Haushalt auszugleichen. In den untersuchten Städten wurden keine Veränderungen der Steuereinnahmen gefunden, um den Haushalt auszugleichen [24]. Steuererhöhungen wurden nahezu immer an allgemeine Besoldungserhöhungen geknüpft. Unser formales Modell berücksichtigt nicht jenen Teil des Entscheidungsprozesses, der eingeleitet wird, wenn die Einnahmen derart restriktiv werden (oder umgekehrt), daß eine Änderung der Steuersätze notwendig wird (siehe Abb. 4). Entscheidungen über Änderung der Steuersätze werden vor Versendung des Haushaltsrundschreibens getroffen und von diesem Zeitpunkt an als gegeben betrachtet.

Ebenso wie die Haushaltsformulare und -titel für die Behörden eine Strukturierung des Problems bedeuten, haben sie diese Funktion auch für das Bürgermeisteramt (Abb. 3/1 und 3). Die gesetzliche Bestimmung, einen ausgeglichenen Haushalt vorzulegen, hilft dem Bürgermeisteramt ebenfalls, das Problem zu strukturieren, und bestimmt dessen Rollenverhalten. Beides – Gliederung des Budgets und die Notwendigkeit eines ausgeglichenen Haushalts – bestimmen die »cognitive map« der Entscheidungssituation für die Angehörigen des Bürgermeisteramtes.

Allgemeiner Entscheidungsprozeß der Haushaltsempfehlungen des Bürgermeisters (MAYOR'S-Modell) *

1. Reguläre und zusätzliche Haushaltsanforderungen der Behörden erhalten.
2. Jüngste Einnahmenschätzung.
3. Historische Daten – laufende Bewilligungen, Ausgaben des Vorjahrs und Bewilligungstrends.

↓

4. Vorläufige Prüfung sämtlicher Anforderungen aus den Behörden – unterschreiten die Anforderungen die laufenden Bewilligungen, werden sie vorläufig akzeptiert; andernfalls wird eine vorläufige »Kalkulation« der Empfehlungen des Bürgermeisters erstellt auf der Grundlage der regulären und zusätzlichen Anforderungen der Behörden und der Veränderung in den Bewilligungen vom Vorjahr gegenüber dem laufenden Jahr und der letzten verfügbaren Ausgabendaten.

↓

5. Vorläufige Kalkulation des Gesamthaushalts – Summe der vorläufigen Kalkulationen.

↓

6. Vergleich des vorläufigen Gesamthaushalts mit den geschätzten Einnahmen, um festzustellen, ob ein Überschuß oder Defizit zu

erwarten ist. Ist ein »Überschuß« zu erwarten, setzt der Routineprozeß der »Überschußverminderung« ein, im Falle eines »Defizits« der Prozeß der »Defiziteliminierung«.

Überschußverminderungsverfahren ↓

Defiziteliminierungsverfahren (weiter bei 15).

7. Berechne Höhe des zu erwartenden Überschusses oder Restes.
↓
8. Wieviel Löhne und Gehälter zahlt die Stadt insgesamt (vorläufige Schätzungen)?
↓
9. Ist der antizipierte Überschuß groß genug, um eine Mindesterhöhung der Gehälter und Löhne zu finanzieren?
ja ↓ nein →
10. Wenn ja, hebe Gehaltsstufen in allen Behörden an und verringere errechneten Überschuß.
↓
11. Ist noch genügend Überschuß vorhanden, der auf die Behörden verteilt werden kann?
ja ↓ nein ↓
12. Wo liegen die höchsten Prioritäten? Noch nicht berücksichtigte Ausgabenkategorien – außer Löhnen und Gehältern – angefangen mit allgemeinen Ausgabenkonten bis zu Konten für Ausrüstung und Unterhaltungskosten

Erstelle endgültige Haushaltsempfehlungen (weiter bei 26).
↓
13. Erhöhe die Haushaltsempfehlungen für die betreffende Ausgabenkategorie für alle Behörden (bis Überschuß ausgeglichen ist), durch Bewilligung eines Teils der Zusatzanforderungen aller Behörden. Wenn (und falls) Mittel zu Ende sind, erstelle endgültige Haushaltsempfehlungen. ↓ → Mittel zu Ende (weiter bei 26).
14. Gehe zur nächstfolgenden Priorität und gehe zurück zu 12. Wenn alle Ausgabenkategorien berücksichtigt sind, erstelle endgültige Haushaltsempfehlungen (weiter bei 26).

Defiziteliminierungsverfahren

↓ Überschußreduzierung

↓ Defiziteliminierung

15. Prüfe die Konten in umgekehrter Reihenfolge ihrer Priorität (zuerst Ausrüstung und Unterhaltung, zuletzt Gehälter).
↓
16. Prüfe für sämtliche Behörden, ob sich die vorläufigen Budgetschätzungen (des Bürgermeisters) für die betreffende Ausgabenkategorie (prozentual verglichen mit den laufenden Bewilligun-

gen) innerhalb der im Haushaltsrundschreiben implizierten Grenzen halten.

ja ↓ | ↓ nein

17. Wenn ja, keine Veränderung im vorläufigen Budgetvoranschlag.

↓

18. Kürze Voranschlag, so daß er sich in den im Haushaltsrundschreiben implizierten Grenzen hält.

↓

19. Wiederhole 16.–18., bis Defizit eliminiert ist oder sämtliche Behörden berücksichtigt sind.

Defizit eliminiert

↓

Erstelle endgültige Haushaltsempfehlungen (weiter bei 26).

alle Behörden berücksichtigt

↓

20. Gehe zur Ausgabenkategorie der nächstniedrigeren Prioritätsstufe über zurück zu 16.), bis sämtliche Ausgabenkategorien geprüft sind.

Sämtliche Kontenkategorien für alle Behörden geprüft. ↓

21. Bei irregulären Ausgabenkategorien (solche, die sich nicht bei allen Behörden finden) prüfe, ob Voranschlag laufende Bewilligungen überschreitet.

ja ↓ | ↓ nein

22. Gleiche Voranschlag an laufende Bewilligungen an.

↓

32. Keine Veränderung der Höhe des Voranschlags.

↓

24. Wenn alle Behörden berücksichtigt sind (gemäß 21, 22, 23), berechne erneut vorläufiges Gesamtbudget auf der Grundlage der angeglichenen Empfehlungen.

↓

25. Ist noch immer ein »Defizit« vorhanden, prüfe Standardkonten in der Reihenfolge ihrer Priorität Behörde für Behörde, bis Defizit eliminiert ist (wiederhole Schritt 21, 22, 23 und 24) oder bis die Liste der Ausgabenkategorien erschöpft ist.

Defizit eliminiert

↓

Sämtliche Ausgabenkategorien für sämtliche Behörden geprüft.

↓

26. Errechne Gesamtbudget auf der Grundlage der vorläufigen Gesamtanforderung unter der Berücksichtigung, daß Haushaltsempfehlung des Bürgermeisters in keinem Fall die Gesamtanforderungen einer Behörde aus regulären und zusätzlichen Anforderungen überschreitet.

↓

27. Prüfe, ob noch immer Defizit vorhanden ist.

nein ↓ | ja ↓

29. Endgültiges Budget an Stadtrat. ←——

28. Eliminiere Defizit durch Skalieren sämtlicher Ausgabenkategorien (außer Gehaltskonten), um Budget auszugleichen – proportionale Defizitallokation (zurück zu 26.).

Abb. 3

* Ein detaillierteres Flußdiagramm des Teilmodells »MAYOR« sowie eine Beschreibung des Computerprogramms FORTRAN II findet sich bei Crecine, a.a.O.

Vorläufige Prüfung der Haushaltsanforderungen

Sobald das Bürgermeisteramt die Haushaltsanforderungen der Behörden erhält, prüft es sie im einzelnen (Abb. 3/4). Dieser Prozeß spiegelt das jeweilige Verhältnis zwischen dem Bürgermeisteramt und den einzelnen Behördenleitern (und Behörden) wider. »Das Verhalten gegenüber den Behördenleitern während der (Haushalts-)Besprechungen ist unterschiedlich. Von einigen weiß man, daß sie ehrliche Anforderungen stellen. Bei anderen hat man die Erfahrung gemacht, daß ihre Anforderungen alles andere als realistisch sind.« [25] Das unterschiedliche Image, das die einzelnen Behörden haben, zeigt sich in der Modellstruktur wie in den Modellparametern (Abb. 3/4). Die Interaktion von Wahrnehmung und Rolle (nämlich Anforderungen zu kürzen) beschreibt den Prozeß der vorläufigen Prüfung.

Grundsätzlich gilt: Unterschreiten die Mittelanforderungen einer Behörde für eine bestimmte Ausgabenkategorie die laufenden Bewilligungen, so werden sie erst einmal automatisch akzeptiert. Überschreiten sie die laufenden Bewilligungen, so wird ein Bewertungsverfahren eröffnet, das vorläufige Bewilligungszahlen »errechnet« oder subjektiv bestimmt (Abb. 3/4). Vier solcher subjektiven Bewertungsverfahren können von einer bestimmten Behörde ausgelöst werden. Das gewählte Verfahren stellt die »cognitive map« des Bürgermeisteramtes bezüglich einer Behörde dar.

Bei zwei dieser grundlegenden Verfahren wird eine vorläufige Bewilligungssumme durch marginale Anpassungen der Behördenanforderungen erreicht – sie werden bei Behörden angewandt, die »ehrliche« oder »realistische« Voranschläge einreichen – die beiden anderen Verfahren, das vorläufige Budgetvolumen zu bestimmen, werden bei weniger »realistischen« oder »ehrlichen« Behörden angewandt und beruhen auf Anpassungen der laufenden Bewilligungen. Die Verfahren und Parameterwerte wurden empirisch mit Hilfe von Regressionsmodellen ermittelt. Die vier verwendeten Modelle waren:

1. Anforderungen der Behörden akzeptiert und laufende Bewilligungen um zusätzliche Anforderungen und aktuelle Bewilligungstrends angepaßt;
2. Anforderung der Behörde ignoriert und laufende Bewilligungen, um Bewilligungstrends und vorangegangene Mehr- oder Minderausgaben angepaßt;
3. Anforderung der Behörde diente als Berechnungsgrundlage;

Änderungen basierten auf der Höhe der geforderten Differenz zu den laufenden Bewilligungen der Zusatzanforderungen und vergangenen Änderungen in den Bewilligungen;
4. Anforderung der Behörde ignoriert; Änderungen gegenüber laufenden Bewilligungen basierten auf früheren Änderungen und auf der Höhe der vorausgegangenen Mehr- oder Minderausgaben.

In den Werten der Schätzgrößen zeigt sich, wie die Entscheidungsträger im Bürgermeisteramt die Variablen im jeweiligen Modell gewichten.

Aus den Ergebnissen der vorläufigen Prüfung der Anforderungen (Abb. 3/4) wird ein vorläufiges Gesamtbudget erstellt.

Als nächstes ist der vorläufige Haushalt auszugleichen. Die im Haushaltsrundschreiben gegebenen »Direktiven« können als Mechanismen verstanden werden, einen bereits »nahezu« ausgeglichenen Haushalt zu garantieren. Alle Korrekturen der regulären Anforderungen haben zum Ziel, den Haushalt vollends auszugleichen. Dabei bedient man sich folgender Methoden:

1. Um das voraussichtliche Defizit zu eliminieren, werden Steuersätze erhöht, oder es wird eine neue Steuer erhoben.
2. Um Ausgaben und Einnahmen auszugleichen, werden Titel »geringerer Priorität« (Unterhaltungskosten, Ausrüstung) gekürzt.
3. Um einen voraussichtlichen Überschuß zu verringern, wird ein Teil der Zusatzanforderungen bewilligt.
4. Um einen voraussichtlichen Überschuß zu verringern, wird eine »unliebsame« Steuer abgeschafft, oder Steuersätze werden herabgesetzt.

Im allgemeinen wird nach 1 oder 4 vorgegangen, wenn die zu erwartende Diskrepanz zwischen Einnahmen und Ausgaben groß ist. Ist diese Diskrepanz geringfügig, dann bedient man sich der Methoden 2 und 3. Generell besteht die Tendenz, einen Ausgleich zwischen Einnahmen und Ausgaben herbeizuführen, indem man entweder Einnahmen *oder* Ausgaben korrigiert, nicht jedoch beide. Nur die »Methoden« 2 und 3 sind formaler Bestandteil des Modells.

Routineverfahren der Überschußeliminierung

Ist ein Überschuß zu erwarten, werden verschiedene routinemäßige Alternativen der Ausgabenerhöhung in folgender Reihenfolge in Betracht gezogen:

1. Allgemeine Lohn- und Gehaltserhöhung (Abb. 3/8–10).

2. Bewilligung eines Teils der Zusatzanforderungen (Abb. 3/11 bis 14).

a) allgemeine Ausgabenkonten (Abb. 3/12).

b) Ausrüstungskonten.

c) Unterhaltungskosten.

Wenn das formale Modell nur diese Alternativen berücksichtigt, so besagt das nicht, daß nicht auch andere Verfahren angewandt werden. Mit hinreichender Sicherheit kann jedoch gesagt werden, wenn immer ein Überschuß zu erwarten ist, kommt als erste Alternative eine allgemeine Besoldungserhöhung in Frage.

Das Modell ist außerdem insofern »unvollständig«, als es eine Rangliste, nach der die Zusatzforderungen der einzelnen Behörden bewilligt werden (die offensichtlich existieren), unberücksichtigt läßt. Demgemäß wäre die Reihenfolge, in der die Behörden berücksichtigt werden (Abb. 3/11und 13), im Falle bestehender Einnahmen von Bedeutung.

Die dem Modell zugrunde liegende Annahme, daß die Anforderungen der Behörde nach der Numerierung der Budgetgliederung berücksichtigt werden, ist zwar dürftig; andererseits lag uns nicht genügend empirisches Material über die Anforderungen der Behörden vor, um irgendeine andere, sinnvolle Prioritätenliste aufzustellen [26]. Eine Analyse der Modellresiduen ließ jedoch keine Gesetzmäßigkeit (oder »Liste«) erkennnen [27]. Für die Ausgabenkategorien existiert indessen eine Rangliste, und sie wird von den Abteilungen, dem Bürgermeisteramt und dem Stadtrat gleichermaßen befolgt. Die besondere Bedeutung der Lohn- und Gehaltskonten wird durch Interviews klar belegt.

Routineverfahren der Defiziteliminierung

Wenn nun nach der vorläufigen Prüfung der Anforderungen statt eines Überschusses voraussichtlich ein Defizit zu erwarten ist, was der Normalfall ist, werden Routineverfahren zur Eliminierung dieses Defizits eingeleitet. Eines solcher Verfahren, das zwar nicht im Modell enthalten ist, in der Praxis jedoch angewandt wird, besteht in Steuererhöhungen.

Alternativen zu diesem Verfahren sind in der Rangordnung ihrer Berücksichtigung folgende:

1. Beginnend mit den Konten geringster Priorität wird geprüft, ob die vorläufigen Empfehlungen innerhalb der Zuwachsraten lie-

gen[28]; alle vorläufigen Empfehlungen werden entsprechend gekürzt.
2. Beginnend mit den Konten geringster Priorität werden sämtliche empfohlenen Zuwachsraten gegenüber den laufenden Bewilligungen (außer für Löhne und Gehälter) gestrichen.
3. Falls alle Verfahren bisher versagt haben, werden sämtliche Posten – außer Löhnen und Gehältern – einheitlich gekürzt.

Diese Reihenfolge, in der die Alternativen in Betracht gezogen werden, stellt eine Rangliste der Alternativen (gemäß ihrer Wünschbarkeit) und ein routinemäßig ablaufendes Problemlösungsverfahren im Falle eines voraussichtlichen Defizits (Abb. 3/15) dar.

Die Reihenfolge, in der die einzelnen Titel betrachtet werden, wird sowohl vom Bürgermeisteramt als von den Behörden (und vom Stadtrat) strikt eingehalten. Sie lautet wie folgt:

1. Gehälter für Bedienstete der Verwaltung.
2. Löhne und Gehälter für nicht-administratives Personal.
3. Laufende Sachausgaben.
4. Ausrüstung.
5. Unterhaltung.

Dabei sind die Titel »Ausrüstung« und »Unterhaltung« als erste von Kürzungen betroffen (und als letzte von Mittelerhöhungen im Falle einer Überschußeliminierung), während die Gehälter als letzte gekürzt werden. Dieses Verfahren der Defiziteliminierung wird nur so lange angewandt, wie ein »Defizit« existiert. Die erste annehmbare Alternative (die zu einem ausgeglichenen Haushalt führt) wird angenommen und der Suchprozeß gestoppt.

Der einzige Posten im Budget, der niemals weniger Mittel erhält als gemäß der laufenden Bewilligungen im üblichen Sinne, sind Löhne und Gehälter. Die Lohn- und Gehaltskosten unterscheiden sich von anderen dadurch, daß sie Verpflichtungen gegenüber den Mitgliedern der Verwaltung darstellen. Es gibt keine Massenentlassungen und dergleichen, eher wird ein Einstellungsstop für Stellen, die durch Pensionierung, Tod oder andere Gründe vakant geworden sind, verfügt und geplante Beförderungen und Gehaltssteigerungen aufgeschoben.

Schließlich gelingt es dem Bürgermeisteramt – sei es durch Verringerung des Überschusses oder Eliminierung eines Defizits –, den Haushalt auszugleichen.

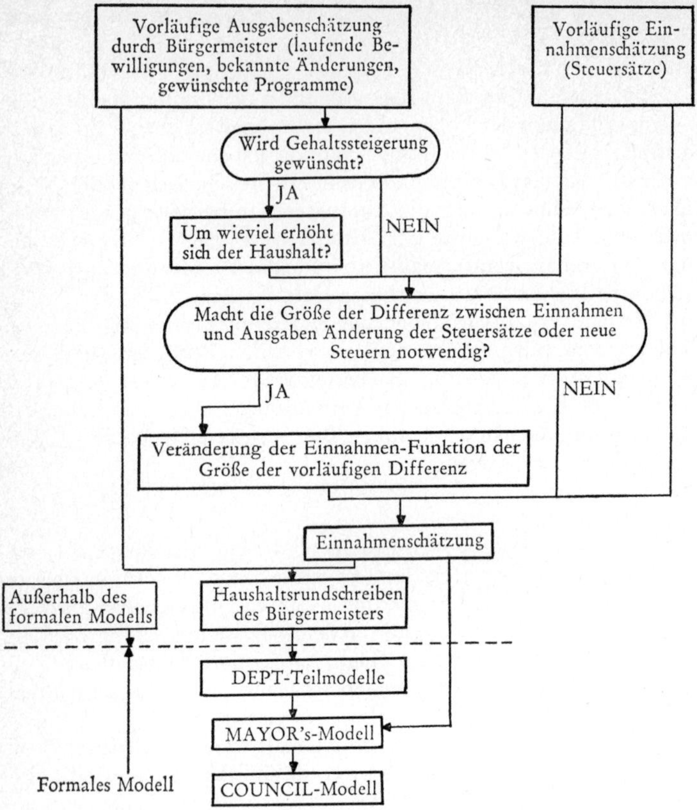

Abb. 4 Entscheidungsprozeß des Bürgermeisters über eventuelle Steueränderungen

Nicht im formalen MAYOR's-Modell berücksichtigte Verhaltensweisen

Als bedeutsamste Leerstelle im Verhaltensmodell muß wohl die Nichtberücksichtigung einer Rangliste der Behörden bei der Problemlösung angesehen werden. Das Modell legt eine Rangordnung nach Budgetgliederung zugrunde. Wie groß der Fehler auf Grund dieser Annahme ist, ist selbstverständlich eine empirische Frage. Eine Analyse der Residuen des Modells ergab, daß der Fehler entweder unbedeutend war, oder daß sich die Rangordnung in den geschätzten Parameterwerten widerspiegelt.

Unser gesamtes Budgetprozeßmodell geht davon aus, daß die Entscheidungsstruktur sowohl von Gemeinde zu Gemeinde als auch innerhalb einer Gemeinde über die Zeit stabil ist. Die Stabilität der Entscheidungsstruktur zwischen den Gemeinden kann mit der Gleichartigkeit des Problems »erklärt« werden. Stabilität innerhalb einer Gemeinde reflektiert stabile Verhaltensweisen zwischen Positions- und Rollenträgern, auf Grund von Lernprozessen, Reinforcement und Sozialisation. Die Annahme der Stabilität und gleichartigen Sozialisation scheint gerechtfertigt, weil wir davon ausgehen, daß nur ein relativ geringer Teil der Inhaber von Verwaltungspositionen in einer gegebenen Zeitspanne wechselt. Eine Ausnahme dieses Sachverhalts tritt offensichtlich nach verlorenen Kommunalwahlen ein. In diesem Fall findet eine völlige Umstrukturierung von Positionen und Beziehungen statt; die Annahme eines allmählichen Sozialisations- und Lernprozesses gilt nicht mehr. So wurden unsere Erwartungen, daß die größten systematischen Fehler im Modell in Jahren unmittelbar nach einem Wechsel der politischen Führung auftreten, auch bestätigt.

Noch ein weiterer Typ von Verhaltensweisen – nämlich Reaktionen des Bürgermeisters auf (verwaltungs-)externe Druckausübung und constraints – wurde im Modell vernachlässigt. Auch hier wiederum – wie in den DEPT-Modellen – negiert das MAYOR's-Modell keineswegs die Tatsache, daß der Bürgermeister auf Forderungen nach öffentlichen Dienstleistungen reagiert, die von »mächtigen« Interessengruppen oder Personen erhoben werden. Es postuliert lediglich, daß sich solche Reaktionen innerhalb der Budgetconstraints, bezogen auf die jeweiligen Behörden, bewegen. Das Modell impliziert in seiner vorliegenden Form, daß »Reaktionen auf Druckausübung« entweder systematisch und über die Jahre gleichbleibend sind (was ein stabiles System der »Druckausübung«

bzw. »Beeinflussung« innerhalb der Gemeinde impliziert) und sich in den Modellparametern widerspiegeln oder in dem vom Modell erfaßten Teil des Budgetprozesses überhaupt nicht auftreten. Der einzige Fall, in dem externe »Einflüsse« als constraints im Entscheidungsprozeß angesehen werden können, tritt bei Schätzung der Einnahmen auf. Die systematische »Druckausübung« der Privatwirtschaft konzentriert sich in der Regel darauf, die Steuersätze konstant zu halten, nicht aber auf die Beeinflussung bestimmter Ausgaben.

Wie schwerwiegend diese bewußten Unterlassungen sind, zeigen die empirischen Tests, denen das Modell unterzogen wurde.

3.4 Charakteristika des COUNCIL-Modells

Wenn der Stadtrat nur eine untergeordnete Rolle ausübt, so hat das seinen Grund vor allem in analytischen und informationellen constraints, und weniger in einem Mangel an Interesse: Das Budget der Gemeinde, das schließlich dem Stadtrat vorgelegt wird, ist zu einem vielschichtigen Dokument angewachsen. Der Grad der Detailliertheit macht es praktisch unmöglich, alle oder auch nur den überwiegenden Teil der Haushaltsposten einzeln zu betrachten. Ein Beispiel für die Komplexität, mit der der Stadtrat konfrontiert wird, mag folgender Haushaltsentwurf des Bürgermeisters für die Behörde Öffentliche Arbeiten: Unterabteilung »Verbrennen«, Verschiedenes (Tab. 1) liefern.

Ein derart detaillierter Budgetentwurf wird es dem Stadtrat, der nicht über einen eigenen Haushaltsstab verfügt, bereits wegen der bloßen Informationsmenge, die er verarbeiten muß, unmöglich machen, den Haushalt mehr als oberflächlich zu prüfen.

Ein noch wichtigeres constraint liegt wohl in der Bedeutung, einen ausgeglichenen Haushalt zu verabschieden. Wenn das vom Bürgermeister vorgelegte Budget keinerlei Reserven aufweist (Abb. 5/8), dann muß jeder Zuwachs, den der Stadtrat in einem Posten vornimmt, durch eine entsprechende Kürzung in einem anderen Posten oder durch Steuererhöhung ausgeglichen werden.

Somit kann der Stadtrat – anders als der Kongreß – wegen dieses Einnahmen-Constraints einzelne Teile des Haushalts nicht unabhängig voneinander betrachten. Das Budgetverhalten des Kongresses konnte, wie Davis, Dempster und Wildavsky [29] feststellten, außerordentlich treffend mit Hilfe einer Reihe linearer Entschei-

Tabelle 1 Beispiel für die Komplexität der Budgettitel im kommunalen Haushalt

Behörde für öffentliche Arbeiten					
	1963 Code	Vor-anschläge der Behörde für 1964	Be-willigungen 1963	Ausgaben 1962	Ver-änderung gegen 1963
Konten-nummer	Titel	$	$	$	$
Abteilung					
1687	Verschiedenes				
B–5	Auffüllen von Feuerlöschern	50,00	–	89,26	–
B–5	(Insekten)-Vertilgung	200,00	–	–	–
B–8	Handtuchmiete	25,00	–	0,26	–
B–9	Kantinenzuschuß	100,00	–	–	–
B–13	Fracht- und Eilgutausgaben	89,00	–	–	–
B–17	Haftpflichtversicherung	125,00	–	–	–
B–18	Mietgebühr für Wasserkühlung	390,00	–	390,00	–
B–18	Mietgebühr für Elektroschaufel	12 960,00	–	14 880,00	–
B–18	Mietgebühr für Verbrennungsfahrzeug	3 765,00	–	2 295,00	–
B–20	Abfallbeseitigungserlaubnis	50,00	–	50,00	–
B–20	Lagergebühren für Sauerstoff- und Acetylentanks	170,00	–	200,40	–
B–20	N.O.C.	275,00	–	–	–
B–21	Testbohrungen und Gutachten für Erdarbeiten	1 000,00	–	–	–
Gesamt		19 199,00	18 199,00	17 904,92	1 000,00

Allgemeiner Entscheidungsprozeß der Haushaltsbewilligung (COUNCIL-Modell) *

1. Historische Budgetdaten:
   a) laufende Bewilligungen,
   b) die neuesten, verfügbaren Ausgabendaten verbunden mit Bewilligungen.

2. Budgetempfehlungen des Bürgermeisters, Einnahmenschätzung.

3. Im Bürgermeisteramt eingereichte Behördenvorschläge.

4. Kalkulation des in den Empfehlungen des Bürgermeisters implizierten Restbetrags („Überschuß"). Geschätzte Einnahmen abzüglich des vom Bürgermeister vorgelegten Gesamtbudgets.

5. Vorläufige Kalkulation der Bewilligungen – gleich den vorgelegten Budgetempfehlungen.

6. Prüfung sämtlicher Ausgabenkategorien für alle Behörden daraufhin, ob Bürgermeister den Behördenanforderungen stattgegeben hat.

Bürgermeister kürzte Behördenanforderung.

Bürgermeister bewilligte Behördenanforderung.

8. Lohnt der Überschuß im Budget des Bürgermeisters weitere Beschäftigung damit?

ja

nein

7. Bewilligungen des Stadtrats gleich Empfehlungen des Bürgermeisters.

Weiter bei 18.

9. Vorläufige Kalkulation der revidierten Bewilligungen, basierend auf der Empfehlung des Bürgermeisters, den Kürzungen der Behördenanforderung durch den Bürgermeister und der Höhe der letzten Ausgaben überschrittenen Bewilligungen für jene Periode.

14. Besteht ein Defizit?

nein

ja

Weiter bei 18.

15. Überschreitet vorläufige Kalkulation laufende Bewilligungen.

10. Überschreitet die „Neue Kalkulation" (in 9.) die Empfehlungen des Bürgermeisters?

ja

nein

ja

nein

16. Gleiche Bewilligungen an laufende Bewilligungen an.

11. Revidierte Bewilligung gleich der in 9. kalkulierten.

12. Bewilligungen durch Stadtrat gleich Empfehlungen des Bürgermeisters.

17. Reduziere Defizit um den in 16. angegebenen Betrag.

13. Reduziere „Überschuß" um Differenz zwischen 9. und 5.

18. Sind alle Ausgabenkategorien und alle Behörden berücksichtigt, erstelle endgültige Bewilligungen, andernfalls zurück zu 5.

Abb. 5

* Ein detaillierteres Flußdiagramm des Teilmodells „COUNCIL" sowie eine Beschreibung des Computerprogramms FORTRAN II findet sich bei Crecine a.a.O.

dungsregeln beschrieben werden. Ein solches Verhalten wäre nicht möglich, wenn sich die gesamten vom Kongreß vorgenommenen Budgetveränderungen gegeneinander aufheben müßten, d. h. dem vom Präsidenten bereits festgelegten Haushaltsvolumen genau zu entsprechen hätten. Überdies verfügen Kongreßabgeordnete und -ausschüsse über Personalstäbe, die Stadträte dagegen nicht.
Ein weiterer Grund für die begrenzte Möglichkeit des Stadtrats, den Haushalt zu modifizieren, liegt in der Art der Pressionen, denen die Stadträte ausgesetzt sind. Sämtliche Interessengruppen, Bürgerorganisationen, Behördenleiter u. a. Gruppen erwarten, daß die Budgets gewisser Behörden vergrößert werden. Die Druckausübung hinsichtlich des laufenden Budgets besteht typischerweise in Argumenten dafür, daß die Haushaltsvorgaben des Bürgermeisters überschritten werden müßten. Der umgekehrte Fall – Forderungen, kommunale Aktivitäten zu kürzen – wird selten oder nie vor den Stadtrat gebracht. Solche Druckausübung findet nicht auf der Entscheidungsebene des Stadtrates statt, sondern im allgemeinen im Bürgermeisteramt und im besonderen bei der Einnahmenschätzung. Angesichts dieser Restriktionen ist der Stadtrat »gezwungen«, die Entscheidungen des Bürgermeisters als Bezugspunkte bei seinen Entscheidungen zu nehmen. Diese constraints – »Druck«, informationelle und kalkulatorische constraints – im Zusammenhang mit einem knapp kalkulierten Haushaltsentwurf (nicht genügend Differenz zwischen geschätzten Einnahmen und empfohlenen Ausgaben, um die es sich zu »kümmern« gilt) machen es dem Stadtrat außerordentlich schwer, den vorgelegten Haushaltsentwurf abzulehnen [30] oder wesentlich zu verändern.

Zwischenresumée

Verallgemeinernd kann das gesamte Modell als ein systematischer, bürokratischer Entscheidungsprozeß der Verwaltung bezeichnet werden. Die Stabilität des Entscheidungssystems wird als Folge des restriktiven Einnahmenenvironments, einer angenommenen Kontinuität der Beteiligten und einer implizierten stabilen oder nicht vorhandenen »kommunalen Machtstruktur« dargestellt. Aus der Verbindung von Problemkomplexität und Entscheidungsdruck bei gleichzeitigem Fehlen von Bezugspunkten oder Normen außerhalb der Verwaltung entsteht ein Entscheidungssystem, das sich an den Erfahrungen der Vergangenheit und an Präzedenzfällen orientiert;

ein System, das Interessenkollisionen (d. h. hoher Grad an Leistungen bei niedrigen Steuern) bewältigt, indem es divergierende Standpunkte weitgehend ignoriert und Praktikabilität als vorrangiges Entscheidungskriterium wählt. Indem es (stillschweigend) annimmt, daß das »diesjährige Problem« mit dem des »Vorjahres« nahezu identisch ist, wird die »diesjährige Lösung« derjenigen des »Vorjahrs« nahezu identisch. Es ist ein System, das ein komplexes Problem strukturiert, Alternativen formuliert und Entscheidungen mit Hilfe einfacher Entscheidungsregeln trifft.

4. Modellprüfung

Das formale Modell des Budgetierungsprozesses wurde einer ganzen Reihe verschiedener Arten empirischer Tests unterzogen. Mit Hilfe des Modells wurden zuerst Budgetentscheidungen generiert, und zwar für 6 Jahre in Pittsburgh (1960–1965), für 7 Jahre in Detroit (1958/59–1964/65) und 10 in Cleveland (1956–1965). Die Ergebnisse wurden dann mit den beobachteten Budgetentscheidungen in den jeweiligen Städten verglichen.

Es wurden im wesentlichen drei Indikatoren für die Güte des Modells verwendet: »modifizierte r^2«-Statistiken, ein Vergleich der relativen Voraussagefähigkeit des Simulationsmodells mit drei naiven Modellen und eine Regression beobachteter Budgetentscheidungen auf Modellvoraussagen.

Wir können die lineare Regression, die r^2-Statistik, als ein Maß für die relative Genauigkeit der linearen Hypothese gegenüber der Alternativhypothese, daß die abhängige Variable zufallsverteilt ist, betrachten:

$$r^2 = 1.0 - \frac{\sum (\text{beobachtete Werte} - \text{Regressionsvoraussagen})^2}{\sum (\text{beobachtete Werte} - \text{mittlere beobachtete Werte})^2}$$

Durch Ersetzen der »Modellschätzwerte« durch »Regressionsvoraussagen« und besserer Alternativhypothesen für »mittlere beobachtete Werte« wurden modifizierte r^2-Statistiken aufgestellt [31] und für die einzelnen Städte und Jahre errechnet. Das Modell funktionierte zufriedenstellend mit diesen Maßen.

Weiterhin wurden drei alternative, naive Modelle getestet und mit dem Simulationsmodell verglichen:

1. Das Modell der »konstanten Zuwachsrate«

   $B_{i,t} = (1.0 + \alpha_i)\, B_{i,t-1}$

2. Das Modell des »konstanten Anteils am Gesamtbudget«

$$B_{i,t} = \beta_i \left(\sum \frac{n}{j=1} B_{j,t} \right)$$

3. Das Modell des »konstanten Anteils an der Budgetzuwachsrate«

$$B_{i,t} - B_{i,t-1} = \delta_i \left[\left(\sum \frac{n}{j=1} B_{j,t} \right) - \left(\sum \frac{n}{j=1} B_{j,t-1} \right) \right]$$

wobei

$B_{i,t}$ = Budget für Konto i im Jahr t
n = Zahl der Konten des laufenden Budgets der Gemeinde
$\alpha_i, \beta_i, \delta_i$ = empirische Schätzgrößen (Regressionskoeffizienten)

sind.

Anschließend wurden die Resultate des Simulationsmodells mit den Voraussagen auf Grund der naiven Modelle verglichen. Die Entscheidung für eines der Modelle wurde mit Hilfe zweier von Hunt vorgeschlagener Statistiken vorgenommen [32]. In nahezu jedem Fall erreichte das Simulationsmodell bessere Werte (nach beiden Entscheidungskriterien). Es sollte jedoch angemerkt werden, daß Modell 2 der naiven Modelle ebenfalls recht gut vorhersagte.

Zum Schluß wurde noch das folgende Verhältnis getestet:

(Modellschätzwerte für Bewilligungswerte) = a (beobachtete Bewilligungswerte) + b

Für ein fehlerfreies Modell, das perfekte Voraussagen liefert, ist der erwartete Wert a = 1.0 und b = 0.0. Die Ergebnisse der einzelnen Modelltests (wobei die Inputs zu Beginn jedes Haushaltsjahres auf den neuesten Stand gebracht worden waren), sind aus Tabelle 2 zu ersehen:

Tabelle 2 Regression der beobachteten Entscheidungen auf die Modellvoraussagen

Stadt	a	Standardschätzfehler von a	b	r^2	n
Cleveland	.977	.001	– $ 5282	.9980	999
Detroit (ausgenommen Wohlfahrtsamt)	.984	.005	$ 7281	.9772	918
Pittsburgh	.991	.002	– $ 28	.9975	1002

Der wahre Gültigkeitstest des Modells besteht jedoch in der Fähigkeit des Modells, den tatsächlichen Budgetentscheidungsprozeß zu beschreiben. Allem Anschein nach ist dies auch der Fall. Eine Veränderung der Gültigkeit in Verbindung mit einem Personalwechsel in der Verwaltung stellten wir in Detroit nicht, dagegen in Pittsburgh und Cleveland fest. Dies entsprach unserer Erwartung, da die »Revirements« in Cleveland und Pittsburgh lediglich in einem Wechsel der Person des Bürgermeisters bestanden und als eine Art Auszeichnung seitens der amtsführenden Partei zu betrachten waren (der aus dem Amt scheidende Bürgermeister übernahm ein höheres politisches Amt). Dies weist auf einen Sozialisationsprozeß der Bürgermeister von Cleveland und Pittsburgh hin. Kein Unterschied in der Validität wurde in bezug auf Mehr- oder Mindereinnahmen festgestellt, was darauf schließen läßt, daß unsere Routineverfahren für Überschuß- wie Defiziteliminierung ebenfalls valide waren.

5. *Analyse der Modellresiduen*

Im allgemeinen gibt es zwei Arten »budgetärer« Veränderungen:

1. Änderungen als Folge der Weiterführung und Realisierung bisheriger Politik.
2. Veränderungen als Folge einer Verschiebung der Schwerpunkte kommunaler Politik.

Unser Modell beschreibt eindeutig Änderungen der ersten Art. Es ist ein Modell der Standardverfahren, die bestimmte Formen jährlicher marginaler Anpassung der Ressourcenallokation zum Ergebnis haben.

Das Modell beschreibt nicht Veränderungen der zweiten Art – signifikante Schwerpunktverschiebungen in der Kommunalpolitik. Indem es die inkrementalen Veränderungen herausfiltert (d. h. »vorhersagt« oder im statistischen Sinne »erklärt«), lenkt es jedoch die Aufmerksamkeit auf solche (»unerklärte«) Werte im Budget, die weder infolge marginaler Anpassungen noch durch Realisierung von bereits früher getroffenen Entscheidungen zustande kamen. Konzentrieren wir uns auf die »unerklärten« Veränderungen in der Ressourcenallokation, so können wir eine Reihe von Entdeckungen machen, was den Budgetprozeß als Prozeß des Wandels angeht. Solche »unerklärten« Veränderungen sind:

1. Inkrementale Veränderungen, deren kumulativer Effekt in einem »nicht-inkrementalen« Wandel resultiert.

2. Nicht-inkrementale politische Akzentverschiebungen (policy shifts)[33].
3. Signifikanter, nicht im Budget manifestierter Wandel in der Kommunalpolitik.

Es sollte nicht vergessen werden, daß sich nicht alle großen Veränderungen aus einer »Akzentverschiebung in der Politik« ergeben und nicht alle kleineren Veränderungen aus einer »Fortführung und Realisierung früher getroffener Entscheidungen« resultieren. So kann z. B. ein signifikanter »policy shift« sich aus der Entscheidung ergeben, das kommunale Sozialwesen im städtischen Amt für Wohlfahrt zu verwalten, und nicht wie bisher auf Distrikt- oder Staatenebene gegen Gebühr. Da aber die Budgetkosten insgesamt mehr oder weniger gleich bleiben dürften, würde diese »signifikante« Veränderung niemals im Budget reflektiert. Oder die Stadt entscheidet sich, ein eigenes Verwaltungsgebäude zur Unterbringung einer Reihe von Behörden zu errichten, statt Raum zu mieten. Wenn das Gebäude fertig ist – einige Jahre nach der ursprünglichen Entscheidung –, ist eine beträchtliche Budgetveränderung feststellbar, die unser Modell nicht erfaßt. Sie besteht in einer Erhöhung der Personalkosten und Ausgaben für die Unterhaltung des Gebäudes und in beträchtlich geringeren von den Behörden zu leistenden Mietausgaben, bedeutet dagegen keine wesentliche Änderung der Politik. Sie ist lediglich die Realisierung einer seit langem bestehenden Politik (beruhend auf der Entscheidung zu bauen statt zu mieten). Die ursprüngliche Entscheidung zu bauen war ein signifikanter »policy shift« und antizipierte Veränderungen im laufenden Budget mögen bei dieser Entscheidung hinsichtlich des Kapitalbudgets eine wichtige Rolle gespielt haben. Was wir mit diesen Beispielen illustrieren wollen, ist folgendes: Um den Entscheidungsprozeß im Zusammenhang mit dem laufenden Budget für 1966 zu analysieren, sind die Haushaltsposten, die auf früheren Entscheidungen beruhen, »automatische« Änderungen in den Bewilligungen.

Modellabweichungen[34] wurden nach ihrer Ursache klassifiziert. Vier Arten der »Ursache« scheinen sinnvoll:

1. Veränderung in der externen Umwelt
   a) Transaktionen zwischen den staatlichen Ebenen
      i) Staats- und Bundeszuweisungen und -regelungen
      ii) Funktionsübertragung unter Beteiligung anderer Verwaltungen
   b) Katastrophenfälle, Krisen etc., Reaktionen und Gegenstand öffentlicher Aufmerksamkeit

2. Veränderungen in der internen Umwelt
   a) Ablösung der Verwaltung (neue Personen im Interaktionsnetz)
   b) Veränderungen in Behörden oder Funktionen
      i) Übertragung von Aktivitäten – Änderung der Organisationsstruktur
      ii) programmatische Änderungen, Funktionsänderungen
3. Unzureichende Informationen bei der Modellkonstruktion
   a) Implikationen von Kapitalbudgetentscheidungen
   b) Weitere Einnahmequellen entdeckt
   c) Änderung in der Haushaltssystematik
   d) andere
4. Unerklärte Gründe, Verschiedenes u. a.
   a) Kodierungsfehler im Modell und fehlende Daten
   b) »inadäquate« Buchungen (nur in Detroit – Posten des Kapitalbudgets im laufenden Budget enthalten, 1958/59 bis 1961/1962)
   c) vergrößerter (oder verringerter) Arbeitsanfall
   d) andere, unerklärte Gründe.

Als »Gründe« im Sinne eines «policy shifts« wären folgende anzusehen:

1. a) ii); 1. b); 2. a); 2. b) i); 2. b) ii); und 3. b).

Gründe im Sinne von Realisierung früherer politischer Entscheidungen wären:

1. a) i); 3. a); 3. c); 3. d); 4. c).

5.1 Ergebnisse

Eine Analyse der Modellresiduen ergab einige konsistente Typen der Budgetveränderung in Cleveland, Pittsburgh und Detroit. Von den beiden besonders häufig angetroffenen Typen konnte nur eine als Folge einer Veränderung in der kommunalen Politik (»policy shift«) angesehen werden. Die eine Kategorie »unprogrammierter«, d. h. von der externen Umwelt diktierter Veränderungen hatte ihren Grund weitgehend in Veränderungen im Volumen »gebundener« Einnahmen (vor allem in Cleveland) und in den Bedingungen ausgehandelter Verträge (sowohl in Cleveland wie in Pittsburgh). Die zweite Art von Veränderungen (Veränderungen im Sinne eines »policy shift«) wurde bei Problembereichen und Akti-

vitäten festgestellt, bei denen die Finanzierung und Beteiligung des Bundes am größten war.
Forderungen, Bedürfnisse u. a. Äußerungen der Bürgerschaft scheinen nicht systematisch mit einem Wandel in der Kommunalpolitik verbunden zu sein. Das dürfte seine Ursache wahrscheinlich darin haben, daß solche Bedürfnisse und Forderungen usw. *sämtliche* Bereiche der kommunalen Verwaltungstätigkeit betreffen und daß angesichts der gegebenen Einnahmenbedingungen keine voll »befriedigt« werden kann.

6. *Zusammenfassung*

Traditionelle Analysen der öffentlichen Finanzierung und der administrativen Entscheidungsfindung versuchen, die Faktoren, die die Richtung der öffentlichen Ausgabenverschiebungen bestimmen, zu identifizieren, dadurch daß sie ökonomische, politische und demographische Merkmale zu den Ausgabenposten des kommunalen Haushalts in Beziehung setzen. Diese Analysen gehen (stillschweigend) davon aus, daß die »Rolle« der administrativen Entscheidungsträger darin besteht, Umweltfaktoren in Budgetkategorien zu übersetzen.
Unser Augenmerk richtete sich vor allem auf das »kurzfristige« Geschehen und auf die verwaltungsinternen Merkmale des administrativen Entscheidungsprozesses sowie die Beziehung zwischen den gegenwärtigen und früheren Entscheidungen. In Abb. 6 werden die Befunde unter Nr. 5 und 6 als den kurzfristig wichtigsten Merkmalen dargestellt. Bei Längsschnittuntersuchungen des Budgetprozesses haben andere Autoren die Faktoren 1, 2, 3 und 4 als besonders wichtig herausgestellt und von 5 nahezu abstrahiert. Es erhebt sich nun die Frage, ob die Faktoren, die sich als kurzfristig wichtigste herausstellten, auch langfristig die bedeutsamsten sind. Unser Modell beschrieb einen etwas »abweichenden« Budgetprozeß. Wird die Richtung dieser »Abweichung« insgesamt von langfristigen Pressionen bestimmt?

6.1 *Ursachen für die Modellabweichungen*

Modellabweichungen könnten durch externe constraints verursacht werden. Es könnte der Fall sein, daß Abweichungen bei den »Ausgaben« »nur bis zu einem gewissen Grad« ohne Korrektur zugelas-

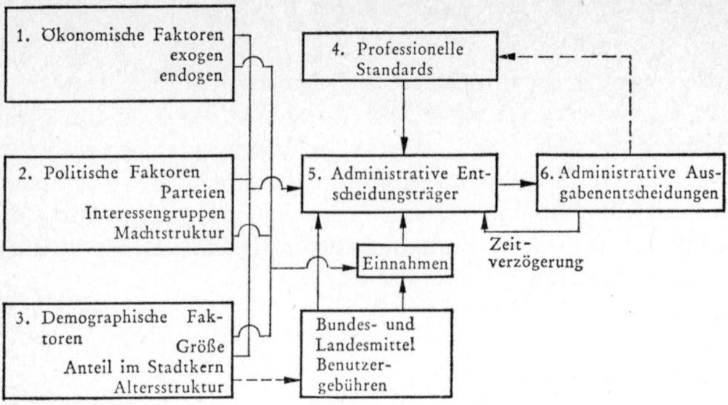

Abb. 6 Umweltfaktoren der kommunalen Finanzierung

sen werden und dann mit dem »bundesweiten Niveau«, den Forderungen von Parteien oder Interessengruppen oder den Bedürfnissen und Neigungen der Bevölkerung wieder in Einklang gebracht werden. Wenn dies tatsächlich der Fall ist, dann dürfte in den Modellabweichungen ein Hinweis auf das Wirksamwerden von Korrekturmechanismen liegen, da ja derartige Mechanismen im Modell nicht berücksichtigt sind.

6.2 *»Beobachtete« Abweichungskorrekturen durch Umweltfaktoren*

In Detroit schienen Korrekturen von (Modell-)Abweichungen zum einen in der Errichtung neuer Behörden für Stadterneuerung in Sanierungsgebieten zu bestehen, um die Bewilligungen an die veränderten Einnahmen aus staatlichen Zuweisungen und Benutzergebühren anzupassen; zum anderen in einer Anpassung der Besoldungstarife für die Polizei und Feuerwehr auf Grund der Ergebnisse eines Reports über die öffentliche Verwaltung (letztere könnte als Korrektur im Sinne einer Angleichung an einen bundesweiten Tarif interpretiert werden).
Die Korrekturen in Cleveland bestanden in der Errichtung neuer Behörden für die Stadterneuerung, in Mittelangleichungen auf Grund veränderter Landeszuweisungen und Benutzerbeiträge und Kosten für ausgehandelte Verträge sowie in speziellen Besoldungserhöhungen für Polizei und Feuerwehr (wahrscheinlich, um sie den »Bundes«-tarifen anzupassen).

In Pittsburgh liegt der Fall ähnlich; veränderte Einnahmen aus Landeszuweisungen, die Bedingungen ausgehandelter Verträge (Straßenbeleuchtung) und die Übertragung neuer kommunaler Aufgaben in Bereichen mit Bundesbeteiligung sind für die meisten Umweltkorrekturen verantwortlich.
Eine Längsschnittanalyse der Residuen scheint darauf hinzudeuten, daß Korrekturen durch Umweltfaktoren entweder

1. selten (oder niemals) unmittelbar vorgenommen werden, um spezifische Ausgabenposten »zu harmonisieren«
oder
2. durch die Tatsache, daß die Einnahmen festliegen (Abb. 6), gefiltert werden, wodurch die »Ursache« für Zuwachs oder Kürzung der Einnahmen verwischt wird, und die unmittelbare Wirkung auf spezifische Haushaltsposten möglicherweise nicht zum Tragen kommt.

Auf jeden Fall scheinen sich Korrekturen durch die Umwelt in erster Linie auf eine Veränderung der Einnahmen und weniger der Ausgaben zu beziehen. Folglich scheint ihre *Wirkung* auf die Ausgaben unspezifisch und eher durch die administrative Mittelzuweisung und den Entscheidungsprozeß innerhalb der Verwaltung als durch irgendeinen Mechanismus der »Ausgabenkorrektur« zu erfolgen.
Nichtsdestoweniger wurden jedoch auch *direkte* Korrekturen durch die Umwelt beobachtet. Ausgehandelte Verträge und Veränderungen in »gebundenen« Einnahmen (durch Landeszuweisungen und Benutzergebühren) stellten einige eindeutige »Korrekturen« dar. Ebenso scheint die Präsenz von Bundesmitteln bei Kommunalprogrammen eine Veränderung in der »Budgetabweichung« »verursacht« zu haben.
Das Ergebnis unserer Untersuchung scheint ein Modell opportunistischer budgetärer Veränderungen zu sein. Das allgemeine »pattern of drift« wird durch Veränderungen in den Gesamteinnahmen beschleunigt oder verlangsamt. »Abweichungen« bei einzelnen Ausgaben erfolgen als Reaktion auf Veränderungen in den »gebundenen« Einkünften oder Bedingungen ausgehandelter Verträge. Rapide Steigerungen der Zuwachsraten werden in Bereichen beobachtet, in denen eine Stadt auf Grund von Einnahmen (Bundesmitteln) die *Möglichkeit* der Aufgabenerweiterung hat, weniger als Folge rascher Veränderungen in den betreffenden Bereichen oder einer plötzlichen Steigerung der »Bedürfnisse«. Das könnte auch daran liegen, daß »Bedürfnisse« nicht »sprunghaft« anwachsen.

Aus normativer Sicht mag die Betrachtung der Abweichungen des laufenden Budgets von Reiz sein. Wenn wir tatsächlich in der Lage *wären*, gewünschte Veränderungen in den kommunalen Ausgaben als Funktion von Umweltveränderungen zu bestimmen, dann würde das »System« (einer Darwinistischen Weltsicht zufolge) dazu tendieren, diese Ausgaben *außerhalb* des laufenden Haushalts zu plazieren. Die Finanzierung von Aufgaben, bei denen wir Umweltveränderungen (wie Forderungen, Zahlungsfähigkeit usw.) logisch mit Ausgabenkategorien (Aktivitäten) verbinden können, ist üblich. Im extremen Fall entsteht ein »privates« Gut, bei dem sich Angebot und Nachfrage die Waage halten und der Grad der Aufgabenerfüllung vom Preismechanismus bestimmt wird. Irgendwo dazwischen liegen die öffentlichen Energie- und Versorgungsunternehmen, bei denen der Preis ungefähr die Kosten der verkauften Güter deckt und Angebot (Grad der Dienstleistung) gleich der »Nachfrage« ist. Öffentliche Verkehrsbetriebe, Krankenhäuser, städtische Bildungseinrichtungen (colleges) usw. finanzieren sich alle teilweise aus Benutzergebühren und teilweise aus Gemeindezuschüssen. In der Regel werden nur solche Aktivitäten, bei denen Finanzierung durch Benutzergebühren entweder nicht praktikabel oder nicht gewollt ist, voll von der Gemeinde finanziert und kommen somit für eine Aufnahme in den laufenden Haushalt in Betracht. *Daher sollte es nicht verwundern, daß in Abwesenheit eines Systems von Standardkosten oder -kriterien zur Bestimmung des Aufgabenerfüllungsgrades* (Aufgaben des laufenden Budgets) *das Entscheidungssystem opportunistische Merkmale eines »driftenden« Systems aufweist.*

Anmerkungen

[1] *Clarkson, G. P. E.*, Portfolio Selection: A Simulation of Trust Investment, Prentice-Hall, Inc.: Englewood Cliffs, N. J., 1962.

[2] *Cyert, R. M.*, und *March, J. G.*, A Behavioral Theory of the Firm, Prentice-Hall, Inc.: Englewood Cliffs, N. J., 1963.

[3] *Newell, A.*, *Shaw, J. C.*, und *Simon, H. A.*, Chess-Playing Programs and the Problem of Complexity, in: *Feigenbaum, E.*, und *Feldmann, J.* (Hrsg.), Computers and Thought, McGraw Hill, Inc.: New York, N. Y., 1963.

[4] *Newell, A.*, und *Simon, H. A.*, Computers in Psychology, in: *Bush, R. R.*,

Galanter, E., und *Luce, R. D.* (Hrsg.), Handbook of Mathematical entwickelt?« So wichtig und interessant diese Frage auch ist, sie überschreitet den Rahmen dieser Studie.

[16] *Wildavsky, A.*, a.a.O., S. 8–21.

[17] Ein Ausspurch Präsident Kennedys, s. *Sorensen, T. C.*, Kennedy, Harper and Row, Inc.: Scranton, Pennsylvania, 1965, S. 414.

[18] *Sorensen, T. C.*, Kennedy, Harper and Row. Inc.: Scranton, Penns., 1965, S. 414.

[19] *Wildavsky, A.*, a.a.O., S. 59.

[20] In Pittsburgh stehen z. B. für eine recht detaillierte Prüfung des gesamten Budgets nicht mehr als vier Personen zur Verfügung. Von diesen vier Personen ist außerdem zumindest eine mit der rein technischen Aufgabe betraut, das Budget zusammenzustellen, zu überprüfen und die Summen zu addieren.

[21] Ähnlich Wildavskys Beobachtungen der Abteilungsleiter am breiten Ende des »Haushaltstrichters«, vgl. *Wildavsky, A.*, a.a.O., S. 25–31, und Sorensens Beobachtungen am schmalen Ende des »Entscheidungstrichters« in der Regierung; vgl. *Sorensen, T. C.*, a.a.O., S. 414.

[22] *Cyert, R. M.*, und *March, J. G.*, a.a.O., S. 279.

[23] *Mansfield, E.*, Technical Change and the Rate of Initiation, Econometrics, Nr. 29, 1961.

[24] Eine Ausnahme der allgemeinen Regel, daß keine Änderungen in den Schätzungen der Einnahmen (auf der Einnahmenseite) vorgenommen werden, um einen Ausgleich zu den Ausgaben zu erreichen, wurde gefunden. Eine Reihe von Jahren (1960–1962) wurde in Detroit ein Teil der Kosten für die Aktivitäten der Gemeinde durch »allzu optimistische« Einnahmeschätzungen finanziert, die schließlich zu Fehlbeträgen im laufenden Budget führten. Diese (haushaltstechnisch illegalen) Fehlbeträge wurden dann refinanziert, wobei die Schuldenzinsen für die Refinanzierung in den folgenden laufenden Budgets als Abzüge von den für die laufenden Ausgaben verfügbaren Einnahmen erschienen. Dieser kurzzeitigen »Betriebspraxis« wurde von einer neuen Stadtverwaltung rasch ein Ende gemacht. Wieweit sich diese Praxis auf den Planungsprozeß (Budgetgestaltung) auswirkte, ist unklar und nicht im formalen Modell enthalten. Die Wirkungen wurden als größere Abweichungen von Modellschätzungen im Vergleich zu tatsächlichen Entscheidungen während bestimmter Jahre in Detroit festgestellt.

[25] Aus einem Interview mit dem Chef des Budgetamtes in einer der drei untersuchten Städte (November 1964); auf seine Bitte hin wird der Name nicht genannt.

[26] Es sollte darauf hingewiesen werden, daß die Frage der Rangfolge der Abteilungen zu einem wesentlichen Teil bereits in der vorläufigen Prüfung der Anforderungen berücksichtigt ist.

[27] In Jahren, in denen ein Defizit zu beseitigen ist, würde für Behörden mit niedrigen Kontennummern (in den Computerkodierungen) eine zu

Psychology: Vol. I, John Wiley and Sons: New York, N. Y., 1963, und *Newell, A.*, und *Simon, H. A.*, GPS, A Program that Simulates Human Thought, in: *Feigenbaum, E.*, et al., a.a.O.

[5] Der Implikationen der »Größe des Problems« sind viele. Zum ersten dürfte es ziemlich ersichtlich sein, daß das Problemlösungsverhalten der Akteure in unserem Simulationsmodell auf einfachere Weise beschrieben ist als dies in den genannten Werken der Fall ist. Zum zweiten werden Annahmen gemacht werden müssen, die auf Kosten der Genauigkeit (d. h. Vollständigkeit) des Modells insgesamt gehen. So wird es z. B. notwendig sein anzunehmen, daß sich die Abteilungsleiter sämtlich nach ein und demselben Entscheidungsmodell verhalten und sich nur hinsichtlich der Parameter unterscheiden. Verständlicherweise ist es weder praktikabel noch sinnvoll, alle am Budgetprozeß beteiligten Abteilungsleiter und sonstige Personen zu befragen. Wir werden in unser Modell Verhaltensregeln aufnehmen müssen, die unseren Entscheidungsträgern von anderen Autoren zugeschrieben wurden, ohne sie im einzelnen auf ihre Richtigkeit geprüft zu haben. Inwieweit diese notwendigen »Abkürzungen« sinnvoll und »akkurat« waren, wird sich selbstverständlich in der empirischen Prüfung des Modells erweisen.

[6] *Clarkson,* a.a.O., S. 16.

[7] Festgelegt in der Gemeindeordnung, in den Bestimmungen über politische Körperschaften oder durch die Ländergesetzgebung.

[8] Der »legitime« Anspruch des Investitionsbudgets auf Mittel aus dem laufenden Budget zeigt folgendes Zitat aus der Bürgermeister-Botschaft zum Pittsburgher Budget 1965: »Ein großer Posten in den Anforderungen für Ländereien und Gebäude bezieht sich auf die Eröffnung und Inbetriebnahme des neuen Zentrums für öffentliche Sicherheit im nächsten Frühjahr ... Es handelt sich um eine einmalige Ausgabe von 150 000 $ für neue Einrichtungen ..., und 91 000 $ für Wartungspersonal.«

[9] Gelegentlich werden die Gehälter für uniformierte Polizisten und Feuerwehrmänner getrennt behandelt.

[10] Diese Begriffe sind denen des »disjointed incrementalism« sehr ähnlich; vgl. *Braybrooke, D.*, und *Lindblom, C. E.*, Strategy of Decision, The Free Press of Glencoe: Glencoe, Ill., 1963, S. 7.

[11] *Cyert, R. M.*, und *March, J. G.*, a.a.O., S. 104.

[12] *Braybrooke, D.*, und *Lindblom, C. E.*, a.a.O., S. 225–245.

[13] *Wildavsky, A.*, The Politics of the Budgetary Process, Little, Brown, and Co.: Boston, Mass., 1964, S. 13–18, und 58, 59.

[14] Wir würden auch behaupten, daß die Notwendigkeit »vertretbarer« Entscheidungen generell zu konservativeren Entscheidungen im öffentlichen Sektor als im privaten führt.

[15] Es wäre auch legitim zu fragen: »Warum wurde das Rechnungssystem einer Gemeinde um eine Anzahl ganz bestimmter Kontenkategorien

niedrige Schätzung erwartet, für Behörden mit hohen Kontennummern eine zu hohe Schätzung. Die umgekehrte Erwartung gälte für Jahre, in denen ein Überschuß zu beseitigen wäre. Diese Erwartung entsprach nicht der beobachteten Praxis.

28 Diese Grenzen sind ungefähr mit den im Haushaltsrundschreiben angegebenen Grenzen identisch.

29 *Davis, Otto, A., Dempster, M. A.*, und *Wildavsky, A.*, On the Process of Budgeting: An Empirical Study of Congressional Appropriations, in: *Tullock, G.* (Hrsg.), Papers on Non-Market Decision Making, Thomas Jefferson Center for Political Economy: Charlottesville, Virginia, 1966.

30 Gelegentlich lehnt der Stadtrat eine vorgeschlagene neue Steuer ab – eine Einkommenssteuer in Cleveland, eine Steuer für Fleischbeschauer in Detroit – dagegen wird er selten Ausgabenempfehlungen ablehnen.

31 Diese »besseren« Alternativhypothesen waren: »Das diesjährige Budget für ein bestimmtes Standardkonto in einer bestimmten Behörde ist
a) gleich dem Budget des Vorjahrs, oder
b) gleich dem durchschnittlichen Betrag für diesen Posten über die untersuchten Jahre.«

32 Die verwendeten Statistiken (s. *Hunt, E. B.* »The Evaluation of Somewhat Parallel Models«, in: Massarik and Ratoosh, Mathematical Explorations in Behavioral Science, Irwin-Dorsey: Homewood, Ill., 1965) waren:
Min Σ [(Schätzwerte – beobachtete Werte)^2/Schätzwerte] und
Min Σ [(Schätzwerte – beobachtete Werte)^2/beobachtete Werte].

33 Der Terminus »Innovation« wurde absichtlich vermieden, da es keine allgemein anerkannte, operationale Definition des Begriffs gibt. Wir verwenden statt dessen den Begriff »policy shift« als theoretisches Konstrukt. Eine Allokationsentscheidung ist »a policy shift«, wenn sie unmittelbar eine »signifikante« Umschichtung der Mittel im Budget zur Folge hat.

34 In jeder Stadt und für jedes Jahr wurden jeweils die fünf absolut und relativ größten Abweichungen untersucht. Die »Gründe« wurden mit individuellen Abweichungen auf der Basis veröffentlichter Informationen in Verbindung gesetzt. Es sollte angemerkt werden, daß in beinahe jedem Falle, der »Grund« für die Abweichung in der Bürgermeister-Botschaft an den Stadtrat gefunden wurde. In anderen Worten, das tatsächliche Abweichungssystem identifizierte nahezu dieselbe Menge ungewöhnlicher Entscheidungen wie unser Modell. Dies ist wahrscheinlich ein signifikanterer Gütetest als die vielen statistisch errechneten Maße. S. Crecine, a.a.O.

Übersetzt von Christine Mussel

17 *Maurice E. Esch*

Planungshilfe mittels eines technischen Bewertungsverfahrens von Relevanzzahlen – PATTERN

[...]

Während des vergangenen Jahrzehnts haben sich in unseren nationalen Verteidigungszielen wesentliche Änderungen ergeben, die hervorgerufen wurden durch eine rasche Veränderung der militärischen Bedrohung, welche ihrerseits gekoppelt ist mit einer außerordentlich explosiven Entwicklung der Technik. Diese Faktoren haben das Verteidigungsministerium dazu bewogen, die gegenwärtige und vorgesehene Struktur unserer Streitkräfte laufend abzuwandeln, was die Schlagkraft, den zahlenmäßigen Umfang und die Waffensysteme betrifft, die zur Gewährleistung unserer nationalen Sicherheit in der Zukunft erforderlich sind. In den meisten Fällen gibt es eine beträchtliche Anzahl praktikabler Wege der Technik, die zur Lösung eines beliebigen Einzelproblems eingeschlagen werden können. Infolgedessen werden Entscheidungen über Entwicklung und Beschaffung neuer Waffensysteme durch die Regierung sorgfältig daraufhin abgewogen, inwieweit ein einzelnes System die nationalen Gesamtziele fördert, wobei besonders Wert gelegt wird auf eine gründliche Analyse der Kosten/Wirksamkeits-Relation. Auf diesem Gebiet beeinflußt eine Unzahl von interdependenten technischen, politischen, militärischen, wirtschaftlichen und sogar gesellschaftlichen Faktoren jede Entscheidung der Regierung oder des Militärs über ein System. Die Industrie muß angesichts dieser veränderlichen Situation sorgfältige Auswahlentscheidungen treffen, wo sie ihr Geld für Forschung und Entwicklung einsetzt, wenn sie in der Lage sein will, weiterhin zu expandieren.

Vor etlichen Jahren wandte sich die Abteilung für Rüstungs- und Weltraumforschung eines bekannten Unternehmens (Military & Space Sciences Department, MSSD) dem Problem zu, ein funktionierendes Werkzeug zu entwickeln, das die Entscheidungsträger des Konzerns beim Auffinden jener kritischen Bereiche der Technik unterstützen sollte, die der Förderung und Steigerung bedurften, um zur Entwicklung gangbarer neuer Systemkonzeptionen beitragen zu können. Das von der MSSD entwickelte Verfahren wird PAT-

TERN genannt, was eine Zusammenfassung der Anfangsbuchstaben von »Planning Assistance Through Technical Evaluation of Relevance Numbers« (vgl. Überschrift) bedeutet. PATTERN wurde im militärischen Bereich entwickelt und ausgiebig benutzt; die Methode ist jedoch sehr anpassungsfähig und kann auf verschiedene Problemgebiete der Entscheidungsfindung angewendet werden. Beispielsweise wurde dieses Planungswerkzeug kürzlich in einer umfassenden Untersuchung zur Feststellung gegenwärtigen und künftigen technischen Bedarfs im Bereich der Humanmedizin benutzt.

Bei der Entwicklung dieses Werkzeugs zur Unterstützung von Entscheidungsträgern beim Aufnehmen, Analysieren und Bewerten großer Datenmassen zum Zwecke eines besseren Verständnisses der komplexen Interdependenzen zwischen den statischen und den dynamischen Faktoren, die ihre Entscheidung beeinflussen, konzentriert sich die Aufmerksamkeit auf drei grundlegende Fragen: Kann eine große Anzahl komplexer, interdependenter Variablen in einfache Entscheidungsfaktoren aufgelöst werden, derart, daß diese Faktoren in Zahlen ausgedrückt und in einem Computer gespeichert werden können? Kann man mit Hilfe dieser Zahlen zu logischen Schlüssen finden, ohne daß die Validität des ursprünglichen Gewichtungsverfahrens verzerrt oder zerstört wird? Sind Schlüsse und Extrapolationen möglich aus diesen Zahlen, die sich auf Information beziehen, die in ihre Gewichtung einging?

Die Ausarbeitung eines Plans zur Ermittlung jener kritischen Programme der Technik, die heute ins Leben gerufen werden sollten, um zur Erfüllung der Bedürfnisse von morgen bereitzustehen, verlangt ein Verständnis sowohl des dynamischen Charakters der militärischen Problematik als auch der Befähigung der Industrie, die zugehörigen technologischen Grundlagen zu entwickeln und weiterhin zu gewährleisten. Um die militärische Problematik zu verstehen und den Bedarf an Waffensystemen abzuschätzen, ist es erforderlich, der Reihe nach die Ziele, Rollen, und den Auftrag der Waffengattungen zu bewerten, in dem Maße, wie sie von den sich wandelnden Systemzwängen militärischer, politischer, ideologischer und wirtschaftlicher Art betroffen werden. Die Dynamik des technologischen Umwälzungsprozesses muß daraufhin analysiert werden, wie der sich wandelnde Stand der Wissenschaft neuen Anforderungen genügt; und ebenso auf neue Gedanken der rein wissenschaftlichen Forschung sowie auf Neuerungen, die vorerst keine bestimmten Bedürfnisse befriedigen.

Die Methodologie von PATTERN

PATTERN kann am besten als eine Entscheidungshilfe beschrieben werden, die aus den drei Elementen besteht, die in Abb. 1 gezeigt sind. Erstens, ein Relevanzbaum, der die relative Bedeutung der

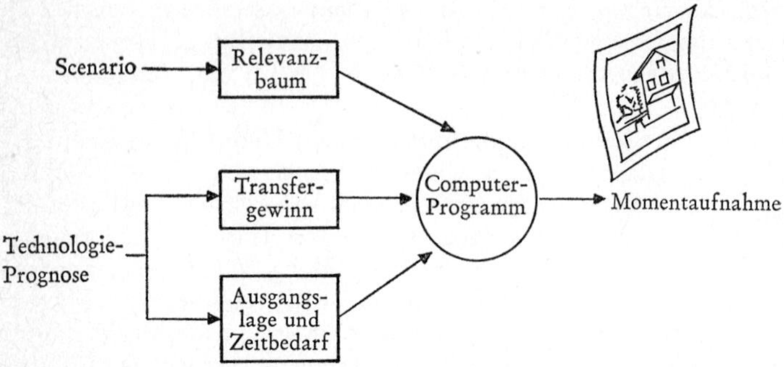

Abb. 1 PATTERN ist eine Entscheidungshilfe

Förderung und Steigerung eines technischen Bereichs für die staatlichen Ziele mißt; zweitens, Transfergewinn (cross support), der den Grad technischen Fortschritts mißt, der sich aus dem Lösen eines bestimmten Problems ergeben wird; und drittens, Ausgangslage und Zeitbedarf (status and timing), die die Leistungsfähigkeit der Industrie im Hinblick auf die Lösung der ermittelten Probleme messen. Ein Szenario, das die globale Umweltsituation (einschließlich militärischer, wirtschaftlicher und politischer Faktoren) entwarf, die für den Zeitraum von 1968–1978 zu erwarten war, und eine umfassende Prognose über den jeweiligen Stand der Wissenschaft wurden als grundlegende Eingaben im Bewertungsprozeß verwandt. Bei jeder Verästelung des Baums wies ein Team von Experten unter Verwendung von Matrizen, Entscheidungskriterien und subjektiven Wahrscheinlichkeitsmethoden einem Gegenstand diejenigen quantitativen Werte zu, die mit der Bedeutung der Förderung und Steigerung dieses Gegenstands im Hinblick auf seinen Beitrag zur Erfüllung der staatlichen Ziele für die Periode von 1968–1978 in Beziehung standen. Die Faktoren Transfergewinn und Ausgangslage/Zeitbedarf wurden ebenfalls in Zahlen bewertet. Diese zahlenmäßigen Ausgangsdaten wurden nun einem Computer eingegeben, und der Computerausdruck ergab dann eine Momentaufnahme eines bestimmten Interessengebiets im Hinblick auf seine Bedeutung für die nationale Verteidigungslage, bezogen auf alle anderen Gebiete, die im Bewertungsprozeß herangezogen worden waren.

Der Relevanzbaum ist im Grunde ein strukturiertes Entscheidungsnetz, das aus acht Ebenen besteht; angefangen mit Zielen der nationalen Sicherheit, und weiterführend über Konflikttypen, Konfliktformen, Einsätze, Systemvorstellungen, funktionale Subsysteme, Konfigurationen auf Subsystemebene, und technologischen Lücken, in einer baumähnlichen Anordnung. Zuerst teilen wir den Aufbau in die in Abb. 2 gezeigten drei Hauptteile ein. An der Spitze, im ideologisch-politischen Bereich, fällen der Präsident und der Nationale Sicherheitsrat (National Security Council) Entscheidungen über politische Zielsetzungen. Auf der zweiten Ebene, dem Anforderungs- und Planungsbereich, treffen der Verteidigungsminister, der Chef der NASA und die Oberkommandierenden der einzelnen Waffengattungen Entscheidungen. Auf der dritten Ebene, dem technologischen Bereich, fällen Auftragsforschungsinstitute und die For-

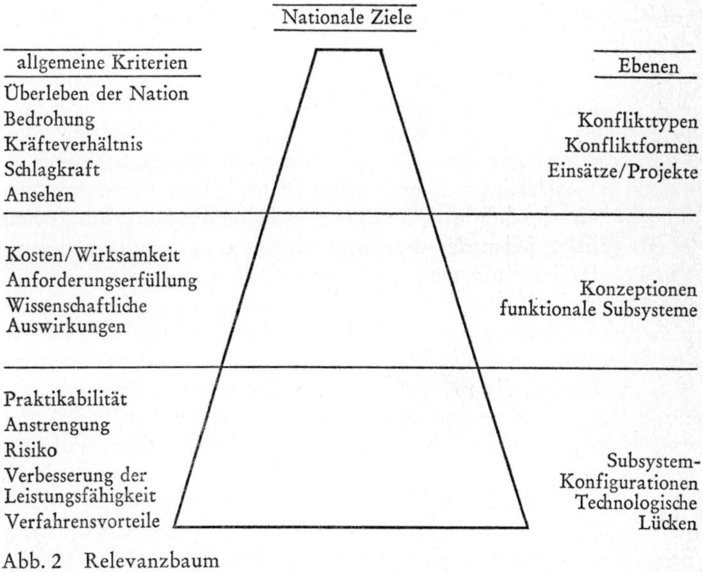

Abb. 2 Relevanzbaum

schungsstätten der Industrie Entscheidungen technischer Art. Dieser grundlegende Aufbau in drei Teile wurde sodann nochmals in insgesamt, unter Hinzufügung der nationalen Zielebene (national objective level), acht Ebenen unterteilt. Um auf jeder Ebene horizontale Wertentscheidungen treffen zu können, war es erforderlich, sowohl an jeden Gegenstand innerhalb des Baumes strenge Definitionen anzulegen, als auch einen Satz von Grundregeln für die Spielsituation zu entwickeln. Die Grundregeln nahmen die Form von Kriterien an. Schlüsselbegriffe, die die einzelnen Kriterien darstellen, erscheinen auf der linken Seite der Abb. 2. Beim Entwikkeln dieser Kriterien mußte sichergestellt werden, daß sie der Ebene angemessen waren, auf der die Entscheidung zu fällen war, und daß sie sich gegenseitig so weit wie möglich ausschlossen. Eine weitere Aufschlüsselung der vier höchsten Ebenen des Baumes ist in Abb. 3 dargestellt. An der Spitze haben wir die gesamtstaatlichen Ziele. Unmittelbar darunter liegen die drei staatlichen Tätigkeitsbereiche, innerhalb deren wir eine zukünftige Bedrohung unserer gesamtstaatlichen Ziele erwarten dürfen. Die nächste Ebene zeigt die Form an, die diese Gefährdungen annehmen können, z. B. verschiedene Arten von begrenzten Kriegen, Geheimdiensttätigkeit, Rüstungsbeschränkung, etc. Unter jeder dieser Formen befindet sich ein Fächer von Einsatzmöglichkeiten, für die wir Schlagkraft entwickeln und aufrechterhalten müssen, wenn wir der Bedrohung in jedem einzelnen Auseinandersetzungsbereich begegnen wollen. Wenn wir zum Beispiel in einem begrenzten Krieg zweiter Ordnung alle Anforderungen der in Abb. 3 aufgeführten acht Einsatzbereiche (missions) erfüllen können, dürfen wir in diesen Krieg mit einer einigermaßen gerechtfertigten Siegeshoffnung hineingehen. Gleichermaßen können wir durch nichtkriegerische Geheimdienstaktivität, wenn es uns gelingt, jeden der drei Einsatzbereiche auszufüllen, diejenigen Geheimdienstinformationen erlangen, die erforderlich sind, damit wir uns im Kalten Krieg behaupten. Es ist von großer Wichtigkeit, daß jeder Einsatzbereich sorgfältig definiert wird, um die Art der Ausrüstung und die Fortentwicklung der Technologie bestimmen zu können, die zur Erfüllung der Einsatzziele notwendig ist. Es ist der Vorzug eines solchen Aufbaus, daß er das weitläufige und vielschichtige Problem in einzelne Abschnitte zerlegt und uns erlaubt, Vergleiche zwischen einer kleineren Anzahl von Gegenständen auf jeder beliebigen Ebene anzustellen. Gleichzeitig bewahren wir die Fähigkeit, das gesamte Bündel als Einheit zu betrachten, nachdem die individuellen Werturteile gefällt sind.

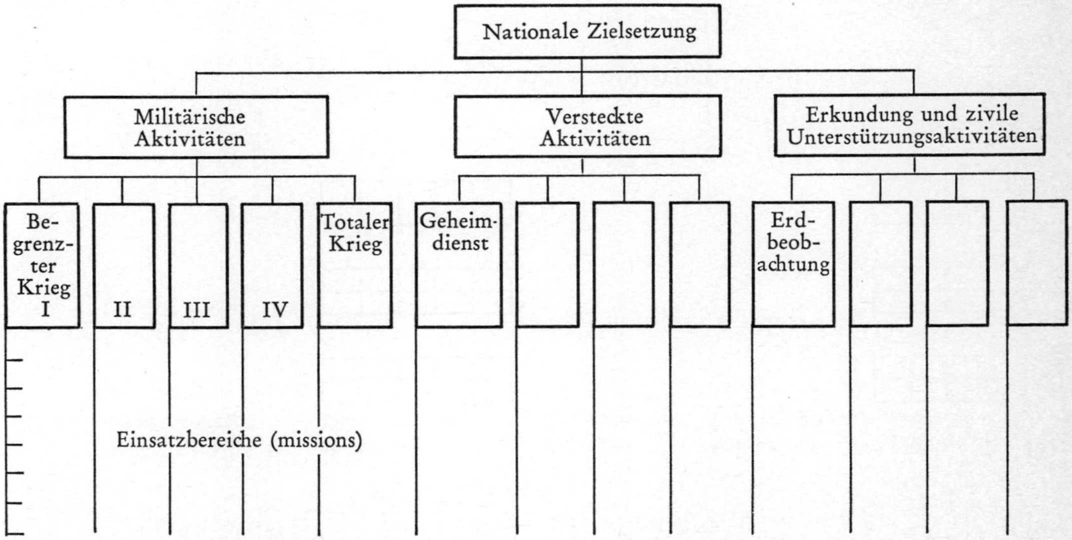
Nationale Zielsetzung
Militärische Aktivitäten
Versteckte Aktivitäten
Erkundung und zivile Unterstützungsaktivitäten
Be-grenz-ter Krieg I
II
III
IV
Totaler Krieg
Geheim-dienst
Erd-beob-achtung
Einsatzbereiche (missions)

Abb. 3

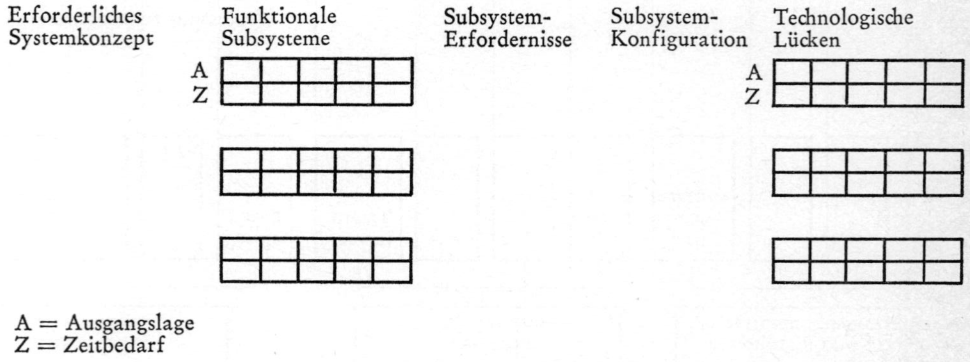

Abb. 4 Konzepttitel

Abb. 4 stellt die unteren vier Ebenen des Baumes auf einem Projekt-Arbeitsblatt dar, wie es in der Untersuchung benutzt wurde. Die aufgestellten Konzeptionen zur Erreichung eines Einsatzes bilden die fünfte Ebene des Baumes. Auf der sechsten Ebene wurde jede der Konzeptionen in siebzehn funktionale Subsystembereiche und deren jeweilige Anforderungen unterteilt, die zur Erreichung der Leistungsziele der Konzeption gestellt werden müssen. Es ist nicht geboten, siebzehn funktionale Subsysteme zu benutzen; es können fünfundzwanzig sein oder nur zehn. Es ist jedoch unerläßlich, daß jeder Bereich bis ins Einzelne definiert wird, damit jeder, der an der Untersuchung mitarbeitet, genau versteht, was in dem jeweiligen Bereich enthalten ist. In den meisten Fällen gab es mehrere Wege zur Erfüllung der Anforderungen des funktionalen Subsystems. Diese wahlweisen Methoden wurden Subsystemkonfigurationen genannt und machten die siebente Ebene des Baumes aus. Einbegriffen in die konkurrierenden Subsystemkonfigurationen waren die zu lösenden technologischen Schwierigkeiten. Diese Unzulänglichkeiten oder Lücken (deficiencies) stellten die achte Ebene des Baumes dar. Man beachte bei diesem Aufriß, daß Ausgangslage und Zeitbedarf (status and timing) sowohl auf der Ebene des funktionalen Subsystems wie auf der der technologischen Lücken eingetragen ist. Relevanzzahlen wurden durch Expertenteams bei jeder Verästelung des Baums zugewiesen, die sorgfältig ausgewählte Maßstäbe zur Grundlage ihres Urteils machten. Das grundlegende Verfahren bestand darin, eine Werturteilsmatrix zu benutzen, die die für Entscheidung unter Unsicherheit entwickelten mathemati-

	Gewährleistung des nationalen Überlebens	Demonstration einer glaubwürdigen Haltung	Schaffung einer wohlwollenden Weltmeinung	E (n)
	0·6	0·3	0·1	
kriegerische Auseinandersetzung	0·6	0·6	0·4	0·58
nichtkriegerische Auseinandersetzung	0·3	0·1	0·1	0·22
Ausforschung	0·1	0·3	5·5	0·20

Abb. 5 Zahlenmatrix

schen Methoden anwendete. Eine typische Matrix ist in Abb. 5 dargestellt. Zum Beispiel ist es auf der höchsten Ebene des Baumes von Bedeutung, den relativen Bedarf nach Abwandlung oder Verbesserung der Stellung der USA in den drei Konfliktbereichen abzuschätzen, der zur Gewährleistung des erforderlichen Handlungsspielraums gegenüber solchen Kräften notwendig ist, die gegen unsere staatlichen Ziele mobilisiert werden können. Die notwendige Verstärkung von Anstrengungen der USA kann nach den folgenden Maßstäben bewertet werden: Gewährleistung der nationalen Existenz, Demonstration einer glaubwürdigen Haltung gegenüber unseren Verbündeten und gegenüber unseren potentiellen Gegnern, und die Chance, eine wohlwollende Weltmeinung zu erzeugen und zu gestalten. Dieselbe Methode der Zuweisung von Relevanzzahlen wurde bei jeder folgenden Verästelung des Baums angewandt. Sowie das Team allen Gegenständen jeder Ebene des Baumes Relevanzzahlen zugewiesen hatte, wurden diese im Computer auf Abruf gespeichert.

Der zweite Hauptteil der Untersuchung hat mit dem Ausgangszustand und dem Zeitbedarf der technologischen Erfordernisse zu tun. Sowie der Bedarf der Regierung abgeschätzt ist, vorerst ohne Rücksicht darauf, ob das Volk in der Lage ist, diese Leistungen zu erbringen, muß die Fähigkeit der Industrie bewertet werden, die technischen Lösungen für die ermittelten Probleme anzubieten. Eine technische Gesamtprognose wurde aufgestellt, in der der gegenwärtige Stand von annähernd 300 Technologien ebenso eingeschätzt wurde, wie auch die wahrscheinliche Verbesserungsrate jeder Technologie im Laufe der Zeit. PATTERN benutzte sodann diese Bewertung des Stands der Technik und seiner voraussichtlichen Wachstumsgeschwindigkeit bei der Bestimmung der Zeit und der Anstrengung, die zur Deckung des staatlichen technischen Bedarfs notwendig sind. Diese Daten wurden auf der Ebene der funktionalen Subsysteme und der Ebene der technischen Lücken in den Baum eingesetzt.

Abb. 6 zeigt die Entwicklungshierarchie, die benutzt wird bei der Einschätzung vom Stand einer bestimmten Technologie und ihrem Zeitbedarf für ihren Fortgang von der Grundlagenforschung über Versuchsstadium, fortgeschrittenes Entwicklungsstadium, Produktentwurf bis hin zur Kategorie der Verfügbarkeit ab Lager. Diese Kategorien sind denen sehr ähnlich, die die Regierung zur Bezeichnung ihrer Planentwicklungsphasen benutzt. Bei der Einschätzung eines einzelnen funktionalen Subsystems oder einer technischen

	Ausgangslage	Zeitbedarf
Verfügbarkeit		1
Produktentwurf		2
Fortgeschrittene Entwicklung		2
Versuchsstadium	×	3
Grundlagenforschung		

Abb. 6 Ausgangslage und Zeitbedarf

Lücke setzte das Team ein »x« in diejenige Kategorie des Entwicklungszyklus, in dem sich die in Betracht gezogene Technologie befand. In dem Fall der Abb. 6 war der Ausschuß der Ansicht, daß die diskutierte Technologie im Versuchsstadium war. Seine Mitglieder wurden dann aufgefordert zu bestimmen, wie lange ein normal durchgeführtes Programm dazu brauchen würde, die Technologie vom Versuchsstadium ins fortgeschrittene Entwicklungsstadium zu überführen. Diese Zeit wurde auf drei Jahre eingeschätzt. Zwei weitere Jahre wären für das fortgeschrittene Entwicklungsstadium erforderlich gewesen, bevor die Technologie ins Produktentwurfsstadium gelangt wäre. Daher war die Gesamtzeit, deren die Technologie in diesem Fall bedurfte, um vom Versuchsstadium zur Verfügbarkeit ab Lager zu gelangen, acht Jahre. Auf diese Weise zeigen die Daten im Bereich Ausgangslage und Zeitbedarf unter dem Zeitgesichtspunkt die Befähigung des Landes an, seine Bedürfnisse im militärisch-technischen Versuchsbereich zu decken.
Bis hierher haben wir zwei der drei bedeutsamen Teile der Untersuchung abgehandelt: Den Relevanzbaum und das Problem von Ausgangslage und Zeitbedarf. Der dritte Hauptteil von PATTERN besteht in der Information über den Transfergewinn (cross support), d. h. den Gesamtgewinn an technischer Leistungsfähigkeit über alle Systembereiche hinweg, der durch die Arbeit an einem spezifischen Subsystembereich erzielt wurde. Die »Zeit« wurde als gemeinsamer Nenner eingeführt, und eine Skala von null bis eins zur Bewertung des Transfergewinns verwandt. So gaben die Werte des Transfergewinns aus der Subsystemkonfiguration an, inwieweit die Lösung eines speziellen technischen Problems innerhalb einer bestimmten Subsystemkonfiguration die Anstrengungen erleich-

terte, die erforderlich waren, um gleichartige oder verwandte technische Subsystemprobleme innerhalb derselben Kategorie funktionaler Subsysteme zu lösen. Die von den Methodenspezialisten bei der Bewertung des Transfergewinns zugrunde gelegten Kriterien waren die verhältnismäßigen Einsparungen an Aufwand, Zeit und Arbeitsstunden, die durch das zusätzlich erworbene Wissen ermöglicht wurden. Wie oben ausgeführt, wurden diese Einsparungen bei der effektiven Zahlenzuweisung auf einen einzigen gemeinsamen Nenner »Zeit« reduziert.

Das Rechenverfahren nach PATTERN

Bis hierin dürften Aufbau und Methodik des Baums hinreichend beschrieben sein. Um die gesamte Untersuchung in die richtige Perspektive zu rücken, sollten wir uns nunmehr der Abb. 7 zuwenden. Diese Abbildung zeigt den Gesamtaufbau des Baums und enthält die mathematische Grundgleichung, in der die verschiedenen Lösungen ausgedrückt sind, die dem PATTERN-System entnommen werden können.

Die ersten vier Ebenen (Konflikttypen bis Konzeptionen) und die oberste Ebene der staatlichen Zielbildung erscheinen in der Gleichung als folgender Ausdruck:

$$\sum_{D_0}^{D=D_0} \prod_{i=A}^{D} r_i$$

Im wesentlichen wurden auf diesen vier Ebenen politische, ideologische und Kosten/Wirksamkeits-Kriterien angewandt, um jeder Verzweigung des Baums eine Relevanzzahl zuzuweisen. Der Relevanzbedarf bis hinunter zu dieser vierten Ebene wird ermittelt, indem man das Produkt der einzelnen Relevanzzahlen der Ebenen A–D nimmt. Da jedoch die einzelne Relevanzzahl eines Kästchens, r_i, aus dem Zuweisungsprozeß errechnet wurde, in welchem zwanzig Mitarbeiter herangezogen wurden und ihr Urteil über die Kriterien abgaben, und weil die Relevanzzahl, die bei einer bestimmten Konzeption zusammenkommt, die ja auf verschiedene Einsätze anwendbar sein kann, die Summe der Relevanzzahl ist aus all den Einsätzen, wo sie in Betracht gezogen wurde, stellen diese Summen den kumulativen Bedarf nach Förderung und Steigerung eines bestimmten Konzeptionsbereichs quer über alle Anwendungsmöglichkeiten dar. Die anderen Ausdrücke der mathematischen Gleichung verwenden dieselbe Grundrationale.

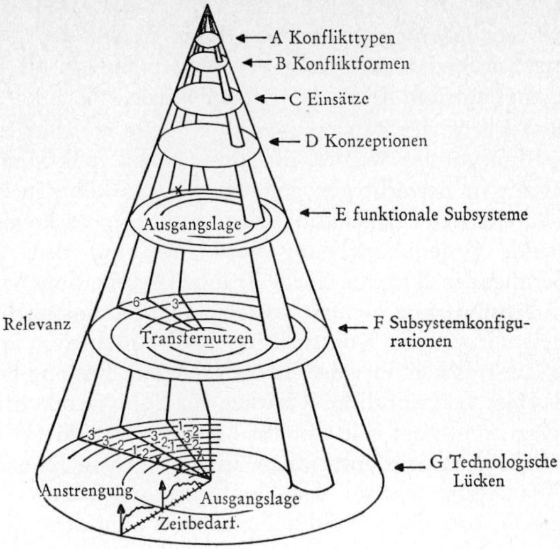

Abb. 7 Relevanzbaum

Die Ebene des funktionalen Subsystems weist sämtliche möglichen Bauelemente auf, aus denen sich die Planungskonfiguration zusammensetzt, und enthält die Ausgangslage- und Zeitbedarfzahlen jedes der funktionalen Subsysteme. Der Mantel (outer surface) des Baumes, der sich aus den Produkten der einzelnen Relevanzzahlen den ganzen Baum hinunter zusammensetzt, spiegelt die Dringlichkeit der Förderung und Leistungssteigerung eines bestimmten Bereichs zur Erreichung des Ziels der nächsthöheren Ebene wider. Die Verzweigungsebenen an jeder beliebigen Stelle des Baumes sind das Beweismaterial, das diese Dringlichkeit untermauert.

Die logische Gleichung von PATTERN lautet:

$$\left[\sum_{D_0}^{D=D_0} \prod_{i=A}^{D} r_i\right]\left[\sum_{E_0}^{E=E_0} r_E f_1(S_E)\, f_2(T_E)\right]\left[\sum_{F_0}^{F=F_0} r_F x_F\right]$$

$$\left[\sum_{G_0}^{G=G_0} r_G f_3(T_G)\, f_4(S_G)\right]\left[\delta(r_{A\ldots G}, S_{EG}, T_{EG})\right]$$

Die Ausdrücke $f(S_E)$ $f(T_E)$ stellen die Dichtefunktionen dar, die von einer Person eingesetzt werden können, um den Nachdruck wiederzugeben, den er auf einen bestimmten Bereich als Funktion von Ausgangslage und Zeitbedarf setzen würde.

Die nächste Ebene des Relevanzbaums gibt die verschiedenen Subsystemkonfigurationen wieder, die unter jedem funktionalen Subsystembereich in Betracht gezogen wurden. So könnten zum Beispiel im Bereich der Fernlenkung Planungskonfigurationen wie die vergleichende Gegenüberstellung von einem auf dem Doppler-Effekt beruhenden System, einem Trägheitsnavigationssystem und der Funkfernsteuerung benutzt werden. Die technologische Ebene, die an diesem Punkt der Konstruktion den Mantel trägt, ist die eingegebene Information über den Transfernutzen. Entlang dem Mantel des Baumes sind sämtliche Kästchen für Subsystemkonfigurationen angelegt, und zum Mittelpunkt hin befindet sich ein Ring für jede der Subsystemkonfigurationen. Eingetragen in jedes Kästchen ist die Transfernutzenzahl der Konfiguration, bezogen auf das erworbene Wissen, das zur Schließung einer ähnlichen Konfigurationslücke innerhalb einer anderen Konzeption angewendet werden kann. Wir haben hier die Transfergewinnzahl in die Rechnung einbezogen, um die Relevanzzahl auf dieser speziellen Ebene, r_F X_F, zu verändern. Diese Zahl kann entweder einbezogen werden, um durch die Veränderung der Relevanzzahl, die sie bewirkt, das Ausmaß technologischen Wissenszuwachses anzuzeigen, der durch die Arbeit an dieser Subsystemkonfiguration erzielt wird; oder sie kann gleich eins (= 1) gesetzt und aus der Berechnung heraus gekürzt werden, wenn nur die Bedeutung einer Konfiguration oder der Bedarf danach gewünscht sind.

Jede Subsystemkonfiguration enthält technologische Lücken, die gelöst werden müssen, bevor sie verwirklicht werden kann. Die Lösung dieser Technologie-Lücken ist notwendig zur Erfüllung der Bedürfnisse der beiden darüber angeordneten Subsystemkonfigurationen, die auf dem Mantel des Modells dargestellt sind.

In der Polskizze wird die Struktur wiedergegeben, die die Ausgangslage- und Zeitbedarfszahl ergibt, die auf dieser Ebene eingesetzt wurden. Die verschiedenen Dichtefunktionen werden auf dieser Ebene des Relevanzbaums als Darstellung der Fragestellung sichtbar, die ein Projektleiter verlangen könnte. Der andere Ausdruck der Gleichung $\delta(r_{A \ldots G}, S_{EG}, T_{EG})$ gibt unsere Absicht wieder, mehr ins einzelne zu gehen bei einer Bewertung der Unsicherheiten bei der Zuweisung der Relevanzzahlen auf sämtlichen

Ebenen von A bis G, und die Ausgangslage- (S = status) und Zeitbedarfs- (T = time)zahlen auf ihren E- und G-Ebenen innerhalb der gesamten Konstruktion.

Anwendung des PATTERN-Verfahrens auf die Humanmedizin

Das PATTERN-Verfahren kann, wie bereits angedeutet, auf alle Problembereiche angewandt werden, auf denen Entscheidungen unter Unsicherheit getroffen werden müssen. Im Oktober 1964 wurde ein Forschungsauftrag zur Ermittlung des gegenwärtigen und zukünftigen Bedarfs in der Humanmedizin vergeben. Dieses Projekt mit der Bezeichnung MEDICINE (= Acronym aus MEDical Instrumentation and Control Identified and Numerically Evaluated, »Ermittelter und zahlenmäßig bewerteter Bedarf der Medizin zur Ausstattung und Vorsorgeüberwachung«) sollte die im PATTERN-Projekt entwickelten Verfahren der Strukturierung von Entscheidungsvorgängen und ihrer Gewichtung mit Hilfe von Relevanzzahlen anwenden. Die Gruppe, die dieses Projekt durchführte, bestand aus fünfzehn Medizinern, Mitarbeitern des Konzerns und außenstehenden Beratern. Anfang März 1965 legte sie ihre Forschungsergebnisse und Empfehlungen vor.

Als oberstes gesamtgesellschaftliches Ziel der Humanmedizin definierte das Team die maximale Steigerung der menschlichen Lebenserwartung bei optimaler Gesundheit und Leistungsfähigkeit in allen Lebensbereichen. Der in Abb. 8 in großen Zügen dargestellte Aufbau des Relevanzbaums zeigt die Abfolge der einzelnen Denkschritte, beginnend mit dem übergeordneten Ziel bis hinunter zur eigentlichen Ausstattung, der es zur Erfüllung der verschiedenen Funktionen bedarf. Die Anzahl der Kästchen auf jeder Ebene ist in Klammern angegeben. Auf der Ebene der Aufgabenbereiche (tasks) sind die für die Zielerreichung vordringlichsten Aufgaben zusammengefaßt: (1) Diagnose, Behandlung, Heilung, Vorbeugung gegen Krankheiten und Anomalien, (2) Pflege und Betreuung der Kranken, (3) Aufklärung der Bevölkerung über Medizin und Hygiene, (4) Ausweitung des humanmedizinischen Wissens durch Forschung und (5) Schutz und Ermöglichung menschlicher Tätigkeit unter außergewöhnlichen Umweltbedingungen. Auf der Ebene des »Vorgehens« (approach) sind die Verfahren aufgeführt, die bei wissenschaftlichen Aufgaben, etwa Chirurgie im Rahmen der Behandlung, angewandt werden. Die Ebene der »Systeme« (systems) enthält

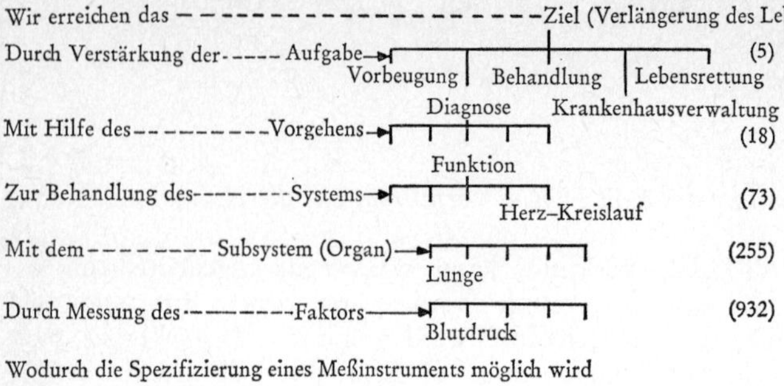

Abb. 8

jene Funktionen des menschlichen Körpers, die von den verschiedenen Organen unter zentraler Kontrolle ausgeübt werden (z. B. die reflektorische Kontrolle der Bewegungen, der Blutkreislauf, etc.). Die Ebene der »Subsysteme« oder Organe enthält jene natürlichen oder künstlichen Einheiten, die eine spezialisierte Aufgabe haben. Auf der Ebene der »Faktoren« (factor) werden solche Parameter aufgeführt, die gemessen, analysiert und überwacht werden müssen, um zu prüfen, ob ein Organ normal arbeitet, oder um eventuelle Unregelmäßigkeiten zu beheben. Auf der Ebene der »Instrumente« (tools) finden wir die Mittel, d. h. Apparate, Instrumente (hardware) oder Programme (software), um Daten zu erheben oder zu verarbeiten, oder um Krankheiten zu behandeln, zu heilen oder zu verhindern.

Nachdem das Netzwerk des Relevanzbaums aufgebaut worden war, vergaben die einzelnen Gruppen von Medizinern, wie nach dem PATTERN-Verfahren, unter Benutzung verschiedener Kriterien auf jeder Ebene Relevanzzahlen. So wurden die folgenden Kriterien auf der Ebene »Aufgaben« (tasks) angewandt, um das Ausmaß an Leistungssteigerung festzustellen, das zur Erfüllung der Ziele der Humanmedizin notwendig ist: (1) der Einfluß von Lokalität und Charakter einer Massenbedrohung auf die Bevölkerungsentwicklung; (2) die Auswirkungen regierungsgelenkter Gesundheitsfürsorge; (3) das Ausmaß, in dem die Aufgabe (task) zum Hinausschieben des durchschnittlichen Sterbealters beiträgt und/oder zur Verringerung der Ausfallzeiten; (4) die psychologische Wirkung auf die Weltmeinung, wenn diese Aufgabe nicht gelöst wird und (5) die Kosten, die die Erfüllung verschiedener medizinischer Aufgaben mit sich bringen.

Eine Gegenüberstellung der Projekte MEDICINE und PATTERN

Einer der besten Wege zum Vergleich der beiden Untersuchungen ist wohl eine Analyse der Unterschiede der Datenmerkmale. Die verfügbaren Ausgangsdaten zeigen beispielhaft, in welch starkem Gegensatz die beiden Projekte PATTERN und MEDICINE stehen. In der PATTERN-Untersuchung wurden vom Menschen geschaffene Systemkonzeptionen und technische Apparate bewertet. Im MEDICINE-Projekt bestand das Problem nicht in der Bewertung konkurrierender Systeme, sondern vielmehr darin, Methoden zu bewerten, die der Erhaltung und Wiederherstellung des Systems »Mensch« dienen. In PATTERN wurden Systemkonzeption und technische Apparate vom Menschen wohl verstanden, da von ihm geschaffen, und das Verhältnis von Ursache und Wirkung im Ablauf ist verhältnismäßig vollständig aufgedeckt. Im Bereich der MEDICINE-Studie befassen wir uns mit dem System »Mensch«, über das nur wenige zuverlässige Fakten greifbar sind. Das meiste dessen, was zur Verfügung steht, müßte seinem Charakter nach als intuitiv eingeordnet werden, wobei die Beziehung zwischen angewandten Heilmethoden und deren Wirkung auf das System »Mensch« bestenfalls sehr mangelhaft verstanden wird.
Man könnte also sagen, daß PATTERN eine Bewertung von Vorstellungen über technische Apparate darstellt, die vom Menschen entworfen und gebaut werden können, um Anforderungen zu genügen, die in menschlichen Gehirnen als Antwort auf weltpolitischen oder ökonomischen Druck entstanden. Diese Bewertung umfaßt den Entwurf des Konzepts, seine Reliabilität sowie Aufwand und das Ausmaß, indem es zur Erfüllung eines grundlegenden gesellschaftlichen Bedürfnisses beiträgt. MEDICINE hingegen befaßt sich mit einer Bewertung der medizinischen Ausstattung, der Überwachung, mit Teilsystemen und den entsprechenden Apparaturen, die dazu beitragen, die menschliche Lebenserwartung bei optimaler Gesundheit und Leistungsfähigkeit zu maximieren. Die Ziele von MEDICINE werden vor allem durch Verbesserung des Gebrauchswerts (use), der Wartung (maintenance) und der Ausbesserung (repair) des menschlichen Körpers erreicht. Da wir gegenwärtig nicht die Wahl haben, den Menschen neu zu entwickeln oder we-

sentlich zu verändern, bleibt offenbar nur der Weg, unser Verständnis des menschlichen Geists und Körpers zu vervollkommnen und die erforderlichen Maßnahmen zur Korrektur möglicher Funktionsstörungen zu entwickeln.

Nachdem der Bewertungsabschnitt der Untersuchung beendet war, und die Computerergebnisse überprüft worden waren, wurden die Mediziner der Arbeitsgruppe aufgefordert, ihre persönliche Meinung über den medizinischen Bedarf in den kommenden 1–7, 7–15 und 15–20 Jahren zu äußern. Es wurde bezeichnenderweise festgestellt, daß sich persönliches Urteil eng an die Ergebnisse des Relevanzbaums anlehnte. Es ist weiterhin von Interesse, daß zu Beginn der Untersuchung keiner der beteiligten Mediziner mit einer solchen Dringlichkeitsliste aufwarten konnte. Dies scheint für die Gültigkeit des Gruppenurteils zu sprechen, aus dem das Forschungsergebnis besteht.

Zusammenfassend kann festgestellt werden, daß sich die Methoden der Problemstrukturierung und quantitativen Bewertung, wie sie im PATTERN-Projekt entwickelt und angewandt wurden, als bedeutsame Hilfen im Entscheidungsprozeß erwiesen haben, da sie

(1) einen grundlegenden Rahmen lieferten, in dem die Vielzahl komplexer, interdependenter Variablen, die heute Entscheidungen beeinflussen, strukturiert und auf quantitativer Basis bewertet werden konnten;

(2) die Ergebnisse dieser Bewertung in der für den Entscheidungsträger brauchbarsten Form aufbereiteten, und

(3) ein verhältnismäßig einfaches Verfahren der Abschätzung der Wirkung sich wandelnder Bedingungen anbot, indem es die Inputs, die ihrerseits die Untersuchungsergebnisse modifizieren, systematisch auf den neuesten Stand brachte.

Übersetzt von Günter Seib

»Hochtrabender Unsinn«: Die Kosten-Nutzen-Analyse und die Roskill-Kommission

»Hochtrabender Unsinn« (»Nonsense on Stilts«) – Benthams ungerechtes Urteil über das Naturrecht, trifft wohl mit weit größerer Berechtigung für die gigantische Pflichtübung in der Kosten-Nutzen-Analyse zu, die gegenwärtig von der Roskill-Kommission absolviert wird, die den günstigsten Standort des dritten Londoner Flughafens bestimmen soll. Diese Untersuchung findet lebhaftes Interesse bei allen, die mit den Entscheidungsprozessen in Regierung und Verwaltung und mit den Techniken, die man heute dazu braucht oder empfiehlt, zu tun haben. Die Anwendung der Kosten-Nutzen-Analyse trifft den Kern der Verfahren der politischen Entscheidungsfindung und berührt politische und gesellschaftliche Fragen ebensosehr wie technische Probleme. Ja, das Vorgehen der Roskill-Kommission verspricht geradezu »cause célèbre« zu wercen mit viel weittragenderen Folgen als die der Wahl eines Flughafenstandortes, so interessant diese auch sein mögen. Mein Artikel wird sich auf diese weiterreichenden Konsequenzen konzentrieren und nicht (es sei denn beiläufig) darauf, ob man nun wirklich das beste Gelände für einen Flughafen finden wird, oder nicht.

Entstehung und Methoden der Roskill-Kommission

Es ist merkwürdig und paradox, daß man in der Berufung der Roskill-Kommission den Inbegriff rationaler Entscheidungsfindung sah und die Antwort auf die lange Reihe von Schnitzern der Regierung, die das Fiasko von Stansted zur Folge hatte. Die Entscheidung für Stansted als Standort eines Großflughafens wurde schließlich unter dem massiven Druck der Kritik aus zwei verschiedenen Richtungen wieder rückgängig gemacht: Erstens wurde gerügt, daß die verfügbaren Informationen unzureichend waren und daß Alternativstandorte nicht gründlich genug untersucht worden waren; und zweitens – fand man – daß die Anlieger zu Recht über dieses Vorhaben empört waren. Trotz eines kritischen Berichtes des Inspektors, der die lokale Untersuchung leitete, versuchte die Regierung diese Kritik abzublocken, indem sie sich auf eine oberflächliche Überprüfung durch eine Gruppe von Beamten verschiedener Ressorts berief, die die Wahl von Stansted unterstützte. Doch 1968 kapitulierte der neuernannte Handelsminister (Crosland) schließlich vor den Kritikern und setzte die Roskill-Kommission ein.

Rie Roskill-Kommission war geschickt geplant – jedenfalls schien es damals so – um derartiger Kritik wie im Fall Stansted begegnen zu können. Ein Richter des High Court sollte als Vorsitzender des Ausschusses ein »fair play« für die Betroffenen gewährleisten und sechs weitere, sachkundige Mitglieder (einer von ihnen ein Wirtschaftswissenschaftler) sollten die verschiedenen *technischen Aspekte* der Entscheidung bearbeiten. Die sorgfältig geplanten Verfahrensweisen der Kommission sollen eine vollständige, faire und unparteiische Behandlung aller Einwände gewährleisten – zunächst einmal durch die lokalen Untersuchungen, im Zusammenhang mit jedem vorgeschlagenen Flughafenstandort und dann durch die Hearings (»Stufe 5« der Untersuchung), die gegenwärtig stattfinden, in denen die Forschungsergebnisse der Kommission jetzt noch einmal nach allen Richtungen hin befragt und überprüft werden. Die sieben Kommissionsmitglieder sitzen zumeist schweigend auf ihrem Podium im Picadilly-Hotel, während die Crème der Planungsverfechter über die Kosten-Nutzen-Zahlen streiten, allen voran der Kommissionsberater, der die ersten eineinhalb Tage damit verbrachte, seine eigene, unabhängige Bewertung der Forschungsteamarbeit vorzutragen. Wenn öffentliche Untersuchungen zu einem akzeptablen Ergebnis dadurch gelangen können, daß man sie zu einer Art Gerichtsverhandlung stilisiert, dann kann Roskill kaum scheitern.

Unterdessen hofft oder glaubt man, daß die bis ins kleinste durchgeführte Kosten-Nutzen-Berechnungen des Forschungsteams der Kommission wissenschaftliche Grundlage für eine anschließende Entscheidung darstellen könnten. Zwar ist ein Faktor – nämlich die regionale Planung – für eine getrennte Bewertung ausgespart worden, doch die Kommission hofft noch immer, daß sich auch Planungsfaktoren in Zahlen – und wenn möglich – in Geldeinheiten ausdrücken lassen. Dem ganzen liegt offenbar die Vorstellung zugrunde, daß der »unwillkommene Gast« in Gestalt eines Riesenflughafens von den Anliegern nur akzeptiert werden wird, wenn die Wahl des Standortes durch die Logik objektiver Zahlen gerechtfertigt werden kann. Solche Zahlen, so wird vom Kommissionsberater gefordert, müssen in Geldeinheiten ausgedrückt werden; denn welchen anderen objektiven Wertmaßstab gäbe es sonst? Die Kommission fühlt sich natürlich nicht an die Geldwerte gebunden, die von ihren eigenen Forschern ermittelt werden. Ihr Ziel ist es – so Richter Roskill –, »die objektivsten Zahlen« zu erhalten, die möglich sind, so daß die endgültige Entscheidung nachweislich fair sein wird. So meint man, gerichtliche Verfahren und ökonomische Techniken würden einander ergänzen und zu einer Entscheidung führen, die (anders als die Wahl für Stansted) sowohl gerecht als auch rational sein müßte. Es gilt Gerechtigkeit und Wirtschaftlichkeit in Einklang zu bringen.

Welch großartige Vision! Die Verhandlungen im Piccadilly Hotel zeigten, daß nicht einmal zwei Personen auch nur in der Bewertung eines einzigen Punktes der gigantischen Bilanz des Forschungsteams übereinstimmen werden, geschweige denn was die Höhe der Gesamtkosten angeht. Die Gesamtnettokosten sind wie folgt veranschlagt (in Millionen £ nach den Preisen im Jahre 1968):

Cublinton 4416, Thurleigh 4419, Nuthamstead 4434, Foulness 4651. Es würde Bände füllen, um zu erklären, wie man auf diese seltsamen Zahlen gekommen ist. In ihnen sind solche Einzelheiten enthalten wie die Zerstörung von Kirchen (gemessen an ihrem Feuerversicherungswert; Lärmbelästigung (gemessen als die Werte, die die befragten Anwohner Ruhe und Frieden beimaßen); Boden-Transportkosten (gemessen als Bewertungen der Zeitersparnis) usw.; die Zahlen wurden bis 1982 berechnet, wobei man von einer spekulativen Steigerungsrate von 10 Prozent ausging. Nicht enthalten sind solche Punkte wie der Verlust an Landschaftswert, die Vorteile eines größeren Arbeitsplatzangebotes und soziale Möglichkeiten, die ein Flughafen eröffnet, usw.

Merkwürdigerweise hat, abgesehen von der »Town and Country Planning Association«, niemand daran gedacht, diese zugrundeliegende Methodologie in Frage zu stellen. Statt dessen werden rivalisierende Wirtschaftswissenschaftler in großer Zahl herangezogen, die die Zahlen in gänzlich unterschiedlicher Weise auswerten. Die Ergebnisse mögen z. T. ganz einfach unsinnig sein; doch die Situation insgesamt birgt gewisse Gefahren in sich. Zunächst mag die Roskill-Kommission versucht sein zu argumentieren, die Zahlen ihres Forschungsteams seien keinesfalls schlechter als andere und man sei gut beraten, sie zu akzeptieren, zumal die zugrundeliegende

Methode kaum in Frage gestellt worden ist. Allgemeiner gesprochen, das Versäumnis, die Verfahrensweise der Roskill-Kommission gründlich zu analysieren, könnte die Tendenz, genuin politische und gesellschaftliche Probleme in scheinbar technische Probleme zu verwandeln, noch verstärken, und endlich ist das Modell der Entscheidungsfindung, das der Analyse zugrunde liegt, nicht einmal in seinen Grundzügen ein angemessenes, rationales Modell, und seine Anwendung verhindert weniger hochtrabende, dafür aber rationalere Planungsmethoden.

Die Unglaubwürdigkeit der umfassenden Kosten-Nutzen-Analyse

Zunächst muß ich kurz aufzeigen, warum die aggregierten Geldeinheiten, wie sie von der Roskill-Kommission benutzt wurden, *auf keiner nur denkbaren Basis* hinlänglich glaubhaft oder objektiv gemacht werden konnten. Die Kosten-Nutzen-Analyse erhält ihre Glaubwürdigkeit aus der Verwendung einer gemeinsamen Meßgröße, dem £, doch der gemeinsame Wert des £ entsteht auf Grund von Austauschsituationen. Sind diese nicht gegeben, ist es nicht möglich, gemeinsame Werte zugrundezulegen, und Symbol und Realität werden leicht verwechselt. Die meisten Zahlen, die in dieser Art der Analyse benutzt werden, stellen spekulative Werte dar, die nie durch tatsächlichen Tausch hinreichend geprüft oder validiert werden und die in hohem Maße willkürlich sind in dem Sinne, daß das Vorhandensein einer Vielzahl von Werten überzeugend behauptet werden kann, die aber von unzähligen Meinungen und Annahmen abhängig sind.

Als gemeinsame Meßgröße das £ zu nehmen ist Bauernfängerei; man mißbraucht die Achtung des einfachen Mannes vor dem Maßstab Geld, wenn man ihn auf Situationen überträgt, die nicht in Geld gemessen werden können. Natürlich *könnten* alle Aktiva und Passiva Gegenstand eines Geldtauschs sein – dies ist die Basis für das zweifelhafte Argument, daß »alles seinen Preis habe« – aber wenn der Austausch nicht wirklich stattfindet, gibt es keinen Rahme, um Kosten und Nutzen gegeneinander abzuwägen. Die Situation ist dann vollkommen offen.

Geld bekommt seinen Wert von der Knappheit; d. h. wenn ich mehr »A« will, muß ich mit weniger »B« auskommen – und die Ökonomie war einst die Wissenschaft von der Messung von Knappheiten; aber im Kosten-Nutzen-Bereich ist es nicht klar, ob die Konten jemals ausgeglichen sind oder sein können. Eine endlose Liste von

Faktoren kann verschiedenartig bewertet werden, z. B. kann X für die Lärmkosten stehen, Y für den Vorteil größerer Möglichkeiten und Z für den Vorteil kürzerer Reisezeiten usw. – ohne daß die Berechnungen Ausdruck irgendeiner gemeinsamen Bewertungsmethode sind oder durch irgendeine Bilanzgliederung zusammengehalten werden.

Selbst ein so einleuchtender Begriff wie »consumer surplus« ist voller verborgener Schwierigkeiten. So war das Forschungsteam der Roskill-Kommission der Ansicht, daß der Preis, den viele Menschen dem Vorteil einer ruhigen Umgebung beimessen, dadurch ermittelt werden könnte, daß man sie fragt, wieviel mehr sie im Vergleich zum durchschnittlichen Marktpreis für ihren Besitz bezahlen würden. Dieser Betrag entspricht dem »consumer surplus«. Es ist jedoch leicht einzusehen, daß der durchschnittliche Marktpreis zu einem gewissen Grade bereits den Wert widerspiegelt, den diese widerwilligen Verkäufer der Ruhe beimessen, so daß sich die Berechnung im Kreise bewegt.

Der Bau eines Flughafens senkt die Grundstückspreise, weil er Lärm verursachen wird, aber er kann sie wegen der damit verbundenen Arbeitsmöglichkeiten usw. auch erhöhen. Man kann die tatsächliche Bewegung von Grundstückspreisen messen; aber wenn man herauszufinden versucht, was die »realen« Kosten der Lärmbelästigung und die »realen« Vorteile verbesserter Möglichkeiten oder Infrastruktureinrichtungen sind, muß die Antwort notwendigerweise unsinnig sein, und zwar nicht nur, weil Personen diese Faktoren in der Regel sehr unterschiedlich einschätzen und sie überhaupt nicht mit einem bestimmten Preis versehen, sondern auch, weil alle unterstellten Preise logischerweise nur auf dem angeblichen Vorhandensein eines Marktes basieren können, der sich je nach Situation ändert. Innerhalb eines Landes, zum Beispiel, in dem die Bewohner durch den Lärm bereits halbtaub sind, würden die Marktkosten des Lärms eines Großflughafens vermutlich gering sein. Aber wenn es, wie viele Leute annehmen, nicht darum geht, einen »Schattenpreis« zu finden – wie künstlich dieser auch immer sein mag –, sondern irgendein »näheres« Maß für die Lärmbelästigung, dann ist Geld keinesfalls mehr in der Lage, diese Belästigung angemessen auszudrücken. Der Analytiker, der die Kosten-Nutzen-Relation untersucht, kann nicht beides wollen – wenn er es gewöhnlich auch versucht.

Doch es gibt noch gewichtigere Kritik an der Art von umfassender Kosten-Nutzen-Analyse, wie sie von der Roskill-Kommission durchgeführt wird. Kosten-Nutzen-Analysen können bestenfalls als unterstützendes Tatsachenmaterial bei gewissen Arten der Entscheidung von einigem Nutzen sein. Wenn diese Methode jedoch als umfassender Rahmen für die Entscheidungsfindung dienen soll, werden die Kosten der Kosten-Nutzen-Analyse allerdings hoch, ja sie können geeignete fachliche und politische Verfahrensweisen nahezu völlig verfälschen. Zunächst einmal wird der Rahmen der Analyse dadurch verzerrt, daß man den grotesken Versuch unternimmt, sämtliche Faktoren auf dieselbe Meßgröße Geld zurückzuführen. In der Rechnung der Kommission z. B. erscheinen so unterschiedliche Kosten wie »Bauinvestitionskosten« und »Zubringerkosten« nebeneinander auf scheinbar gleicher Grundlage. Erstere stellen die Ausgaben dar, die zweifellos für den Bau des Flughafens und seiner Bodenverkehrsverbindungen notwendig werden und die innerhalb zulässiger Toleranzgrenzen geschätzt werden können. Die letzteren – die so immens sind, daß sie die gesamte Berechnung der Roskill-Kommission über den Haufen werfen und die Unterschiede in den Investitionskosten an Bedeutung bei weitem übertreffen – basieren auf einer langen Kette von Spekulationen.

Zunächst einmal müssen Umfang, Ausgangsorte und Bestimmungsorte des Luftverkehrs weit in die Zukunft projiziert werden. Dann muß dieser Verkehr auf Grund von Schätzungen über den Zugang und die Benutzung durch die Fluggäste den möglichen Flughafenstandorten zugeordnet werden (airport accessibility model). Sodann werden die durchschnittlichen Anreisezeiten zu den möglichen Standorten errechnet. Diese erste Stufe der Kalkulation der Rohdaten ist außerordentlich spekulativ, da sie notwendigerweise von allen möglichen Annahmen darüber ausgeht, wie und an welchen Orten der Verkehr zunehmen wird, welche Flughäfen in das Modell einbezogen werden sollen, welche Verkehrsverbesserungen zu verschiedenen Zeitpunkten tatsächlich stattfinden werden etc. – ganz zu schweigen von der Bedeutung möglicher umwälzender technischer Entwicklungen.

Doch nun gilt es weiterhin, diese hypothetischen Einsparungen an X Minuten in Geldeinheiten auszudrücken, ungeachtet dessen, daß es weder einen Markt für marginale Zeiteinsparungen gibt noch eine objektive Möglichkeit, den absoluten oder relativen Wert zu bestimmen, den die Zeit eines Geschäftsmannes oder eines Touristen, eines Inländers oder Ausländers hat. Somit enthält dieser Entscheidungsprozeß – »Sensitivitätsanalyse« genannt – eine ganze Reihe von Werturteilen.

Zum Abschluß dieses Verfahrens muß man in der Lage sein, Kostenfaktoren wie Investitionskosten und Zubringerkosten im Rahmen derselben Gesamtgleichung zu aggregieren. Diese Zahlen sind – gelinde gesagt – noch weit spekulativer und tendenziöser, so daß das Endergebnis, hat man das Verfahren erst einmal durchschaut, kaum noch Vertrauen erwecken kann. Doch mittlerweile hat sich die Aufmerksamkeit von den konkreten Fragen in der ersten Phase der Analyse abgewandelt hin zu künstlichen Argumenten über Fragen der Umrechenbarkeit in Geldeinheiten. So berücksichtigt das Zugangs- und Benutzermodell (airport accessibility model) z. B. Manchester (Ringway), jedoch keinen Flughafen in den Midlands, obwohl die Entscheidung für Foulness statt Cublington ganz eindeutig einen beträchtlichen Anreiz für die Entwicklung eines internationalen Flughafens zur Versorgung des Birminghamer Gebietes darstellen würde.
Die Entscheidung für ein unterschiedliches Flughafenmodell wiederum würde einen gewaltigen Unterschied hinsichtlich des geschätzten Passagieraufkommens und der Reisezeiten für jeden Flughafen bedeuten – die allein bereits ausreichen, die auf ihnen aufbauenden Berechnungen völlig durcheinander zu bringen. Diese Frage, so sollte man meinen, müßte sich weit eher mit mehr Gewinn als Untersuchungsfeld anbieten als das Spiel mit den Geldeinheiten; doch das Endprodukt – die Produktion von Geldsummen – beherrscht weiterhin die Forschungsmethoden der Kommission und lenkt die Aufmerksamkeit noch mehr von den früheren, wesentlichen Phasen der Analyse ab.
Die Kosten-Nutzen-Relationen sind nicht nur wegen der Unvergleichbarkeit der berücksichtigten Objekte unglaubwürdig, sondern auch, weil wichtige Objekte unberücksichtigt bleiben. Selbstverständlich kommt es häufig vor, daß wichtige Faktoren bei politischen Entscheidungen nicht berücksichtigt werden; doch ist es dann angemessen – und bei einer groß angelegten Untersuchung auch leicht möglich –, auf diese Unterlassungen hinzuweisen und sie möglichst einleuchtend zu begründen. Z. B. hat die Kommission über der Belästigung, die ein Flughafen im Landesinneren mit sich bringt, ganz und gar übersehen, daß ein beträchtlicher Teil der Bevölkerung, wie es scheint vor allem im Gebiet um Thurleigh, in einem Flughafen durchaus einen erheblichen Vorteil sieht. Statt diese Forderung im Hinblick auf ihren allgemeinen Wert zu erörtern, wurde sie lediglich in Einzelposten innerhalb der Kosten-Nutzengleichung übersetzt. Solche Einzelposten sind z. B. der Wert, den

ein leichterer Zugang zu Kinos oder Bingohallen für die Anlieger bedeutet, oder der Nettovorteil eines größeren Angebotes an Arbeitsplätzen bei eventuell längeren Anfahrtszeiten zum Arbeitsplatz.
Die Grenzen der zahlenmäßigen Quantifizierbarkeit müssen in geradezu lächerlicher Weise überdehnt werden, andernfalls bricht die Logik des ganzen zusammen. Und auch hier werden weniger umfassende Arten zu urteilen – die letztlich doch nicht zu vermeiden sind – verworfen und verdrängt.

Kosten-Nutzen-Politik

Der Widersinn des ganzen Unterfangens zeigt sich paradoxerweise gerade im Bemühen, seine Rationalität zu steigern. Im Einklang mit der klassischen Wohlfahrtsökonomie vertrat Professor Lichfield der Kommission gegenüber den Standpunkt, daß auch Verteilungswerte (distributional values) in die Berechnungen eingehen müßten; so sollten die Kosten für die Armen höher bewertet werden als die Kosten für die Reichen, außerdem sollten zusätzlich soziale Schätzwerte eingeführt werden, z. B. der besondere Nutzen historischer Gebäude für künftige Generationen.
Dies sind durchaus achtbare Argumente, sofern sie in den üblichen Begriffen vorgetragen werden. Doch ist es denn irgendwie sinnvoll oder praktikabel, solche Faktoren in Geld auszudrücken? Sicherlich gibt es ungefähr ebenso viele Ansichten über das genaue Gewicht, das diesen »Verteilungs«- oder »Generations«-Werten zuzumessen sei wie es Menschen in Großbritannien gibt. Wie soll die Roskill-Kommission also vorgehen? Soll sie eine Umfrage durchführen und Personen den Wert von Objekten schätzen lassen, obwohl niemand die gefundenen Werte tatsächlich mit barem Geld bezahlen muß? Oder soll sie die Regierung um Direktiven bitten? Man braucht nur derlei Fragen zu stellen, um die Unsinnigkeit solcher Vorgehensweisen zu erkennen.
Doch die Logik von Kosten-Nutzen-Abwägungen erfordert solche Schätzungen – sonst ist sie unvollständig. Überdies sind die von Lichfield als notwendig empfohlenen Beurteilungskriterien lediglich die politisch bedeutendsten einer langen Reihe gesellschaftlicher oder politischer Werte, die in jeder Phase der Kosten-Nutzen-Analyse zu berücksichtigen sind. Wenn man zugibt, daß diese Beurteilungen Ansichtssache sind (was sie ja tatsächlich sind), dann wird

der mögliche Zahlenbereich unermeßlich. Jeder kann gewissermaßen seine eigene Kosten-Nutzen-Berechnung aufstellen; und es ist wohl kaum wahrscheinlich, daß auch nur zwei solcher Rechnungen die Zustimmung aller finden. Dieser Punkt scheint im Amerika offenbar richtiger eingeschätzt zu werden; denn trotz der dort herrschenden Besessenheit, beinahe um jeden Preis zu quantifizieren, haben Kosten-Nutzen-Rechnungen heute kaum mehr als unterstützende Funktion und sind verdächtig, wenn sie zur Begründung organisatorischer Forderungen herangezogen werden – keinesfalls aber haben sie die Kraft eines salomonischen Urteils.
Außerdem ist es fraglich, ob ein aus Experten zusammengesetzter Untersuchungsausschuß *qualifiziert* ist, exakte Werturteile über all diese Punkte abzugeben. Ein solches Gremium arbeitet unter im wesentlichen unausgesprochenen politischen Annahmen und Zwängen. Seine Stärke liegt in dem fachlichen Urteil, wenngleich auch hier gewisse gesellschaftliche Wertvorstellungen genereller Art nicht ganz auszuschließen sind. Jedenfalls ist ein aus Experten gebildeter Untersuchungsausschuß nicht berufen, exakte Urteile über alle jene Dinge abzugeben, die eigentlich Sache der politischen Führung sind. Außerdem lassen sich viele Beurteilungen im Zusammenhang mit einer Frage wie der Standortbestimmung eines Flughafens nur in globaleren Begriffen vernünftig ausdrücken und diskutieren. Sie gehören in die öffentliche Auseinandersetzung und nicht in eine Welt endloser, mit Hypotheken belasteter und mit Vorsicht zu betrachtender Summen, die nur in mühevoller Beschäftigung mit ihnen verständlich werden. Es ist leicht gesagt, so wie man es von den Kosten-Nutzen-Analytikern hört, ihre Annahmen können jederzeit von den Politikern überprüft werden – doch das Leben ist zu kurz und die Methoden sind (notwendigerweise) zu unverständlich.

Kosten-Nutzen-Rechnungen und Planung

Oft wird zur Verteidigung der Kosten-Nutzen-Rechnungen vorgebracht, sie würden helfen, einen logischen Rahmen für die Entscheidungsfindung zu bilden, gleichgültig ob nun sämtliche Objekte glaubhaft in Geldeinheiten umgewandelt werden können oder nicht. Zweifellos ist die Methodologie der Entscheidungsfindung wichtig, doch – wie überaus verwunderlich – bei der Roskill-Kommission wurde dem logischen Rahmen der Kosten-Nutzen-Entscheidung offenbar keine Beachtung geschenkt.

Diese Tatsache ist wichtig; denn sie erklärt die offensichtliche Ratlosigkeit des Ausschusses in Fragen der »Planung« und in der Frage, wie sich die Planung in die Kosten-Nutzen-Analysen einfügen läßt. Die Antwort auf diese ungelösten Fragen lautet: Kosten-Nutzen-Relationen stellen eine idealisierte Form *eines* von mehreren möglichen Modellen der Entscheidungsfindung dar, während Planung einem alternativen, wenn auch teilweise komplementären Modell entspricht. Die Verfahrensweisen der Roskill-Kommission entsprechen weitgehend Herbert Simons »Modell alternativer Verhaltensweisen« (»alternative behaviour model«). Das von Simon vorgeschlagene Verfahren verlangt vom Entscheidungsträger, zuerst die alternativen Handlungswege zu ermitteln, die ihm in einer gegebenen Situation offenstehen, sodann die faktischen Konsequenzen jeder einzelnen Alternative aufzuzeigen und schließlich, in einem getrennten Verfahren, diejenige Menge von Konsequenzen zu wählen, die seine Werte maximiert [1].
In ähnlicher Weise entschied die Roskill-Kommission zunächst über vier mögliche Standorte eines Flughafens, zeigte sodann die Konsequenzen jeder Standortwahl auf und ist nun dabei, jeder Alternative einen objektiven Stellenwert zuzuordnen. Simon selbst sagte, daß der Entscheidungsträger in der Administration nach Möglichkeit dem Bild des »homo oeconomicus« entsprechen müsse. Eigentlich müßte die Kosten-Nutzen-Analyse auf einer umfassenden Wohlfahrts- oder Nutzenfunktion beruhen; eine Forderung, die, wie bereits oft genug demonstriert wurde, zum einen nicht zu erfüllen ist und zum anderen nicht mehr darstellt als die Übertragung einer idealisierten Vorstellung von ökonomischer Rationalität auf einen ganz anderen gesellschaftlichen Bereich.
Andererseits wirft jedes weniger utopische Verfahren der Einstufung möglicher Standorte den Entscheidungsträger wieder auf Urteile zurück, die auf der Grundlage irgendeiner Kombination von zu erreichenden Zielen oder zu maximierenden Werten getroffen werden. Dies verweist wiederum auf die Welt der Planung. Planung ist nichts weiter als der Koordinationsrahmen politischer Überlegungen, die die Wahl der Alternativen leiten sollen. In Simons Modell (und desgleichen bisher in der Vorgehensweise der Kommission) fehlt dieser Planungsrahmen. Sofern er nicht geschaffen wird, wird die Entscheidung für einen tatsächlichen Standort völlig offen und unlösbar bleiben.

[1] Herbert Simon, Administrative Behaviour (2. Auflage).

Planung selbst bietet vielfältige und ineinandergreifende Perspektiven, die auf verschiedene Weise in Beziehung zueinander gesetzt werden können. Die Planung eines Flughafens z. B. erfordert eine Vorausschau auf die wahrscheinlichen Bedürfnisse zukünftiger Flugreisenden oder auf die Beschaffenheit eines Flughafens, um solchen Bedürfnissen nach Möglichkeit gerecht zu werden. Die Analyse sollte spezifische Auswirkungen regionaler Entwicklungen – etwa die zunehmende Ausuferung städtischer Regionen – auf die Bedürfnisse der Flugreisenden berücksichtigen. Doch ihre Perspektive ist (zu diesem Zeitpunkt der Untersuchung) auf die Bedürfnisse der Flugreisenden begrenzt – oder sollte es zumindest sein. Stadt- und Regionalplanung ist dagegen ein weiterer Rahmen, innerhalb dessen versucht wird, den Standort eines Flughafens an den bestmöglichen Modellen städtischen Wachstums auszurichten und innerhalb dessen die Bedürfnisse der Flugreisenden nur ein Teil der Planung sind. Die positiven Kriterien der Stadt- und Regionalplanung bestehen darin, Flughäfen an Orten anzulegen, wo neues Wachstum erwünscht ist, wo vorhandene Ressourcen (Arbeitskraft oder Infrastrukturen z. B.) mühelos angezapft werden können und wo ein Gegengewicht zur Überbevölkerung der Städte und zur unausgeglichenen Beschäftigungsstruktur geboten werden kann. Die negativen Maßstäbe bestehen darin, solche Standorte zu vermeiden, die der Umwelt am meisten schaden können.

Sicherlich lassen sich auch diese Arten der Planung nicht ohne Werturteil und Gegenargumente entwickeln. Es ließe sich sehr wohl vorstellen, daß z. B. die Bedürfnisse von Flugreisenden mit den Erfordernissen des Umweltschutzes kollidieren. Doch das Ausmaß dieser Kontroversen ist erst dann feststellbar und die Kontroversen können erst dann entschieden werden, wenn die jeweils vorrangigen Ziele untersucht und geordnet sind. Gerade diese Art Planung fehlt aber bezeichnenderweise in den Untersuchungen der Roskill-Kommission. So ist z. B. bisher weder von der Flughafenbehörde (British Airports Authority) noch von der Roskill-Kommission eine systematische Flughafenplanung begonnen worden. Ohne einen solchen Rahmen ist es jedoch nicht möglich zu entscheiden, welcher der beste Standort wäre oder ob möglicherweise mehrere Flughäfen gebaut werden sollen. Was die Regionalplanung betrifft, so wird von Burns Arbeitsgruppe, die demnächst Bericht erstatten soll, eigentlich ein solcher regionaler Rahmenplan erwartet, der bei der Standortwahl des Flughafens helfen würde, nur weiß man nicht, ob die Gruppe auch in diesem Punkt genügend »Hausaufgaben« macht.

Jegliche Planung hat ihre gesamtstaatlichen, regionalen und lokalen Aspekte. Eine der Schwierigkeiten der Roskill-Kommission besteht darin, daß ihre Arbeit absichtlich durch einen regionalen Bezugsrahmen (einen Flughafen, um London zu versorgen) eng umschrieben ist.
Indem Standorte mit einbezogen wurden, deren Hinterland nicht im Londoner Gebiet liegt, ist der relevante Planungsrahmen zwangsläufig erweitert worden. Von der Kommission wird weder erwartet, daß sie einen »umfassenden Flughafenplan« aufstellt, noch ist ihr dies gestattet. Andererseits wird der gesamte britische Flugverkehr derart von London beherrscht, daß weitere Standorte zur Versorgung der Hauptstadt nicht einfach gewählt werden können, ohne wenigstens einige generelle Vorstellungen über die Entwicklung des Flugverkehrs zugrundezulegen.

Planung und abschließende Entscheidung

Vielleicht geht die Roskill-Untersuchung einst in die Geschichte ein als der einzige Versuch, ein salomonisches Urteil auf der Grundlage von Kosten-Nutzen-Relationen zu fällen und Techniken der Entscheidungsfindung mit ökonomischen Techniken zu verbinden. In den USA scheint es mittlerweile anerkannt zu sein, daß derartige ökonomische Verfahren nichts weiter liefern können als ein bißchen Munition für die Parteien zum Schutze partikularer Interessen. In Großbritannien werden solche Techniken – wenn überhaupt – oftmals mit erstaunlich wenig Unterscheidungsvermögen hingenommen. Erst 12 Jahre ist es her, daß Kronanwalt Willis, als Vorsitzender der Lymm-Kommission, einige einfache Berechnungen – über den Wert landwirtschaftlicher Nahrungsmittelerzeugung – als unverständlich beiseite fegte und schlicht und einfach feststellte, daß die Interessen von Wohnungsbau und Landwirtschaft gleich wichtig seien. Wenn man daran denkt, berührt es schon merkwürdig, zu beobachten, wie heute Planungsbefürworter und -gegner penibel Sensitivitätsanalysen und dergleichen gegeneinander anführen. Der Zyniker könnte bemerken, daß die Feststellung der Wahrheit bei öffentlichen Untersuchungen heutzutage fast bis ins unendliche hinausgezögert werden kann. Wie bedauerlich für die hochbezahlten Experten der Roskill-Kommission, ihre Zeit auf solch ein Schattenboxen zu verschwenden! Die Arbeit eines Gremiums wie der Roskill-Kommission hat zwei Aufgaben: Eine abschließende schiedsrichterliche Entscheidung zu treffen und zu planen. Da die Standortwahl des Flughafens starke Emotionen aufrührt, hat die schiedsrichterliche Aufgabe die größere Bedeutung erlangt, was die Verfahrensweise der Kommission – den prozessualen Regeln einer gerichtlichen Verhandlung nachgebildet – eindeutig erkennen läßt. Doch wie kann die Kommission dieser schiedsrichterlichen Aufgabe gerecht werden?

Unzählige interessierte Gruppen, teils öffentliche, teils private, sind in den Entscheidungsprozeß verwickelt. Wie lassen sich ihre Ansichten mit den Ergebnissen der Kosten-Nutzen-Analyse vereinen? Diese Frage ist insofern relevant, als ein beachtlicher Teil der interessierten Betroffenen und Sachverständigen Foulness als Standort für den Flughafen bevorzugt. Diese Ansicht wird hingegen weder von der Flughafenbehörde noch von den britischen Fluggesellschaften geteilt, was wiederum einen gewissen Interessenkonflikt zwischen den Vorstellungen der »Flughafenplanung« und der »Regionalplanung« vermuten läßt; was den einen Planern ins Konzept paßt, durchkreuzt u. U. die Pläne der anderen. Möglicherweise läßt sich dieser Konflikt verringern, oder mit Hilfe einer gründlicheren Analyse der relevanten Interessen auf der Basis vollständiger Informationen beilegen, wenngleich es sicher ist, daß jede Entscheidung einige lokale Interessen unversöhnt lassen wird.

Wo diese Meinungsverschiedenheiten nicht überbrückt werden können, muß irgendjemand eine letzte abwägende Entscheidung treffen.

Es ist jedoch schwer einzusehen, wie eine umfassende Kosten-Nutzen-Berechnung dieses Entscheidungsproblem lösen könnte. Den aggregierten Zahlen fehlt jegliche Glaubwürdigkeit aus Gründen, die ich ausführlich aufgezeigt habe. Insofern als unterschiedliche Meinungen in die Berechnungen eingehen, dürfte man genauere Anhaltspunkte aus der unmittelbaren Sammlung und Gegenüberstellung von Ansichten interessierter Betroffener und Sachverständiger erhalten. Ein solches Verfahren mag wissenschaftlich weniger exakt sein als hypothetische, monetäre Gleichungen, aber es hat zumindest eine reale Basis. Es wäre doch z. B. eigenartig, wenn sich ein gewichtiger Teil der öffentlichen Meinung für Foulness als den besten Standort ausspräche, die von der Kommission errechneten spekulativen Zahlen diesen jedoch als den schlechtesten auswiesen. Man sollte bei allem aber nicht vergessen, daß eine der wesentlichen Aufgaben einer Untersuchungskommission darin besteht, die Ansprüche von Organisationen zu prüfen und ungerechtfertigte Ansprüche gegen gerechtfertigte abzuwägen. Für diese wichtige Aufgabe müssen Fakten gesammelt werden und die Roskill-Kommission hat bereits solche Fakten zusammengetragen, die die Schwächen der ursprünglichen Entscheidung für Stansted belegen und Anhaltspunkte für eine klügere Entscheidung liefern. Z. B. ist es mit den Forderungen des Verteidigungsministeriums, die die Maplin Sands wegen ihrer Artilleriestellungen für unentbehrlich halten, nicht mehr weit her, wogegen die Feststellung, daß ein Flughafen in Foulness nur geringe Auswirkungen auf die Landwirtschaft haben würde, nunmehr als unwahr erkannt wurde ,da die damit verbundene Urbanisierung ausgezeichnetes Ackerland verschlingen würde.

Selbstverständlich kann es keine direkte logische Schlußfolgerung von faktischen Informationen auf endgültige Entscheidungen geben; solche Daten könnten jedoch hinreichend objektiv sein und aus diesem Grund sehr hilfreich sein bei der Abwägung von Ansprüchen und Argumenten. So hat die Kommission eine Menge Daten erhoben über die genauen Auswirkungen verschiedener Standorte auf die Umwelt, z. B. auf historische Bauwerke und Kirchen, Naturschutzgebiete, etc. Diese Daten sind eine Hilfe, um zu prüfen, in welchem Maße jede Standortentscheidung bisherige »Annehmlichkeiten« (relativ und absolut) tatsächlich berühren würde. Man darf kaum annehmen, daß diese Prüfung »objektiver« wird, wenn Fakten in willkürliche monetäre Schätzwerte umgewandelt werden. Ebensowenig ist zu erwarten, daß die Forderungen nach »Annehmlichkeiten« insgesamt mit denen nach »Zugänglichkeit« auf diese Weise verglichen werden können. Im Gegenteil, eine der Bedeutungen der Zivilisation liegt gerade darin, Konflikte zwischen unterschiedlichen Werten unmittelbar dort zu lösen, wo sie entstehen, und nicht zu versuchen, ihnen mit magischen Beschwörungen auszuweichen. Diese Funktion erfüllt die politische Auseinandersetzung in einer demokratischen Gesellschaft.

Man könnte eine sehr begrenzte Funktion der Kosten-Nutzen-Analyse darin sehen, daß sie zusätzliches, wenn auch immer noch zweifelhaftes Material für eine Einschätzung bestimmter Interessen liefert. So mag das Prinzip anfechtbar sein, daß der Verlust an Ackerland *teilweise* nicht nach dem Marktwert seines gegenwärtigen Ertrags bewertet wird, sondern nach dem hypothetischen Aufwand, gleichwertige Nahrungsmittel an anderen Orten zu erzeugen. In diesem Beispiel kann die Analyse bis zu einem gewissen, wenn auch geringen Maß auf Marktwerte zurückgreifen. Sobald sich diese Analyse jedoch auf solche Fragen bezieht, wie die Enttäuschung von Landwirten, die auf andere Höfe umsiedeln müssen, oder die vergebliche Suche nach neuen Höfen in Geld zu bewerten ist, ist es Zeit, zum gewöhnlicheren Verfahren des Dialoges zurückzukehren. Die Interessen Betroffener müssen nicht nur geprüft, sondern gelegentlich auch übergangen werden. Basis solchen Handelns sollte aber entweder die nachgewiesene Überlegenheit der umfassenderen Perspektive sein – worin die wahre Bedeutung der »Planung« liegt – oder ein ausdrückliches Werturteil, wie die Erfordernisse der Flugsicherheit oder die Interessen künftiger Generationen am Schutz der Umwelt. Solche Werturteile sind notwendigerweise allgemein und müssen das Ergebnis einer Folge von Debatten und Argumenten sein, die auf möglichst guten Informationen beruhen und so sachlich wie möglich sind.

In diesem Prozeß lassen sich Planung und Entscheidung nicht trennen. Theoretisch ist die Regierung auf Grund ihrer Stellung am besten in der Lage, selbst zu planen. Doch falls sie hierin versagt (wie im Fall Stansted), wird ihre Kompetenz suspekt. Dies wiederum läßt Zweifel an der Entscheidungsfunktion der Regierung aufkommen, selbst wenn kein anderer, letzter Schiedsrichter gefunden werden kann. Ein Ausschuß scheint sich als Ausweg aus dieser Sackgasse anzubieten. Doch dieser Weg birgt Gefahren in sich, wenn hierbei der Entscheidungsfunktion der Kommission unangemessen hohes Gewicht zugemessen wird. Als Gremium von Sachverständigen hat der Ausschuß die Aufgabe, den Rahmen für die Planung der Politik zu festigen, innerhalb dessen die endgültigen Entscheidungen getroffen werden können. Auf dem Gebiet der staatlichen Politik sind keine vollständigen, objektiven Entscheidungen möglich. Wenn dies nicht erkannt wird – nicht zuletzt von der Kommission selbst – verfällt man bei der Entscheidungsfindung von einem Fehler in den anderen. Das hätte zur Folge, daß die Entscheidungsprozesse in Regierung und Verwaltung noch mehr in Mißkredit gerieten.

Schließlich können Entscheidungen über solche Angelegenheiten wie die Standortwahl für einen Flughafen nur über eine Reihe politischer Werturteile getroffen werden; diese Werturteile sollten so offen und explizit wie möglich dargelegt werden und sich auf sachliche Informationen berufen, die für sich allein niemals ausschlaggebend für eine Entscheidung sein können. Doch die Verwendung spekulativer Zahlen bzw. Geldeinheiten, die entweder wichtige politische Werturteile verschleiern oder unrealistische und künstliche

Präzision vorspiegeln, sind keine Hilfe, sondern ein Hindernis für größere Rationalität bei der endgültigen Entscheidungsfindung. Wer anderer Ansicht ist, steuert auf eine besonders bedrückende Variante von 1984 zu.

Übersetzt von Christine Mussel

Quellennachweis

Folgende Beiträge wurden mit freundlicher Genehmigung des Verlages bzw. des Autors nachgedruckt:

Jay W. Forrester: »Industrial Dynamics – After the first Decade«, erschienen in Management Science, Vol. 14, No. 7, March 1968, pages 398–415.

Peter Self: »Nonsense on Stilts«: Cost-Benefit Analysis and the Roskill Commission, erschienen in Political Quarterly 1970, Seite 249–260.

William A. Niskanen: »Why new Methods of Budgetary Choices? Administrative Aspects«, erschienen in Public Administration Review 1972/2, Seite 155–161.

David Stoloff: »The Short Unhappy History of Community Action Programs« from THE GREAT SOCIETY READER, edited by Martin E. Gettleman and David Mermelstein. Copyright © 1967 by Random House, Inc. Reprinted by permission of the publisher.

Martin Rein: »Social Planning: The Search for Legitimacy«, erschienen in Journal of The American Institute of Planners, July 1969, Seite 233–244.

John P. Crecine: »A Computer Simulation Model of Municipal Budgeting«, erschienen in Management Science, July 1967, pages 786–815.

Aaron Wildavsky: »Rescuing Policy Analysis from PPBS«, erschienen in Public Administration Review No. 2/1969, Seite 189–202.

Allen Schick: »From Analysis to Evaluation«, erschienen in The Annals of the American Academy of Political and Social Science, March 1971, pages 57–71.

Stephan Cohen: »Modern Capitalist Planning: The French Model«, Cambridge, Mass., MIT-Press 1969, Seite 28–30, 129–135, 157–163.

Jörg Huffschmid: »Die Politik des Kapitals«, Frankfurt 1969, Edition Suhrkamp, Seite 121–127.

Fritz Scharpf: »Planung als politischer Prozeß«, erschienen in Die Verwaltung 1/1971, Seite 1–30.

Frieder Naschold: »Gesellschaftsform und politische Planung«, erschienen in Österreichische Zeitschrift für Politikwissenschaft, März 1972, Seite 5–34.

Bertram M. Gross: »The New Systems Budgeting«, erschienen in Public Administration Review No. 2/1969, pages 113–117.

Horst Ehmke: »Planung im Regierungsbereich – Aufgaben und Widerstände«, erschienen in Bulletin des Presse- und Informationsamtes der Bundesregierung, Nr. 187, Seite 2026–2035, vom 16. 12. 1971.

Karl Schiller: »Preisstabilität durch globale Steuerung der Marktwirtschaft«, erschienen Tübingen 1966, Verlag J.C.B. Mohr, Walter-Eucken-Institut – Vorträge und Aufsätze, Nr. 15.

Maurice E. Esch: »PATTERN«, erschienen in TECHNOLOGICAL FORECASTING (ed. R. V. Arnfield), Edinburgh University Press, Edinburgh 1969, pages 197–210.

»Globalsteuerung der Wirtschaft – Illusion oder Realität?«, Auszüge aus dem Protokoll Nr. 39 des BERGEDORFER GESPRÄCHSKREISES ZU FRAGEN DER FREIEN INDUSTRIELLEN GESELLSCHAFT, Hamburg 1971.

Bernhard H. Rudwick: »Systems Analysis for Effective Planning: Principles and Cases«. »Authorized translation from English language edition published by John Wiley & Sons, Inc. Copyright © 1969 by John Wiley & Sons, Inc. All Rights Reserved.«